世界料理的演化

The Evolution of World Cuisines

廚房情境

Kitchen Scene with the Parable of the Great Supper, 1605

若亞敬 ・ 衛特瓦（Joachim Wtewael，1566-1638）

這幅廚房畫描繪了隱藏在宴會背後，料理的實際製作過程。除了說明廚房是個讓廚師費盡心力、辛苦工作的場所，畫家也透過細節呈現了飲食平衡的概念。例如畫面左側繪有吊掛著的野兔與飛禽，是乾溼平衡且寒熱適中的健康肉類。

引言

在文明發展的過程中，數種料理菜系遍地開花。每一種都有其偏好的食材、烹飪手法與享用的方式，也都發展出獨有的料理哲學。

曾經，世界上的每個人都是「料理決定論者」，相信「你吃什麼就會成為什麼」。這無疑帶給世界一些麻煩，例如被認為成功的帝國，常常將其成就歸諸於他們的菜餚，導致他國出於各自原因紛紛仿效。不過，料理的傳播並非單向，而需經歷一連串接受、調整與改造的過程，終使料理臻至豐富。此外，原有的料理菜系中也會出現各種變化，在新的料理哲學興起之時，新的料理就可能誕生於舊有的料理元素，然後在下一個世代逐漸成熟、面對新的挑戰。

今天，全球的料理形勢仍處於現在進行式。當我們多數人已比昔日祖先更能自由地選擇所食，仍要謹記這樣的自由背後，有著漫長的演變歷程。

什麼是穀物料理？

穀物料理是世界發展最早的料理菜系之一。西元前一千年左右，有十種以根莖類或穀物為基礎的菜系從中脫穎而出，但其中只有大麥與小麥足以讓精緻料理與家常料理同時發展，並且支撐城市與國家的興起。

穀物料理如何發展？

早期人類主要居住地區包括美索不達米亞平原、尼羅河流域、印度河河谷與黃河流域。這些地區皆以大麥、小麥和粟黍為主食。美洲地區則以樹薯為主，還有番薯、藜麥與玉米，尤以玉米最為重要。

穀物料理帶來的影響為何？

根莖類與穀物是人類最早馴化的植物，其卡路里高、也容易種植和採收，但其中只有穀物出現的地區才足以支持城市、階級社會與國家的發展。祭獻儀式、高級料理與粗茶淡飯的分野也是在此環境下誕生。到了西元前五〇〇年後，數個歐亞大帝國的飲食皆以大小麥為主，而小麥更是成為重要性最高的穀類，並且一直保持至今。

穀物料理
Grain Cuisine

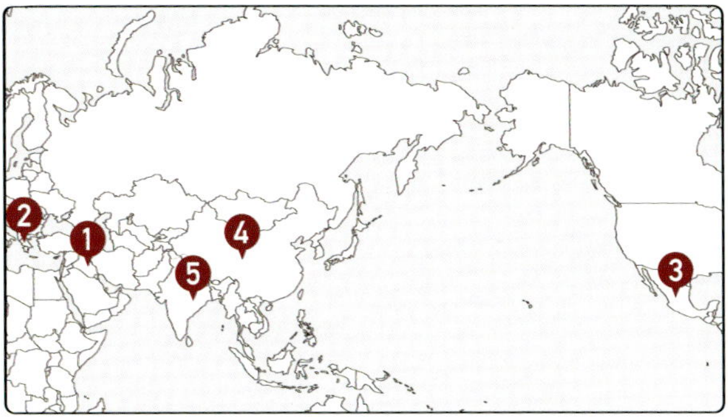

布格麥（Bulgur）
美索不達米亞

一種以乾燥的半熟小麥製成的料理，是考古證據顯示人類歷史最古老的料理之一。

大麥薄餅（Maza）
希臘

以磨製好的粗大麥粉和水、牛奶、油或蜂蜜混和製成，是希臘人的麵包。可以搭配小扁豆、新鮮蔬菜、根莖類、蛋、乳酪、魚、羊肉等來吃。

墨西哥粽（Tamales）
墨西哥

磨碎後的玉米磨碎以葉子或玉米殼包裹，蒸成糰子。食用時，還會搭配動物肉來吃。今日在美洲各地都可以看見到這道料理。

粟（Millet）
中國

呈圓形的穀類，以臼搗製，再蒸至鬆軟為止。黃河流域的農民會搭配以竹筍等用鹽調味過的配菜來吃。直到存糧減少，人們才轉向吃外來的麥。

米豆粥（Kichree）
印度

以碎稻米、小扁豆及香料製成的稀粥。蒸或水煮的穀類料理不方便攜帶，通常是當場煮、當場吃。

什麼是佛教料理？

佛教料理著重在用蒸或煮的米飯、糖、精煉奶油，強調禁食肉類與飲酒，重視以飲食追求冥想。

佛教料理如何發展？

佛教料理在西元前 260 年興起於印度，成為孔雀帝國的料理，並在西元一世紀至五世紀之間向外傳播。西元三世紀左右，佛教首先傳入斯里蘭卡、緬甸與泰國等地，後傳入東南亞與西藏。到了西元七世紀，唐代玄奘赴印度取經，將佛教傳入中國，如此也讓佛教進一步來到朝鮮與日本。

佛教料理帶來的影響為何？

佛教傳入的許多國家各自都發展出不同版本的佛教料理。例如，中國的寺院料理尤其重視茶、豆腐與麵筋；日本佛寺則有獨特的修行料理，也進一步發展茶道。到了十一世紀十一世紀，佛教料理的擴張腳步放緩、甚至停滯，即便如此，其料理哲學仍然影響了中國、日本、西藏、東南亞與斯里蘭卡料理。

佛教料理
Buddhist Cuisine

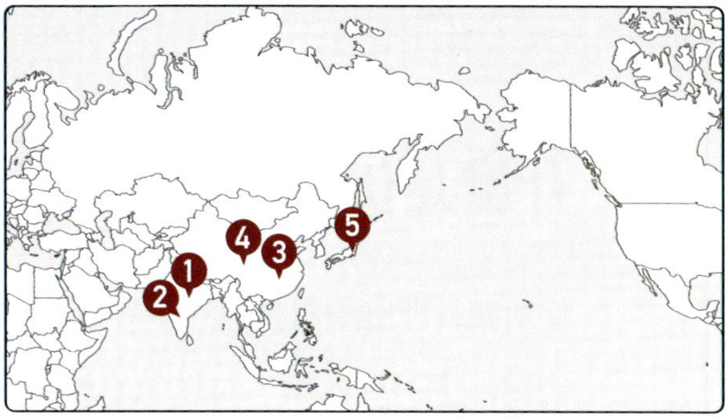

油炸豆泥餡餅（Vada）
印度

印度佛教料理中的鹹食主要由穀類、豆類與蔬菜組成，而烤過的豆泥口感酥脆，也經常與酸奶酪搭配食用。

拉西（Lassi）
印度

一種加了水的酸奶酪飲品，據信比水更純淨。佛教徒只有一餐正餐，在中午以前吃完。由於午後不能再吃固體食物，僧人於是會喝各種具藥性的飲料，如水果水或甘蔗汁。

茶（Tea）
中國

原先為藥草、協助禪修的藥飲，最後則成為社交場合常見的飲品。當時茶樹的葉子會先被壓成茶餅，等要上茶時，把茶餅放進杵臼搗碎成粉，再放入茶碗，倒入熱水混合。

麵筋（Seitan）
中國

製作小麥麵條時的副產品，經水煮、油炸、醃漬、煙燻、切絲，可以做成類似雞肉、魚肉、蝦子與其他肉類的模樣。至少在十三世紀時，麵筋就已成為寺院特產。

修行料理（精進料理〔Shojin Ryori〕）
日本

以新鮮、乾燥、油炸與加工的豆腐、小麥麵筋、蕈菇、海藻、芝麻、胡桃與蔬菜為基礎，製作而成的精緻菜色。

什麼是基督教料理？

基督教料理是改造羅馬與猶太料理而來，重視以發酵發酵小麥麵包與葡萄酒組成的「聖餐」，而在儀式上則注重飲宴與齋戒。

基督教料理如何發展？

基督教料理起源於西元二世紀左右，在發展上可分為兩系，一是在四世紀時成為羅馬帝國東半部的料理，之後由拜占庭帝國繼承。另一系則是天主教料理，在北歐與西歐諸多小國中傳播，接著在十六世紀時隨著葡萄牙與西班牙帝國的擴張來到美洲，並進一步深入非洲與亞洲的貿易據點。

基督教料理帶來的影響為何？

為抵抗七宗罪之一的「貪食」，基督徒通常吃簡單樸素的飯菜，例如根莖類、橄欖、蔬菜、牛奶、乳酪、水果，以及各種煮熟的蔬菜。若有吃肉（通常是魚肉和羔羊肉）的需要，則大多用水煮或火烤。十七世紀之後，基督教料理是全世界分布最廣的料理菜系，但如果基督教最初並未在羅馬帝國東部合法化，其料理哲學就不可能在全球層面上帶來任何影響。

基督教料理

Christian Cuisine

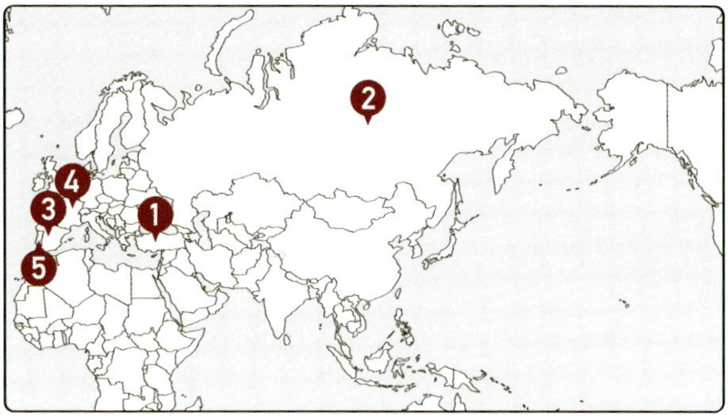

葡萄葉捲（Leaf Sarma）

土耳其

以葡萄葉或白菜包裹用米飯、絞肉與高湯製成的內餡而成，是按基督徒需求改造後的拜占庭高級料理，通常在不用齋戒的日子裡吃。

布利尼餅（Blini）

俄羅斯

以發酵後的小麥製成的薄餅，過去是在四旬齋前的謝肉節時享用。習慣上與融化的奶油、酸奶油，甚至是魚子醬搭配著吃。

炸甜甜圈（Buñuelo）

西班牙

一種塗滿蜂蜜或撒上糖的油炸麵團，過去通常在齋戒月結束與贖罪日開齋時吃。這道點心受伊斯蘭式的甜點啟發製成，說明了糖在基督教世界從藥用香料轉變為甜點材料的過程。

奶凍（Blancmange）

法國

一種用牛奶、鮮奶油和糖製成的甜點。但在過去曾以米、雞肉，並撒上些許糖製做成白肉凍。這種肉凍曾一度很受歡迎；根據體液理論，這道菜是以性乾寒的凝膠保存了性溼熱的肉類。

軟蛋（Ovos Moles）

葡萄牙

以煮成糊的糖與蛋黃製成，外表有如水煮蛋，是一種源自葡萄牙的點心。後來由葡萄牙修女帶至墨西哥；她們也以蛋和中國進口的糖磚為材料，在這裡發明了許多新點心。

什麼是近代料理？

近代料理拋棄傳統料理哲學中的階級原則，採納近代科學的營養理論，並視宗教或族群飲食守則為個人選擇，而非國家強制規定。其料理著重白麵包、牛肉、糖，以及非酒精飲料。

近代料理如何發展？

十七世紀開始，法國、荷蘭與英格蘭等國逐步調整天主教料理，並傳播至美洲殖民地。在法國，新的營養與消化理論創造了「法式高級料理」，是歐洲新興的高級料理。在荷蘭，布爾喬亞捨棄葡萄酒與動物脂肪的使用，建立「中階共和料理」。而在英格蘭，儘管貴族吃法式料理，但鄉紳偏好以麵包和牛肉為主的「民族料理」。

近代料理帶來的影響為何？

當思想家提倡共和主義與自由民主等理論，宗教改革者主張人人有資格追求宗教救贖，種種因素皆使傳統的貴族宴會與高級料理逐漸沒落。此外，隨著農作技術提升與全球化，「中階料理」成了近代料理最重要的創新，雖沒有高級料理精緻，卻共享許多特色，更餵飽了普羅大眾。

近代料理

Modern Cuisine

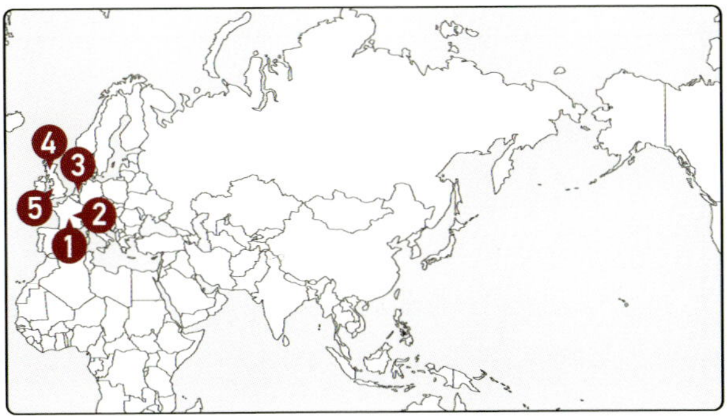

蔬菜燉肉（Ragout）
法國

一種以什錦蔬菜、蕈菇、花椰菜、洋薊與豌豆煮成的濃稠燉菜。這道料理從天主教料理改良而來，被重視化學的醫師視為能促進健康的新菜色。

貝夏媚醬汁（Béchamel Sauce）
法國

又被稱為白醬，過去曾以肉湯為底，並用蛋黃、奶油來勾芡製成。今天製作時以奶油和麵粉製成的白麵糊混合牛奶製成，是讓料理帶有法國風味最好用的調味料。

燉菜（Hutespot）
荷蘭

一種以馬鈴薯、紅蘿蔔與洋蔥為主，並加入香料製成的燉菜。原先在天主教料理中以濃湯的形式出現。由於殖民關係，在今日的印尼也可見到這道料理。

烤牛肉（Roast Beef）
英國

英格蘭料理的核心，會和麵包與葡萄乾布丁搭配著吃。英國著名的「週日烤肉」（Sunday Roast），就是以烤牛肉、馬鈴薯泥、約克郡布丁及蔬菜組成，最早是人們週日上教堂後享用的大餐。

約克郡布丁（Yorkshire Pudding）
英國

將用蛋與麵粉調製的麵糊烘烤後製成，呈杯子狀，外圍香脆而中間軟綿，易於吸收肉汁。布丁是不列顛版本的家常料理，為人們提供白麵包以外的選擇。

什麼是中階料理？

中階料理含有許多肉類、脂肪、甜食、來自世界各地的異國食材，以及些許澱粉類主食。準備餐點的通常不是家中婦女，而是職業廚師或餐廳。

中階料理如何發展？

中階料理隨著近代料理興起而誕生，其中以麵包與牛肉為主的「盎格魯料理」隨著英國殖民擴張，進一步來到世界各地。由於盎格魯世界在人口與領土成長之時，其料理也同步發生轉向，這促使世界各地的社會菁英認為國家得以強盛的原因就在於所吃的食物，例如日本在十九世紀就倡導國人食用牛肉。

中階料理帶來的影響為何？

隨著殖民擴張與食品加工業的發展，中階料理在世界各地加速縮小了傳統社會中高級料理與粗茶淡飯之間的鴻溝。到了二十世紀，除了戰爭帶來罐頭食品的發展，全球化也讓階級性料理逐漸被各國料理取代，而今天世界各地都可見到美國漢堡與日本的杯麵。

中階料理
Middling Cuisine

炸魚薯條（Fish and Chips）
英國

以炸馬鈴薯與原是猶太人傳統的炸魚組成，最早是工人階級熱愛的料理。起源於1860年代的倫敦，今天仍是常見的外帶食物，更被視為經典的英國菜色。

香雅飯（ハヤシライス〔Hayashi Rice〕）
日本

一種根據日本當地口味改良而來的西式料理，以碎牛肉、洋蔥、洋菇熬製醬底煮成，再搭配白飯來吃。久燉的燴醬中通常不會有大塊且厚切的牛肉，只留有肉香。

通心麵（Macaroni）
義大利

義式麵條的一種，外觀像黃色橡膠管，表面因機器製作而呈條紋狀。十九世紀時已有工廠製的乾麵條，到了能買到罐頭番茄做醬汁時更是大受歡迎。

漢堡（Hamburger）
美國

以牛肉、白麵包、新鮮蔬菜和醬料組成，通常搭配薯條與冷飲。今天，世界各地都可見到漢堡的蹤影，且還有透過當地食材與口味製成的選擇。

分子料理（Molecular Gastronomy）
西班牙與法國

一種新式高級料理風格，也可說是中階料理在表現上的至高水準。人們對這種料理的印象通常是只有一小口的分量，而廚師通常有如藝術家，創新精緻化的地區性或國族料理。

料理之道

瑞秋·勞丹 著　　馮奕達 譯

CUISINE AND EMPIRE

Cooking in World History

從神的規則到人的選擇
全球料理的五千年演化史

2024新版

RACHEL LAUDAN

謹以此書

獻給我那耕作的父親和負責一日三餐的母親

獻給賴瑞（Larry），感謝他總是傾聽

目次

推薦序

我熟透，我放光

蔡珠兒／作家

《料理之道》這本書原名《帝國與料理》，望之儼然，拿起來也很有份量，就算扣掉書目和注釋，正文淨重還有五百多頁，如果邊讀邊吃，一不小心，足以壓碎薯片，擊垮葡萄。咦，你問我，會有胃口嗎？翻開目錄，從遠古到當代，兩萬年五大洲，時空大河浩蕩奔流，酒池肉林，粥粉麵飯，整個文明史洶洶湧來，這種大部頭，閒讀怎麼吃得消？

是呀，本來我也這樣想，翻完導論就放上書架，供在高層驅魔鎮邪，想說等有疑難再去查找問卜。結果，這書從書架溜到案頭再爬上床頭，四年來，我總共讀了三遍半。

那半遍是開幕式，我先從第四章的伊斯蘭料理讀起，動機很簡單，好奇。我向來喜歡土耳其菜，近年去了幾趟中東和北非，嚐過各地清真菜色，對穆斯林的食物體系更感興趣，也滋生不少疑問，卻沒什麼中文書可讀。有一年從摩洛哥旅行回來，忽然記起這本書有一章講這個，於是找出來，跳過上古，直接從八世紀的巴格達開始讀。

然後，就像愛麗絲掉進兔子洞，沿途光怪奧麗，目不暇給，讓我大開眼界，看得入迷。

原來伊斯蘭菜有兩大淵源，八世紀開始的波斯式，善於精煉和蒸餾，做出白糖、甜食和玫瑰水；十三世紀後期的突厥式，有肉湯、抓飯和麵食，並引入咖啡。從波斯、蒙古、鄂圖曼到蒙兀兒，帝國食制宏富，金炊玉饌，高度發展，影響力綿延到現代，例如各種餃子的分布，就在蒙古帝國的昔日版圖，而咖啡更已遍及世界，從提神飲料變成精神文明，是日常生活的必需品。

我喜愛的土耳其捲餅（börek）、串烤（kebab），小水餃（mantı），鑲蔬菜（dolma），都是噴香可吃的活化石，封存歷史的氣味和烙印。還有甜食，我去過的伊斯蘭城鄉，不管是杜拜、開羅、安曼、馬拉喀什，還是撒哈拉的綠洲小鎮，都有琳琅豐美的甜食舖。

我印象最深的，是伊斯坦堡的老店Hafiz Mustafa，門廳雪亮華麗，糕糖五光十色，流奶蜂蜜，芬馥濃腴，而且像小七，從早開到晚。深夜踱過去，喝杯熱紅茶，吃淡綠酥香的果仁蜜餅（baklava）、金黃牽絲的庫納法（kunafa），邊吃邊看，遠眺博斯普魯斯海峽的燈影，這宵夜很天方夜譚，但也讓我納悶，甜食不是維生品，耗時費錢又需要技藝，他們為何這麼熱愛？

第四章穿越千年，把我從巴格達帶到君士坦丁堡，一路明目解惑，也摭拾亮點。什麼？早期的穆斯林是喝酒的，天堂嘩嘩流著蜜河與酒河。而吃甜點則是神意，因為《古蘭經》有指示，「享用甜食，是信仰的象徵。」原來啊，伊斯蘭的甜蜜文化，是信念的體現，食物更是人生至樂，這與節制克儉的基督新教，完全悖反。

疑惑有稍解，我的好奇卻更熾烈。伊斯蘭菜的諸多元素，後來被基督教吸收轉化，成為近代飲食的基底，而伊斯蘭菜的濫觴成形，又受到佛教料理影響；這之間，發生過怎樣的糾葛交纏，有什麼碰撞激盪，又混血出哪些菜色？好想知道啊，我像追劇般，繼續看第五到第八章，讀完半遍，綱舉目張，輪廓愈發清晰。之後食髓知味，再去讀前面三章，小口慢嚼，每日服用，從頭到尾又讀完一遍。

愈看愈驚奇，這位瑞秋．勞丹（Rachel Laudan）也太厲害。食海浩瀚，涉及龐雜，學者通常只能抉選一二，切割處理，或以鹽、糖、鱈魚、茶葉等物質為主題，或以地區、時代、社會為範疇，畫地自限，聚焦專研。勞丹膽敢包山包海，縱橫學科分界，跨越時間和畛域，放眼全球，寫出這本豐厚有料，百科式的飲食大歷史。

此書飽含史實與研究，洋溢學術味，但並非餖飣成篇，獺祭堆砌，僅是縫合拼裝細節。勞丹從海量史料中，提煉範式通則，梳理出梗概架構，就像她自己說的：「歷史不單只是羅列史實，還要在這些史實中尋求模式。」

最吸引我的切入點，當然是烹飪，身為一個愛煮的智人，我深深以此為榮。烹飪，就像工具和語言，區分了人類與獸類，熟食使人類的腦量增大，改變了生物體質，促進演化，形成文化——是的沒錯，烹飪史就是人類的文明史。但是，也因為食物太複雜，牽連太廣，與人類各種生存面向，皆沾黏相關，我們見樹不見林，只緣身在此山中，把飲食當成瑣碎的低階產業，無以洞察宏觀。

所以這本書格外可貴，勞丹追本溯源，放闊視野，拉高緯度，建構了一套大敘事，以年代和地理為座標，融入政治維度，探索全球料理的哲學和技法。她講的不是菜系類型，而是料理如何移轉流變。她認為「料理哲學」是飲食演化的關鍵，新烹飪法的創造，源於新料理哲學，而新的料理哲學，則來自新的思想和價值觀。

勞丹把從古至今的料理，歸類為古代、佛教、基督教、伊斯蘭教、近代中階等五大系，各有相異的哲學理念，發源於不同的地理帶，也對應不同的食物和社會脈絡。簡單來說，上古的穀物料理，用於獻祭，有嚴格的階級原則；其後的三大宗教，衍生出神權的飲食體系，並隨帝國的制度與文化，散布播遷到全球各地，形成近代料理的根柢。

在我看來，前面三百多頁都在鋪梗熱身，近代料理才是戲肉，勞丹用了整整三章，細寫近代料理的崛起與擴張，觀照宏大，論述縝密，有不少獨特創見。

她提出「中階料理」（middling cuisine）的概念，這個奠基於麵粉和肉品（尤其牛肉），多用肥油與白糖，以醬汁和甜點為特色的料理，源自十六七世紀的啟蒙意識，路德和喀爾文的宗教改革，以及神學、體質、政治、化學等新知，改變了食物的風味技法，法國菜（中階料理的典範）就是以化學為基礎。

而十八世紀後的自由共和、民族國家等思潮，更擴大了這個料理範式，影響遍及普世，滲入庶民日常。不說別的，我們每日的餐飲，皆與此密切相關，譬如台式早餐店（漢堡三明治雞排珍奶），港式茶餐廳（豬扒西多士通粉鴛鴦），從菜單辨認各種食物的源流派系，推敲其演變軌跡，是一件很有樂趣的事。

此書讓人站上高處，放眼勘察地形，對料理的來龍去脈，有更寬廣的理解認知。比如說，提到法式烹飪的轉捩點，一般都歸功於凱薩琳．麥地奇（Catherine de' Medici），一五七〇年她從義大利嫁到法國，帶來美食的革新。但看過這本書，瞭解整體的時代脈絡後，我覺得更該感謝的，是新教的喀爾文和自由主義的洛克。

眺遠見近，坐天觀井，這種巨視的論述觀點，可以為出版界和料理界，帶來新啟發。台灣的飲食書寫蓬勃，料理文本數量龐多（這也是中階料理的特色），但多半以物質微觀為手法，品味美學為價值（好啦，我自己就是），要不就是料理不思議、飲食豆知識之類的通俗趣味，反映「飲食小道」的傳統偏見。

其實飲食書寫和研究，早已融匯整合多種學科，架構愈見廣博，除了以往的經濟、營養、農業、社會、人類學等取向，還有結合歷史場景和物質文化的年鑑學派，技術史和科學哲學（這也是勞丹的學術背景），以及新興的認同政治，身體理論，環境生態，乃至神經科學（畢竟我們用大腦而非舌頭品味）。

至於料理界，近年來「台灣味」是熱門的議論主題。學者研究台菜的歷史和類型，年輕世代的廚師則勇於創作，以西式技巧烹製本土食材，從三杯雞、蚵仔煎等傳統取法，試圖融入日式、客家或原住民的元素，摸索實驗台味的新可能。

這種台灣味的建構，反映出日漸鮮明的身分認同，也呼應外在的國族思潮，中階料理注入民族特色，地區差異（例如近年當紅的北歐菜和秘魯菜），跳脫宗教和帝國的圈限，去中心開枝散葉，正各自茁長，建構成形。食物從神性走向人性，意義深遠，波斯哲人魯米的詩句，「我還生，我熟透，我放光」，在我讀來，根本是人類烹飪史的寫照。

因為喜歡，我願意冒著才學粗淺的危險，真心推薦這本書。二〇一七年問世的中文版，未受應有重視，寂寞生塵，幸而二十張出版不讓好書埋沒，改書名推出新版，題旨更加清楚明晰。喔，你問我到底看幾遍？之前一遍半。去年五月疫情升級，宅居無事，又拿出來讀一遍（依然津津有味），然後為了這篇，今年再讀一遍，摺角處處，滿劃螢光重點，望之眼花，我很高興有新書，是該換個「潔本」嘍。

最後，容我再雞婆一下，這本書還有延伸閱讀，可以去勞丹的部落格（https://www.rachellaudan.com/blog），看她近年的文章，其中有一篇長文，對食物史的寫作與研究，有淺白可親的介紹，豐贍詳盡的參考書單，很補喔。

導讀

建構飲食史研究

周惠民／國立政治大學歷史系教授

帝國與料理

瑞秋．勞丹（Rachel Laudan）的近著《料理之道》是她繼一九九六年的《樂園的食物：夏威夷料理遺產探索》（*The Food of Paradise: Exploring Hawaii's Culinary Heritage*）之後，另一本有關飲食的著作。勞丹自稱《樂園的食物》為非學術著作，因為她原本在大學中教授的是歷史和科學哲學，後來前往夏威夷大學參加一項研究計畫時，開始認識移民對當地飲食文化的影響，才認真探討飲食與科學之間的關係。夏威夷原本是一個只有「幾種不會飛的鳥、一種蕨類、海草、魚，以及兩種莓果之外，幾乎沒什麼東西可吃」的無人島。自從玻里尼西亞人、十九世紀初的不列顛裔美國人及十九世紀末以後的東亞人等三波移民進入後，夏威夷變成一個多元飲食的樂園。勞丹對當地的飲食發展史發生興趣，進而著成《樂園的食物》。她將人類學、科學等學科觀念帶進飲食史研究，因此獲得許多飲食研究的獎項，更加強她對飲食的關注，才有《料理之道》這本書問世。

要從論述一個小地方的飲食發展史跳到觀察全球飲食文化發展過程並非易事，《樂園的食物》只須檢視三波移民帶進的各種飲食對夏威夷飲食文化造成的影響，無論食材的內容、烹調的方式還是調味概念的變化，都發生在特定空間當中，很容易追尋到其源頭。但《料理之道》卻欲同時檢討「帝國」發展與「料理」變化，牽涉各種食材的交換與傳播、民族對飲食的想像或是社會階級的變動與飲食的表現。當然，不同文化間對食物的處理方式或是味覺的差異，也都影響了飲食文化的表現乃至烹調與擺設。

料理的源起

我們且以小麥為例：從直立原人（*Homo erectus*）出現以後，儘管人類與其他人族（*Hominini*）的分化加快，但在飲食行為上，並沒有明顯的差別，撿拾各種果實、採集昆蟲、蛋或捕殺小型動物維生，並沒有烹調食材的能力。到了智人（*Homo Sapiens*）出現，逐漸能利用環境中的材料如石頭、骨頭、樹木等製作器物，才擴大食物範圍與內容。而處理穀類作物的方式，徹底改變了人類的生活與內容。人類蒐集草本植物的種子，並用間接加熱的方式烹調，可以製造出富含熱量的菜餚，進而改變人類蒐集食材、烹調飲食的方式。現代研究飲食史的學者，都以小麥耕種作為新石器時代最重要的特徵。陶製容器解決了食用穀類的基本課題，也只有當人類可以利用這些草本科作物的果實後，人類才會設法蒐集穀類植物，將之馴化，並細心照料，以保證收成，農業由此而生。小麥傳播到各地時，多是粉食形態，也就是將麥子磨成粉之後摶揉成麵團，再加熱製成各種麵食。在小麥的原生地，麵團多以烘烤方式製成麵包食用，傳到中亞地區，仍是如此；但小麥進入中國，卻多成為炊餅（蒸餅）或是湯餅（麵條）的形式，中國也有烤製而成的胡餅（燒餅），但從名稱便知道這並非中國的飲食方式。中國從八千年前，便以加水蒸煮的方式處理稻米，也用類似的手法處理小麥，這種發展過程，並非用小麥傳播可以說明清楚。可惜勞丹對此議題並沒有深入探討。

「帝國與料理」還是「帝國主義與料理」？

農業發展以後，歷史發展進入另一個階段。十七世紀許多西歐的政治學者探討國家或政府的起源時，多提到「自然狀態」（state of nature）的概念。霍布斯認為自然狀態是「戰爭狀態」；洛克則認為自然狀態原為「和平狀態」，私有財產出現之後，人類社會才發生掠奪、征戰。人民為了自身安全，願意交出一部分的權利，建立國家，由政府管理，維持秩序，才可以達到「自我保存」的目的。

我們不討論國家權力問題，但這些政治哲學家所想像的人類社會起源，某種程度上符合史實。有些地方或因為地理位置良好，或因為人民勤奮，得以物產富饒、工藝發達，引起周邊國家的覬覦，因而有爭戰殺伐，就如同洛克所說的「私有財產」與「戰爭狀態」的問題。討論農業起源之後，必然會提出這樣的問題：「為何兩河流域發生農業之後，便一直處於戰爭狀態，不斷有外族入侵，政權興亡、更迭的速度極快？」勞丹指出：過去四千年中，帝國使用不同方式與手段，將其軍事、政治、經濟或文化力量「投射」到世界各地。隨著帝國的擴張，其烹飪與飲食方式也隨之傳播到其移居之地區，無論是食材還是烹調方式都隨著帝國的腳步前進。

勞丹顯然注意到自古以來，人類取得食物的方法很多，但未必以和平手段為之。並以此議題為其切入《料理之道》討論的起點。帝國或帝國主義的發展，確實與糧食供應的關係至為密切。

帝國主義與糧食問題

國家希望解決飲食問題，讓其國民可以達成其「自我保存」的基本需求時，自然要將糧食與帝國主義連接起來。我們可以先從人口結構的變化說起。

人類文明進入二十世紀下半期以後，世界人口快速發展，許多地方也出現了糧食危機，令許多學者關注糧食生產與分配的課題。其實，十九世紀以後，歐洲已經出現人口快速成長的現象，反映出當時因化學知識進步帶來的變化：化學肥料提高了糧食生產，化學藥品使得醫療衛生不斷進步，減少疾病威脅。十八世紀時，聯合王國的嬰兒夭折率約為百分之七十五，十九世紀以後，迅速下降為百分之二十五以下。一八〇一年時，聯合王國人口約八百三十萬，到了一九〇一年，人口成長為三千萬；又過一百年後，當地人口已超過六千萬。其他地區也出現類似的成長速度：一九五三年，中國人口為五點八億，一九八二年已超過十億。這種人口成長速度勢必帶來許多亟需解決的課題。

解決糧食問題的方法不少，除了自行耕種以外，還可從外部取得資源。長久以來，人類透過戰爭或商業手段，滿足各種需求。中國歷史記載，西元前一千多年，戎狄居於陸渾，東至於衛，侵盜暴虐中國。所謂侵盜暴虐，便是在中國掠奪生活物資。兩千年後，中國北方的契丹人仍是如此，《遼史．第三十四卷．志第四》載：「人馬不給糧草，日遣打草穀，騎四出，抄掠以供之」，食物完全取之於中國農業民族。

古代羅馬人攻城掠地也是為了解決糧食供應問題。羅馬一直倚賴埃及的糧食供應，原本尚與統治埃及的托勒密王朝（Ptolemaic dynasty）交易，購買穀物，大量小麥順尼羅河而下，在亞歷山大港集結，銷售到羅馬。一旦這條糧食供應路線出現問題，羅馬內部就可能發生動亂。凱薩與馬克·安東尼（Marcus Antonius）兩人親自前往埃及，也有保障糧食運輸的意思。到了西元前三〇年，屋大維戰勝安東尼，直接控制埃及，更是確保羅馬的糧食供應無缺，此後數百年間，埃及一直都是羅馬的穀倉。八世紀以後，阿拉伯帝國興起，逐漸切斷歐洲的糧道，十世紀左右，突厥人進入西亞地區，直接威脅拜占庭帝國，也切斷歐洲大部分地區與亞洲的聯繫，埃及的糧食，自然也不再供應歐洲緊鄰地中海的地區。十六世紀，西班牙逐漸發展新航路，逐漸可以與鄂圖曼帝國競爭，也開啟了新的商業組織與貿易的型態。

從年鑑學派的角度觀察

年鑑學派史家費爾南·布勞岱爾（Fernand Braudel）在《地中海與菲利普二世時代的地中海世界》（*The Mediterranean and the Mediterranean World in the Age of Philip II*. 2 vols.）一書中討論當時人口密度、貴重金屬流通以及財政結構等現代國家面臨的重要問題，以說明近代歐洲如何發展「航海時代」，尤其是物資與運輸的關係。這種討論問題的方式，起源於一九二九年的斯特拉斯堡大學（University of Strasbourg），該校教師布洛赫（Marc Bloch）及費夫爾（Lucien Febvre）等人提倡結合歷史場景與時間，加入物質文明的因素，以便於討論歷史的變遷。具體做法之一便是結合地理學、歷史學與社會學，將觀察歷史舞台的時間縱深加長，希望理解一些事物長期變遷的過程。這幾位學者以新的方法和領域，開啟了「年鑑學派」的新文化史研究。

布勞岱爾認為軍事或政治評論往往從短時段出發，但社會觀察也許要更長一點的「中時段」，歷史學家則應當研究長時段發展，必要時，觀察基礎應當拉長到百年甚至數百年。他的著作《十五至十八世紀的物質文明、經濟和資本主義》（*Civilisation matérielle, économie et capitalisme, XVe-XVIIIe siècle*）便是從較長的時間來觀察資本主義發展。在三大卷的書中，第一卷先討論這個時段中的日常物質生活，包括世界人口結構、糧食供應、飲食與居住等日常生活的形式；第二卷以「交換」為中心，分析交易媒介、市場、生產與資本組織；而後由小漸大，在第三卷分析資本主義的相關表現。這套書最重要之特色，便是嘗試以世界為舞台，研究人類整體活動，建構世界史的基本雛形。勞丹在本書的第二個時段的討論，包括第四章「中亞與西亞的伊斯蘭料理」及第五章「歐洲與美洲的基督教料理」便明顯受到年鑑學派理論的影響。

歐洲帝國主義者航行海上

十六世紀時，歐洲許多船隻可以穿過大洋，抵達中美洲，也能繞過非洲，前往亞洲。當時，世界主要的經濟活動仍以農業及商業為主，工業的產能不大，歐洲船隻將各地的物產搬往其他地區，馬鈴薯、玉米、番茄等對世界糧食供應影響極大，例如馬鈴薯成為歐洲餵養牲口的主要作物，原本用於餵養馬匹的燕麥，則轉供人類食用。

許多人以為歐洲主要沿海國家的商人前往海外，是為了滿足國內群眾的口腹之慾，卻忽略此時歐洲面臨瘟疫的衝擊，對醫藥的需求也相當急切。十四世紀以後，歐洲不斷受到鼠疫侵襲，卻一直無法認識病源，更苦無良藥，只能希望在海外尋求秘方。大家都提到香料是當時一項大宗買賣，需求甚殷，但鮮少知道進口香料的主要目的並非調味，而是用於醫療。不過當時海上貿易的一件大宗商品蔗糖倒是純粹的味覺享受。蔗糖輸入歐洲後，引起廣泛迴響，需求不斷增加。英格蘭國王亨利八世（Henry VIII）便是蔗糖的「重度使用者」，每年消耗數千鎊黃金於蔗糖消費。正因為如此，歐洲商人紛紛到海外尋求蔗糖供應地，甚至願意自行墾地栽培。學者討論近代帝國主義的種類時，特別歸納一種「屯墾殖民地」（plantation settlement或plantation colony）的類型，以經濟作物為主要著眼的殖民行為。荷蘭東印度公司在臺灣開墾荒地，從印度引進甘蔗苗與耕牛，又從福建沿海招徠農民，開展臺灣的糖業生產，其著眼點正是歐洲的巨大商機。英格蘭商人抵達中美洲各地後，也從印度引進勞工與蔗苗，開展熱帶栽培業。至今，千里達地區的印度裔居民仍占相當比重。

十九世紀以後帝國主義與飲食文化的變化

儘管在十九世紀以後，民族主義興起，中南美洲地區的屯墾殖民地不斷尋求獨立，建立許多國家。但經濟帝國主義者仍利用各種手段繼續推動屯墾，甚至於更有組織，控制更為嚴格，「香蕉共和國」（Banana Republic）一詞的出現正可以說明十九世紀以後，飲食、經濟作物仍推動帝國主義繼續發展。

一八七〇年以前，美國人並不知道香蕉這種熱帶水果，稍後才有些公司前往加勒比海地區經營熱帶水果栽培，尤其以香蕉及甘蔗為主。約在同時，美洲掀起興建鐵路的風潮，各國紛紛引進美國技術與資金，建造鐵路。當美國商人不斷推廣香蕉之際，美國的跨國公司在中南美洲各地種植香蕉的面積也愈來愈廣，火車則快速地將香蕉輸入美國。一八九九年時，美國商人已經完全壟斷中南美洲地區的香蕉產業。

巴拿馬、瓜地馬拉、宏都拉斯、尼加拉瓜、哥倫比亞、厄瓜多都是美國香蕉的主要供應國。香蕉產業甚至成了美國國內政治的重要課題，政府必須協助商人掌控該地，以確保香蕉供應。從一九〇〇年到一九四〇年代，中南美洲政治局勢並不安定，美國也不斷出兵干預中南美洲事務。例如一九一二年，出兵宏都拉斯，讓聯合水果公司如期興建鐵路；一九一八年，美軍又出兵以平定巴拿馬、哥倫比亞和瓜地馬拉的香蕉工人罷工案。聯合水果公司（United Fruit Company）和標準水果公司（Standard Fruit Company）的影響力漸增，甚至可以控制這些國家的政治，因而出現「香蕉共和國」這樣的政治學概念。

一九二八年十一月底，哥倫比亞香蕉園中的工人提出應當簽訂工作契約、每日工時為八小時，每週工作六天，並停止發放食物券等要求。罷工事件逐漸轉成大規模工運，許多激進的自由派議員與社會黨及共產黨紛紛加入。十二月六日，美國官員及聯合水果公司職員稱當地工人的罷工事件具有共黨威脅性質，美國政府威脅：如果哥倫比亞政府不能確保美國人民的安全，將要自行派遣海軍陸戰隊前往解決。哥倫比亞政府乃派兵前往干涉，卻造成人員傷亡。美國又派遣一支武力，使用先進的自動武器，開槍鎮壓抗議示威，造成極大生命損失。各種統計數字相當混亂，估計死亡人數從八百到三千不等，許多婦孺也遭殺害。這次事件被稱為「香蕉大屠殺」（Banana Massacre）。

由此觀之，近代帝國主義的擴張與羅馬帝國或是匈奴部落所發動的「傳統型帝國主義」，本質並無太大的差別，只是在列國制度之下，許多帝國主義者為顧及強國間的顏面，形式上必須維持對「國際公法」的尊重而已。

文明進化

從人類文明發展的順序來看，西歐地區的發展相對要晚。十六世紀以後，西歐勢力快速上升，十九世紀以後才居於領先地位。西歐的飲食文明也逐漸被視為新的典範，紅酒、法國菜、乳酪都成了世界飲食文化的主要內涵。但是這種變化，需要經過一個長時段的學習與開發。飲食不僅是生物攝取營養，維持生命及種族繁衍的重要工具，也是文明與蒙昧最易區別之處。如何講究飲食內容、飲食的方式、器具及飲食禮節，都是許多文化的重要訴求。從人類文化發展的進程觀察，少數貴族階級先創制典範，再由較多數的中間階級學習，再向社會下層逐漸推廣，成為大眾文化。這種階級間的學習與模仿行為，原本不具強制力，但當遵循既定的社會規範成為晉升的重要工具時，如何學習上層階級的行為舉止便成為中間階級的重要工作。飲食行為是教養、身分的鮮明標記，自然也是飲食文化的重要表現。

飲食文化不僅包含烹調與製作，也還包括進餐時的各種社會規範。中國向來有「禮不下庶人」的說法，古代禮節規範，多以貴族社會為對象。《禮記．曲禮》中關於飲食的禮節包羅萬象，例如飯前的禮節：「侍食於長者，主人親饋，則拜而食；主人不親饋，則不拜而食。」進餐時不可以「流歠（裝得太滿）、固獲（專門挑選一樣食物）」等。這種社會行為，都是在人類社會組織愈趨嚴密之後才會發展的「禮節」。

西方許多社會學家也從歷史中尋找規矩與禮節的起源，提出「歷史社會學」的概念，又以埃里亞斯（Norbert Elias）為先鋒。埃里亞斯從歷史學與社會學出發，研究歷史上的宮廷社會，討論禮儀與規範，以及「文化」如何形成、如何傳播。埃里亞斯的理論可從唐代的「燒尾宴」得到充分證明。唐代中期起，新科進士必須共同設宴，邀請皇帝參加。宴會之前，這些新科進士得要先學習宮廷禮節，如何進食，才能不失儀，故有燒尾的說法，取義自鯉魚躍龍門時，天降大火，燒去魚尾，才能化身為龍。宴會正是學習宮廷禮儀的最佳場合。

一九七六年，埃里亞斯出版《論文明的進程》（Über den Prozeß der Zivilisation）後，學界才對中古以來宮廷社會與文化發展，乃至中產階級如何學習禮節與文化的社會理論有進一步認識。文明的進程分為四冊，第一冊《西方世俗社會上層階級舉止的變遷》（*Wandlungen des Verhaltens in den weltlichen Oberschichten des Abendlandes*）提出文化變遷的重要理論：社會中的特定分子因為向上攀升的需求，乃學習特定舉止與禮節，以博得上層社會的歡心。當許多人都如此做時，自然形成新的文化。這是兩個層次的對話：如果討論特定社會中的全體與個人的關係，要從個人角度觀察，但文化的發展應當從整體的觀念入手。兩者的作用互相交織，也逐漸發展成我們今日所處的社會。

十七世紀以後，歐洲逐漸發展出今日西歐文化的基本雛形，包括飲食、烹調及進食禮節。但也經過一段漫長的發展過程。例如路易十四對進食用的餐叉相當排斥，終其一生，都是以手取食。十八世紀中，許多英國人前往義大利旅行、學習，看到義大利人使用餐具進食，也駭異不止。直到十九世紀以後，因為煉鋼技術發達，合金普遍，刀叉等餐具量產後，今日西方世界使用餐具進食的習慣才逐漸固定。一但餐具改變，飲食內容也隨之調整，燉煮等熱食容易取食後，才逐漸普遍，現代西餐中講究溫度的做法才變得實際。

二十世紀以後，中間階級數目快速增加，會於特定時間，較為慎重其事地進餐，形成一種新的禮儀規範。勞丹便以中間階級的飲食內容為幾個單元的主題，說明歐洲飲食文化在特定的階段，發展成為世界各地飲食的重要內容。

勞丹的全書結構不脫離歐洲中心論，禮貌性地介紹中國、印度與伊斯蘭世界的古文明以後，便回到基督教世界的視野中，重心放在西歐文化對近代世界的影響。當然，勞丹也檢討了工業對食品安全或烹飪藝術的影響，討論百貨公司對傳統飲食文化的威脅，也討論速食文化對人類健康的危害，但這些檢討背後，仍缺乏深層的省思。

人人可以成為飲食史學家

飲食文化史是新的研究領域，必須聯結不同學習領域，將之整合以後，才能見到新的曙光，或真正瞭解前人說法。

植物學研究三碳植物（C3）與四碳植物（C4）植物時，主要討論這兩類作物對二氧化碳的利用能力及氣孔對環境水分的反應。讀者可能無法分辨兩者到底有何區別，但如果說三碳植物的代表為水稻，四碳植物的代表為玉米時，大家就比較容易理解。中美洲的四碳植物傳到世界各地後，種植在原本無法利用的旱地或坡地時，對糧食生產造成極大影響。日本殖民時期，為了擴大蔗糖生產，將屬於C4類植物的甘蔗種植在C3類植物所需的生長的平原上，充分顯現「帝國」的特質。

飲食史還包括了許多化學學理的解釋，從巴斯德殺菌法到「梅納效應」（Maillard effect），都豐富了飲食史的研究。飲食社會學也不只是討論餐桌座次或禮儀規範，移民社會中，族裔飲食如何向外傳播，越南移民在臺灣如何傳播越式餐飲，其行銷策略與宣傳內容，也都是飲食社會學的內容。飲食與生活息息相關，自然也可以與各種學科結合，所以人人都可以成為飲食文化史學家，帶進新的研究視角，解釋既有的現象，讓學術更為生活。

導論

Introduction

對於「我們是煮食的動物」的這個事實，《料理之道》這本書可是一點也不敢輕忽。人類社會打從其古早的歷史以來，便開始以烹煮過的食物為料理的基礎，吃生食只是點額外的補充。煮食——亦即將食物原料（絕大多數是採收的植物與動物產品）變成某種可以吃的東西——是件相當困難的事，不僅很花時間，還得耗去人們大量的心神。這無論是在過去還是現在都是我們最要緊的技術，總能激盪出分析與辯論，而且也和我們的社會、政治與經濟體系，和我們的健康與疾病，以及對道德和宗教的信念息息相關。我在《料理之道》裡要問的是，料理是如何在過去五千年演化而來？

我想，答案裡有很大部分，可以從追尋幾種主要料理①菜系綿延的過程中掌握到。[1] 這幾種烹飪的風格一個接著一個，在地表上幾條寬廣的地帶拓展開來，至今仍然能在全球烹飪地理分布形勢上清楚追溯其源頭。其中每一種風格都有其偏好的材料、技巧、菜餚、餐點，以及享用的方式。每一種風格都受到某種「料理哲學」（culinary philosophy）的影響，這種哲學定義了什麼叫烹飪，也定義了烹飪如何與社會、自然界（人體也包括在內），以及超自然的事物聯繫起來。料理哲學一向都是人們評判之標的。一旦批評之詞達到某個關鍵時刻，新的烹飪方式就會從舊有元素中建立起來。有時候，人們會逐漸將一種新的烹飪方式當成某個國家的料理來接納。有鑒於帝國是幅員最為遼闊的國家種類，人們接納烹飪方式的過程，也就等於帝國與料理方式之間的雙向互動，以及鄰國如何從那些功成名就的國家與帝國，將其菜餚收入麾下或模仿之的故事，藉此解釋這些菜餚廣為流傳的原因。隨著烹飪方式的流傳，貿易與農業也隨之改變。

這些烹飪手法上，還覆蓋了一層更宏大的故事。三千年前最成功的料理方法（這是以受最多人享用作為標準），是那些以穀物為基礎的烹飪方式。可儲藏的穀物讓財富得以累積，有權有勢的人因此能吃起高級料理，至於其他人就只好粗茶淡飯。由於那些吃好料的人才有錢蓋大間的廚房，為料理的創新挹注資金，因此《料理之道》的主要焦點會放在精緻料理上。但本書要談的故事，也包含精緻料理與家常菜在過去兩個世紀以來的分野，以及這種分野在世界上較為富裕之地部分瓦解的過程，造成了哪些不平等與困境。

構成這本書的分析調查，是我住在夏威夷群島——一處食物史的天然實驗室時開始成形的。夏威夷距離其他大陸甚遠，在人類到來以前，這個群島除了幾種不會飛的鳥、一種蕨類、海草、魚，以及兩種莓果之外，幾乎沒什麼東西可吃。而我住在當地時所見識到的壯闊烹飪景緻，則是由三波移民浪潮創造出來的，每一波移民都帶來一整批料理，欲重新創造出自己的家鄉菜。第一批抵達的夏威夷的移民來自玻里尼西亞，當時可能是西元三到五世紀之間。他們乘著舷外浮木獨木舟（outrigger canoe），隨身帶了數十種可食用的植物，包括他們的主食芋頭，以及狗、雞、豬。他們用土窯煨芋頭、搗成醬，然後盛在葫蘆裡用手指蘸著吃，還會搭配魚——如果是貴族，則是配豬肉

①【譯注】瑞秋．勞丹將食物史（food history）分成很多類型，如料理史（culinary history，關注於食材如何轉變為食物的不同烹飪方法）、飲食史（dietary history，人們實際吃、喝什麼）、營養史、用餐禮儀史、食材的歷史……等。本書中大量使用「cuisine」與「culinary」等詞，如下文中會提到的「烹飪宇宙觀」（theory of the culinary cosmos）、「高級料理」（high cuisine）、「中階料理」（middling cuisine）、「非主流料理」（countercuisine）等。由於作者的關注點在於不同的食材加工與烹飪方法所隱含的政治、哲學、宗教意涵，涉及的不只人類的吃喝，還包括自然界的力量如何「烹煮」動植物，讓動植物成熟。高級料理、非主流料理也不單是飲食，更包括這些菜色從食材變成餐點的「料理」過程。「料理」一詞在中文裡，除了有某種菜系（如日式料理、法式料理）的意思，還有「處理」的意思。是以，譯者選擇用包含烹飪、加工處理、菜系等多重意涵的「料理」一詞，而不是聚焦於末端的「飲食」，來處理相關用詞。

吃。此外，他們也用鹽及各式各樣的海草來調味。

接下來在十八世紀末與十九世紀時到來的，則是帶來了肉牛與麵粉的「盎格魯人」（Anglos）：不列顛人與美國人。他們用蜂窩形烤爐（beehive oven）烤麵包，拿明火烤牛肉，後來也用封閉式的爐子與烤箱來料理。盎格魯人用盤子盛食，手拿刀叉，用鹽與胡椒來為菜餚調味，並且還淋上肉汁。第三波移民則是在十九世紀晚期前往種植園工作，來自東亞如中國、日本、朝鮮與沖繩等地。他們種起了各種喜歡的米穀，砌出石磨磨米，蓋爐灶，用炒菜鍋煮東西。東亞人炊飯，在爐子上炸或蒸魚和豬肉，拿碗筷當餐具，加醬油或魚露等調味料來為菜餚增添風味。

這三種料理中的每一種都被一套哲學維繫在一起，反映的是吃飯的人對神靈、社會與自然世界（包括他們自己的身體）的信念。夏威夷人將芋頭奉為神明的禮物，採用一系列嚴格的食物禁忌來區分貴族與老百姓、男人與女人，並利用自己對藥用植物的知識來保持健康。盎格魯人多半是新教徒，他們為日用的飲食向神禱告，偏好不分社會階級的簡單煮法，認為牛肉與麵包是對體力與健康最有益的蛋白質與碳水化合物。東亞人主要是佛教徒，喜歡米食，會拿食物祭祖以強化家庭凝聚力，並試著拿捏食物的溫熱寒涼來維護健康。雖然二十世紀後半葉出現了某種混和式的「當地菜」，但在家中或風味菜館裡，玻里尼西亞夏威夷菜、盎格魯菜和東亞菜還是被分得清清楚楚。

我先前認為農家菜的發展及其逐漸精緻化，並成為高級料理的緩慢過程，是食物史的常態，但當我在《樂園的食物：夏威夷料理遺產探索》（*The Food of Paradise: Exploring Hawaii's Culinary Heritage*, 1996）寫到這幾種不同的烹飪方式時，我才驚覺這段歷史與我以為的常態不合。夏威夷的各種料理不是從島上自然生態的富饒中創造出來的，因為根本就沒有這種生態。這些料理並非發展自當地，而是橫跨上千英里的大海、多半紋風不動地照搬過來，接著在這個群島上維持一整個世紀不變——以夏威夷食物來說，那就是好幾個世紀。我問自己，夏威夷菜的做法有沒有可能不是例外，而是常態？各地的料理方式會不會也是受類似的長距離移轉所塑造出來，並在無形中呈現了綿延不斷的民族或地區歷史？倘若真是如此，那麼烹飪方式、料理哲學與菜餚的移轉，就能夠為建構食物大歷史提供分析工具。這一定算得上是世界史，因為就連小小的、遙遠的夏威夷島上的菜餚，也都是由人群、理念與技術的全球變遷建立而成的，世界上其他沒那麼遺世獨立的地方顯然更是如此。

從事一段食物世界史研究——這口氣看來不小，但我心意已決，認為自己能做得跟別人一樣好。我是在一座生產綜合乳製品與農產品的農場裡，開拖拉機、餵牛吃草長大的。我早就見識過我母親日復一日，每天三回拿奶品廠的牛奶、母雞下的蛋和園子裡的菜來準備餐點，而且也知道這得花上多少時間。我自己也懷抱著熱情，在五個大洲上煮過菜、吃過飯。我從研究科技史的過程中，學到了如何看待技術的變化與傳播；也在鑽研科學史與科學哲學時，掌握了一點思想的變遷；並從教授社會史這件事裡，對於近代以前的社會結構有不少瞭解。在蓬勃發展的世界史領域中，夏威夷大學歷史系可是開路先鋒，我有幸在這裡聽到像是阿爾弗雷德·克羅斯比（Alfred Crosby）、菲力普·科廷（Philip Curtin）、威廉·麥克尼爾（William McNeill）與傑瑞·本特利（Jerry Bentley）等學者講解他們如何建構起自己談哥倫布大交換（Columbian Exchange）、跨文化貿易、戰爭、疾病、宗教的歷史——而這些歷史都打破了傳統的民族國家界線。所以，我就一頭栽了進去。

我知道自己在建構一套大敘事時，鐵定會犯下不少史實錯誤和自不量力的概括論斷，還會暴露出自己對那些關鍵的、出版速度快到我來不及讀的學術研究成果有多麼缺乏認識。對此，我有兩點考慮。第一，犯錯這檔事並不限於大規模的歷史研究。研究範圍更為局限的歷史同樣容易因為觀點的缺陷而走岔，並因此以為某個事件或某組原因獨一無二，事實上那不過就是普遍的樣態而已。第二，研究歷史不單只是羅列史實，還要在這些史實中尋求模式。每一個搭飛機飛過熟悉地方的人都知道，在不同的高度飛，就會浮現不同的景象。在地面上，你可以察覺到的模式安排如街道區塊、告示牌和十字路口的紅綠燈，到了兩萬五千英尺高空上，就會被城鄉分布、蜿蜒河道，以及丘陵與群山的山系所取代。同理可證，我們也不能把自己每天碰到的地方或民族料理（而這些卻是大部分烹飪史關注的焦點），一針針地縫在一起就當作世界史。世界史所要揭露的，是超乎地方政治與地理界線之上的圖像。「真理易從錯誤中浮現，而很難從混亂中獲得」，法蘭西斯・培根（Francis Bacon）的這句格言我牢記在心。因此，我會試著講個容易理解、前後連貫的故事，相信讀者也會慷慨大度，只有在文中的錯誤讓我的理論站不住腳時，才會來追究責任。

之前已經寫過全球食物史的人，讓我能把自己欲研究的領域變得更具體（同時他們也提供了豐富的資訊）。雷伊・坦納希爾（Reay Tannahill）開拓性的《歷史中的食物》（*Food in History*, 1973）與琳達・希薇特蘿（Linda Civitello）的《餐桌上的風景：歷史傳說、名廚軼事和經典烹飪交織的美食文化》（*Cuisine and Culture: A History of Food and People*, 2004）主要是以國家與帝國來安排內容；我同樣認為國家非常關鍵，但更想強調烹飪方式在國家之間的轉移。瑪格洛娜・圖桑—撒瑪（Maguelonne Toussaint-Samat）的《飲食的自然與風尚史》（*Histoire naturelle et morale de la nourriture*, 1994）研究的是食品的歷史，肯尼斯・基波（Kenneth Kiple）的《流動的饗宴》（*A Moveable Feast*, 2007）則是討論植物的歷程；但我想把重點放在料理哲學與烹飪方式本身，而不是用來煮飯的原食材。至於在《席開千桌》（*Near a Thousand Tables*, 2002）與《歷史大口吃》（*An Edible History of Humanity*, 2009）這兩本書裡，歷史學家菲立普・費南德茲—阿梅斯托（Felipe Fernández-Armesto）與記者湯姆・斯丹迪奇（Tom Standage）分別將食物的歷史分成一系列的階段；我同意世界上有許多地方都能發現大致類似的發展階段，但我想把這些階段當成烹調方式一波波擴張的結果來解釋。澳洲食物史學者麥可・賽門斯（Michael Symons）在《一千個廚子煮個布丁》（*The Pudding That Took a Thousand Cooks*, 1998）裡，把烹飪當成重點，我對此相當贊同；不過，我希望寫一部首尾貫通的故事，而不是把一系列的主題提出來談。

此外，選集作品中也可以找到不少寶貴的出發點，例如J・L・弗蘭德林（J. L. Flandrin）與馬希默・蒙塔納里（Massimo Montanari）所編的《吃：古今烹飪史》（*Food: A Culinary History from Antiquity to the Present*, 1999）；肯尼斯・基波與克里姆希爾特・柯赫尼・奧內拉斯（Kriemhild Cornée Ornelas）編的《劍橋世界食物史》（*The Cambridge World History of Food*, 2000）；阿蘭・戴維森（Alan Davidson）與湯姆・詹恩（Tom Jaine）編的《牛津食品手冊》（*The Oxford Companion to Food*, 1999）；所羅門・卡茲（Solomon Katz）與威廉・沃伊斯・威佛（William Woys Weaver）編的《食物與文化百科》（*Encyclopedia of Food and Culture*, 2003）；以及保羅・弗里德曼（Paul Freedman）編的《食物：味道的歷史》（*Food: The History of Taste*, 2007）。要是我沒有在參考書目裡頻繁提到這幾部作品，那是因為它們早已深深浸潤了我的思考。

我所寫的歷史著重於烹飪（也就是烹煮的風格），一方面與那些已經發表的研究相輔相成，另一方面也和它們較勁。做這個選擇很容易，馬上就讓我的任務清楚很多。我不討論飢餓與饑荒，因為那是農業、交通運輸，以及社會和政治史的一部分，而不是烹飪的演進。我也不把食物的歷史看成朝某個美學目標（如「更美味」）前進的過程，而是把其視作一件關係到讓動植物變得可食的新方法如何精益求精、向外傳播的事。至於耕種技術的歷史，包括像農業革命（或是耕種技術的轉變）及綠色革命（Green Revolution）等事件，我也沒有把它們看得太重要。如果覺得奇怪，那你不妨想想看，建築、服飾或運輸史也不會把焦點放在採石、伐木、牧羊、種植棉花或開採鐵礦上。石頭、木材、羊毛、棉花和鐵礦都是重要的原物料，不僅是建築、服飾與汽車所必須，也構成生產活動的限制，但它們並非這幾種歷史發展的推動力，也不是決定性的因素。此外，人們也該從烹煮風格的歷史本身出發來處理之，而不是把它視為農業的附屬品。

我自己在一開始分析時，就加上了政治的維度。自從有國家出現以來，食用範圍最廣的料理，始終屬於那些面積最大、勢力最強的政治單位。在過去四千年間，最強大的政治單位一直都是帝國——我用「帝國」一詞來代表不同種類的國家，它們有能力藉由各式各樣極為不同的手段，同時或個別將軍事、政治、經濟與文化力量投射到全球大部分地區。移民與旅人，包括殖民者、外交官、軍人、傳教士和商人在內，把自己的烹飪帶到他們移居的土地、運作的使館、建立的軍營、創設的傳教站，以及作為其事業據點的飛地。他們沿著條條大路，飄洋過海，帶著自己的烹調步驟、煮飯用具與所需的動植物，到其他地方複製出自己的菜餚。烹飪法會跟著帝國一起擴張，一起收縮。

然而，要是以為我們可以這麼輕易就把一種料理風格與一個帝國劃上等號，那就太膚淺了。首先，移民、商人與傳教士的腳步從來就不曾受帝國邊界所限制。更有甚者，邊界以外的人總是想仿效他們認為成功的國家與帝國。考慮到大多數人始終都是「料理決定論」者，真的都相信「你吃什麼就會成為什麼」，他們也常常將這些政體的成就歸諸於其菜餚。結果，成功帝國的烹飪方法總是被征服者納為己有，同時也被遠在帝國邊界以外的人所調整與接受。波斯人吸收了美索不達米亞菜，蒙古人吸收了大部分的波斯菜與中國菜，羅馬人繼承了古代世界的希臘菜，日本人則在二十世紀初適應了不列顛菜與美國菜。

不過，這些互有關聯的料理傳播與接受過程，卻很少造成舊烹飪與新調理無縫接軌的「融和」，也很少造就某種全新的烹調方式。廚子們反倒會挑選出既能與現有菜餚結合，又不會與自己的料理哲學相悖的食材、工具或技巧。人們可能會拿一種水果取代另一種水果，或是用長柄鍋取代陶鍋，同時卻也讓烹飪的基本結構保持不變。

新烹飪法的創造，是隨著新料理哲學的接受而來的（就連接受新的理念，也涉及到舊烹飪的調整），而新的料理哲學則是誕生於和政治、經濟、宗教、人體、自然環境有關的新思想之中。要談烹飪的歷史，就不可能不去提及儒家思想、柏拉圖和亞里斯多德、羅馬共和派、馬克思、釋迦牟尼、耶穌、天主教教父、穆罕默德、喀爾文、路德、道家、希波克拉提斯（Hippocrates）、帕拉塞爾蘇斯（Paracelsus）[②]以及西方營養學家們的價值觀與理念。幾十年甚或數百年來，他們的信徒通常都是少數派。後來，這些信徒開始調整現有料理，與新思想取得一致，直到（或許有這麼一天）國家選中了他們。

烹飪的歷史因而有了某種獨特的風貌，既不呆板，也非注定，更非混亂無序。料理會因為人們發明新技術、使用新植物，或是因為移民轉移了這些技術與植物而跟著演變。到了某一刻，當某個文化或國家接受了哲學家、先知、政治理論家或科學家所提出的新價值時，新的烹調法也就等著要出現了——但有時少說也需要一、兩代人的時間。不過，人們所拋棄的料理哲學不盡然會被遺忘：這些理念往往徘徊在記憶中，等著幾世紀後有人拿它們來批評當道的料理、作為改革烹調方式的

②【譯注】本名菲利浦烏斯・奧雷歐路斯・泰奧弗拉斯圖斯・彭巴圖斯・馮・霍亨海姆（Philippus Aureolus Theophrastus Bombastus von Hohenheim, 1493-1541），瑞士醫生、哲學家、植物學家與占星術士。

跳板，譬如十八世紀歐洲的改革派，就是從經典文獻中尋找共和人士的烹飪模範。而精緻料理與家常菜之間隨著穀物烹調法成熟而出現的鴻溝，以及這道鴻溝在二十世紀消失在世界上富庶地方的過程，也在前述那種一再重複的變化模式上影響了烹飪史的走向。

《料理之道》中的八個章節所描述的，是料理橫跨全球廣大地區的一系列散布過程，以及每一種烹飪方式對全球飲食文化遺產的貢獻。當我用像「佛教料理」這樣的詞彙時，讀者應該要這麼想——我所談的，是一整個與某種料理哲學相關、但不盡然相同的烹飪菜系。在這個龐大的菜系中，某些烹飪法在精緻料理與家常菜色之間有比較明顯的差別，某些則否。由於烹飪跨越了空間，根據其接觸到的其他料理而做出調整，菜系中也會出現各種變化。隨著時間流逝，菜色還會因為料理哲學、技術演進、食材的增加或消失而改變。我相信，歷史環境可以讓讀者清楚看見這些區別。

本書的第一與第二章處理古代世界的料理。第一章要呈現的是，儘管世界上曾經有過數十種、甚至數百種小的菜系，但到了西元前一千年，世界上大部分的人口在充分踏查過世界上的植物後，已經從十種主要的菜系中選擇了其中一種。而這十種都是以根莖類或穀物為基礎（我在夏威夷碰上的芋頭主食料理就是其中之一）。十種烹飪方式中，只有兩種能兼顧精緻料理與家常料理，同時支撐著城市、國家以及階級社會，而這兩種都以穀物為主食。我會討論根莖類與穀物到底有什麼特出之處。綜觀全世界，穀物料理都得到一套大致相似的古代料理哲學所認可，這套哲學有三項主要前提：

一、神與人之間的獻祭協議：神給人穀物、教人煮食，人則須祭獻（食物）給神。

二、階級體系原則：根據這條原則，人類（以及所有生靈）的階級差異是由其料理所決定，不同的階級配得上不同的菜餚。

三、烹飪宇宙觀：在廚房裡下廚不僅反映這套宇宙觀，而且也是宇宙發展根本過程的一部分。

第二章接著談第一章裡所描述的十種菜系之一，即大麥與小麥料理，是如何成為歐亞大陸上主要帝國的基本烹飪方式，並且從波斯的阿契美尼德帝國（Achaemenid Empire）西向傳播到希臘帝國、希臘化帝國[③]以及羅馬帝國，東向傳播到孔雀帝國（Mauryan Empire）與漢代中國。食物處理與烹煮過程效率逐漸提升，也逐漸商業化，這讓帝國有能力餵養其城市、提供軍隊給養。哲學家與宗教領袖則批評其階級原則與獻祭協議。

普世宗教所提倡的個人救贖取代了人神之間的獻祭協議，而第三章至第五章要處理的，就是呼應這個過程而創造出來的飲食傳統。第三章探討西元前二〇〇年至西元一〇〇〇年間，徹底改變了歐亞大陸東半部料理、飲食與農業的佛教烹飪菜系。其料理哲學遵循佛陀的法教，把避免肉食與酒精的做法賦予道德價值，並擁抱那些人們相信能幫助冥想與精神成長的食物。孔雀帝國接受了一整套改良過的，以米飯、奶油、糖以及肉類替代品為基礎的嚴格佛教風格料理，比丘與遊方僧再將之傳到南亞、東南亞、中國、朝鮮與日本等地的國家與帝國（這就是我在夏威夷碰到的東亞佛教飲食先驅）。

③【譯注】馬其頓的亞歷山大大帝死後，曾經的亞歷山大帝國分裂為塞流卡斯（Seleucus）、安提哥納（Antigonus）與托勒密（Prolemy）等部將統治的國家。希臘文化隨這些希臘裔統治者的政治影響力而傳到其國度，從亞歷山大死後至托勒密王朝滅亡之間的時代，就稱為希臘化時代，而塞流卡斯、安提哥納與托勒密及其後人統治的國家，即為希臘化帝國。

我在第四章轉而討論伊斯蘭料理。根據伊斯蘭料理哲學，食物是一大樂事，是天堂生活的預想。伊斯蘭料理是由過去中東地區的波斯菜與希臘化料理調整而成，以無酵小麥麵包、精緻的辛香料肉類菜餚、吹彈可破的酥皮以及甜食為基礎。伊斯蘭料理是歐亞大陸中部最強大帝國的主要料理，在影響最廣的時候，可以從西班牙一路延伸到東南亞，從中國邊疆延伸到撒哈拉沙漠南緣。

第五章的主題，基督教料理，其起源雖然早於伊斯蘭料理，但在長達千年以上的時間裡，這種烹飪方式主要還是局限在拜占庭帝國與西歐許多小國之間，其料理哲學強調麵包與酒組成的聖餐，以及交替的宴飲和齋戒期。基督教料理是從羅馬菜與猶太料理轉變並創造出來的，偏好發酵的小麥麵包、肉與酒，然後跟著十六世紀的伊比利諸帝國、跟著天主教版本的基督教料理移轉到美洲的過程，以及跟著非洲、亞洲各地的貿易據點而大肆擴張。到了十七世紀，佛教、伊斯蘭與基督教料理已經主宰了全球料理的分布形勢。

第六章至第八章則追溯近代料理的發展。[2]近代的料理哲學逐漸為了更具包容性的政治理論（如共和主義、自由民主與社會主義），進而拋棄了階級原則。近代料理採納了近代科學中不斷演進的營養理論，並傾向於視宗教或族群飲食守則為個人選擇，而非國家的強制規定。在第六章中，我會來到曾經的料理窮鄉僻壤，也就是歐洲西北地區，來看看近代料理的序幕——這得感謝宗教改革、科學革命，以及十七世紀政治論爭對傳統料理哲學提出的挑戰。法國、荷蘭與英格蘭都經歷了走向近代料理的不同道路，並將之傳播至它們在美洲的殖民地。對白麵包、牛肉與糖的喜好，以及接納新的非酒精飲料，就是它們的共通點。

第七章從中產階級盎格魯料理（夏威夷盎格魯料理的起源）談起，這是種以麵粉（主要是做成麵包）與牛肉為基礎的飲食。由於盎格魯人口有了爆炸性的成長，再加上不列顛帝國與美國的領土快速擴張，盎格魯料理也成為十九世紀在全球分布最廣的料理。工業化的食物生產過程，是縮減高級料理與家常菜差距的關鍵。此外，麵包與牛肉料理隨著帝國同步擴張也造成了一項結果——也就是隨之而來的、關於「是否要接受西方（尤其是盎格魯人）的麵包與牛肉料理」，以及「是否要為所有公民提供或是規定食用這種料理」的全球辯論。

美式的麵包與牛肉料理以「漢堡」的型態遍及全球，而第八章就是以這個全球擴張的過程為起頭。這一章談到了幾種近代料理之間（尤其是西式與社會主義式料理）的競爭，也談到了民族料理隨帝國瓦解而來的分歧發展，還有幾種料理因為共同的營養理論與機構（尤其是跨國食品集團）反而趨於一致的過程，以及高級料理和粗食的分野從原先出現在一國之內，到後來則出現在富國與窮國之間的這段轉變。這一章同樣會討論食品運動對近代西方料理的批評。

最後，我會就二十世紀末全球飲食形勢，以及歷史研究能為當代關於食品的辯論帶來的觀點，分別提供簡短的意見，是為結語。

第一章

學習穀物料理，西元前二萬年至西元前三〇〇年

Mastering Grain Cookery,
20,000–300 B.C.E.

當最早的幾個帝國在西元前一千年成形時，大約有五千萬人以地球這個星球為家，相當於今天整個義大利，或是東京、墨西哥城兩倍左右的人口。大多數人聚居於一條橫跨歐亞大陸的帶狀地區上，西起歐洲與北非，東至朝鮮與東南亞。其中有些人仍以採集與漁獵為生，有些則是原野上的遊牧民，跟著自己的羊群、牛群而遊走。少部分人住在城市裡，這時多數的城市住民還不滿一萬人，最大的城市連兩萬五千人都不到，甚至不及當今美國的小型大學城。實際上，絕大多數的人住在村莊裡，栽種自己的食物，盡己所能多留一些，不讓城裡人染指。獵人、牧人、市民或農民，每一種人都得靠煮食為生。

根據哈佛大學人類學家理查・藍翰（Richard Wrangham）的看法，早在直立人（*Homo erectus*）於兩百萬年前出現時，烹煮活動就已經跟著開始了。但其他人類學家對此不無疑問。[1]無論爭議要如何解決，人類顯然都已經開始煮東西煮了很長的時間了。在頭幾個帝國出現以前——事實上，早在農耕開始許久之前，人類就跨過了某個沒有回頭路的門檻，再也無法只靠生食就興旺起來。換句話說，他們已經成了煮食的動物。

烹煮能使食物軟化，讓人類不須像他們的黑猩猩親戚們那樣，一天花五小時咀嚼。烹煮也能讓食物更好被消化，提升人類從一定量的食物中得到的營養，將其中更多的能量導向大腦。大腦變大，內臟則變小。烹煮還創造出了讓人垂涎三尺的新滋味與爽快的新口感，比方說，帶有些許金屬味的生肉被鮮美多汁的炙燒牛排所取代，味如嚼蠟的塊根成了滿口的鬆軟。

等到人類變得越來越聰明，掌握的烹煮方法也越來越多以後，其他的變化也隨之而來。透過烹煮，人類可能有辦法讓許多有毒植物不再具有毒性，也能軟化那些難以咀嚼的植物，最終使得人體能消化的植物種類逐漸增加。這讓特定地區的資源可以養活更多的人，同時也讓移居新地區變得容易許多。處理肉類與植物的方法讓這些食材不致腐壞，讓人們得以為寒冬或乾季等欠缺食物的時節儲備食物。

不過，煮食也有其缺點。烹煮通常能增加食物的營養價值，但持平而論，某些營養素與礦物質也流失了。雖然煮東西一般來說可以讓食物更安全，但新的煮食方法也會帶來新的危險，例如烹煮穀物帶來了有毒的黴菌或種子，或是更晚一些的時代，則有罐頭中的肉毒桿菌和市售絞肉裡的沙門氏菌。沉重、永無止境的負擔仍然落到了煮飯的人身上。即便如此，烹煮的許多好處還是壓過了那些缺點。

有了烹煮，動植物便成了食物的原材料，而非食物本身。想到我們常常用「食物」這個詞來描述農場種的東西，又想到我們也會不經烹煮就吃堅果、水果、某些蔬菜，甚至是魚和韃靼牛肉（steak tartare），宣稱動植物不是食物的說法，聽起來似乎不太合乎直覺。事實上，對絕大多數人來說，只有一小部分的熱量是來自這些生食材。但即便如此，這一小部分也比我們的祖先那時大得多，畢竟數百年來的育種已經創造出更大、更甜的水果與更嫩的蔬菜與肉品，而我們都是受益者。更有甚者，就連我們今天稱之為「生」的東西，也早已經過許多廚房手續處理過了。很少有人會拿自己的牙齒去咬生肉排，除非有經過仔細切碎或切片。生食主義者接受切片、研磨、剁碎、浸泡、抽芽、冷凍，或是加熱到攝氏四十度至近五十度之間的溫度。根據理查．藍翰蒐集而來的證據，倘若沒有近代高品質的植物食材與仔細的處理，人類就幾乎不可能靠這種飲食方式發展起來。而在古代，人們心滿意足地接受了「人類吃烹煮後的食物」這個事實。事實上，他們認為這就是自己與動物有別之處。或許，這是因為我們今天非常強調「新鮮」與「天然」的食物，才會低估自己有多麼仰賴烹煮——美國地理學家蘇珊．佛瑞柏格（Susanne Freidberg）已經說明，唯有在改變動物的生命週期，以及掌握近代運輸、冷凍保存技術與精心設計的包裝等條件下，才可能有這種「新鮮」與「天然」的食物。無論如何，不爭的事實是——有了烹煮，食物就成了人工產物，和衣服與家宅一樣都不是自然的東西，而是人類所打造的。一球棉花莢稱不上衣服，一把小麥同樣再也不是食物。[2]

一旦有了烹煮，料理便隨之而來。只要證明某些技術對一種食材有效，這些技術就會被應用在處理其他食材上。單一一種食材可以化為不同的食物，各有不同口味與營養成分，比方說穀子可以被製成麥片粥、麵包與啤酒。與此同時，人類不再站在鍋邊吃東西，而是開始用起餐，畢竟煮東西需要規劃、儲存原料，以及時間。餐點可以配合文化偏好來擺放。料理——即有條理的烹煮風格——成了常態。探討烹煮起源與早期歷史的工作就留給考古學家與人類學家，本書要處理的問題是：這些料理有什麼樣的內容，它們如何演變，對人類歷史又帶來哪些影響。

但在開始談料理以前，還是得先談談什麼是烹煮，以及在作為本書起點的西元前一千年時，有哪些料理技術已經發展得臻至純熟。烹煮常常被人等同於用火。但任何一個廚子都知道，廚房裡還有很多活要幹，像是泡水、切碎、磨粉、桿、冷凍、發酵、浸泡滷汁等。這些五花八門的廚房程序可以分成四大類：一、改變溫度，例如加熱或冷卻；二、促成生化反應，例如發酵；三、透過水、酸、鹼，以改變食材的化學性質，方法如過濾液體、泡滷水等；四、利用機械力來改變食材的大小與形狀，像是切、磨、搗、刨。

廚子通常得用各種處理手法，好將動植物變成食物。以肉類為例，廚子在把動物肉去骨、切成塊以前，還得先剝皮。去皮之後的肉才能食用，或者先加熱再食用，抑或是冷凍、風乾或醃起來，留待未來食用。雖然這些手法都是人們廣泛瞭解的烹煮活動的一部分，但我還是按照普遍的說法，將前置作業稱為「處理食材」，而最後的備餐工作稱為「烹煮」。今天在家裡做飯與以往可是有極大的對比，下廚的人不太需要處理食材，而只把心思放在最後的備餐上。[3]

早期的人同時使用乾式與濕式加熱。他們利用太陽，讓水果、蔬菜與小塊的肉脫水。他們也會生火，用火烤肉，用熱灰煮肉與塊根，並直接用餘燼烘烤小東西或麵包，或者先把東西用泥土裹起來再烘烤，又或者是把它們放在火烤過的石頭上。乾式加熱最適合用來讓肉類與植物變得軟嫩，但得耗費大量燃料，而燃料常常相當稀少。濕式加熱則包括蒸煮與水煮食材，甚至在有陶器可用以前，人類就已經有辦法這麼做了。食材可以放入編織密實的簍子、葫蘆、竹節、皮革袋，甚至是抹上泥土的土坑，接著在裡面加滿水，靠著往水裡丟燒紅的石頭（也就是人們說的「煮飯的傢伙」〔pot boiler〕），來讓水沸騰。用葉子包裹的肉、魚或塊根也可以改放在此前被火加熱過、鋪滿石頭的坑裡，並在上頭覆蓋一層土來蒸。在處理大塊的肥肉和堅硬的塊根時，這種焢煮方法非常理想，而且從舊石器時代晚期就已經有人開始這麼做了。直到今天，像是西伯利亞、墨西哥（窯烤肉〔barbacoa〕）、夏威夷（炊坑〔imu〕焢芋頭和焢豬肉〔kalua pig〕）以及美國（坑烤烤肉〔pit-cooked barbecue〕）等地，都還在使用這種做法。[4]

加熱能將長鏈分子打散成較短的分子，讓水分子進入澱粉（水解），並打散蛋白質長鏈（變性），使食物更好消化，還能讓植物生產來防禦掠食者的有毒物質變得無害，使食物更為安全。加熱也能創造新的風味，尤其是將食物「上色」（browning）時會激發出的香氣——一九一二年，法國化學家路易—卡米耶・梅納（Louis-Camille Maillard）首次描述了這種現象，人們於是稱之為「梅納效應」（Maillard effect）。與加熱截然相反的作法，即降溫或冷凍，則減緩腐敗的速度。

發酵則有賴酵母菌、細菌或真菌來改變食物的化學組成，而發酵也有和加熱類似的好處，能增添風味、降低毒性、幫助消化、保存易腐食物，而且也能減少烹調時間。人類很可能在很久以前，便偶然發現蜂蜜、樹汁，甚至是牛奶等發酵後的新口味與醉人效用。人們運用發酵的歷史過程已經不可考，但早期的人或許已經懂得將魚或肉埋起來（現代人現在知道，這叫創造出安全的厭氧環境），藉此防止肉類腐壞，同時創造美味的產品。

泡水和過篩則能讓類似豆子等植物性食材軟化。例如，果仁是在世界各地都相當常見的食材，而透過這兩道手續能減少其毒性。人們藉由在水中添加灰燼或天然形成的鹼性礦物來製造鹼性溶液，用以改變食物的質地、釋出營養素、從植物纖維中析出澱粉，或是加在發酵物中。酸性溶液，例如果汁或草食動物腹內的膽汁，則可以用來「煮」[①]魚。

肉類與植物的堅韌纖維同樣可以藉由機械性的手段來破壞。拿燧石或黑曜岩小刀切肉，速度就跟肉販的刀一樣快，我的學生試過之後，都會因為這個事實而驚訝不已。石頭可以用來拍肉、讓肉變嫩，貝殼或骨頭能用來磨根莖類，臼可以幫穀物脫殼，石磨則能將穀子變成麵粉。把動植物弄成小塊狀，不僅讓人更容易咀嚼，也能讓纖維被切斷或切除，進而延緩食物通過消化系統的速度（當食物中的纖維更多的時候，這就變得非常重要）。

而且，人類早在一萬九千年前左右，便將所有植物食材中最難對付的東西拿來煮了：草本植物堅硬的微小種子。一九八〇年代，考古學家在基乃勒特湖（Lake Kinneret，人們多半聽過的名字叫加利利海〔Sea of Galilee〕）附近，發掘出一處距今一萬九千四百年的小村落。[5] 對爐灶上與垃圾堆的食物殘餘所做的分析，讓他們能重建當時的人所製作的料理。村裡人很少吃大型野獸，因為牠們隨著冰河退去而變得越來越稀少。但對於什麼可以變成食物，當時的人可是徹底做了一番實驗。他們煮魚、二十種小型哺乳類，以及七十種鳥類，同時也吃來自一百四十種不同生物分類下的水果、堅果與豆類，包括橡子、杏仁、開心果、橄欖、覆盆子與無花果。如此繁多的食物選項提供了各式各樣的風味。

然而令人意外的是，村裡人大部分的熱量來源，卻是仰賴小顆且通常很堅硬的草本植物種子。考古學家蒐集了一萬九千個樣本，其中有三分之一大概才一公分長，約莫是芥末子的大小，裡面包含了對接下來的人類歷史非常關鍵的野生大麥與小麥穀。其中一間房舍放了石磨，這項工具能將穀物磨為細粉，不必讓整顆種子直接通過人類的消化系統。

總之，差不多在農耕發展出來的一萬多年前，廚子們就已經掌握了一系列的烹調技術，包括如何處理根莖類與穀物這些人類最早馴化的植物。有這些技術在手，人們才有理由去栽種、除草和收割這些富含熱量與營養的食物。雖然有許多分布並不廣的菜餚會根據特定的地方條件調整，但截至三千年前，已經有八到十種（端視人們如何計算）根莖類與穀物料理傳播到距離其起源地甚遠之處。隨著穀物料理開始支撐城市、國家與軍隊，根莖類料理的重要性也旋即衰退。

從器具、藝術與文字紀錄中，我們對主要料理中的某幾種獲得很多瞭解。其他幾種所知相對較少，但隨著過去幾十年間新探勘技術的發展，這個現象也有劇烈的改變。[6]從烹飪的角度出發，耙梳近年來對農耕起源與傳播的研究，也可以部分填補我們對三千年前主要料理的知識缺口。只要考古學家與人類學家匯報說有此種或彼種馴化過的植物與動物時，我們就能推論烹飪技術與料理也隨之傳播——畢竟要是少了它們，農產品就無用武之處。但這推論也稱不上無懈可擊。在少數的例子中，人們將植物移動了浩瀚的距離，相應的技術卻沒有跟著轉移；比方說，小麥與大麥在西元前

①【譯注】當魚肉的蛋白質碰上酸性物質後，會產生熟化、白化的現象，與烹煮的效用類似。

幾世紀從肥沃月彎（Fertile Crescent）傳到中國，以及玉米在十六世紀從美洲傳到舊大陸時，都有這樣的狀況。不過一般而言，一批動植物的移動，還是反映了料理方式的移動——是料理手法，讓耗費的可觀技巧、時間與能源，來攜帶植物、驅趕動物翻山越嶺，渡過沙漠與海洋，讓牠們適應新地點，以及培育足夠的動植物來充實糧食庫，都有了價值。種子、接穗、塊根與插枝都會占用寶貴的空間，無論是被放置在由人力、獸力或滿載的船隻運送的包裹中；人們必須在帶鹽分的浪花、森林地帶與日頭烈焰之間護著它們。給動物飲食，意味著在給養短缺的時候，人類分到的會更少。一旦抵達目的地，植物得接受細心照料，以適應新的土壤、氣候、日照長度與季節模式。接著還要繁衍，直到有足夠的量可以餵養眾多的人為止。

全球料理分布形勢，約西元前一〇〇〇年

我會用前述提到的史料來概述世界上主要的幾種料理，先從中國北方黃河流域開始，接著在全球人口最密集的地區迂迴前進（地圖1.1）。雖然我們目前對於這些料理的知識變化很大，特定的時間或路徑都只是暫時性的假設，但結論不太可能有變動：這些料理幾乎全面以根莖類和穀物為主食，分布的範圍也的確相當廣。可以想見的是，一定會有其他化約的說法出現。只有在出現穀物料理的地區，才會有城市、國家、軍隊。一旦出現，穀物料理底下便會分裂出給有權有勢的人和窮人、城鎮人與鄉下人，或是定居民與遊牧民所吃的、不同的次級料理種類。此外，世界各地都在祭神之後舉辦盛宴，其端出的餐點具有標誌性的意義，不僅代表著社會，也維繫著社會，道理就跟今天美國的感恩節相仿。但這些全球性的平行發展，是否反映出各個社會間廣泛的接觸、社會組織形

成的邏輯，或是這兩者的混合？我們並不清楚。

豬粟（broomcorn millet, *Panicum miliaceum*）與粱粟（foxtail millet, *Setaria italic*）是來自不同屬植物的小圓穀類，蒸過以後，就成了我們在中國古代黃河流域碰到的第一種料理中的主食。[7]當地農民住在小村莊裡，房舍有一半低於地面，以厚茅草為屋頂來抵禦寒風，屋內則塞滿穀類與保久處理過的蔬菜。洪水與草原上的風將肥沃的黃土帶到了黃河流域，小塊的粟米田便點綴其上。

處理粟米時，農人會高高舉起重杵，反覆落在臼中，直到不能吃的外殼裂開（圖1.1）。大約從西元前一世紀起，他們開始使用腳杵，用比較省力的方法，舂打埋在地裡的臼中放的穀物。等到殼都裂了，他們再把米穀丟到籃子裡，靠風選法將較輕的殼吹走。接下來，農民把三腳鍋放在小火上以節省珍貴的燃料，將穀米蒸到鬆軟為止，然後先拿一點來祭拜神明和祖先，最後才把自己的手指伸進公碗裡。他們會用幾口醃菜、各種結球甘藍、錦葵、茆（一種水生植物）或竹筍等以昂貴的鹽調味、保存的配菜來配粟米吃。有時候，如果捕到小隻的野味，他們也會吃一點水煮或蒸的肉，加上韭菜、棗與酸杏來調味。

農人還會添上一點大麻子、黃豆（這些食材蒸完不僅沒有味道、粉粉的，吃了還容易脹氣），以及米來補充，但在這麼北邊的地方，是沒法指望稻米能成熟的。等到存糧漸漸減少、但尚未收成以前，人們才會不情願地投向統稱為「麥」的小麥與大麥；這兩種外來的穀類，是大約西元前兩千五百年時，旅人從中東的肥沃月彎帶來的。[8]人們把麥類像粟一樣整顆下去蒸，但這些長得比較大、比較硬的穀類蒸完後仍然相當硬而有嚼勁，因此人們只有在粟米收成前、挨餓的時候才會吃。

根據中國傳統史書，湯在西元前一六〇〇年前後建立了商朝。像湯這樣的統治者，會和手下的武人在講究方位而建的城池裡，吃著豐盛得多的粟米料理。當國君的人馬要強占農民的穀物時，農

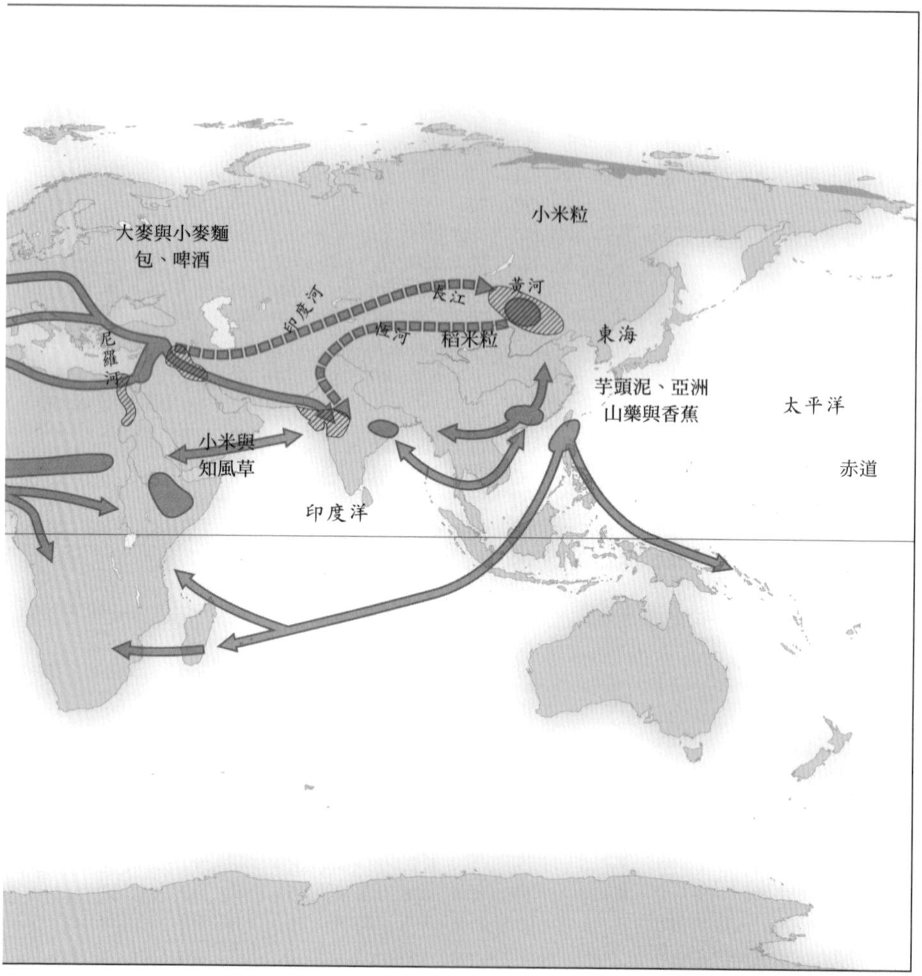

7. For China: Fuller, "Arrival of Wheat in China"; Fuller et al., "Consilience." For the Pacific: Kirch, *Feathered Gods and Fishhooks*, 61. For the Fertile Crescent and African crops and millet in China: Smith, *Emergence of Agriculture*, 68, 108, and 133. For Europe: Cunliffe, *Between the Oceans*, chap. 4. For Africa and the Indian Ocean: Fuller and Boivin, "Crops, Cattle and Commensals"; Fuller, "Globalization of Bananas."）

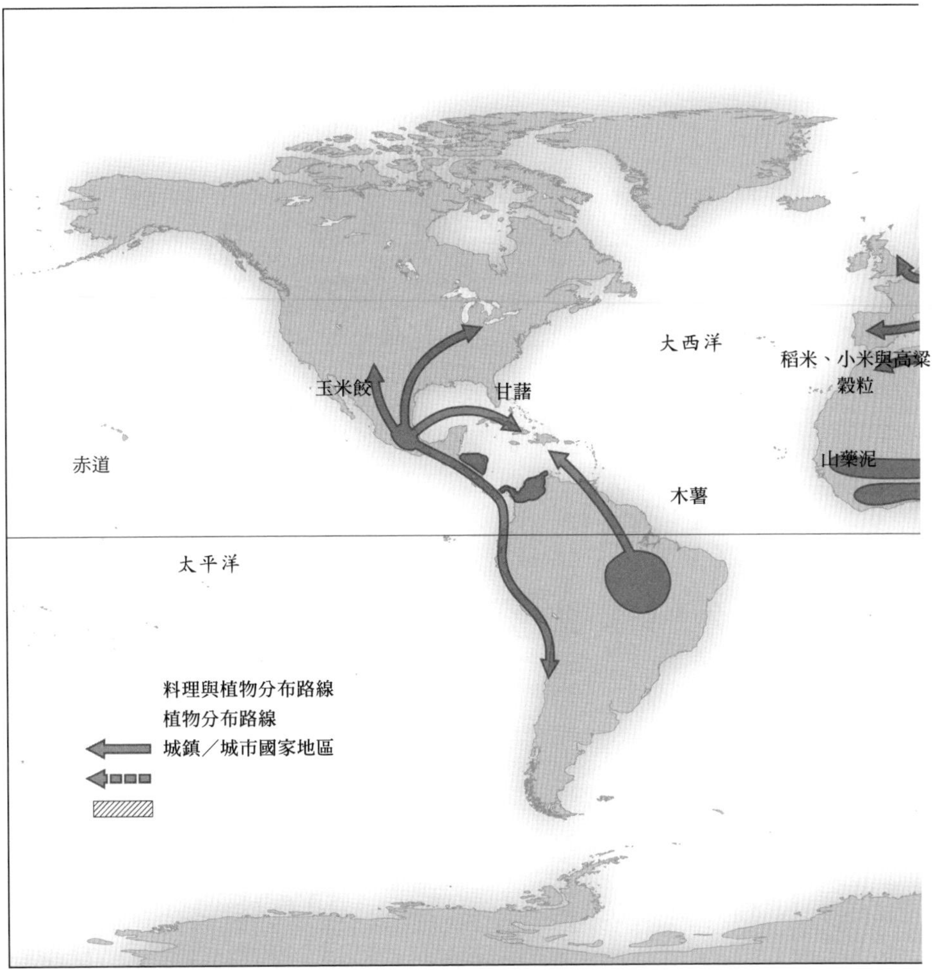

【地圖1.1】根莖類與穀類料理的分布，西元前二〇〇〇年至一〇〇〇年。少數幾種根莖類與穀類料理從其發源地廣泛傳播出去，全世界有一大部分的人口（集中於北緯四十度與赤道之間）都仰賴它們過活。其中的兩種，即大麥、小麥麵包料理與小米顆粒料理，撐起了美索不達米亞、尼羅河流域、印度河流域與黃河流域的城市。這些古代料理的痕跡一直留到了今天。實線箭頭代表某一種料理的可能移動路線。虛線箭頭則是指作物移動，但料理不見得有轉移的情況。（地圖參考來源：Bellwood, *First Farmers,* xx,

【圖1.1】將小米、稻米的穀殼舂去，是件費力的工作。圖上有一人用手舉起杵（右下），另一人用的則是腳踏的裝置（右上）。（圖片來源：Song, *T'ien kung k'ai wu: Chinese Technology in the Seventeenth Century*, 92. Courtesy Pennsylvania State University Press.）

民會抗議：「碩鼠碩鼠，無食我黍！」[9]國君則會向農民保證，他拿供品祭神祭祖，能讓人民多子多孫、糧米豐收，還能在跟敵國國君與蠻夷戎狄作戰時打勝仗——據說他們吃的不是穀子，也不是熟食。

有一鼎大約在商朝建立一千年後製造的青銅器，上面的浮雕呈現了一場祭祀活動（圖1.2）。祭祀活動應該像什麼樣子？文獻資料讓我們能得知更多細節。器皿一字排開，根據吉利的數字，以三種、五種、六種一組，擺放在祭祀用的平臺上。每一道菜餚都有特別的器皿：蒸粟代表「陰」，土地以及宇宙的陰性面；燉肉代表「陽」，天空與宇宙的陽性面；還有五種米酒，一種有渣滓浮在表面，一種渣滓沉底，一種是白色濁酒，一種是有甜味的濁酒，還有一種則是紅褐色的酒。②[10]樂師與舞者一邊舞樂，唱著頌歌，調和寰宇天地，國君則將對神明與祖先的請求刻在骨頭上，隨後丟入火中。骨頭上的裂痕據信能顯示祂們的回答。人們將牛、羊、豬、狗獻給上帝、祖先、四方諸神與其他神祇。祭肉一份份分給貴族中地位高者，他們再將肉交到其部屬的手中，當作一種樹立忠誠心的做法。[11]

國君的廚房裡準備的祭祀品，想來與農民的粗茶淡飯相去甚遠。王宮裡的膳房任職有階級不同的食官，由宮廷高官膳夫掌管。傳說中的伊尹據說就是把蒸東西的三腳鼎和煮肉用的架子綁在背上去上朝，後來他還成了宰相。地位較低的食官要做料理的基本準備。他們要把肉風乾鹽漬，處理蔬菜以保存；讓穀類發芽後弄乾，從水中萃取出麥芽糖漿；釀造米酒與醋（第二章會更詳細描述其工序）。祭祀要用祭祀用的牛、豬、綿羊、山羊和狗，來做特別的牲饌，得用香料與調味品精心調

②【譯注】分別指泛齊、沈齊、盎齊、醴齊、緹齊。見《周禮．天官．酒正》。

【圖1.2】在這張描繪祭祀的圖像上，畫著中國黃河流域的主祭者準備裝有熟肉與酒（米酒）的食器，獻給天神與祖先，時間約西元前數世紀。主祭者的頭飾顯然相當精緻，有的人站著，有的人跪在離地一段距離、鋪著什麼的平臺上。他們和其他在平臺另一側的人或者拿著製作精美的澆鑄青銅器，或者用青銅器做事——青銅器是這個王國最為價值不菲、代代流傳的寶物。（圖片來源：a rubbing of an engraved bronze sacrificial vessel in the Shanghai Museum reproduced in Weber, "Chinese Pictorial Bronzes of the Late Chou Period," fig. 25d. Courtesy *Artibus Asiae*.）

製，鎮住肉味並調和菜餚的口味。其做法可能非常繁複。《禮記》是儒家談祭祀的文字，於西元前一千年至五百年間編纂成書，書中就描寫廚師的例子：

> 取豚若將，刲之刳之，實棗於其腹中，編萑以苴之，塗之以謹塗。炮之，塗皆乾，擘之。濯手以摩之，去其皽，為稻、粉、糔溲之以為酏，以付豚。煎諸膏，膏必滅之，鉅鑊湯，以小鼎薌脯於其中，使其湯毋滅鼎，三日三夜毋絕火，而後調之以醯醢。[12]

為了祭祀，侍者得擺出帶有香氣的蘆葦所編的坐墊、讓用餐的人靠手的小凳，以及青銅、木頭、竹子與陶製的盤子。帶骨的肉與穀類放在每一套餐的左方，右邊則是片下來的肉、酒以及糖漿，烘烤過的絞肉、洋蔥和飲品則在餐點周圍成對擺放。[13]拜完祖先以後，國君和貴族才跪坐吃飯，根據資歷與戰場上的表現，來決定每個人跪在哪裡、分到幾塊肉。這些武士們用手指從湯汁較少的菜裡拿少許來吃；有炸過以後泡過醋、配著粟米或米飯的肉，用花椒調味的肉乾，以及用肉桂、薑、鹽調味的肉乾。他們舀羹來吃，這是種加了醋或酸梅（*Prunus mume*，梅子醬的那種梅），被弄成帶酸味的燉品。他們小口吃著切成丁、用酒處理過的生牛肉，配上醃菜、醋或酸梅汁，還有用米與豬肉、羊肉或牛肉混製的肉丸，以及用火烤過、滿是油脂、令人趨之若鶩的狗肝。酒則隨意暢飲。這些地位崇高的武士貴族不僅時常縱情於如此大量的肉食，吃肉也有重要的象徵意義，人們提到貴族時甚至稱之為「肉食者」。[14]

從長江往南幾百英里，我們便來到了熱帶季風地區，範圍從南中國海一路延伸到森林覆蓋的東南亞群島與印度洋沿岸。這個地區有兩種料理，一以根莖類為主，一以稻米為主。相較於黃河流域的料理，我們對當地這兩種料理的瞭解少得許多，因此下面的內容都出於推論。

先從根莖類料理開始。人們將芋頭（*Colocasia esculenta*）、山藥（山藥科〔*Dioscoreaceae*〕爬藤類富含澱粉的根，比馬鈴薯硬上許多）與香蕉（芭蕉屬〔*Musa*〕結實纍纍、富含澱粉的果實，也是它的根）用水煮或蒸，多半會搗成醬，能用手指挖著吃。住在新幾內亞海邊的人，會把這種料理的基本材料裝載上獨木舟，往東划入太平洋。為了在海上養活自己，人們細心輕裝，帶著能久放的魚乾或醃魚、麵包樹（*Artocarpus altilis*）的果實與香蕉，充當食物。他們用葫蘆與竹節裝水，也會喝椰子水做補充。[15]他們將接穗、插枝、新生的植物、芋頭與山藥包在苔蘚裡，捲在類似朱蕉葉或樹皮這樣的外衣中，再用棕櫚葉收邊，懸在鹹水噴不到的地方。雌雄成對的豬、雞、狗也會被人們帶到船上，情況最糟的時候，可能就在路上吃了牠們。西元前一四〇〇年至西元前九〇〇年間，新幾內亞人移居到南太平洋的許多島嶼上；而在西元五〇〇年至一〇〇〇年之間，他們還登上了夏威夷與紐西蘭。由於大多數的島嶼上少有可供食用的動植物，而且完全沒有能提供熱量的澱粉類植物，這些航海家如果不隨身帶著自己的調理包，就會餓死。以夏威夷為例，在人們從外地帶來的動植物穩定繁衍之前，他們都是靠當地沒有飛行能力的鳥類過活（現已絕種）。夏威夷人的島嶼畢竟是座不產製陶黏土的火山島，他們於是用土坑焢芋頭與麵包果，然後搗成醬。島民用生魚或煮熟的魚來調味，磨上椰子粉或灑上椰油，還有烤過弄碎的石栗（*Aleurites moluccana*）、海帶，或者乾脆沾點鹽水吃。至於飲宴時（女人被排除在外），他們則用土坑焢豬肉、狗肉，或是大條的魚。可能是在西元前的第一個千年期，其他的航海家們向西航行到馬達加斯加，身上帶著山藥、香蕉，還有像大小老鼠等偷渡客。他們也在西元前一千年左右落腳於西非地區——至於是否有證據支持這個主張，人們還在爭辯當中。[16]西元前五萬年時，人類和他們的狗兒便移居到了澳洲，當地始終不受後來這幾波航行所影響。

季風地區的亞洲米料理也和遠方有所交流；截至西元前一千年，長江下游地區的稻米便已經與來自恆河三角洲的米雜交過。[17]廚子將完整的穀粒加以舂打，或是泡水煮滾，直到脫殼為止，然後風篩，接著再將米粒煮或蒸到軟。人們有時也會將泡過水的穀子搗成片、弄乾，就成了旅人吃的速食。[18]當地配飯吃的東西和印度洋地區相當類似，有燉水牛肉、豬肉、狗肉、雞肉或魚肉，或許用羅望子添點酸味，或者拿椰肉碎屑炸出來的椰奶一塊兒煮成乳糜。糖椰（sugar palm）汁則用來讓人提神——這種液體在放置一天後就成了帶有些許酒味的飲料，若把水分去掉，則會變成有點黏稠、帶焦香味的糖。甘蔗是種多年生草本植物，嚼起來甜，但很難處理成飲食中的主要部分。人們很有可能已經拿某種與黑胡椒同屬的爬藤植物葉子，用來包裹檳榔（一種棕櫚科植物的果實），嚼食來讓口氣清新，一如其今日的用途。

我們再往西北方走，就來到了大小麥料理的心臟地帶（最東緣及於黃河）。這種料理菜系發源自肥沃月彎、類似基乃勒特湖畔的村莊。肥沃月彎是個眉月形地區，從地中海東岸向上延伸經過土耳其東部，再往下至底格里斯河與幼發拉底河谷。源於當地的料理向西傳播，橫跨地中海與歐洲，向南到北非，東至伊拉克、伊朗，西北則至印度。在大麥與小麥料理區內，大部分地區的人們都會用牛、綿羊與山羊奶來製作奶酪與奶油。

大麥比小麥受人歡迎。人們通常不會像黃河流域的做法那樣水煮或蒸，而是做成風味獨具的灰白色大餅、麥片粥，加了藥草、蔬菜或肉的碎穀粒濃湯，以及混濁的無氣泡啤酒。廚子做麵包的時候，會用杵臼將不可食的大麥、小麥殼敲裂並風選之，然後跪坐下來，先將穀粒在石頭上磨成粉（圖1.3），再將粗碾的穀物和水混在一起，然後烤麵團。

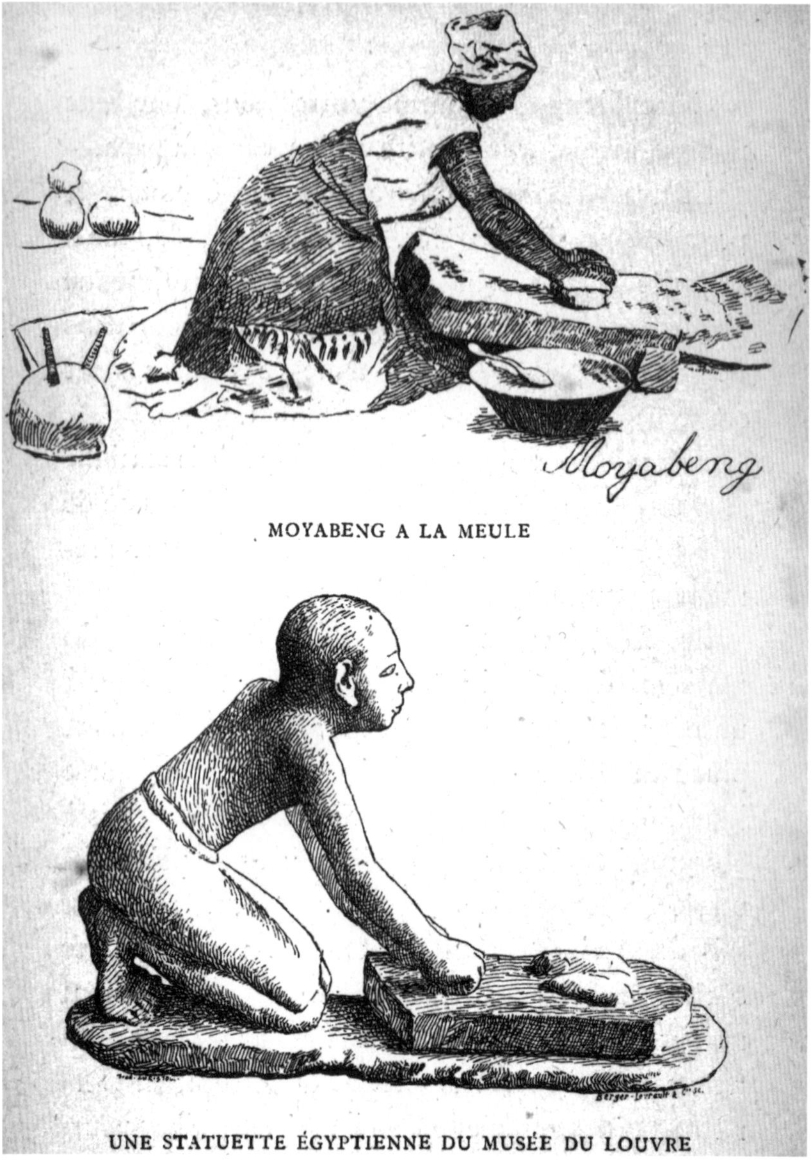

【圖1.3】十九世紀晚期，一位名叫莫亞本（Moyabeng）的南非女子跪在一具石磨前（上圖），用著全身的重量來磨穀，就跟古埃及的磨穀人幾千年前的做法一樣（下圖）。（圖片來源：Drawings from Frédéric Christol, *Au sud de l'Afrique* (Paris: Berger-Levrault, 1897), 85. Courtesy New York Public Library (1579505).）

到了西元前三千年，大小麥料理已經撐起了印度河谷、尼羅河谷與美索不達米亞（也就是底格里斯河與幼發拉底河之間的地區）等地的小型城市，就像小米撐起了黃河河谷一樣。[19] 美索不達米亞菜是大小麥料理中最有名的一種，在西元前一千年時便已經有了千年的歷史。這片平原幾乎經年酷熱，只有部分是長滿蘆葦的沼澤地，是魚和水鳥的家園。除了引水灌溉田地用的水渠與田埂間的椰棗以外，便別無特色可言。美索不達米亞料理就是在這塊平原上的城市與村莊中發展出來的。這裡富有可供大麥與小麥生長的肥沃水土，蓋過了缺乏木材、建築石材與其他資源的缺點。

窮人——包括步卒、犯人、建築工人與僕役等，幾乎全靠大麥餐點過活，每天領到的大麥、麥片粥或麵包大概只能裝滿圓錐形陶碗，容量頂多兩公升（八杯[③]多一點）。他們配一點鹽和魚乾來吃這些大麥製品，其餐點寒酸得可以，有句俗話是這樣說的：「要是窮人死了，可別救活他。他有麵包時就沒有鹽，有了鹽卻又沒了麵包。」[20]

城市由方型階梯金字塔狀的神廟所掌管，統治階層就住在城裡，享用豐盛而繁複的料理。我們再一次用祭祀後的饗宴作為餐點的例子。新年時分，人們都會舉辦一場非常重要的祭祀活動，以確保蔬菜與豐收、綿羊與羊圈以及冥界之神杜木茲（Dumuzi）會回到地面，與他的妻子——天空女王、愛與戰爭的女神伊南娜（Inanna）——團圓。這麼一來，雨水才會來臨，生命的循環也才會重新展開。從一個大約西元前三千年前的蘇美花瓶上可以看到（圖1.4），底部有穀物，中間是一整列綿羊與山羊，最上面則是一絲不掛的男子將裝著水果與穀類的籃子帶給伊南娜。伊南娜身後有兩捆蘆葦，象徵祂的地位。

③【譯注】這裡的「杯」（cup）是歐美烹飪時常用的容量單位，各地明確數值不同，但大約在二百五十毫升左右。

【圖1.4】古代蘇美烏魯克城（Uruk）的雪花石膏花瓶，約西元前三千年。花瓶上方一名官員正對女神伊南納神廟獻祭。官員下方有赤裸的男子戴來裝著水果與穀類的籃子，更下面是祭祀用的綿羊與山羊，瓶底則是該地區的蘆葦與馴化穀類。（圖片來源：Courtesy Hirmer Fotoarchiv GbR.）

在美索不達米亞歷史上，有個版本的《吉爾伽美什史詩》（*Epic of Gilgamesh*）經過了上千年的修改，其中描述了吉爾伽美什獻祭給伊南娜，感謝祂幫助自己在大洪水中倖存下來：「〔他〕在祂們的祭臺上放了七個又七個的大鍋，堆起木頭、枝條、雪松與桃金孃」。獻祭的人祈禱那位性喜報復、喜怒無常的苛刻女神對獻禮感到滿意，然後把蜂蜜倒入用光玉髓做的瓶子，並將奶油擠進青金石製的瓶子。祭司獻上一頭牲畜，然後倒一杯獻祭用的啤酒。薰香直上天際，「諸神一聞到香甜的氣息，便如蒼蠅一般撲上祭品」。[21]參加祭祀的人挑走少量的純金與純銀，接著從大盆邊小啜一口。樂師撥弄著自己的豎琴。用餐的人撕扯著滿是香味的肉，對豐盛的菜餚發出心滿意足的讚美。

無論是祭祀後的聖餐，還是一天三次用來拜神的菜，要緊的是一步步按照指示來準備。抄寫員因此會小心翼翼地在泥板上寫下材料與步驟（但沒有寫烹煮時間或使用的量）。在這些泥板中，有一塊寫著燉菜的食譜（圖1.5），另一塊則是鳥肉派的做法。首先先將煮過的鳥肉放在擺滿酥皮的碟子上，然後「你把內臟〔鳥心與鳥肝〕，與在鍋子裡煮過、切好的胗，以及爐子裡烤過的（小）*sebetu*〔無法破譯〕麵包灑在上面。你再把煮過肉、充滿油脂的高湯備於一旁。你要把呈上去的餐點用它（酥皮）蓋著，再端上桌」。[22]

祭祀用的餐點包括了醬汁、甜點與開胃菜，這些都是高級料理的典型菜色。炸過的蚱蜢或蝗蟲就是美味的小點。混和了種子、芝麻油、蔬菜、水果、大蒜、蕪菁、洋蔥、堅果與橄欖的醃菜與佐料則撩撥著味蕾。醬汁則是以洋蔥和大蒜的調味為基底，混入油香四溢的高湯，再用麵包屑勾芡。中東地區至今仍提供的幾種醬汁，甚至是今天的英格蘭麵包醬，它們的前身就是這種醬汁。石榴、葡萄、棗、奶製甜點、乳酪、蜂蜜與開心果則是其甜味的來源。

專業的廚師在一間有三千平方英尺大的廚房裡工作，大部分的空間都用來製作以穀類為主的

【圖1.5】已知最早的一些成文食譜——二十一道燉肉與四道燉菜，刻在一塊六英吋半乘以四英吋半的巴比倫泥板上，時間大約是西元前一七五〇年。另外還有兩塊石板記載了更多食譜，包括一道鳥肉派。（圖片來源：Courtesy Yale Babylonian Collection, YBC 4644.）

餐點、麵包與啤酒。廚師要用糙穀粒與專門磨穀的人（可能是戰俘與囚犯）磨好的細麵粉，調理出麥粥、大餅、稍微發酵的麵包——最後面這一項可是有三百種叫得出名字的種類。麵團用香料調味，塞滿水果，捏成心臟、手，以及女人胸部的形狀，而且常常加入油、牛奶、濃啤酒或甜味劑，以讓質地更為鬆軟。用麵粉與油做出來的酥皮還會加入棗子，或是小茴香與芫荽等香料，令人食指大動。有餡的酥皮料理在被送去烤之前，還會先被壓進抹了油的陶模，陶模底上還有花樣。大餅則貼在饢坑（tannurs）的內壁上烤。還有考古證據顯示，人們會用乾燥的半熟小麥做一道便於料理的菜：布格麥（bulgur，跟今天的塔布勒沙拉〔tabbouleh salads〕相當類似）。

濃啤酒要按造神聖的工序來釀造，獻給啤酒女神、「令口中滿盈的女神」寧卡西（Ninkasi）的頌歌中就記載了這套工法。麥芽是啤酒的根本，歌中讓大麥抽芽、乾燥以及磨大麥的指示，讓人類學家和釀酒人一拍即合，躍躍欲試想複製出來。歌謠與聖詩內容顯示得很清楚，啤酒（通常會用藥草與香料加味）不僅充滿了聖靈，也是至樂的泉源——這一點都不讓人意外。在美索不達米亞，啤酒是非常重要的食物，在埃及更是如此。[23]

人們會用海棗來釀酒，或是像處理葡萄與無花果那樣放在太陽下乾燥，以便儲藏。芝麻用來榨油，接著跟奶油或珍貴的蜂蜜一樣，用廣口瓶盛裝。水果泡在蜂蜜裡保存，魚浸入油裡，牛肉、瞪羚與其他魚類則用鹽醃漬。如果要做一種味道濃厚、與今日東南亞魚醬類似的醬汁（稱為*siqqu*），就要把魚和蚱蜢放在壺裡用鹽來醃。

為了餵養城市，人們沿著河道與運河將大麥用船運來。各式各樣的洋蔥、大蒜，以及藥草如芸香，水果如蘋果、梨子、無花果、石榴、葡萄，則產自有錢人家裡的花園。牲口被驅趕到城裡屠宰，羔羊與小山羊送到神廟和貴族家裡，公的綿羊與山羊給官員、王室與貴族，難咬的公牛與母羊肉送去軍隊，至於從驢子到狗等獸肉則大概被餵給了王宮的獵狗。[24]鹹水魚、龜、貝類來自鹽沼與波斯灣。魚乾應該是出於專業、常規性的生產業，不只來自波斯灣，最遠甚至還有印度河畔的摩亨佐達羅（Mohenjo-Daro）與阿拉伯海。鹽從山區開採，或是將含鹽的泉水與河水蒸發而成，接著用船載到配送中心，包裝好（可能是放入標準尺寸的高腳杯中）放上驢背。[25]

大麥等於財富。可以用來買肉與乳酪，買祭祀用的青金石或光玉髓盤、珠寶用的金銀，買從幼發拉底河順流而下或來自波斯灣旁狄爾蒙（Dilmun）的一船船銅礦，買來自葉門與西奈半島的金屬器，買土耳其與波斯出產的花崗岩與大理石以及黎巴嫩的木材，用來蓋神廟。[26]

而在灌溉耕種地區邊緣的遊牧民族中，就有希伯來人。他們的日用飲食主要是由用綠色蔬菜與藥草調味的麥粥，以及用大麥與小麥製成的大餅所組成。這些麥類是他們於生長季節時在綠洲中栽種得來，或是用不孕的母羊與小公羊以物易物交換而來。希伯來人用自己牲畜的奶來做酸奶酪與新鮮的乳酪，配上橄欖油或芝麻油、蜂蜜、葡萄汁與棗醬（人們也會稱後兩種為蜂蜜）。牲口是他們的財富來源，為了維持牲口數量，他們只有在特定的場合才會享用肉食：將「地裡的出產」（大麥與小麥）和「羊群中頭生的」（羔羊與小山羊）④獻祭給耶和華之後。[27]

來到美索不達米亞東邊的印度河流域，當地的大小麥料理已經有了淵遠流長的歷史。備餐的人手邊能用的還有豬粟，是在西元前第二個千年期從中國北方傳入的，而大麻、桃子、杏樹、中式的鐮刀可能也跟著來到印度。他們也接受了來自撒哈拉沙漠以南非洲地區的高粱（sorghum, *Sorghum bicolor*，一種類似粟的穀物）、真珠粟（pearl millet, *Pennisetum glaucum*）、掌粟（finger millet, *Eleusine coracana*）、豇豆（cowpeas, *Vigna unguiculata*）以及鵲豆（hyacinth beans, *Lablab purpureus*）。[28]村民也會獻祭給他們的神明。在約莫成書於西元前八〇〇年的《夜柔吠陀》（*Yajur Veda*）中，就有一段祈求奢侈品與日常飲食的禱文：「藉著這祭獻，請讓我發達，有牛奶、蜜汁〔可能是釀酒用的梅汁〕、精煉奶油（ghee）、蜂蜜、平日桌上的飲食、犁、降雨、成功、金錢、財富。藉著這祭獻，請讓我發達，有粗食〔原文如此〕能免於挨餓，稻米、大麥、腰豆、大巢菜、小扁、小米、黍米與野稻。」[29]

腓尼基人（來自今日黎巴嫩）與希臘人往地中海西部遷移，分別將大小麥料理沿著北非沿岸與地中海北岸傳播出去。由於他們各自的故鄉都無法像那些有水灌溉的流域一樣維持大麥所需的豐富水源，腓尼基人於是生產、販賣奢侈品，希臘人則是賣油與酒，來獲取額外的穀物。[30]

希臘人說大麥是女神狄密特（Demeter）的禮物。廚子將穀物泡水再弄乾，接著放進淺底鍋置於火上烘烤，然後才磨成粗穀粉。這種穀粉可以跟水混在一起，煮成旅人所吃的麥片粥，也可以和水、牛奶、油或蜂蜜混和，用來做小薄麥餅（稱為*maza*），就成了希臘人的麵包。用以搭配大麥餐點的有豆子或小扁豆，新鮮蔬菜或根莖類、蛋、乳酪、魚，偶而還有綿羊肉、山羊肉或豬肉。時節艱困時，他們會回頭吃起櫟實，以及錦葵（錦葵科〔Malvaceae family〕裡的植物）、金穗花與大巢菜等野生植物，通常這是遊牧民族的食物，定居民是不吃的。他們喝的是酒神戴奧尼索斯（Dionysus）的禮物，即摻了水的葡萄酒，而不是美索不達米亞人與埃及人所飲用的啤酒。

《伊利亞德》（*Iliad*）對戰士飲宴的內容有相當生動的描述。史詩裡的主角阿基里斯（Achilles）命人用葡萄酒裝滿大碗，摻的水比習慣的要少。養肥了的綿羊、豬與山羊在獻神之後為人分割。營火先是熾烈，然後化為灼熱的餘燼。接下來，人們將肉串在烤肉叉上，灑上受過祝福的

④【譯注】皆為《聖經》語。「地裡的出產」出自《雅各書》第五章第七節，「羊群中頭生的」出自《申命記》第十五章第十九節。

鹽，再用支架撐在餘燼上烤。戰士們享用著焦香四溢的肉與裝在精緻籃子裡的大麥麵包。[31]

來到更遙遠的地方，凱爾特人在阿爾卑斯山以北的森林裡，靠大麥與小麥麵包搭配發酵乳製品作為其日常飲食。凱爾特人偏好豬肉，拿豬作為多產的象徵。從戰場凱旋歸來後，他們會將馬、豬、牛獻祭給神。祭完神之後的飲宴上，人們將豬肉懸在柴架與炭架上烤的吱吱作響，或是丟進大鐵鍋裡用水煮。席間可能還有馬肉、羊肉、鹹豬肉、烤鹹魚，以及稍微發酵過的麵包。他們在低矮的桌子前圍成一圈席地而坐，坐的或許是獸皮或一床乾草。國王與王后取走豬腳，戰車馭者得到豬頭，其餘人等則根據他或她的地位，分得大小不等的肉。[32]

我們先離開大小麥料理，重新前往南方，去看撒哈拉沙漠以南非洲地區三種互有重疊的料理；對於這些料理，我們握有的證據不多。[33]在蘇丹草原與衣索比亞，人們以穀類為生——雖然跟中國品種不同，但同樣是小米。他們將掌粟與苔麩（teff, *Eragrostis tef*）搗碎成粗穀粉，和水煮成簡單的粥。他們養的牛是印度的印度肩峰牛（Indian zebu cattle，學名*Bos indicus*）與本地品種的雜交品種，能耐酷熱，對嗤嗤蠅（tsetse fly）也有抵抗力——這進一步證明了兩地間的交流。

來到西邊，也就是撒哈拉沙漠南邊緣的莽原，下廚的人將西非栽培稻（African rice, *Oryza glaberrima*）、高粱與真珠粟搗碎、風選，再水煮。他們還會準備各式各樣的西葫蘆、芝麻籽與芝麻葉，以及班巴拉豆（Bambara groundnuts，一種像花生一樣在地裡成熟的豆科〔legume〕植物）。

位於西非海岸與莽原之間的熱帶森林地區，則是有將水煮山藥（薯蕷屬〔genus *Dioscorea*〕）搗成泥的根莖類料理。這種薯泥（今天多稱為*fufu*）在製作上可能與今日的做法一樣，藉由滾成比高爾夫球略小的圓球，方便張口便食。來自非洲油椰子（African oil palm, *Elaeis guineensis*）紅色果實的油則能幫助消化薯泥。搭配著吃的配菜有豇豆（其亞種是今天所說的黑眼豆〔black-eyed peas〕）、秋葵與其他綠色蔬菜。在這裡，油椰子水只要一到兩天，就會自己發酵成醉人的椰子酒。來自東方草原與熱帶森林的移民在接下來的幾百年間，將東非的小米與牛肉料理和中非的山藥與香蕉料理結合在一起。

跨越大西洋之後，我們還會找到三種料理。住在熱帶低地的人以煮過的樹薯（cassava或manioc, *Manihot esculenta*），或許還有甘藷（*Ipomea batatas*，在美國常常稱為yam）為主食。在各種樹薯中，有一種雖然剝皮、煮食都很容易，但卻不能久放；另一種能久放卻帶苦味，而且有毒，必須小心處理才能食用。當歐洲人抵達加勒比海，看見婦女得花多少功夫處理這種耐放的樹薯時，都感到不可思議（圖1.6）。[34]

安地斯山區（Andean region）有著另一種以馬鈴薯、藜麥（quinoa）、豆類與莧菜為主的料理。馬鈴薯可以先冷凍乾燥、解凍，用腳踩來去皮，接著在冰涼的流水中泡一到三週，再用五到十天的時間放在陽光下曬乾，製成質輕、便於攜帶的食品（即馬鈴薯粉〔*chuño*〕），或者也可以水煮、去皮、切成大塊，在太陽底下曬乾，製成馬鈴薯乾（*papas secas*）。廚子用處理過的馬鈴薯煮湯和燉菜，煮鵝腳藜粥，烤鵝腳藜作便食，還會用駱馬、羊駝、豚鼠肉入菜。[35]

美洲最重要、分布最廣的料理是以玉米（Maize, *Zea mays*）為主要食材。我們今天對西元前一五○○年前後登場的玉米並不陌生，玉米果實碩大，每一個種下去的籽都能產出上百顆種子。西元前七○○○年前後，人們在墨西哥中部發現了玉米的野生祖先（大芻草〔*teosinte*〕），其穗子比人類的手指還短小，而玉米就是從此培育而來。玉米與處理玉米用的石磨傳到了沿墨西哥灣分布的濕熱森林，那是布滿山脈與海洋之間的地方。在奧爾梅克（Olmec）文化的村落中，婦女會將玉米磨碎，水煮做成粥（玉米粥〔*atole*〕），或用葉子包裹，蒸成糰子（墨西哥粽〔*tamales*〕）。人們

【圖1.6】這張版畫（附有義大利文說明）描繪加勒比海地區婦女從事步驟繁複累人的程序，將有毒的樹薯塊莖做成無酵麵包的過程。她們先將樹薯洗淨去皮——有時候是用自己的牙齒，接著用上面有植物瀝青黏著石片的長方形板子來磨碎樹薯。接下來，她們用沉重的板子夾著樹薯，擠出有毒汁液，篩出無毒的樹薯肉曬乾，做成餐點。做法則是將之與水混和，放在泥烤板上烘烤，做成某種麵包。（圖片來源：Courtesy New York Public Library. http://digitalgallery.nypl.org/nypldigital/id?1248957.）

在吃墨西哥粽與玉米粥時，會搭配鹿、狗、負鼠、西貒（peccary）與浣熊肉來吃，還有野鳥、魚、龜、蛇、軟體動物與貝類。豆類、西葫蘆、番茄與辣椒種在森林裡清出來的一小塊地裡，可叢與高大的酪梨樹圍繞在四周。奧爾梅克祭司在寬達三分之二英里的石臺上獻祭，距離濕軟的地面一百五十英尺高。雕刻的國王頭像高達九英尺，充作護衛，玉米穗則掛在其頭骨覆飾上。[36]

到了西元前三〇〇〇年，地處熱帶的厄瓜多村落已經有人做起了玉米料理，而加勒比海地區在西元前一〇〇〇年以前也出現玉米料理。在今日祕魯的位置，玉米取代了馬鈴薯，馬鈴薯僅占次要地位。西元的第一千年期開始時，玉米已經抵達今日美國國土的西南角，更在第二千年期時來到美國東北部與加拿大東南部。[37]

穀物、城市、國家與軍隊

在深入探討根莖類與穀類何以成為大受歡迎的主食選項（尤其是穀類）之前，讓我先澄清一下——我用「穀類」與「根莖類」這兩個詞時，不是根據植物學，而是根據烹飪時的習慣講法。就像古代中國人將穀類、黃豆、大麻及其他植物統稱為「穀」，古代印度哲學著作《奧義書》（*Upanishads*）也將芝麻、腰豆、小扁豆、硬皮豆（horsegram）、大麥、小麥、稻米與十多種粟米稱為食用穀類，我同樣也將各種科別的一年生草本植物——包括禾本科（Gramineae）植物、彎豆與圓豆⑤（豆科〔Leguminosae〕）、芥菜與甘藍（十字花科〔Brassicaceae〕）等歸類為穀類，這些食材都需

⑤【譯注】英文中，「bean」與「pea」指的是不同外形的豆類，前者形狀較長、彎、扁，後者形狀較圓。

要類似的處理過程，人們也常常將之混在一起。[38]所有生長在地底下、作為植物營養儲藏庫的食物都叫做根莖類，包括樹薯、芋頭、山藥（山藥科〔Dioscoreaceae family〕）、甘藷與馬鈴薯（*Solanum tuberosum*）等球莖和塊莖，還有像是非洲的莎草（*Cyperus*）、北美洲的雛百合（camas, *Camassia*）與安地斯山脈的酢漿草（oca, *Oxalis tuberosa*）等重要程度較低的物種。我談穀類的篇幅會比談根莖類更多，而這是因為穀類在料理史上更加重要。

根莖類與穀類有許多優點。由於得為植物的下一個子代提供養料，它們可是富含熱量與營養素。通常在野外，根莖類與穀類也能大量生長，而要收成也很容易——美國植物學家傑克・哈蘭（Jack Harlan）在一九七〇年代曾經用一把燧石鐮刀，表演過在一個鐘頭內收割四磅一粒麥（einkorn wheat，一種古老的小麥種類，至今土耳其部分地區仍有野生）。根莖類通常可以一年收成一次，或是留在土裡也不怕爛，穀類則能收納入穀倉裡，在寒冬、乾旱或暴雨等艱苦的季節（視地區而定）供食用。

植物類食材很少有哪些選項能跟根莖類與穀類相提並論。雖然某些水果同樣能提供人類充足的熱量（尤其是香蕉與麵包果），但大多數果實不僅小、嚐來酸苦，也不好儲存。核果如橡實、栗子、松子、椰子與榛果等都富含熱量，但多半太油，大量食用會導致腹瀉。由於生產核果的樹種通常數年才能結果，想在新地方迅速重現料理的移民們不太可能把核果搬過去，更可能是帶著根莖類與穀類。葉子與新芽熱量很低，通常味苦，也很難儲藏，多作為藥用。[39]多數的社會也因此偏向於仰賴二或三種最受人歡迎的根莖類或穀類，來提供其多數所需熱量，當作主食。至於像是肉類、水果與蔬菜等其他食物，提供的則是風味、多樣性以及營養上的平衡。人類在西元前一〇〇〇年之前的幾個世紀裡所挑選出來的主食，至今仍為世界上大多數的人類食物提供熱量。只有化為糖的甘蔗在日後加入它們的陣容，成為人類主要的熱量來源。

依賴根莖類與穀類也有其代價，因為這兩種都是不可直接食用的食材。根莖類不只是硬，而且通常會製造毒素保護自己。好幾種碳水化合物的豐富來源——包括芋頭、多種山藥與幾種樹薯，都需要去毒。雖然根莖類很少得像樹薯那般仔細地處理，但還是有許多種必須費點功夫。特定幾種圓豆與彎豆同樣含有毒素，不過除了羽扇豆以外，其他都能靠加熱輕易消除毒性。至於穀類，黑麥草——也就是《聖經》中所說的稗子（tares，毒麥〔*Lolium termulientum*〕），會造成酒醉感，也可能導致死亡，要去除有毒野草種子得非常小心才行。此外，黴菌會帶來幻覺、致死，同樣得極力提防。[40]

而穀類有一層層不可食、會刺傷喉嚨的纖維質外覆——外殼（有時候還有內殼）以及種皮，多半都得去除。這才是穀類最主要的問題。就以小麥為例，在把小麥磨成麵粉之前，得先進行一系列費工的前置作業。農民在處理古代土耳其小麥種時，仍然會採取考古學家戈登·希爾曼（Gordon Hillman）所記錄的下列各個步驟：一、用手打、腳踩或舂打等方式脫粒；二、用耙子分離稻草；三、藉由風選法去除較輕的稻草碎屑（或許會重複步驟二與步驟三）；四、篩出還連著穀子的麥穗，深入去除稻草和草尖；五、分出一些小麥儲藏起來，供來年播種；六、儲藏剩下的其他小麥；七、準備繼續以前，先烘乾小穗，讓外殼變脆；八、舂打小穗，在外殼敲出裂縫，讓小麥粒掉出來；九、用風選去除外殼（穀糠）；十、將小麥過篩，除去還沒破開的小穗與雜草，而這些就留下來給雞吃，或是用於饑荒之需；十一、用更細的篩子來篩小麥，去掉細小的碎屑；十二、將小麥泡入水裡，去除生病的穀子、有毒的黑麥草與野燕麥，然後乾燥；十三、儲存半清理過的小麥。[41]

如果要把小麥變成麵包，還得先磨穀粒。當我還是個小女孩時，我父親有次決定用自家農場種

【圖1.7】我自己的石皿。石皿表面的弧度經過仔細打磨，才能跟橄欖形的磨石搭配使用，而磨皿者的身體就是一具非常高效的機器，用來將玉米或其他穀類轉變為麵粉。（圖片來源：本書作者）

出來的小麥來做點麵粉。他試著用杵臼來搗，結果出來的全都是破碎的穀子，不是麵粉。接著他把小麥放進鎖在桌邊的手搖絞碎機，結果還是一樣。最後他坐在石板地上，拿槌子來對付小麥。等到他放棄，我母親才來收拾殘局。這件事讓人清楚認識到，就算穀倉裡塞滿一袋袋的小麥，只要商業磨粉廠消失了，我們全都得餓死。

要把小麥變成麵粉，你不能捶打硬穀，而是要利用剪力（shear）⑥，需要石磨。基乃勒特湖畔的居民就有這種體悟。手工磨麥的做法在墨西哥仍有延續，一位當地的朋友曾向我示範如何使用石磨。她跪在石磨翹起來的一端——這種石磨稱為「石皿」（*metate*），是個鞍型的檯子，下面有倒三角形的腳，是用一整顆火成岩鑿出來的（圖1.7）。她堆起一把大麥，雙手執起「*mano*」（一塊形狀類似桿麵棍的石頭），拇指向內，輕輕把穀子挪到位置，接著用她上半身全部的重量，拿「*mano*」來磨穀。來回幾次，她就能破開穀殼，堆在石皿的底端。小心翼翼將稻殼拋棄之後，她將麥子移回石磨上端，重新開始磨，這一回弄出來的就是一道道白色的麵粉細紋。等到她把穀子從石磨頂磨到底，磨了五、六次以後，就製造出了一把麵粉。

磨穀看來容易，也的確容易——但僅限頭十分鐘。我試過才知道，要磨大量的穀子，是需要技巧、控制、體力與時間的。我馬上就氣喘吁吁，汗流浹背，頭暈目眩，不僅頭髮插到眼睛裡，手上的「*mano*」還滑成詭異的角度。磨穀對膝蓋、臀部、背部、肩膀與手肘都會帶來關節炎並對骨頭造成傷害。磨穀很孤獨，累到無法讓人聊天。跪著磨穀還雙乳蕩漾，這畫面看起來很卑微，還很撩人，這點在十八、十九世紀描繪墨西哥女子磨穀的色情插畫裡看得很清楚。人們將這種粗活派給婦

⑥【譯注】指施力方向與受力面垂直的一種力，例如摩擦力。

女、罪犯與奴隸——十七世紀英格蘭法律文書中的技術用詞稱之為「磨穀奴隸」。[42]即便在今天，偏遠鄉村的墨西哥婦女每天仍然要磨上五個小時，來準備足夠的玉米供五口、六口之家。《創世紀》（3:19）的作者，將世上吃麵包的地方一代又一代的磨穀人寫得清清楚楚：「你必汗流滿面才得糊口，直到你歸了土，因為你是從土而出的。你本是塵土，仍要歸於塵土。」

穀類之所以值得去磨、去舂，一部分是因為它們可以做出非常精緻的食物。石磨就跟杵臼一樣，都是當時最先進的工藝品，是幾百年、甚至幾千年來實驗了不同的材質和形狀之後才得到的成品。操作石磨與杵臼的人，可以使用非常不同的壓力與速度，製造各種高級的產物，遠比旋轉石磨處理得到的成果好上許多。人們常常以為石磨磨出來的麵粉裡會有石頭，而且顆粒粗糙。但親自在石磨上拿不同的穀類做過實驗之後，我的結論是——並非如此。仔細打磨的石頭不會產生能感覺得到的細石。穀類可以處理成精細麵粉，只要用布篩，完全有辦法能將做白麵包用的白麵粉跟糠麩分離開來。出得起錢的現代墨西哥人很願意付兩倍的價格，買用石皿碾磨的麵粉製成的麵團所做的墨西哥薄餅（tortillas），而不會吃機器製成的麵團做出的餅。無獨有偶，即便蒸汽動力米磨坊已經在十九世紀晚期引入，但泰國王室仍堅持使用手工脫糠的稻米。奧地利農夫到了二十世紀初仍繼續親手舂打小米，因為搗出來的去殼穀粒仍然新鮮，無須長時間烹煮，麵粉口感更誘人，嚐起來也更甜。[43]

更重要的是，沒有別種原物料像穀類一樣，能變成這麼多不同而美味的食材、菜餚與飲料。穀類可以烤，可以做成穀粉、水煮穀子、麵包與麵食，做成類似麥芽糖的甘味劑，或者類似麻油等油料——當然，還有酒精。根莖類經烘烤或水煮，也能做成麵團，還可以拿來發酵，但它們能做的菜餚種類卻沒有穀類那麼多。

穀粒烤過可以使之更易於磨製，增添喜人的風味，還能做成速食。直到一九六〇年代，加那利群島居民還是以他們稱為「*gofio*」的食物為主食，而且三餐都吃，這是一種用烤過的小麥、大麥、黑麥、鷹嘴豆、蠶豆、豌豆粒、羽扇豆（單獨一種或混合起來）磨製而成的粉末，人們在荒年時還會加入乾燥的蕨、蕨根與海濱野草種子。即便到了今天，「*gofio*」仍然很受歡迎。[44]這種粉末可以和水或牛奶煮成粥，水加少一點可以做成球，還可以加滾水、肉、魚或蔬菜煮一碗濃稠的熱湯。古希臘人可能也是用烤過再磨的穀粉來準備他們的大麥餐點。西藏人以小麥、小米、大麥或玉米來做類似的穀粉（稱為*yoe*），[45]而墨西哥人則是用玉米（稱為*pinole*）。

蒸或水煮的穀類料理不方便攜帶，通常是當場煮、當場吃。[46]軟一點的穀類（如小米與稻米）只要簡單用水煮過，就能做成讓人大快朵頤的餐點；硬一點的穀類通常得先弄碎或磨成粉。無論是弄碎還是磨粉，都可以跟乾燥的豆類、蔬菜或是肉混在一起煮，盛起來就成了近代以前分布最廣、最節省燃料的餐點——濃湯，就像以掃（Esau）拿自己的長子繼承權買來的那種。⑦碎穀粒與穀粉也能做成稀粥或半凝固的濃湯。古羅馬人靠著大麥濃湯蓋起了自己的帝國。中國人享用米粥，印度人則吃米和小扁豆粥（稱為*kichree*）。波倫塔（Polenta，原本是小米粥，後來變成玉米粥）撐起了一代代的義大利農夫。粗燕麥粉與玉米粥則是美洲殖民地的主食。土耳其家庭用混了穀類、水果與堅果的濃湯（叫做*ashure*），來紀念挪亞在大洪水中倖免於難。只要把煮過的穀類餐點放著發酸或輕微發酵，就會有強烈的氣味，比方像在東歐，這就是種受人喜愛的風味。

⑦【譯注】以掃是亞伯拉罕的兒子，雅各則是他的弟弟。在《創世紀》第二十五章中，從田裡工作回來的以掃因為肚子餓，於是用長子名分與雅各交換湯喝。

麵包——以麵粉和水製成的麵團烘烤而成，它更好攜帶，但製作時需要花費更多燃料。早期的麵包和我們今天吃的蓬鬆長條吐司完全不像。由於做白麵粉得篩掉非常多的穀糠，直到十九世紀為止，只有非常有錢的人才吃得起白麵包。實際上，大多數的麵包又黑又塌，是用像大麥、小麥、燕麥等單一一種或多種硬穀類製成的（後來也有用黑麥），通常也會混入彎豆與澱粉較多的堅果，如栗子或橡實。在美洲，用來做麵餅（如墨西哥薄餅）的主要穀類是玉米。最簡單的麵包就是玉米麵包（ashcakes），做法是將粗穀粉和水製成的麵團放到灰燼裡烤，之後再撣掉灰塵。薄一點的麵團可以直接放在餘燼上，或是放在熱烤盤與石烤板上烹調。[47]當《吉爾伽美什史詩》寫就之時，那種點火在下面燒的鍋子就已經行之有年了，而人們會把麵餅貼在鍋壁上烤。有陶土鍋蓋的鍋子就是一種小巧、簡單的麵包爐——如羅馬人的鍋子（*testa*）。[48]如果在平整的表面上用磚或陶土砌起拱頂，就成了蜂窩型烤爐。麵包可以用手拿著吃、用盤子裝，或是像墨西哥捲餅與中東的麵餅那樣用來包食物。捲餅可以用來舀起（scoop up）或吸起（sop up）液體，這就是「soup」這個字的由來。麵食（麵粉和水做成麵團，加以水煮或蒸）最早出現在中國（見第二章），接著是中世紀伊斯蘭世界（第四章），然後才流傳到更遠的地方。

油料可以透過加熱、榨取，或者兩相結合加以運用，從包括芝麻、甘藍等多種植物的種子中得到。至於甘味劑（如麥芽汁），如果讓種子泡水發芽、乾燥之，就能從水裡得到糖。如果先把穀類中的澱粉先轉變為糖，就可以從中製造酒精。在美洲，婦女會嚼穀類，其唾液中的酵素會引發化學變化。到了中國（印度可能也是），人們把磨碎、半熟的小麥（有時候用小米）放著發霉，製造「酵母」。[49]埃及人讓穀類抽芽、乾燥，再磨碎來製造麥芽。各地的下一步做法，都是把這些酵母加到更多的穀類裡——通常都煮過了，然後讓微生物發揮作用，進而將糖轉為酒精。[50]生物學家強納森·掃爾（Jonathan Sauer）與人類學家羅伯特·布萊德伍德（Robert Braidwood）曾在一九五〇年代表示，人們之所以朝農業發展，是為了有穩定的穀類來源以釀造啤酒；所羅門·卡茲（Solomon Katz）與瑪莉·佛伊（Mary Voight）也在一九八〇年代時重新提出了這種看法。[51]啤酒與其他酒精飲料具有醉人效用與醇厚滋味，大多數社會因此非常看重它們，這一點很明顯（圖1.8），但我們看不出這是否就是農耕的動機。畢竟在農耕開始發展以前，人們已經拿煮過的穀類實驗了上千年，也早就發現沒有別種食材能像穀類這樣帶來如此變化多端、讓人滿足的產物。看來，讓穀類值得耕種的原因，更有可能是它們在應用上所具有的彈性。

最後一點、也是最重要的一點是，西元前一〇〇〇年時，雖然不是每一種穀物料理都能支撐起城市所需，但能夠做到這一點的全都是穀物料理，這項通則直到十九世紀末都還是千真萬確。我認為，這種現象與餵養一大群人的困難性是有關的——尤其是要餵飽城市與軍隊，在古代世界，大城市常常得面臨這樣的問題。以根莖類為日常主食養活一個人，每天都得消耗相當重量——多達十六磅重的食物，雖然這數字高得不太真實。[52]無論確切的數字為何，穀類在營養對重量的比率上表現好得多：平均下來，一天只需要大約兩磅的穀類，就能為一個人提供兩千五百至三千大卡。[53]在什麼都得放在人或動物背上帶著走（步伐緩慢的牛車一小時最快只能走三英里），或是依靠海路移動的時代，含水、沉重的根莖類（多達百分之八十的水分）與乾燥、相對較輕的穀類（百分之十的水分）之間的差異便非常關鍵。而且，穀類比較好儲存，至少可以放一年、甚至更久，不像含水的根莖類，一從地下挖出來就開始走向腐敗。直到十九世紀出現了便宜、快速的蒸汽船與鐵路運輸以前，根莖類都不可能在餵養城市一事上與穀類競爭。

但這也不是說用穀類養活城市或軍隊就很容易。一匹馱馬能背兩百至兩百五十磅的穀類，足以

【圖1.8】半蠍半人，後頭跟著一頭山羊，山羊拿著從大瓶中取出來的飲料（可能是啤酒）。在一座可以回溯到西元前兩千五百年的王族陵墓，有一具以牛頭裝飾的大型里拉琴（lyre），琴前側有好幾塊貝殼鑲嵌板子，上面的動物以人類的方式行動。這是其中的一塊。飲宴與和諧的曲調是神聖儀式中的一部分。（圖片來源：Courtesy University of Pennsylvania Museum of Archaeology and Anthropology, 15207.）

供十個人吃十天。問題是，一匹馬每天都要吃掉十磅的穀子（與十磅草料），因此，除非沿路都能補充穀物，不然馬消耗的分額就等於五個人每天所吃的量，不到三週，馬便會吃完自己背上全部的東西。相較之下，水路運輸更有效率。古代地中海商船能載多達四百噸的船貨。用船將穀物從地中海的一端運到另一端，耗費的穀物也不會比在路上用車拉七十五英里來得多。[54]由於陸運比河運成本高了七倍，比起走海路更是多了二十五至三十倍，穀物因此很少會在陸地上移動超過五英里。無怪乎城市經常位於有航運之利的河邊或良港旁。

統治者若要經營一座城邦，或是養活一支軍隊，就得保證能從那些在田裡工作的人身上取得穀物，再運往城市儲存起來。有時候，統治者會要求以穀物進貢；有時候，他們則實際經營綜合農產業，由奴隸、農奴或其他幾乎沒有自由的勞工來生產穀物；後來則是要求以穀物納稅。統治者也會蒐羅貴金屬、珍奇異獸和漂亮的女奴，穀物雖然沒有這些東西吸引人，卻更為重要。穀物經過處理後會分配給統治者的家室與護衛，當作某種酬勞。金錢發明後，國王、皇帝、地主與大型宗教組織仍繼續徵收穀物很長一段時間。

雖然根莖類料理歷史悠久，但無論是在東南亞、太平洋島嶼、非洲的熱帶森林，還是中美洲炎熱的低地區，隨著國家成長為帝國，根莖類在世界舞臺上也變得沒那麼重要（當然，對於始終靠根莖類過活的人來說並非如此）。根莖類料理（多半是熱帶地區的人在吃）和圍繞著穀類烹飪而起的料理論辯沾不上邊。因此，本書接下來的篇幅，多半都會把焦點放在穀類料理上。

不過，要是少了杵臼與石磨，穀類就無用武之處。我把自己的石皿收在廚房一隅，享受著拿肉、水果、堅果、香料和穀類來碾磨做實驗的樂趣。這項工具就跟任何一件現代雕塑一樣動人，我非常讚賞它乾淨俐落的工藝效用。無論是城市與國家、宮廷與軍隊、書寫與計算，還是神廟與大教堂，全都仰賴那些站著用杵、跪著在磨的人，這值得好好思考。

高級料理與粗茶淡飯、城裡菜與鄉村味、文明世界與遊牧世界的菜餚

隨著城市與國家興起，階級與身分地位的分野也益發明顯。在料理上，先前這種分際主要是表現在一份餐的大小，以及切肉時的優先順序，現在則分成高級料理與粗茶淡飯[8]。至少在一開始，大家都享用一樣的主食，但後來卻有不同比例的主食與配菜，不同的菜餚、廚師和廚房，以及將料理知識從一代傳給下一代的各種方式。比方說，無論是黃河流域還是美索不達米亞，統治者、神職人員、貴族與武士吃的都是高級料理，而他們的子民則靠粗茶淡飯過活。把區分的範圍進一步擴大，那些吃穀物的人還會拿自己「有文化」的國家，跟周遭遊牧民族的野蠻行為對比——他們說，遊牧民族是不吃穀類的。貧窮城市居民吃的粗茶淡飯，也開始跟住在鄉下的人吃的粗茶淡飯有了分別。這些區隔後來也影響了烹飪的歷史，直到近代。

高級料理有大量的肉類、糖、油，以及酒類，一同為身分高貴的用餐者提供了或許有百分之六十至七十、整天所需的卡路里。動物的肌肉，大型家畜如牛、綿羊、山羊、豬身上味道較好的內臟，院子裡的家禽，捕獵到的動物（尤其是鹿、羚羊與瞪羚），這些最是受人歡迎。最白淨的手磨穀粒或麵粉、油或奶油、甘味劑以及酒精——之所以使用這些經高度處理的食材，一部分是因為它們所費不貲。高級料理中也大量使用鹽。例如，古羅馬博物志作家老普林尼（Pliny the Elder）將鹽高舉為文明生活的根本；古羅馬歷史學家兼傳記作家普魯塔克（Plutarch）的看法是，鹽是食材中最高貴的東西；根據新朝皇帝王莽的說法，鹽是「食肴之將」。前述這些話全都是在西元一世紀時

寫下的。[55]儀式中展示的異國食材，為觀者標示出國王轄下的領土有多麼遼闊，提醒人們他掌管著空間、勞動以及交通。必須投入昂貴食材，準備費時費工，設計用來刺激饜乏胃口的開胃菜、甜點和醬汁則是高級料理的標誌：其中，美食作家哈洛德・馬基（Harold McGee）將醬汁描述為「蒸餾而成的欲望」。[56]準備這些餐點時，連一點時間或代價都不能省：烈火咆嘯，碩大的爐子大口吞沒燃料，輩分低的廚子切菜、填料、桿麵，還得裝飾那些呈至國王面前的菜餚。

高級料理是屬於宮裡和貴族家裡（製作上比較沒那麼鋪張）的料理，先是收到當作貢物或稅收得來的農產品，接著處理、烹煮，然後分配給宮廷與軍隊。直到幾百年前，宮裡的炊事建築群都很龐大，任用上百、甚至是上千名官員，還有不同品秩與專長的廚子、烘焙師與洗滌工。把這些廚房想成最早的大規模製造業可說是相當合理，裡頭的人不只要處理食材（今天的工廠已經處理好了一切），還要備餐。有個部門專為國王與近臣準備高級料理，另一個部門則調理沒那麼精美的菜餚給貴族吃，還有一個部門是為宮裡的工匠拼湊出普通的菜飯。對於創造權力光環來說，高級料理的重要性就跟宮殿與金字塔、紫色亞麻與多彩的絲綢同等重要。即便晚至十九世紀，不列顛王室的正餐仍然是倫敦杜莎夫人蠟像館（Madame Tussauds）最受歡迎的展品。尋常百姓排隊走過，用手撫摸王室成員蠟像身上華美的衣服，目瞪口呆看著豐富的料理。[57]

宮中的廚房是非常重要的政府部門，不僅為宮裡的工人與官員提供某種形式的報酬，也端出鋪

⑧【譯注】勞丹在書中經常使用「high cuisine」與「humble cuisine」一詞，區別兩種食材、加工方法、烹煮過程與食用對象都極為不同的料理。但勞丹並未精確定義這兩個詞。「high cuisine」譯為「高級料理」並無疑義，但「humble cuisine」在書中論及的不同時代、不同料理文化中卻可以有「粗茶淡飯」、「粗食」、「差勁的飲食」等不同意涵，因此也會用不同方式譯出。

張的菜餚來展現國王主宰各種資源的權力，同時維護國王的健康。此外，由於國王時常帶著禁衛軍前往各地，宮裡的廚房也得為國王的軍隊提供飲食。從執掌範圍之廣，就可以解釋像中國的伊尹或法國的紀堯姆．提雷爾（Guillaume Tirel）等廚師（或是行政主廚與軍需官）地位何以如此崇高——法王查理五世（Charles V）將提雷爾拔擢為糾儀長（Sergeant-at-Arms）兼膳房書記，這個位子一般是留給貴族的。同樣的，弗朗索瓦．瓦德勒（François Vatel）之所以要自殺也就變得合情合理——當時他在一場招待路易十四的宴會上為數百人備餐，宴會卻因為缺了食材而泡湯。[58] 廚師是男性專業人士，與王家園林官、獵官、其他提供食物的人，以及總管和御醫一起合作。總管（相當於副手〔vizier〕或寢官〔chamberlain〕）是地位崇高的貴人，要和主廚一起仔細追查進出廚房的食材，共同制定重要飲宴的章程。御醫也要和主廚合作，規劃出能讓國王身強體壯、智慧與勇氣過人的菜餚。他們要一塊兒監測食物通過身體的時間、國王舌苔顏色的變化，還有其尿液的顏色、糞便的軟硬，以及體液的平衡。為了預防或治療疾病，廚子要混和並精煉食材，就像藥劑師一樣——也就是說，食品室同時也是藥櫃。「方」這個中文字，就跟英文字「recipe」一樣，同時有食譜與處方的意思。

就餐的人在宴會廳等具有特殊用途的空間中用餐，拿特別的小東西來用——在蘇美用銀叉子，在希臘用繪有圖案的酒杯，在中國則用上漆的筷子。祭司一邊祈禱，舞者與娛人一邊表演，還有樂師為這一頓飯奏樂，祈禱四海昇平。繁複的儀節詳細規定誰可以跟誰一塊用餐、誰只能看；他們該穿些什麼衣服；他們應該跟誰講話，或者應該默不作聲；享用菜餚的順序，以及食物應該如何送到嘴邊。統治者自己用餐，或是跟德高望重的家庭成員、高級官員一起享用，他們的座次也反映出其地位。在印度，國王獨自坐在椅子上用餐，面前放了一張擺滿菜餚的桌子；一支樂隊奏著恰如其分的和順之音，女侍們則在廚房旁的大帳下揮著拂塵與扇子，讓國王舒服吃飯。到了中國，皇帝吃的餐點擺出來是要展現他在天地間的角色；他不碰異國食物（至少在正式的吃飯場合時不碰），也從來不跟前來覲見的異邦人一起用餐。

最重要的是，高級料理有被文字記載下來，其中包括清楚說明了祭獻或釀酒步驟的頌歌與禱詞、講明食材與烹飪技巧的食譜書、談國王與貴族座次安排的手冊、寫有哪些食物送入宮裡廚房的紀錄，以及藥書與食療著作。

在鄉下吃粗茶淡飯則是農民的命運——我用「農民」一詞，單純是指那些為了自身生存而在土地上耕作的人，他們必須納貢與某種稅賦，而不是銷往市場。農民構成國家中百分之八十至九十的人口，他們吃的料理在每一方面都與高級料理背道而馳。煮飯的人是婦女，她們得花幾個小時舂打或磨碎根莖類和穀類，地點通常在室外。農民在家裡儲藏穀物，保存食物以候荒年，家中的空間常常得和自家的牲畜共享。

燃料、水與鹽所費不貲，限制了他們能在廚房做出些什麼。開始煮飯前，婦女得蒐集灌木枝、海草、糞便、荊豆（furze），可說是把所有可以燒的東西都找來。蒸與煮是消耗最少燃料的方法，也是最常見的烹煮方式。一天裡，農民通常只會準備一餐熱食，其他都是冷食。一到五加侖的水就足夠一人一天煮飯、飲用與洗滌所需，這些水要從河邊或井裡打來。[59]（現代美國人一天大約使用七十二加侖，三加侖的水大約重二十四磅。）鹽是奢侈品，要留著做鹽漬品，拿來配無鹽的粥或麵包。

在古典時代（classical antiquity）[⑨]，普通的鄉間居民一天有百分之七十至七十五的熱量，是從根莖類或穀類中得到的，不分男女。這個百分比會因為人口密度、戰爭、瘟疫與農業發展情況而有所

⑨【譯注】指以地中海地區為中心，古代希臘與羅馬文明最為輝煌、影響最深的時代，時間約從西元前八世紀至西元七世紀。

增減。舉例來說，經歷十四世紀中葉的黑死病之後，人口銳減導致生還者能吃得更好，這就是人口密度造成影響的重要證據。從反面來說，十九世紀與二十世紀全世界人口急遽成長的現象，意味著在一九八〇年代，多數的埃及人與印度人仍有多達百分之七十的熱量是由穀類提供，而多數的中國人甚至高達百分之九十；到了今天，穀類仍餵養著世界上二十億饑民中的大多數人。[60]為了讓這些澱粉更有味道，也就是中國人所說的「讓飯能下嚥」，窮人會加洋蔥、少許煮過的綠色蔬菜、便宜的肉末、魚乾，或是小鳥與陷阱抓到的動物。乾燥過的豆類是窮人料理最重要的象徵——豆子是種便宜的蛋白質，吃了會放屁，但因為在人體中消化緩慢，因此能帶來長時間的飽足感。窮人喝粥、水（但鄉間與城市中的水通常都已遭受汙染）、淡啤酒或淡如水的葡萄酒。用餐沒有什麼儀式，就用手指或湯匙從公碗中舀東西吃。記錄這種料理的不是文獻，而是諺語和民謠。

平實的料理也可以非常美味，尤其是主食——人們會用最高的標準來評斷。畢竟，要是你的日常飲食主要是以麵包、米，或是某種其他主食所組成，你就會變得很挑剔。搭配的小菜是手邊東西的巧妙結合，通常是蔬菜類的食材。我們在這邊回來談一下根莖類料理——尼日的伊博族（Igbos）會根據生長年分、春打所需的技巧、棕櫚油或辣椒等佐料的風味，將不同的樹薯仔細區分開來；這是一九六〇年代，我住在尼日河三角洲時學到的。而在一九九〇年代的墨西哥，我嚐到鄉下人做的吹彈可破的薄餅，而他們的莎莎醬更是美味，城市裡常見的那種厚紙板一樣的薄餅很難比得上，可以說飲食更豐富的城裡人只把薄餅當成容器而已。夏天的時令草藥、秋天的時令蔬菜、聖誕節前宰殺的新鮮肉品，以及冬天的根莖類與乾豆子，讓那種用穀類、根莖類、綠色蔬菜和一點肉煮的濃湯更形豐富；要是少了它們，便會索然無味。這種濃湯在歐洲各國有不同的名稱，如「*pot au feu*」、「*potage*」、「*bollito misto*」、「*cocido*」、「*puchero*」或「*escudella*」[10]。過去，即便是事業有成的人，每天仍然吃著一樣的食物。瑪爾瑪・托雷斯（Marimar Torres）出身重要的加泰隆尼亞釀酒家族，她的祖母是個「年輕時一週得吃上五、六次肉菜雜燴燉湯（*escudella i carn d'olla*）」的人。這麼說吧，我們這種習慣現代超級市場的琳瑯滿目，習慣選擇不同肉類、甚至每天選擇吃不同料理的人，很難像托雷斯的祖母那樣日復一日甘於吃一樣的餐點。[61]

粗茶淡飯總是不能穩定供應，要視天氣、土壤，以及農民無法掌控的剝削者而定。雖然饑荒相對罕見，但食物短缺卻是常態，尤其是在收成之前。確保東西夠吃才是當務之急。像日本有句俗話就說，「吃飽事成」（腹ふくれれば事足れり）[62]，或是像某一回我問一位墨西哥農夫，為什麼特定幾個食物攤子能吸引這麼多人時，他回答我的那句：「因為他們家的食物能餵飽你。」鄉下人要不是背著沉重的稅負和租金（他們可以用實物繳納，也就是食物），就是得在契約或奴隸制底下勞動。栽種穀物需要有計畫、有紀律，還要省吃儉用。食物庫存在晚春與初夏時減少許多，地位低下的人們這時就得勒緊腰帶。他們小心翼翼，與黴菌、田鼠和老鼠戰鬥——這些可是能毀了穀倉裡一半的穀子。他們勻出穀子供來年栽種，還要多準備一批存糧，最好是夠吃兩三年，免得收成泡湯，或是田地被戰士們糟蹋。[63]倘若食物真的所剩無幾，他們會從越來越難以接受的選項中尋求生路：野地裡的食物或動物飼料、播種用的種子與配種用的牲畜，以及樹皮跟泥土。還有證據顯示，當所有方法都派不上用場時，飽受饑寒的人會勉強從那些已經對情勢投降的人身上找肉吃。[64]除非住在海邊或河邊，不花什麼錢就能運送穀物，不然鄉間百姓和城裡的窮人都得受地方暴政的折磨。

⑩【譯注】這幾個名字，是法國（*pot au feu*）、北法（*potage*）、北義大利（*bollito misto*）、西班牙（*cocido, puchero*）、加泰隆尼亞（*escudella*）等地對肉菜雜燴燉湯的稱呼。各地做法或風味可能不一，但本質上都是雜燴。

大多數的情況下，比起吃精緻料理的人，吃粗茶淡飯的人的身高沒那麼高，沒那麼有活力，也沒那麼聰明。無論是懷孕、哺乳的母親與幼童營養不良，深山地區的人缺乏碘或是缺鐵等，這些都只是造成心智發展遲緩或心智障礙的可能原因，而且心智問題並不局限於鄉間窮人，更有可能是所有人的問題。義大利歷史學家皮耶羅・坎波雷西（Piero Camporesi）的看法如下：「饑荒有一項副作用始終沒有得到應有的重視——也就是急遽惡化的心理健康水準。就生物體的層面來看，人們的心理健康早已搖搖欲墜，畢竟就連在『正常』時期，智能不足、白癡與呆小病患者（cretins）都是數量稠密的人類整體群中隨處可見的存在（每個大村落或小村莊，連最小的聚落裡都會有傻子）。缺乏食物讓生物體的缺陷變得更為嚴重，而早已惡化的心智均衡更是跌落谷底。」[65]在研究食物的歷史學家之中，研究古代食物的彼得・加恩希（Peter Garnsey）與十八世紀法國麵包專家史蒂芬・卡普蘭（Steven Kaplan）是最嚴謹、也最慎重的兩位，他們引用了坎波雷西的話，表示同意。[66]卡普蘭指出，人們認為麵包得自於神，而且還有國王保證其品質，但實際上卻會因為黴菌與摻雜野草種子的緣故，成了毒害窮人的噩夢麵包。

城裡面的窮人占古代城市中百分之九十的人口，而如前所述，他們的粗食和鄉下的窮人也有不同。他們的食物通常更豐富也更多元——如果我們不談最底層、大約百分之十的人所吃的寒酸料理。偉大的羅馬醫生蓋倫（Galen）在西元二世紀時評論道：「城市裡的居民在收成的時節之後，馬上就蒐集、儲存了足夠的穀物供未來一整年之用。他們拿走了全部的小麥、大麥、豆子和小扁豆，剩下來的就留給鄉下人。」[67]歷史學家帕特里夏・克隆（Patricia Crone）也呼應蓋倫的說法，表示這種「『剩餘』不該當成什麼留下來或可以逃過一劫的東西：無論國家與／或地主可以用稅賦與／或租金的方式從農民那裡榨來什麼，那都叫剩餘，只要搬人家當的行為沒有把農民給趕盡殺絕就好。」[68]「雞是鄉下的，吃雞的卻是城裡的。」農民如是說。[69]他們抱怨道，城市是個巨大的胃，只會在大口吞沒食物之後把它排泄到臭氣熏天的陰溝，阻塞排水道，汙染河川。但另一方面，城市居民也比他們的鄉下親戚更容易碰上食物中毒與透過飲用水傳染的寄生蟲。一旦城市遭遇圍城，饑荒與挨餓就會直撲居民而來。

城市居民很少會像鄉下窮人那樣吃家裡煮的食物。許多城裡人都是年輕單身男子，要不是住在沒有廚具的狹窄房間，就是住在自己主人或僱主家裡。生火一直都有風險。由於燃料和水都很貴，路邊攤和外帶食物都很發達，情況一如近代世界的大都市。有些工人還會得到餐點供應，作為其全部或部分的薪水。社會上層擔心飢餓的民眾會暴動，於是確保為他們提供食物。雖然城市只是國家中一小部分人口的家（羅馬帝國盛期住在羅馬的百萬人，可能只占整個帝國人口的百分之二），但食物經濟在城裡卻發展到了極致。

僕人與奴隸成了填補精緻料理與粗食間之鴻溝的橋梁。他們在宮中與貴族家裡的廚房，學會了如何調理在自己村莊中作夢才能吃到的餐點，而且鐵定會跟自己的家人說長道短。有時，他們也會從自己簡樸許多的菜色中，準備一道給饕足於豐盛料理的主子嚐嚐。說起來，老百姓對於有錢人吃些什麼可說再瞭解不過，儘管他們做不出有錢人的料理，而且想都不敢想。

牧民在不適合農耕的土地上跟著自己的牲口移動，用牲口、乳酪等牧產，或是以保護費的方式交換穀物。他們吃的菜色和農民很像，但加了更多的牛奶與乳酪。雖然游牧民族的身影在今天的料理世界中並不明顯，但從最早有國家開始並且一直到十四世紀，游牧民族與定居民的料理之間卻有經常性的交流。游牧民的兒子被送去帝國首都，女兒則嫁給帝國貴族，當作換取和平的策略，結果高級料理常常根據游牧民族的口味重新調整。用中亞研究先驅歐文・拉鐵摩爾（Owen Lattimore）

的話來說就是，「只有窮苦的遊牧民才稱得上是純種的遊牧民」。[70]

古代料理哲學

人類學家認為，煮食推動了人類生理構造的變化，讓大腦變得更大，能夠進行複雜的思考。若果真如此，那麼會思考的人類也會反過來對食物、烹煮與料理發展出複雜的理論。隨著書寫在西元前三千年前後發展出來，與煮食有關的這些主題也貫穿了最古老的史詩、祈禱書、哲學著作、藥典、法律文獻與政治指南，而複雜的國家與帝國正是在這幾百年間漸漸成形。它們出現在中東地區的《吉爾伽美什史詩》、美索不達米亞城市的帳本、索羅亞斯德信徒（Zoroastrians）的《波斯古經》（*Zend Avesta*）與《利未記》（*Leviticus*），以及地中海地區的《伊利亞德》、《奧德賽》（*Odyssey*）、希波克拉提斯的文字、蓋倫著作集（Galenic corpus）、古羅馬醫生迪奧科里斯（Dioscorides）的《藥物論》（*Materia medica*），還有柏拉圖、亞里斯多德和斯多葛學派（Stoic）的著作中。相關的文字也可以在中國儒家、道家、史家、詩人的著作，《皇帝內經》、《神農本草經》作者所寫的文字，以及印度的多部吠陀（Vedas）、印度醫生查拉卡（Caraka）與蘇胥如塔（Suśruta）的著作、史詩《摩訶婆羅多》（*Mahabharata*），以及鑑書《政事論》（*Arthashastra*）中找到。[71]這些文字是由少數擅長寫作的人所著，但他們很可能是從其身處社會中常見的看法中汲取靈感，並加以整理、延伸。

更有甚者，即便各個社會內部及社會之間有差異存在，但這些著作仍顯示了人們普遍共通的心態。想到這些社會所共同面臨的烹飪難題，以及不同社會間漫長的交流歷程，會有共同的看法或許並不令人意外。這些著作的作者們深信世界是個有範圍、有秩序、有生命的天地，而非浩瀚無垠、不變不動的宇宙。礦物、植物、動物、從老百姓到國王的全體人類以及神靈，全都在某個階級體系中有各自的地位。寰宇天地是在不久前的過去創造出來的，有一天也會結束。蒼穹覆蓋著世界，太陽從天空的東邊升起、西邊落下。烹煮推動了天地的變化，當人類開闢田野、在自家廚房煮飯食，就是在仿效、推進這種變化。

古代料理哲學正是以這種世界觀為出發點，其基礎則是底下三項原則：階級原則（假定每一種品秩的生靈都有適合的食物與食用的方法）、獻祭協議（明確規定人類應將食物獻祭給神，作為報答神明先前提供食物的象徵性餐食，並在獻祭後將食物吃下肚），以及烹飪宇宙觀（其中清楚表示煮食是宇宙的基礎發展過程）。其中，食物則是一套精密體系的一部分，可以跟年歲、季節、方位、顏色、人的身體部位，以及世界的其他特點相呼應。

先從階級原則講起。每一個等級的生命（包括礦物在內，人們認為它們是活的）都會吸收適合自己的營養，有自己吃東西的方法。礦物與植物靠水與土來化育。動物吃生肉或植物，而且是自己吃、站著吃。人類則吃煮過的肉或穀類，或斜躺、或坐、或跪，跟自己的同伴一塊兒吃。《詩篇》（*Psalm*）第一百零四篇的作者說六畜吃草，人吃麵包。對上埃及（Upper Egypt）愛芙蘿蒂托（Aphrodito）的村民來說，跟野獸一樣吃未煮的植物，就等於餓肚子的意思。[72]在所有生靈之中，神的地位最高，是靠烹煮帶來的芳香來供養，例如蜜酒（nectar）和仙饌（ambrosia）的芬芳，或是煮肉、葡萄酒和啤酒的香氣。

在這整套階級架構中，還有另一套人類的階級架構，用來為前一節所說的料理分野提供正當性。貴族、農民與窮愁潦倒的城市居民，全都害怕地看著和牲口在不適農耕的土地上移動的遊牧民族。遊牧民族將自己的馬匹與駱駝投入運動戰當中，一再征服定居民地區，垂涎著他們的財富——包括料理在內；定居民的恐懼與不屑，就源自於這樣的事實。地中海、中東與中國的定居民幾乎不把遊牧民當人看，說他們不吃煮過的穀類，也不吃煮過的肉。在一段知名的美索不達米亞故事裡，當務農的雙親一聽到自己年輕貌美的女兒表明想嫁給牧羊人時，便說「他根本不懂莊稼，還像豬一樣掘土找松露……他還是個吃生肉的人」。[73]斯基泰人（Scythians）住在今天的烏克蘭地區，對耕種與煮食這類文明技藝一竅不通——他們是跟著動物跑的人，不是土地上的農夫（根據希臘人的看法，耕田種地對社會下層的人來說，就相當於打仗）。還有前面提到過的中國人，他們把自己國界上的遊牧民族描述成不會用火、也不會種稻的人。[74]

定居民則反過來，描述自己是完整的人類，有文化，住在有城市的社會裡，吃的是煮過的穀類與肉類。荷馬（Homer）的說法是，大麥餐點和小麥麵粉是「人的精華」。[75]在巴爾幹、義大利、土耳其、日本與其他地方，稱呼穀類的字跟稱呼一頓飯所用的是一樣的字眼（希伯來文是「לחם」〔lehem〕，希臘文則是「σῖτος」〔sitos〕）。[76]穀類的生命週期被拿來跟人類比擬，播種和收割時都有儀式上演，就像在人類出生與死亡時舉行的「通過儀式」（rite of passage）。[77]⑪雖然穀類勾勒出了文化的界線，但位處階級體系偏底層的人吃的，卻是不怎麼好的穀子跟最黑的麵包。越往階級體系上爬，吃的穀子越好，麵包和米也越白。

位於人類階級體系頂點的是統治者——他是天地的樞紐，平衡於自然界與超自然之間。統治者的宮殿與城市，是寰宇四方的地理中心。他本人是推動改變的動因，也是肩負命運之人，因此他得吃最精實的肉和最高級的穀類菜餚，畢竟國家的健康就奠基在國王的健康之上。由於人們相信身分地位與所吃的料理之間有因果關聯，自然也會推論——一旦將階級低的人或動物所吃的食物吃下了肚，那麼自己就會變成下層人，甚至是變成野獸。古代的所有廚房與飲宴都井然有序，好讓階級相仿的人吃差不多的食物。國王沒有與之同等的人，通常一人獨食，或是跟最親近的家人一起用餐。地位卑賤的人則力拒生食，免得讓自己墮落成動物。

由於一個人的道德與知識水準主要是由飲食所決定，人們理所當然會認為社會下層的人不太有可能是具備德行的人。要有道德，就少不了比較高級的料理。據信，吃精緻、好吃的食物，可以讓人強健有力、美麗聰慧，也才會有道德。[78]「寓健全心靈於健全身軀」，這句出自羅馬詩人尤維納利斯（Juvenal）的名言表現了普遍的看法，而他這話很可能是從希臘人那兒拿來的。蓋倫也說，食物能讓人「更好或更放蕩，更不知節制或更自持，更勇敢和更膽小，更野蠻和更有教養，或是更不畏爭辯與戰鬥」。食物可以「讓有邏輯的心靈更有道德，〔使之〕更有悟性，更勤勉，更謹慎，記憶力也更好」。[79]印度的吠陀也傳達相同的訊息：「人應敬拜〔食物〕，因為它能讓人盡用其所能……一切無知與束縛皆因食物而終。」[80]

就像食物與煮食能定出社會地位，食物同樣也能當作社會與政治關係的標誌。比方說象徵著永恆與清廉的鹽，就被人用來彌封協議、確立忠誠。在蘇美（Sumeria），「吃〔某個人的〕鹽」是用來指達成契約或和解的片語。《聖經》中則是用「鹽約」（covenant of salt），來描述上帝將以色列的王權永遠賜給大衛及其子嗣一事。西元前五世紀時，波斯皇帝手下的官員宣誓效忠的誓詞是「我們吃了皇宮的鹽」。將近兩千年後，當蒙兀兒帝國皇帝賈漢吉爾（Jahangir）的士兵意識到自己即

⑪【譯注】指特定社會中的個人從所屬的某個群體（年齡、身分等）離開，進入另一個群體，產生身分轉換時所舉行的儀式。諸如成年禮、祕密會社入會禮等。

將兵敗阿薩姆時，則是用這些話來準備面對死亡——「我們既已取了賈漢吉爾的鹽，無論陰陽兩界，皆視殉死為幸運」。[81]

煮食用的鍋子則象徵文化與國家，各種不同的食材在鍋中至臻和諧。[82]每當希臘人建立一處新的殖民地，就會從母城邦帶去一口大鍋，分去一點火。儒家主張國君必須創造和諧，彷彿廚子在大鍋中調和風味一般：「水火醯醢鹽梅，以烹魚肉，燀之以薪，宰夫和之，齊之以味，濟其不及；以洩其過，君子食之，以平其心。」[83]數百年後，鄂圖曼蘇丹禁軍耶里切尼（janissaries）掀翻了用來煮自己軍糧的大鍋，當作掀起叛旗的信號（見第四章）。

國王對其子民的責任，就是藉由向神獻祭的方式，確保有好的收成。[84]他抽取這些收成，接著將其中的一部分以恩賜的舉動轉交給自己的追隨者。古代（以及後來的）王國的祭祀盛宴，以及隨之而來的祭品分送，除了表現國王節制國內資源的權力以外，也是一種收買人心的方式。在市場經濟世界來臨之前，是恩賜將統治者與被統治者結合在一起。歷史學家艾美・辛厄（Amy Singer）一針見血地表達了這種看法：「餵養權力的，是餵養的權力。」[85]在中國，祭祀若是因為國君及其官員腐敗、與天意不和而沒有效果，農民就會認為自己有揭竿而起的權力——在他們還有氣力的時候。[86]

天神與人類之間的獻祭協議，可以拿來跟國王對子民的恩賜、子民對國王的感激並列來看。神祇、祖先與魂靈無所不在。[87]神祇創造宇宙與人類，將穀類給了人們，使眾人得到教化。中國的神農與后稷、峇里的室利女神（Dewi Sri）、泰國的稻米女神豐收女神（Pra Mae Posop）以及希臘的狄密特，祂們都是和善的神祇。巴比倫人則說伊阿（Ea）⑫「將財富收穫帶給你／晨間祂將降下一陣大塊的麵包／暮時則令小麥雨落下！」[88]

作為回報，天神要求人類用祭獻儀式來供養祂們。根據《詩經》，傳說中周王室的祖先后稷教導中國人如何獻祭。當炊粟米和烤羔羊肉的香氣從祭器中冉冉上升，他便讚嘆道：「胡臭亶時？」西元前八世紀，赫西俄德（Hesiod）創作了《神譜》（*Theogony*），講述諸神的起源，而書中提到希臘萬神殿中最偉大的天神宙斯，要求人類在「芳香的聖壇上焚燒白骨獻祭神靈」。[89]人類在祭祀時獻上食物，期待有好收成、打勝仗和多子多孫作為回報。一次又一次的獻祭撐起、再現了宇宙，維繫著天地的和諧。赫西俄德的《神譜》大談獻祭，希伯來的《利未記》、印度的吠陀，以及儒家的《禮記》同樣也講祭儀。這些經典解釋祭祀的由來，對祭祀的進行流程提供規範，記載過程中該唱的歌、該唸的禱詞——其中大部分都是只有祭司身分的人才能接觸的秘傳知識，他們受的訓練主要就是學習這些神聖的規範，而且要默記。

獻祭（獻給神的食物）幾乎無一例外，全部出自馴化、經過處理的植物（穀物與穀類料理、調味品、酒精），以及豢養牲口的肉。美索不達米亞與希臘拿大麥做的餐點來拜神，羅馬用小麥，中國用小米，日本用糯米，中美洲則用玉米。《利未記》上說，「一切供物都要配鹽而獻」。[90]鹽具有魔術與醫藥的作用，往火裡丟可以改變火焰的顏色，而在印度，人們則是用精煉奶油使火旺起來。葡萄酒、蜂蜜酒、濃啤酒與米酒都曾被人倒來作祭酒。

在印度，有五十種動物是人們認為適合用於祭祀，因此也可以食用，包括馬、牛、綿羊、山羊、豬、猴子、大象、鱷魚與烏龜（讓人不禁想到我們今天的料理口味有多麼受限）。印度－伊朗語族中，用來指馴化過的動物、牲口與祭祀動物的都是同一個字。[91]中東地區獻祭牛、綿羊、山羊，希臘用去勢的大公牛、綿羊與山羊，埃及用未閹割的公牛或未閹割的工羊（這是在底比斯

⑫【譯注】蘇美神話中的神祇，原名「Enki」，後為巴比倫與阿卡德神話所繼承。伊阿掌管工藝、惡作劇、智慧、創造，以及各種水體。

〔Thebes〕），北歐用馬、牛、綿羊、山羊與豬，中國則是用豬、狗、綿羊與山羊。就實際面來看，祭祀和飲宴可以解決大型動物肉類的處理問題，畢竟馬上就會被一大群人吃下肚。

《創世紀》提醒了我們，人類是最有價值的動物，也是最上等的祭品。上帝命亞伯拉罕（Abraham）將自己的獨子以掃帶到指定的地方，打造祭壇，堆起木頭，再把自己的兒子綁起來，放到祭壇上。他正準備用自己的小刀殺了兒子——八成會先割開兒子的喉嚨，讓血流光，再將屍體當作祭品焚燒，香氣會上達天聽。千鈞一髮之際，上帝允許亞伯拉罕改用旁邊灌木叢抓到的公羊來獻祭。[92]即便上帝准許亞伯拉罕不用擔負這樁任務，但仍然有證據顯示「人祭」是常見的習俗，而且在人類歷史上持續存在到相當晚的時代。西元前五〇〇年前後，西西里統治者哥隆（Gelon）和迦太基人締結和約時，要求迦太基人放棄人祭習俗，作為締約的條件之一。[93]秘魯地區的奇穆人（Chimú）之間也會進行人祭。在阿茲提克人（Aztec）的特諾奇提特蘭（Tenochtitlan），祭司則用黑曜岩小刀，將犧牲者的心臟片成薄片。

《左傳》的作者在西元前四世紀至西元前二世紀之間，表示「國之大事，在祀與戎。祀有執膰，戎有受脈，神之大節也」。[94]即便是富庶的羅馬，也常常屠殺戰俘，而不是留他們一命。至於規模更小、沒那麼繁榮、經常性面對食物短缺的國家，則是將囚犯看成負擔，繼而將他們拿來獻祭，為自己祭出一條活路。

無論獻祭哪一種動物，過程中都會有溫熱、紅色的鮮血流淌出來。《利未記》十七章十四節說：「所有動物的血，就是牠的生命。」根據中國人、希伯來人與希臘人的看法，血凝結就成了肉。亞里斯多德也說，食物進了動物的身體裡，最後就會變成血。這麼看下來，很少有哪個社會對於把血當成食物一事持中立的看法；有些社會相當重視，其他社會則嚴格禁止。那些珍視血的社會包括從自家牲口身上取血的遊牧民族，讓動物屍體的血流乾、用來做香腸或濃稠醬汁的基督徒，以及中國人——甚至到了今天，許多香港華人母親還會在考試前讓自己的小孩吃豬血湯，好讓他們思考更敏銳。猶太人與穆斯林的社會則嚴格禁止將血製成食物，他們在屠宰動物時，會把身體裡的血全放光。[95]

祭獻完，緊跟著就是祭宴——人類吃神明吃剩的東西，裡面可是充滿了神聖的力量。這也有可能意味著吃下人牲的肉，但這種習俗背後的動力並非飢餓，而是「分享神明留下來的食物」此一邏輯。西元前三千多年時，至少有某些北歐人會吃人牲的腦。據說，當耶穌會士因為巴西的庫庫瑪（Cocoma）族人吃死者的肉、用碎人骨做花邊裝飾的酒杯喝酒而責備他們時，庫庫瑪人回說：「在朋友身體裡面，要比被冰冷的大地吞沒來得好。」[96]另外，阿茲提克人也會吃來自金字塔上祭獻的人牲身上的肉屑。但話說回來，祭宴最主要的，還是動物牲禮身上烤過的肉。

祭獻與飲宴可以是一場好幾個國家的大集合，或者就幾個家庭成員參與而已。主祭者或許是祭司、統治者，或是家族的族長。用餐可能開放給整個社群，或者僅限於某個精挑細選過的團體；吃飯時可能鄭重地入口下嚥，或者來一場放縱的飲宴，大口飲酒。祭禮可以鋪張，也可以簡樸；由祭司或國王來祭獻，又或者就是個普通人來進行；可以在用餐前或是在戶外的一處小聖壇快速完成，抑或是辦起一場繁複的國之大典。在希臘，無論是集會開始、派任官員、交付任務、展開軍事行動、作戰前的夜晚、奧林匹克運動會開幕、簽署條約，還是用肉叉、鍋子與母城邦的火種設立新殖民地，以及出生、結婚和死亡，獻祭都是重頭戲。祭禮中會有人調和敬畏之情和懷疑心態，正式的言詞與輕鬆的談話，極端的肅穆與酒宴派對。西元前四世紀末，一齣希臘喜劇中的某個角色拿這整件事來挖苦，料想觀眾一定會開懷大笑。他大聲疾呼：「看這些野蠻人祭獻的方式！他們搬來長椅、酒壺——不是給神，是給自己用……他們拿尾巴尖跟膽囊這點不能吃的小東西來祭神，自己卻把其他的食物全都吞掉。」[97]不過，許多人——或者說大多數人，還是將獻祭協議看成一種容易瞭解的、與超自然事物共處的實際方式。

烹飪宇宙觀是古代料理哲學的第三項原則。根據體液系統論，體液對人的性格與健康有決定性的影響；但烹飪宇宙觀比體液系統更全面，把烹飪視為宇宙基本的發展過程，而廚師是在廚房裡仿傚這段過程。根據吠陀派醫生的看法，烹飪可以定義為「將物質混和，使之完美」的舉動。[98]中國人用「割烹」來描述炊事程序。[99]烹煮可以去除雜質，無論煮些什麼，都能展現出食材的本質或精華。[100]煮食比生食好，而煮全熟又比半生不熟好。如果食物沒煮熟或是搭配不恰當，會讓食物通過身體的速度快到來不及被人體消化吸收，或是在身體裡停留太久，久到腐敗；無論是前者還是後者，都是致病的主因。在中國，水就和其他任何一種食材一樣，必須煮過（加熱的意思），讓水喝起來更健康，至於這種風俗起於何時則不可考。[101]

太陽火熱的光芒與月亮如水的光芒推動、維繫著宇宙，就像在廚房裡面，火與水也是讓食材產生變化的主要因素。我們今天認為火是粒子的運動，但在過去，人們相信火是有實體的。火是某種你看得見、摸得著的東西（一碰就會留下劇痛的燒傷），提供燃料就會飛舞，放著不管則會死亡。射到大地上的熾熱光芒使動植物生長，或者凝結形成煤炭與石油，能融化岩石，在大地呼氣時以熔岩的型態往外流。[102]希波克拉提斯學派《養生論》（*On the Regimen*）一書的作者解釋道，熱能或火「是所有身體機能的基礎，就跟它能讓地裡的種子發芽是同一種道理；它主宰、節制整個宇宙，是所有可見、不可見的消亡與成長之因：靈魂、理性、生長、運動、減損、排列、睡眠，是一切意識的原因，而且永遠不會止息」。[103]來自潔白明月的波光則如雨灑下，被植物當成帶來生命的汁液或元氣，或是消失在地穴中，很可能就在裡面凝結為金屬。當大地呼出水氣時，就會以霧、露水，或是以河流的型態出現，支持著生命。

生命由生到死的循環（亞里斯多德的說法則是從產生到毀滅），和宇宙一樣，都是由火與水所推動（圖1.9）。種子「煮」過之後就成了水晶（直到十九世紀都還有人這麼相信），或是鬆軟、多汁的幼年期植物。在嫩芽從土裡冒出來之後，水火會繼續煮著，煮到植物成熟為水果或穀物為止。根據希臘人的看法，在乾熱的環境下，植物會煮出芳香。到了像地中海這種氣候穩定的地區，葡萄與穀物則會結果。反之，生的植物則溼冷危險。[104] 一旦太陽不再高掛天空，植物就會死亡，其枝葉發黑、枯萎凋謝，接著腐爛。新生的人也是從子宮裡「煮」出來的，男性的種子與女性的液體就是在子宮這鼎熾熱、滿是蒸汽的大鍋中混和起來。要是沒有煮好，人就會是生的、半熟的、粗魯的；如果煮得特別快，那就是有先預煮過，是早熟的。例如加利福尼亞當地的美洲原住民，會讓青少年期的女孩待在火炕裡，加速發育成熟的過程。[105]

在這幾種宇宙的調理循環中，人類可以從兩點介入。其一是栽培作物，即一種烹煮植物的方式。人們把馴化植物的過程，理解成烹煮其汁液，直到植物纖維軟化為止——彷彿用水煮植物一樣。耕種出來的植物就和有文化的人類一樣，都是烹煮的成果。第二個介入點則出現在廚房裡。廚師取了「地裡的出產」（農產品常常是這麼受人稱呼），混和它們以平衡其特質，再把它們放在廚房火爐上煮。如果把葡萄再拿來煮，或是放在壺子裡發酵，就會變成液態的火焰。

煮過的食物被吃下肚後，會通過腹部這尊火熱蒸溽的大鍋，烹煮的過程（指消化）會在這裡繼續。（如果「火能存在於腹部」的想法聽起來天真、不切實際，對古代人來說，那麼真實的情況——也就是我們的胃裝有腐蝕性的鹽酸，聽起來同樣難以置信。）食物會先轉為白色的液體（乳

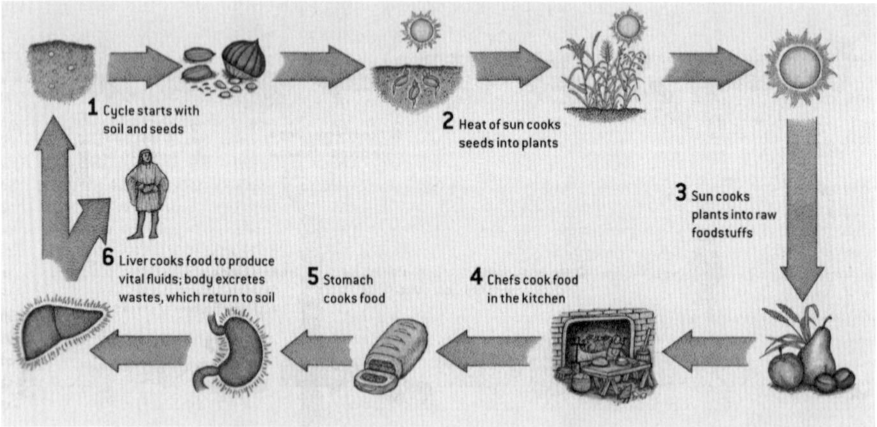

【圖1.9】從古典時代到十七世紀，人們都把火與烹煮當成烹飪宇宙循環的推動力。世界各地都能找到類似的循環模式。（圖片來源：Courtesy Patricia Wynne.）

糜），接著分離為血和糞便。血液為身體的火添柴加薪、補充精液，其中含有人類新生命的種子；至於糞便（灰燼或爐渣）則排泄出去。至少希臘人的理論是這樣。印度與中國的理論大致相同。印度的醫生推論，火會依序消化食物，排除不潔的東西，讓更美好的身體或精神得以解放出來：血與糞便，肉與濃稠的尿液，油與糖，骨頭、骨髓與精子。對中國的道教徒來說，胃部的「三焦」與腸子會把食物煮成汗液、唾液、胃液，以及最重要的血液。

我們要如何看待發酵？發酵是否發生在烹煮朝向腐爛、變質與敗壞傾斜的時候？發酵時會產生泡泡，古典時代某些哲學家相信這與鹽跟酸混和所產生的氣泡有關——但真是如此嗎？或者就像道教徒所認為的那樣，那些泡泡就像是大鍋裡沸騰的液體發酵，不過就是另一種烹煮的型態？在發酵東西時，懷孕的中國婦女就不能進廚房，免得缸裡酵煮的東西敗壞了在子宮裡發育的種。[106]直到十六世紀為止，「發酵也是烹煮」的理論始終是主流看法。接下來還需要三個世紀，科學家才開始瞭解發酵現象。

食物就跟宇宙中的所有東西一樣，是由三至五種基本元素或原則所構成，例如金、木、水、火、土——這些元素跟我們今天理解的不一樣，可以根據任何一種比例相結合。[107]根據希臘人與印度人的理論，在每一種循環於宇宙與人體（如體液）的液體中，這些元素中都會有一種元素占主導地位。宇宙中不同的地方有不同的液體平衡。古代的印度人說，印度河流域是乾熱液主宰的地方，而恆河流域則屬於溼熱液。蓋倫根據希波克拉提斯的看法，表示凱爾特人的蒼白膚色與冷淡個性是北方溼冷液體所造成，而南方的乾熱液體則是非洲人有著黝黑膚色與易怒性格的原因。希臘人和羅馬人則自鳴得意，認為自家土地上液體的平衡，最能夠帶來健全的身體、道德與心智。

印度醫生表示，在人體內，氣息（*vata*）對應於空氣、風或微風，關係到呼吸和心跳。膽汁

（*pitta*）與火對應，關係著食物的消化與概念的理解。黏液（*kapha*）對應水，與身體運作順暢有關。印度傳統中區分出三種極致的性情：熱情而易怒（*rajasic*）、冷靜而平和（*sattvic*），以及遲鈍而懶散（*tamasic*）。（若根據希波克拉提斯一派的傳統，占主要地位的體液，無論是血液〔blood〕、黏液〔phlegm〕、黃膽汁〔yellow bile〕還是黑膽汁〔black bile〕，決定了一個人的個性是樂觀〔sanguine〕、易怒〔choleric〕、遲鈍〔phlegmatic〕，還是憂鬱〔melancholic〕。）藉由食用能修正不平衡的食物，便能改變一個人的性格。比方說，印度醫學普遍認為肉與酒精屬熱，雞肉與米飯則是中性而協調，蔬菜則屬寒。印度醫生將肉桂、薑粉、肉豆蔻與植物油歸類為屬熱，茴香、新鮮的小荳蔻、丁香與煉乳則屬冷，廚師在運用這些食材時，均對此了然於心。

每個人都被固定在某個位置，不單是固定在社會階級，而是固定在整個宇宙，固定在一系列與液體、性情、顏色、五臟六腑、季節與個人年紀相關的對應關係中（表1.1、1.2、1.3、1.4、1.5）。[108]看你出生在哪裡，你的體液與各種液體在宇宙的哪個地方流動最為和諧，那就是對健康最好的地方。換句話說，離開那個地方，就等於讓自己暴露於危險之中。體液理論與對應關係理論在古代世界廣為人所接受，這也確保了多數的個人都是料理決定論者，意即相信你吃些什麼，你的力量、性格、心智與社會地位就是什麼模樣。

從另一個角度來看，身體能夠將食物化為組織與體液——用中世紀阿拉伯醫生阿維森納（Avicenna）[⑬]的術語，這叫「同化」（assimilate，讓不相似的變成相似的）。毒物則反過來將血肉

⑬【譯注】出身中亞布哈拉的波斯哲學家與醫學家，也是精通神學、數學、天文、物理等各種領域的天才學者。阿維森納是他拉丁語化後的名字。

表 1.1 希臘羅馬古典時代的宇宙呼應關係

元素	風	火	土	水
性質	熱、濕	熱、乾	冷、乾	冷、濕
季節	春天	夏天	秋天	冬天
體液	血液	黃膽汁	黑膽汁	黏液
性格	熱情	易怒	憂鬱	冷淡
生命階段	嬰兒	青年	成人	老年

表 1.2 印度的宇宙呼應關係

秉性	特質	顏色	身體對應	食物
主動（rajas）	熱、活力、熱情	紅	血液	肉、酒精
平衡（sattva）	冷、輕、純粹、道德	白、黃、綠	精液、乳水	奶油、糖、白米
遲鈍（tamas）	重、暗沉、笨拙、陰暗、邪惡	黑、紫	脂肪	不新鮮的食物

表 1.3 波斯的宇宙呼應關係

體液	特質	顏色	味道	身體部位	社會階級	活動
血液	溫、濕	紅	甜	肝	祭司	教誨
黏液	冷、濕	白	鹹	肺	戰士	戰鬥
紅膽汁	溫、乾	紅黃	苦	膽囊	牧人、農人	生產與提供食物
黑膽汁	冷、乾	黑	酸	脾	工匠	雜務

表 1.4 中國的宇宙呼應關係

五行	木	火	土	金	水
五季	春	夏	—	秋	冬
五方	東	南	中	西	北
五味	酸	苦	甘	辛	鹹
五臭	羶	焦	香	腥	朽
五色	青	赤	黃	白	黑
五氣	風	熱	濕	燥	寒

表 1.5 中美洲的宇宙呼應關係

靈魂位置	腦	心	肝
家庭關係	父親／男性	小孩	母親／女性
性質	暖、乾	—	冷、濕
顏色	紅	—	白
方位	東	—	西
宇宙	天界上部	天界下部	陰間

同化成自己的樣子，造成疼痛，而且時常導致死亡。食物與人類的血肉越是相像，就越容易被人體同化，也越營養。煮熟的食物最容易吸收，耕種出來的植物次之（算是半熟），野外的生（粗糙）食最難同化。失去平衡的病體需要導正，這是極少數人們可以合理食用生食的情況。埃及村民視生的食材為藥物，例如中毒時可用生蘿蔔解毒，吃生甘藍則能預防酒醉。[109]在古代世界的每一個地方，食物與藥物都是一體的。

油、水、鹽、空氣、香料，以及香味與顏色各異的食物各有其特殊的重要性。在古典世界（其他地方或許也是），人們相信油是凝結的火（就像冰是凝結的水），包含著生命的火花。水就像火，既是作用物，也是一種元素。道教徒認為水是最終極的原料，本身沒有味道，卻有能力調和其他味道，將之結合在一起。[110]根據蓋倫的看法，風是頭腦的食物，能讓血液充滿生氣，保持涼爽。一直有謠言指稱，聖人和心地純潔的男女光靠空氣，就足以維生。純淨、甜美的空氣具備療效，臭味則有毒性，因此城市要設置在遠離溼地與瘴癘之氣的地方，有錢人的家也要蓋在有毒的氣味範圍之外。道教徒也說要「服氣辟穀」。[111]「氣」是種更難以捉摸的流動，充盈整個宇宙；這個字是由兩個部分組成，可以看成「從稻米或黍米中出現的水氣」。氣是精華、能量、力量，與精液有關，可以從食物中得來，讓身體成長、發育與行動。印度醫學家也說，食物有了風這個最有力的元素，能夠讓人活力充沛、行動敏捷。

鹽（被當成能溶於水的水晶）是萬靈丹，對於對付造成城市居民困擾的寄生蟲尤有奇效。鹽能防止食物與屍體腐爛，因此能暫停料理循環。只要加一點點，就能讓清淡無味的食物帶出味道，吃的人甚至不會注意到加了鹽。埃及文中的「*natron*」（是個跟用來指神、香等字有關的字）是種天然的氯化鈉、碳酸鹽、碳酸氫鹽與硫酸鹽混合物，能在沙漠中的乾河床找到。「*natron*」可以用來保存食物，讓煮過的青菜保持鮮綠，讓熔爐中加熱的沙子變成藍綠色的玻璃，讓神廟中的空氣變得芬芳，還能用以保存已經取出內臟的法老屍體。[112]

辛香料、芳香劑與五彩繽紛的材料能挫敗寒冷、黑暗、陰溼的死亡。丁香、肉桂、沒藥、樟腦與檀香木等芳香劑散發出生命的芳美。綠色的食材代表生命，紅色代表血與酒精，白色代表乳汁與精子，黃色則代表太陽的力量。人們將金與銀敲打得極薄，妝點在盤邊；磨成粉的琥珀、翡翠與珍珠可以加進酒中；玉石還能雕刻成酒杯，用以捕捉或反映能帶來生命的日月精華。

我們可以把古代世界主導烹煮與食用的規則簡化為三條：首先，你得按照自己在社會中的等級高低，以及在宇宙中的位置來吃東西；再來，你得把要吃的食物盡可能煮熟；最後，你理應參與表演性的餐會，也就是祭神之後的飲宴。可是，難道每個人都會遵守這些規則嗎？當然不會。在今天，立意良善的營養學家制訂了若干規則，但我們也不會全都遵守，古代的情況也不會比較好。統治階級會吃生的水果，享受快感。老百姓如果能吃到大人物吃剩的東西，也會很開心。同樣也有人並不尊重祭獻。但這就代表規則不重要嗎？答案一樣為否。規則顯示出人們能接受哪些行為，其限度為何。用餐的人或許會踰矩，但他們是冒著風險越線，明知故犯。

反思古代料理

不平等的社會體系創造出了高級料理與平民料理之間的鴻溝，並用規則來鞏固這樣的差距持續存在。無論我們有多欽佩古代高級料理的精巧、廚師的手藝與投入，以及食材處理與料理手法在技術上的進步，也很難不對這種體制的不公感到震驚。這不是高級料理獨有的問題；從藝術、音樂、文學、建築到精品服飾，人類整體的祖產都有這種狀況，但料理方面的不平等看來尤其讓人難過。那些享用美食的人難道不該感到慚愧嗎？

在接下來的幾個世紀，這個問題始終潛伏於關於食物與政治的討論底下，刺激批評人士創造出「非主流料理」（countercuisine）。古代料理哲學不斷遭受質疑與威脅。許多人認為，過去在土地上耕作的人過著更有美德的生活，階級國家的虛榮胃口卻摧毀了這種生活。當統治者把舉行最有權勢、最昂貴祭儀的權力收歸己有時，希臘哲人、道家、猶太人與基督徒開始反抗國家官方的料理。他們甚至開始拒絕食用祭典中提供的肉類，也就是維繫國家、人民與神祇的餐點。我們會在本書第三章、第四章與第五章看到，他們創造的新料理規範撐起了新的料理種類，我將之稱為神權料理或傳統料理。

只是數千年來，許多人仍然認為嚴格的社會分際難以踰越，而高級料理與粗茶淡飯就是社會地位的標誌。諷刺的是，一八〇六年，蘇格蘭商人兼統計學家帕特里克·科洪（Patrick Colquhoun，後來成了倫敦治安官）在支持將民眾從窮愁潦倒稍稍拉拔到只是捉襟見肘的程度時，他的理由是這樣的：「貧窮……是社會中不可或缺、必不可少的成分，要是沒有貧窮，民族與社群就無法達到文明的程度……這是人的命運——這是財富的來源，畢竟沒有貧窮，就不會有勞動。沒有勞動就沒有財富，沒有風雅，沒有舒適，那些努力致富的人也就得不到好處。」[113]而窮人吃不到豐盛的肉品、醬汁和甜點時難道不會憤怒，難道不會對「社會上每一個階級的人應有其獨有的餐食」這種規則感到懷疑？然而，我引用過的許多鄉里野談，都能證明情況確實如此。

高級料理與粗食的分野一直延續到十九世紀晚期——當時出現了食物生產的規模經濟，再加上收入的增加與更便宜的運費，以及世界上富裕地方的農業變革，都讓人民能吃上近代料理。這些國家的大多數民眾現在吃的是「中階料理」（middling cuisine），雖然不像過去的高級料理那麼精緻，卻共享其中的許多特色。中階料理中有不少肉類、脂肪、甜食、來自世界各地的異國食材，以及低比例的碳水化合物主食。準備餐點的通常不是家庭婦女，而是職業廚師或餐廳，用的則是處理過的作物。用餐有特定地點，使用特別的食器與餐盤。而且有數量極為龐大的料理文學記錄、討論這種料理，例如食譜、餐廳食記、報紙的美食版、美食雜誌以及一般性的報刊。

難道過去沒有「中級」的料理，能夠在高級料理與粗茶淡飯間權充橋樑嗎？答案是，幾乎沒有。羅馬、巴格達、開羅、亞歷山卓、杭州與江戶等大城市裡的縉紳、富商與職業專家，是有可能有錢到被稱為「中產階級」。比方說十七世紀的歐洲，中產階級構成大約百分之四至五的人口。他們跟有著中等財富的地主一樣付得出錢來仿做高級料理。但商人的地位尤其卑賤。日本有句俗話說「癩蝦蟆生的還是癩蝦蟆，商人生的還是商人」，這種類比在其他地方也找得到。簡言之，出得起錢吃中階料理的人還是少數中的少數，沒什麼影響力可言。他們無法為食品加工業創造市場，若與今天城市裡的中產階級相比，他們持家的情況更像個小規模的宮廷。

至於平民百姓，他們是真的有餓肚子的風險，更是沒有理由去實驗創新的烹飪技術。當你的存糧一天天減少，當你知道你得為來年的收成保留足夠的穀子來播種，你就不太可能在可能會失敗的實驗上浪費珍貴的儲藏。但你倒是會嚐看看（或許是被迫去吃）新的植物。最直覺的做法是把植物搗碎或磨碎，試試看是否真的能吃。中國的窮人在中世紀時接受了產量更高的水稻，義大利人與羅馬尼亞人在發現美洲後接受了玉米，這時有更多的人因此活了下來，但烹飪的風格仍然保持不變。

從非常久遠以前，世界各地的高級料理就交織成了一個無遠弗屆的網路；交流能帶來創新，但粗茶淡飯則常常孤立於交流之外，注定停留在地方層面。高級料理是料理變革的引擎，人們現在習以為常的技術多半都來自高級料理：烤白麵包、磨出白米粉、精製糖、發明醬油跟「貝夏媚」醬（béchamel），以及製作巧克力糖、巧克力派和蛋糕等。船隻揚帆，工廠設立，人們將資本攢積起來買香料、茶葉、瓷器與銀等奢侈品。將近一世紀前，德國社會學家維爾納・桑巴特（Werner Sombart）便表示，變革的動力並非必需品，而是奢侈品。本章一開頭概述的這些流傳甚廣的料理也盡是如此，大多數的料理變革發生在穀類料理中，而且是穀類料理中的高級料理。

第二章

古代帝國的大小麥祭祀料理，西元前五〇〇年至西元四〇〇年

The Barley-Wheat Sacrificial Cuisines of the Ancient Empires, 500 B.C.E-400 C.E.

西元前五〇〇年至西元四〇〇年之間的這一千年，是個見證大帝國在整塊歐亞大陸上不斷建立的時代。所有帝國都以大麥與小麥為基礎，這兩種穀類不僅相對易於運輸、儲存，而且以作為食材來說，幾乎不輸給任何一種能提供完整營養的餐點。新種類的小麥在這時出現，麩質更多，也因為穀殼與穀子之間黏得沒那麼緊而更容易處理。人們也開發出能打動胃口的新小麥菜色。在這一千年的末尾，小麥成為歐亞帝國統治階級內，超越大麥與小米的熱量（人類的燃料）來源，也成為重要性最高的穀類，並將這個地位保持至今（重要性飛躍成長的稻米也是如此）。

想成為萬王之王，並創建、維持帝國，統治者就得收取足夠的大麥與小麥，來養活大軍與宮城中的官員與宮人，但又不能讓耕種土地的人一貧如洗。他必須要有將食物分送給宮廷與軍隊的能力。[1]食材得經過處理，成為可以儲藏的食物供給，能煮給大量的人食用。食物處理得越好，就能更有效地儲存；餐點越是美味可口、營養豐富，皇帝也會越慷慨。這麼一來，就會有更機敏、更有動力的人在軍隊中作戰、經營政府部門、建造宮殿與神廟，以及製作衣物、珠寶和宮廷中華美的裝飾。人們也因此在這一千年中看到更多的剩餘穀物從鄉里平民身上榨取而來，看到更長的穀物運輸新路線，更有效率的食物處理過程，以及更精緻的料理。

帝國上層人士的基本立場，就是對階級原則、獻祭協議以及烹飪宇宙觀所抱持的信念。被征服的人民（包含過去的統治家族與少數宗教菁英）吃的料理也得符合這幾個標準。皇室成員獲派為地方總督，將皇帝的口味傳遍整個帝國。許多皇親國戚跟被征服的王公貴冑通婚，帶來帝國料理的整合。軍事人員常常必須移居到新的領土，或是得到的土地賞賜上，這同樣也讓帝國的料理得以遍地開花。政府官員、軍人與軍眷加入商人與移民的陣容，成為傳播、鞏固高級料理的代言人。

但整個帝國朝統治階級料理同質化發展的趨勢，會受到兩項因素的阻撓。其一，統治者居於人類階級體系頂端的位置，時常會遭到個人與國家的挑戰，這些個人與國家會摸索出替代的方案。其二，宗教少數群體挑戰獻祭與祭宴的習俗，提出看待神祇的替代方式，而這些另類的選項也逐漸促成新料理的創造（見第三、第四與第五章）。因此，這一千年的時間也見證了古代料理哲學替代方案的討論接二連三地大舉出現，以及料理數量增生的過程。

波斯的阿契美尼德帝國（西元前五五〇年至西元前三三〇年）是個比以往的帝國更大的國家，銜接了過去數千年間創造於美索不達米亞的菜餚，以及隨後歐亞帝國所創造的料理。由於阿契美尼德帝國極為強大，其料理也成為標準，激起對帝國高級料理的論辯，每隔一段時間就會浮上檯面，直到十九世紀為止。遭到阿契美尼德人入侵的希臘人抱持的意見並不一致。有一派是那些想模仿阿契美尼德的人，另一派則是斯巴達人和蘇格拉底，而兩者雖然天差地遠，但對排斥精緻的阿契美尼德料理一事，卻是口徑一致。至於征服阿契美尼德人、建立希臘化帝國的馬其頓人亞歷山大大帝，以及北印度孔雀王朝的統治者，則都將目光投向波斯，視其為帝國與料理的模範。

羅馬帝國與漢帝國後來成為版圖最大、也最重要的古代帝國，但兩國國內對帝國料理的看法也是意見紛紜。過去幾百年來，羅馬人都是吃樸實的共和式家常料理過活。隨著羅馬人的國家逐漸由共和制轉向帝國，許多人也調整、接受了亞歷山大及其繼承者們統治下所創造出來的希臘化高級料理。而來到以黃河流域為主體的漢帝國，儒家提倡簡單的料理，但大地主則轉向道教，為精緻、奢華的高級料理打下了基礎。唯有當時不存在大麥與小麥的美洲地區，才會有發展成熟的大國是以不同的穀類——玉米——作為主食。

從美索不達米亞料理到波斯阿契美尼德帝國料理

西元前六四五年，亞述帝國（Assyrian Empire）的末代國王亞述巴尼拔（Ashurbanipal）在自己的首都尼尼微（Nineveh）舉辦了一場宴會；據說，他在超過十天的時間裡招待了七萬名賓客（圖2.1）。[2]各項文獻大力強調了席間的酒肉，包括祭祀用的家禽家畜與狩獵時打來的野味。席間獻祭了一千頭牛、一千頭小牛、一萬頭綿羊與一萬五千頭羔羊。狩獵時打到的牡鹿、瞪羚、鴨、鵝、鴿子各有五百之數，還有數萬隻小鳥被殺。一萬條魚從各條河流與大海火速送往尼尼微。人們還採集了一萬顆蛋，烤了一萬個大麵包，釀了一萬壺啤酒，還送去裝滿葡萄酒的一萬個酒囊。在古代世界，每一個聽聞這場流水盛宴的人，都知道這份食物清單上準備的菜餚，不全是讓國王及國王的客人當場吃掉的。把用剩的食物分享出去以表現慷慨大度，也是儀式中重要的一部分。

先前在美索不達米亞以東的高原地區過遊牧生活的波斯人，在五百年裡不斷上貢給富有的巴比倫國與亞述國，同時也觀察著這種鋪張的飲宴。等到西元前六世紀，波斯人居魯士（Cyrus）帶著自己的大軍，由高原下到平坦、盛產大麥的美索不達米亞，征服了這片吉爾伽美什一度馳騁的地方，第一份食譜也是在這時出現在烏爾城（Ur）。[3]大約在西元前五五〇年至西元前五四〇年間，居魯士馬不停蹄，拿下了東起印度邊境、西至埃及與今日土耳其之間的大部分地區。他自稱「萬王之王」，統治了超過七十個不同民族，每一個民族都有自己的語言、國王與神祇。

居魯士建立的阿契美尼德帝國（以傳說中該王朝的始祖阿契美尼斯〔Achaemenes〕為名），是當時世界上曾有過的最大帝國，開創了波斯人在該地區長達一千年的統治優勢，並由塞琉古帝國（Seleucids）、帕提亞帝國（Parthians）與薩珊帝國（Sassanids）繼承之。隨著征服而來的，則是統

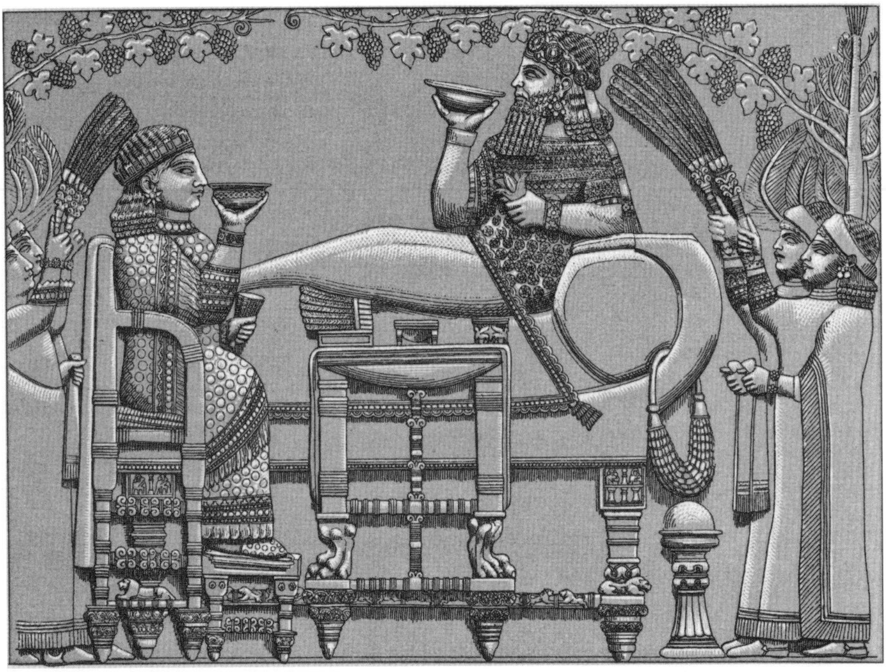

【圖2.1】這是名為「花園宴會」（Garden Party）的浮雕鑲嵌板複製品，原本的浮雕來自伊拉克尼尼微北宮（North Palace），時間約為西元前六四五年，是一系列慶祝國王亞述巴尼拔在戰爭與運動賽事中得勝場景的重點。亞述巴尼拔倚靠在高躺椅上，用淺杯喝著酒，王后則坐在他腳邊。兩人在葡萄藤（多產的象徵）蔭下，侍從為他們搧風。這張圖的範圍外有豎琴師奏樂，而亞述巴尼拔視線直直望去的地方，還有托曼（Teumman）被砍下來的頭顱——他是波斯西部埃蘭（Elam）的國王。（圖片來源：From a print by the nineteenth-century French artist Charles Goutzwiller. Courtesy New York Public Library, http://digitalgallery.nypl.org/nypldigital/id?1619810.）

治大帝國的任務。其中有許多方面都跟料理有關，例如建立正統性、處理被征服者與少數民族、透過農事研究與基礎建設改革提升食物供給、為首都與軍隊提供給養，以及透過國王舉辦的盛會來戲劇化表現其慷慨。

波斯征服者們吃的傳統料理，是由大麥粥與大麥餅、小扁豆和大巢菜（vetch）、新鮮與乾燥的羊乳酸奶酪與新鮮乳酪，還有烤過或水煮過的牛肉、羔羊與山羊，乃至綠色蔬菜與藥草，以及水果乾與堅果所組成。美索不達米亞地區超過千年時間所發展出來的高級料理，可能早已被波斯人所吸收了。[4]他們向神明與居魯士的繼承人大流士一世（Darius I）獻祭，大流士本人則將獻祭的儀式調整得與新興的瑣羅亞斯德教一致。大流士表示，瑣羅亞斯德教至高無上的神——阿胡拉．馬茲達（Ahura Mazda）——選擇了他，要他從罪惡之中，以及從與罪惡有關的食物中拯救大地。根據瑣羅亞斯德教的神話，阿胡拉．馬茲達先是創造了天空，接著是大地，然後是人類，最後則是人類的幸福——真理、和平，以及豐盛的食物。大地受到祝福，有新鮮乾淨的水、茂盛的綠色植物、性情溫和的動物與香甜的水果，水果也沒有果皮、果殼或刺的保護，人類沒有物質身體的負擔，無須殺生也能享用這些水果。後來，邪惡踏進了宇宙，將宇宙變成戰場：陽光對抗黑夜，夏天對抗冬天，善對抗惡，真理對抗謊言，花園對抗沙漠，開朗性格對抗陰鬱絕望，生命對抗死亡。於是，水果有了刺、果皮與果殼的保護，嚐起來又酸又苦。人類則有了血肉的重量，必須食用樹葉、根莖類與穀類，還為了動物的肉而殺害牠們。當人類死去，其屍體開始變質，腐爛的肉上滿是蛆蟲，空氣裡盡是難聞的惡臭。西元前五二二年九月二十九日，至高無上的神命令大流士帶領軍隊參戰，找回世界的美德——至少大流士本人下令完成的碑文上是這麼說的。[5]在《舊約聖經》與古典著作中，都可以找到這種「過去有個失落的年代，當時人類能靠水果與蔬菜過活」的類似傳說。

簡而言之，重回美好世界的其中一部分做法，就是食用經過正義的象徵，即純淨、神聖的火焰所碰觸過的食物，也就是煮過的食物。用來指烹煮的波斯語字根（*pac*），意思就是藉火之故而能食用。實際上，奶就是一種純淨無瑕的食物，因為它早已在母體內被火煮過。蜂蜜也是如此，已經被蜜蜂這種對人類有益的昆蟲烹煮過。其他的食材同樣得經過加熱。人們認為雞是善的（波斯人或許是從印度引進雞，而印度則是從東南亞引入），因為雞啼就預示著光明復歸。蛋是善的，因為蛋殼、蛋白與蛋黃的同心圓結構能呼應一層層的天球。鮮綠的花草讓人想起天堂樂園。只要謹慎地吃煮過的食物、麵包、肉類與葡萄酒，消化、吸收無礙，將它們化為血液與活力，就能創造出身上散發甘甜氣息的善人。未經純淨之火觸碰的生食則是邪惡的。蠕蟲、昆蟲、蛆與蜥蜴都是邪惡的化身。狼吞虎嚥的都是惡人，他們是食欲脫韁的魔鬼手下的奴隸，吃生食與昆蟲，體味惡臭，拼命拉屎。烏爾城的民眾過去享用的蝗蟲，現在從菜單上消失了。

有著不同神祇的既存宗教則得到允許，可以延續其包括料理習慣在內的風俗。比方說烏魯克城的伊南娜神廟，每年仍舊將三千至四千頭羔羊獻祭給這位女神。有兩個政府部門專門管理數萬頭綿羊與山羊的放養事宜，供祭祀之用，職員則由神廟的配給來資助。[6]

居魯士征服美索不達米亞的五十年前，猶太人便已經在西元前五八六年眼見耶路撒冷陷落、所羅門王的聖殿被巴比倫人夷為平地。在居魯士的征服行動之後，猶太人得到機會，可以選擇留在美索不達米亞成為俘虜，或是返回耶路撒冷重建聖殿。《利未記》與《舊約聖經》中的其他篇章載明了猶太人的料理守則。血、除了會反芻者以外的分蹄動物、豬、有鰭與鱗的水生動物，以及昆蟲（與波斯習俗相呼應）全都是不可吃的食物。此外也不能用牛奶煮肉，不能與非猶太人一同用餐。神殿的祭司在祭獻之前要遵循規則淨身，接著屠宰動物讓生命之血流乾，還要避免拿不潔的發酵

（敗壞）食物來祭拜。

二十世紀中葉，有學者對猶太人的飲食規範——尤其是禁食豬肉一事，提出相反的詮釋。美國人類學家馬文・哈利斯（Marvin Harris）主張這是防止旋毛蟲病（trichinosis）感染的健康措施，吃了生豬肉、半熟豬肉，或是受到旋毛蟲（*Trichinella spiralis*）幼蟲感染的禽肉，就會染上這種寄生蟲疾病，導致腹瀉、甚至是死亡等症狀。英國人類學家瑪莉・道格拉斯（Mary Douglas）與法國學者讓・索勒（Jean Soler）則認為設計這些規定，是為了創造獨特的猶太人身分認同。[7]後一項詮釋，與波斯帝國和印度各國料理規則同時激增的現象較能呼應。在料理食材有限的情況下，建立認同最輕鬆的方法，就是禁止特定的食材、料理手法與用餐方式。豬很難放養，對於遊牧出身的民族來說其實也不受歡迎。因此，人們恐怕要到幾個世紀後，猶太人在食用豬肉的羅馬或基督教土地上成為少數時，才能完全感受到這條規則的厲害。

為帝國的各個城市與大軍提供食物，是一項須臾不可或忘的大事，需要用上好幾種策略，包括增加可食用植物的供給量與推動農業。波斯人為了達成這些目標而創造出花園。花園裡種著成蔭的林木與其他植物，以漂亮的幾何形狀規劃，住滿各種能為園林增色、充滿異國風情，或是供打獵之用的動物。波斯人想在自己乾燥、充滿沙塵的土地上重建美善的樂園世界，而花園多少算是這種世界應有的模樣。[8]一方面，這裡是用來打獵、藉此訓練戰爭所需技術的地方。另一方面，這裡也是研究據點，來自帝國各地的可食用植物或觀景植物都能在此適應氣候（這個過程就像是烹飪宇宙論中的烹煮行為）。大流士命令小亞細亞的統治者，當然還有全部的總督轄區（satrapy，大流士的帝國按照這種制度劃分），都要引進美索不達米亞與波斯的作物，尤其是高品質的葡萄藤。花園、果園，甚至連田地都有數英里長的地下灌溉渠道（坎兒井〔qanat〕），由水輪（noria）汲水——這是種圓周上擺滿一圈桶子的輪子，以水力或緩慢繞圈的驢子來推動。

新建的公路沿線設有驛站供政府郵政、信差、官員與軍隊使用，儲有大批徵用來的食物。遊歷各地的商人從阿拉伯帶來芳香劑，從印度帶來辛香料，並從希臘帶來油與葡萄酒。萬王之王大流士御駕和他武藝高強的貼身侍衛兼精銳部隊（即一萬名所謂的「長生軍」〔Immortals〕，穿著色彩繽紛的袍服，手持長矛，矛尖有銀色或金色的石榴符號）在城市之間移動。[9]騾子拉著四輪車駕，裝載著銀器，裡面裝著供萬王之王及其長子飲用的水，水則是從科阿斯佩斯河（Choaspes River）的七十處湧水塘取來、煮過的水。（數世紀後，西塞羅〔Cicero〕便指出這件事，用來表示過度放縱的口腹之欲會對國家造成多大的危害。）在隨軍人員中，有將近四百名的炊事人員：兩百七十七名廚師，二十九名洗菜的少年，十三名乳製品工人，以及七十名過濾葡萄酒的人。此外，很有可能還有一大批僕從、執事、占卜師、醫生、詩人、測量員、預言家、商人、樂師、娼妓，以及婦女與孩童，他們全都跟著大流士移動。夜幕低垂時則搭起龐大的營帳，這就是移動宮廷傳統的濫觴，後來更一直延續到十九世紀的印度。

四座都城分別建立起來，其中以波斯波利斯（Persepolis）居首。它們的氣候適合人們在不同的季節前往，讓皇帝能舒服地移動視察自己的國土，震懾其子民，向他們收稅。這些地處內陸的都城畢竟只能收集到相當有限的大麥與小麥，當前一個都城的收成用盡時將隨員移往下一個都城，或許也是種挺有道理的做法。

貢品與稅收從整個帝國收繳而來。大流士在波斯波利斯的接見廳前有一張椅子，上面的浮雕刻劃出其子民帶來精雕細琢的銀器、牛、駱駝與驢子的場景。不過，來自安納托利亞、用來做麵包的上好小麥，來自大馬士革地區最甘醇的葡萄酒，風味絕佳的阿拉伯岩鹽，波斯灣地區芬芳的荊棘油，以及來自科阿斯佩斯河的清澈河水，就沒有出現在浮雕上。取而代之的則是不斷湧入的水果、蔬菜、家禽、魚、油、葡萄酒與啤酒。後來在西元三世紀時，波斯的某個皇帝頒布詔令說「納稅人保留其莊稼之量，應限於供其度日、耕種其土地之用度」，接下來的幾個世紀，世界各地的統治者們不斷重複一樣的命令。[10]西元前五〇〇年，帝國宮廷收繳了八十萬公升的穀物，足以餵養一萬五千人一年，這些人大概都是政府官僚與最核心的護衛。[11]至於皇帝那支一萬人的部隊所需的差額，或許是由皇帝私有土地上的穀物來填補。大流士的叔父、也是波斯波利斯周遭地區的主管官員帕那卡（Parnaka），在泥板上詳細記錄了輸入當地的飲食供應，以及這些食物分配的方式。

根據一位名叫波利艾努斯（Polyaenus）的希臘人所指稱，有一根青銅柱上刻有用餐者的食物配給、居魯士晚餐的內容，以及居魯士的法律。[12]雖然上面的量詞很難解釋，但波利艾努斯的說法與其他史料，仍然使重建阿契美尼德宮中飲食種類有了可能，其中包括：

一、不同等級的小麥與大麥麵粉（或許是供不同階級的賓客食用）。

二、去勢的公牛、馬、公羊、鵝、鴿，以及各種小鳥（可能已經屠宰好了）。

三、新鮮牛乳、發酵乳、加糖的牛乳。

四、由大蒜與洋蔥、指南菊汁（一種料理用與藥用草本植物，很快就絕跡了）、蘋果汁、石榴汁、孜然、蒔蘿、芹菜籽與芥茉籽，以及醃蕪菁與續隨子所製的調味料（或許是用來做酸醬汁）。

五、煉乳與芝麻油、松香（可能是來自阿月渾科〔pistachio family〕的植物）、老鼠（acanthus）與杏仁。

六、棗酒與葡萄酒。

七、用葡萄乾做的水果蛋糕（可能是一種不加麵粉、用水果與堅果做的「蛋糕」，至今還能在整個地中海地區找到）。

八、木柴

簡言之，皇宮裡的廚房用著各地的貢物，並加以處理——穀類磨成麵粉，種子榨成油，奶水製成酸奶酪，水果打成汁做酸味料，如此便能增加它們的價值。當時的人才剛開始使用貨幣，此外他們還有些什麼別的選擇嗎？款項通常都是實物。說起來，直到最近，拿食材或煮過的食物來用還是很常見的事，這也仍然是世界各地一種重要的支付形式。

阿契美尼德人延續著舉辦鋪張宴席的傳統。賓客抵達，按禮儀要求入座，無論是仔細擺放的桌子與軟凳，提供給客人的餐點，還是不停洗手、用不斷補充上來的乾淨手巾擦乾手的服務，都反映出了禮儀中既有的品秩。負責祭神的或許是皇帝，聖火在一旁燃燒，賢士（magi）則手持神聖、神秘的「*haoma*」，吟誦著《波斯古經》中的文字：「吾欲親近馬茲達——獻上我的讚美，上達天聽，並同向阿米雷戴（Ameretat，植物與木頭的守護者）與漢魯凡戴（Haurvatat，水的守護者）獻上（新鮮的）肉，向阿胡拉．馬茲達贖罪。」祭品上的油脂在聖火上滋滋作響，散發出香氣，讓煙能往上飄到神的所在。[13]

值此期間，廚子則在廚房工作，每個人都有自己的專長。古希臘史學家色諾芬（Xenophon）曾經在波斯軍隊中擔任希臘傭兵，即便他沒有親眼見識過，至少也聽說過這間大廚房。他記載道：「一個人可以只燉肉就好，讓另一個人去負責烤肉；一個人煮魚，另一個人烤魚；還有一個人做麵包，而且不用做出每一種麵包，只要他會做一種，做到名聲響亮的程度，就足夠了。」[14]任何一位廚師只要發明一道新的佳餚，就能得賞。

即便在平日，廚子也得處理上千頭的動物，例如馬、駱駝、牛、驢、阿拉伯來的鴕鳥、鵝與公雞，據說都是要端上波斯王的餐桌。年度盛宴時，小綿羊、小山羊、牛、瞪羚和馬還得整頭來烤，在一塊缺少燃料的土地上，這可是豪奢之舉。我們可以合理推測，備好的濃湯能上溯到蘇美時代。一位希臘作家曾提到安那托利亞西部（當時叫利底亞〔Lydia〕）的甘達魯斯濃湯（kandalous），是用「煮熟的肉、麵包屑、〔新鮮的〕弗里吉亞乳酪（Phrygian cheese）、蒔蘿或茴芹〔茴香〕，以及肥肉高湯」所製；看得出來，這跟巴比倫人泥板上描述過的是同一類湯品。[15]賓客直接拿精雕細琢的銀角杯與酒壺，喝起椰子酒與葡萄酒。享用完肉類與濃湯後，會有人將水果、堅果，以及用芝麻油、蜂蜜、粗大麥粒與新鮮乳酪製成的甜點端上來。用餐的人一定都是從烹飪宇宙觀和呼應關係，來看待所有這些食物（表1.3）。過去幾百年來，人們吃得津津有味的烤蝗蟲或蚱蜢並未出現：這些昆蟲重新經過分類，成了「邪惡的」食物。

賓客根據自己的社會地位與喜好得到食物、金銀角杯與餐具，這些都是皇帝慷慨大度的有形提醒。他的子民則獻上忠誠來報答，承諾當「君王的耳目」，將每一件發生在其國度中的可疑之事回報給他。色諾芬出身的社會，正為了這種恩寵的等級制度是否適合自己的城邦國家而激辯。對於波斯，色諾芬嗤之以鼻。他認為，施恩於人來創造忠誠，「就跟人對待狗的方式一樣」。[16]

回應阿契美尼德料理的希臘料理

希臘人對自個兒波斯鄰居的高級料理有不少認識。有些人過去和波斯人做過生意，在他們的領土上建立僑民群體，其他人則是在波斯軍隊中擔任傭兵，色諾芬就曾經寫過這種經歷。[17] 西土耳其屬於希臘的部分被波斯人占領，希臘本土一再遭受入侵，雅典也在西元前四八〇年時陷落。經歷了打打停停、拖了將近百年的戰事之後，希臘人終於在西元前四五〇年擊敗波斯人。

不同城邦的希臘人一邊對政治生活展開激辯，一邊為波斯的料理政治跟它鋪張的宴席，以及贈禮換取忠誠的做法吵得不可開交。許多人認為，阿契美尼德料理正是專制國家欲望無窮的一例證明，這種欲望導致國家永不饜足地尋找新資源、發動侵略戰爭，而希臘人就受過這些苦頭。相形之下，希臘人將自己描述成飲食有度的民族，吃的主要是蔬菜——用希臘人自己的話說，他們是嚼葉子的人，除了「一小桌菜以外什麼都沒有」。[18]

獻祭與隨後的飲宴同樣是希臘各國至關重要的政治、宗教暨料理儀式，一如其他古代國家。其中最重要的祭禮就是在奧林匹克運動會期間舉行——奧林匹克運動會從西元前八世紀起舉辦，但最盛大的時候則是西元前五世紀與四世紀。[19] 每隔四年，來自不同城邦的四萬名男子齊聚於土壤肥沃、林木茂密、山峰庇蔭的奧林匹亞谷地，在賽馬場與運動場觀看戰車競速、拳擊、摔角、擲標槍。

賽期第三天早上過了一半，祭司在宙斯神廟展開獻祭儀式，由知名雕塑家菲迪亞斯（Phidias）創作、高四十英尺、以象牙與黃金打造的宙斯雕像就位於神廟頂上。祭壇上，連年祭祀的香灰與來自附近阿爾費烏斯河（River Alpheus）的河水混在一起，堆了二十英尺高。特別為祭祀而飼養、背上沒有犁痕的牛戴上花圈，一頭接著一頭被人領上祭壇。祭司用特製金屬器皿盛裝的清水洗手，倒出祭祀用的葡萄酒，接著用冷水或穀粒灑向這些動物，讓牠們搖頭晃腦，彷彿欣然赴死。觀禮的人舉起右手臂指著祭壇。祭司隨即重擊領頭牛的頸根，打昏之後拿小刀刺進去，讓血流進輔祭手上拿的碗裡。雖然每殺一頭牛只需要五分鐘的時間，但祭獻進行仍然長達一整天。

助手將每一頭倒在地上的牛拖到一旁剝皮、切割。廚子開始為聚集的群眾烤起牛柳，在大鍋裡煮牛骨，烤大麥薄餅，並堆起一壺壺裝了葡萄酒的雙耳壺（amphora）。富含生命芬芳的肥肉、牛腿與股骨要用來祭獻，丟到用散發芳香的楊木枝條生的火堆上，牛內臟則放上烤架烤。二或三名祭司一塊兒在每一段腸子上各咬一口，以象徵團結。骨頭燒白、碎裂，香氣上達天聽。

天黑之後，飲宴就開始了。參加宴會的人都得到灑上聖鹽的肉、大麥薄餅與摻水的葡萄酒。「一整群人興高采烈，月面白皙的光芒點亮了夜晚。整處阿爾提斯（Altis，聖林）在愉快的氣氛下響起了宴會音樂」。就一場飲宴而言，把一百頭牛分給四萬名用餐的人還不算太誇張，每一名參加者只能嚐嚐味道。

但肉類的象徵作用仍然關鍵。沒有幾個人膽敢對吃肉這項重要的公民之舉表示懷疑。[20] 倘若有，理由也跟虐待動物無關。古希臘哲學家恩培多克勒（Empedocles）擔心，要是靈魂會轉世，你就有可能吃下自己的人類同胞（畢達哥拉斯〔Pythagoras〕或許也是這麼想）。柏拉圖與其他學院（Academy）成員則主張動物是有理性的生物，應該得到比被人吃掉更好的對待。畢達哥拉斯學派以早期素食者聞名（但這可能有誤），據說他們偶而才慎重地吃一點肉。我們可以說，「嚼葉子的」希臘人反對波斯阿契美尼德料理，並非因為料理中含有肉，而是這種料理顯然端上了過量的肉。

這麼看來，希臘人面對的問題不在於祭宴，而是如何看待日常飲食。斯巴達人所提倡的，是對波斯奢華料理最激進的替代方案，但我們要從有關飲食的文獻中區分事實與虛構卻很困難。眾所皆知，斯巴達小男孩在七歲時，就會從自己家中被帶走，養育成堅毅的軍人。他們集體用餐，最有名的菜餚是血肉湯（black broth），可能加了血讓湯變得濃稠，非斯巴達人從以前就開始抨擊這種食物。文獻指出，人們不鼓勵男孩們吃得太多——這對斯巴達社會來說一點都不奇怪；此外，他們也要接受訓練，忍受飢餓——這對斯巴達人也不特別。無論事情真相如何，後來的幾個世紀都有人想迎頭趕上，或是貶低斯巴達料理，端視個人或社會的觀點而定。古羅馬共和派的老加圖（Cato the Elder）非常讚賞血肉湯，但羅馬皇帝傳記作者普魯塔克對此卻不屑一顧，而到了法國大革命之後，法國共和派則又模仿、重新製作起這種食物。致力訓練帝國統治者的十九世紀不列顛寄宿學校也遵循同樣的傳統，教導在校生忍受折磨，其中就包括食用故意做得不甚可口的「斯巴達式」料理。[21]

其他希臘人則深受奢華的波斯料理吸引。希臘人擊敗波斯人，他們的城邦也隨之繁榮，黑海與北地中海沿岸都建立起殖民地，貿易也在拓展。雖然跟波斯種類不同，但希臘也被人看成帝國。不過，城邦不像中東地區的帝國，無法仰賴豐收的大麥維持生計。希臘土地貧瘠，降雨量不穩定，大部分的土地也無法灌溉。鄉下人會保留三年份的穀物以防收成泡湯，並儲藏四年的用油，將自己的土地分區耕作，還會在穀子裡混野草種子，或是把水罐藏在農車上以增加重量，試圖蒙混收稅的人。[22]多數情況下，農作物頂多剛好，甚至是不足以支持城市所需，因此得從埃及、義大利與黑海等地區進口穀物。

希臘人在三分之二不適合栽種穀類的土地上，種起了兩種作物——橄欖與葡萄，並製成深受歡迎的出口用食材，也就是橄欖油與葡萄酒。橄欖油可以拿來炸，幫助烤大麥粗粉捏成形，用來浸泡

【圖2.2】希臘石棺上的淺浮雕，刻著精靈製作橄欖油的場景。中間的精靈正收集掉落的橄欖。右邊有另一個精靈正推著手把，讓兩塊垂直擺放在碗狀火成岩上的磨石轉動，壓碎碗中的橄欖。左邊有個精靈掛在梁上，把油從橄欖中搾出來，流進下面放的罐子裡。（圖片來源：Drawing from C. Daremberg and E. Saglio, *Dictionnaire des antiquités grecques et romaines* (Paris: Hachette, 1904–7), 4: 167, fig. 5391.）

東西，或是製作沾麵包的醬汁；同樣也有人需要橄欖油來做藥膏、化妝品，以及潤滑油。[23]橄欖樹是種矮小樹種，需要好幾年時間才能長成，足以每隔一年結出小顆、帶苦味的果子——人為栽培從來沒能成功培育出好吃的果肉。人類已經從許多沒什麼前景的植物中學到如何創造食物，而橄欖樹就是其中前途最黯淡的一種。人們用了數千年的時間，才發現如何將得自橄欖樹的利潤推向極致。到了西元第三千年期時，改良過的橄欖樹種已經栽種到敘利亞、巴勒斯坦與克里特島了。

希臘人發明了沉重的機具，好從橄欖裡炸出油來，一如圖2.2刻著小精靈製油過程的可愛浮雕所呈現的那樣。浮雕的右邊有個小精靈正在用「*mola olearia*」，也就是兩塊靠著水平轉動的輪軸滾動的圓柱形石塊，擠出橄欖油；到了二十世紀末，這種方法仍然為人使用。接下來，藉由擠壓橄欖，就能榨出混合的油水；比較輕的油會浮到水上，可以再用虹吸的方式裝到尖底陶罐中（雙耳壺），然後用船運給買主。整個地中海沿岸與波斯地區，到處都有積極買主。

葡萄酒也可以拿來出口，因為它相當容易保存，不像啤酒。啤酒雖然能一年釀一次，卻得在一兩天內喝完，因此得就地飲用。[24]希臘人改良了葡萄藤的栽種。一旦葡萄成熟，人們就會把葡萄裝進大容器裡，由握著扶手或抓著過頂的樹枝幫助平衡的人用腳踩葡萄。葡萄汁流入底下的大桶，接著放進高十英尺、口寬三英尺的缸裡沉澱。有些果汁會拿來做菜，有些則熬煮成糖膏。大多數果汁發酵成葡萄酒，存放在容量五到二十加侖的壺子裡，壺內壁抹上瀝青或松脂，或者黏上綿羊或山羊皮。等到新酒初釀成，男男女女會唱歌跳舞，向酒神戴奧尼索斯致敬。時人認為葡萄酒是良藥，也是毒藥，據說能讓人忘記痛苦，帶來安眠，還能幫助年過三十的人抗衡老年的枯槁。古希臘劇作家歐里庇得斯（Euripides）說：「治療痛苦，此外別無良藥。」

葡萄酒出口貿易是種高度規格化的行業。希臘各國為酒壺定了標準尺寸，在官員嚴格的監視下封壺。接下來，雙耳壺便從環地中海地區用船運往今天的法國（當地的凱爾特人非常想買葡萄酒），或是橫渡黑海送到烏克蘭（這裡的斯基泰戰士在自個兒的宴會上要拿葡萄酒來乾杯）。

隨著希臘城市人口增加，一船船的移民與小麥種子、大麥種子、葡萄藤插枝、取自母城的火，以及國家的象徵（一鼎大鍋），也跟著航向黑海、西西里、義大利南部、法國南部與西班牙南部的海岸。[25]一上岸，移民便向神獻祭，接著蓋起母城的複製品——要有神廟、公共廣場與狹窄的街道才算完整。殖民地茁壯起來，有些足以支持五十畝大的葡萄園，其餘位於海岸地區的殖民地則經營加工廠，將魚製作成魚露（*garum*）。

在繁榮的西西里與雅典，饕客們開始實驗起高級料理。西西里擁有肥沃的火山泥土，能種出碩大的大麥與小麥，其中一些運回希臘本土。敘拉古（Syracuse）則以其美食學（gastronomy）聞名，有精緻的魚類菜餚、豐盛的肉品和絕佳的葡萄酒。[26]最早的希臘食譜就是當地的作品，現已亡佚；我們是從阿特納奧斯（Athenaeus）的《歡宴的智者》（*Deipnosophistae*）裡知道這些的，這本書成書於西元三〇〇年前後，是以用餐與相關題材為題，擷取了八百位作者看法的長篇討論。西西里出身的希臘人阿切斯特亞圖（Archestratus），在大約西元前三五〇年所寫的詩作《奢華生活》（*The Life of Luxury*）也出現在阿特納奧斯引用的文獻裡，詩中敘述的則是如何找到、烹煮最上等的魚。

希臘本土（尤其是雅典）在波斯人戰敗之後，經歷了一段文化上的大鳴大放。新建築不斷興建，例如俯瞰雅典城的帕德嫩神廟（Parthenon），而劇場搬演傑出劇作與讓人笑到岔氣的喜劇，哲學家們則是和自己的追隨者小圈圈一同反思重要的問題。私人宴會後會舉辦飲酒會，稱為「symposium」（意思是一起喝酒），看起來就像是某種取代祭宴的做法。[27]商人與有錢有地的貴族，甚至連事業有成的工匠現在都能從心所欲，有足夠的財富舉辦這些限男性參加的活動。體面的淑女、小孩、工人、窮人與奴隸（僕役除外）在這種聚會中是沒有一席之地的。

主辦人會僱用對小亞細亞波斯菜有料理經驗的廚子。他們準備的菜餚中，就有多道源自波斯的醬料，例如「*karyke*」——阿特納奧斯從至少十八本食譜中，引述這種以蜂蜜與葡萄汁（或是醋）為底、加入麵包屑勾芡，再以香草增添風味的醬汁。客廳裡放了波斯風格的長沙發，每張沙發前面都放了一張桌子（圖2.3）。跟波斯人不同，希臘人給每個來用餐的人都送上一樣份量的食物。[28]

第一道菜可能是大麥薄餅（叫做*maza*），或是小麥長麵包、燉鰻魚、抹上蜂蜜的蝦子、灑了海鹽的烏賊，或是裹在酥皮裡的鳥肉。魚是頗受歡迎的一道主菜，鮪魚尤甚——這若不是奢侈品中第一種出現的大型魚類，至少也是頭幾種當中最早的。[29]鮪魚價格不菲，必須在危險的地中海深海區捕捉。跟肉不一樣，人們相信魚沒有血，因此不會拿來祭獻，也不用因為政治或宗教的理由切分為大小相等的部分，這讓廚子能自由選擇美味的魚背（與鰭相連的部分）與魚肚（圖2.4）。吃魚肉能給人某種特別的快感，根據體液理論，魚肉容易消化的程度近乎於危險，因為腐爛的速度太快了。等到甜品時間，饕客們則小口吃起精緻的小點，例如甜酥皮貝殼、酥脆的餅乾、烤芝麻蛋糕佐蜂蜜醬、牛奶乳酪蛋糕加蜂蜜、油炸新鮮乳酪，以及裹上芝麻的小點心。但總的來說，餐點要謹慎安排，以平衡體液（表1.1）。

接下來，主人會倒一杯葡萄酒獻給神明，唱起頌歌。至於客人的部分，主人會拿個有漂亮雕花的酒器，將葡萄酒跟水以水三酒一或水三酒二的比例混合，讓酒勁與今天的啤酒相當。年輕人的軀體內早已有危險燃燒的熊熊烈火，如果跟波斯人一樣不摻水直接喝，酒就有可能讓他們失去控制，甚至喪命。奴隸將葡萄酒倒進等待著的來賓手上的淺杯。這時，男人們沒了祭獻嚴格規矩的束縛，開始辯論起國家大事，討論哲學，觀察前途看好的年輕人如何自持，玩起酒會遊戲，喝醉酒，跟年

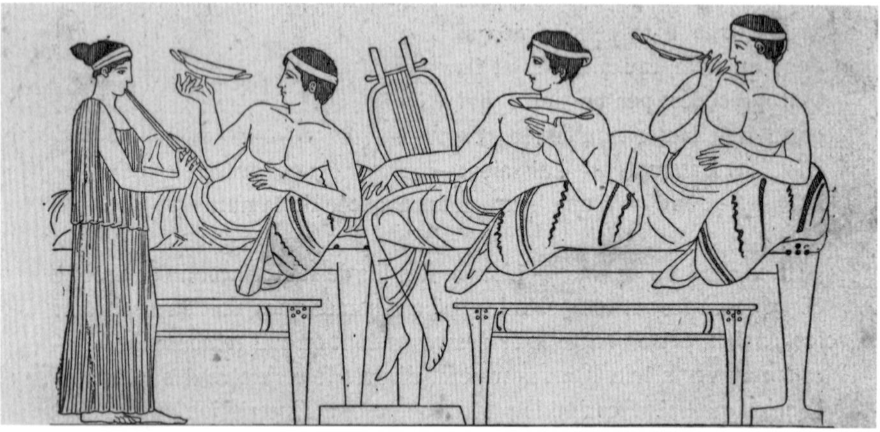

【圖2.3】三名希臘男子倚靠在高躺椅上，用波斯花紋的淺酒杯喝酒（與圖2.1的酒杯相比），一旁還有女性樂師娛樂他們。（圖片來源：René Ménard, *La vie privée des anciens: Dessins d'après les monuments antiques par Cl. Sauvageot* (Paris: Morel, 1880–83). New York Public Library, http://digitalgallery.nypl.org/nypldigital/id?1619873.）

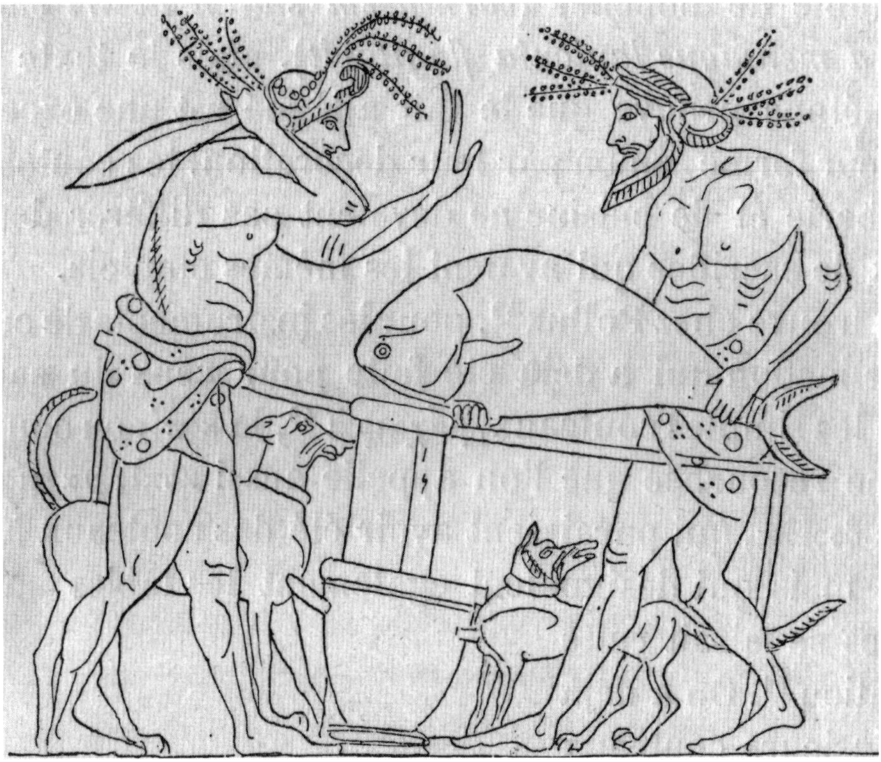

【圖2.4】一名男子拿著鮪魚——鮪魚是飲酒會前用餐時最受歡迎的食材，因為鮪魚跟獸肉不同，跟祭獻、祭宴都沒有關聯。另一名男子拿刀切魚，兩條狗則巴望著肉屑。（圖片來源：Drawing of a vase in the Berlin Museum in C. Daremberg and E. Saglio, *Dictionnaire des antiquités grecques et romaines* (Paris: Hachette, 1904–7), 1, part 2, 1586, fig. 2123.）

輕的奴隸男孩和妓女上床。每個人醉的程度差不多，小口吃著浸在番紅花醬汁裡的新鮮鷹嘴豆、蛋、新鮮到皮還很軟的扁桃，以及胡桃。年輕貌美的奴隸男孩繼續倒著更多的酒。雖然受到波斯影響，但希臘高級料理多半用當地食材準備，其中只有一小部分的肉與少許香料，提供的也是摻水的酒。自由身的公民都能得到同等的分量。

即便如此，這種新的高級料理仍然讓許多希臘人震驚，覺得這既沒有男子氣概，而且讓人太過貪食。喜劇演員取笑那些自視甚高、誇稱自己的料理是「根據西孔（Sikon）與索弗（Sophon）學派的學問，並以文學、哲學、天文學、建築、戰略、藥學、德謨克利特（Democritus）與伊壁鳩魯（Epicurus）的知識為基礎」的廚子。[30]柏拉圖在《蒂邁歐篇》（*Timaeus*）中主張人應該要避免貪食，想成為哲學家的人更是如此；不然，他們就「無法從事哲學與音樂，聽不見我們最神聖的那一部分的聲音」。他表示，人的腸子蜿蜒曲折，是為了減緩食物通過的速度，這樣一來人類才不會受食欲的掌控。[31]

《理想國》（*Republic*）寫於西元前三七〇年前後，柏拉圖在書中更為徹底地攻擊高級料理。[32]他不須把這種菜餚跟波斯菜劃上等號，而是喚起某種深具美德的過去，以作為一座理想城市的料理模範。他描述公民應當如何「分別用大麥和小麥製作麵粉，用小麥做麵包來烤，用大麥來揉上好的蛋糕，全都盛在燈心草或乾淨新鮮的葉子上。他們……〔會〕設宴款待，他們和自己的孩子喝自己的葡萄酒，穿戴花冠，歌頌神，一起快樂地生活」。

柏拉圖的其中一位夥伴葛勞康（Glaucon）表示反對。吃麵包、喝葡萄酒時不是坐在有高度的長沙發上，而是席地而坐——這是豬的行為，而不是希臘公民該有的行為。「蘇格拉底，如果你是要拿去給豬玀之城的人吃，你才會這樣這樣餵牠們，不是嗎？……如果他們不想感覺不舒服，我相信他們會倚靠著長沙發，用桌子吃飯，享用自己現成的美食與甜點」。

蘇格拉底做了點讓步，他說：「可以給他們調味料，例如鹽就是理所當然的選項；還有橄欖、乳酪……另外還會給他們煮熟的球莖與其他蔬菜，就像現在鄉下人吃的那些。我們或許還可以給他們上些甜點，有無花果、鷹嘴豆跟彎豆，他們還能用灰燼烤些桃金孃莓與橡實，適量喝點酒配餐。過這種平安健康的生活，他們無疑能活到老年，把類似的生活方式傳給他們的子孫。」但葛勞康還是不放心。橡實是給鄉下窮人的東西，不是給城裡人吃的。「當然也要有長沙發和桌子等家具，還要些小菜、沒藥、香、酒女和糕餅，每一樣都得種類繁多」。

蘇格拉底回答說，他的城市才是真正健康、精實的城市。但他也知道許多人覺得這種城市還不夠好，所以他得構思更臃腫、更奢華的城市——「發炎的城市」（city with inflammation）。豪奢的飲食會刺激食欲，讓個人與城市囂然思食，造成貪婪，帶來軍隊與專制——簡言之，就是波斯那種國家。他之所以反對，並不是因為波斯人的國家不公平、不正義、不平等，而是因為波斯是個對外擴張、散播戰爭的國家。

柏拉圖的批評是針對波斯人而來的。但在希臘北方地形崎嶇的土地上，馬其頓的腓力二世（Philip II of Macedonia）正恢復治安、強化其軍隊，並規劃著軍事行動。西元前三四三年，他聘請柏拉圖的學生亞里斯多德，擔任其子亞歷山大的私人教師。等到腓力二世在西元前三三六年遇刺時，亞歷山大已經打下了希臘，並將目光投向波斯帝國。

從馬其頓、希臘與阿契美尼德料理到希臘化料理

亞歷山大繼承了其父的野心，立志成為比波斯阿契美尼德統治者更了不起的君主。他從亞里斯多德那兒學到，大度是統治者應有的美德。慷慨的大手筆「對那些從自己的祖先或各種關係獲得相當財富起家，或是出身高貴、卓有聲名的人來說是合宜的……這一切都能為他們帶來尊貴與威望」。[33]亞歷山大擴張與戰的生涯所帶來的其中一個結果，就是結合希臘、波斯與馬其頓元素的希臘化料理。比起蘇格拉底想像中簡約度日的公民所吃的菜餚，或是雅典飲酒會上的高級料理，馬其頓人飲食的方式更像是荷馬筆下的英雄、凱爾特酋長，或是更鋪張的波斯人。[34]賓客大吃大喝，吃的是一整頭獵來的動物，或是腹內塞滿子宮與小鳥肉的豬，還會拿不摻水的葡萄酒比賽酒量。

亞歷山大帶領大軍經過小亞細亞，往南穿越黎凡特（Levant）地區前往耶路撒冷，接著則是埃及——他在這裡建立亞歷山卓城——然後抵達位於美索不達米亞的巴比倫。由於仔細的規畫與補給，他成功地養活了一支大軍，軍容最盛時有步兵六萬五千人（比古代多數城市人口的兩倍還多）、戰馬六千匹，另外還有一萬三千匹馬拉著錙重。這支軍隊每天需要一百三十噸的穀物，由於一平方英里小麥田的最大生產量是一百六十噸，因此人們每天都得徵用、收集、儲藏、分配、輾磨與烹煮將近一平方英里土地生產的穀物。[35]

亞歷山大與當政的波斯皇帝大流士三世（Darius III）打了一連串的仗。亞歷山大在其中一仗大敗波斯皇帝，戰後，他走進大流士的御帳。據說，他仔細端詳帳中純金的餐具，嗅聞珍貴的香與香料，眼睛盯著為大流士用餐而準備的躺椅和餐桌，接著嘆道：「看來，這才叫做稱王。」[36]西元前三三一年，亞歷山大在巴比倫附近發生的高加米拉戰役（battle of Gaugamela）中擊敗大流士，接著

策馬凱旋通過大流士三世壯麗的都城波斯波利斯。他將皇宮裡的寶物當成戰利品帶走，離開波斯波利斯，將之焚毀，只留下幾根柱子兀自佇立。

雖然希臘人註解說，亞歷山大對波斯君主鋪張的膳食分額嗤之以鼻，但實際上，比起希臘人較為節制的用餐方式，亞歷山大吃飯的情況跟波斯的富麗堂皇反而有更多相同點。他在行軍時還帶著有百來張躺椅的大帳，占地比希臘最大的飲宴廳還要大兩倍；據說，有一回他曾邀請六千名官員前來用餐，可即便營帳巨大如此，還是無法接待所有人——有些官員得坐在凳子上。宴會之後，緊接著就是馬其頓風格的飲酒比賽。亞歷山大把波斯皇宮膳房中的廚子、酥皮師傅、釀酒專家、樂師與製香工人全部帶走，當成自己戰利品的一部分。[37]他還加深了與波斯人的關係，不僅自己娶了波斯女子，還讓手下與其他波斯人結為連理。在他的帝國裡，城市的規畫就跟他曾擊敗的阿契美尼德帝國的城市布局極為相似。波斯的無酵麵包、羊肉料理、醬料、香料、水果，結合希臘的魚肉、橄欖油、魚醬、葡萄酒，以及馬其頓人的好客結合，就創造出了希臘化料理。

亞歷山大及其隨員幫助作物在地中海、中東及更遙遠的地方之間轉移——有時可能就是他們自己發起的。此前雞已經西移，葡萄藤也已東移。亞里斯多德的另一位學生泰奧弗拉斯托斯（Theophrastus），在自己的《植物志》（*History of Plants*）中仔細記錄了新的作物。芫荽與鴉片被人帶往西方的美索不達米亞，甚至深入中亞。出現在西方的還有枸櫞（一種可能來自中國南方或東南亞的柑橘屬植物）、近東地區的檸檬、安納托利亞的櫻桃、亞美尼亞與波斯的桃子、波斯的開心果、用來入藥的稻米，以及餵馬用的苜蓿。[38]

西元前三二三年，就在揮軍穿過印度北方與阿富汗之後，時年三十三歲的亞歷山大死於巴比倫，而他所征服的土地旋即分裂成三個希臘化帝國。其一以希臘為中心。其二以埃及為根據地，其首都亞歷山卓逐漸成為希臘語言和文化的重鎮。其三則從土耳其經近東，一路延伸到伊拉克、伊朗、阿富汗與印度北方。也就是說，希臘化料理後來不僅經羅馬帝國調整，被拜占庭帝國徹底改造，也跟承續的波斯料理融合在一起。

從阿契美尼德料理到印度孔雀料理

西元前三二一年，也就是亞歷山大過世後兩年，旃陀羅笈多．孔雀（Chandragupta Maurya）在印度建立了孔雀帝國，印度社會的重心也從印度河東移到恆河。孔雀帝國首都華氏城（Pataliputra，今天的帕特納〔Patna〕）座落於恆河與甘達基河（Gandhaka）的交匯處，長約九英里，寬一又三分之一英里，以木牆圍成，間有六十四座城門。孔雀帝國皇帝仿效波斯帝國，以阿拉美語（Aramaic）為其文字體系的範本，並採用了類似的道路系統、情報機構、首都的都市規畫、藝術以及建築。由於情勢使然，他們的高級料理可能也是跟著波斯範例在走。

在帝國中占據主導地位的民族是雅利安人（Aryan），他們跟波斯人出自同一個族群根源，並在西元前一五〇〇年之後的某個時間點移居到乾旱、炎熱的印度河流域。幾個世紀以來，他們都仰賴大麥與小麥作為其料理中的主食。[39]肉品是在獻祭儀式後吃的。雖然儀式的口頭規矩《梨俱吠陀》（*Rig Veda*）形諸文字的時間相當晚，但很可能在西元前一七〇〇年至西元前八〇〇年之間，就已經匯集為一套體系了。這套規矩可能跟阿契美尼德的祭獻儀式非常相似。祭祀用的工具都是現成的：生火用的夾子和撥火棒、切割獸肉的小刀、煮肉用的鍋子、烤肉用的烤爐（可能）、盛裝食材的籃子、過濾神聖酒飲的篩子、石磨、長柄湯勺、湯匙、攪拌棒、刮削器，以及用來將食物呈獻給諸神的大餐盤。[40]備受尊崇的火神阿耆尼（Agni）要用黃澄澄的精煉奶油祭獻。罕見的山區植物「蘇摩」（*soma*，跟波斯的「*haoma*」是同一種東西）則用來製作神聖的飲料，拿石頭或牛力驅動的杵臼（稱為*ghani*）研磨之，據說石頭間的磨擦聲聽起來就像公牛在吼叫。[41]蘇摩有著琥珀色的汁液，處理上要透過羊毛過濾到木桶中，再跟酸奶酪、精煉奶油、牛奶、水、蜂蜜或穀類混合。

許多動物可以用來祭獻和食用，包括馬、各種鹿與羚羊、水牛、綿羊、豬、雞、孔雀、野兔、刺蝟、豪豬與陸龜。每一位神祇都有各自的喜好：阿耆尼喜歡公牛和絕育的母牛，毗濕奴（Vishnu）獨鍾矮牛，因陀羅（Indra）則偏好牛角向下的公牛。[42]《梨俱吠陀》的第一百六十二首頌歌中羅列了處理步驟：動物須先洗刷清潔、安撫（人們期待動物自願赴死），然後用神聖的精煉奶油祝聖，再用細繩絞死。一部分肉會被丟進純淨的火焰中，火花迸裂、煙霧翻騰，香氣裊裊供養諸神，灰燼（等同於糞便）則落到地上。祭司飲用神聖的飲料，該植物維繫生命的神魂則進入祭司的身體與心靈，他們則在親近蘇摩神（Soma）時看見幻象。接下來就是飲宴。

不過，肉類鮮少在祭宴之外的場合提供，除非是君主與廷臣上朝、親征，或是生病時。[43]在製作宮廷料理時，廚師會在肉中加上香料與調味品，以調整肉類燥熱的本質，另外還會配上高級料理使用的醬汁（表1.2）。[44]澆上精煉奶油的水牛崽在木炭上烤得劈啪作響，和酸羅望子和石榴醬汁一塊兒端上桌。鹿的腰腿肉則跟酸芒果與辛香料一起燉煮。水牛犢排也能用精煉奶油油炸，以帶有酸味的水果、岩鹽與有香味的葉子調味。肉類還能絞成泥，做成餡餅、肉丸，或是捏成香腸形狀來炸，抑或是切片、乾燥成肉乾，再拿來烤。牛肩與後腿肉也淋上精製奶油，灑上黑胡椒和海鹽（可能是從印度南部進口），搭配蘿蔔、石榴、檸檬、香草、阿魏（asafetida）與薑。大麥薄餅、煮熟的飯、各種豆類（做成豆泥〔*dhal*〕）與蔬菜圍著餐點擺放。以精煉奶油與糖做成的甜點為整頓餐食提供了一點甘美。

一旦君王有生病的跡象，就表示須用肉類來提振其雄風。近乎於傳說的醫生（如蘇胥如塔與查拉卡）所開的方子，是一道精華高湯：「以孔雀高湯煮雄雞，再用煮出來的雄雞高湯煮鷓鴣，接著再將麻雀放進鷓鴣高湯煮，甚至可以用鵝肉高湯煮孔雀所得的高湯來煮一開始的雄雞」，再搭配精煉奶油、酸味水果或甘味料。[45]

《政事論》是國師考底利耶（Kautilya）所寫的治國之書，時間可能早至西元前四世紀。雖然一直到西元前二世紀，《政事論》的內容才完全固定，但書中或許精確呈獻了酒精在孔雀帝國的宮廷生活中扮演的角色。書中記載了種類奇廣的材料，用來釀造能帶來興奮效果的酒飲：新鮮果汁、煮過的果汁、糖、糖與蜂蜜的混合、米粥以及酸奶酪。許多酒類都添加了花朵與香料來增添香氣。大麥酒或米酒加入發酵的稻米或各類彎豆來釀造，其工序或許與中國的發酵方法相去不遠。[46]

而在孔雀帝國宮廷飲宴的同時，一批人數不斷增加的苦修士也在反對繁複的國家祭獻儀式，反對祭司索求報酬之舉，以及有著階級之分的社會秩序。他們從一座城市走到另一座城市，托缽尋求開悟，成為社會上令人矚目的一群人。西元前三世紀，麥加斯梯尼（Megasthenes）從其中一個亞歷山大的繼承者們建立的希臘化王國出使印度，他在記述自己出使之行時也曾提到托缽僧們。這些僧人迅速讓孔雀帝國高級料理完全改觀，並掀起橫跨印度、東南亞與東亞的飲食變革（見第三章）。

取代君主國高級料理的羅馬共和料理

來到遙遠的西方，有另一個仰賴大小麥的國家正在擴張——羅馬共和國。[47]西元前五〇九年，羅馬人推翻了羅馬君主，並由選舉出的官員統治國家，直到西元前四四年為止。他們同時摒棄了古代料理哲學主流中至關重要的君主制、階級制，以及烹飪宇宙觀，但祭獻儀式的地位依然不動如山。西元前二世紀時，芝諾（Xeno）開創了斯多葛主義（Stoicism），而羅馬人的共和哲學便深受斯巴達與斯多葛主義影響。

共和人士相信，國家的成敗靠的不是居魯士或亞歷山大等君主的個人美德，而是有賴全體公民的公民道德——勇氣、簡樸、莊重、責任、榮譽、禮貌、理智與節制，尤其是飲食上的節制。有一點得說清楚，共和政治與民主制度可說是大相逕庭：前述的公民在總人口中始終只是少數，由有錢人組成，這些有錢人則構成一小撮統治菁英。他們提倡清淡、適量的餐點，反對暴飲暴食（高級料理中的醬汁與甜點會刺激出不加約束、不自然的食欲，造成暴飲暴食）與放縱的性欲，認為這兩種腐敗的現象有密切關聯，會威脅哲思生活，傷害政治人物的尊嚴、對責任的付出以及服人的能力。貪食與狂放的性欲會促成極易招致麻煩的奢靡——「luxury」一詞，詞源正是拉丁文，用來指因為澆了太多水、給了太多肥料而軟爛、過度成長的作物。軟爛的作物沒有用處，軟弱的士兵與公民（這兩者在共和國中是一樣的）亦然，無法達到服役的要求。[48]

兵役對戰爭非常關鍵，戰爭則是羅馬的事業。每打成功的一仗，就能帶來更多的財富：有金子、銀子，還有比金銀更重要的小麥——在當時，穀類的重要性排行中，小麥已經取代大麥了。羅馬軍團先是征服了整個義大利半島，接著在西元前二六四年至西元前一四六年間斷斷續續的戰爭後，奪取了腓尼基人建立的富裕城市迦太基（Carthage），得到前往北非穀倉地帶的通道。在共和國初年，軍團士兵是由冬天種田、夏天行軍的羅馬人所組成。每十個自由民中，就有七個人受到徵召。他們要服役十六年，成為紀律嚴明、吃苦耐勞的軍人，一天能在軍路上強行軍二十英里。[49]軍官則是擁有土地的貴族，可能是志願從軍。

對共和國官員來說，保持容光煥發的健康是種美德，唯有靠節制與中庸才能成就——尤其是食物與性方面。西塞羅說，食物是身體的養料，而不是什麼要花心思準備的東西，沒有任何討論餘地。[50]他拿大流士為例，講了個道德寓言，說食欲就是最好的醬料。當大流士打了敗仗，「正逃離敵人時，〔大流士〕喝了些充滿泥沙、泡過死屍的水。他認真表示自己未曾喝過更甘美的東西；其實，他只是從來沒有在自己口渴時喝過水而已」。[51]對共和國人來說，體液理論（表1.1）容易讓人不健康地注重口腹之欲。凱爾蘇斯（Celsus）是《論醫術》（*Of Medicine*）這部百科的作者，該書大約寫於西元二五年。根據他的看法，強健的食物，也就是那些準備麻煩、難以消化，但能讓人長時間不致飢餓的食物，才是好食物。[52]強健的食物包括麵包、小扁豆、蠶豆與野豌豆，還有家畜、大型鳥類、鯨魚等「海怪」的肉，以及蜂蜜與乳酪。軟弱的食物則有蔬菜、果園中的水果、橄欖、蝸牛與貝類，這些都不適合給共和國民與士兵食用。像老加圖就斷定，是奢華的料理讓敘拉古這一希臘殖民地的居民成了差勁的士兵。[53]迦太基人則是靠小麥過活的硬漢，是可敬的對手。

共和料理哲學是跟著羅馬軍事補給習慣形成的。要在戰場上取勝，得靠吃飽的士兵、軍官與牲口。維蓋提烏斯（Vegetius）在數百年後的西元四世紀寫起軍事書，他說：「若無法提供給養與其他軍需，則會不戰而敗。戰爭最重要的關鍵，在於確保己方有大量補給，並用飢餓摧毀對手。飢餓比刀劍更為可怖。」[54]歷史學家強納森．羅斯（Jonathan Roth）也說：「羅馬的軍事成就，靠的通常不是鐵，而是麵包。」[55]

軍中的料理讓羅馬的戰事更井然有序，也更有可能成功。雖然士兵們有時得種田維生、搶割敵人的莊稼，或是掠奪穀倉，讓穀倉主人等著餓死，但他們通常還是仰賴由船東從北非、希臘與帝國其他地方運來的、預先儲備好的小麥。發放大麥薄餅或大麥粥給部隊，在這個時代只是一種懲罰。部隊一般吃麵包——是用才剛馴化的普通小麥種（密穗小麥〔*Triticum aestivum*〕）做的，這是最為知名的小麥種，而且味道清淡、口感堅硬、營養健康，符合共和料理哲學。為了不讓人以為這是某種傳統高級料理，羅馬步兵得磨自己要吃的小麥，烤自己要吃的麵包，不能假手婦女或奴隸。常見於波斯軍隊的龐大錙重隊伍與大批軍眷（在亞歷山大的軍隊裡規模較小），在羅馬是不受允許的。

一名羅馬士兵每日的標準食物配額大約能提供三千兩百五十大卡：兩磅小麥（約兩千大卡）、六盎司肉（六百四十大卡）、一又二分之一盎司的小扁豆（一百七十大卡）、一盎司乳酪（九十大卡），以及一又二分之一盎司的橄欖油（三百五十大卡），再加上六盎司的醋與一又二分之一盎司的鹽。[56]士兵還能領到半加侖的水與柴火。此外，軍中的騾子一天需要八磅的大麥或燕麥，以及五加侖的水；如果吃不到青草，就還得加上十三磅的乾草。夏季時，部隊得沿著公路長途跋涉，行囊裡裝著自己的食物；騾子則背著士兵的羊皮帳與六十磅重的石磨，用來磨穀。

等到要安營紮寨時，其中一名士兵要組裝石磨，先在地上鋪一張獸皮或衣服用來接麵粉，接著放上下方帶有溝槽的矮胖石柱體，然後才是上面旋轉的石頭。這名士兵得像婦女或奴隸一樣蹲在石磨邊，一手拿靠近圓周的木樁當作手把、轉動石磨，另一手則將一把把的穀子往上層石柱的洞裡倒。穀子一點點掉到底下的石柱上，被上方石柱的滾動撕裂。麵粉則沿著下石柱的溝槽往圓周移動。有了這種旋轉石磨，該士兵就能在一個半小時內磨出足以提供班上八人食用的粗麵粉；相形之下，假如該士兵用的是陽春型的石磨，就得花上四或五個小時。[57]

每天早晚晨昏，羅馬步兵所準備的餐點，就跟他們在自己家中農地裡吃的一樣。他們會煮小麥做小麥粥或小麥濃湯（拿小麥跟乾燥的圓豆、彎豆或小扁豆，加入少許油、鹽與一點點鹹豬肉一起煮），用木湯匙舀來吃。或者，他們也可以把全麥麵粉、水與鹽混在一起，烤粗糙的全麥麵包（可能是用營火灰燼來烤），吃的時候配一點乳酪。清晨時，這些步卒跟動物一樣，在他們的羊皮帳篷外站著吃；到了夜晚，則在帳篷裡像小孩或奴隸那樣席地而坐。他們喝的是兌了葡萄酒或醋的水（稱為「*posca*」）。碰上節日祭獻、踏上戰場之前或是慶祝凱旋時，則會用水煮牛肉或烤牛肉加菜。行軍中或接近敵人時，餅乾（biscuit）就成了速食，這是一種烤過兩次的麵包，可以放相當久。

採用旋轉石磨可說是有利有弊。旋轉石磨研磨的速度較快，是靠上方石頭的重量，而不是磨穀人的體重來碾穀，讓工作變得沒那麼累人。但另一方面，旋轉石磨比較重，比較貴，也比單純的石磨難製作，而且旋轉石磨還磨不出陽春型石磨做出來的那種高級麵粉。但在作戰時，價格、重量與品質的重要性也無法與速度和效率相提並論。軍隊將這種新型、笨重、昂貴但高效的技術散播到了帝國各地，刺激了採石場的開闢以及石匠的技術訓練。假設每一個八人班都需要一座石磨，再假設軍隊人數最多的時候是由五十萬人組成，那麼羅馬的道路上就有六萬座石磨被拖來拖去。

過了一千五百年後，歐洲才有另一支軍隊能跟羅馬軍隊吃得一樣飽。羅馬軍官與兵丁也學會了如何煮飯，以及如何估算口糧分額。老加圖寫的《農業志》（*On Agriculture*，成書於約西元前二〇〇年）是現存最古老的拉丁文散文作品，其中就記載了管理大莊園與基本炊事的一些提點，內容充滿一名軍官給養其部隊的思維模式。[58]比方說，加圖在衡量自己莊園中奴隸的口糧時，就跟計算士兵用度一樣仔細，根據奴隸得完成的工作份量輕重來配給大麥與小麥。他對斯巴達血肉湯推崇備至。生病時與其求助於醫生，他寧可靠蔬菜來調養。他推薦甘藍——葉子可以當蔬菜吃，種籽（至少某些種類）可以磨成辣芥末粉，嫩芽還可以跟小茴香、上好的葡萄酒與油一起煮，用挑過的胡椒、獨活草（lovage）、薄荷、芸香、芫荽或魚露提味。這道菜能幫助消化、利尿、助眠、治療絞痛、使傷口癒合，還能去膿。宴會前吃一點甘藍，還可以讓你愛吃多少，就吃得下多少（這點建議顯示出老加圖還有點人性面）。他在書中還提供了用麵粉、蛋、乳酪與蜂蜜烤蛋糕的步驟，供祭獻時使用。在莊園中吃的餐點，可能有小麥麵包配上以大蒜調味過的新鮮乳酪、盧卡尼亞燻豬肉香腸（以盧卡尼亞〔Lucania〕地區命名。盧卡尼亞位於義大利靴子外型的腳背，今天叫做巴西利卡塔〔Basilicata〕）、小扁豆，以及乳酪蛋糕。

西元前一六七年，羅馬人擊敗亞歷山大的後繼者——馬其頓國王柏爾修斯（Perseus）。戰利品遊街的過程，羅馬人看了整整三天：上了鐐銬的戰俘、盔甲、雕像、繪畫，以及吃精緻料理的餐具——包括銀製角杯、各種杯盤以及宗教儀式中的碗。還有一百頭角上覆有金箔、掛著花圈、養在牛棚裡的公牛準備好要祭獻，群眾則參與隨後的祭宴。羅馬後來還得到黎凡特與埃及，繁榮的亞歷山卓城也在其中。西元前四四年，尤里烏斯・凱薩（Julius Caesar）獲命成為終身執政官——好幾個事件終結了羅馬共和體制五百年的歷史，這是其中之一。

擊敗馬其頓之後的凱旋遊行不僅是羅馬政治史上的重要轉捩點，對羅馬料理史來說也是如此——簡言之，帝國料理開始取代簡約、節制的共和料理。幾百年來，一些羅馬公民意見領袖始終在抵抗這股潮流，一再重申支持共和料理的主張。他們指責帝國高級料理中的開胃菜、醬汁與甜點，早已逾越了醫生所主張的平衡體液、預防疾病的範圍，將導致疾病。這些食物會過度刺激食欲，造成貪食，讓人養成即便飢餓不再、卻還進食的習性。西元一世紀的羅馬政治家兼哲學家塞內卡（Seneca）就拒絕食用蕈菇與牡蠣。[59]他認為，人們應該對簡樸、快煮、強健的食物感到知足。他說：「我們有水喝，我們有粥吃，就讓我們跟朱庇特（Jupiter）比比看誰快樂吧。」[60]此外，西元前一世紀時，演說家兼共和國捍衛者西塞羅也引用蘇格拉底的名言如此說道：「飢餓是最好的醬汁。」[61]他沒在開玩笑，公民是不吃醬汁的。如果你覺得這話挺耳熟，那是因為它迴盪了好幾個世紀，成為多數歐洲語言中的諺語。例如，有句波蘭俗話說，飢餓是最好的廚師。塞萬提斯（Cervantes）也說「世上沒有哪種醬汁能比飢餓美味」。班傑明・富蘭克林（Benjamin Franklin）的版本則是「飢餓是最好的醃菜」。

共和人士指控烹煮這些精緻美食的專業廚師，是散播不良健康習慣與疾病的元凶。「數不清的疾病嚇到你了？數數看有多少廚師吧」。[62]在共和國裡，廚師就跟對病人大驚小怪、動不動就放血為發炎的身體消腫的醫生一樣不受歡迎。偉大的古羅馬歷史學家李維（Livy）痛惜道，當羅馬人一擊敗柏爾修斯，「就有人開始用更多的心、花更多的錢準備宴會。古代人看待廚師為最下賤的奴隸，而今他們身價水漲船高，人們一度認為的僕役工作，現在卻被當成精巧的技藝」。[63]

奢迷的料理之於國家，就跟對個人來說一樣危險。老普林尼在西元一世紀時曾警告，說羅馬正為輕挑且不莊重的美食揮霍其金銀。[64]根據塞內卡的看法，一旦羅馬人「不是為了消除食欲，而是為了喚起食欲而開始追求菜餚」，共和國就會開始墮落。[65]西元前三八年前後，維吉爾（Virgil）發表了他的《牧歌集》（*Eclogues*），作為對同樣幾齣事件的回應。這部詩集大致以希臘的放牧地區為背景，讚美簡樸的田園生活與古老的阿卡迪亞（Arcadia）地區，作為帝國大城市生活以外的另一種理想選擇。

共和料理在高級料理與粗食之間開拓了新的空間。共和料理不同於後者，靠的不是品質低劣的穀類或根莖類。但共和料理也不同於前者，並不鼓勵開胃菜、醬汁和甜點，認為這會讓用餐者即便已經饜足，卻還不斷進食。不過，共和料理也跟高級料理一樣，是由專職的廚師準備，在專門用於吃飯的地方上菜，使用專門的餐具，還有著注重基本食材處理而非最後餐點烹煮過程的料理文獻。最重要的是，共和料理用不同的方式看待烹煮一事。高級料理認為烹煮能精煉食物（就好比火能精煉金屬礦），揭開其本質、顯示其精髓，但共和料理卻主張烹煮會遮蓋、改變食物的本性。西元二世紀至四世紀時，建立基督教料理哲學的神學家，即教父（Church Fathers）[①]們，選中了共和料理哲學。後來，共和料理哲學又在十八世紀的歐洲與美洲殖民地復興起來，影響了十九世紀整個盎格魯世界的料理思想。

由共和而帝國：受希臘化影響的羅馬料理

帝國風料理還是在羅馬流行了起來。祭獻與祭宴仍然是帝國公民最重要的活動。私人餐會也隨著這一切而日益普遍。羅馬皇帝現在會用來自其領土各地的食材來提供鋪張的餐點，殘羹剩飯則留給賓客。[66]羅馬第一位皇帝奧古斯都（Augustus，他死後被奉為神明）曾經舉辦一次餐會，在會上打扮成阿波羅，他的客人則演出其餘眾神。賓客們踏進的這個世界、他們入座的位置，以及端給他們的食物，都清楚表現著他們在階級體系中的地位。食物來自整個帝國，來自陸地、海洋與天空，呈現出皇帝的領土涵蓋了人世間與自然界。追隨他的人也都知道自己的角色，要宣誓效忠，表現出希望皇帝統治千秋萬世，為其正統與權勢歡呼，還要配上歌曲與頌詞。

不過，羅馬的高級料理從來不像阿契美尼德高級料理，不會提供一連好幾天的鋪張宴席。阿波

①【譯注】指早期基督教極有影響力的神學家與作家，如著有《上帝之城》（*De Civitate Dei*）的奧古斯丁（Augustine）。

羅是與中庸、節制有關的希臘神祇。奧古斯都一方面信守對帝國的責任，一方面也公開宣傳自身的節制。羅馬帝國皇帝維特里烏斯（Vitellius）曾經有一回拿了只巨大的銀盤，盛裝帝國裡最少見、醒目的食物——紅頭鮭（char，一種像鱒魚的魚）的肝臟、野雞與孔雀腦、袖扣海兔螺（flamingo tongues）以及八目鰻的內臟，而為維特里烏斯作傳的人即拿這件事當道德故事，講貪食的危險。在古羅馬小說家佩特羅尼烏斯（Petronius）的《好色之徒》（*Satyricon*）一書中，有位暴發戶名叫提里馬爾奇奧（Trimalchio），他的宴會上有用來代表黃道十二宮的食物、一頭香腸從肚子裡溢出來的豬，以及腹內塞滿葡萄與其他水果、用酥皮麵團捏的普里阿普斯（Priapus）人偶——這確實非常諷刺。②

因為戰爭與大莊園的收入而富裕起來的軍隊高層們，認為與朋友和恩屬（client）吃頓高級但不至於奢華的飯，能強化關係、鞏固階級地位。在羅馬城的一百萬居民裡，大約有三萬人有資源在特殊場合盡情享用高級料理。帝國其他城市全部的人口總和，可能落在五百萬至一千八百萬之間，因此，整個帝國能享受精緻餐點的或許有三十萬人之譜。[67]

羅馬高級料理深受希臘化料理影響，有其希臘、馬其頓與波斯的源流。為名流圈服務的醫生蓋倫，改良了希波克拉提斯談營養與健康的體液理論（表1.1）。蓋倫出身於帕加馬（Pergamon，位於今天的土耳其），在亞歷山卓受訓練，是西元一世紀時兩位皇帝的醫生。[68] 他警告自己的病人們不要戒色，這跟斯多葛學派堅持只能為生育而行房的看法截然不同。他反而認為人們要定期射精，並留意自己的飲食。蓋倫將食物的冷熱屬性量化，各分成三級：例如，胡椒是第三級的溫熱食物，溫溼的稻米與雞肉屬於第一級，而至寒的黃瓜則是第三級。人體稍偏溫熱，但溫度還不到第一級的熱性食物那麼高。有一回，羅馬皇帝馬可·奧里略（Marcus Aurelius）擔心自己吃下肚的海鮮，會在胃裡化為濕冷的痰，拉低自己的體溫，導致發燒，讓糞便因帶有膽汁而發青。蓋倫為其開的方子就是溫過的胡椒與味道稀薄、不甜的薩賓（Sabine）葡萄酒。[69]

人們僱用希臘奴隸廚師來製作繁複的醬汁與甜點，與他們的助手一起在長椅旁搭的爐火邊做菜。[70]希臘麵包師傅則烘烤發酵過的小麥麵包，據說是從亞歷山卓發展出來的。新品種的小麥——密穗小麥——所含有的麩質蛋白能留住空氣，有了這種小麥，才有可能做出那種麵包。羅馬人開始天天喝葡萄酒，像波斯人和希臘人那樣靠在躺椅上用餐。香料——包括黑胡椒、薑黃與肉桂等，使用的情況也比過去更廣。阿特納奧斯這位出身埃及、在西元二世紀末生活於羅馬的希臘人，就在《歡宴的智者》裡蒐羅了來自八百位希臘美食作家的著作片段。

不過，羅馬料理雖然得諸於眾家甚多，卻不單是希臘化料理的翻版。像是在家中用圓頂窯烤的發酵小麥麵包，就是當時有錢人家裡桌上常見的穀類料理。由於做白麵包的過程中，占穀物重量百分之五十的部分會被篩掉，因此只有富人才吃得起這種食物。豬肉鮮少在阿契美尼德和希臘高級料理中亮相，如今則大受歡迎。有句俗話說：「豬這種動物，擺明就是為了宴會而生。」[71]豬肉可以加工再吃，也可以趁新鮮吃（包括滑嫩的成熟母豬子宮），或是做成香腸，如盧卡尼亞香腸。鹹魚也跟希臘高級料理中的鮮魚一起上桌，尤其是醃鮪魚相當便宜，貨源也很多；據信吃鮮魚風險較高，因為鮮魚腐敗得很快。為了確保魚貨供應，有饕客蓋了水質新鮮的鹹水池，但結果稱不上成功。[72]羅馬料理也比希臘化料理更常使用滋味鮮美的魚露，以及魚露製作過程剩下來的黏稠殘料

②【譯注】普里阿普斯為希臘諸神之一，帶來多產，保護牲口、水果與菜園。香腸是用豬肉做的，而此處普里阿普斯捏麵人腹內放的又是其護佑的對象，因此顯得諷刺。

（稱為*allec*），通常是跟葡萄酒和水混在一起。[73]湯汁也有創新，和波斯用麵包勾芡的高湯醬汁有很大的不同。

主人與賓客齊聚家中最好的房間，準備用晚間正餐（稱為*cena*）。房間的地板與牆面通常會用馬賽克或繪畫裝飾得美輪美奐，並有家具、各種容器與用具點綴。[74]他們斜躺在排成⊃型的長沙發上，一張沙發三個人。用餐的人用自己的左手拿餐盤，姿勢優雅地用右手拿食物吃。這些一塊兒用餐的人理論上地位都是平等的，但東道主通常會給地位較低的賓客較少的份量、較少的餐點選擇，以及餐桌上比較不好的座位，或是乾脆不管他們。

正餐包括有開胃菜、搭配醬料的餐點以及甜點——全都是共和人士唾棄的東西。先講開胃菜，用餐的人或許會吃到萵苣（可能是搭配油醋醬）、韭菜切片（煮熟之後切成圓片，淋上油、魚露與葡萄酒）、放在芸香葉上用魚卵提味的鮪魚、餘燼烘烤的蛋、搭配香草的乳酪以及橄欖，搭配加了蜂蜜的葡萄酒（稱為*muslum*）。

到了主餐時間，奴隸端上來的餐點則有烤紅鯔魚佐松子醬；用酒、魚露與香草煮的淡菜；母豬乳房，先水煮到軟再炙燒，搭配醬汁；雞肉，搭配以豬絞肉、水煮小麥、香草與蛋所做的醬汁；淋上香草醋醬汁的鶴肉和蕪菁。至於像來自波斯的豌豆、燉雞肉、烤羔羊佐酸甜醬汁等異國風味餐，也帶來了一點國際風。

這個時候的醬汁在製作上遠比過去的波斯醬汁來得複雜許多，會被用來調和肉類和魚，為濕冷的食物增添熱度，或是為乾熱的食物補充一點涼意。醬汁肯定是羅馬帝國的重心，一部冠上古羅馬美食家阿皮基烏斯（Apicius）之名的食譜（源於九世紀的幾份手稿，這些手稿本身可能是以四或五世紀的彙編為底本）收錄有五百種菜的做法，其中四百種是用各種方式處理醬料，甚至有兩百種就是醬汁譜。[75]通常用來製作醬汁的材料，是用杵臼磨成粉的硬殼香料，多半是胡椒或小茴香，但也有茴香、姬茴香、芹菜籽、肉桂、芫荽、小荳蔻、桂皮、蒔蘿、芥末、罌粟與芝麻。醬料中也會加類似杏仁、榛子、松子等堅果，以及像棗子、葡萄乾、李子等水果，全部搗成泥。而在這團混合物裡，還可以加入羅勒、月桂葉、續隨子、大蒜、小茴、薑、杜松子、獨活草、薄荷、洋蔥、香芹、迷迭香、芸香、番紅花、歐洲薄荷（savory）、青蔥、百里香或薑黃等新鮮花草，再添上魚醬或葡萄酒、葡萄汁、蜂蜜、橄欖油或牛奶。混好的醬料要加熱，將各種風味熔成一爐，有時還會用小麥澱粉、蛋、米飯或酥皮屑，讓醬汁更為濃稠。

甜點則有類似無花果、葡萄、蘋果、梨子與李子等成熟的水果，還有牛奶布丁、蛋與水果盤，以及加入乳酪與蜂蜜的麵團點心，例如塗滿糖漿或蜂蜜的炸麵團。有一份食譜講的，就是今天許多種甜甜圈的前身：「將杜蘭小麥（durum）麵粉放入滾水，這樣就能煮出非常硬的麵團，接著在板子上桿開。待麵團冷卻後切成菱形，用上好的油炸。起鍋，倒上蜂蜜，灑上胡椒，就可以上桌」。[76]配餐的葡萄酒摻水，用玻璃杯、銀杯或精緻的陶器飲用。[77]當然，這些餐點不會天天端上桌。這是拿來擺排場的菜，是特殊場合上的菜。日常生活中，羅馬人會吃輕便的早餐與晚餐，比這種精緻的晚宴餐點簡單多了。

羅馬帝國版圖在西元前一〇〇年至西元一〇〇年間達到高峰，西起西班牙，東至美索不達米亞，北起蘇格蘭，南至撒哈拉沙漠邊緣；斯多葛主義者說，這個帝國是個囊括全世界的普世君主國。[78]羅馬人就像波斯人，容許不同族群與不同宗教出身的人，只要他們接受羅馬的祭獻禮、語言、風俗與品味，其中就包括羅馬料理。當然，地區性的差異仍然存在。比方說，帝國東部講希臘語的地方，從來不會為豬肉而癡狂。[79]整體而言，帝國內的公民（其範圍逐漸擴及羅馬人之外，但一直都是少數精挑細選的男性）是靠吃飯這件事維繫的。龐貝城有幅塗鴉直接了當地總結道：「我不跟哪個人吃飯，那人對我來說就是個野蠻人。」[80]

來到阿爾卑斯山以北，凱爾特人就住在西起西班牙、東至萊茵河與多瑙河的帶狀地區。羅馬人喜歡農田環繞城市的景致，對他們來說，凱爾特人為了聚落和田地而在黑森林中開闢出來的空地，看起來詭異、嚇人，還缺少能讓生活變得有文化的食物。出生在土耳其的某個多瑙河畔行省的總督說：「這些居民……是全人類中最悲慘的存在，因為他們既不種橄欖，也不喝葡萄酒。」[81]羅馬人對凱爾特人最好的評價，大概就是他們雖然饑腸轆轆，卻很愛乾淨。日子一久，比較富裕的凱爾特人也接受了拉丁語與羅馬料理，包括發酵的圓麵包、葡萄酒、盧卡尼亞香腸、豆子（豌豆、小扁豆、鷹嘴豆、黑眼豆）、硬乳酪，以及水果或蔬菜泥做的醬汁。他們大量進口葡萄酒，三世紀時每年可能至少輸入兩百五十萬加侖（不妨拿這個數字與中世紀最大的葡萄酒貿易比較，每年從法國運往不列顛與低地國的數字是兩千萬加侖）。[82]自西元三世紀以降，羅馬化的凱爾特人還當上了皇帝——這跟波斯帝國大異其趣，從來沒有非波斯人在波斯帝國成為皇帝。凱爾特人鍾愛烤豬肉或水煮豬肉（新鮮或鹽醃的都喜歡），鞏固了羅馬人既有的喜好。[83]

廚房用具與作物也在整個帝國裡擴散、為人所用。比方說在西元三世紀時，非洲部隊就把可以在火盆上使用的凸面底碗，引入了北不列顛的約克。至於其他地區，法國南部常常可以找到三腳架，以及烤盤與臼。[84]只要哪裡能種橄欖與葡萄藤，就種到哪裡。在羅馬不列顛行省中的莊園，來自西班牙的兔子、雉雞、孔雀以及珠雞都是重要的肉類。人們也將芫荽、小茴香、茴香、薄荷、百里香、大蒜、韭菜、洋蔥、青蔥、香芹、迷迭香、芸香、鼠尾草、歐洲薄荷與甜馬鬱蘭等香草，以及甘藍、萵苣、苦苣、胡蘿蔔、防風草（Parsnips）、蕪菁、蘿蔔、澤芹（skirret）與白芥（為了它的種子）等蔬菜種在菜園裡。[85]果園中則栽種蘋果、櫻桃、蜜桃、杏樹與無花果的改良種。而在帝國的另一端，歐洲的甜菜、蕪菁、蘆筍、梨子與胡桃也在埃及適應良好。

帝國各地城市裡的窮人過得也挺不錯；羅馬人不只善於補給軍隊，也很擅長給養大城市。羅馬的人口從西元前三世紀時約十萬人開始，成長到西元前五五年的一百萬人，一世紀後又增加到一百五十萬人。希臘的雅典與科林斯（Corinth），土耳其的以弗所（Ephesus）與帕加馬，黎凡特的安提阿（Antioch）與埃及的亞歷山卓，其居民人數也很龐大。每一座城的居民都有將近百分之九十的人是窮人；他們住在擁擠的租屋處，沒有儲存或烹煮食物的空間，只能順手找速食在大街上吞下肚，或是帶回家裡吃。有少許麵包房出爐的溫熱麵包，餐館或路邊攤買來的一條香腸，就是一道簡便的熱食。如果窮人要吃粥或濃湯，大概得用自己的手指，從公碗中舀來吃。[86]

富有的羅馬人為了建立自己的社會地位，會贊助國家的祭獻與祭宴。這不僅打破了日常規矩，也讓平民百姓有一種自己也是這座大城、這個大帝國一分子的感受。動物上了祭壇，人們開始為宴會做準備，而那些從戰爭或做生意攢積來的錢也跟著被揮霍。城市人口不斷增加——尤其是羅馬，但食物也開始發生短缺。貴族不願冒著叛亂的風險，於是轉而做起善事。他們先是在西元前二世紀時發放穀物，接著是油與豬肉，後來到了西元三世紀時，連鹽巴與來自義大利北部大酒莊的葡萄酒都能給。[87]

平時，城裡窮人會自己去買，或者是由僱主、主子供餐，內容有麵包、葡萄酒、油、乳酪、魚露與蜂蜜。[88]當然，最重要的麵包不是用大麥，而是用小麥做的。蓋倫說：「在以前，人們習慣準備大麥料理，但大麥料理在食物價值上的弱點已經眾所周知。它能帶給人體的營養不多。老百姓和不常勞動的人覺得大麥就相當足夠，但對做工的人來說，大麥怎麼樣都不夠用。」[89]地位卑微的人

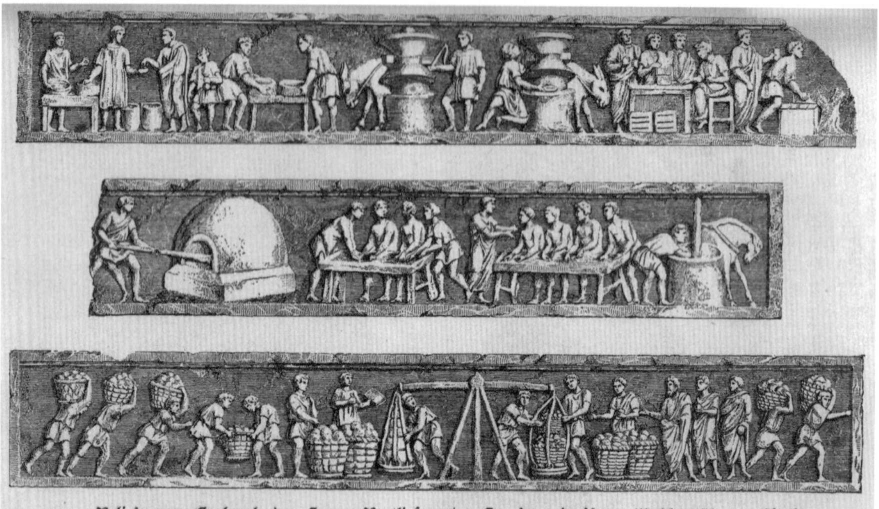

119. Reliefs vom Grabmale des Engros-Brotlieferanten Eurysaces in Rom: Mahlen, Kneten, Backen; Ablieferung des Brotes an Beamte.

【圖2.5】尤里賽斯（Eurysaces）是釋奴，也是事業有成的麵包師傅。他的墳墓位於羅馬的馬吉歐雷門（Porta Maggiore）附近，圖為其墳上的浮雕拓畫。圖上的浮雕由右而左看，先是工人們收到一批穀子，坐在桌前的官員仔細記錄著。穀子送到驢磨坊去磨，工人則將磨石間流出來的麵粉聚攏起來。磨好之後，全麥麵粉要用圓形的篩子篩過，除去麵粉裡的粗糠。監工會檢查麵粉品質。圖中浮雕由右而左看，有一名工人似乎在靠馬拉動杵來搗麵團。僱工或奴隸在兩張長桌前將麵團捏成標準大小的麵包，麵包師接著把麵包送進爐裡。圖下由左往右看，工人使盡力氣，將一籃籃的麵包背去稱重處，在那裡登記麵包的總數。在工人將麵包送去給顧客前，穿著袍子的政府官員會先檢查成品。（圖片來源：Hans Lamer, *Römische Kultur im Bilde* (Leipzig: Quelle & Meyer, 1910), fig. 119.）

吃的是麵包房的麵包，而不是家裡烤的麵包。西元二五年的羅馬，有三百間受政府控管的商業磨坊兼麵包房正在營運，平均每三千人分得一間。由於每一位居民一天需要一到兩磅的麵包（根據他們配哪些東西吃而定），每天要磨製、揉捏、烘烤的麵粉就有五百噸。大型的蜂窩型烤爐與成批購買的麵粉、柴薪創造出了規模經濟，商業麵包房的成本比家庭式麵包店低廉許多（圖2.5）。[90]

許多麵包房是由獲得自由身的奴隸的後代所經營，他們有時也因此致富。有些人投資興建驢力磨坊，這得花上一千五百第納爾（denarius）③；當時一雙軍靴賣二十二第納爾，一名農場工人每天或許能掙兩第納爾加一些實物，而一磅的大麵包大概就要花費兩第納爾。[91]（西元四〇年時，皇帝卡里古拉〔Caligula〕把牲口從麵包房抓來，好將皇宮的家具搬到高盧。磨坊因此無法工作，帶來饑荒威脅，以獸力運作的磨坊對羅馬食物供給的重要性可見一斑。）根據當地條件，麵包師傅發麵時可能會選擇由乳酸菌所產生的酵母，或是使用發酵沫（barm）——也就是釀酒的發酵沉澱物（至於這跟今天用的啤酒酵母菌是不是同一種酵母菌，就不得而知了）。

有一幅龐貝城保存下來的壁畫，上面畫著一位麵包師傅，正在賣標準大小的羅馬圓麵包（圖2.6）。這是頭一回出現我們能認得出來的麵包，要是真的嚐一嚐，我們可能也不會覺得味道奇怪，一樣也會掉麵包屑。麵包師傅會烤幾種不同等級的麵包：有錢人吃的白麵包、大多數人吃的全麥麵包，以及非常貧窮的人吃的粗糠麵包。鄉下的窮人手頭還寬裕時會烤全麥麵包，日子不好時則是混入、甚至完全用圓豆、彎豆、栗子或橡實來做麵包。

③【譯注】羅馬通貨，流通於西元前三世紀末至西元三世紀初的小額銀幣。由於流通範圍甚廣，加上羅馬文化的深遠影響，歐、亞、非皆有許多國家的通貨以「denarius」一詞及其變體作為單位名稱。

【圖2.6】照片裡是龐貝城出土的羅馬刀割痕圓麵包，西元七九年維蘇威火山爆發的火山灰將這個麵包保存了下來。（圖片來源：Courtesy New York Public Library, http://digitalgallery.nypl.org/nypldigital/id?1619829.）

葡萄酒由大酒莊生產，主要位於義大利西部與北部。多餘的葡萄酒就賣給高盧地區（今天的法國）的凱爾特人。當時一位作家在描寫凱爾特人對葡萄酒的熱愛時說：「他們會用一名奴隸來換一尊雙耳壺裝的葡萄酒，再用斟酒的人來換酒杯。」這或許只是句玩笑。[92]到了歐洲北部，人們用重量輕、不容易破的木桶取代陶罐，方便運輸，或許就跟圖2.7這幅來自德國奧格斯堡（Augsburg）的淺浮雕上所呈現的一樣。

最晚從西元前五世紀起，製作魚露和魚醬的工廠就已經出現在地中海東部，而這時也設到了義大利、利比亞、西班牙與土耳其——哪兒有足夠的魚貨供應，附近又有鹽田與烈日，就蓋到哪。[93]人們將魚和香草、鹽巴一起放進大缸裡，接著在太陽下曝曬，曬到魚肉自我分解（autolyzed），接著再分開液狀的魚露與黏稠的魚醬，將前者緩慢倒入雙耳壺以供船運，讓後者沉澱在缸裡。產品分成不同等級，賣給從皇帝到奴隸的不同顧客。廠商也會向猶太買家保證商品沒有被軟體動物、貝類或鰻魚汙染。

硬乳酪是由加了鹽的新鮮乳酪壓製而成。[94]由於硬乳酪比新鮮乳酪更乾燥、更酸，所以容易保存；也因為體積只有當初用來製作的牛奶的十分之一，所以便於攜帶，成為數世紀以來軍人與旅人的基本食糧。西元四世紀初起，硬乳酪便出口到整個地中海地區。蜂蜜同樣也有商業生產。[95]

奧斯提亞（Ostia）熙熙攘攘的港口距離羅馬城不過幾英里。船上卸下來的穀物來自亞歷山卓，已經走了一千兩百英里的路程，比起從內陸拉十五英里到羅馬，這毋寧是個更便宜的運輸方法。這些穀物在運給磨坊主以前，會先存放在一排排埋在地裡的陶罐中，只露出瓶頸以上。[96]矮胖或細長的雙耳壺裝的是橄欖油，圓錐陶瓶裝葡萄酒，尖瓶裝魚露，高瘦的瓶子裝橄欖，小尖瓶則是裝棗子，這些通通都是從船上卸下來的。[97]人們將葡萄酒放上船，銷往地中海沿岸，甚至遠及印

【圖2.7】北歐的塞爾特人拿重量輕的木桶取代地中海的雙耳壺，用來儲存、運送葡萄酒。這塊淺浮雕（現已被毀）位於德國奧格斯堡（Augsburg）的一處墳墓，人們多半將圖中的場景詮釋為擺滿酒桶的地窖。（圖片來源：C. Daremberg and E. Saglio, *Dictionnaire des antiquités grecques et romaines* (Paris: Hachette, 1904–7), 5: 917, fig. 2139.）

度，用來在那裡交易胡椒。

到了西元三世紀與四世紀，君士坦丁堡成為帝國當時的經濟重心，取代羅馬成為首都，而料理的焦點也因而向東轉往希臘語地區。[98]日耳曼人也在四世紀時越過萊茵河，入侵帝國西半部。到了五世紀中葉，羅馬城的百萬人口已經縮水到原本的三分之一，六世紀中葉時更是只剩六萬人。[99]隨著食材加工廠與維持其營運的貿易網路不再能使用，羅馬帝國料理跟它加了香料的醬汁、軟嫩的肉類，以及魚露與蜂蜜等調味料，也在過去一度屬於西帝國的地方逐漸消失。但還是有些痕跡留了下來，就像未來的帝國滅亡後，也會留下一點什麼。黎凡特、北非全境、希臘、巴爾幹、瑞士、法國、西班牙與拉丁美洲（歸因於後來的西班牙帝國），仍然有人製作加了香料的盧卡尼亞香腸，而且名稱全部系出同源。[100]更重要的是，發酵的小麥麵包始終都是歐洲常見料理中的一份子。

孔雀帝國的苦修僧們挑戰著帝國料理，同一時間的猶太人與基督徒也在羅馬帝國裡做一樣的事。猶太人拒絕祭獻，而祭獻正是帝國重要的政治行動。新改信的基督徒曾一度祭獻，而今也拒絕參與。到了四世紀初，基督教成為帝國東部的官方宗教，高級料理與粗茶淡飯也得重新調整，以符合基督教的料理哲學（見第五章）。

從小米料理到漢帝國料理

經歷了中國北方長期的戰事與亂局之後，漢武帝（西元前一五六年至西元前八七年）也像四百多年前的大流士一世，宣稱復天地之常經是其職責所在。[101]漢朝在隨後的四百多年間統治超過五千萬人，人民散居於北起蒙古與朝鮮，南至越南，東起東海，西至中亞草原邊界的地方，其間只有短暫的混亂期。漢帝國與羅馬帝國有許多相似之處，包括料理——例如漢帝國料理也和羅馬帝國料理一樣使用小麥。但在中國，人們不會把小麥麵團烤成麵包，而是在多數時候將之捏出某個形狀去蒸煮，做出一系列通稱為「餅」的食物——也就是「麵食」。漢代料理也和羅馬料理一樣，發掘出各種不同的風味。中國人持續發明出一連串的發酵物，來取代魚露。

除了有旗鼓相當的食物烹飪技術外，漢帝國對料理哲學也有類似的激辯，尤其是針對奢侈品在國家裡應該有什麼樣的地位。根據重新流行起來的儒家觀點，宇宙間最根本的能量（氣）可以分為陰與陽，而人們將皇帝想成宇宙的樞紐，要負責祭天，維持寰宇和諧。歷史的發展有其循環。個人有責任培養德行，整個社會則是由一系列不平等的關係維繫在一起——君臣、父子、夫婦等；其中，位卑者要尊敬位尊者，而位尊者則得反過來善待位卑者。進食雖然是儒家理論中一個重要部分，但提供的食物必須適度且得體，不能放縱。中國歷史上一再有人提起孔子稱讚門生顏回的故事：「賢哉！回也。一簞食，一瓢飲，在陋巷，人不堪其憂，回也不改其樂。」[102]祭獻是政府德政的一部分，而且仍然維繫著社會與整個宇宙。但就像不是每個住羅馬的人都接受共和料理哲學，許多中國人也用否定的眼光看其他人的——例如道家的料理哲學。

黃河是漢人傳統上的故鄉，位於黃河河畔的首都長安（距離今天的西安只有幾英里）則是一座有二十五萬人的繁忙城市。長安根據日月星辰布局，有著寬闊的街道，市中心則是三平方英里大的宮殿區，是朝廷之所在。任職於少府者大約有兩千人，負責照管膳房、辦理宴會，並監督酒人、穀倉、庫房，以及農夫、亨人、牧人與獵人等；此外，他們也要負責祭獻時的料理，要鋪張到能配得上主宰天下萬物的皇帝，也要復古到能反映出帝王傳統的神聖延續性。[103]

黃河流域的地形平坦，水源充沛，足以生產各種食材供多樣的餐點使用。漢帝國的大軍最高可達百萬人以上，其行伍則是由徵召來的農民組成，他們就是從這裡往與鄰國接壤的地方推進，每一邊都有其獨特的料理認同。北方是高冷的滿洲地區，是奶的土地。東邊的朝鮮則是魚鹽之地。往南越過長江，則是土地鬆軟、物產豐富、食物酸腐的國度。西元二二八年，前往湄公河三角洲與柬埔寨的使團留下了兩本書：其一談越南紅河流域出產的林木、作物、水果與竹子，其一則是四川綜述。④西邊的土地有著豐饒的土壤與精緻的餐點。漢人在北邊與東邊建立了軍事殖民地，將數十萬計的人民遷去實邊。[104]想當然爾，他們就像在羅馬帝國前線的衛戍部隊一樣，將自己熟悉的作物、加工方法與烹煮用具引入了邊境。

至於西邊，掌控中亞貿易路線的草原遊牧民族遏止了中國的推進。人們築長城，標示出草原與農田之間模糊的界線，但即便漢帝國兵強馬壯，可以滲透到長城以外兩百英里處，卻無法為部隊提供補給。遊牧民族與漢人之間幾世紀的折衝與料理交換於焉展開。漢人會邀請遊牧民族的代表（可能是統治者，也可能是其家族成員）前來長安，向皇帝正式朝貢。[105]這位代表會帶來禮物（貢品），得到許可做個幾天生意，保證未來不會進犯，然後留下其宮廷中一名重要成員（可能是儲君）為人質。為求禮尚往來，漢帝國會為使團舉辦盛大的宴席，等到使團離境之時，還會讓他們帶上禮物，例如和親的公主、華麗的絲綢，以及穀物。遊牧民族對漢人的料理變得熟悉，而漢人則透過一系列遊牧民族的中轉，獲得有關波斯、印度，甚至是地中海料理的知識與食材。沿著這條橫跨草原的接力隊伍而來的，有葡萄藤、葡萄酒的製作方法、供戰馬食用的苜蓿，很可能還有旋轉石磨。[106]

④【譯注】前者為朱應的《扶南異物志》，後者為康泰的《吳時外國傳》，兩人皆為三國時代吳國人。

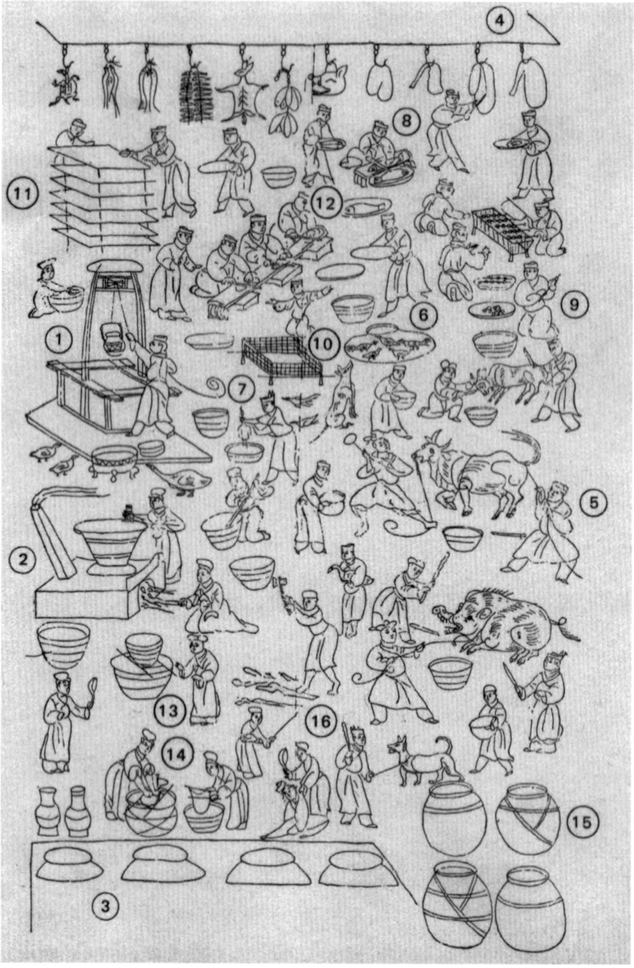

【圖2.8】這張圖刻在中國山東省諸城涼台一座二世紀墳墓裡的石板上，呈現廚房忙碌的景象。頂上的架子掛著海龜、鹿、魚、豬頭和好幾大塊肉，讓廚房附近晃蕩的狗兒碰都碰不到。下面擺著一堆準備好的餐具，有個人在處理魚，三個人切肉，還有一批人在串肉，用類似火缽的烤爐烤著肉串。右手邊有一頭綿羊、一頭牛、一頭豬、一條狗和一籃子雞待宰，還有條狗眼巴巴看著。有人從井裡打水，還有人往蒸籠底下添火。其他人則將發酵的酒倒過陶篩或衣袋，把要喝的酒濾乾淨。一名工頭在處罰喝醉酒的人。圖下方有四個大甕裝著酵麴，其他罐子裝的則是米酒或水。這麼多的酒和肉，暗示了他們準備的宴會有多盛大。（圖片來源：*Wen wu tian di* (Cultural Relics World) 10 (1981), fig. 7.）

一如羅馬，軍隊的給養與大莊園同樣形塑了漢代料理。富有的大地主取代了一小撮由農民稅賦供養的統治階級，並僱用農民來經營自己的農莊。比方說四川的卓家，就有種穀的田地、養魚的新鮮魚池、打獵用的園子、各式各樣的生意，還有由八百名奴隸負責的鐵工廠。[107]⑤

道教徒玄秘的原始科學宇宙觀，在遺世獨立的道觀中由師父傳給弟子。這種宇宙觀深深吸引了像卓家這種既想尋找天地之道、也想尋求個人健康要訣的大族。從西元前三世紀開始，道教徒就開始辟穀，接下來更是棄絕社會。他們渴望與精神世界拉近距離，冥思默想，啜飲天上的甘露——也就是「氣」，如此一來或許就能得到永生。[108]道教徒相信五行，宣揚順應天地的必要性（表1.4），認為胃是直觀智慧的居所，是思考與判斷的神智，也是意志與愛的中心。他們有許多看法都表現在《神農本草經》這部重要的藥典中。[109]食物與藥物幾乎成了同一種事物，像「方」這個字就同時有食譜與藥方之意。

道教飲食哲學吸引了那些結合對天地運行、自然、山水畫與書法的愛好，同時鄙視祭獻，更對政治漠不關心的中國社會上層人士。他們希望延長自己的青春與年壽，為死後的生命謹慎地做好準備；例如，他們會在玉片做的玉衣上花大把銀兩以防神魂散逸，對於要在墓中享受的盛宴也毫不手軟——畢竟若是沒有餵飽亡靈，靈魂就有可能離體，在地上遊蕩，成為恚怒的餓鬼。一位死於西元前一五〇年左右的貴族辛追，就是和五十一件裝有蔬菜、稻米與穀物的陶器，以及另外四十八件竹木器裝的水果與熟肉一起下葬的——上面還有用竹片做標示。其他的漢墓還有水泉、糧倉、整片農田的模型，或是像圖2.8呈現的那種炊事場景。這幅二世紀的場景刻在一塊高五英尺、寬四分之一英

⑤【譯注】指邯鄲冶鐵家卓氏。卓家在西元前二二八年秦國滅趙國時，被迫遷往四川臨邛，後因冶鐵致富。

尺的拋光石板上，石板則是立在山東省一位地主或政府官員的墓中。[110]

西元五四〇年前後，賈思勰寫了一部農事管理與食物加工指南——《齊民要術》。賈思勰是一名官員，可能是來自北朝山東地區的太守，而《齊民要術》可說是食材生產與加工的一部寶書。[111]他描述了如何翻土種穀，飼養牛羊，維護禽舍、豬圈與魚池，還有包括製鹽、磨麵粉與製作麥芽在內的食材加工方法。澱粉、甘味劑與油料也是用大規模的方式製造。[112]澱粉用來勾芡醬汁，做法是先舂打黍（豬粟）和小米（稷）、泡水，再將析出的小顆粒收集乾燥之。麥芽糖是主要的甘味劑，做法則是讓穀子抽芽、乾燥、磨碎，再從水中萃取甘味劑。至於甘蔗，賈思勰只知道那是種來自遙遠南方的外國作物。製油的方式是將大麻、紫蘇、油菜籽或其他種子加熱，再用楔壓（wedge press）的方式榨出油來。使用含油種子榨油的做法，或許暗示著家禽家畜數量下跌，畢竟中國人比較喜歡用豬油、羊油與牛油來烹飪。

有些食物可以保存下來，同時還保有其原有的一些特質（所以說儲「藏」食物），包括埋在地底下過冬的蔬菜，放在窨坑裡、坑上加蓋的葡萄，菜乾，在加了辛香料的鹽水浸泡過、然後懸在屋梁上的肉或魚（稱為「脯」），和上藥草與香料的飯與魚（「鮓」，說不定是壽司的老祖宗），以及和鹽、鹽水或米醬一起放在罐中保存的錦葵與甘藍等蔬菜（「菹」，也許是德國酸菜的起源）。根據本草上的說法，醋可以排除體內不好的體液，調和臟腑活動，帶來健康與活力。

此外，中國人還製作出種類繁多、能夠「暫停」料理循環或是完全轉變性質的食物，例如以黃豆、穀類、肉類、魚和貝類為基底的調味料。[113]時間到了漢代，製作這類食物的技術已經自成體系，其中許多方法更是歷史悠久。這些方法和歐亞大陸西半壁的做法相差甚遠。中國人開始用複雜的微生物培養物來轉化煮熟的穀類，我們已知的包括真菌酵素、孢子，以及加了水的酵母。釀出來的「麴」就是釀酒過程中或是將穀類轉化為醬料的菌元。

而在當時，加工的過程是用道教用語描寫的。夏末，陰曆七月的第一天是為一年所需的酒準備酒麴的時間。一百二十公升的小麥分成三堆，一堆拿去蒸，一堆拿來炒，剩下一堆生麥。仔細在石磨上磨成粉之後，將這三堆混在一起。旭日未升前，派一名小童穿上黑色衣裳，從井裡打八百公升的水，過程中要面向西方，也就是所謂的「殺地」。其他人不能碰打上來的水。和麵的人一樣面向「殺地」，揉出極硬的麵團。童子小兒在一間有硬實泥地的草屋中捏麵，地上畫出道路，圍成四方地，小童們就在這裡將麴團捏成麴餅，大約直徑三英吋，厚一英吋。他們還會捏出五尊「麴王」。麴餅沿地上畫出來的道路擺放，麴王則安排在中間與東、南、西、北四角。接著由家中成員三次複誦祝麴文，觀者再拜之，而肉乾、酒與湯餅則放在麴王被弄溼的手上。接下來將草屋木門闔上，用泥土密封。一週後開門，將麴餅翻面，接著把門再度關上——這道步驟要重複兩遍。發酵的麴餅要再密封於埋在地下的甕中一週，然後在餅中間穿孔穿繩，在太陽底下曝曬。

雖然表達時使用的是超自然的用詞，而不是科學術語，但用量之精確與規定之仔細，的確是為了控制棘手的製麴過程與其間的潛在風險。這也暗示中國人相信小麥死後化為酒麴，當人們拿酒麴釀酒時，小麥也隨之重生。

一千年前，中國人視小麥為次等穀物，如今小麥卻與小米一同成為食用穀類的一項選擇。多數學者認為，旋轉石磨自從在西元前三世紀前後發明出來沒多久，就馬上從西方傳入了中國。雖然中國人以前可以用簡易的石磨來磨麥，但現在磨製更有效率。[114]磨出來的小麥麵粉和水之後，就會因為具有可塑性與彈性的蛋白麵筋，而能製造出有延展性、可以做成不同形狀的麵團。中國人會把麵團桿成片，切細、軋過小洞或是拉長就成了麵，或是做成餅皮，抑或是捏成饅頭，之後再蒸熟，

【圖2.9】漢代將軍朱鮪（卒於西元五〇年前後）墓前牆上的雕刻，呈現儀式性的用餐場景。用餐的人——男子在圖下，女子在圖上——屈膝對著矮長桌，跪坐在屏幕圍起來的平臺上。侍者或旁觀者隔著屏幕窺視。圖下半的背景中有侍者端著盤子，前景中的人則跪著，從圓形的大酒海與圓桶型的器具裡，舀東西到碗裡和雙耳杯中。（圖片來源：Wilma Fairbank, *Adventures in Retrieval: Han Murals and Shang Bronze Molds* (Cambridge, Mass.: Harvard University Press, 1972).）

配上肉湯、酸奶酪與麻醬。他們甚至學會了如何用缺少麩質的穀類（如小米或稻米）磨粉來製作麵條，方法是將麵團壓過篩子、落入滾水中，使混合物定型。早在西元六世紀，賈思勰就提供了十五種做餅的不同食譜，而餅類在當時已經有幾個世紀的歷史。[115]

西元三世紀時，傑出的中國士人束皙寫了一篇《湯餅賦》來讚美麵條和餃子——人們在不同季節吃不同種類。[116]春天是吃包餡「曼頭」的時候，夏天吃薄餅，秋天吃發酵的麵團，冬天則是一碗熱騰騰的麵。束皙還說，塞滿豐盛餡料的餃子（把羊肉或豬肉切得「臠若繩首」，塞進捏好的麵團球裡），一年四季都很適合吃。在製作時，首先備好昂貴的肉、薑、蔥、香料和黑豆（可能有發酵過）來中和肉味，接著將餡料包進吹彈可破的麵皮，再拿去蒸：

> 於是火盛湯涌，猛氣蒸作。攘衣振掌，握搦拊摶。麵迷離於指端，手縈迴而交錯。紛紛馺馺，星分雹落。籠無迸肉，餅無流麵。

用餐的人跪坐在矮桌前，用筷子從當時流行的、極為昂貴的漆盤中夾這種新發明的佳餚來吃（圖2.9）。

平民料理中並不包括像小麥麵食這種奢侈品，而仍然是由小米或根莖類稱霸。大約從西元前五世紀起，中國的政治人物與策士都認為國家應干預市場以穩定價格，以免穀賤傷農、穀貴傷民。要維持社會秩序——更精確地說，若要維持社會道德，就得讓人們有充足的食物。「倉廩實，則知禮節」，一旦「野蕪曠，則民乃菅，上無量，則民乃妄」。[117]

食物供給的情形在西元前一世紀時變得越來越嚴峻。有首民歌抱怨說，當部分長江流域的灌溉系統被破壞後，窮人除了蒸小米或黃豆配山藥做的醬汁以外，就沒別的東西可吃。[118]須以實物或貨幣繳稅維持國家的農民，發現自己的處境每況越下；有許多人欠債，把自己的田地賠給大地主。政府失去稅收，於是在西元前一一七年建立鹽鐵專賣。漢帝國為了管理、給養龐大的軍隊而擴大政府編制，從農民身上以小米、稻草和徵收動物的形式抽稅。農民得工作更長時間，耕更多的田。官員清查村民人數，讓逃稅變得更為困難。過去由相對較小的帝國政府機構和大量獨立農民組成的體系已經消失。

人們嘗試起各式各樣的賑濟手段。有錢人或商人自動自發尋找產地更遠的糧食供應，建造運河與港口設施，並實驗性給予免費或價格補貼過的穀物。[119]農民團體也會在國家祭獻后土之後，得到祭祀用的酒與牛肉。[120]最重要的是，政府根據儒家價值觀設立穀倉（稱為常平倉），在饑荒時以規定的價格販賣穀物。《禮記》明確指出，九年份的藏穀量才算理想（雖然這幾乎不可能實現）；不到六年份的話，情況就很緊張，如果不到三年份，政府就會垮臺。[121]

面對農民飢餓的情況，士人開始譴責奢侈之風。孔子的追隨者孟子認為奢侈是農民貧困的根本原因，而墨子則表示奢侈與儉樸、社會平等相違背。[122]其他人則主張奢侈會造成浪費、傲慢、沒有道德。富有的商人家族承受主要的撻伐聲浪，因為他們買了赤貧農人的土地，卻不在上面種穀；人們還因為商人不像士人、農人、工匠，顯然沒有創造任何有價之物而鄙視他們。到了西元二世紀，道教成為組織化的宗教，有受教義、道德行為訓誡與受戒的道士，致力於翻轉中國傳統宗教習俗。棄絕五穀是道教徒的象徵。由於穀類將社會維繫在一起，包括農民與家庭、家庭與村莊、統治者、祖先，因此辟穀就是棄絕社會。道教賑濟組織也將實物分給窮人。當漢朝崩潰時，社會不僅失序，黃河下游洪災還造成饑荒與疾病。道教徒一躍而為救世領袖，威脅著僅存的中央勢力。

中美洲的玉米料理

我們把時間往後一些，好在新大陸找個對照——西元六世紀時，位於墨西哥高原上、距離今日墨西哥城北方幾英里的特奧蒂瓦坎（Teotihuacan），是當時美洲最大的城市，在全世界可能也能排上第六大城。這座城市由太陽金字塔與月亮金字塔掌管，兩座金字塔高聳在兩條長達四英里的大道上，城市的範圍延伸超過九平方英里，也是十萬至二十萬人的家園。

玉米是美洲社會不可或缺的作物，其重要性一如大小麥之於歐亞大陸國家。[123]在高聳的安地斯山區，人們用鵝腳藜與各式各樣、包括馬鈴薯在內的根莖類來補玉米之不足。至於馬雅人居住的低地區，則是以樹薯、某種類似芋頭的根莖類（千年芋〔*Xanthosoma*〕）與甘藷來補充。有關這些料理的文獻若非還在破譯中（馬雅語），就是只能回溯到西班牙人征服時代。我只能假設特奧蒂瓦坎料理與其後繼城市——也就是西班牙人一五二一年征服的特諾奇提特蘭，兩者最有名的料理至少大致相似。

烹調玉米是女人的工作，其負擔遠比男人栽種玉米還要沉重許多。女人得先將玉米去殼，接著跪著用手推磨表面來磨玉米——手推磨在墨西哥稱為石皿，是女性的象徵，也是埋女嬰臍帶之地。她們會將磨好的玉米與水混和，煮成早晚吃的粥，有時候會加上辣椒或蜜水（aguamiel，由龍舌蘭屬植物的汁液煮後得到的糖漿）來調味。中墨西哥當地會用玉米殼包著一份份磨好的玉米（炎熱的低地區則是用香蕉葉），裡面裹著香薄荷或一點甜的東西，蒸成餃子（也就是墨西哥粽〔tamales〕）。這種做法在美洲各地都可以看到。[124]

但乾磨的玉米無法做成麵餅，麵團一定會碎裂塌陷。幸好最晚在西元前三〇〇〇年之前，人們便

【圖2.10】馬雅花瓶展開圖，圖上的馬雅統治者坐在王位上，對跪著的隨從說話。地板上擺著一個三腳祭盆，裡面裝的是玉米粽。王位上也有個盆子，裝的可能是巧克力泡沫飲料。（圖片來源：Courtesy Justin Kerr Maya Vase Data Base, 6418.）

發現將玉米和灰燼或自然形成的鹼金屬鹽（alkaline salts）一起煮，就能改變其性質。玉米堅硬的外皮因而軟化，可以用磨擦的方式去除。在含水的情況下碾磨玉米，就成了有可塑性的麵團，能拍成麵餅（如墨西哥薄餅）。麵餅放在陶土烤盤（稱為*comal*）一烤，會變得鬆軟、香氣四溢，而且有足夠的彈性能包裹食物，當成餐盤或湯匙。這道工序還能改善玉米的營養價值，不過這不可能是人們一開始之所以採用這種費工、複雜加工方法的原因。[125]這種加工程序稱為「灰化」（或鹼法烹製，Nixtamalization），對中美洲穀類烹調方法非常關鍵，正如發酵或製麵之於西歐或中國穀類烹調一樣。在過去大約兩千年裡，這些玉米薄餅始終是中美洲人的日常食物，但這項技術並未傳到南美洲。

馴化的火雞與狗，以及在野外抓到的鹿、兔子、鴨子、小鳥、蜥、魚、青蛙與昆蟲做的燉菜，都可以包進玉米餃或玉米餅裡。人們用玄武岩製的杵臼來磨新鮮蔬菜，或是乾燥後加水還原的紅辣椒，用綠番茄（tomatillos，黏果酸漿〔*Physalis philadelphica*〕）或南瓜子勾芡，做成醬汁。豆類簡單用水燉煮，就成了可口的配菜。貴族還能喝上有婀娜多（annatto）與辣椒調味、用葫蘆碗裝的巧克力沫（圖2.10）。

「玉米，是我們的身體。」古代墨西哥人如是說。根據相關的馬雅創世神話，神明先是用泥土和木頭造人，一再失敗後則改用玉米麵團捏出人類。[126]一整套烹飪宇宙觀都是圍繞著玉米打造的。世界中心是綠色的——在乾燥的中美洲高地，綠色是生命的顏色。西方對應女人，太陽在西方沒入大地的子宮；東方則是太陽隔日清晨升起的方位，對應男人與紅色。玉米既需要黑冷的子宮，也需要光熱的男性原則。大地滋養著能維生的玉米，每到晚上，大地都會把太陽吞下。每到白天，太陽則會再度出現——但願如此。

人類要端正行為，維持宇宙的平衡，避免放縱、貪食、醉酒與不正常的性行為——無論是跟自己的配偶在被禁止的時間發生關係、婚外性行為，還是跟同性發生性行為都在其列。已經生產報國、也服侍過眾神的年邁女性可以喝醉而不必受罰，但其他人若做了同樣的事，則會被處以死刑。

人們相信特奧蒂瓦坎是當今世界的誕生地，而世界先前已經四度創造又毀滅了。眾神在這裡集會，決定彼此之間由誰犧牲自己、成為新的太陽——第五顆為世界帶來光明的太陽。一旦弱者的自我犧牲無法再度推動天地，眾神就會為了人類，加入這場相互的祭獻。

即便是最窮困的家庭，也知道自己要報答眾神的恩情。每當要用細枝生火、擺放三顆爐石來架起廚具時，都會獻上一點龍舌蘭酒、些許食物或幾滴血。火神巍巍堤奧托（Huehueteotl）就住在爐灶，這裡也是家中最神聖之地。

日常用來祭神的，只不過是對這種森然之恩的一點表示。自古以來，祭司不斷告訴人們得用人類的血與心臟來供養眾神，因為人得靠神才能獲得穀物、飲水，並且免於疾病。特奧蒂瓦坎人民有時會犧牲自己人，但通常都是以戰俘來祭獻。自願成為供品者得在排場盛大、儀式性的格鬥中登場。一旦供品負傷流血而死，祭司便會取走他的屍體，將之拱起，接著用鋒利的黑曜岩小刀將其心臟挖出，焚燒獻給眾神。如果供品是戰俘，捕獲俘虜的人會得到一碗鮮血，用來塗抹在城內神廟中神像的口上，接著扒下俘虜的皮、肢解其屍體，並且把扒下來的皮裡外反過來披在自己身上，然後回家打扮得像是俘虜，參與自己的死亡。他的家人會恭敬地吃一口沒有加辣椒的玉米燉，上面放著死去戰士細切過的肉，而捕獲俘虜的人則看著家人吃這神聖的餐點。人們把戰死或是因祭神而死看成是善終。四年之後，死者的靈魂會以帶有華麗黑金色外貌的飛舞蝴蝶，或是在樹林間穿梭的蜂鳥為化身復臨。他們會回到有蜂蜜、牛奶與巧克力的溫柔鄉。

雖然特奧蒂瓦坎在西元九〇〇年前後衰落了，但其料理有阿茲提克人繼承。西班牙人在十六世紀爬上墨西哥高原時，碰上的就是這種料理。

全球料理分布形勢，西元二〇〇年

截至西元二〇〇年，一系列互有關聯的料理從西邊的羅馬帝國經過波斯與北印度的帝國，跨越草原，延伸到了中國北方的漢帝國（地圖2.1）。小麥則取代了大麥與小米，成為其中每一種料理的高檔菜色中最受歡迎的穀類——在時人心目中，後兩種穀物只適合用於窮酸的料理和給動物當飼料。假設當時全世界約有兩億人口，漢帝國與羅馬帝國可能就是其中大概百分之四十人口的家園，兩國各占百分之二十。如果把其他帝國也算進來，食用小麥的人便統治了世界一半的人口。第一章曾整理過的其他主要料理全都相形失色。不過，雖然各地都以同一種主食為基礎，但從一個地方到另一個地方，小麥料理的內容不會減少，只會變得越來越豐富，端視加工、烹煮穀物的特定方式，以及配菜而異。此外，即便許多人共享一樣的古代料理哲學，但批評人士也會創造出若干更能滿足其追求的替代料理。

人們發展出更強大、更便捷、規模更大的食物加工法，以及為廚具有限的人供餐的手段，因而能更熟練地給養城市與軍隊中成千上萬的步卒或居民。機械、化學與生化技術都有進展。獸力與水力、旋轉石磨、鍾磨機（hammer mill）與畚箕（中國）提升了處理穀物的效率。在羅馬帝國，一個人只要磨五個小時的穀子，就能供二十人食用，這是那些在烏爾、尼尼微或底比斯用鞍形手動磨磨穀的人的產量的四倍，這也意味著必須磨穀的勞動力人口百分比從百分之二十降到百分之五。發酵

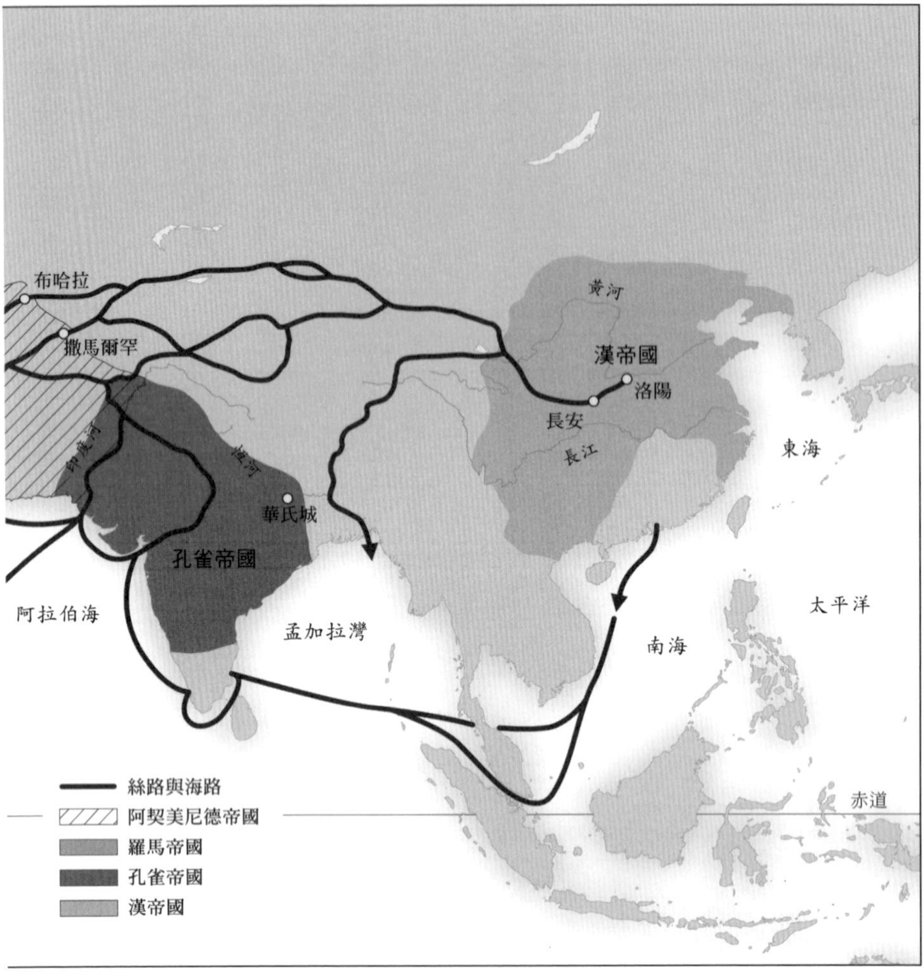
布哈拉
撒馬爾罕
印度河
恆河
華氏城
孔雀帝國
阿拉伯海
孟加拉灣
黃河
漢帝國
洛陽
長安
長江
東海
太平洋
南海
赤道
絲路與海路
阿契美尼德帝國
羅馬帝國
孔雀帝國
漢帝國

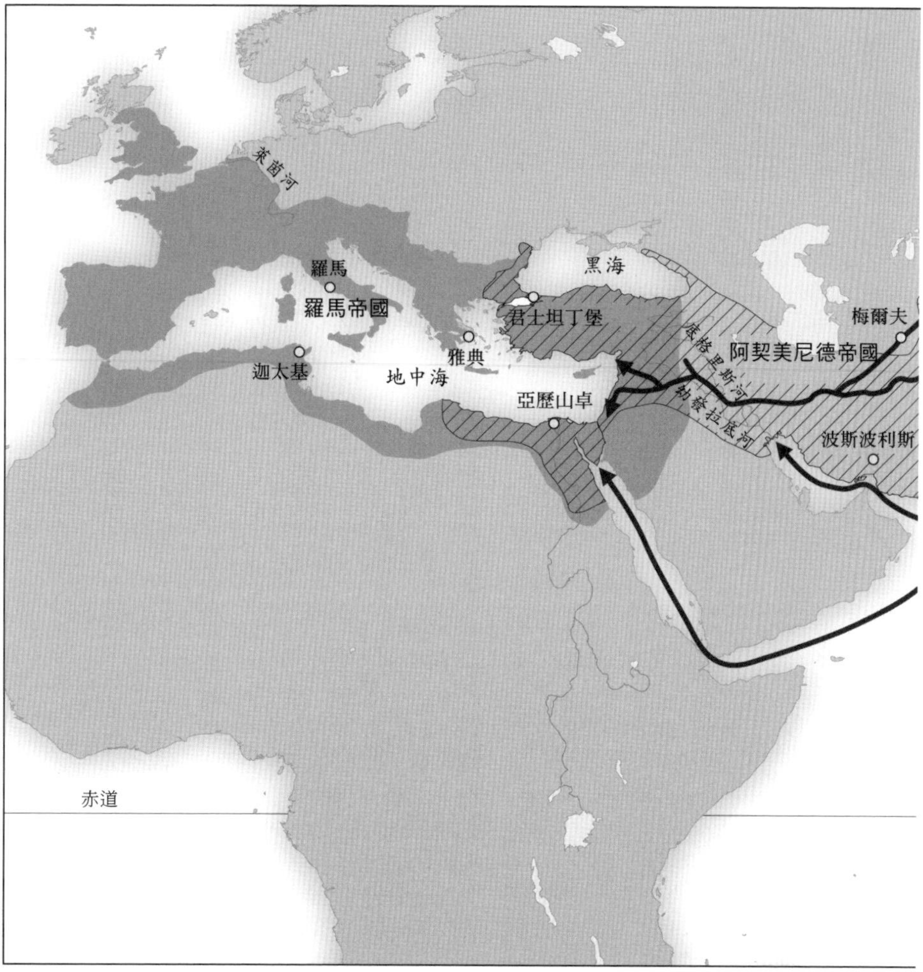

【地圖2.1】古代帝國料理，西元前六〇〇年至西元二〇〇年。建立在巴比倫悠久料理傳統上的波斯阿契美尼德料理，是後來希臘料理、希臘化料理、孔雀料理（印度）與羅馬料理的發展基礎，而這些料理靠的都是大麥與小麥做的麵包與粥，其中小麥漸漸取代大麥。人們沿著絲路將小麥帶到中國，小麥也從低級的異國穀類變成高級穀類，漢代中國高級料理中的小麥麵團（麵食）抬高了小麥的地位。

小麥麵包的烘焙手法在羅馬帝國發展得臻至完美。到了中東與印度，當地人用小麥麵粉烤的仍然是無酵或微酵的麵餅。至於中國，人們則是用蒸或水煮的方式，來製作小麥麵食（餃子和麵條）。許多軍人與城市居民都有機會吃到小麥製品。直到工業革命以前，穀類加工方式鮮有差異，而最後用來調理加工成品的手法甚至到了二十世紀，都沒有什麼變化。

人們用各種研磨機具、杵臼來搗爛含油種籽與橄欖，再用各種榨汁機榨油來搭配主食，也持續使用各種不同方法製作甘味劑——例如使穀物抽芽（中國的麥芽糖）、烹煮樹汁（印度的椰子糖）、烹煮果汁（如中東的葡萄汁與其他果汁），以及從蜂窩中取蜂巢來用（羅馬帝國的蜂蜜）。歐亞大陸西半部的人透過酒精與乳酸發酵，而東半部則以黴菌發酵，來製作主食（發酵麵包）與酒精飲料（葡萄酒、啤酒與米酒）、保存食物（羅馬帝國有乳酪與香腸，中東則有酸奶），以及製作配菜（中國的豆豉）。地中海地區的魚露則是利用魚肉自我分解的過程製成，東南亞的魚露可能也是。

鄉間粗食仍然使用等級較低的穀類如小米與大麥，煮成稀粥、濃粥與濃湯。鄉下人可以用比城市居民更豐富多元的原物料，以野生植物、小動物、湖泊或溪流中的魚來補充其飲食。

高級料理已經刺激出若干烹調新技術，尤其是針對肉類、開胃菜、醬汁與甜點的調理。細切與長時間加熱可以讓肉變軟。羅馬帝國的繁複醬汁添上了發酵佐料與香料的風味，並用澱粉、堅果粉或蛋讓醬汁變得濃稠；中國的醬汁則是以發酵的調味品和香料製作。整個歐亞大陸的西半部，到處都能找到油炸麵團、蜂蜜堅果、澱粉勾芡的布丁，以及（地中海地區的）甜乳酪蛋糕。職業廚師（若非全職員工，就是特定場合僱用的幫手）在爐邊用各種複雜的廚具幹活；羅馬的廚師用杵臼製作醬汁，中國的廚師則用鋒利的刀把肉切片、切塊。在羅馬，人們斜躺著吃飯，用自己的手指和精美的陶盤或金屬盤當餐具。而在中國，人們則是跪著吃，用筷子從漆器中夾珍饈入口。

大地主主宰了農業，大商人則掌握著貿易。長距離的奢侈品（香料）與日常食材（穀物、油、調味料）海上貿易及河運日益增加。植物在帝國國土內朝南北、東西移動，也在帝國之間流動。

從西元二、三世紀起，羅馬帝國與漢帝國的人口因為一連串的瘟疫與傳染病而衰頹。長距離旅行的規模縮水，而這兩個帝國後來也都遭受遊牧民族攻擊。但是，下一場料理變局已經蓄勢待發。綜觀整個歐亞大陸，苦行僧、哲學家與宗教改革人士都主張祭獻貶低了人類與神的關係，也無以帶來內在精神的昇華。佛教、伊斯蘭教、基督教、耆那教、摩尼教、猶太教、瑣羅亞斯德教與印度教的根源，都在這場思想的動盪之中。其中，佛教正改變著印度與整個歐亞大陸東半部的料理，使稻米一躍成為主食。

第三章

南亞與東亞的佛教料理，西元前二六〇年至西元八〇〇年

Buddhism Transforms the Cuisines of South and East Asia, 260 B.C.E.–800 C.E.

神權料理：從祭獻轉為普世宗教

自西元前三世紀起，對於祭獻性宗教與祭宴習俗的質疑開始造成影響。帝國一個接著一個放棄國家祭典，轉而接受能提供一條通往救贖或開悟之道的普世宗教（或稱救贖宗教）。[1]救贖性宗教常常是從更古老的祭獻性宗教演化而來，而最為突出的幾個救贖性宗教，則有瑣羅亞斯德教、猶太教、佛教、耆那教、印度教、摩尼教、基督教與伊斯蘭教。各宗教之間的界線常常會有變動，印度的印度教與佛教、東南亞的伊斯蘭蘇非派與印度教，以及中國的道教與佛教彼此互相交錯。每一種普世宗教都有不同的支派，各支派的觀點與儀軌也有歧異。

轉向新宗教的過程鮮少能一步到位，祭獻料理的痕跡也會殘留下來。羅馬人持續獻祭到西元四世紀，北歐人的獻祭（有時是暗中進行）也延續到十世紀，而中國人在整個歷朝歷代史上都在祭天。猶太人在逾越節（Passover）這天會煮小羊肉，紀念其出埃及前夕的祭獻；清明時節，中國人會帶烤豬肉去掃祖先的墓；穆斯林在宰牲節（或稱古爾邦節〔Eid al-Adha〕）時，會祭獻一頭小綿羊或山羊，將祭獻完的肉在節日慶典與飲宴時分送；基督徒望彌撒或行聖餐禮（Eucharist）時，則象徵性地吃下基督的聖體，喝下聖血（根據某些派別的詮釋，這真的是基督的血肉）。

但無論如何，料理史已經展開了一個新的時代——國家會試圖確立其宗教（通常成效良好），一種傳統或神權料理雀屏中選，成為其子民的料理。一旦某個宗教得到國家接納，它得到的可不只是宗教上的影響力，還有政治上的勢力，統治者會為挑選出來的宗教領袖提供土地、免稅權與其他好處。廟宇和修道院也因此加入宮廷的陣營，成為料理創新的重要中心。政治領袖與宗教領袖縱使有些共同利益，但他們也會為權力、金錢與影響力競爭。當中國在中世時解散佛寺，都鐸

（Tudor）時期英格蘭廢除基督教修道院時，衝突也隨之燃起，促成劇烈的飲食變化。

有兩種模範性的餐食取代了祭獻式的飲宴。在朝廷與皇宮裡，人們規劃出提供醬汁調味的肉類餐點與酒精飲料的宴會或酒席，用來展現君主與貴族的實力，並且強健其體魄。到了寺院或修道院裡，精心準備、通常不含肉類的清修簡餐（由幾樣小點組成的輕食）則是設計來表現僧眾的自律，增進其智慧與靈性。即便有這麼多的限制，寺院中的餐點仍然屬於高級料理範疇，用上了類似糖、白麵包、葡萄酒、茶、咖啡或巧克力等奢侈食材，並且廚師在專業的廚房中備餐，而人們用專門的餐具進食。儘管宗教人士會用最寒酸的食物來齋戒，或是把任何出現在缽中的東西吃下去，但他們同樣在新宗教的主要機構中建構出新的、神聖的高級料理。

按照時間先後來看，分布範圍最廣的宗教料理菜系分別是佛教、伊斯蘭教與基督教料理。至於沒有被國家採納（猶太教、摩尼教）、失去國家支持（瑣羅亞斯德教），或是在其他神權體制下成為少數的宗教料理（例如中世紀伊斯蘭國家裡的基督徒），通常都會根據自己的規範與喜好調整主流的菜色。

最早的佛教料理著重在用蒸或煮的米飯、糖、精煉奶油，避免食用肉類與飲酒。佛教料理在西元前二六〇年興起於印度，成為孔雀帝國的料理，並在西元一世紀至五世紀之間向外傳播——印度在當時的大亞洲文化圈中居於關鍵地位，一如希臘與羅馬之於地中海、北非與歐洲。[2]橫跨北印度與中亞的貴霜帝國（Kushan Empire）、東南亞諸國（連同印度教料理）、西元五世紀後中國地區的各個王國，以及包括朝鮮與日本在內的周遭國家各自接受了不同版本的佛教料理。西元十一世紀見證了佛教料理擴張的腳步放緩、甚至是反轉的過程；即便如此，其料理哲學仍然影響了中國、日本、西藏、東南亞與斯里蘭卡料理。

伊斯蘭料理對酒有著搖擺不定的態度，偏好微酵小麥麵包、香噴噴的燉肉與糖。它成形於西元九世紀；這時，巴格達的哈里發調整波斯料理，與穆斯林料理哲學取得一致。伊斯蘭料理後來傳播到了印度的蘇丹國、西班牙南方各國、北非、撒哈拉沙漠南緣，並沿絲路來到中國邊境。經歷了十三世紀蒙古擴張期間的短暫失勢，伊斯蘭料理再度於十五與十六世紀時，在印度的蒙兀兒帝國（Mughal Empire）、波斯的薩非帝國（Safavid Empire）、土耳其的鄂圖曼帝國，以及東南亞諸王國遍地開花。到了十七世紀，伊斯蘭料理最大的一次擴張已然結束，但伊斯蘭料理哲學仍然構成了東南亞、印度次大陸、中亞、中東、北非與薩赫爾地區（Sahel）[①]的料理。

基督教料理則起於西元二世紀與三世紀，是改造羅馬與猶太料理而來，包括發酵小麥麵包、葡萄酒，以及飲宴與齋戒。其中一系在四世紀時成為羅馬帝國東半部的料理，之後由拜占庭帝國繼承。另一系，即天主教料理，則逐漸傳播到歐洲北半部的諸多小國，接著在十六世紀時隨著葡萄牙與西班牙帝國的腳步，在大西洋諸島、加勒比海、美洲大部分地區、非洲與亞洲的貿易據點，以及菲律賓爆炸性地成長。新教徒的宗教改革也帶來複雜的影響，這一點會在第六章仔細討論。

佛教、伊斯蘭教與基督教料理仍然遵循古代料理哲學三項主要原則中的兩項：烹飪宇宙論與階級原則。烹飪宇宙論支撐著「只吃煮過的食物」，以及（如果錢夠多的話）「吃可以調整性情的料理」等規矩。鍊金術是對物質中的變化最精微的知識，而烹調則是某種形式的鍊金術。烹飪跟鍊金術用的是一樣的工具與設備。兩者都試圖運用火的純淨之力，找出自然物質真正的本質或精華。金屬原礦必須在火裡精煉，才能釋放出純粹而閃亮的金屬，而收成下來的小麥與甘蔗也一樣，必須經過類似的精煉，才能萃取出純淨的白麵粉（「flour」一詞原本就是從「花」〔flower〕演變來的）或是誘人的糖。因此，製糖與烤麵包等料理工序，就成了靈性成長過程強而有力的隱喻。我們今天認知的天然食材只能經過最小限度的加工處理，但過去的看法與此大不相同——要展現天然，就少不了加工與烹煮。

階級原則過去已經讓宮廷高級料理與城市、鄉間窮人的粗食之間的分野有了依據，如今更是擴大證明了在宗教與知識菁英（例如僧侶）所用的清修簡餐，跟給不受教的人吃的粗食之間也有類似的神聖階序。換句話說，「你若是個國王，就吃得像個國王；你若是個農夫，就吃得像個農夫」這條老規矩有了調整，把「你若是個聖人，就吃得像個聖人」也加了進去。

古代料理哲學的第三條原則，即獻祭協議，如今已被普世宗教的新規矩取代。綜觀各個宗教，這些新規則的內容雖有不同，但形式卻很類似，偏愛的通常都是人們認為可以幫助「玄思冥想」的食材與菜色，例如肉類替代品（魚、豆腐、麵筋）、香甜軟爛的水果與堅果飲品，或是茶、咖啡與巧克力等提神飲料。新規矩明定如何人們處理、烹煮食物——其中包括屠宰的守則，並規範廚子應該如何淨身、發酵的食物能不能吃，以及有哪些食物可以或不可以混在一起。這條規則還講明了用餐時段、齋戒與飲宴的日期，以及誰該跟誰一起用餐。

幾個世紀以來，人們一再制訂、改訂這些規則（對宗教菁英的要求遠比對平信徒嚴格）。這是因為這些宗教的教主雖然會以料理為隱喻來解釋信仰與教義，但他們鮮少就烹煮和進食的方式，留下明確或前後一致的規定。以基督教為例，在西元四或五世紀之前，基督教並未要求齋戒。後來，信徒得到指示，要在一年中將近一半的日子齋戒。時至今日，羅馬天主教會中的齋戒已經減少到最低限度。

---

①【譯注】薩赫爾地區指的是撒哈拉沙漠漠南至蘇丹大草原之間的半乾旱草原區，東西及於大西洋與紅海。

前往宗教聖地的朝聖者通常要走很長的一段距離。印度教徒會前往像是印度東南部蒂魯帕蒂（Tirupati）的寺院朝拜，穆斯林會前往麥加，天主教徒則走向西班牙北部聖地亞哥－德孔波斯特拉（Santiago de Compostela）。到了目的地以後，他們會得到神聖的食物——通常是甜食，可以帶回家鄉。

在新料理散播的過程中，僧院（即固定的宗教場所）比朝聖者重要得多。僧院就像宮廷，是社會上各色人等相遇之地——從神職人員（通常出身於貴族或商人階級）到他們的隨從與奴隸。僧院的廚房也跟宮廷廚房一樣龐大、複雜，準備不同的餐點給不同階級的人，例如王室或貴族訪客，路過的商人、修士與修女，還有窮人和在僧院學校中念書的學生。僧院跟宮廷一樣，從自己的地產上以實物的形式得到大部分的進帳，也跟宮廷一樣會投資於磨坊、榨油機、糖廠等食物加工設備，以加工食材來增加其價值。處理過的食材會拿去賣，或是作為禮物，藉此創造忠誠。僧院跟宮廷同樣都是跨國界網路的一部分，只不過靠的不是婚姻，而是修會與傳教士的活動。僧院還有正式的用餐禮儀，寫成章程，管理群體生活，就跟宮廷一樣。

但與宮廷不同的是，僧院具有團體性的組織架構。這讓僧院得以避免困擾貴族與王室會碰上的繼承爭議，而能實際延續超過數百年的時間（而不是靠想像的世系），也因此能保有從土地捐獻、租稅減免、私人餽贈得來的財富。僧院還會廣設文化前哨——例如在絲路沿線的綠洲、中國南方遙遠的山區、孟加拉林木蒼鬱的邊界、北歐與東歐的森林，以及美洲內陸，在這些地方傳播食物加工、烹煮的新方式。最後值得注意的一點是，宗教場所最早為婦女提供管理大廚房的機會。

神權料理傳播開來，這些料理偏好的食材（植物，有時會有動物），也跟著傳播開來。尤其重要的有東南亞與中國植物傳入佛教印度、印度植物傳入佛教中國、中國植物傳入朝鮮與日本、印度植物傳入伊斯蘭土地，以及歐洲植物（藉由哥倫布大交換）傳入美洲的過程。王家園林、僧院菜園與大莊園中移植、栽種了甘蔗、稻米、葡萄藤、咖啡與其他新料理不可或缺的作物，也提高了這些植物的地位。

在普世宗教出現以前，「料理的傳播」多半意指模仿或排斥鄰國的高級料理。有鑒於此，一旦有了世界宗教，一系列料理的先後關係就變得更為複雜難解。人們常常使用「融合」一詞，但這個詞無法持平地處理各式各樣的交流。一種料理可以疊在另一種料理上，西班牙人征服的美洲就發生了這種事，征服者吃天主教料理，原住民則維持自己的料理。特定的菜色、技術、植物與動物也被人接納，比方說，歐洲人就採用了源於伊斯蘭的蒸餾技術、甜食以及柑橘。此外，由於料理理念與實踐關係到特定的宗教，因此每一種接納的過程都涉及更動與重塑。例如麵包，在其他料理中就不會有與在伊斯蘭教或基督教料理中相同的形狀，或是同等的重要性。

就在神權料理蔚然成形時，還有第二種發展平行出現——持續發展的美食學。這是種為吃而吃的藝術，而非政治或精神力量的展現。當中國、中東與歐洲的軍官、地主、神職人員，甚至是商人人數開始增加時，他們也會藉由（根據不同地區而異）在食譜中記錄烹飪訣竅、閱讀美食文獻、投資餐館、在料理辯論中一較高下等方式，表現自己對精緻餐點的興趣。

阿育王的敕諭：佛教化的印度料理，西元前二五〇年至西元一二〇〇年

西元前三世紀，也就是亞歷山大征服印度百年之後，這時的羅馬帝國仍在發展之中，希臘化國家橫跨中東，漢帝國尚未建立，而皇帝阿育王（Ashoka）則統治著世界上其中一個最富有、人口最

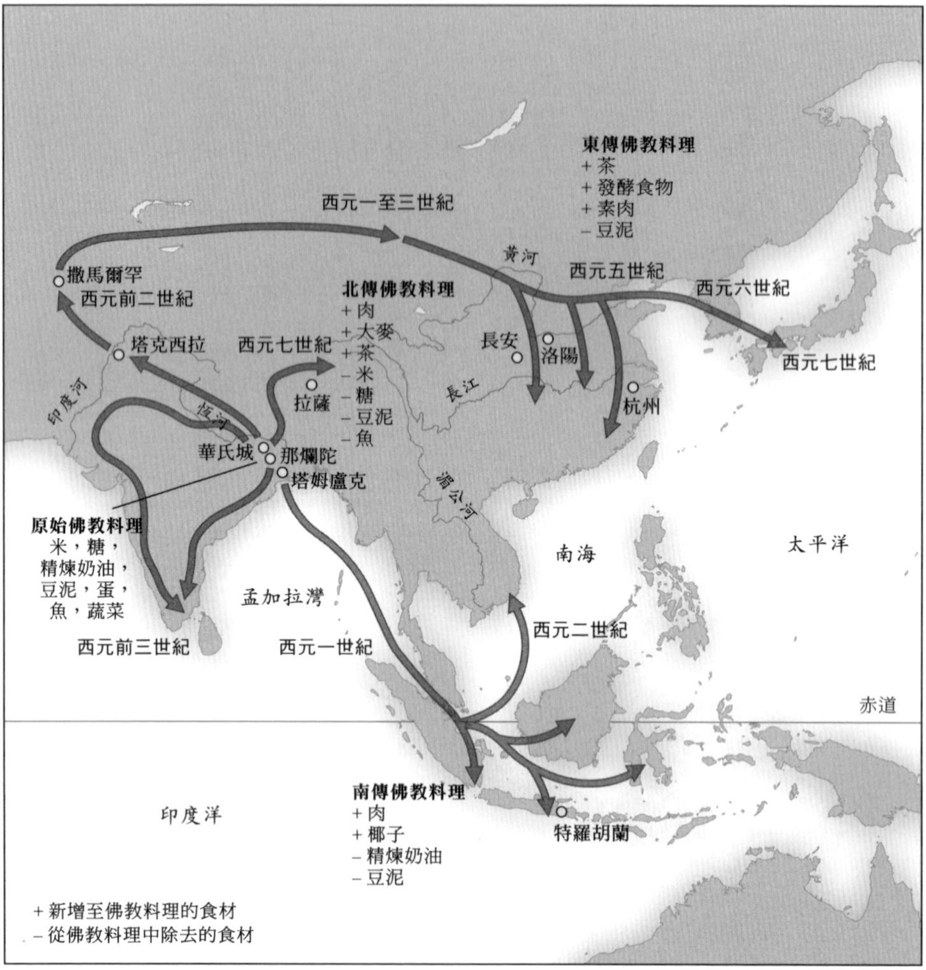

【地圖3.1】佛教料理傳遍亞洲，西元前三〇〇年至西元一〇〇〇年。佛教料理憑藉遊方僧、朝聖者與商人的力量，從位於恆河流域的發源地傳遍了東亞與東南亞。炊蒸米料理成為東亞帝國的主食。自西元五〇〇年開始，印度教與後來的伊斯蘭料理漸漸在印度大部分地區取代了佛教料理，但佛教料理仍然影響了斯里蘭卡、東南亞、中國、日本與西藏的料理。（地圖參考來源：Hinnells, *Handbook of Living Religions*, 280; Bentley, *Old World Encounters*, 70–71.）

多的政體。孔雀帝國北起喜馬拉雅山，往南延伸數百英里，涵蓋幾乎整個印度次大陸。阿育王在自己位於恆河河畔的首都華氏城，主持著對諸神的獻祭，以及隨後的酒肉祭宴。穿著破布衣、托著缽的苦修士們在路上行走，許多人是耆那教、印度教教主的門徒，也有不少是釋迦牟尼佛的信徒——兩個世紀前，祂點醒了一批追隨者，組成早期佛教的核心。[3]

約莫在西元前二六四年，阿育王下的敕諭開始出現在他的大片國土上。有些刻在石板上，有些則刻在高五十英尺的砂岩柱上，柱子打磨得光可鑑人，頂上還安著面向東、西、南、北的公牛、馬匹或獅子雕像。敕諭使用的文字視地區而定，有官話摩揭陀語（Maghadi），也有僧侶用的梵語；至於在希臘人、波斯人與草原民族雜居的阿富汗地區，則用阿拉美語及希臘語。第一份敕諭有許多不同的譯文，寫著「不得以獻祭之故殺害任何生靈」、「不得舉辦任何喧鬧的聚會。過去御膳房中殺戮甚多，而今已幾乎停止」。阿育王此後信奉佛教，佛教也在隨後千年傳播、轉變了亞洲東半壁的料理（地圖3.1）。

佛教的核心看法是，人類受苦的根本原因，在於對世界的不易不變與個人的自我抱有幻覺。這種幻覺讓人注定落入無盡的生死相續，而貪、嗔、癡等情緒則驅使他們犯下惡行，造成他人的苦難。佛教呼籲其信徒放下這個虛幻的世間，全心過著精神高潔、行善的生活。阿育王與印度中部偏東的羯陵伽國（Kalinga）作戰，殺了成千上萬人，此後自己幡然醒悟，禁止了上千年來將人類、國家與眾神聯結在一起的祭禮。他所推廣的新興佛教料理，內容或許跟耆那教徒、心懷改革的印度教徒間新出現的其他種料理非常類似，以米飯、豆子（印度稱為dhal）、精煉奶油（已去除雜質的奶油）、甜點，以及有甜味的水果飲料為主。

我們並不清楚敕諭的頒布造成了什麼反應，但不難想見靠收祭祀規費過活的祭司們，以及藉由食用更多祭肉與平民劃清界線的武人廷臣們，鐵定因為禁令而大吃一驚。阿育王主要得到的支持，或許來自商人、製造業者與錢莊主等創造帝國大部分財富的人。他們的地位只比農奴高個一階，與貴族、武士和祭司們相去甚遠。祭司收取規費、擁有免稅待遇，對商業賴以為繼的放貸收息挑三揀四，還有昂貴的祭獻禮——這都讓他們忿忿不平。接下來幾個世紀，印度的商業蓬勃發展，靠的就是聯手的佛教徒與商人。

敕諭是無法一拳擊倒像動物祭獻這麼根深蒂固的習俗的。宮廷每天仍祭獻為數不多的動物，而宮廷料理或許也還在使用一些肉品、香料、蔥、蒜來表現光彩，而不是苦行生活。農村的村民——尤其是帝國的控制力幾乎不存在的偏遠地區，仍然請祭司在孩子出生時駕臨，主持婚禮、喪禮，祝福他們寒磣的貢品。據說，在西元前一八〇年暗殺孔雀帝國最後一位皇帝的殺手，就是為了恢復祭獻而動手。[4]但無論如何，祭獻已是日薄西山。

精緻的佛教修行料理意欲提昇靈性力量，與帶來體力與軍事力的宮廷高級料理相當不同。一般認為，創造佛教料理就少不了國家的支持。有關早期佛教料理的資料非常稀少且充滿矛盾，這點並不令人意外。假使拿人們較熟悉、時代也較晚的基督教為例，人們也會為料理該有的樣子爭辯不休，而精神領袖們與平信徒實踐的方式也有分歧；當然，這些辯論與差異也在不停改變。但有兩點原則相當清楚。第一，從很早的時候開始，就已經有人使用最讓人渴望的穀類與最昂貴的精煉奶油和糖，來製作高級修行料理——這些材料就和宮廷高級料理使用的肉與酒類一樣，是普通人難以企及之物。但這種料理是拿來供養佛教比丘，還是獻給比丘們的贊助者，就不得而知了。第二，佛教料理並不重視肉類與酒精，而偏愛替代性的蛋白質與飲料，以及稻米、奶油與糖。相較於生化類的食物加工方法，佛教料理更仰賴機械力與熱力，例如攪拌、研磨與加熱。

據說釋迦牟尼佛一再譴責動物祭獻，除此之外，在他所提出的五種道德訓誡中，其中兩項——不飲酒與不殺生——也為這個議題出了一份力，不僅禁止了祭禮中的酒精與蘇摩，也讓吃肉一事備受質疑——畢竟要吃肉必然得先殺生。[5]僧侶為了尋求開悟而齋戒，延長冥想的時間，並用禪修來取代攝取蘇摩與酒精。只要有遵守訓誡、沒有殺生，他們還是可以吃肉。毗奈耶（Vinaya，即佛教戒律）可能集結於西元前四世紀，但許久之後才形諸文字。其中關於可食用食物的清單中，肉類是跟魚、稻米、麵粉做的食物與大麥餐點一起囊括在內的。戒律要求比丘吃下任何一種放在他們缽中的食物，包括肉類（但那些狼吞虎嚥的比丘則會被人笑是「假修行人」）。[6]有一則故事說，佛陀就是因為吃了豬肉而死。總之，吃肉的行為漸漸少了。到了西元五世紀，印度人（包括印度教徒）大多已不殺牲口。等到西元七世紀，中國來的訪客更是提到印度人幾乎不吃肉。

稻米、大小麥、小扁豆與彎豆、魚與蛋，以及精煉奶油、芝麻油、蜂蜜、糖蜜與糖成為佛教修行料理的核心，據說這是佛陀日常飲食的基礎。晚近的研究顯示，傳說中的醫生查拉卡與蘇胥如塔的著作中描述的烹飪宇宙觀，曾經過佛教徒深化整理為體系，很可能讓這套體系在西元三世紀晚期得到其現有的樣貌。[7]醫生們表示稻米、白糖與奶油（來自溼熱恆河流域的農田與水牛）能帶來平和、自省的淨性（sattvic，純潔之意）性格，與對應體系中的金色與白色相呼應（表1.2）。

根據印度古代醫生的看法，去殼、精白過的白米能為頭腦提供能量、幫助冥想，比用印度河流域種出來的小米、小麥與大麥做出來給農民吃的、難消化的灰褐色濃粥與麵餅更有好處。味道濃烈的香料必須棄用。造成口臭的蔥、蒜，則用阿魏脂（Asafetida resin）加以取代。扁豆與彎豆類，例如粉金色的小扁豆（masoor dhal, *Lens culinaris*）與翠綠色的綠豆（mung dhal, *Vigna radiata*），被用來代替肉類。蔬菜有甘藍、黃瓜、葫蘆瓜、苦瓜、茄子，以及能幫助消化的蘿蔔與薑。蓮花的白色花

【圖3.1】畫中的神祇來回拉扯著一條繞在山上的巨蛇，藉此攪動乳海，攪出不死的甘露，用象徵的方式表現出婦女們來回拉扯繞在攪拌器上的繩子，藉以製作奶油的實際步驟。（圖片來源：Edward Moore, *The Hindu Pantheon* (London: J. Johnson, 1810), pl. 49. Courtesy New York Public Library, http://digitalgallery.nypl.org/nypldigital/id?psnypl_ort_082.）

朵因為出汙泥而不染，成為純潔的象徵，而口感脆、中間有孔的蓮藕則用來入菜。

精煉奶油與白糖是鍊金、醫藥兼料理用的材料。兩者都是用純淨的火將極易腐敗的原料（牛奶與甘蔗汁）化為吉祥不壞的至寶，即便在赤道地區的酷熱下也能久放。《正法念處經》（在六世紀初被譯為中文）裡有一段提到，甘蔗汁要精煉、淨化才會成為白糖，而比丘在冥想時，也會受「智火煎」而精進。[8]類似白糖與精煉奶油等清涼、甜蜜、滑嫩的食材既甘美營養，又宜人和順，不僅關係到精氣與心智，還能讓智慧與正定的修行更有法喜。糖能緩解劇烈咳嗽、肛門搔癢等症狀，還能蓋過藥草與餘甘子（emblic myrobalan，這一科的植物種類繁多，印度傳統醫學至今仍在使用）補藥的苦味。白糖和精煉奶油可以一次吃個一湯匙，或是用於料理，在整道菜裡增添其風味與力量。

要做精煉奶油的話，人一天得幫牛、水牛、綿羊或山羊擠個幾次奶。以當今正統婆羅門思想來看，產自乳頭的乳水已經被動物的體溫調理過了——古代佛教徒可能也做如是觀。[9]攪拌桶內的奶時，要用繩子圈繞在槳上來攪，印度農村仍然在使用這種做法，每一個印度人對此都不陌生。等到已經從奶中攪出奶油以後，再把奶油放在小火上加熱，直到剩餘的水分蒸發、留下精煉奶油——一種金黃色的油膏——為止。[10]

「攪拌」的動作因為這個新宗教，變得充滿重要的象徵意義。從八世紀開始，南亞各地崇拜毗濕奴為至高神的印度教派別中一再描寫「攪乳海」。當地位較低的諸神向毗濕奴求助以對抗迫近的惡神時，毗濕奴便命令祂們攪動宇宙乳海，這時眾神拿一條大蛇來當繩子（圖3.1）。海中出現了香潔牝牛、樂園大香樹，最後則是長生不死的甘露。

從甘蔗中榨汁不是件容易事，印度人為此將用於磨含油種子的牛力杵臼（*ghani*）拿來榨汁。人們先將甘蔗剁成小段，放進高可及腰的臼中。接下來如圖3.2所示，將牛綁上舂打機來榨甘蔗汁。

【圖3.2】為了用大型的臼來磨含油種子或甘蔗，以搾出油脂與甘蔗汁，一名男子趕著一頭蒙眼公牛繞圈走，牛身上安著與大杵相連的鞍具。等到這道程序完工，他會把臼底的塞子拔掉，讓液體流進器皿中。（圖片來源：Drawing by John Lockwood Kipling in *Beast and Man in India: A Popular Sketch of Indian Animals in Their Relation with the People* (London: Macmillan, 1904), 143.）

就像牛奶已經受牛的體熱烹煮過，人們似乎也認為甘蔗汁已經受太陽的高溫加熱過。

接下來，人們將整鍋的甘蔗汁與甘蔗渣放到火上加熱——這道工所費不貲，但能從甘蔗中榨取百分之八十五的汁液。汁榨得越徹底，汁中的雜質也就越多。為了分離雜質，得丟幾把熟石灰（氫氧化鈣）下去，做出來的會是濃稠糖蜜漿中軟糖狀、半固態的糖結晶（*gur*）。接著，印度製糖工人再把糖倒出來、進一步精製的過程中，會得到四種製品：濃甘蔗汁（*phanita*）、黑糖（石蜜〔*jaggery*〕）、冰糖（*khand*，也是「candy」這個字的由來）以及砂糖（*shakara*）。[11]

眾家寺院在阿育王時代站穩腳跟，將修行料理推上了高標準。土地贈與、稅捐減免，以及虔誠信徒和出身富有的比丘、比丘尼所捐獻的土地，都讓這些社群變得相當有錢。寺院座落在主要城鎮的外圍，橫跨在重要貿易與朝聖路線上，擁有挑高的祈禱堂、冥想用的小房間、擺放佛陀舍利的圓頂形佛塔，以及設備齊全的寬敞廚房。僧侶也棄百衲衣，開始穿起正式的袍服。宗教領袖則整理佛陀的教誨與本生故事。他們制定僧院生活清規，其中便包括煮飯和用餐的規矩。能夠坐在椅子上，是地位崇高的一種標誌。[12]

有些史料提及當時印度料理的普遍情況，讓我們得以嘗試重建佛教徒的餐點。佛教徒只有一餐正餐，在中午以前吃。甜食很吉祥（其中有些早於佛教，其他則是佛教徒加上去的），或許當成正餐的一部分，或者拿來當作點心，抑或是請來賓享用。傳統上的甜食有用芝麻與黑糖（也就是石蜜）做的甜點；用精煉奶油炸穀粉（大麥、小麥或米），加上黑糖，然後用小豆蔻、胡椒或薑加味；加了砂糖（*shakara*）、香草與香料的酸奶酪；米布丁；用煮稠的奶做成孔雀蛋形的軟糖；貼在倒放的鍋上烤、包了甜豆泥的麵餅；以及油炸麵粉糕點，上頭裹上上好的糖。新發明的甜食則有混入蜂蜜的米粉或小麥粉做的糕點，會加入精煉奶油烘烤，還有一種混入糖蜜與精煉奶油的米粉糕點。

鹹食主要由穀類、豆類與蔬菜組成，其中或有以水或牛奶煮的飯（上面可能灑了芝麻）、與酸奶酪拌在一起的烤大麥粉、豆子湯、油炸豆泥（*vadas*）餡餅、蔬菜泥（*kofta*）餡餅、稀稀水水的醬汁（可能是大麥或米煮的稀粥，有時候會用石榴汁做成酸的，再用蓽拔〔long pepper〕提味）、淋上少許精煉奶油和蔬菜油（尤其是芝麻油）的豆子和蔬菜、白肉的河魚和海魚，以及蛋。精煉奶油是最受人歡迎的配料。酸奶酪也可以當作醬汁使用。烤過的豆泥（papadum）則能增添一些酥脆的對比。[13]

過午之後，僧人就不能再吃固體食物。毗奈耶有明確提到，在一系列的可食用食物中，比丘（尤其是體弱或有恙者）可以喝湯，吃點甜糕點，喝牛奶、乳脂或蜂蜜，抑或是吃類似塊根、莖、葉、花與種子等耐嚼的食物。他們也可以小啜稍具藥性的飲料，諸如加了水的酸奶酪（拉西〔*lassi*〕，據信比水更精純），草藥汁，用芒果、爪哇梅（Java plum，學名*Syzgium cumini*）、香蕉、葡萄、椰子、朴葉扁擔桿（*phalsa*，學名*Grewia subinaequalis*）等果汁做的水果水，還有可食的睡蓮根（可能已經打成泥），以及蜂蜜水和沒有發酵的甘蔗汁。寺院清規將甘蔗汁描述成眾神飲用的甘露。

寺院裡的廚房會為僧侶以外的許多群體準備點心與正餐。贊助人能吃到精心製作的珍饈。七世紀或者更早以前，佛子弟就會為訪客提供「精煉奶油、蜂蜜、糖與其他可以吃的東西」等適合修行的小點心。[14]路過的商人與僧人能得到一宿一飯，提供給香客的則是合於他們心靈之旅的食物；醫務間裡的病人可以吃到促進健康恢復的補品，而僕役與尋常工人則獲得口糧。

西元五世紀至十二世紀間，開始有學院圍繞著印度東北那爛陀（Nalanda），以及今日伊斯蘭馬巴德（Islamabad）以北的塔克西拉（Taxila）等地的佛寺形成——後者也是佛弟子前往中亞與中國的啟程地。寺院和大學的所在地吸引了成千上萬的學生（有些人甚至遠從中國而來）前來抄寫、學習佛經，為經文做注，同時精進查拉卡與蘇胥如塔的營養理論。

寺院投資在牲口和機械設備上（包括在田裡工作、拉甘蔗、為杵臼提供動力的水牛），這對印度由以農立國轉為商業與製造業社會的過程中貢獻良多。僧人（常常出身於商人家庭）熟門熟路地將宗教與生意結合起來。糖與精煉奶油有著長久的保存期限與極高的價格重量比，可以賣到很遠的地方。

人們引進作物、育種改良，然後分到各地。阿育王曾下令，要在帝國道路兩旁種出菩提樹（佛陀就是在菩提樹下成道）與芒果樹（佛陀曾顯神通讓芒果發芽）的樹蔭。印度中部毘盧（Bharhut）與桑奇（Sanchi）的佛塔廟正面就刻有芒果、葡萄、波羅蜜與椰子。若干品種的米、兩種小麥、十二種甘蔗與三種新的豆科植物被引入栽種。小米（可能是取道中亞）、山藥、枇杷與荔枝也被人從中國帶了進來（但這幾種作物似乎沒有取得多少成功）。此外，麵包果、木胡瓜（bilimbi，學名*Averrhoa bilimbi*）、柑橘類植物、楊桃、榴槤、糖椰、椰子、蘇鐵與檳榔則是從東南亞引進。[15]

西元五世紀，印度北方的笈多（Gupta）帝國皇帝將國家的支持從佛教轉往印度教，佛教也開始在印度遭到重挫。印度教料理包括米飯、豆子，以及煮濃的牛奶或小扁豆泥作的甜點（用精煉奶油與小豆蔻提味），與佛教料理的內容有所重疊。印度教徒拿糖與精煉奶油拜神。《薄伽梵往世書》（*Bhagavata Purana*）是一套傳說集結之作，標誌著九世紀時黑天（Krishna）崇拜的興起。書中，黑天指示說「石蜜〔粗製黑糖〕、乳糜（*payasam*，甜米布丁）、阿帕姆（*appam*，某種米煎餅）、摩達甘（*modakam*，某種有餡甜點）、凝乳〔酸奶酪〕、豆，皆是獻給諸神的食物」。[16]

【圖3.3】一名十九世紀的葡萄牙旅人紀錄了這場莊嚴的儀式，儀式中，剃了頭的人（可能是婆羅門）坐在沒有牆的棚子下，頭上精緻的燈具光線閃爍。圖右有名包著頭巾的人向坐著的婆羅門獻禮。（圖片來源：A. Lopes Mendes, *A India portugueza* (Lisbon: Imprensa nacional, 1886), opp. p. 43.）

蜂蜜、糖、精煉奶油與米出現在儀式中，象徵生命的過程。懷胎第五個月的婦女會得到「五種仙食」：糖、蜂蜜、牛乳、精煉奶油與酸奶酪。新生兒的嘴唇則會被塗上蜂蜜、精煉奶油、水與酸奶酪。而在婚禮期間，洞房內也會放有蜂蜜、米與藥草。

到了十二與十三世紀，穆斯林入侵者將殘存的佛寺夷平，將土地充公。阿育王的敕諭被人遺忘，石碑與石柱爬滿了藤蔓，成為無人能解、來自未知過去的遺跡。印度成為伊斯蘭教與印度教料理之地。著於十二世紀的《心樂之道》（*Manasollasa*）讓人一窺當時的高級料理。貴族用餐前會先以芒果、薑與檸檬泡菜開胃。他們享用包括鹿肉、兔肉、鳥肉、陸龜肉等肉類，蔬菜則有茄子、南瓜、葫蘆瓜與大蕉（plantain）等菜色，更有小茴香、葫蘆巴（fenugreek）、芥子、芝麻、黑胡椒來提味。甜點則是在正餐進行中上桌。當然，宗教場合會提供更樸素的苦修料理，跟這種餐點有明顯的差異（圖3.3）。

十四至十六世紀時，一種印度教高級料理在南印度的毗奢耶那伽羅王國（Vijayanagara）活躍起來。在蒂魯帕蒂當地受毗奢耶那伽羅王贊助的廟宇裡，人們一天用米飯、綠豆、酸奶酪、精煉奶油與蔬菜做的菜餚祭神六次。隨著僧侶與王室聯手起來，餐點也變得越來越精緻。各種捐獻也用於備餐上。祭司先將餐點獻給神，舉到自己嘴邊，接著代表神享用之。組成晨間餐點的有四種蔬菜咖哩、四種椰汁為底的蔬菜咖哩、四種酸奶酪為底的蔬菜料理，還有米飯和各種飲料，包含牛奶、酪漿（buttermilk）及水果飲料。大約有四分之三的餐點是留給廟裡人吃的。餘下的四分之一則交給捐獻者（如果捐獻的份量很大，他們的名字還會被仔細刻在石頭上），分給自家人、別家人或是廟宇，抑或是交給中間人再轉賣給香客。無論是調味過的米飯、煎過的糕點、烤過的加糖扁豆、浸泡在牛奶中的水果，還是調味過、半固體的奶製甜點，都很容易裝進葉子做的杯子裡；由於富含奶油與糖，這些食物帶回家吃也不會壞。

而在印度教料理主宰印度時，佛教料理卻在其發源地以外的地方安頓了下來。

比丘與遊方僧：佛教料理的擴散，西元前二五〇年至西元一二〇〇年

大約在西元前二五〇年前後，佛教比丘們舉行了三次結集②中的第三次，決定將法教外傳。據說這次結集還是阿育王本人在華氏城召開的。以前的旅人與各地神祇井水不犯河水，但比丘與商人反其道而行，欲前往距離這個宗教的誕生地甚遠之地教人改信。這在宗教史以及宗教料理的傳播上，都是一次劃時代的變化。

佛教僧侶有三波從印度出發向外傳教的浪潮。而在接下來的部分，我會把重點放在第二波。第一波（稱為南傳佛教或小乘佛教）始於西元前三世紀，並延續至十三世紀，通常是和印度教傳教同時發生，或是與印度教結合在一起。僧侶前往南亞與東南亞，尤其是斯里蘭卡、緬甸、柬埔寨、泰國與中國西南。西元五世紀時，位於西孟加拉的耽摩立底（Tamralipti，今天的塔姆盧克〔Tamluk〕）已有超過二十座佛寺，這裡也是印度東海岸最大的貿易口岸。[17] 印度商人經營來自東南亞的丁香、肉豆蔻與肉豆蔻乾皮，南印度的胡椒和斯里蘭卡的肉桂，並在馬來半島、越南等地的強大貿易國家建立海外僑民社群，尤其是湄公河三角洲。他們和僧侶都帶著佛陀法教與佛教料理的一整套組合：寺院清規、查拉卡與蘇胥如塔的飲食守則，以及對稻米、精煉奶油、糖與特定蔬菜的喜好。[18]

這些東南亞國家的統治階級視富裕、強大的北印度為榜樣，採用其宗教、音樂、儀式、營養

體液理論，可能還有製糖方式，以及來自印度宮廷與廟宇的精緻料理。信奉印度教—佛教的滿者伯夷帝國（Majapahit Empire）以爪哇為中心，靠著來自今天印尼、泰國、馬來西亞與菲律賓等地的進貢，活躍於十四與十五世紀。東爪哇特羅胡蘭（Trowulan）村附近有一大片以紅磚建造、占地上百平方公里的遺址，據信就是滿者伯夷國都。圖3.4是該遺址一處柱基上的浮雕，其上就是一名在廚房煮飯的婦女。

第三波，也是最後一波的佛教擴張，發生在西元七世紀，走向了西藏與喜馬拉雅山區。在高山與高原的冷冽之下，前往當地的佛教徒是沒有指望能種出稻米、甘蔗與許多他們喜愛的蔬菜。他們也無法放棄肉食。事實上，他們還有特別專門屠宰用的彎刀。五百年後，蒙古人決定在治下的元帝國採納藏傳佛教，藏地佛教徒吃肉這件事得記上一功（第四章）。

比丘與寺院：佛教改變中國菜，西元二〇〇年至八五〇年

不過，佛教的第二波擴張才是我們的重點。西元前一世紀時，佛教擴大了訴求，成為一個不僅為僧侶和修行人，更為所有人帶來希望的宗教。許多佛教徒開始把教主當成神來拜。他們也轉而求諸於為了幫助信徒而延遲進入涅槃的聖者（菩薩）。根據中世佛教文獻，即佛教學者寂天（Santideva）的《大乘集菩薩學論》所說，菩薩的目標是要清淨眾人，比喻性地「煮身」，幫助眾

② 【譯注】佛陀在世時，並未留下成文經典。在佛陀涅槃後，佛陀的弟子共同集會，將佛陀曾經說過的教誨誦讀出來，稱為結集。三次結集指的是王舍城結集、毘舍離結集與華氏城結集。

【圖3.4】一名女子蹲在爐臺前，臺上的洞擺著鍋子，整個佛教—印度教世界都選擇用這種爐臺。這塊浮雕出現在特羅胡蘭（Trowulan）出土的一根柱子的底部，當地可能是信奉印度教—佛教的爪哇滿者伯夷帝國首都。（圖片來源：Gelatin silver print by Claire Holt. Courtesy New York Public Library, http://digitalgallery.nypl.org/nypldigital/id? 1124877.）

人脫離生死輪迴。[19]虔誠信徒會製作佛陀與菩薩的壁畫、畫像與雕像。這些雕像還會塗抹、覆以蜂蜜、糖、精煉奶油與各種油料。[20]

信佛的商人與傳教者從北印度出發，前往亞洲各地。他們將西元一世紀至三世紀間，橫跨今天北阿富汗與南烏茲別克的貴霜帝國轉變成佛教國家，接著再從貴霜帝國沿著一個個綠洲，走過漫長的距離與崎嶇的土地前往中國。[21]再也沒有哪個地方，能比漢代中國更不像是佛教能生根的地方了。中國人受儒家價值觀影響，對此世有堅定的關懷，反對否定家庭倫常的獨身僧侶生活。小麥麵條、小羊肉、成年羊肉與發酵的配菜主宰了中國高級料理，而且還是拿筷子吃，而不是用手指。人們認為朱紅色的餐具代表吉祥，而非刺激暴力。祭祀是國家根本的職責。佛教偏好的食物，例如米飯或糖，也無法在黃河流域順利培育。在中國，佛教徒（可能是故意）容許人們把自己與道教徒混淆在一起，因為道教徒同樣也會冥想、拜塑像。佛教徒輕視祭獻儀式，對政治生活也漠不關心，這或許也吸引到遵守道家規矩的同一批地主與文人。[22]

漢帝國於西元二世紀末崩潰，在連綿不斷的內戰期間，佛教寺院不僅濟貧，也確保了一定程度的穩定局面；佛教徒也抓準機會，從宗教少數群體變成有政治領袖支持的信仰群體。到了六世紀中葉，統治中國北方的突厥語系皇帝對佛教更有好感，將其視為儒家思想以外的另一種選擇。南朝統治者則利用佛教，將自己與地方人民區隔開來。

佛教勢力在中國於西元五世紀至八世紀間達到顛峰。[23]五世紀時，統治南方長江流域的梁武帝禁止國家以動物祭獻，命令僧侶不得吃肉。[24]其他國君則允許人們受戒成為比丘，贊助寺院（以積功德），將佛教風俗與國家儀式結合，並進一步免去特定種類的稅賦。

從西元三世紀起，中國佛教僧侶便踏上艱鉅而昂貴的旅途，越過沙漠、高山與叢林，前往佛教的誕生地印度求學。其中最有名的是玄奘，他在西元六二九年啟程，背著給養、介紹信，以及從吐魯番（絲路上一個信奉佛教的小國）統治者處得來的贈禮，花了十二年時間造訪聖地，並在那爛陀寺學習。他帶著佛舍利、佛像與上百部梵文佛經返回中國，將佛經譯為漢語，這樣漢人才有辦法接觸到佛教的奠基之作。[25]後來的幾個世紀，說書人和戲子一再講述、搬演一部名為《西遊記》的故事，讓玄奘的生平事跡在大眾之間廣為流傳；西遊記就是改編自他的旅途見聞錄：《大唐西域記》。

造訪印度的僧侶發現當地料理與自己的國家有多麼不同時，都感到非常詫異。七世紀末前去印度的義淨，就將「凡是菜茹皆須爛煮，加阿魏、蘇油及諸香和，然後方噉」的印度餐點，拿來跟「時人魚菜多並生食」的中國菜比較。[26]早半個世紀出發的玄奘也發現印度人不太吃肉，「魚、羊、麞、鹿，時薦肴胾。牛、驢、象、馬、豕、犬、狐、狼、師子、猴猨，凡此毛群例無味噉」。不像中國人，當地人把食物混在一起，不是用湯匙或筷子，而是用自己的手指從共用的食器裡拿東西吃。「乳、酪、膏、酥粆糖、石蜜、芥子油、諸餅麨常所膳也」，這讓他大吃一驚。[27]

這些僧人對佛教有了更完整的認識，而這也是後來印度飲食理論、寺院清規、奶油與精製糖加工法、特定種類的水果與蔬菜等引入中國的原因——或許連吃煮熟透的食物以及坐在椅子上用餐等轉變也是。但印度的豆類料理卻從來沒有傳入中國。此外，中國的佛教僧侶對佛教料理也帶來了兩項重要的創新：拿茶當作飲料，以及豆腐、麵筋等素肉的出現。這些變化豐富了中國的料理傳統，補充了中國傳統上蒸煮穀類、以麵粉製作麵食、用麴釀酒與醃製配菜等技術，但並未取代之。這是一段單向的轉移過程，尤其當時沒有跡象顯示中國的技術有傳到印度去。

佛寺開始在北魏（西元三八六年至五三四年）首都洛陽林立，這裡是當時世界上最活躍的佛教中心，也是佛經漢譯的重鎮。隨著帝國西移，在世界性的新國都——長安——的兩百萬人口中，有著波斯人、阿拉伯人、猶太人、印度人、日本人與朝鮮人的社群。但九十到一百座的佛寺卻也遠超過穆斯林、猶太教徒、基督教聶斯脫里派教徒（Nestorian Christian，來自敘利亞）與摩尼教徒的祈禱所的數量。[28]寺院的大莊園是經濟與社會的動力來源，根據賈思勰的指南經營著基礎的農業與食品加工業。由於賈思勰正好是在佛教徒開始崛起時著書，我猜想，他這本指南（包括其中乳製品的說明）可能同時反映了佛教與傳統中國的食物加工技術。無論如何，寺院的地產可以生產寺內油燈用油、禪修飲用的茶、糖，以及素肉。農奴與奴隸碾米去殼，在榨甘蔗、榨油的磨坊中工作。從八世紀中葉起，人們也開始用水磨坊來磨穀。[29]

比丘們受過良好教育，出身有錢人家，他們的日常生活則受印度寺院清規所指導。僧人照管廚房，等到查拉卡與蘇胥如塔的著作在西元五世紀末從梵文譯出之後，他們便根據一套融合了「陰／陽」與「動性（rajasic）／淨性」的體系來安排菜單。他們開始從中國北方傳統的陽性食物，即羊肉、蔥、蒜等讓人躁動的食物，轉往糖、豆腐、橘子、黃瓜、菊花花瓣、豆芽與冬瓜等淨性（陰性）的食物。他們認為，比起小麥做的麵食，純白、蒸炊的米飯更能幫助人沉思。[30]

對佛教徒來說具有重要地位的作物與材料也從印度引入，包括蓮花、薑黃、番紅花（至於是經保久處理還是新鮮的番紅花則不得而知），稱為訶子（myrobalans）的果實，還有據信能延年益壽的阿魏、黑胡椒以及蓽拔（學名*Piper longum*）。[31]七世紀時，稻米灌溉種植也開始擴大，佛寺也在這時拓展到與東南亞佛教、印度教地區比鄰的區域。

西元六四七年，唐太宗派遣使節前往印度，負責學習製糖的秘密。使節回來時帶了六名僧侶與兩名工匠，在杭州以南建立製糖廠，當地的氣候適合種植甘蔗。賈思勰過去提到的、來自中國南疆

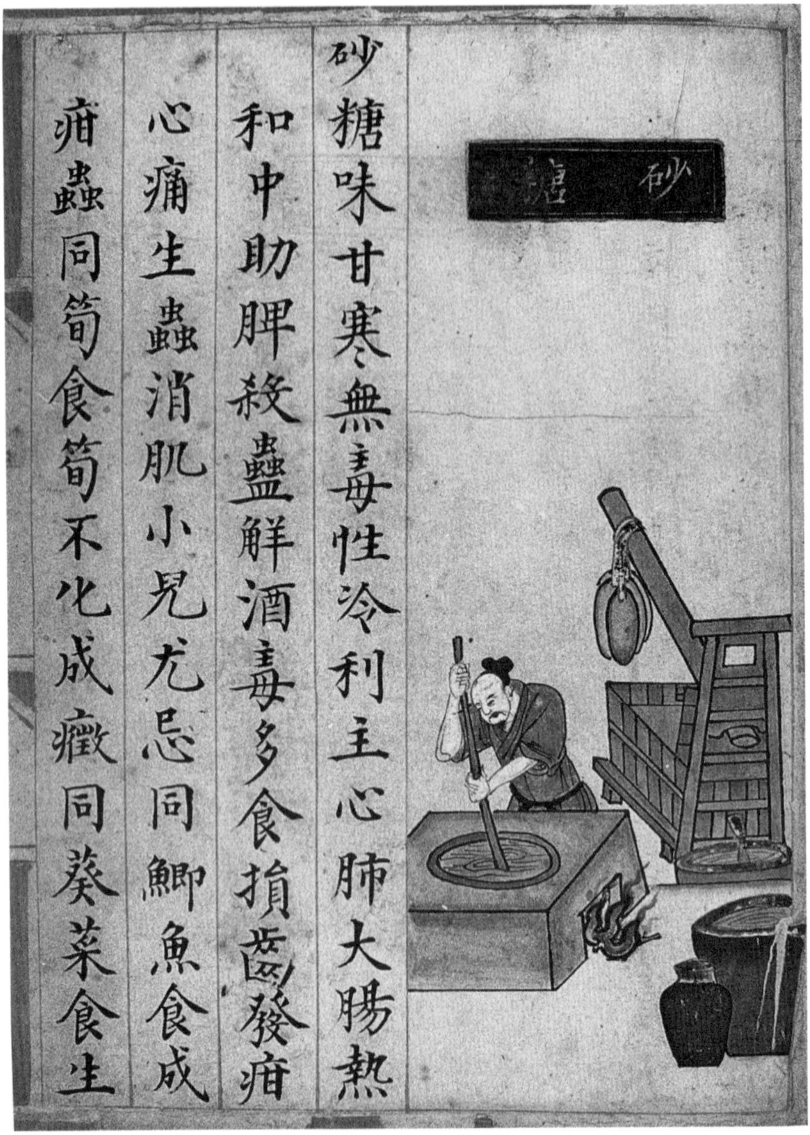
砂糖
砂糖味甘寒無毒性冷利主心肺大腸熱
和中助脾殺蠱鮮酒毒多食損齒發疳
心痛生蟲消肌小兒尤忌同鯽魚食成
疳蟲同筍食筍不化成癥同葵菜食生

【圖3.5】一名明代中國的工人站在爐臺後，攪拌一鍋煮滾的甘蔗汁。一甕青甘蔗汁和大缸就擺在旁邊備用。背景中，若干重物將橫桿往下拉，擠出甘蔗汁（可能是輪輾機第一軋之後的第二軋），從龍頭注入第二個陶甕裡。圖片摘自《食物本草》，作者與繪師姓名不詳。（圖片來源：Courtesy Wellcome Library, London, L0039388.）

的異國植物，從此便成為一種越來越重要的作物。圖3.5是來自某本本草的插圖，顯示如何軋甘蔗、讓甘蔗汁蒸發為蔗糖；這本本草可能寫於十四或十五世紀，但圖上描繪的方法更早之前就有使用了。中國人也像印度人，用牛奶將糖漂白，但他們是用中國自己的輪輾機，而非印度的牛力杵臼。中國人製作好幾種不同等級與類型的糖，大多數都是軟糖、黑糖。一〇七四年，詩人蘇軾要揮別一位即將前往四川蔗糖產區的朋友時，就寫下了「冰盤薦琥珀，何似糖霜美」③這樣的詩句。[32]

從賈思勰《齊民要術》的內容來看，中國製作精煉奶油的三階段工序跟印度的做法相當類似。奶水與酸奶酪可以作為醬汁，或者高雅地飲用——可能是喝酪漿，或是把酸奶酪加水喝。[33]糖與精煉奶油除了作為食材以外，也仍然是作法或醫藥的材料。圖3.5上的插圖說明，將糖描述成味甘、寒、無毒、性冷（但在西方，糖被歸類成微暖的食物）、殺蟲，還能減緩酒精中毒的症狀。糖吃多了會傷牙齒，造成營養不良的症狀，還會傷到肌肉。但糖可以讓體弱者恢復健康，蓋過藥味或加強其他藥材的特性，或是製作糖漿覆抹在佛像上，還可以分給信徒。此外，糖能帶出蟹肉的甜味，和精煉奶油與小麥麵粉揉在一起可以做糕點，還能做成獅子、鴨子或魚形的糖果，當成大型宴會上的裝飾。

茶是中國對佛教最重要的其中一項貢獻，一路從作為藥草、禪修的助力，發展成一種新型社交場合——茗鋪——的中心。從六世紀開始，同時具有鎮定與提振精神作用的茶，便取代了印度的酸奶酪加水與甜味水果飲料。[34]常綠灌木茶樹（學名*Camellia sinensis*）原生於印度東北與中國西南，但開創茶葉大規模生產的，卻是中國東南的佛寺與道觀。這裡的修行人不把茶當成某種藥飲，而是

③【譯注】出自《送金山鄉僧歸蜀開堂》。

用來在冥想時保持清明。有一則傳說，內容在講一名僧人為了不讓自己不小心睡著而割掉自己的眼皮，結果卻看到茶樹從割下來的眼皮處冒出芽來。西元七八〇年由陸羽所寫的《茶經》是第一部講茶的專書。陸羽是個在寺院中長大的孤兒，終其一生都跟僧人有密切往來。[35]

當時的茶不是製成散葉，而是粉末。茶樹的葉子會先蒸過、乾燥，用旋轉研磨機磨成粉，再壓成茶餅。等到要上茶的時候，把茶餅放進杵臼搗碎；每一個茶碗都放在各自的茶盤上，碗裡放一點粉末，從金屬製的茶壺裡倒熱水，再用竹攪拌器混和茶水，讓味道均勻。這個步驟讓人想起五行：金、木、水、火、土（表1.4）。茶來自木。泡茶的時候，則會碰上「茶友」，也就是水。火則是「茶師」，帶出茶的特色。裝熱水的大壺是金。茶裝在瓷杯裡，這些杯子是除去雜質的土。在全中國，僧人會帶著茶自用或送禮。縱使有人批評茶就跟酒一樣會引起犯罪，還說種茶的土地更應該用來種穀，但茶還是成了中國飲食中不可或缺的一部分。[36]

對於採用豆腐、麵筋與其他素肉，中國的佛教徒似乎也出了很大的一份力。豆腐可能在西元的頭幾個世紀裡，就已經跟著旋轉石磨的傳播與奶製品加工知識而發明出來了，而最晚在十二世紀之前，豆腐就成了相當普遍的食物。豆腐是用泡好的黃豆所製，在磨具中溼磨，接著濾出豆漿。濾過的豆漿加上醋、石膏或其他化學材料以凝結之，再將凝結物壓成固塊，就成了豆腐。在佛教與其他種修行料理中，豆腐都得到廣泛使用。麵筋在美國通常叫做「seitan」，是澱粉洗掉之後的小麥麵粉，可能與豆腐差不多時期發明出來，是製作小麥麵條時的副產品。馬可．波羅（Marco Polo）在十三世紀時記載，麵筋已經成了寺院特產。麵筋經水煮、油炸、醃漬、煙燻、切絲，可以做成類似雞肉、魚肉、蝦子與其他肉類的模樣。直到一九五〇年代，佛寺一直都是以上好的麵筋料理聞名。洋菜是從特定幾種海藻中萃取出來的膠狀物；人們用動物油炸過洋菜之後，用以代替肉乾。蕈菇類則號稱「地裡的雞肉」。蓮藕與其他塊莖則弄成泥，這跟印度的蔬菜泥或許很類似。[37]

中國僧侶就和印度僧侶一樣，除了早上的一點清粥小菜之外，只會吃一次正餐，由僕役或奴隸準備。[38]大約在十點、十一點之間，僧人們會一起進餐，吃的是粥、飯、蔬菜、穀類、水果等。接下來就整天不能吃固體食物，但倒是可以喝一點花草茶、果汁、甘蔗汁和茶。訪客可以受到好茶和便餐招待，後者尤以精製的擺盤聞名。比丘尼梵正用蔬菜、葫蘆、肉與醃魚重新做出八世紀畫家兼詩人王維的畫作，因而成名。[39]

九世紀中葉，佛教得到中國官方支持的榮景走到了頭。國家關閉外來宗教場所，首當其衝的就是可以免稅的佛寺。八四二年至八四五年間，大約有二十五萬名比丘與比丘尼被迫還俗，四千六百六十座佛寺與四萬所規模較小的宗教場所被毀，或是轉為公共建築之用；國家還沒收了寺院土地、農奴、錢財與金屬器。[40]但這不是佛教料理在中國的末日。情況遠非如此。這時，佛教已經奠定了地位，和道教、儒家思想一同成為影響中國料理的三種哲學。[41]

中國儒釋道料理，西元八五〇年至一三五〇年

中國北方的佛寺被拆毀之後沒有多久，中國社會的重心便南移到了一個更適合稻米、糖業與茶栽種的地方。一一二七年，朝廷遷到了杭州。遊牧民族先是切斷了中國與絲路的交流，接著又切斷了四川與長江、黃河之間地區的聯繫。這時，中國不再沿著絲路面對西方，而是放眼南方與東方，與日本進行海上貿易。杭州成長為擁有百萬人口的城市，在一塊東西寬一千二百英里，南方海岸與北方邊界距離六百英里的國家裡作為首都，國內有好幾座城市人口逼近百萬，還有數十個居民人數

在二十五萬至五十萬人之間的城鎮。根據官方人口普查結果，帝國總人口超過六千萬，實際或許高達一億。

兩萬名富有且受過教育的士人、官僚以儒家經典治國，監督儀式活動，在清明節祭祖。他們用佛教與道教思想來指導自己的生活，發展美食品味，而這些和書法、詩詞，以及其他能滿足心靈與情感、也能取悅感官的偉大藝術，都同樣標誌了何謂中國士紳。於是，儒家、佛教與道教這三種思想傳統帶來極為細緻的料理哲學，帶來士人與隱士所食用的修行料理，也創造出以酒樓與茶肆為基礎的社交生活新型態。蒸熟的米飯開始取代小米，成為主食。小麥製品隨處可見，舊有的單一類別，也就是「餅」，也因此一分為二：「餅」這個字僅用於烘烤的小麥製品，至於逐漸成為所有社會階級常見食物的麵條，此後則稱為「麵」。乳製品重要性日減，但糖與茶的情況則相反：過去被當成藥物或增加靈性、幫助冥想之用，現在則進入主流料理當中。中式炒菜鍋可能也是在同一個時期進到廚房的，但我們對炒菜鍋的發展歷程仍缺乏完整的瞭解。[42]

根據中國的料理哲學，一個有教養、有文化的人會與天地秩序和諧，讓每一樣東西保持均衡，同時又符合其天性。人們在自己所有的活動中，都應該仿效這種由上天主宰、不偏不倚的規律宇宙秩序。想燒好菜，需要的不是會產生很多煙的火，也不是燒得旺卻消得快的火，而是溫慢而穩定的火，稱為「文火」。「文明」與「文化」這兩個詞，都來自「文」，也就是紋理。

要讓食物有好味道，就需要有智慧與好品味，同時瞭解食物的來歷與市場產品相關知識，懂得精心製作的餐點如何反應最深刻的天地和諧，還得有使刀子和鍋鏟的能力。食物的滋味就像詩的意境。九世紀後半葉，唐代詩人司空圖評友人詩作時說：「愚以為辨味而後可以言詩也……中華之人所以充饑而遽輟者，知其鹹酸之外，醇美者有所乏耳。」[43]精心調理之後，食材的自然風味才會顯現出來。[44]要是你用舌頭舔生的雞肉，會嚐到金屬味；生魚淡而無味，而生牛肉味道則跟血一樣。唯有烹煮能讓這些食材真實且天然的味道流露出來。從山裡採來的植物、根莖類與蕈菇得循循善誘，才會展現其完整的韻味。玄奘曾說中國人以生食或稍微煮過的食物為典型，而今這種食物已經被加工、全熟的食物所取代。

那些逃離官場，或是從官宦生涯中被貶抑的人所創造的修行料理，也顯示出若干得歸功於佛教徒的跡象。西元一〇八〇年，傑出的文人與政治家蘇東坡被貶至杭州，當時的杭州只是個小州城。他親自下廚，為其妻、愛妾王朝雲與自己做飯，不去理會「君子遠庖廚」的老話（這句話是儒家學者孟子所言，其在世的時代比蘇東坡早一千五百年）。蘇東坡自己種菜自己吃，享受當地的橘子與柿子，而當地的鮮魚尤其讓他開心。除了準備傳統上像羊肉、鹿肉等肉品以外，他還讓豬肉流行起來，有一道豬肉料理就是以他為名。大家也都知道蘇東坡非常喜歡仔細清洗過的芥菜、野生蘿蔔的天然風味，以及用少許米粒、生薑與油煮成的薺菜羹。[45]

兩個世紀後，寓居杭州的文人兼隱士林洪在西元一二七五年前後寫了本食譜《山家清供》，收錄上百份花果、蕈菇與豆腐菜餚的做法。[46]接著在十四世紀，中國最偉大的一位畫家、空遠水墨畫的大師倪瓚，也寫了一小本食譜，叫《雲林堂飲食制度集》。[47]全書五十二種食譜以魚類或蔬菜為主，帶有偏甜的上海菜風味，其中還收錄了好幾種調味茶與麵筋製作的方式：

> 以吳中〔蘇州〕細麩，新落籠不入水者，扯開作薄小片，先用甘草，作寸段，入酒少許，水煮乾，取出甘草，次用紫蘇葉、橘皮片、姜片同麩略煮，取出，待冷，次用熟油、醬、花椒、胡椒、杏仁末和勻，拌面、姜、橘等，再三揉拌，令味相入。曬乾，入糖甏內封盛，如久後啖之

時覺硬，便蒸之。

城市裡出現了一種在綜合餐廳、酒店與茶館的場所，吃地方菜、飲酒、喝茶的新型社交生活。尤其在杭州，餐館為害思鄉病的官員提供家鄉菜。北方菜的館子賣小麥麵條、饅頭、餅，以及羊肉和野味。川菜館出名的是養生藥草與上好質精的茶。杭州菜館善於長江三角洲的菜餚如米飯、豬肉、魚與青蛙。到了城外的西湖，饕客們在水上餐館用餐，還可以襯著深邃的水看月亮的倒影。

最好的餐廳——酒樓——提供的食物只有最有錢的官宦之家能夠一比，這跟小飯館或路邊攤的差距不可以道里計。官員、文人、休假的軍官與成功的商人在茶樓享受專業的表演、遊戲歡唱，也掛起精美的畫作，以欣賞、品評。這裡的牆上貼著手寫菜單。顧客大聲對小二喊出自己要點的菜，小二則在桌間穿梭、進出廚房，努力記牢每一位客人的心頭好。許多客人會點一整條鯡魚，這在中國當地是夏天熱賣的一道菜。西元一一〇〇年前後，吳氏（大概是個託名）寫了《浦江吳氏中饋錄》，若照她的說法，不先去鱗就拿來煮的話，細緻魚皮下的脂肪就能讓魚肉保持多汁而鬆軟。「魚」這個字讀音與「餘」相同，是一桌豐盛菜餚的點睛之作。人們吃飯時，會有小販推門而入，提供酒樓或茶樓的廚房做不出來或沒有做的菜。舞者和戲子帶來表演。飯後，客人可以退到裡面的房間休息，由妓女在那兒給他們更上一層樓的聲色之樂。

這時的食譜裡已經找得到糖，街上的攤子也能買到甜點。像吳氏書中，就有四分之一的食譜要用糖。糖能讓糕點變甜、幫醃菜調味，能跟醋混在一起醃茄子，還能做甜的蔬菜餡。糖可以灑在油炸的「甜甜圈」上，也可以讓鴨肉軟化、減少酒的酸味、讓椪柑盡可能保久，還能讓有臭味的食物消臭。至於比較沒那麼有錢的人是否知道糖呢？十二世紀的畫家蘇漢臣畫過一個甜點小販，從有牡丹裝飾的桌上拿了個有蓋紅漆盒，賣起蜜餞與小糕點。[48]

宮裡的料理則是按照儒家禮法來安排，一如既往地鄭重、復古，以強調道統。[49]到了比較非正式的場合，宮裡人會用紅色的酒碗，喝一點顏色有如竹葉的冰鎮葡萄酒。[50]他們也可以鬥茶，坐在椅子上，用精雕細琢的銀杯或雅緻的瓷杯小口喝茶。

窮苦人家或許有機會一窺佛教與道教料理哲學，畢竟連偏遠鄉村裡的道士與僧人都會參加一些重要的祭典。[51]這時算是農人生活較好的時代。許多農家在收成好的時候能先留點穀子自己吃、做種子，再從餘下的收成拿一半繳稅，但他們還是備不齊「開門七件事」：柴、米、油、鹽、醬、醋、茶。不過，還是有不少人能上市集，詩人周密曾這麼描述：

包茶裹鹽作小市
雞鳴犬吠東西鄰
賣薪博米魚換酒[52]

農人仍舊有日常粗活得做。他們先種出稻米秧苗，再一株株改插到稻田裡，然後一個時辰接一個時辰踩水輪來灌溉田地，還要除草、加肥料——他們在自己家旁邊的深坑裡丟脫粒後的稻桿、剝下來不要的菜葉以及肥水，就成了堆肥。農人為稻米脫粒以去殼。稻米收成一結束，他們馬上就種下能在南方高溫下存活的新品種小米與小麥。農家可能會用廚餘養豬，或者種點甘藍菜、蔥、蒜、白蘿蔔自己吃；如果住得離城裡近，也可以賣到市場上。

農家的餐點以炊蒸的穀類為主——北方吃小米，南方則吃產量高但口感硬實的越南占城稻，這是政府規定他們種的。家境貧寒的人吃古老的主食，也就是山藥和芋頭。配菜有蒸過的蔬菜，通常是某種甘藍菜，還有一點豬肉，或是用稻田裡養的魚做成的魚乾或鹹魚；喝的則是清湯。特殊日子裡，可能會吃一點白米、一點茶或米酒。時節不好，農人就得從歷史悠久的荒年食物等級體系中找東西吃。他們會先吃給豬吃的麥子與米糠，接著改吃樹皮和樹葉，再不濟就找根莖類與野菜，吃幾抔土更是等而下之，到最後只好吃死人肉。

來到杭州，窮人把城裡許多賣麵、包子、幾碗湯與油炸甜點的外帶小吃攤擠得水洩不通。吳自牧在他的《夢粱錄》裡，就是用這種破落中有繁華的筆調，來描寫杭州城。一二七六年，成吉思汗的孫子忽必烈汗征服了杭州，導致許多中國人逃往日本或越南。在一百多年裡，儒釋道料理傳統就在蒙古宮廷，和蒙古、波斯料理融合在一起（第四章）。等到蒙古人在十四世紀中葉離開中國，儒釋道料理也再度成為主流的料理傳統。

佛教化的高麗與日本料理，西元五五〇年至一〇〇〇年

中國北方滅佛之後，佛教徒重新組織起來，創立了新教派，這對佛教料理傳到東亞其他地方特別重要。從五世紀以來，中國的鄰國（南邊有越南，有今天雲南地方的南詔國，草原上則有遼國、金國與西夏，此外還有高麗與日本）眼望其繁榮穩定的貿易夥伴，視之為改革本國社會秩序的模範。中國的佛教徒與其保護人都會資助傳道團。關於他們如何在高麗傳教，我們所知有限，但對日傳教知道的則多些。一小批僧人帶著書籍、工具與植物移居高麗與日本，與統治家族聯手，並建立寺院。[53]

佛教進入高麗幾個世紀後，高麗統治者在六世紀中葉將之定為國教，佛教料理也在該國風行了五、六百年。國家禁止人們為吃肉而殺生，佛教寺院聚積土地，從九世紀起栽種茶樹，並為訪客提供茶水與簡單、精緻的食物。貴族也從繁瑣的茶道儀式中得到樂趣。[54]

六世紀時，高麗僧人航渡數百英里，抵達日本。日本本土缺乏食物資源，這也是島嶼常見的情況；這裡有某些根莖類的蔬菜（甚至到了今天，也很難在日本以外的地方看到）、若干堅果與水果、野菜、野味、河魚與近海魚、海藻，以及用甘葛藤做的糖漿。從中國引入的小米、稻米、小麥與大麥可能是樁搗成去殼穀粒，而不是磨成麵粉。這裡有用肉、魚與貝類做的調味料（醬〔ひしお〕），而人們的主食絕大多數都是一碗清粥或濃粥，或許還有煮過有黏性、搗爛的米飯做的食物（餅〔もち〕）。日本人同時供奉善靈與惡靈，相信這些神靈賦予人類生命，住在湖泊、溪流、林木、矮樹叢，以及屋子裡的每一個角落——包括煮飯用的鍋子。[55]

為了在日本打下佛教及其料理的基礎，高麗工匠與建築師為來自高麗與中國的僧人蓋了寺院。六〇〇年至八五〇年間，一共有十九支遣華使團乘著搖晃的平底船冒險渡海前往中國，回程時則載著精通料理、文學、政治與教義的僧人，以及包括供製茶與糖之用的種子與插枝、酵麴、旋轉石磨、陶器、漆器、筷子、湯匙、絲綢、藝術品、樂器，還有賈思勰的《齊民要術》（旋即譯成日文）。六七五年四月，天武天皇下令禁止食用牛、馬、狗、猴與雞（但野生鳥獸不在其列）。吃肉的情況越來越少，但也跟其他地方一樣，從來不會完全消失，像貴族就需要吃肉來維持體格。不過，也有越來越多人拿魚肉和豆腐與麵筋等中式素肉來取代肉品。[56]

日本宮廷接受了由奶油、糖與稻米組成的佛教料理三重奏。七世紀起，官府負責乳製品的部門生產乳脂、奶油，以及某種叫「醍醐」（だいご）的未知產品（可以合理推論為精煉奶油），這個做法持續至少有三百多年。糖從中國以極為高昂的價格小量進口。據說中國僧人鑑真曾試圖在七四三年帶入八十束甘蔗，但甘蔗無法在這麼冷的氣候生長。人們為了提升短粒米（short-grain）的產量而灌溉河谷地。我們幾乎可以確定，豆腐也是跟著佛教徒而來。根據傳說，鑑真在七五四年又一回東渡時，引進了幾加侖的發酵黑豆，將中國的製麴技術帶入日本。無論是真是假，發酵物製造越來越多，也受到政府嚴格管理、抽稅。到了十一世紀，日本已經有二十二種以上的發酵食物流通於世，包括味噌。茶雖然也已經引進，但並未在當時站穩腳步。

日本的宮廷料理以中國中世宮廷料理為榜樣。其實，許多料理史學者以日本料理為途徑，來瞭解中國菜在九世紀以前的樣貌；玄奘曾描述，中國人食用未經烹煮或僅僅稍微烹煮的魚與蔬菜，學者比較的結果也支持他的說法。十一世紀的日文小說《源氏物語》描寫了正式的宮廷菜色是什麼樣子。用餐的人跪坐在個人的托盤（膳〔ぜん〕）前，根據中式用餐規矩，使用筷子（據信比用手更乾淨，也更有教養）從中式的漆器中夾少量食物來吃。[57]他們面前擺著碗，裝了用來沾的鹽、醋以及醬。人們享用四類食物，即乾燥食物、生食、發酵食物與甜點，每一類都多達七道菜。魚乾或禽肉用蒸或用烤。像紅笛鯛，可能會先炙烤再配上醬。新鮮食材會切成薄片，生的端上桌。發酵食物或許有鹽漬魚、味噌鮑魚與味噌醃茄子。[58]甜點以水果、堅果為主，但也有提供包了糖的中式糕點。[59]農民只要有味噌湯、鹽漬大根、小米或蕎麥清粥（天皇在七二二年下令天氣寒冷的地區要種植蕎麥）能吃就心滿意足了。

十二世紀時，第二批中國僧人帶著麵條、筷子與茶來到日本。以水力磨坊磨製的小麥麵粉所製作的中式麵條，成為炊蒸小米的補充。[60]十四世紀之後，市面上有了粗烏龍麵。茶也在這時有了發展。佛教僧人榮西在日本最早的茶論《喫茶養生記》中，盛讚茶是「滋養健康的最佳良藥……長壽的秘密」，也是解酒劑。後來，他將抄本獻給以好酒聞名的天皇。[61]

當日本在十五世紀進入前仆後繼的戰國時代，僧人也同時以新鮮、乾燥、油炸與加工的豆腐、小麥麵筋、蕈菇、海藻、芝麻、胡桃與蔬菜為基礎，製作成精緻的菜色，發展出「修行料理」（精進料理〔しょうじんりょうり〕）。[62]肉、蔥與酒則敬謝不敏。烹飪必須兼具道德與美學意義。在一本談日本佛寺料理的現代食譜中，作者解釋廚子必須具備「道德精神」，調節六味（苦、酸、甘、辛、鹹、淡）、五種烹調法（煮、烤、炸、蒸，以及直接把生食端上桌）、五種顏色（綠、紅、黃、白、紫，尤其紫色是用來替代少見、不祥的黑色），以及輕盈、清潔、新鮮這三德。[63]

茶會讓人聯想到與自然的和諧，以及遠離政務的靜心冥想，就像圖3.6這幅繪於十六世紀的中國山水畫中所呈現的意境。最為知名的茶道宗師千利休，在武士爭雄的十六世紀中葉將茶道——藝術與佛道的交會——推向高峰。茶道催生了精緻的陶器、織品，以及品茗時所吃的修行料理，它也和理想的隱居生活（這在動盪的十六世紀日本深具吸引力）與中國上流文化（愛好瓷器、繪畫、漆器、錦緞與品茗）相互調和。[64]一小群人聚在一間狹小、樸素的小屋裡長達四小時。主人點起新製好的木炭、把水煮滾，接著在熱水中攪拌茶粉。第一杯的濃茶要用靜默、嚴肅的態度飲用。第二輪較淡的茶則鼓勵人們懷著更輕鬆的心情，展開更活絡的交談。

一六五〇年時，佛教料理已經按著過往料理擴張的模式，跨越高山、沙漠與海洋，來到其他差異甚鉅的料理早有發展之處（如有著小麥與發酵料理的中國北部），打下自己的基礎，而這時更是得到國家的支持。

佛教料理為高級料理帶來新的模範（即文雅、節制、修身養性），也引進各種以豆類、蔬菜與素肉為底，令人心滿意足的無肉菜色。其中，還有糖與精煉奶油製的甜點，以及用糖、果汁或茶樹

【圖3.6】一面深受中國影響的日式六折屏風，年代約在西元一五三〇年至一五七三年間。在這面屏風局部圖上，有幾座用來品茶的亭臺樓閣，喝茶的人可以賞景，看季節遞嬗、顏色變化。（圖片來源：Avery Brundage Collection (B68D58+). Copyright Asian Art Museum, San Francisco. Used by permission.）

樹葉為材料的非酒精飲料，在酒類以外提供人們另一種讓人神智清醒的選擇。佛教傳到哪裡，稻米灌溉農業與甘蔗種植、製糖、製乳，以及各種具有佛教特色的水果、蔬菜種植也跟著擴展到哪裡。

佛教料理的命運則視地區的不同而有很大的差異。在印度，一種內容可能很相近的印度教料理，已經在幾百年前取代了佛教料理。來到斯里蘭卡，佛教料理依舊興盛；東南亞的情況也是如此，但通常與印度教料理融合。佛教料理在西藏雖然得依照極端氣候而有所調整，但發展也非常活躍。佛教在中國不再有官方撐腰，但儒釋道料理還是主流。高麗的傳統佛教料理則在蒙古入侵後消失。日本佛教徒雖然與印度相去四千英里遠，時代上與佛教料理一開始誕生時也有將近兩千年的差距，但他們仍然相信烹飪與尋求開悟並行不悖，相信正確的料理能幫助禪修，也相信不該吃肉、刺鼻的蔥與飲酒，要用肉類替代品與非酒精飲料取代。今天的印度料理、東南亞料理、西藏料理、中國料理、韓國料理與日本料理看似完全不同，這是因為受到一連串文化與料理的影響，其中包括伊斯蘭教料理與近代西方料理所帶來的變化。但從全球尺度來看，崇尚稻米與節制肉類使用等看得到的特色，仍然將這些料理聯繫在一起。

佛教料理在十九世紀晚期再度擴張——人口壓力、戰爭與飢餓讓人們從中國南方與日本出逃當契約工；到了二十世紀後半，佛教料理又隨著越南人與泰國人移民而流傳更廣。夏威夷基督徒瑪莉．謝（Mary Sia）在一九五六年寫了本食譜，將中國菜介紹給許多美國人知道，書中對佛教料理哲學做了番解釋。她說：「中國人將吃肉與人的動物本性連在一起，認為蔬食更有靈性。習慣上，新年的第一道菜要吃全素。」這道菜叫羅漢齋，也就是西方人說的「僧喜」（monk's delight）、「佛喜」（Buddha's delight）或「佛宴」（Buddha's feast）。[65]

第四章

中亞與西亞的伊斯蘭料理，西元八〇〇年至一六五〇年

Islam Transforms the Cuisines of Central and West Asia, 800–1650 C.E.

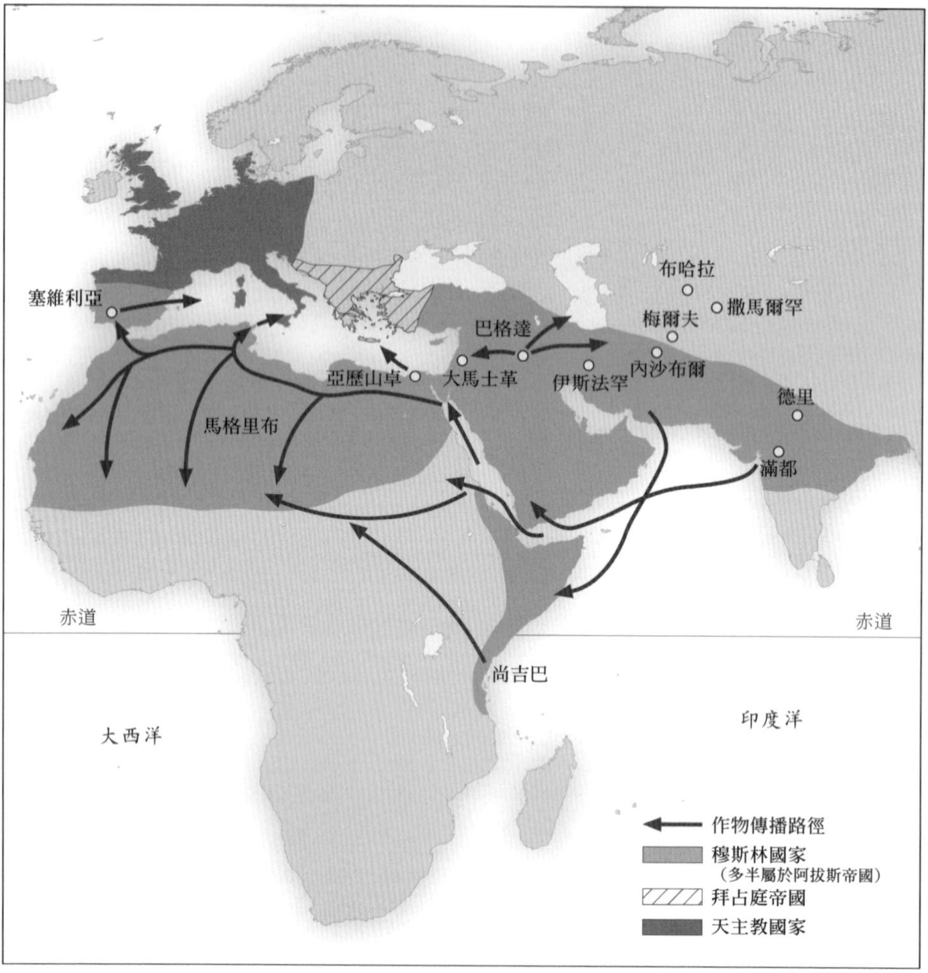

【地圖4.1】波斯式伊斯蘭料理的擴張，西元七〇〇年至一二五〇年。箭頭為高粱、亞洲稻、甘蔗、柑橘屬水果、西瓜、波菜、洋薊與茄子等作物從印度與北方、南方跨越撒哈拉沙漠西傳的可能路徑。加工這類食材的技術理應沿相同路線西傳。由於伊斯蘭國家在地中海地區漫長的國界線，歐洲的天主教小國逐漸注意到波斯式伊斯蘭料理，接納若干方面，並拒絕某些特色。（地圖參考來源： Watson, *Agricultural Innovation in the Early Islamic World*, 78.）

就在佛教料理尚未絕跡於印度、在中國攀上高峰、恰恰才抵達日本的時間點，伊斯蘭料理在整個歐亞大陸西半壁快速擴張。而西元一世紀至三世紀間建立起來的基督教料理，已經散布到羅馬帝國的大片土地上，也成為拜占庭帝國的料理。但我會把基督教料理的討論推遲到第五章進行，因為在十五世紀之前，基督教料理流傳不如伊斯蘭料理之廣，等到普及之後，也已得諸於伊斯蘭料理甚多。基於這點，先討論伊斯蘭料理才合理。

伊斯蘭料理不像佛教料理，與先前的獻祭料理沒有明確的斷裂。穆斯林看重肉類，也看重酒精一段很長的時間。他們並未用懷疑的眼光看待此世的逸樂（包括飲食在內），而是把感官之樂當成往天堂提早一窺。在一塊未來成為伊斯蘭教心臟地帶的地方，人們用當地傳統上的高級料理為伊斯蘭料理打底，以琳瑯滿目的無酵或微酵小麥麵包及其他小麥製品，還有芬芳四溢、以香料調味的綿羊肉、山羊肉、野味菜餚，以及甜點為其基礎。

這些料理分兩個階段形成。波斯式伊斯蘭料理（Perso-Islamic cuisines）在八世紀與九世紀時成形，延伸的範圍從美索不達米亞出發，西至北非與歐洲南部部分地區，東至印度。食物化學加工法的創新，尤其是精製糖與蒸餾法，讓人們能發展出一系列料理、醫藥兼鍊金用的糖水、飲料，用糖、水果、堅果和小麥麵粉做的甜點，以及玫瑰花、柑橘花露等新發明的蒸餾調味品。這個階段在十三世紀時因蒙古入侵而告終，但蒙古人仍從波斯式伊斯蘭料理與各家料理中汲取元素，來創造蒙古帝國料理。第二個階段則是從十五世紀開始，在鄂圖曼帝國、薩非帝國與蒙兀兒帝國中發展的突厥式伊斯蘭料理（Turco-Islamic cuisines），而其中最重要的創新有稻米（與其他穀類）所煮成的抓飯類餐點，以及新的熱飲——咖啡。伊斯蘭料理同樣往西滲透了撒哈拉沙漠漠南，往東則深入印尼。[1]

【圖4.1】薩珊波斯銀箔酒壺，時代為六世紀或七世紀，飾有蜿蜒的葡萄藤、葡萄園中的鳥兒，以及採摘葡萄的裸體男孩等花樣。可能來自伊朗的馬贊德蘭（Mazanderan）地區。（圖片來源：Courtesy Trustees of the British Museum, 124094.）

酒河與蜜河：波斯式伊斯蘭料理，西元七〇〇年至一二五〇年

穆罕默德在西元六三二年過世。他的追隨者在兩代人的時間裡，就從長久覬覦中東地區霸權的兩大強國，即拜占庭（羅馬帝國基督教化的東半部）與薩珊波斯（Sassanid Persia，阿契美尼德帝國的後繼者）手中拿下這個地區。近東、中東、北非與西班牙這些先前屬於羅馬帝國與薩珊波斯帝國的領土，在穆斯林的統治下開始共享一種文化、一種神聖語言（《古蘭經》的語言，阿拉伯語）與一種料理（地圖4.1）。這種料理遠比沙漠裡的阿拉伯人（第一章有描述）吃的還複雜許多。他們以大麥為主食，不時還有小麥麵包、稀粥與濃粥、奶、奶油、乳酪和大麥、棗子的多重搭配，以及綿羊與山羊肉。

西元七六二年，阿拔斯王朝（Abbasid Dynasty）的第一位哈里發在底格里斯河與幼發拉底河之間的空曠處建立了巴格達。這座環形的城市是球形宇宙中的小宇宙，哈里發承諾這城市將成為「寰宇的十字路口，地上最繁榮的大城」。[2]阿拔斯人（他們並非阿拉伯人，而是波斯人）從瑣羅亞斯德教、基督教，或像某個顯赫家族那樣從佛教改信伊斯蘭教。五十年後，哈倫．拉希德（Harun al-Rashid）治下的巴格達人口數一飛衝天，達到一百萬，這是君士坦丁堡、大馬士革或開羅人口的二到三倍，比歐洲最大的城市還多五十倍。許多人從《一千零一夜》（*One Thousand and One Nights*，十四世紀才以成文形式出現）瞭解這座城市的氛圍，不過書中的哈倫．拉希德其人其事可能純屬虛構。波斯式伊斯蘭料理在巴格達登峰造極，包括禮儀書、醫學文獻、歷史或地理志、飲酒詩、《一千零一夜》，以及當時最包羅萬象的食譜大全裡都有記載。[3]其中最重要的，當數《風味志》（*Kitab-al-Tabik*），該書留下了三卷手稿與第四卷的殘篇。書中收錄超過三百種來自八世紀晚期至

九世紀晚期巴格達城的食譜，其中二十種出自哈倫．拉希德之子，三十五種則是其詩人兄弟的手筆。雖然食譜裡收錄的是宮廷料理，但手稿的數量強烈暗示廷臣、甚或是商人都在模仿宮廷料理。

波斯式伊斯蘭料理得自於薩珊波斯料理甚多，不幸的是，我們對後者知之甚少。薩珊人與瑣羅亞斯德教徒一樣崇拜聖火，崇拜火在烹煮過程中產生的轉化作用，並將花園視為世界與國家的象徵，且看重雞肉與雞蛋。有一段六世紀的文獻，內容講的是霍斯勞王（King Khusrow）①正反覆詰問一名積極想為他效力的年輕貴族，其中就描述到肉類有熱食與冷盤，以及塞了葡萄葉、滷雞肉與甜棗泥的米凍。[4]用麵粉勾芡的新鮮蔬菜湯，以及用肉類與穀類做的濃稠肉醬（稱為哈里沙〔*harisa*〕）也很受歡迎。菜餚可用黑胡椒、薑黃、番紅花、肉桂、葫蘆巴與阿魏調味。甜點則有果醬、杏仁糕、塞了堅果的棗子，有用蛋、蜂蜜、奶、奶油、米與糖做的「希臘風味」甜點（但米與糖鐵定是波斯式的材料），以及乘在銀盤上的水果。人們大規模釀造酒，用類似圖4.1裡的壺子高雅呈上宮廷，而飲酒更是種宗教責任。

等到波斯人被征服之後，沒有改宗伊斯蘭教的波斯人無論在宗教上還是經濟上都得受罪。許多人逃往中國或印度，他們的後裔帕西人（Parsi）製作的料理仍然能反映其悠久傳承，例如多種雞肉與雞蛋餐點。[5]

發展中的穆斯林料理哲學改造了薩珊料理，同時納入了羅馬帝國、印度、中國元素，以及敘利亞與伊拉克當地的粗食（有些菜色就以當地的族群名，稱為「納巴泰」〔Nabatean〕）。《古蘭經》說神的創造物是善的，好穆斯林應當享受它們。人們相信擺盤漂亮的精緻菜色能刺激食欲，促進身體健康與魅力，讓食用的人與宇宙和諧共處。《巴格達食譜》開宗明義就說，食物是六種至樂中最重要的一種，比飲酒、服飾、性交、香氛或音樂更能讓人感到快樂。[6]《古蘭經》也許諾信徒來生能進入一座花園，裡面有甘美的水河、不會變酸的乳河、酒河與蜜河——這些流體也對應了人體中循環的體液。水維繫生命，乳代表乳房、精液與新生命，酒代表血液與熾熱、有力的陽性事物，蜂蜜則是甜美、純淨與道德的代表。哈里發就像過往波斯政治思想中的王者，同樣要負責將此世推向法律與正義，一如園丁在花園中梳理、馴化野草，成為新層次的美。[7]文雅的宮廷餐點要在花園裡吃，讓就餐者意識到這是個有秩序、有法治的國家。

阿拔斯人從整個伊斯蘭世界與印度招募醫生，包括精通體液理論與鍊金術的猶太人與基督徒。[8]希波克拉提斯和蓋倫的著作與鍊金專論，則交由會講阿拉伯語、同時能流利使用希臘語和敘利亞語的基督徒譯為阿拉伯語。十一世紀時，一名最了不起的宮廷醫生伊本・西那（Ibn Sina）——也就是阿維森納，他在自己的《醫典》（*Canon of Medicine*）裡修正、改善了蓋倫的理論，這本專論後來也成為歐洲人渴望一睹的著作。

吃肉是件有男子氣概的事。不吃肉的人會被當成異端，犯了「禁止神所使之正當的行為」這種傲慢的罪。[9]手頭寬裕的人會在一年一度的古爾邦節獻祭一頭綿羊或山羊，與亞伯拉罕在很久以前的犧牲遙相呼應，並在獻祭後將肉分送給窮人。禁食的只有豬肉與血。為了防止吃到血，屠宰動物時要割喉，讓血流乾。伊斯蘭學者阿布・拉伊汗・比魯尼（Abu Rayhan al-Biruni）在十一世紀時旅行到印度，對印度教徒禁止殺牛的做法感到大惑不解。聽了各種解釋之後，他斷定印度教徒這麼做，是為了保護拉車、犁田、產乳所需的牛，而不是像他的某些消息來源所說的那樣，是因為牛肉不好消化，或者會刺激欲望。[10]

①【譯注】指薩珊帝國的霍斯勞一世（531-579）。

賣葡萄酒的是猶太人與基督教修士。葡萄酒在薩珊波斯與前伊斯蘭的遊牧民族之間很受重視，早期伊斯蘭信仰也是如此。人們會寫詩在飲酒時朗誦，並在飲酒場合表達其他場合禁止表示的意見。[11]伊斯蘭繪畫中所描繪的王侯都席地而坐（這是飲食的正確姿勢），一杯葡萄酒拿在右手（進食時用右手才得體），等著被領到許諾之地。酒宴的最後是氣派的餐點，席間會有詩人朗誦詩文，文字通常粗俗，但內容都在讚美慷慨大度、貴族成員、追求自由，以及懇求哈里發的寬容。除了樂園中的酒河以外，《古蘭經》鮮少提到酒。

另一方面，根據「聖訓」（Hadith），也就是先知過世後數百年間集結的先知言論，酒在其中幾處評論中看起來很不可靠。人們將某一段文字理解成禁止用容器製作或存放水果飲料，以免它們在容器裡發酵，而另一段文字則詮釋成酒（可以翻譯成用葡萄、棗子、蜂蜜、小麥、大麥等材料發酵的飲料）會妨礙思考。醫生的態度模稜兩可。阿維森納的看法是——謹慎用酒，酒就是朋友；飲酒過度，酒就是敵人。一點點酒可以解毒，但喝太多就成了毒藥。幾百年過去，酒成了違禁品，但這個過程發展得相當緩慢。

小麥是最重要的穀類。由於小麥性質微溫微溼，與理想的人體性質相近，醫生們都很推薦這種具有最大營養價值的食物。[12]像麵包、澱粉與勾芡的泥狀食物等小麥製品都有悠久的歷史，人們也用體液理論的詞彙來描述它們。在伊斯蘭世界裡，坐著工作的有錢人一如先前羅馬帝國的情況，堅持吃好消化的發酵麵包，把無酵麵包留給做體力活的人吃。麵包泡高湯是一道能回溯到美索不達米亞料理的菜色，這時也重新流行起來，成為先知最喜歡的食物（即薩里德燉肉〔*tharid*〕）——也正是因為如此，從摩洛哥到新疆之間的地方至今仍有人做這道菜。小麥麵粉跟水混合就成了一種飲料（*sawiq*），據說其性質涼爽，適合脾氣暴躁的人飲用，尤其是在夏天時。將整顆小麥粒拿來煮——通常會加肉，一如薩珊時代，或是更久以前就採用的做法——就能做出濃稠、奶油色的濃湯，或是那道叫「哈里沙」的肉泥。這種食物溫和、溼潤、無刺激性，在人體中消化緩慢（特別是加肥肉煮的時候），適合給瘦弱的人吃。研磨過的穀粒也可以用水來洗，從水中萃取出澱粉，用來做奶黃醬，或是幫醬汁芶芡。

小麥為主的重要創新包括以麵包為底的調味料（稱為穆里醬〔*murri*〕）、製作複雜的糕點，以及麵食。穆里是種用發霉的麵包製作的深色液體，滋味豐富，帶來的風味類似醬油與羅馬帝國的魚露，但它們是各自獨立發展出來的。小麥麵粉加入油、蛋和調味料所做成的糕點，可以用爐子或熱灰烘烤、煎成餅、炸麵團或餡餅，還可以拉得跟紙一樣薄，在烤盤上烤。硬粒小麥（杜蘭小麥）比過去的品種含有更多麩質，能用來製作麵食，尤其是細麵（*fideos, fidawsh*）與粗麵（*atriyya*）。[13]

氣味豐富、五彩繽紛的菜餚反映了用餐者的權勢與財富，與聖人形象相輝映，還能幫助平衡小宇宙與大宇宙。「掌握香料，就是廚藝的基石，」一本伊斯蘭西班牙食譜的作者如是說。「香料讓菜餚彼此有別，決定了食物風味，還能提味」，更有甚者，「香料還能促進健康，預防疾病」。[14]肉桂、丁香、小茴香、黑胡椒與番紅花是幾種特別重要的香料，但香料其實還有很多，例如茴芹就能加在甜點中。香料可以跟剛蒸餾出來的香精混合，讓玫瑰花露與甘菊花露的香味如新，做成芳香劑。餐點會加入番紅花或薑黃、塗上蛋黃、灑上金箔，讓顏色變成金黃色——這是陽光、力量與王權的顏色。白色可以在白麵包、杏仁漿、雞胸肉、白米、白糖與銀箔中找到，令人想起光明、快樂、希望、月亮的內斂純潔，以及哈里發在清真寺中穿著的衣服。綠色則來自菠菜與藥草，帶出新生、重生，以及得到生命之水灌溉的花園。

《古蘭經》上說「享用甜食，是信仰的象徵」，無怪乎《巴格達食譜》上有將近三分之一是甜點的做法，其中許多道可以上溯到羅馬、薩珊或拜占庭料理。有發酵的小麵球（*luqum al-qadi*）、煎油酥餡餅（*zulabiya*）與堅果內餡的煎餅（*qataif*），全都是以煎過的小麥麵團做的，麵團通常發酵過，上面加上糖或糖漿。澱粉勾芡過的糖漿能做成布丁。米飯可以做成甜的，再用番紅花或薑黃上色（稱為*zarda*）。新發明的小麥細麵條配著糖漿一起吃（叫做*kunafa*）。婦女喝的無酒精飲料（稱為果露〔sherbet〕或舍兒別〔*sharab*〕）是以蜂蜜或昂貴的糖調成甜味，用果泥或果汁染上玫瑰色、綠色或橘色，或是用杏仁粉調成純白，再拿玫瑰或柑橘花露添點優雅風味，最後用從邊遠山區快馬加鞭送到冰窖的冰雪來冰鎮。

果醬、果凍、熬煮過的果汁（*rubbs*）與糖漿（*julabs*）則跨在料理與醫藥這兩端。榲桲醬（*membrillo*）的做法，是將搗爛的榲桲與蜂蜜一起煮，煮成不透明的紅色。根據十三世紀一本安達魯西亞（Andalusia）食譜的作者所說，糖具有魔法、鍊金的效用，可以用來取代蜂蜜，而榲桲醬用則「另一種更驚人的做法來做：如前所述將榲桲搗爛，單獨放入水中煮，煮出精華，濾出沉澱；接著加入大量的糖，使其透明無色，不帶一絲紅，你煮出來的榲桲醬會一直保持這個狀態」。[15]這麼多年過去了，你還是能感覺到他有多驚訝。這種果醬留住了榲桲的精華，維持著半透明的白色，暗示著永生不朽。

伊斯蘭城市一如過去的羅馬城市，有足夠的財富能支撐營利的食物加工業與職業廚師（但哈里發的廚房可能仍引入、加工原物料）。麵包是城市人的主食。只要哪兒有足夠的水力，哪兒就會用水磨坊將小麥磨成麵粉，但獸力磨具仍然有人使用，在城市被圍時，仍然可以仰賴城牆內的獸力磨具。據說巴格達的一處水磨坊一年有三萬噸的產能。[16]麵粉分成不同等級，白麵粉做高級料理，有大顆粒的粗粒麵粉（semolina）有其特殊用途，全麥麵粉供城裡的窮人食用，剩餘的穀糠則拿來餵牲口。在城裡面，人們用蜂窩形烤爐烤麵包，白麵包給上流人士吃，比較黑的麵包則留給社會地位低的人。

要將米去殼，起先是用搗缽（可能是從中國引入的），後來則改用碓。[17]油料來自橄欖、芝麻、罌粟與棉籽，使用輪輾機榨油（或是交給落後地區的人榨油）。魚用鹽醃過。人們以人工孵化的方式養家禽，然後醃肉、醃香腸，精煉出奶油（*samn*），用肥尾羊（fat-tailed sheep）熬油，製作乳酪、醋，並用鹽水與醋醃水果與蔬菜。酒鋪由非穆斯林經營，零星分布於大城市中。

榨汁與煮糖的新方法也讓製糖加工業（可能是接受了印度的製糖方法）有了進步，尤其是在埃及、約旦與敘利亞等地。甘蔗去皮、劈開，先用輪輾機榨過一回，再用網袋包起，用榨汁機榨第二回。兩榨的甘蔗汁都流進同一個大桶中，煮滾、過濾共三次，再滴進錐狀的瓶子。固狀物先融在水中，與少許牛奶煮滾以去除雜質，製成白色的精製糖（*qand*）。滴出來的糖漿則集在一起，重新加工成品質較差的糖。水果乾燥後做成糖晶蜜餞，無論是在當時還是今天，蜜餞都是大馬士革名產。

從蒸餾法也能看到技術創新與新的用途。小規模的酒類蒸餾或許可以上溯到古典時代，異教徒率先在這時使用火光搖曳、低溫燃燒的酒精，後來以火做淨化之用的基督教儀式也用起了酒精。[18]伊斯蘭世界的鍊金術士，得到了西元一世紀寫於埃及的希臘文獻譯本裏助。由於靈魂一般都囚禁在身體中，他們在從事自己的嚴謹追尋時會先仔細淨身，還發明了新的器具來製作各種溶液。他們有一種通常叫做鵜鶘或葫蘆嘴的器皿（因為其側管看似鵜鶘喙或葫蘆上端彎曲處），能用來讓花瓣在緩緩加熱的過程中釋出精華，再透過側管收集。九世紀時，這套工序已經可供營利之用。位於西班牙、大馬士革、波斯的朱爾（Jur）與撒布爾（Sabur），以及伊拉克庫費（Kufa）的工廠製造這些玫瑰花露與柑橘花露，經水運送往整個伊斯蘭世界，並向東運往印度，及於中國。酒當然也有蒸餾的。常常有人引用八世紀詩人阿布・努瓦斯（Abu Nuwas）對某種酒的描述：「有著雨水般的顏色，在胸膛中卻熾熱如燃燒的火把。」

皇宮裡有龐大的廚房，為哈里發家室準備餐點，包括由數百名女子組成的後宮、奴隸、釋奴、衛士、官員、天文學家、醫生、金匠與木匠。廚子八成是波斯人，像鍊金術士一樣將原料煉化、去蕪存菁，用杵臼搗肉與香料，用饢坑烘烤，用小火盆做甜點與蛋料理，用鐵鍋油炸，用上釉或無釉的陶器、滑石來燉煨，最後用各種專用的端盤來盛菜——包括當地製造的、從中國得到靈感的瓷器。

哈里發穿著色彩繽紛的中國絲綢，與隨員一起在花園中用餐。水渠往花園中央的池子注水，上面有葡萄藤與芬芳的柑橘樹遮蔽，哈里發等人便沿著水渠，坐在厚毯或矮墊上。端上來的菜色，有浸泡在酸甜糖醋醬中的小羊肉或其他肉類，會添上各種香草（*sikbaaj*）或石榴汁（*narbaaj*）風味，或是淋上堅果與鷹嘴豆醬汁的雞肉（*zirbaja*）。許多菜餚用肉桂、丁香、小茴香、黑胡椒或其他品種的胡椒調味。葛縷子、阿魏、高良薑（galangal，一種風味有如芥末與薑的根莖類），以及薄荷、洋芫荽、胡荽葉、羅勒與龍蒿等香草，則點綴出更進一步的香氣。用發酵的小麥或大麥做的穆里醬可以帶來醇厚的肉味。某些菜餚會灑上玫瑰花露與柑橘花露。小羊、成綿羊肉與山羊肉，以及包括雞、鷓鴣、乳鴿、鴿子、小鳥、鴨子與鵝在內的禽肉，則用烘烤或炙烤的方式料理。哈里沙醬很受歡迎。蔬菜有洋薊、刺苞菜薊（cardoon）、蘆筍、菠菜、紅頭菜與葫蘆，可以獨立做一道菜，或是加進肉類料理中。新引進的茄子一開始沒那麼受人喜愛，等到透過育種減少其苦味後，才流行起來。

用餐時，領薪水的詩人、醫生、占星家、鍊金術士以及其他學者和讀書人歌頌著帝國的歷史與威勢。料理一如詩作，是精緻藝術，也能為統治王朝錦上添花，是種值得下功夫的題材。出身摩蘇爾（Mosul）的詩人以掃．伊本．易卜拉辛（Ishaq ibn Ibrahim）便選擇一種三角形肉餃（稱為*sanbusak*，也叫*samosa*，是波斯語「三」的頭一個音節）的內餡，當作自己的主題（讓人想到早先中國人對水餃的讚美）。「先取精肉，柔嫩鮮紅／和油絞之，但別太多／再加點蔥，俐落圓切／一點甘藍，新鮮翠綠／肉桂芸香，調個好味」。[19]哈里發一聽到這詩，馬上就跟廚房點「*sanbusak*」，展現自己有掌管食材、做高級料理的權力。

巴格達的波斯式伊斯蘭高級料理，就跟巴格達的服裝與建築一樣，沿著帝國的貿易路線傳播到其他伊斯蘭城市，包括西班牙南方城鎮。二十萬名西哥德人在這個地區勉強控制著八百萬名住在西班牙的羅馬人。西元七一一年，阿拉伯人得到柏柏人（Berber）騎兵支援，從摩洛哥出發，攻陷了西班牙。阿拉伯人統治，柏柏人掌控軍事與放牧，有百分之八十的人口改信伊斯蘭教，剩下的百分之二十則是基督徒或猶太人。

伊斯蘭世界在西班牙的這塊地叫做安達魯斯（Al-Andalus）。在征服者心中，這裡簡直就像《古蘭經》中描述的天堂：有一座有河水挹注、樹木成蔭的花園，花朵盛開在遠比可怖、乾旱的阿拉伯與非洲沙漠更宜人的氣候帶，芬芳飄散。[20]新統治者準備在塞維利亞（Seville）、格拉那達（Granada）與哥多華（Cordoba）重現他們的料理。八世紀時，哥多華最早的埃米爾②（emir）阿卜杜．拉赫曼一世（Abd al-Rahman I）一家從大馬士革逃到這裡。他害起思鄉病，懷想自己熟悉的風景，於是種起了棗椰，而他手下的大法官則進口品種優良的石榴。第二任埃米爾則在羅馬人的舊地

②【譯注】阿拉伯與中亞地區授予貴族或高官的稱號，原有指揮官、將軍或王侯等意。有些政權的統治者即以埃米爾為號。

基上蓋起新的城鎮，並在土壤豐饒的低地建立波斯式的農業。包括陶工在內的工匠——或許還有廚師——接獲命令，從東邊搬到西邊，人們也引進波斯開鑿水泉、汲水、灌溉的方式，改善羅馬人舊有的設備。大河邊設立磨穀的水磨坊，但鄉下的窮人只能用手磨石皿與鑲坑。有人寫農事專書，也有人抄寫阿維森納的醫學著作。[21]

新的環境也讓波斯式伊斯蘭料理獲得改造。羅馬人傳統用的橄欖油取代了長尾綿羊油脂（這種羊在西班牙老是養不好），乳酪也取代了酸奶酪的位子。人們也用像羅馬時代鹽醃豬肉的做法，來醃小羊肉、成羊肉，而兔肉與甘藍在料理中也有重要的位置。燉肉丸（*banadiq*，字源是歐洲榛子〔filbert〕，也就是榛果這種黑海地區堅果的拜占庭希臘語）與包乳酪的烤麵團（*mujabbanas*，西班牙語裡還有這個字的存在，寫成*almojavana*）則是西地中海地區的風味菜。據信，柏柏人帶來了一道至今仍在摩洛哥流傳、包雞肉燉菜餡的千層酥皮派（*judhaba*，在摩洛哥叫*bastilla*），以及一道放了各種肉類的燉湯或濃湯（稱為*sinhaji*，是柏柏語），裡頭有牛肉、成羊肉、雞肉、鷓鴣肉、香腸、肉丸、鷹嘴豆與時令蔬菜；有道類似的西班牙菜叫「*olla podrida*」，有時候「*sinhaji*」會被當成這道菜的起源。主食庫斯庫斯（couscous），是將粗磨、帶顆粒的小麥或其他穀類滾成小球而成。到了十二與十三世紀時，安達魯斯的波斯式伊斯蘭料理已經可以跟巴格達分庭抗禮。

十世紀末至十二世紀中葉之間，位於中亞核心的撒馬爾罕（Samarkand）、布哈拉（Bukhara）、梅爾夫（Merv），伊朗東北的內沙布爾（Nishapur），以及伊朗中西部的伊斯法罕（Isfahan）等中亞城鎮紛紛伊斯蘭化，終結了先前佛教（以及程度更小的基督教的影響力）在絲路上的主導地位。從十世紀到十一世紀，穆斯林統治了大部分的印度。德里蘇丹國（Delhi sultanate）橫跨十二世紀至十六世紀早期，其間還撐過了一三九八年帖木兒對德里的破壞，獨一無二的印度式穆斯林宮廷風格就是這裡創造的。印度中部摩臘婆（Malwa）統治者吉亞特沙阿（Ghiyath Shahi），在十五世紀晚期命令人寫了《享樂書》（*Book of Delights*），書中也描寫到這種風格。[22]他在自己的國都滿都（Mandu）聚集了一批多達五百人的阿比西尼亞（Abyssinia）奴隸女孩。而他的貼身陪侍得接受音樂、舞蹈、摔角與烹飪訓練，有些還能獲准與他共進食物。食物與飲料的做法，與香水、精油、春藥、藥品和檳榔一塊兒在他這本《享樂書》裡爭奇鬥豔。大部分的食譜都搭上插圖，畫著蘇丹（圖4.2）監管女性廚師的場景（這並不尋常）。

平民料理的分量在整個阿拔斯帝國與偏遠地區都很充足，甚至比以往更好。城市裡散布著搭了棚子的市場與商業區（suq），走道川流不息，小販得到安排，分類清楚。客人可以挑選熟肉、麵包、點心，以及用奶水、酸奶酪、葡萄、胡蘿蔔與檸檬調製而成的飲料。在巴格達，城裡的窮人能買大麥麵包、熟肉、鹹魚、水果與蔬菜。人們大量食用鷹嘴豆湯；西元一〇〇〇年，一名商人每年都買來要用一千六百頭驢子馱的鷹嘴豆，結果一季剛結束豆子就賣完了。[23]來到伊拉克南方的巴斯拉，一名年輕人一個月只需要花二迪拉姆（dirham）——大概是一名清潔工收入的十五分之一，就能買到足以過生活的麵包和鹹魚。[24]安達魯斯的有錢人抱怨城裡人吃掉太多小麥和肉類（其他地方的有錢人可能也是如此想）。雖然嚴重的食物短缺相當罕見，但每個人都知道城市物資供應禁不起短少。[25]例如十世紀中葉，巴格達宮廷出現嚴重的財務困難。軍隊拿得報酬少了，於是訴諸暴力，破壞了脆弱的農業體系，這又造成更嚴重的短缺與更多的暴力。民眾占領街頭，要求價格合理的麵包。

為宮廷生活的揮霍大感震驚的人開始轉向苦修，例如由法學家伊本・罕百里（Ibn Hanbal）的追隨者組成的罕百里學派（Hanbalis）。伊本・罕百里就像羅馬共和人士，主張要控制食欲這種最

【圖4.2】滿都的蘇丹人在花園裡，監督著「*sanbusak*」——豆類糕點（*vada*）——的製作過程。一名奴隸呈給他品嚐，一名奴隸繼續炸「*sanbusak*」，還有一名奴隸負責裝盤。製作這道糕點需要豆子、洋蔥、生薑、胡椒，以及蜂蜜、椰子糖、糖蜜，喜歡的話也可以用甘蔗糖漿，食譜上建議「下到精煉奶油、甜芝麻油、杏仁油，或是用烤阿魏調味的精煉奶油裡炸」。摘自《享樂書》（約一五〇〇年）。（圖片來源：Courtesy British Library Board (I.O. ISLAMIC 149, f.83b).）

強烈的熱情。根據他兒子的說法，他會在放久的麵包噴上醋或水，讓麵包變軟，單配鹽吃，會買的也只有像西瓜、棗子這類便宜的水果，而不是價格高昂的榲桲與石榴。西元九三五年，罕百里派突然搜索別人的房舍，無論在哪一間找到酒，都全部倒掉。為了防止這類突發事件的影響，政府蓋起糧倉存放應急用的穀類儲備（以及收來做稅款的穀子）。[26]

來到鄉間，農人則靠大麥、高粱與小米做的湯、粥與無酵麵包過活；他們用手搖磨磨穀，放進饢坑或放上倒置的鍋子來烤。[27]北非民眾則用粗磨的麵包來煮濃湯（稱為*jashisha*），認為能讓人長壯、長胖。有些地方在饑荒時會用水煮的芋頭塊莖、莖、葉與高粱粥度日，搭配葡萄籽與橡實等更古老的食物。

貿易繁榮的程度在世界史上前所未有。香料與糖在整個貿易體系中移動，維京人也從北方帶來蜂蜜。商人沿著絲路行動。印度洋與地中海成了阿拉伯商人主宰的伊斯蘭大湖。穆斯林商人沿東非海岸航行而下，最遠可達馬達加斯加，並在奔巴（Pemba）、尚吉巴（Zanzibar）等島嶼安頓下來。其他商人與使團則從北非經由尼羅河谷前往西非，然後越過蘇丹，或是逕直穿越撒哈拉沙漠。[28]

根據歷史學家安德魯・華生（Andrew Watson）的說法，伊斯蘭統治者與手下的農業專家在寸草不生、土地多半貧瘠的伊斯蘭帝國土地上，艱辛地推動農業改革。他們鼓勵將時人所說的「印度」作物往西轉移，例如高粱、稻米、甘蔗、柑橘類（酸橙〔Seville orange〕、檸檬、萊姆、葡萄柚）、香蕉、大蕉、西瓜（產自非洲，但取道印度而來）、菠菜與茄子。[29]這些新引入的作物可以在許多地方的炎熱夏季成熟，在此前的冬收之外又加了一批收成。到了一四〇〇年，埃及、敘利亞、約旦、北非、西班牙都種起了甘蔗，衣索比亞與尚吉巴島可能也有。灌溉系統或是修繕、或是新建，以供甘蔗與果樹所需。土地在實際上成為私人財產，只要地主有心就能耕種，也能根據其意

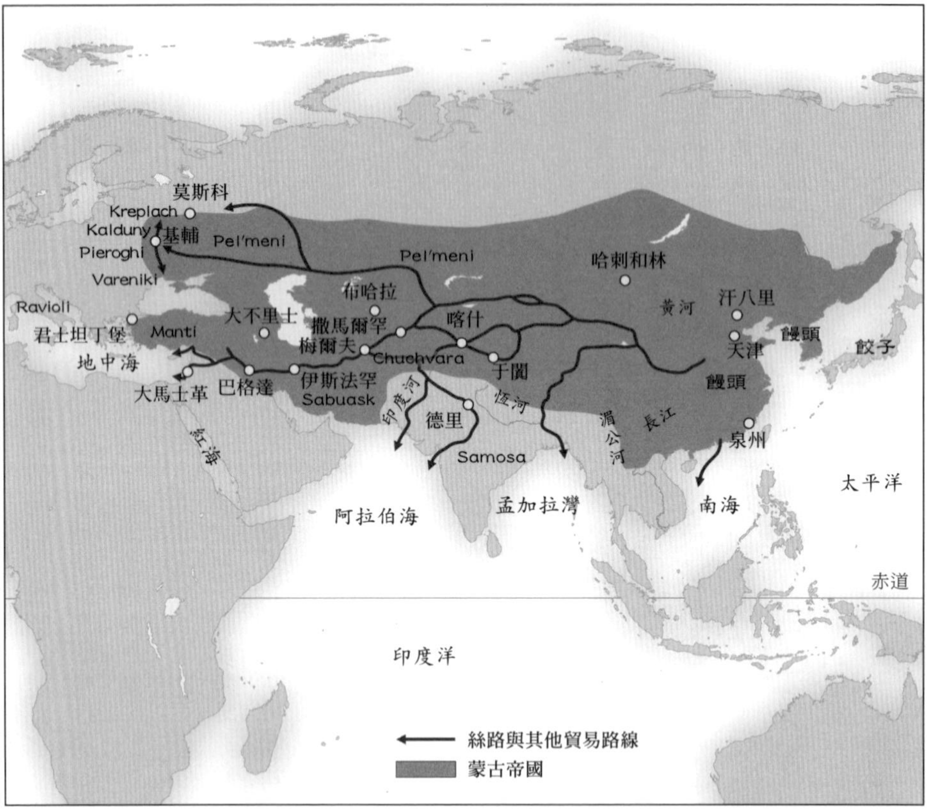

【地圖4.2】水餃與蒙古帝國，一二〇〇年至一三五〇年。當時的水餃有數十種不同的名稱，製作上也有各種細微差異，地圖上就是它們在過去蒙古帝國版圖的分布。這些水餃都是用小麥麵團做餃子皮（中國的餃子皮有時候還會發過），內餡包肉（通常是羊肉）與蔥，封口打褶。雖然學者仍然對這些餃子的起源與名稱由來爭論不休，但顯然是蒙古和平創造出了讓餃子得以流傳的形勢。「Pierogi」包的是乳酪餡。日本的餃子是後來從中國傳過去的。至於水餃跟稱為「*sanbusak*」與「samosa」等用烤或炸的餃子，以及跟義大利餃之間的關係則不清楚。（地圖參考來源：Buell and Anderson, *Soup for the Qan*, 113; Serventi and Sabban, *Pasta*, 327–29; personal communication Alice Arndt, Glenn Mack, Sharon Hudgins, Aylin Tan, and Fuchsia Dunlop.）

願買賣或用於抵押。花園蓋來供馴化、改良作物。田地用糞便、堆肥與灰增加地力。此外，農事指南也成書、流傳於世。

然而，伊斯蘭教卻在十三世紀遭遇挫折。一二三六年，位於西班牙的哥多華落入基督徒手中（但直到一四九二年之前，基督徒都無法拿下伊斯蘭教在西班牙的最後一座堡壘，格拉那達）。二十二年後，巴格達當局也在一二五八年敗給了蒙古人。

給可汗上湯：突厥式伊斯蘭料理與蒙古料理，西元一二〇〇年至一三五〇年

一二二〇年代初期，成吉思汗一統蒙古各部族——他們跟突厥人關係密切，也同樣是中亞遊牧民族。到了十三世紀中葉，蒙古人已經掌控了中國北方、波斯與俄羅斯，接著攻下巴格達；一二八〇年時，中國南方也大半入其囊中。蒙古人從散居各地的一百萬人口中聚集了僅有萬人的軍隊，他們就靠這支軍隊，創造了截至當時為止最大的帝國，版圖大小與非洲相當。不出一代人的時間裡，帝國的權力便分割成四個緊密相連的國家，分別位於俄羅斯、中亞、波斯與中國（主要的重點將放在這裡）。於是，就在拜占庭化的俄羅斯料理、波斯式伊斯蘭料理，以及中國儒釋道料理三者的中間地帶，蒙古高級料理於焉誕生（地圖4.2）。[30]

絲路貫穿了蒙古人統治的廣袤地域，將中國北方與印度、波斯、伊拉克連在一起，還有一條偏北的新路線連接著中國與窩瓦河（Volga）下游。蒙古人根據中國的驛站模式，每隔一天的路程設置一所驛站，附有兵營、替換用的馬匹、牧地與穀倉。軍隊與戰俘、商人（類似來自威尼斯的波羅一家）、傳教士（如歐洲君主派遣的方濟會士）、要去迎娶自家人的蒙古統治者，以及帶著自己

的專業在帝國各地調任的高官，他們全都在馳道上旅行。從中國出使伊朗大不里士（Tabriz）的宰相孛羅（Bolad）就是個例子，他在當地與宰相拉施德丁（Rashid-al-din）結為密友。蒙古人在長城千哩外的哈剌和林建立了自己的第一座首都。他們在一二三〇年代預料到未來觥籌交錯談政治的需要，於是命法蘭西金匠魯不魯乞（Guillaume Bouchier）打造能飲用蒙古帝國中酒類的酒泉：有波斯的葡萄酒、北方森林的蜂蜜酒、中國的米酒與蒙古人自己產自草原的忽迷思（*koumiss*）——發酵的馬奶或驢奶。

一二六七年，蒙古人建了他們的第二座都城汗八里（意為可汗之城），位置就是北京現址。據說蒙古統治者私底下多是喝酒不知節制的人，而坐上新位子之後，也成了吃東西沒有分寸的人；根據某位歷史學者的看法，這也是導致蒙古統治者不孕、早死的原因。[31]但在公開場合作為統治者時，可汗也把料理當成統治的工具，將料理與行之有年的政治風氣、烹飪宇宙觀與宗教聯結在一起，其手法就跟過去的統治者一樣老練。一二七一年，忽必烈汗要求漢人策士設計宮廷禮儀，其中就包括維持天地秩序和國家穩定的傳統祭儀，當然也有宴會上的規矩。

就連在草原上，可汗也能展現出有如薩滿（shaman）[③]的權威，主張有天賜的力量證明自己治世之正當，在可汗的頭上顯現四射的光芒或光環——這是他們從波斯人那裡抄來的形象。隨著征服行動繼續展開，可汗也把自己打扮成前朝皇帝的繼承人，分別用印度、伊朗、中國與羅馬統治者的頭銜，自稱為「大王」、「萬王之王」、「天子」與「凱薩」。按照伊兒汗（il-khan，意為次一級的可汗）宰相拉施德丁的記載，蒙古人直接把自己放進一段從亞當起頭的世界歷史裡。十三世紀時，政治理論家納西爾丁·圖西（Nasir al-Din al-Tusi）為伊朗寫了一部專論，後來流傳甚廣。蒙古人也如書中所主張，接受了「平衡不同群體的利益，是正義的前提」這樣的觀念。

根據這種政治理論，自然很容易推導出下列看法——那就是，帝國的料裡必須以先前帝國的料理為素材，既要平衡帝國內不同群體的料理，同時也要強健用餐者的體魄與德行。為蒙古人看病的醫生廣納草原的交感藥物（sympathetic medicine）④、漢人的營養理論（一種根源於道教與印度佛教、結合草藥與符應論的體系），以及波斯式伊斯蘭體液理論（經由阿維森納與其他醫生整理得來的地中海與印度知識）。他們還編了一部近東醫學百科，可惜今天只剩殘篇斷簡。

傳統上，帝國的料理是跟國教嵌在一起的。蒙古人本身的薩滿宗教以天空之神為中心，但他們在沿絲路往南方走之後，也有許多機會看看有什麼別的選擇。少數人在梅爾夫、巴爾赫（Balkh）、布哈拉、撒馬爾罕、喀什、吐魯番與于闐等絲路城鎮中，受僧人、商人與傳教士的鼓勵而改信佛教或基督教。但整體而言，只要穆斯林、基督徒、佛教徒與道教徒能為蒙古統治者的利益服務，蒙古統治者就會贊助他們。十三世紀末的可汗合贊（Ghazan）出生時是個基督徒，但身處以伊斯蘭教為主流的波斯，他在短暫與佛教發展關係之後精明地學習自己的宰相拉施德丁，成為穆斯林。在中國的蒙古人不覺得有必要改信伊斯蘭，這種信仰有兩條料理規則不受蒙古人喜愛。首先，蒙古人尊崇鮮血，但割喉屠宰卻浪費了鮮血，於是他們頒布與穆斯林屠宰手法作對的詔令。其次，飲酒與宴會創造了蒙古戰士之間的情誼，但禁酒卻會終結飲宴。可汗因此先偏向道教徒，接著是佛教徒。但這兩個群體都避免吃肉，蒙古人想到這也不會開心。最後在一二五〇年，他們將宗教

③【譯注】薩滿原指北亞與北美部落中類似巫師的人物，後來廣泛用於傳統部落中通過法術治病、預測未來、操控人物或鬼魂的人。

④【譯注】某些民俗療法與傳統飲食觀裡，認為服用與人體部位在外型或功能上有相似處的食物、藥物，可以治療、改善該部位，例如馬鞭、雞睪丸、蘭花花苞等。此即為交感藥物。

社群的掌控交給了藏傳佛教徒——其信徒非常看重肉類，其中一種法器甚至是以印度屠夫剝皮刀為模型，即兩端帶尖或帶環的屠刀。

蒙古的司膳（蒙古語叫「博爾赤」〔*ba'urchis*〕，漢語的「廚子」），像是一二五〇年代率蒙古軍隊與波斯人作戰、為軍隊提供給養的怯的不花（Ked Buqa），他們同時掌管著怯薛⑤。[32]此外，這類高官也是專業軍需官。軍需官在一支以萬人組成、每人還有五匹馬的軍隊跨越上千英里展開軍事行動時，利用數世紀以來根據食物與飲水取得來安排年度遷徙的經驗，規劃出讓軍馬吃飽喝足的方法。雖然在流行的想像裡，蒙古人出名就出在從自己坐騎的脖子取血求生，但這只是暫時的應急策略，只是他們那套細密但低調的食材蒐集和加工策略中最戲劇性的一面。[33]

博爾赤們為了幫統治中國的可汗建立一套帝國料理，於是把目光轉向被征服者的儒釋道料理（見第三章）、蒙古草原料理，以及突厥式伊斯蘭料理。蒙古料理就跟其他遊牧民族料理一樣簡單。湯（蒙古語的*shülen*）的做法是將成羊瘦肉與野味的骨頭放進水煮，汲取其力量與精髓，再用穀類或麵粉勾芡高湯而成，是道經典的菜。肉也可以拿來燉、煎，或是做成烤肉，周圍再擺上奶水、酸奶酪、酸奶酪兌水做的飲料、發酵的牲口奶（忽迷思），以及麵包與其他穀類菜餚，就成了蒙古料理。

突厥人也是遊牧民族，一開始吃的料理與蒙古人極為相似。後來他們在土耳其落腳，將拜占庭帝國給推了回去。到了十一世紀，他們已經改宗伊斯蘭，同時逐步創造出更成熟的突厥式伊斯蘭料理。學者目前正用十一世紀末教阿拉伯人講突厥語的辭典中有關食物的字，以及十一世紀晚期《知識書》（*Book of Knowledge*）裡對飲宴與餐桌服務的描述，來重建突厥式伊斯蘭料理。早期的突厥式伊斯蘭料理以穀類為主食，尤其是小麥。他們把穀類變成許多不同的食物：烤穀粒、稀粥（*talqan*）、奶油煎小麥（*qawurmac*）、去穀小麥（*yarmis*），還有用烘烤過的小米、奶油與糖煮的粥（*qawut*）、另一種叫「*töp*」的粥，以及用奶油調味的水煮小米（*kürshäk*）和不加糖的麵粉布丁（*bulgamac*）。突厥人也做麵條、薄餅和麵包，包括用灰燼烤熟的麵包（*kömäc*與*közmän*）、無酵圓麵包（ätmäk）、扁圓型的上好麵包（*cöräk*），還有厚度極薄、有如千層酥皮的麵包（*yuvqa, pöskäl*），以及吐司（*cugmin*）、用來包雞肉或獸肉的麵衣或酥皮（*mamata*）、長麵條（*tutmajh*）。[34] 湯（*ash*）之於突厥料理，就跟對蒙古料理一樣重要。甜點有糖漿、果醬與蜜汁堅果。突厥式伊斯蘭料理從波斯式伊斯蘭料理中獲得啟發，學到了用鷹嘴豆勾芡的燉菜、香料燉肉、糕點（包括早期的果仁蜜餅〔baklava〕），以及有甜味的水果飲料（舍兒別）。

蒙古人為了在中國加工新高級料理所需的食材，於是將中國、西藏、高麗、俄羅斯、波斯與突厥工匠遷來，認為這些工匠比當地人更有價值，也更「熟悉城市裡的法律與風俗」。他們得到生活必需品與自己那一行的工具，但只能在特定的區域活動，也不能改做其他行當。來自穆斯林土地的俘虜從一二二〇年開始，便在未來的汗八里以西約一百英里的地方磨著小麥、軋著油。其他人則照管著葡萄園，用來自撒馬爾罕的技術為朝廷釀酒。巴比倫人在泉州（位於福建南部）以北的永春經營糖廠，製糖時使用的技術可能也來自其以白糖聞名的故土。伊拉克人製作甜味飲料與舍兒別。至於在位於波斯的汗國，廚房裡也有漢人廚子在工作，園丁則是拿新品種的稻米做實驗。一三一三年，一部新的農學專論《農書》問世了。此外，製作青花瓷的技術也在中國與波斯間交流著。

蒙古人一如過去的征服者，會攫取土地、收稅、強行移進勞工、轉移技術、馴化植物，並為新

⑤【譯注】蒙古社會中脫離氏族關係，為特定人物效勞的個人所組成的群體。有衛士、家宰等功能。

【圖4.3】中宮飲膳太醫忽思慧在天曆三年（一三三〇年）三月三日這個吉祥的日子，將自己寫的《飲膳正要》（一本插圖精美的飲食指南與食譜）呈獻給大汗。書上的第一張圖畫著一名廚師在柴火上煮一大鍋湯——這是蒙古料理的傳統菜色，手上拿著托盤與水壺。（圖片來源：From Buell and Anderson, *Soup for the Qan*, 321. Courtesy Paul D. Buell.）

的貿易路線創造環境，以幫助其料理發展。有些稅款以錢幣繳納，但其餘都是農產品；根據蒙古人的漢人官僚在一二二九年的估計，一年就有兩萬噸穀物的稅收。[35]這些穀物稅很可能同過去的帝國一樣，經過加工後以實物形式來支付官員與軍隊。官路、運河與海上航線也重新規劃，好供應汗八里所需。由於大運河年久失修，蒙古人下令建造新的運河，以便從長江流域運來稻米和其他農產。太湖地區的稻米先是裝船，從長江走上千英里的旅程抵達天津港，接著用陸運送往首都。根據馬可·波羅的記載，泉州居民有穆斯林、佛教徒、耆那教徒、印度教徒、摩尼教徒與基督徒，而泉州港吞入來自東南亞、印度與伊拉克的船貨，並派遣裝載糖的船隻踏上前往首都的兩千英里航程，只有地中海的大港口亞歷山卓能與之相比。一三三〇年，飲膳太醫忽思慧也在一本插圖精美的飲食指南兼食譜《飲膳正要》（圖4.3）的序裡寫道：「伏睹國朝，奄有四海，遐邇罔不賓貢。」[36]

忽思慧的《飲膳正要》展現出中國的蒙古皇帝不僅從整個帝國收聚了各種珍饈，同時還透過熟練的料理政治手法，集結各種料理哲學與技術來精進其料理，用料理表現其征服的領土與人群。忽思慧在卷一、卷二提供各種飲食的食譜。考慮到食用來自不同「風土」的珍貴食材可能帶來的風險，忽思慧在卷三闡述了這些食材的營養價值。

在九十五種食譜中，二十七種湯譜占據了最重要的位置。這些湯是蒙古料理的核心，可以做成相當清的湯，或是稠得近乎於固體食物。基本的做法如下：

一、將肉連骨剁成塊（通常用成羊肉，但也有杓鷂、天鵝、狼、雪豹等野味）。放進大鍋裡水煮至軟爛。過濾高湯，並將肉切下。

二、將高湯與各種芡料、蔬菜與草果一同煮滾。

三、加入肉類。

四、用鹽、芫荽與蔥調味（可加可不加）。

若要煮傳統蒙古風味，芡料可能得用鷹嘴豆、去殼大麥或粗大麥粉。想給湯來點波斯口感，就用香米或鷹嘴豆勾芡，以肉桂、葫蘆巴籽、番紅花、薑黃、阿魏、玫瑰精油或黑胡椒調味，最後滴些葡萄酒醋。想煮中國口味，要用小麥麵粉做的餃子、帶筋的米粉末，或是米粉條來勾芡，然後加入白蘿蔔、大白菜與山藥，再用薑、陳皮、醬油和豆醬調味。這麼一來，可汗喝的湯就能根據其征服人民的喜好加以調整。

忽思慧寫的食譜裡，數量第二多的類別則是麵食餐點。突厥麵（叫做禿禿麻食〔*tutmajh*〕）伴上黏稠的大蒜酸奶醬，類似的餐點在今天的土耳其還吃得到。其他的麵食則是中式做法製成，使用包括豆類在內的不同「穀」來製作。此外，還有一種麵湯是用血來勾芡的。無論是在中國還是波斯的美食文學中，包餡的麵食（饅頭）都是受人喜愛的佳餚。假使廚子懂得怎麼製作捏饅頭用的麵團，忽思慧也提供了各種混和了羊肉、羊油、蔥、豆豉的中國傳統肉餡。有些餃子就跟義大利方餃（ravioli）一樣是方形的，也有做成圓的，就像今天中東地區還能吃到的捲餅（*börek*）。其餘的食譜還有一種中東地區的肉丸（*kofte*），幾道中國點心，以及用炕爐烤的肉——這種古老的手法在西伯利亞等地都能看到。炒熟的麵粉（糌粑）是蒙古人的傳統食物，非常適合旅途上吃。還有一道菜就叫做「鹽腸」：「羊苦（腸水洗淨）。上件，用鹽拌勻，風乾，入小油炸。」

在《飲膳正要》卷二裡，飲料與湯煎占了一百一十四種食譜，其中有不同種類的水、蒸餾酒（包括用阿拉伯原名稱呼的阿剌吉酒〔arrack〕）、水果味的潘趣酒（punch，其中有的摻了烈酒，有的沒有）、稀粥與濃粥、藥湯，還有以糖為主要材料的食譜（果醬、果凍、糖漿與熬煮果汁等波斯式伊斯蘭料理）。加了奶的蒙古式茶飲也在其中。自從佛教對草原地區有了影響力以來，蒙古人對茶也發展出了品味；八或九世紀起，他們就開始用馬匹來換茶。幾個世紀後，遊牧民族與西藏人一年買的茶就有一百萬至五百萬磅之多，而他們的人口不過才一百五十萬左右。[37]

《飲膳正要》雖然是以漢語寫就，但忽思慧用了蒙古語、突厥語和阿拉伯—波斯語的詞彙，對於中東地區的烘烤與水蒸麵餅、禿禿麻食，以及香料，也都用它們原本的突厥名字來稱呼。[38]他按照漢人的習慣，每一道菜的材料都指明要切成一樣的大小與形狀，並從中國料理挑出最能吸引蒙古人味蕾的麵食與燉菜，建議將漢地的香料用於突厥菜裡，用中國的營養理論分析料理。

可汗現在就像中國皇帝該有的樣子，大擺宴席。[39]馬可．波羅估計，宴會廳外聚集了四萬人觀禮，包括從帝國東西南北帶來貢品的使節。進到大廳裡面，大汗和皇后坐北朝南，面前擺著高桌。地位在他倆之下的女子居左、男子居右——可汗諸子是賓客中地位最高的，他們頭部的高度則與可汗腳掌齊平，其他人的座位就更低了。來賓殷切等著食物，手上拿著比黃金還貴重的鋒利鋼制匕首，用來切肉。[40]

博爾赤為可汗上菜，他們的口鼻會用金線、銀線縫製的衣布圍住，免得呼吸的氣味全染上餐點。倘若菜被下了毒，卻逃過了他們的檢查，或者他們有下毒的嫌疑（像拉施德丁就被人懷疑要毒害波斯的伊兒汗），博爾赤就會被就地正法。樂聲響起。侍者用黃金製的大壺子斟酒——雖然不像哈剌和林的酒泉那麼壯觀，但也大得足以容納賓客要喝的飲料。可汗喝酒，子民跪坐，在他的權勢前卑躬屈膝。

蒙古和平（Pax Mongolica）⑥將歐亞大陸核心與其料理接合在一起，時間長達半世紀以上。由於數十年來動盪不斷，加上一三三〇年代中國西南發生瘟疫，蒙古人在一三六八年離開汗八里，前往草原。包括葡萄酒、加酸奶大蒜醬汁的突厥風麵食，以及波斯菜與烹飪手法在內的蒙古料理就此消失於中國南方。剩下來的，就只有製作糖果與糖衣的技術。

但龐大的帝國會留下像宮殿遺跡、古老驛站或宗教建物，以及藝術與語言等痕跡，料理自然也不例外、仍有跡可循。在高麗，朝廷放棄了佛教料理（不像日本，日本沒有被征服），讓肉類再次成為焦點，並使用蔥與各種香料。中亞的烏茲別克人仍然享用著蒙古式的料理。他們烤、煎，甚至是水煮像是方餃或餃子的小麥麵食（如*chuchvara*、*manty*）；抓飯（有各種稱呼，如*polo*或*plov*）在他們心目中有重要的地位；他們還會做烙餅、無酵餅、發酵乳製品，以及如蜜汁杏仁果、草莓、無花果、榲桲果醬、舍兒別等甜食，還有一種麵粉混油與糖做成的哈爾瓦（halvah）甜點。[41]在中國北方，寧夏、甘肅與陝西的穆斯林（回族）仍然製作羊肉與其他肉湯、麵條與麵食（饅頭），加入大量的蔥和簡單的香料。[42]俄羅斯過去的料理是以南方基督教化的拜占庭希臘料理為基礎，這時也得到蒙古或突厥式的餃子（稱為*pel'meni*）、瓜類、檸檬、葡萄乾、無花果、杏子等果乾，用糖水或蜂蜜煮的根莖類、哈爾瓦、玫瑰花瓣醬、焦糖堅果球與水果糖等甜食前來助陣。[43]中國青花詞很適合用來上有湯水的食物，在蒙古統治下，青花瓷成為出口商品，在整個舊大陸引起一陣對瓷器的狂熱，一四九二年以後甚至風靡美洲。

帖木兒在十四世紀後三分之一的年歲中征服了中亞，但這也是遊牧民族最後一次征服定居社會。火藥發明後，遊牧民族失去了機動性這個優勢。遊牧民族料理與定居民族料理之間那種可以追溯到美索不達米亞時代的你來我往就此終結，這也是料理史上一段漫長的時代。從今而後，高級料理的歷史全都是定居社會的歷史。

從生肉烤到焦黑：突厥式伊斯蘭料理，西元一四五〇年至一九〇〇年

伊斯蘭教在蒙古統治年代向東擴張，朝東南亞而去。伊斯蘭料理也為當地繁複的印度教—佛教料理添磚加瓦，甚至融合在一起，使用像米、椰子、薑、高良薑與羅望子等當地食材。伊斯蘭教也擴張到撒哈拉沙漠以南。馬利（Mali）帝國和國內大城如廷巴克圖（Timbuktu）、加奧（Gao）與傑內（Jenne），都在十四世紀早期順服於真主。[44]按照阿拉伯旅人的描述，當地料理是以水煮的稻米為主，或是去殼水煮的小米和高粱做的庫斯庫斯（口感上跟撒哈拉沙漠以北、用杜蘭小麥滾成的庫斯庫斯相當類似，但食材與做法都不一樣）。搭配穀類餐點的有豇豆，以及來自非洲原生牛、珠雞、小綿羊或山羊的肉或乳製品。窮人多半是奴隸，他們吃的粥常常比小米去殼剩的穀糠好不了多少。

隨著蒙古帝國瓦解，伊斯蘭的核心地區有三種關係密切的突厥式伊斯蘭料理從過去的波斯式伊斯蘭料理發展出來（地圖4.3）。鄂圖曼料理成為今天我們所知的土耳其料理。蒙兀兒料理則是疊在北印度的印度教料理上。波斯薩非料理在阿拔斯沙阿（Shah Abbas）的治理下成長茁壯，一五八八年至一六二九年間，阿拔斯就在他位於伊斯法罕的首都裡統治國家。由於我們對後者所知不多，我會把重點放在鄂圖曼與蒙兀兒料理上。每一種突厥式伊斯蘭料理都熱愛無酵與微酵的麵餅、小羊肉、成羊肉、雞肉湯品與燉菜、烤肉串、包肉的餃子或酥皮點心、加了香料的絞肉、泡在酸奶酪的

⑥【譯注】蒙古和平一詞指蒙古人在十三、十四世紀征服歐亞大陸各地，將許多地方納入同一個政治勢力之下，所帶來的內部和平局勢。

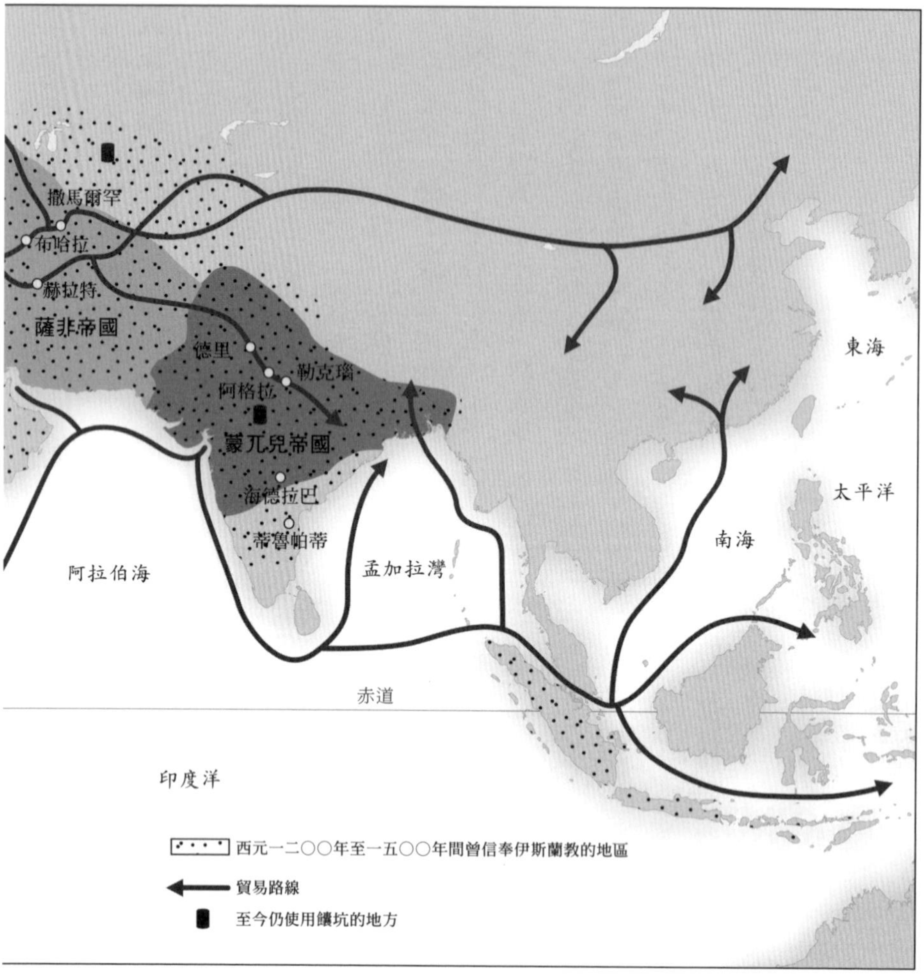
撒馬爾罕
布哈拉
赫拉特
薩非帝國
德里
勒克瑙
阿格拉
蒙兀兒帝國
海德拉巴
蒂魯帕蒂
阿拉伯海
孟加拉灣
東海
太平洋
南海
赤道
印度洋
西元一二○○年至一五○○年間曾信奉伊斯蘭教的地區
貿易路線
至今仍使用饢坑的地方

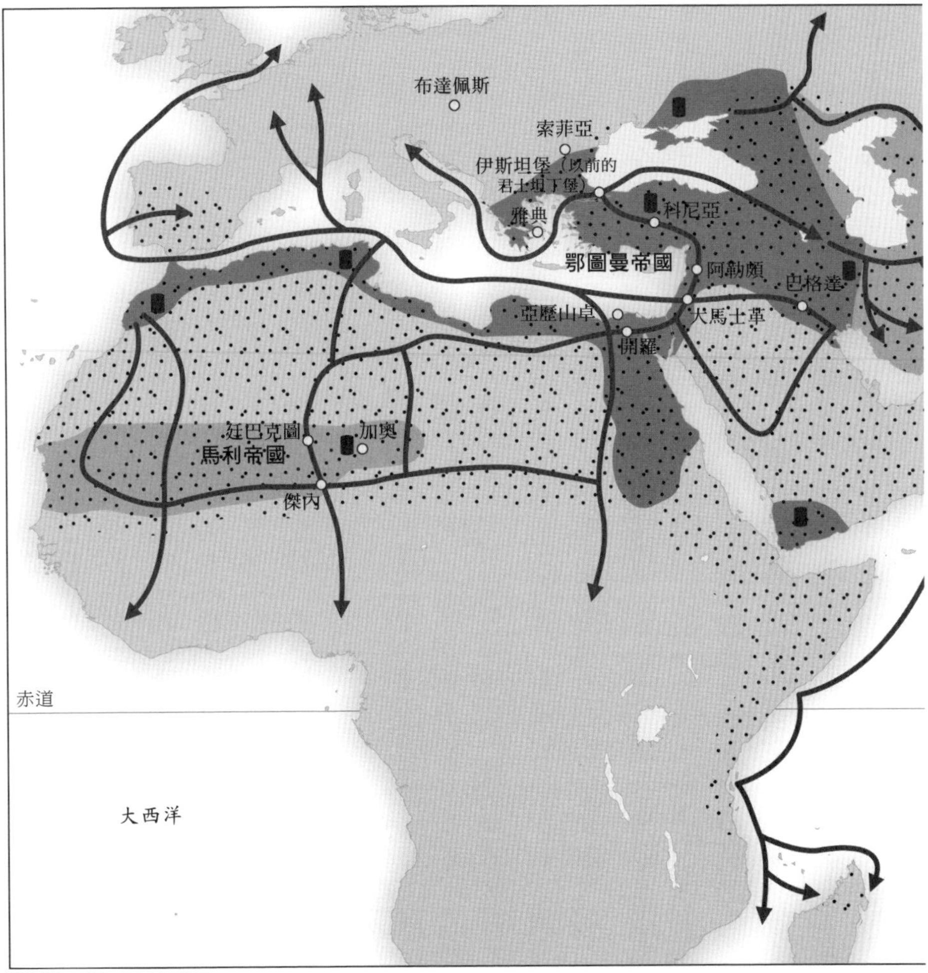

【地圖4.3】饢坑（tannur）、十六世紀的貿易路線，以及突厥式伊斯蘭料理。從十五世紀開始，鄂圖曼、薩非與蒙兀兒等帝國的宮廷，便創造出若干種突厥式伊斯蘭料理。好幾條貿易路線橫跨這幾個帝國，延伸到撒哈拉沙漠以南與印尼的伊斯蘭國家。在這一整片地區裡，大部分地方（黑色方形標示）仍然使用古代美索不達米亞的饢坑烘烤東西。饢坑一詞的變化型——如*tandoor, tennur, tandir, tandore, tamdir, tandur, tanir*等等——出現在法爾斯語（Farsi）、庫德語（Kurdish）、阿拉伯語、阿拉美語、亞述語、波斯語、塔吉克語和土耳其語中。（地圖參考來源：Robinson and Lapidus, *Cambridge Illustrated History of the Islamic World*; Alford and Duguid, *Flatbreads and Flavors*, 35–37.）

肉類、各式各樣的甜點，以及舍兒別與酸奶飲料。

突厥式伊斯蘭料理有兩項重要創新：抓飯，以及鄂圖曼與薩非帝國裡的咖啡。亞洲地區以煮或蒸的稻米為主食，抓飯雖然不是這類主食，卻是一道精緻的菜餚。洗米、泡水、通常還會炒過，接著水煮、滴乾水再蒸，這樣米粒就不會黏在一起。蒸之前多半還會加上肉、堅果、果乾、蔬菜與色素。用來蒸飯的液體很有可能是高湯，帶有油脂，風味更佳。有多種穀類混肉類的乾飯或帶湯水的菜餚可以回溯到美索不達米亞，像是薩里德燉肉和哈里沙，或是突厥人與蒙古人愛吃的濃湯，而抓飯可能就是從這些料理發展出來的。抓飯的好處是穀粒結構完整，某些饕客偏好這一味。抓飯的烹飪技術也延伸應用到其他穀粒或麵食料理上。[45]

咖啡與蘇非派信徒有著密切的關係。蘇非派是伊斯蘭教的神祕教派，汲取了基督教、諾斯底思想（Gnosticism）⑦、佛教與印度教的元素，通常懷抱著教化的使命。不僅是對咖啡的傳播，蘇非料理哲學對突厥式伊斯蘭料理也非常重要。這種哲學是在聚會所裡發展出來的，聚會所就像佛寺，同時具備信仰中心、客棧與未來拓殖地核心的作用。蘇非派從可以追本溯源到古代的烹飪宇宙觀，以及能在佛教中找到的傳統出發，用烹飪的方式描述一個人從未經雕琢的凡人與神萬化冥合的過程：「不超過三段話。我還生，我熟透，我放光。」說這話的人是十三世紀時住在土耳其中部科尼亞（Konya）的波斯詩人、哲學家魯米（Rumi），他也是某個重要的蘇非教團創始人。[46]

實際上，廚房影響整個蘇非教團的組織。例如在魯米的教團裡，第二把交椅的位子就是司膳（*sertabbah*）。他訓練新人進入教團，新人得在廚房裡勞動一千零一天。大鼎保管人要照看神聖的鍋具——這象徵著對領導人的忠誠，以及原物料與新人轉變為成熟果實的過程。擺餐桌的人則確保第一樣擺上餐桌布的東西是鹽，接著才是麵包。

蘇非派的視覺意象上使用一層又一層的料理隱喻。麵包與鹽代表文明生活，提醒用餐的人需要勞動、創造力與智慧，才能讓這些食物出現在餐桌上，維持世界和平。麵包象徵神照顧人類，為人類提供食物。從土裡了無生氣的穀子到活的小麥，磨坊裡磨出來的粗穀粒與麵粉，鮮活的發酵麵包，最後在人體裡消化——栽種小麥與製作麵包的過程與人類生命階段相對應。純潔、不會腐敗的鹽則用於彌封誓約。每一餐前後都要吃點鹽。魯米的司膳阿戴許巴茲．維里（Atesbaz-i Veli）死於一二八五年，陵墓以紅石砌成，墓中就有個裝著鹽的大石碗。人們至今仍然相信，若從碗中取點鹽吃，就能為家中廚房降福，讓吃鹽的人成為更優秀的廚師，促進他們的健康。湯能提醒喝湯的人要是沒有水，生命就不會存在。肉和蔬菜令人想起能養育生命的大地。稻米做的抓飯和包餡的酥皮點心（用千層酥皮或無酵薄餅〔*yufka*〕做的捲餅）讓人腦海裡浮現火帶來轉化、至臻完美的力量。蛋令人聯想到女人的多產，而醃肉（*pastirma*）則是象徵男人使女人懷孕的力量。香甜的哈爾瓦與米粉布丁（土耳其語叫*muhallebi*，阿拉伯語則是*muhallabiyya*）跟人類與神聖團體的意象合而為一。奶水和甜味水果飲料（舍兒別）則是天使給予先知的食物。

蘇非派為了達到與神性結合的目標，於是守夜、跳舞（不明就裡的歐洲人因此稱他們是旋轉的托缽僧〔whirling dervish〕），並飲酒到酒醉的程度，象徵神聖的狂喜。有些人相信十二世紀的波斯數學家兼哲學家奧瑪．開儼（Omar Khayyám）對蘇非思想抱有好感，當他寫下「一壺葡萄酒、

⑦【譯注】西元二、三世紀時盛行的一套思想，主張物質性的世界是不完美的、受限於時間的墮落世界，倡導追求精神上的啟迪與救贖。諾斯底思想並非一套完整的宗教或體系，或可說是一種思想潮流，猶太教、早期基督教、新柏拉圖主義與當時的各種神祕信仰都有一部分受到影響。

一條麵包——與汝」時，指的可能就是這種神聖的迷醉。他在另一段詩中說：「若我因禁忌之酒而醉，就醉吧我！說我是個異教徒或拜偶像者，那就是我！／每一派人都用他們的猜忌看我，／而我就是我……／超然於信與不信之外，就是我的宗教。」[47]

咖啡跟酒一樣，都有幫助人與神性結合的功用。咖啡豆是衣索比亞西南方高地森林原生灌木的果實；早在蘇非派活動的時代以前，人們就已經把咖啡豆當成堅果來嚼，或是與動物油混在一起，做成攜帶方便、風味絕佳，讓戰士提神醒腦的食物。[48]在西元前六世紀，阿比西尼亞人入侵阿拉伯時，咖啡樹就可能在葉門被馴化了。人們後來發展出煮咖啡的新方法，即烘烤豆子、磨碎，接著用熱水煮，可能是在伊朗發明的。阿拉伯語裡稱呼咖啡的字「*qahwah*」，或許是源於某個意思是「讓人減少食欲，因此可以不吃東西」的字。這個字一開始用在酒上（因為酒可以壓制對食物的欲望），後來才指咖啡（可以遏止睡意）。蘇非派朝聖者、商人、學生與旅人飲用咖啡，讓自己在儀式進行時保持清醒，帶來興奮感，更在十三至十五世紀之間將咖啡的效用傳遍整個伊斯蘭世界。最後值得一提的是，蘇非詩人在自己寫的詼諧詩中也會拿食物當題材，只是情況比較少。阿布・以掃・示拉吉（Abu Ishaq Shirazi，即布夏・阿蒂瑪〔Bushaq At'imah〕）就曾經拿十五世紀蘇非詩人沙阿・尼瑪圖拉赫（Shah Ni'matullah）的話來插科打渾，把「我們是心愛玫瑰花床上的鳴鳥／身為她的愛人，我們唱著愛的頌歌」，改成「我們是燉菜表面上的一團肥油／對酸奶肉丸湯竭誠相待」。[49]

鄂圖曼料理

一四五三年，鄂圖曼蘇丹穆罕默德二世（Mehmed II）從拜占庭的基督徒手中拿下了君士坦丁堡。

穆罕默德的謀士、蘇非醫者與神秘詩人阿克夏姆謝丁（Ak Şemseddin）在過去的正教會教長座堂聖索菲亞大教堂（Agia Sofia），主持了第一次的週五講道，這時教堂已經改為清真寺。這座容納了「兩塊土地」（亞洲與歐洲）與「兩面海洋」（地中海與黑海）的城市是羅馬城的繼承者，也是「世界帝國」的中心。穆罕默德二世鼓勵富有的希臘正教徒、亞美尼亞與猶太商人（後者被西班牙驅逐）在這座後來被稱為伊斯坦堡的城市裡定居。到了下一個世紀，伊斯坦堡已經有了百萬人口，多過任何一座歐洲城市，且城內居民有百分之四十為非穆斯林。整個鄂圖曼帝國（以建立王朝的奧斯曼貝伊〔Osman Bey，即後來的鄂圖曼一世〕為名）橫跨北非、埃及、敘利亞、美索不達米亞、希臘與巴爾幹。

鄂圖曼料理在托普卡匹皇宮（Topkapi Palace）的廚房中變得更為精緻，八成也吸收了特定的拜占庭料理元素，如甜點和鑲蔬菜，但這一點還需要研究。[50]穆罕默德二世頒布敕令，為用餐前的備餐與上菜訂下可茲遵循的儀節。像穆拉德四世（Murad IV）的御醫澤內爾・阿比丁・本・哈利勒（Zeyneladabidin bin Halil，一六四七年去世）等醫生也撰寫營養手冊，說明穀類、肉類、魚類、奶製品、水果、果乾與蔬菜所具有的體液特質。占地廣大的廚房分成為蘇丹、為蘇丹之母與後宮地位高的嬪妃、為後宮其餘人等，以及為皇宮其他人準備餐點的部門。廚房中的職員有分別負責烘焙、甜點、哈爾瓦、酸菜與酸奶酪的專家，人數也從一四八〇年的一百五十人，成長為一六七〇年的一千五百人（圖4.4）。侍者從帝國各地徵募而來，最遠來自西非，受宮廷禮儀精心訓練，包括為皇帝備餐、上菜。[51]

廚房裡有用小羊肉、麵條、酸奶酪、穀類與豆子為食材的各式湯品（稱為çorba，從波斯語的*shorba*而來），會用麵粉或蛋黃與檸檬做成的乳化劑（稱為terbiye）加以勾芡。肉類菜色則有烤肉（kebab）、肉丸（用細絞、打成糊的肉做成）、蒸餃（*manti*）、用鹽與香料醃的肉（像是燻牛肉〔*pastırma*〕）、白醬肉（fricassee）或蔬菜燉肉（*yahni*）。抓飯的角色相當吃重。蔬菜料理方面有煎的菜色，也有燉來

【圖4.4】鄂圖曼哈里發的御廚（beulouk-bachi）就和過去所有皇宮裡的御廚一樣，是高級宮廷官員，負責管理大編制的廚房，為哈里發與後宮、精銳部隊，以及大批僕從和奴隸提供合宜的餐食。從他高雅的站姿與精緻的袍服，可以看出他握有實權。（圖片來源：Engraving by Jean-Baptiste Scotin. From Charles Ferriol, *Recueil de cent estampes représentant différentes nations du Levant* (Paris: Le Hay, 1714–15), pl. 11. Courtesy New York Public Library. http://digitalgallery.nypl.org/nypldigital/id?94387）

做夾心跟內餡、或是與洋蔥和碎肉混在一起的餐點，這都是鄂圖曼料理引以為豪的菜色。茄子也在這時成了最高級的蔬菜。若與波斯式伊斯蘭料理相比，鄂圖曼料理傾向將鹹味與酸味跟甜味區分開來，鹹食中使用較少蔬菜、糖與醋，香料的量也減少，但伊斯坦堡仍然是香料貿易的重要節點。

小麥麵粉的製作方法不斷進步。人們將麵粉和水做麵團——有些有用酵母發酵，有些則加蛋打成糊（像某種泡芙），接著拿去油炸，通常會泡糖漿（*lokma*），相當受人喜愛。千層酥皮同時用在鹹食與甜食上，或捲或包，可以放絞肉、新鮮乳酪或蔬菜做成捲餅，或是包裹切碎的堅果後烘烤，再泡在糖漿裡（像果仁蜜餅或類似的糕點）。海綿蛋糕（*revani*）是種新玩意兒，是用粗粒麵粉（粗磨小麥製成）、蛋與糖做成，同樣沾滿糖漿。

許多甜點都有悠久的歷史，如米布丁、澱粉與奶水做的甜布丁，以及哈爾瓦。人們也吃一種非常古老、稱為阿舒拉（*asure*）的綜合穀類，紀念穆罕默德孫子殉難一事。⑧飲料則有石榴、櫻桃、羅望子、紫羅蘭與無數種口味的舍兒別，以及酪漿或兌水的酸奶酪（*ayran*）。

糖被拿來做成精緻的糖雕，價格極為高昂。每個世紀總有一兩次場面盛大的公共節慶舉行，這時糖雕師傅（其中許多是猶太人）會得到製作委託。[52] 一五八二年，有上百種五彩繽紛的糖偶列隊遊行——種馬、駱駝、長頸鹿、大象、獅子、海怪、城堡、噴泉與燭臺，有些大到需要好幾個腳伕、甚至是用輪車來拉。

⑧【譯注】指胡賽因・伊本・阿里（Husayn ibn Ali, 626-680），其母法蒂瑪（Fatimah）為先知穆罕默德之女。伍麥亞家族（Umayyad）的穆阿維亞一世（Muawiyah I）成為哈里發、掌握伊斯蘭世界大權後，其繼任者雅濟德一世（Yazid I）在卡爾巴拉（Karbala）襲擊、殺害了胡賽因及其部眾。由於時間正好是伊斯蘭曆第一個月的第十天——阿舒拉節（Ashura），此後什葉派穆斯林便於此日紀念他。

現存最古老的伊斯蘭—突厥文獻實物，是十一世紀的《君王寶鑑》（*Mirror for Princes*）——一部深受波斯式伊斯蘭傳統影響、談如何當君主的鑑書。根據《君王寶鑑》，食物是結合統治者與臣民的樞紐，而書中建議統治者將麵包與鹽發給貴族、學者、宗教人士與一般人。成語「吃蘇丹的麵包」意思就是領薪水。[53]蘇丹常備軍的禁衛步兵核心「耶尼切里」（janissaries），是由從基督徒家庭帶走、改信伊斯蘭的小孩所組成。耶尼切里深受巴格達胥蘇非教團（Bektashi Sufi order）影響，他們會拿著自己的麵包與湯，按順序圍著一張擺滿豐盛餐點的餐巾布坐下，用自己個人的珍貴湯匙舀東西吃。餐後，來用餐的人會嚐一點鹽，祈禱「願神豐盛我們的餐桌」。大鼎象徵著他們對君主的忠誠，這也反映出長久以來的傳統。耶尼切里的等級就是按照廚房裡的等級來排：煮湯的人為尊、廚師次之，然後才是打雜的。把大鼎掀翻，拒絕蘇丹給的食物，就是叛變的信號。[54]

從十四世紀中葉起，就有各式各樣的慈善組織與特定清真寺附屬的濟貧機構為窮人與旅人提供食物；前者如蘇非社群中的廚房與客棧（在土耳其稱為「tekkes」，字源來自蘇非托缽僧院），後者一天會為清真寺僱員、學生、旅人與窮人提供兩餐飯。到了十六世紀，伊斯坦堡十二座清真寺的每一所，都會為多達四到五千人提供湯與麵包，有時候有抓飯或阿舒拉，特殊節日還會有一點點肉。[55]而在伊斯坦堡以外的地方，也會有貴族與虔誠的婦女挹注慈善基金，這種舉動能為他們在天堂中留有一席之地。耶路撒冷的一所慈善機構每天為五百人提供食物，其中四百人是窮人；用來裝飯的鼎大到得由四個人拿兩根棍子，穿過鼎上的四個手把才抬得起來。

鄂圖曼高級料理跨出了皇宮的廚房，傳入開羅、亞歷山卓、大馬士革、阿勒頗（Aleppo）、雅典、索非亞、巴格達、布達佩斯等城市中的穆斯林、猶太人、基督徒貴族高官的家中。伊斯坦堡上千座宅院裡常有宴客活動，料理精緻到連蘇丹都會接受邀請，前往用餐。屠夫、製作燻牛肉或舍兒別的人、賣冰雪的商人與漁夫等行會也為這些宅邸提供服務。

十六世紀時，飲用咖啡的活動創造出了一種新的社交場合：咖啡屋。這就像過去中國喝茶的情況一樣，點出了從精神領域轉往世俗領域的一次轉變。[56]文人雅士在這些咖啡屋討論自己的創作、下棋、跳舞、唱歌，還兼聊政治（圖4.5）。咖啡屋存在於慈善圈外，而政府與宗教當局卻是在圈內透過贈予食物與人民結合，政府於是懷疑咖啡屋是煽動叛亂的中心。一五一一年一場轟動的案件之後，司法訴訟與懲罰開始在麥加展開，於隨後二十年時間裡延燒到開羅，而整個帝國在接下來一個世紀裡也一再發生相同的事件。但這卻是白費力氣。比方說，律師阿卜杜・瓜迪爾（Abd al-Quadir）就在《支持咖啡合法使用》（*Argument in Favor of the Legitimate Use of Coffee*，寫於一五八七年）裡，為咖啡屋和其蜂擁而至的顧客們說話。咖啡成為鄂圖曼帝國阿拉伯語區的飲料：東有埃及、敘利亞與伊拉克，西有利比亞與阿爾及利亞，北邊則有突厥匈牙利（Turkish Hungary），咖啡屋在這些地方成了吸引知識分子與作家聚集之處。[57]儘管當局認為咖啡屋會引發許多問題，但咖啡可以帶來收入。鄂圖曼人在一五三六年占領葉門，獨占了這種人人趨之若鶩的產品，直到十七世紀末為止。[58]

鄂圖曼料理不僅仰賴，同時也刺激了貿易與農業。十七世紀中葉，一年有兩千艘船停靠在伊斯坦堡，上面載有來自埃及的小麥、稻米、糖與香料，黑海以北的牲畜、穀類、油料、蜂蜜與漁獲，以及愛琴海島嶼的葡萄酒。鄂圖曼人也在征服的土地上設立蔬菜農場，為突厥裔的衛戍部隊提供新鮮青菜。農人將綠豆、洋蔥、辣椒、黃瓜與甘藍賣給城裡人，以補貼家用。到了十七世紀，保加利亞的蔬菜田已經開始供應歐洲城市所需。[59]鄂圖曼人也為巴爾幹引進了改良過的葡萄（可以直接吃，或是乾燥做成科林斯葡萄乾〔currant〕與無籽白肉葡萄乾〔sultana〕）、秋葵、榛樹、綠薄荷、平葉洋芫荽（flat-leaved parsley）、茄子、杜蘭小麥、改良種鷹嘴豆，還有芬芳的大馬士革玫瑰

【圖4.5】一間鄂圖曼咖啡屋。咖啡屋比酒館更體面，不只提供咖啡，同時也是抽菸、聽故事、音樂和小道消息的地方。（圖片來源：Henry J. Van Lennep, *Bible Lands: Their Modern Customs and Manners Illustrative of Scripture* (New York: Harper, 1875).）

（好用花瓣做果醬和玫瑰露）。

美洲作物出現在鄂圖曼帝國的時間與西班牙相仿，甚至更快，這或許是因為被西班牙驅逐的賽法迪猶太人（Sephardic Jews）[⑨]交流網橫跨於鄂圖曼帝國與美洲之間。第一本在伊斯坦堡出版的插圖書就是穆罕默德．埃芬第（Mehmet Efendi）的《新大陸之書》（*Book of the New World*，一五八三年）。彎豆、南瓜與辣椒開始入菜，玉米也成為平民的替代食品。

鄂圖曼料理不斷演進，直到帝國在十九世紀晚期與二十世紀早期瓦解為止。土耳其、黎凡特、埃及、巴爾幹與北非的料理仍然透露出其影響。而鄂圖曼料理也跟過去的波斯式伊斯蘭料理面對的情況一樣，與基督教料理之間的界線相當模糊：北地中海沿岸與中歐都能找到鄂圖曼料理的痕跡，打從鄂圖曼帝國統治布達佩斯時期開始，抓飯、口袋餅（*lángos*）、千層酥皮（*strudel*）、蜂蜜飲料與鑲蔬菜就成了當地的常見菜色（不過此前就有人做甘藍鑲菜了）。

蒙兀兒料理

一五二三年，突厥出身的沙場老將巴卑爾帶領人馬越過阿富汗高原，從險峻的道路下到北印度平原。巴卑爾來自突厥斯坦（今天的烏茲別克）；一三六〇年代時，帖木兒在蘇非謀士的幫助下曾征服此地。根據前往帖木兒朝廷的葡萄牙大使所說，布哈拉、撒馬爾罕與赫拉特（Herat）等城市有華麗的宮殿，花園中還有絲質的營帳，引水道分隔著園中的林木、花草、蔬果，讓他印象極為深

⑨【譯注】指世居西班牙、葡萄牙地區的猶太人社群。「賽法迪」（Sephardi）是希伯來文中對西班牙地區的稱呼。

刻。

巴卑爾以德里作為首都，但他總覺得北印度及當地食物比中亞差了一截。他在自己的回憶錄裡評論道：「印度是塊不怎麼迷人的地方。」這裡「少了葡萄、瓜果和各種美味的水果，少了冰塊和冰水，市場裡也沒有好吃的食物與麵包」。[60]印度教徒不吃肉，若與饢坑出來的鬆軟微酵饢餅一比，他們用烤盤烤的全麥麵包和大麥薄餅實在難以入口。皇帝的謀臣阿布・法策爾（Abū al-Fazl）認為，孟加拉的炎熱就是其居民軟弱無力的原因，跟蒙兀兒人乾冷的中亞故鄉有著天壤之別，而他的看法也預示了後來不列顛人的態度。[61]儘管如此，印度確實握有「大量的金礦與銀礦」，農人每年能在較為乾燥的地區種出兩回麥收，氣候潮濕的地方則有兩期稻作，此外還有能銷往市場的棉花、甘蔗、罌粟與大麻。最後，巴卑爾和他的部下還是留了下來。

波斯化、伊斯蘭化的突厥—蒙古裔貴族主導著蒙兀兒宮廷。一五九五年，蒙兀兒帝國第三位皇帝阿克巴（Akbar）朝中有三分之二的貴族具有波斯與突厥血統，包含波斯士子與詩人、阿拉伯學者，以及突厥和烏茲別克裔的武將。[62]阿克巴接受了波斯政治理論，認為權力、德行與秩序輻散自仁慈、半神化的皇帝，皇帝則有武人兼官員組成的階級體系（稱為曼薩巴德〔*mansabdars*〕）所支持。他對蘇非派的神學思想和料理哲學知之甚詳，能背出魯米大部分的作品。[63]第四任皇帝賈漢吉爾則在赫拉特的花園裡，從蘇非派的追尋中得到樂趣，例如烹飪（尤其是麵條）和旋轉舞。蒙兀兒帝國第五任皇帝沙賈罕（Shah Jahan）稱自己是繼帖木兒之後的「第二個合相之主」（Second Lord of the Conjunction），帖木兒同樣也是在兩顆吉星合相時出生的。

蒙兀兒人就像蒙古人，經常採用被征服者的習俗；鄂圖曼人則大不相同，無論哪種基督教元素掠過他們的料理，他們都不會公開表現接受。阿克巴就採用了印度風俗，坐在高臺上舉行朝覲，這讓他手下虔誠得多的穆斯林大吃一驚。他還邀請拉傑普特（Rajput）貴族、地方望族、傭傭兵、傳教士（包括耶穌會士）以及外交官來到宮廷裡。阿克巴鼓勵兒子娶印度教徒，尤其是大權在握的拉傑普特人：賈漢吉爾的生母就是來自拉賈斯坦（Rajastan）的印度公主，而他的妻子努爾賈罕（Nur Jahan）則是波斯移民的女兒。阿克巴的皇宮裡除了清真寺，還有印度教廟宇，甚至是基督教禮拜堂。印度阿育吠陀醫生得到俸祿，朝廷裡還出現了一種與波斯語同時使用的新文學語言：結合印地語（Hindi）文法和阿拉伯、波斯與突厥詞彙的「烏爾都語」（Urdu，源於突厥語中指「軍隊安營紮寨」的字）。[64]

阿克巴的謀士兼宰相阿布·法策爾，在皇宮的行事守則《阿克巴大法》（*Ain-i-Akbari*）裡收錄了一段談宮裡膳房的片段，雖然簡短，卻讓人大開眼界。[65]阿布·法策爾按照當時已行之有年的模式，從伊斯蘭世界不同角落把廚師找到德里的膳房，或是帶去阿克巴行伍中的十六張大炊事帳中工作，畢竟他常常在自己的國土上巡視。食材從阿富汗、波斯與其他中東王國引進。以重量計價的奶油與精煉奶油幾乎與白糖一樣昂貴（油和黑糖倒是便宜一些），更是綿羊或山羊肉的兩倍。番紅花是最珍貴、也最昂貴的香料，其次則是丁香、肉桂與小豆蔻。供應皇宮的精米價格大約是小麥的十倍，與奶油或糖價格相當。波斯園丁種扁桃、阿月渾與胡桃，以及石榴、葡萄、瓜果（據信有滋補作用）、桃子和梅子。宮裡養的馬比大多數人吃的都好，每天的食糧有四磅的穀類與三磅的糖。[66]波斯料理中加在飲水與舍兒別裡的冰塊，也從喜馬拉雅山火速運來，蒸溽的德里尤其需要。另一種做法是將水罐泡在硝石溶液中，這種神奇的材料既能做出容易爆炸的火藥，也能冰鎮飲水。[67]

阿布·法策爾在文章一開始就重申這段古老的事實，「性格的平衡，人體的力量，接受外在與內在祝福、獲得現世與信仰利益的能力，終究得仰賴合宜飲食中表現出的悉心照料」。料理的核心還是伊斯蘭料理。水果與堅果是蒙兀兒料理的象徵，可以生吃，加進抓飯、肉類與雞肉料理，做成舍兒別，還可以包進甜點裡。抓飯的奢華來到了全新的境界。例如有一道抓飯，裡面每一顆穀粒都要染上紅色和白色，模仿石榴籽。另一道抓飯則是將米用蛋黃和金箔、銀箔打在一起，看起來就像珍珠。還有一道則是要把抓飯堆成垛，飯堆散開時還會有小鳥從裡面飛出來。[68]

與波斯式伊斯蘭料理不同的是，蒙兀兒人用的是精煉奶油，而非肥尾羊脂肪。人們在類似米豆粥這種印度菜裡，加入了與米粒和豆子等重的精煉奶油，使味道更為醇厚。印度教料理的甜點也與伊斯蘭甜點擦出火花。奶類布丁是這兩種料理傳統間的橋梁：齋戒月（Ramadan）結束時吃烤細麵布丁（*sivayan*），另外還有米粒布丁（*kheer*）、用玫瑰露或柑橘花露提香的米粉布丁（*firni*），以及受人喜愛的哈爾瓦與庫爾非冰淇淋（*kulfi*）。不過，遊牧民族與突厥式伊斯蘭料理中常見的湯卻消失了，這或許是因為湯無法以印度風格用手抓來吃。抓飯與印度香飯（biryani，一種混合了香料、肉味醬汁的抓飯）取代了湯的位置。

賈漢吉爾之子沙賈罕會在月光下舉辦銀白色的宴會。隨員們一襲白衣，跪坐在阿格拉堡（Agra Fort）山坡上擺放的白毯與靠墊上，整座城堡用白花裝飾，花香四溢。[69]由皇宮裡的作坊製作，或是從遙遠國度進口而來的器皿與餐具擺了出來，令人目不轉睛：有表面鑲了珠寶的金湯勺、明代中國的瓷盤、按波斯式樣製作的優雅水罐，以及用金、銀與翡翠做的酒杯。這時，按照突厥規矩，人們用餐之前就開始飲酒，還常常使用鴉片。等用完像杏仁酸奶醬汁佐雞肉等白色的菜餚之後，就開始酒會與詩歌朗誦。借賈漢吉爾的話來說，王室儀仗都因為「忠誠的葡萄酒」而迷醉。沙賈罕則用一隻製作於一六五七年的乳白色玉樽（圖4.6）喝他的酒。[70]

蒙兀兒料理影響所及遠遠超出宮廷，成為橫跨印度大部分地區的高級料理。海德拉巴

（Hyderabad）的統治者與阿格拉（Agra）、勒克瑙（Lucknow）等地納瓦卜（Nawab）⑩的宮廷擅長雞肉咖哩，喀什米爾與拉賈斯坦君主的宮殿則因精緻的米飯和肉類製作聞名，而蒙兀兒料理就在這些地方不斷精進，甚至超越蒙兀兒帝國的範疇，成為其他宗教的上層人士所吃的料理。[71]

極盛期的蒙兀兒王朝統治全世界約七分之一人口，在那個時代，只有中國的清王朝可以匹敵。和其他成功帝國的情況一樣，蒙兀兒帝國內的窮人吃得相對飽些。為防城市食物短缺，政府在城牆範圍內蓋起義倉。德里缺乏水源，這點就世界大城來說很不尋常。不過有一片人煙稀少的荒地圍繞在德里四周，這讓世代移動的牲畜牧人（稱為班加拉人〔*banjaras*〕）養來拉車的牛能沿著道路吃草。蒙兀兒帝國有大片肥沃的土地，這意味著鄉間窮人能靠穀類較少、但有各式彎豆與小扁豆的傳統菜餚過上不錯的生活。他們只有在想要多點選擇享受時，才會選擇來自美洲的新作物，例如木瓜、人心果（*sapote*）、酪梨、百香果及番石榴等水果，以及辣椒（被稱為「花園裡的點綴與幸福家庭的保證」）帶來的、不算昂貴的辛辣刺激。[72]直到十九世紀為止，玉米以外的其他美洲作物如樹薯、花生、番茄與馬鈴薯始終不具重要性。

到了十六世紀，伊斯蘭料理已經在大半個印度、中亞、西亞及北非根深蒂固。其特有的料理技術在各地宮殿裡龐大的廚房裡持續為人反覆操作，將高級料理提升到極為成熟的水準，在未來數世紀時間裡不斷演進。城市裡，高級料理傳播到有錢人家，甚至以簡化的型態出現在市場小販所提供的餐點中。城裡有了營利性的食物加工，還出現了對所有付得出錢的人開放的飲食場所，這為人

⑩【譯注】「納瓦卜」原是蒙兀兒帝國皇帝賜給南亞王公的榮譽頭銜，後來也授予其他大權在握的個人。他們半自治地統治著自己的國家，與中央政府保持聯繫。在不列顛印度的某些省分，某些重要的部落領袖也得到了這個稱號。

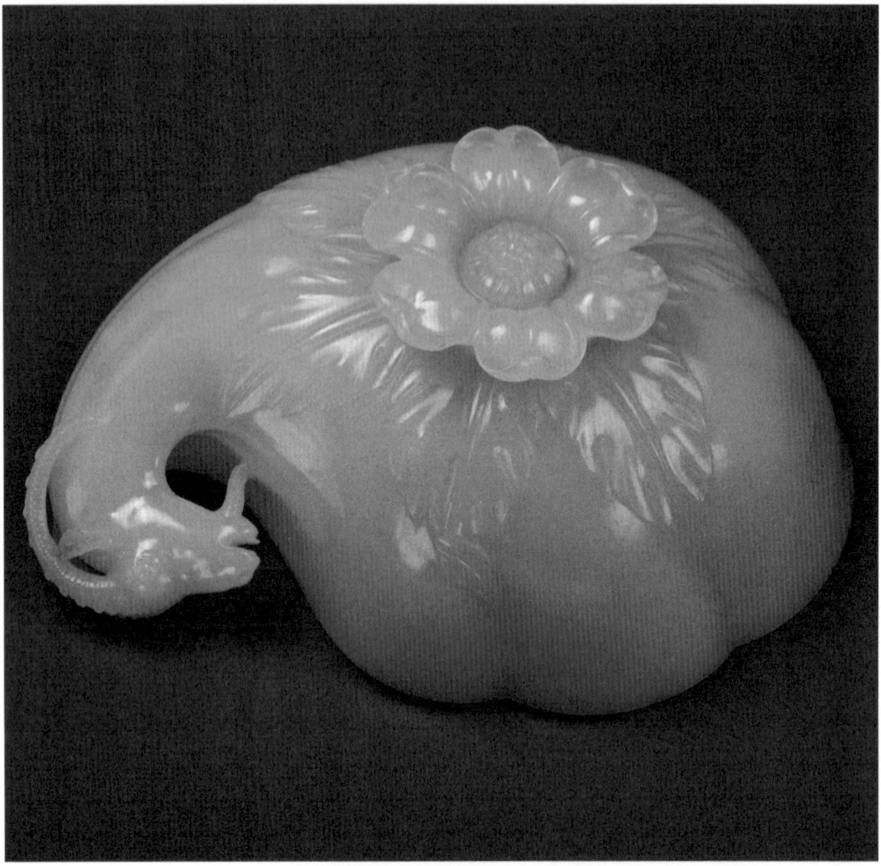

【圖4.6】沙賈罕用這個乳白色的玉杯喝酒，杯子大小與他的手掌完全吻合。玉材來自中國與中亞的交界。製作這個酒杯的無名工匠肯定花了好幾個月的時間切割、打磨、拋光，才做出葫蘆的杯形、蓮花杯底，以及野山羊頭手柄。根據煉金術士的說法，玉能讓人內心平靜，保持體液循環，預防疾病，碰到毒物時還會改變顏色。這個杯子就是世界的縮影，象徵著宇宙與永恆的王權。（圖片來源：Courtesy Victoria and Albert Museum, London (12-1962).）

們提供了有別於賑濟的選擇——施恩料理既是一種慷慨的舉動，同時也是收買人心的自利行為。鄉間的人們通常有適量的飲食，不過高級料理中用香料調味的肉類佳餚與熱騰騰的甜點，和他們的粗茶淡飯還是有天壤之別。飢餓的風險也揮之不去。一六三〇年，當沙賈罕正從自己的玉樽裡啜飲美酒，且他的隨員正享受著講究的餐點時，一場饑荒也正摧殘著古吉拉特（Gujarat）人民。[73]

有三個因素讓伊斯蘭料理——至少是其若干特色——在接下來的幾個世紀裡流行到其核心地區之外。十二世紀起，歐洲人就開始根據基督徒口味調整伊斯蘭料理；到了十六世紀，伊比利半島諸帝國對外擴張，將受到伊斯蘭影響的天主教料理傳到了美洲、菲律賓與印度洋地區的貿易據點。十九世紀晚期，印度契約工移居到印度洋、非洲、加勒比海、太平洋、希臘、黎巴嫩等地的種植園，其他地方的勞工則移民到美洲與其他地方，將受蒙兀兒料理影響的印度料理與鄂圖曼料理帶到這些地區。還有二十世紀後半葉，印度人隨不列顛帝國瓦解而移民，這也讓蒙兀兒文化刺激出來的料理流行於不列顛。

第五章

歐洲與美洲的基督教料理，西元一〇〇年至一六五〇年

Christianity Transforms the Cuisines of Europe and the Americas, 100–1650 C.E.

拿起餅來、祝福，然後就掰開：基督教料理哲學建立，西元一〇〇年至四〇〇年

「耶穌拿起餅來、祝福，然後就掰開，並遞給門徒且說：『你們拿著吃，這是我的身體。』又拿起杯來並說：『你們都喝這個，因為這是我立約的血，為多人流出來，使罪得赦。』」[1]根據基督教四福音書中的其中三個福音，拿撒勒的耶穌（Jesus of Nazareth）在最後的晚餐（Last Supper）時做出了這些舉動，在自己被釘上十字架之前（時間可能是西元三三年）與門徒們一起用餐。

現在，我要從前一章往回走一千五百年的時間，討論基督教料理——這是第三種受普世宗教與國家聯手所影響的料理菜系。稍微勾勒早期基督教料理哲學的發展之後，我會集中在一六五〇年之前兩種擴張範圍最廣的基督教料理分支：一為拜占庭料理，也就是東方正教會（Eastern Orthodox Church）的料理；一為天主教料理，或者我該稱之為西方教會料理，而我會先談歐洲，接著再談天主教料理在十六與十七世紀的擴張。至於其他基督教群體，如埃及科普特教派（Egyptian Copts）、亞美尼亞突厥人（Armenian Turks）、敘利亞聶斯脫里派（Syrian Nestorians，他們在西元四五〇年至一〇〇〇年左右，經由絲路傳播到中國）、印度基督徒，以及十二世紀法國南部的卡特里派（Cathars），由於他們的料理缺少強大的國家奧援，對全球料理史的影響較少，我且按下不表。

自從大衛與所羅門的王國在西元前十世紀瓦解開始，猶太人有十個世紀的時間，是在不同帝國統治底下敬拜自己的神：巴比倫帝國、阿契美尼德帝國、亞歷山大帝國、塞琉古帝國，最後則是羅馬帝國。[2]猶太人傳統上以羔羊作為踰越節祭獻，用來紀念逃出埃及一事：當時，摩西詛咒埃及人會失去自己的長子，而猶太人則在自家門柱上塗抹羔羊血，以躲過詛咒。但羅馬人在西元七〇年摧

毀第二聖殿（Second Temple）①之後，猶太人就再也不能從事踰越節祭獻。猶太人已經成為羅馬帝國的一部分，從各方面來看，巴勒斯坦地區的猶太料理也變得和羅馬帝國料理非常相似（但巴比倫猶太料理不在此列），像是有著劃刀割痕的圓麵包（圖2.6）和魚露，而其烹飪用語與用餐禮儀透漏了相似之處。吃踰越節餐時，出席的人會洗淨右手、祈禱，然後用公杯飲用葡萄酒，接著祝禱、掰開麵包。

儘管如此，猶太料理仍然有其特色。《律法書》（*Torah*）②定下規則，規定屠宰的方法，規定什麼不能吃（包括血與豬肉）、烹飪如何進行、哪些食物適合用來紀念踰越節，以及休息用的安息日要如何騰出時間。雖然羅馬當局通常對族群與地方宗教相當寬容，只要每一個人都參與皇帝崇拜，表現自己是帝國的一份子，但猶太人拒絕這種表達方式，因此也成了羅馬當局的眼中釘。

西元一〇〇年前後，蓋倫正對他的有錢病人提出飲食建議，塞內卡還在寫文章討論斯多葛倫理與飲食之際，已經有若干基督徒小團體開始聚在一起，吃簡樸的餐點。[3]從羅馬帝國的祭獻宗教改信基督教的人逐步上升，許多人是工匠或商人，是家業穩固、經濟無虞的人，但還稱不上上流人士。這些在羅馬、埃及亞歷山卓、小亞細亞的以弗所與安提阿，或是突尼西亞迦太基的基督徒們，就跟著自己的非基督徒鄰居住在同樣蜿蜒的街道，上同一處市集。

---

① 【譯注】根據《聖經》記載，所羅門王在耶路撒冷建立了聖殿，作為崇拜上帝的場所。西元前五八六年，新巴比倫帝國（Neo-Babylonian Empire）的尼布賈尼薩二世（Nebuchadnezzar II）征服猶太人，摧毀聖殿。居魯士在西元前五三九年擊敗新巴比倫帝國後，允許猶太人重建聖殿，此即為第二聖殿。

② 【譯注】指猶太教經典中的《創世紀》、《出埃及記》、《利未記》、《民數記》與《申命記》，又稱《摩西五經》（Pentateuch），是猶太教神學與戒律最重要的核心。

【圖5.1】在這幅羅馬地下墓穴畫中，一家人吃著魚（基督的象徵），用高腳杯分享葡萄酒，和平女神伊瑞涅（Irene）與愛神愛加倍（Agape）照看著他們。（圖片來源：Rodolfo Lanciani, *Pagan and Christian Rome* (Boston: Houghton Mifflin, 1896), 357.）

要建立一種同時與猶太或羅馬料理有所分別，而且還不能太奇怪、難以下嚥或太難準備（免得把潛在的新信徒嚇跑）的料理，得花上好幾百年。要記得，在古典時代晚期的信仰動盪中，還有其他新生的宗教團體也在創造新料理。波斯先知摩尼（Mani，西元二一六年至二七六年）領導的摩尼教，就從基督教與佛教中拿來不少元素，在北非至中國之間吸引到一大批改信者。他的核心追隨者稱為「選民」（the Elect），只吃有香味的水果和色彩繽紛的蔬菜。摩尼曾經解釋，食物與肉體是黑暗物質世界的一部分，會困住日月灑落在大地上的神聖之光，摩尼教徒也因此茹素、禁酒與禁吃煮過的食物（也戒色）。[4]基督徒和摩尼教徒對抗到六世紀末，穆斯林則與之競爭到十世紀末，但這個宗教還是在更東方之處繼續興盛了數百年。

西元一世紀時，在以弗所、科林斯與羅馬新入教的基督徒向大數的保羅（Paul of Tarsus）提問有關料理的問題。保羅生為猶太人，但他在改信基督教之後卻對猶太風俗逐漸抱持否定態度，包括飲食規範。他堅持基督教並不重視食物，只要能夠透過吃「麵包／聖體」與喝「葡萄酒／聖血」，進而瞭解基督苦難聖死的意義就已足夠。基督徒無須聽從猶太飲食規則，也不用遵守其齋戒日。另一方面，基督徒不應吃祭獻給羅馬帝國神祇的肉，也不能參加同好聚會、喪禮或國家祭典後的祭宴。

簡約樸素，用來紀念同為一體的餐點——由麵包與葡萄酒組成的聖餐——成為基督教重點活動（圖5.1）。與會者會在用餐之後點燈，懺悔自己的罪，並將麵粉、葡萄、羔羊油、麵包與葡萄酒等禮物獻上祭壇。傳道人和其他主祭者掰開麵包，祝謝麵包與葡萄酒，接著施洗、唱感謝祈禱，領麵包與葡萄酒。

麵包是每天的主食，也被當成解釋基督信仰的一種隱喻。基督徒在基督聖體內合而為一，有如麥粒在麵包內合而為一。基督是饑民的麵包。基督消化了基督徒，將他們與自己的身體結合在一起。靈性的成長有如烹飪；四世紀時，奧古斯丁曾經在一次常有人引用的講道詞中，用佛教與伊斯蘭教中也能找到的類似象徵來解釋這個過程。「當你除了身上的魔，你就『磨成了粉』。當你受了洗，你就『發了酵』。當你接納了聖靈之火，你就『烤成了』。」[5]

葡萄酒象徵上帝的羔羊——基督——的鮮血，猶太律法中遭到禁止的血便以葡萄酒的形式，作為象徵而飲用。在基督徒的土地上，屠宰動物留下的鮮血不會被丟掉，而是用來勾芡醬汁、製作香腸。猶太人也禁吃豬肉，但根據亞歷山卓的克雷芒（Clement of Alexandria）的看法，「那些得勞動身體的人」——也就是運動員與工人，是可以吃豬肉的，但那些「為靈魂成長奉獻一己的人」則得避開豬肉（這也頗能與和克雷芒時代相近的猶太神學家斐洛〔Philo〕對猶太人禁食豬肉的解釋相呼應）。保羅與教父們接納、重新詮釋了猶太人的料理演變過程。亞當與夏娃見逐於伊甸園，標誌著料理從蔬果轉往肉類。上帝早先雖然允許亞伯拉罕用羔羊來代替自己的兒子以掃，這時卻將自己的親生子送上十字架。[6]

基督教教父同時汲取羅馬與猶太料理思想，把目光望向共和派或斯多葛派料理哲學——堅持得宜的食物與自然的食欲，不願接受開胃菜、甜點與醬汁，說這會導致貪食。擔任亞歷山卓主教到西元二世紀末的克雷芒，便在一本談基督徒儀態的書《導師基督》（*Paidagogus*）中主張高度在腹部以下的胃腸與性器官的欲望必須受到控制。

基督徒應避免享用高級料理（但其實大多數基督徒怎麼樣也吃不起）。他們應該吃簡單樸素的飯菜，像是「根莖類、橄欖、各種新鮮蔬菜、牛奶、乳酪、水果與各種煮熟的蔬菜——但不加醬料。此外若有吃肉的需要，〔就用〕水煮或火烤」。[7]他們不該喝太多飲料，因為飲料會在消化系統還來不及消化食物前，就把食物沖過去。最重要的是，他們得避免飲用會激發欲望的葡萄酒。為了不成為「逸樂的俘虜」，基督徒應當避免那些造成貪食的「甜蜜醬汁」與「各種新鮮的甜點」，還得撇下許多「糟糕的油酥點心、蜂蜜蛋糕與甜點」與讓人不餓時也吃東西的開胃菜。[8]當糞便累積在性器周遭時，就會刺激欲望，基督徒裡應充分咀嚼，以促進消化，讓糞便這種讓人想到肉體的東西盡可能減少。

齋戒也漸漸變得越發嚴格。早期的基督徒可能是按照猶太習俗，在禮拜三與禮拜五齋戒。教父賦予齋戒更大的重要性。齋戒能「清空物質的心靈，使其及肉體潔淨輕盈，以接受神授的真理……〔而過量的食物〕則會將人的心靈拖往麻木不仁」，亞歷山卓的克雷芒如是說。[9]一場苦修運動開始在埃及與拜占庭東部展開，其支持者擔心酒肉會刺激欲望，於是退隱於不毛之地，在那兒實驗起生食，並實施極端的自我否定與棄絕，以控制性欲。[10]

四世紀時，由院長主持的修院開始出現，過度的齋戒在院裡也得到控制。若干基督教重要人物為修院生活擬定規矩，其中包括了大致相似的飲食規定。曾經執筆過的人有帕科謬（Pachomius），他是一所重要的埃及修道院的創始人（聖耶柔米〔Saint Jerome〕將帕科謬的修院清規譯為拉丁文，還翻譯了《聖經》）；此外還有該撒利亞的聖巴西流（Saint Basil of Caesarea）、聖奧古斯丁，以及最具影響力的六世紀的聖本篤（Saint Benedict）。每一位的清規都規定修士一天只能吃一到兩餐的麵包、蔬菜，以及一點葡萄酒或濃啤酒，因為沒有什麼比貪食「更讓人沒資格稱為基督徒」。[11]每逢禮拜三、禮拜五、四旬齋（Lent）與聖靈降臨日（Pentecost），僧侶一天就只能吃一餐。許多僧院吃的都是味如嚼蠟的餐食——只有麵包、鹽和水，可能還有點蔬菜。帕科謬禁了魚露，耶柔米蕭規曹隨，原因可能在於魚露是從溼冷化為乾熱的魚，因此容易激發欲望。[12]貪食——

控制不了食欲——成了「七宗罪」[3]之一。

到了大約西元三〇〇年，基督教料理已經初具雛形，以麵包與葡萄酒的共餐（視為真實或象徵的血肉）取代異教徒的祭宴，這種餐食在英語中有「Eucharist」（聖體聖事）、「Holy Communion」（聖餐共融）或「mass」（彌撒）等稱呼。麵包、葡萄酒、油、魚肉、羔羊肉與豬肉則是基督教料理的代表性食物。在一整年當中，基督徒有將近一半的日子要進行齋戒，意即不吃肉、蛋、奶、奶油與動物脂肪。非基督徒謠傳他們的秘密餐會可能牽涉到吃人肉、喝人血。當時，基督徒在羅馬帝國中只占大約百分之十的人口，不僅是暴民騷擾的對象，也容易遭受任意處刑。[13]假使沒有在羅馬帝國東部得到合法地位，基督教料理哲學在全球層面上就會一直無足輕重下去。

從東羅馬帝國料理到拜占庭帝國料理，西元三五〇年至一四五〇年

西元三一三年，皇帝君士坦丁正式承認基督徒，接著政府又在三五二年與三五六年頒布法律禁止動物祭獻，違者處以死刑、流放或免職，而基督教料理哲學也開始在東羅馬帝國從少數人的原則轉變為多數人的信念。君士坦丁是聽了該撒利亞主教優西比烏（Eusebius）的話才這麼做的——優西比烏是宮廷教士小圈圈的一員，他在自己寫的《教會史》（*Ecclesiastical History*）裡主張羅馬與基督教可以相互扶持，如此一來，君士坦丁的君主國就能讓神的王國降臨人間。五百多年前的印度，阿育王的敕諭開啟了祭獻宗教在當地緩慢絕跡的過程；羅馬帝國的情況也相去不遠，雖然皇帝尤利安（Julian）在四世紀時曾重新推行祭獻，但祭獻宗教還是逐漸消逝。

羅馬帝國在西元三世紀的最後三分之一出現了政治與經濟問題，這讓人明顯看見東方才是帝

國的財富所在，改名為君士坦丁堡的拜占庭也成了羅馬帝國首都。君士坦丁堡是將近百萬人的家園，座落在貿易路線的交叉口上，這不僅帶來產自東方的香料、亞歷山卓的穀物與北歐的蜂蜜和毛皮，還將亞歷山卓、小亞細亞的安提阿與特拉布宗（Trebizond），以及海峽對岸的希臘塞薩洛尼基（Thessalonica）連成一氣。當講拉丁文的西帝國走向末路之時，基督教卻在講希臘文的、且由小亞細亞大部分地區、巴爾幹地區、希臘、埃及與大部分北非地區組成的拜占庭帝國成為國教。到了西元五世紀，基督徒已構成帝國一半的人口。類似上流人士餐桌上的發酵麵包也用於彌撒，用專門的爐子烤，烙上像魚與十字架等基督教的符號。

在拜占庭，是帝國宮廷塑造了拜占庭高級料理。拜占庭高級料理不同於早期基督徒受斯多葛飲食理論影響的共餐，而是以基督教料理哲學——尤其是彌撒、齋戒規定與食材偏好所重塑的「東羅馬帝國希臘化料理」為基礎。[14]皇帝的餐點展現了其所統御的人民與自然環境、來自古代傳統的權威、在社會階級中的至高地位，以及得自於神的權力。基督徒用聖餐禮紀念最後的晚餐，而皇帝就像基督那樣斜靠著，他的臣子則坐在餐椅上，表現得就像十二門徒——過去奧古斯都象徵性地與希臘諸神一同用餐，現在這是基督教的版本。[15]根據基督教的規矩，基督徒在一年中有將近一半的日子不能吃肉類與乳製品，但我們對替代食品的瞭解並不多。六世紀時，亞歷山卓的醫學院校根據二世紀醫生蓋倫的著作，教授飲食與營養理論，而拜占庭高級料理就是按照這些理論所設計。[16]在不用齋戒的日子，宮中的人吃的可能有淋上蜂蜜酒的烤豬肉，搭配葡萄酒、魚露、芥末與小茴香鹽

---

③【譯注】基督教信仰中，將人類罪愆歸結於七個因素，分別為傲慢（pride）、貪婪（greed）、色欲（lust）、嫉妒（envy）、貪食（gluttony）、憤怒（wrath）與怠惰（sloth），此為七宗罪。

的野鴨，還有葡萄葉捲（可能就是這個時代發明的）、尚未斷奶的幼獸、小鳥、野味、魚與其他海鮮，以及水煮穀類、蜂蜜與葡萄乾做的布丁。他們也吃榲桲、梨子與檸檬果醬與蜜餞，吃的時候用湯匙，旁邊還配上一杯水。甜味水果無酒精飲料可能也有。酒泉中湧出來的葡萄酒，則用像是乳香樹脂（mastic）或大茴香子調味。

雖然拜占庭宮廷菜精緻絕倫，但當時西方來的訪客對其卻大感陌生——在西方，希臘葡萄酒與魚醬幾乎絕跡，動物油和其他油脂也取代了橄欖油（橄欖油多半拿來做潤滑油）。當克雷莫納主教利烏特普蘭德（Bishop Liutprand of Cremona）擔任神聖羅馬皇帝奧圖一世（Otto I）的大使，拜訪拜占庭宮廷時，他抱怨酒嚐起來有樹脂味，菜裡放了太多橄欖油，而且裡面還加了「另一種用魚做的、非常噁心的液體」。[17]

大地主和修道院（它們也擁有大片土地）同樣為訪客端上上等菜色，同時經營著穀物與油料磨坊、酒坊、蜂窩烤爐、輪車，甚至還有船隻。如果莊園提供的食物不夠，還可以跟麵包師傅買最好的麵包，去雜貨店買乳酪、橄欖、醃肉、醋、蜂蜜、胡椒、肉桂、小茴香、葛縷子與鹽，到綿羊肉或豬肉舖買現宰肉品。截至西元一〇〇〇年，已經有七千所修院於拜占庭成立，修院中的十五萬名僧侶吃的則是以小麥麵包與葡萄酒為基礎的修行料理。[18]

城裡面，一般人吃的有當時常見的、稱為「劣質麵包」的次等全麥麵包，或是麵包坊烤的大麥麵包。他們只有在節慶時才有肉可吃。通常配麵包的是彎豆、洋蔥、大蒜與蔬菜煮的湯。平民到小酒館裡買波斯卡（*posca*）——基本上是加了點酸葡萄酒或醋的水，這種飲料喝來清爽，但又不太會喝醉。來到鄉間，人們靠小米粥（*piston*）或是自己烤的薄餅過活。士兵會攜帶陶鍋（*klibanus*），用來烤大麥扁麵包，當地至今還有人做類似的麵包。[19]

若要供應君士坦丁堡的高級料理和修道院的修行料理，就需要有整個帝國的農業資源支持。一如其他帝國，拜占庭也有人寫農事指南。比方說，在一部稱為《農事》（*Geoponika*）、題獻給皇帝君士坦丁七世（Constantine VII，西元九一三年至九五九年在位）的彙編之作裡，就留下了卡西亞努斯．巴斯蘇斯（Cassianus Bassus）《農論選》（*Eklogai peri georgias*）的部分內容，其時代可上溯到西元六世紀。地主將穀物、乳酪、油與葡萄酒送往首都。[20]小麥起先是從埃及運來（在六世紀早期，一年要十六萬公噸），後來埃及在七世紀早期落入阿拉伯人手裡，小麥則改從巴爾幹與黑海地區運來。[21]

到了十世紀晚期，拜占庭料理往北擴張，來到了斯拉夫人的土地。根據一部幾個世紀後才完成的史書《往年紀事》（*The Primary Chronicle*）所載，基輔大公弗拉基米爾（Grand Prince Vladimir of Kiev）召見了穆斯林、猶太教徒、西歐的基督徒與拜占庭使節，來說明他們的宗教。[22]在各方的說法裡，食物都占了相當大的比重。穆斯林回答說禁止豬肉與酒精。弗拉基米爾駁斥道：「喝酒是所有羅斯人的樂趣。少了這個樂趣，就不叫羅斯人。」西歐基督徒說他們要齋戒。弗拉基米爾回說，羅斯人的祖先找不到齋戒的理由。猶太教的代表則表示不能碰豬肉與野兔，所以他們也被叫去打包回家。最後，拜占庭基督徒（想來是打算避開齋戒議題）聲明他們吃的不是西歐基督教的那種聖體餅（後面會有更詳盡的說明），而是耶穌說「你們拿著吃，這是我的身體」、「這是我立新約的血」的時候所祝聖的同一種麵包與葡萄酒。弗拉基米爾先是謹慎派遣使者去查核這些故事，接著在九八八年決定採用拜占庭料理，為子民選了拜占庭的麵包、葡萄酒與豬肉。

《往年紀事》的傳說成分多於史實，但這個故事不過就是提醒人們統治者常常會宣布其子民應當信奉哪一種宗教（通常說來容易，但做起來難），而改信的過程也會帶來料理上的轉變。在這個例子裡，改信基督教能為禁止抽籤選擇青年人祭的惡習提供根據，還能讓弗拉基米爾迎娶皇帝巴西爾二世（Basil II）的妹妹安娜（Anna），得到與強權通商的利益，並體驗如何治理一個大國。

基輔羅斯（Kievan Rus）的高級料理包括小麥麵包與葡萄酒。酒和香料、稻米一樣，都得以蜂蜜與毛皮為代價，從南方進口而來。過去烤成太陽的樣子、用來迎接太陽回歸的薄餅，這時也轉變為四旬齋前的謝肉節（Butter Week）所吃的、發酵的布利尼餅（blini）。甜點則有用麵粉勾芡的煨莓果（*kissel*），以及粗黑麥粉、蜂蜜與進口香料製成的香料糕點。[23]甜菜與洋蔥和蜂蜜一起煮過，就成了甘味料。當地的自然環境提供了野鳥、熊與麋鹿等野獸，還有森林或蕎麥地裡來的莓果與蜂蜜。魚類料理以活水魚為材料，尤以鱘魚為主，還有魚卵（魚子醬）、魚精（魚白）和蕈菇——但拜占庭帝國不這麼吃魚，認為這麼吃彷彿「殺了大家庭中的許多成員」。[24]鱘魚卵鞘與魚卵先裹粉再煎，接著配上洋蔥、莓果或番紅花醬汁，或是切細生吃，佐香草醋或芥末。魚卵也可以在將近零度的氣溫裡動手從卵鞘裡取出，抹少許鹽煙燻。夏秋兩季吃新鮮蕈菇，冬天則吃乾燥或醃漬蕈菇。發酵的蜂蜜或是微酵的穀類都可以做酒（蜂蜜酒〔mead〕或克瓦斯〔*kvass*〕）。

斯拉夫平民——特別是居住於更北方的地區的人們，吃的是燕麥粥、大麥粥，或是用一種以上的小米與蕎麥（蕎麥屬〔*Fagopyrum*〕，某種與大黃有關的植物種子）煮成的粥。他們的麵包是用黑麥（學名*Secale cereale*）老麵做的酸麵包；老普林尼鄙視黑麥，認為這是饑荒時才吃的野草籽。俄羅斯俗話說「黑麥母親誰都餵，不像小麥那般挑剔」，講的就是種植所謂的一粒麥亞種有多困難——一粒麥是二粒麥與野草的雜交，在西元前五百年前進入阿爾卑斯山以北的農民飲食裡。[25]甘藍、甜菜與洋蔥則拿來入湯。

拜占庭高級料理繼續發展了八百年。令人沮喪的是，我們對於拜占庭菜對波斯式與突厥式伊斯蘭料理有什麼貢獻（或許也反過來從中得到什麼）卻幾乎一無所知。西元一二三七年，蒙古人入侵基輔羅斯。他們從斯拉夫人那裡索拿貢品達兩百年，斯拉夫人的料理也從南方的料理轉向東方（見第四章）。西元一四五三年，從十一世紀起便緩慢越過安納托利亞的突厥人攻下了君士坦丁堡。但只要哪裡還有人信奉東方正教會，拜占庭料理就還有些什麼能存活下來。

從羅馬帝國料理到歐洲諸國的天主教料理，西元一一〇〇年至一五〇〇年

當拜占庭料理、波斯式伊斯蘭料理與佛教料理正值巔峰時，在過去屬於西羅馬帝國的地方，高級料理卻幾乎消失了五、六個世紀之久，只有在宮廷和修道院中一息尚存。四世紀與五世紀的日耳曼入侵者多已改信基督教，但卻是否定耶穌具有神性的阿里烏教派（Arianism）。他們對羅馬料理並不陌生，但卻沒有能力維持羅馬料理所需的商業與農業活動。[26]羅馬人的大莊園衰敗了，再也沒有驢子會拉著滿載加薩來的甘美葡萄酒、土耳其來的果乾、北非的魚露與橄欖油，也沒有載著東方香料的駁船逆流而上。葡萄栽培與睡鼠養殖（睡鼠學名*Glis glis*，過去羅馬人吃睡鼠當點心，今天斯洛維尼亞當地依舊如斯）也從北非銷聲匿跡。在君士坦丁堡學醫的希臘醫生安提姆斯（Anthimus）寫信給法蘭克王講解「食囑」的時候，巧妙地誇讚了奶油、啤酒、蜂蜜酒、鮮肉與燻豬肉，同時卻也暗示拜占庭料理要比這些高明得太多。[27]

平民吃清粥、濃粥、無酵或有酵麵包，端看當地哪種穀類長得最好，就用哪種來做——義大利大部分吃小米，中歐多半是黑麥，溼冷的蘇格蘭有燕麥，不列顛其餘各地則以大麥為主。此外，人們也吃乾燥的圓豆與彎豆、洋蔥與甘藍、一點鹽醃豬肥油、河魚，以及用圈套抓住的兔子。他們用

手或湯匙從公碗中舀自個兒的食物，配蜂蜜酒、淡啤酒與稀葡萄酒。

西歐殘餘的小鎮中，領導會眾的主教們抨擊非基督徒的飲食，尤其是依然大行其道的祭宴。他們對宴會上的飲酒與笙歌大皺眉頭，於是和小國國王結成同盟關係，禁止會眾與非基督徒一同用餐，無論是異教徒、猶太人還是（跟他們一樣糟糕的）阿里烏教派異端；他們宣布祭宴違法，並在自個兒的寬敞廚房中準備餐點，提供其復活節、聖誕節與聖人生日時宴飲之用。在法蘭克王國與隆巴底（Lombard）王國勸人改信基督教的愛爾蘭傳教士高隆邦（Columbanus，西元五四〇年至六一五年在世），便規定任何「因信奉精靈或崇拜偶像」而獻祭的人，都要接受吃四十天的麵包和水，以及三年和好聖事（penance）[④]的懲處。[28]吃馬肉是另一項祭獻時大受歡迎的內容；西元七三二年，教宗額我略二世（Gregory II）寫信給他派到日耳曼人之間傳教的使者波尼法爵（Boniface），信中也提到吃馬肉是種「下流可憎的習俗」。祭獻不僅可以帶來飲宴、歡唱、跳舞，還能在辛苦工作之餘調劑身心，但人們也漸漸懷著不甘的心放棄了簡單易懂、歷史悠久的祭獻（可能從來都不徹底），接受某個無形、全能，還會要求人用自己辛苦掙來的農產繳什一稅的神。他們也停止吃馬肉（得到特准的冰島人例外），並在一年中一半的日子齋戒——至少表面上是如此。

接下來，到了十一世紀，歐洲日益繁榮，一種泛歐洲的天主教高級料理也出現了。雖說歐洲是由獨立但關係緊密的城鎮、城邦國家、小王國與公國組成的一塊拼圖，但既然有一種共享的料理哲學，有政治與社會交流，也有社會上與商業上的交換，就意味著整個歐洲的貴族階級都吃同一種天主教料理——雖然還是有地區性的差異。[29]統一的基督教王國，即用神聖的基督教模子重新打造的羅馬帝國，是八世紀時查理曼差點實現的夢想；十一世紀初日耳曼的亨利二世（Henry II）也有一樣的夢，而十六世紀時西班牙的菲利浦二世（Philip II）更是幾乎就要圓夢了。各個統治家族會流動、通婚，盎格魯—諾曼家族移居愛爾蘭，諾曼人前往塞浦路斯與西西里島，日耳曼人去波美拉尼亞（Pomerania），卡斯蒂亞人（Castilians）則在安達魯西亞安家落戶——他們全都把自己的料理帶了過去。[30]西元一五六五年，葡萄牙的瑪麗亞公主（Infanta Dona Maria）前往義大利成婚時，把她的廚師與食譜一起帶去；她這麼做，也是按照老傳統。商人沿著跨阿爾卑斯山的貿易路線移動。貿易活動將地中海地區的威尼斯、巴塞隆納與熱那亞，以及波羅的海與北海城鎮組成的漢薩同盟（Hanseatic League）給連接起來。教宗的代表在各個宮廷與梵諦岡或亞維農（Avignon）之間往來。天主教修會的活動也跨越了國家界線。對料理來說，沒有哪個修會的影響比西妥會（Cistercians）更為重大——一〇九八年，茂來斯木（Molesmes）修道院長樂伯（Robert）在勃艮第（Burgundy）森林中的西妥（Cîteaux，「Cistercian」一詞的由來），重振了五百年前由聖本篤定下來的清規。到了十二世紀中葉，從匈牙利到葡萄牙，再從義大利到瑞典之間，已經有將近一千所西妥會修道院成立。耶路撒冷的德意志弟兄聖母騎士團（Brothers of the German House of Saint Mary in Jerusalem）——較為人所知的名字是條頓騎士團（Teutonic Knights）——也在中歐與東歐策馬馳騁，用劍尖教人改信。

天主教料理是藉由比鄰的高級料理，也就是東邊的拜占庭料理或東正教料理，以及南邊的波斯式伊斯蘭料理，進而畫出自己獨有的輪廓。對許多人來說，區分十一世紀時東方正教會與天主教會的有形標誌，是兩者彌撒時使用麵餅上的差異：東方的聖體是發酵的，而西歐基督教王國則是用夾

④【譯注】即悔罪以求赦免，與天主、教會共融的儀式，是基督教七大聖事之一（其他為洗禮、堅信禮、聖餐禮、按立禮、膏油禮與婚禮）。

在對開鐵盤裡烤的無酵薄餅。

在這兩種相鄰的料理中，對天主教料理影響更大的是波斯式伊斯蘭料理，特別是安達魯斯（今天的西班牙南部）的菜色。八世紀時，伊比利半島大半都在穆斯林的手中。帕勒莫（Palermo）、哥多華與塞維利亞在十世紀時，都是徹徹底底的伊斯蘭城鎮。許多地中海島嶼，例如塞浦路斯、西西里、馬爾他，以及巴利阿里群島（Balearics），連同義大利南部各地，也長期屬於伊斯蘭世界。[31]十一至十三世紀的十字軍運動，讓歐洲人對伊斯蘭料理多了幾分見識。熱那亞、巴塞隆納與威尼斯還靠跟伊斯蘭世界貿易而發了財。商人買賣的不單只是昂貴的絲綢與香料，日用廚具亦在其中，像北非的鍋子就會賣到南歐去。隨著基督徒推進西班牙南方，摩里斯科（Morisco，改宗基督教的穆斯林）女孩也在基督徒家庭中幫傭，跟著自己的女主人進入修道院。摩里斯科家庭對麵包買賣很有影響。

以前，亞歷山大和羅馬人征服了波斯人，從其料理中學了不少，而伊斯蘭料理汲取薩珊元素，蒙古人也從中國人和波斯人身上拿來許多。歐洲人就像他們，接受了許多伊斯蘭料理。有鑑於羅馬料理哲學與菜色在伊斯蘭世界與歐洲都留下了痕跡，採用伊斯蘭料理對歐洲人也不是難事，只不過是一腳踩進了歐亞大陸料理的糾纏中。具體而言，歐洲人採用的是伊斯蘭烹飪宇宙論，製糖、蒸餾與製作麵食的技術，以及一系列的特定菜餚。

在阿拉伯語醫學文獻翻譯之後，伊斯蘭烹飪宇宙論也進入了基督教王國；我們也已經看到，這些理論本來就是早先古典文獻的翻譯，或是其進一步的發展。那不勒斯城外有個名叫薩雷諾（Salerno）的小鎮，鎮上有間知名的醫學院。十世紀晚期，一名從伊斯蘭教改信的基督徒——非洲的君士坦丁（Constantine the African）——就在薩雷諾譯出了阿拉伯版本的蓋倫著作。一名薩雷諾學派的醫生用拉丁文寫了首詩，叫〈薩雷諾養生法〉（*Regimen Sanitatis Salernitanum*），使體液理論普及於世，詩中提供的建議就像：「桃子、蘋果、梨子、牛奶、乳酪與鹹肉／鹿肉、兔肉、山羊肉與小牛肉／皆生黑膽汁，此乃病痛之敵。」隨著基督徒征服了西西里與西班牙中部，阿拉伯醫生，尤其是阿維森納，其著作的譯本也跟著出現。[32]

就像在伊斯蘭世界，天主教料理選擇菜餚的香味與顏色時，也是以符應關係（表1.1）為基礎。香料源自東方的某處，說不定就來自天堂，而香料的香味有生命的涵義——即便做成香料的植物或礦物早已衰亡，但香氣卻不斷延續。[33]雖然極為昂貴，但香料是身分地位最根本的象徵，在宏偉的宅邸與城堡中當香氛吸嗅，做成薰香、飄盪在教堂中，並用於中世紀食譜裡四分之三的菜色。人們熟知的胡椒、肉桂、薑與番紅花是最重要的香料，而肉豆蔻與丁香則緊追其後。整體來說，常用的香料種類在二十到三十種之間，包括像高良薑（東南亞仍廣泛使用）與天堂椒（grains of paradise，即幾內亞胡椒〔Guinea pepper〕，學名*Aframomum melegueta*）等歐洲如今罕見的香料。一如伊斯蘭料理，顏色在天主教料理中也被賦予重要的意義。杏仁奶所呈現的白色象徵著聖潔。來自番紅花、蛋黃或金箔的黃色有太陽、黃金、光明與希望的意涵，跟白色一樣都是復活節的顏色。菠菜與其他草藥帶來的綠色，是主顯節（Epiphany）的色彩，讓人想起自然與豐饒。至於褐色與黑色，則暗示著土地、貧窮與死亡。

廚子為自己的貴族僱主準備食物時，會注意到平衡體液的需求，這就好像我們今天也明白讓各種食物群出現在餐點中的必要。類似蕪菁的根莖類蔬菜屬於土質（既乾且冷），還是留給農夫吃就好。紅頭菜、洋蔥與魚肉性溼冷，適合的做法是油煎。蕈菇至寒至溼，最好別整朵拿來吃。瓜類與其他新鮮水果也好不了太多，水分非常多，據信容易在胃裡腐敗。葡萄最好做成葡萄乾，榲桲要乾燥、額外加糖煮成榲桲醬（糖在體液理論中有溫暖特質）。紅酒偏乾冷，最好加糖、香料，然後溫熱喝（做法如香料甜酒〔hypocras〕）。

煮糖是在十二世紀時，由一位稱為偽—梅蘇（Pseudo-Messue）的醫生從伊斯蘭料理中引進的。「syrup」（糖漿）、「sherbet」（果露）與「candy」（糖果）等英文字都有其阿拉伯語根源。藥用糖膏、香料藥膏，以及蜜餞與蜜汁香料，全都是糖果的老前輩。歐洲中世紀神學家阿奎那（Thomas Aquinas）說，吃蜜汁香料不算破壞齋戒，原因是「蜜汁香料本身雖然帶有營養，但並非是為意欲營養之故，而是為緩解消化而服用」。[34]這個結論至為關鍵，不僅為糖帶來藥用的名聲，也成了未來為巧克力辯護的提示。十六世紀中葉有一大批的書，其中包括皮蒙特的阿列克西（Alexis of Piedmont）的《秘密》（*De secreti*，一五五五年發行於威尼斯），以及法國醫生兼占星師諾斯特拉達姆斯（Nostradamus）的《論化妝品與蜜餞》（*Traité des fardemens et confitures*，一五五五年），都推廣了製糖的技術。

來到女修道院的廚房裡，修女們製作伊斯蘭式的甜點賣給饕客，促進了糖從藥用香料轉變為甜點、麵包材料的過程。伊斯蘭式的果醬變成葡萄牙榲桲醬（*marmalada*，後來發展成柑橘類果醬，稱為「*marmalade*」）。過去齋戒月結束與贖罪日（Yom Kippur）開齋時，人們會吃塗滿蜂蜜或灑上糖的油炸麵團（*luqam al qadi*）來慶祝，這種源於古代的點心後來發展為油炸甜甜圈家族（叫做「*buñuelos*」、「*beignets*」或「donuts」），逢天主教節日時食用，特別是四旬齋前。[35]如大麥水等以堅果、水果和穀類製成的伊斯蘭甜飲料通常歷史悠久，作為藥用，現在也成了常見的菜色。就像佛教與伊斯蘭教的情況，糖在天主教也是善的。日耳曼化學家約翰·約阿希姆·貝歇爾（John Joachim Becher）在一六六六年說，甘蔗汁已經被太陽消化、烹煮過，一如雨水化為葡萄汁與葡萄酒，食物經烹煮、消化而成為血液。[36]鍊金術士也在自己的實驗室裡精進伊斯蘭的蒸餾法，拿各種植物與礦物做實驗，這些實驗未來會在十七世紀的蒸餾飲料與料理大躍進中開花結果（見第六章）。

伊斯蘭料理中以小麥與稻米為主材料的菜色始終有人在做，尤其是在南歐地區。先知最愛的菜「薩里德燉肉」——用高湯把麵包泡軟，再堆上肉——在西班牙改名叫麵包布丁（*capirotada*）。整個熱那亞—巴塞隆納貿易網都在買賣用杜蘭小麥做的乾燥細麵條（*itrya*）。抓飯類的稻米烹飪技術發展出了西班牙燉飯（paella）。西西里與西班牙一直有人吃庫斯庫斯。將肉、穀類與豆子混在一起煮的濃湯變成了西班牙的燉肉（*olla podrida*，字面上的意思是「腐肉鍋」）。哈里沙——穀類與肉做成的肉醬——則化身為用稻米與雞肉做的白肉凍（blancmange）。

到了十四世紀早期，手寫食譜開始出現在整個歐洲。十四世紀初的《肉類食譜》（*Le Viandier*）是其中最早的一部，人們常常把法王查理五世（Charles V）的主廚威廉・提雷爾（Gillaume Tirel，又名泰伊封〔Taillevent〕）當成該書作者，但這可能有誤，不過這書肯定反映了宮廷中提供的菜色。接著是十四世紀中葉的《美食之書》（*Das Buch von Güter Speise*）與《頌・蘇維之書》（*Libre de Sent Sovi*，可能成書於巴塞隆納）。而在十四世紀晚期，有一部由幾個主廚執筆的文獻（在十八世紀時得名為《烹飪法》〔*Form of Cury*〕），提供英格蘭王理查二世（Richard II）宮廷菜的食譜（圖5.2）；與此同時，還有一本《巴黎家事手冊》（*Le Ménagier de Paris*），其內容是由某個中產階級的先生給自己年輕妻子的吩咐所寫成。馬爾蒂諾・達・科莫（Martino da Como）的《烹飪的藝術》（*Libro de arte coquinaria*）可以上溯到十五世紀早期，而加泰蘭人魯貝托・德・諾拉（Ruperto de Nola）的《烹飪之書》（*Libre del coch*）則來自十六世紀初。這幾個例子和其他的食譜之間會互相

【圖5.2】英王理查二世（Richard II）與約克公爵（Duke of York）、格洛斯特公爵（Duke of Gloucester）和愛爾蘭公爵坐在餐桌前，刀子、酒杯與小麥白麵包（manchet）都是一人一份。桌子中間擺著大淺盤與烤肉。在家宰和手下警惕的眼神下，一名廷臣倒酒（或者是洗手用的水），另一名則拿著鹽船（nef）——做成船型的餐桌裝飾，裝的通常是鹽。飯廳的牆上掛著華麗的壁毯。樂師在旁吹號。（圖片來源：*Chronique d'Angleterre*, vol. 2 (Bruges, Belgium, late fifteenth century). By permission of the British Library (Royal 14 E. IV, f.265v).）

轉引，標上不同的作者，而且書中的譜例通常都是節錄；今天的家庭主婦也是像這樣，把來自其他書籍、朋友、親戚的配方跟自己的發想湊在一塊兒。這些食譜鮮少是按步驟來的指南，而是當作某個統治者有好菜可吃的證明，或是專業廚師的備忘錄。

隨著印刷術發明，食譜數量又再次增加。對天主教料理傳播尤為重要的食譜，是最早出版於一六一一年的《烹飪技藝與糕點、餅乾、蜜餞製作法》（*Arte de cocina, pastelería, bizcochería y conservería*）；作者法蘭西斯科・馬丁內斯・莫提尼歐（Francisco Martínez Motiño）是好幾個西班牙國王的御廚，其中最有名的一位是菲利浦三世（Philip III）。

伊斯蘭菜餚在這些食譜裡經過了改造。酸食（*Al-sikbaj*）被改成浸在醋或橙汁醃醬裡的煎魚或水煮魚（糖醋油煎魚〔*escabeche*〕），這或許是肉凍（aspic）的由來。[37]魯貝托・德・諾拉的《烹飪之書》裡提到細麵條（*fideos*）、苦橙、煎魚、糖醋油煎魚、杏仁醬與杏仁甜點。馬丁內斯・莫提尼歐的《烹飪技藝》則包括好幾道肉丸（*albóndigas*）與麵包布丁的做法，以及一道庫斯庫斯食譜。書裡還有一種摩爾式雞肉（*gallina morisco*）的做法：將烤雞切塊，與培根、洋蔥、高湯、葡萄酒和香料（書中並未指明，但可能有胡椒、肉桂與丁香）一起燉煮，最後再用少量的醋提味。培根與葡萄酒是基督教料理的傳統材料，但既酸且香的醬汁證明這道菜無愧其摩里斯科之名。[38]

儘管有這麼多的借鑑之處，但羅馬料理仍然異於希臘化料理，蒙古料理跟中式料理或波斯式伊斯蘭料理也有差距，天主教料理同樣不同於波斯式伊斯蘭料理。基督教的彌撒、齋戒與食材偏好讓天主教料理有自己的特色。麵包與葡萄酒的地位神聖。適用於彌撒的是無酵薄餅，吃大餐配的是發酵的小麥白麵包（manchet roll），而非伊斯蘭料理中無酵或微酵的蓬鬆麵餅。用加熱的對開鐵盤烤薄餅的技術，也帶來了各種相關的烘烤食物，如鬆餅。

新鮮豬肉、燻豬肉、豬肉香腸（老式的羅馬盧卡尼亞香腸）和血製品，是幾種將天主教料理與伊斯蘭或猶太料理區分開來的東西。整塊的烤肉人人喜歡。用於烹飪的不是羊油或橄欖油，而是奶油與豬油。明膠肉凍（galatines）也很受歡迎。根據體液理論，假如用菠菜將肉凍染成綠色，就可以把這道菜看成是性乾寒的凝膠保存了性溼熱的肉類。各種大小的派和塔非常流行。齋戒造成無肉、無乳製品的料理出現，例如魚類料理，以及用水沖杏仁粉做的杏仁奶所調製的醬汁。天主教料理以製作花俏、擬真的食物為樂：把絞肉捏成刺蝟的樣子，插上上了色的刺；做出可以吃的食物雕塑，模樣就像城堡或獻給上帝的羔羊；還有貼了金箔的公豬頭；孔雀煮過以後，再裹上孔雀自己的皮與五彩繽紛的羽毛；切開巨大的餡餅時，裡面還有展翅的鳥兒。

一場大餐上通常有烤肉、濃湯（西班牙的燉肉是其中最有名的一道）、用酸味醬汁或堅果與香料勾芡的醬汁煮的肉，還有上面灑了糖、米與雞肉比例拿捏精準的肉泥（白肉凍），以及用麵粉、水與鹽（有時還會加蛋）做成餅皮、大小各異的餡餅與蛋塔。天主教高級料理的醬汁是以醋或酸葡萄汁（未成熟的葡萄榨的酸果汁）為底，用包括糖在內的各種香料調味，以小心調和醋的溼冷與香料粉末的乾熱性質；所有醬汁都用麵包屑或堅果勾芡。卡門萊醬（cameline）是其中一道最受歡迎的醬汁。「製作美味的卡門萊醬，要取去皮杏仁磨粉過篩，把葡萄乾、肉桂、丁香和一點麵包屑全步放一起搗碎，再用酸葡萄汁調和，這樣就完成了」。[39]還有一種叫占士醬（jance），是同樣加了杏仁的薑汁，加入大量的胡椒，讓醬汁呈深黑色。用餐的人享用溫熱的香料葡萄酒來搭配餐點，坐在椅子或躺椅上，用小刀和湯池當餐具。至十六世紀，天主教料理已經廣泛分布於全歐洲的王室與貴族家裡（有少許地區差異），而且極為精緻。

修道院——尤其是西妥會的修院，讓基督教高級料理被推廣到了鄉間。廚房占據了修院的其中一面，另外三面則是教堂、聚會堂（行政大樓）和宿舍區。目前保存最為完整的修院廚房，就屬羅亞爾河（Loire）河畔的豐泰夫羅（Fontevrault）修道院，八個爐子擺放在八邊形地基的每一邊上，牆面是四邊形立面，有著八邊形屋頂。修道院的廚房和宮廷的廚房一樣，都會區分幾塊，為不同群體的人做飯：院長與來訪的貴賓一塊，為病患準備肉類餐點的一塊（後來到了十五世紀中葉修院清規放寬後，修士一週也能吃一或兩次肉），還有給修士的一塊。西妥會修道院地處偏僻，多半得自給自足，這對一間相信「勞動就是祈禱」的修會來說也挺合適。僧侶自己種穀類、豆類、蔬菜、水果與藥草，飼養家禽和魚，釀濃啤酒，製作乳酪與（如果條件允許的話）釀葡萄酒，並生產供烹飪（以及教堂點燈）之用的油料。販賣加工食材與農產品的所得能供應教團。克勒窩（Clairvaux）修道院以養牛聞名——想必是為了做牛奶與乳酪；瑞典的瓦德札森（Waldsassen）修道院則是以魚類養殖出名；至於在英格蘭，文斯利戴爾乳酪（Wensleydale cheese）也常常讓人想起修道院。西妥會修道院的花園與園中培育的新品種水果，讓這間修會大大出名。它們在釀葡萄酒、濃啤酒與製作甜果汁方面，也是頂尖的。位於勃艮第的西妥會總院生產梧玖莊園酒（Clos-Vougeot），後來也是舉世聞名。位於埃貝爾巴赫（Eberbach）的修道院則是在山坡地梯田種葡萄藤的先驅，每年用修院自己的船隻載著五萬三千加侖的葡萄酒，沿萊茵河而下，銷往如科隆等城市。

平民的料理仍然是以黑麵包與濃湯為主，配上一點兔肉或小鳥肉，偶而會有肉攤來的肉。十四世紀晚期，由於人口因黑死病而減半，麵包品質與肉類食用量都有提昇，直到十六世紀才再度下降。比起地中海周遭多礫石的土壤，北歐肥沃的農田生產出的食物更為充足。老百姓或許會夢想一嚐小麥白麵包（圖5.3），但多半只能靠等級較差的穀類來維生，而平民料理也可能有著比高級料理更明顯的地區差異。十五世紀時，波蘭的窮人會弄灰烤麵包、粥、小米與蕎麥濃湯，以及大麻籽來

【圖5.3】上帝降下麵包雨（小麥白麵包），祂左手拿的十字頂圓球，展現了祂對世界的統轄。（圖片來源：Miniature by Cunradus Schlapperitzi (1445). Courtesy New York Public Library, http://digitalgallery.nypl.org/nypldigital/id?426487.）

吃。饑荒的時候，他們會改吃蓼草籽粉做的灰烤麵包。[40]來到東英格蘭諾福克（Norfolk）郡裡的小村莊塞吉福德（Sedgeford），僱來做收割粗活的工人可以享用白麵包，老到幹不了活、擠不出奶的現宰牲肉，還有一天將近一加侖的濃啤酒。兩百多年前，他們吃的東西則稍微寒磣些，如大麥麵包、乳酪、一點培根或鹽醃鯡魚，喝的則是濃啤酒、牛奶或水。[41]

在城市裡，政府實施嚴格的規定與控管，確保麵包師傅不會在麵包的分量上誆騙顧客，不會用不乾淨的肉來製作派餅。諸如肉販、魚販與糧商等重要食材的供應者，以及麵包師傅、糕點師傅、製醬師與外燴師傅等加工食物的製造者，全都是行會成員，從業人員與店面都群集在特定的街道。市場熙熙攘攘，滿是顧客，而酒館與小餐館供應著餐點。如同鄉間料理，城內的料理內容從能讓人酒足飯飽到勉強果腹都有。巴塞隆納位於相對富裕的加泰隆尼亞，城內的人口落在兩萬五千至四萬人之間，其中有百分之二十至五十的人口食不餐飽。主教座堂的濟貧院能救濟的只有大約兩百人，相當於窮人中的百分之一到百分之三。[42]

有好幾種變革改善了平民備餐的情況。歐洲北部的女性花在磨穀的時間上較少；充沛的降雨和許多小河流讓這裡成為設置小型水磨坊的理想地點，大多數都用來磨麵粉（圖5.4）。從西元一〇八六年《末日審判書》（*Domesday Book*）的結果來看，在英格蘭，每五十戶人家就有一處水磨坊。[43]在我鄉下的老家有條小溪，雖然不過才深一英尺、寬幾英尺，但在十二世紀時，這樣的水量卻足以推動每英里河道上的三座磨坊。有許多惱人的法律規定穀類要在莊園主的磨坊裡研磨。但從另一方面來看，用旋轉石磨為五口之家磨穀的話，每天畢竟得花上一小時（見第二章），或是用一整天磨一週的份量，現在女性有更多時間從事其他活動。

無獨有偶，西妥會可能也有助於這種重要技術的推廣。每一所西妥會修道院在附近的河流都有

【圖5.4】歐洲北部河川沿岸都能看到水力磨坊，這幅版畫上呈現的就是這類水車運作的方式。河水經由導管（A）流進水輪（B）的格子裡，進而推動與齒輪（C和D）相連的轉軸（F），使石磨（G）轉動。穀粒則從上方的漏斗餵進石磨。圖上的磨坊主人檢查剛磨出來、正從斜道送去過篩（H）的麵粉，之後才會將麵粉裝袋。（圖片來源：Georg Andreas *Böckler, Theatrum Machinarum Novum* (Cologne: Sumptibus Pauli Principis, 1662), fig. XLV. Courtesy New York Public Library, http://digitalgallery.nypl.org/nypldigital/id?1691567.）

一座磨坊，用來磨穀子、篩麵粉以及（在南方地區）軋橄欖。修士同樣也利用磨坊磨釀造啤酒用的麥芽，或是推動輪輾機來壓碎罌粟與芥子。磨坊不僅讓食物加工更有效率，還有更廣泛的好處，像是將機械知識傳入民間，以及鼓勵用新方法來為這些昂貴設備提供資金，其型態就好比合股公司的前身。

肉類以外的蛋白質也更容易取得。其中一種吸引人的可能性是，由於兩田制轉變為三田制，豌豆、蠶豆與扁豆種植也得以成為定期輪作的一部分；歷史學家琳恩・懷特（Lynn White）評論說，農民真的變成「滿腹豆子」，小說家安伯托・艾可（Umberto Eco）也深入探討了這個讓人有著諸多聯想的點子。[44]可惜的是，還沒有人能提出確鑿證據，來證實豆類消費有增加的情況。來自北海與大西洋的鹹魚和魚乾也為全歐洲的平民料理加入了新的元素。這些經保久處理的魚可以賣到很遠的距離外，不像鮮魚，即便靠馬匹接力運送，也無法送到距離海邊一百英里以上的地方。漁獲豐富的北歐開始供給魚獲量少的地中海地區。[45]

鯡魚（學名*Clupea harengus*）的數量之多，多到有人說當鯡魚在近海成群游動時，牠們肥碩的身軀能讓斧槍（戰斧）直直立於水中。但鯡魚脂肪很多，使得保存相當困難。所謂的白鯡魚，在裝進籃子前會先在岸邊一堆堆稍用鹽醃，這種只能保存幾個星期。而紅鯡魚則是充分煙燻成紅褐色，氣味刺鼻，能保存較久。每年都有兩萬五千公噸的鯡魚沿北歐河川銷售。鯡魚貿易從七世紀起都是小規模進行；直到十二世紀，北日耳曼商人重整了鯡魚貿易，使之成為漢薩同盟其中一項主要商品——漢薩同盟是一系列半自治城市與行會組成的同盟，以呂北克（Lübeck）為首，範圍從英格蘭南部到俄羅斯邊界，再從北日耳曼的漢堡到挪威的卑爾根（Bergen）。十三世紀時，有人發明了一種更方便保存鯡魚的方法，也就是將部分的魚內臟取出來，我們將在第六章看到這個做法帶來的結

【圖5.5】《健康全書》（*Tacuinum Sanitatis*）是一份談健康與體態的十四或十五世紀手稿，內容則是以十一世紀時，巴格達的伊本．布特蘭（Ibn Butlân of Baghdad）所寫的伊斯蘭醫學論文為本。手稿中的這張插圖畫著魚販與顧客，攤子前面放著木桶，裡面裝的可能是鹹魚。

果。從康瓦爾（Cornwall）到西班牙與葡萄牙西北的大西洋沿岸各地，都有人製作鹽漬沙丁魚（學名*Sardinas pilchardus*），用來出口到地中海地區（圖5.5）。

諾斯人（Norsemen）從很久以前開始，就會將鱈魚（鱈科〔*Gadidae*〕）挖除內臟、掛在北國夏季的太陽下風乾。風乾的鱈魚肉就跟木板一樣乾，重量則減少為原本的五分之一。這項產品在荷蘭稱為「*stokvisch*」，意即「魚棍」，譯成英文就是「stockfish」（鱈魚乾）。至於冰島，當地天氣冷到連較為耐寒的穀類都無法生長，人們就把綿羊奶油抹在鱈魚乾上，來代替麵包吃。對西班牙與葡萄牙，以及後來西非、巴西與墨西哥的窮人來說，鱈魚乾成了非常重要的依靠。卑爾根每年用船運二千至四千公噸的魚乾。到了十五世紀，漁夫開始醃鱈魚（也就是馬介休魚〔*bacalao*〕）。住在布里斯托（Bristol）的熱那亞人約翰・卡博特（John Cabot）發現了紐芬蘭大淺灘（Grand Banks of Newfoundland）——巴斯克人（Basques）可能早就知道了。等到一五〇〇年時，所有歐洲捕魚國都會在夏天派船前往該海域捕魚，載馬介休魚回來賣，特別是銷往地中海。為了還原魚肉的水分，廚子得將硬梆梆的白色魚肉泡水，多次換水後才能下鍋。

天主教高級料理發展蓬勃，供應食材的買賣與農業生產亦然。穀類從越來越遠的地方用船運往城市。自十二世紀起，托斯卡尼（Tuscany）便從西西里島、北非與北歐進口穀物，低地國（Low Countries）則向東歐地區購買，後來連西班牙與葡萄牙也開始進口穀類。在齋戒日時，人們對鮮魚（淡水魚的分量通常比鹹水魚更為吃重）的需求量會大幅增加。丁鱖（Tench）、狗魚與鱒魚可以從溪流與河川裡抓。鯉魚來自修道院與城堡中的魚池（有時也產自磨坊的魚塭），但我們對這種養殖技術所知不多。人們也抓鰻魚。一一八四年時，就有二十六萬四千尾鰻魚是從法蘭德斯伯爵（count of Flanders）的魚塘裡抓來的。[46] 從匈牙利到義大利北部，從蘇格蘭到倫敦，從波蘭與丹麥到低地國，一路上都有人趕牛。檸檬、續隨子、葡萄乾、棗子、無花果以及杏仁等堅果則產自地中海國家。

對糖的需求由地中海的栽培商與製糖商來滿足。威尼斯人與諾曼人複製了穆斯林的技術，從十二世紀起在黎凡特與西西里種植甘蔗。等到穆斯林在十三世紀重新控制黎凡特地區之後，十字軍們則用位於塞浦路斯的土地來種植甘蔗。[47]西西里島上的猶太人同時與北非和熱那亞、威尼斯做生意，似乎從十四世紀起——至少是在一四九三年被西班牙統治者驅離之前，他們就已經將穆斯林製作麵食與糖的專業技術傳到歐洲了。[48]威尼斯與波隆那成為製糖業重鎮。由於歐洲人無法掌控陸路，對香料的需求也刺激航海家們航向大西洋，尋找替代路線。

走向全球的伊比利帝國天主教料理，一四五〇年至一六五〇年

西班牙人用了幾個世紀，想把摩爾人勢力趕出整個西班牙，最終在一四九二年擊敗格拉那達的穆斯林王國（但仍有許多摩爾人住在西班牙統治下的格拉那達）。西班牙哈布斯堡王朝國王查理五世（Charles V）與菲利浦二世（Philip II）因為婚姻與繼承的緣故，成為歐洲最有勢力的統治者。他們掌控了西班牙、義大利南半部與西西里島、奧地利、部分的南日耳曼地區與富有的勃艮第公國（Duchy of Burgundy）——公國領土從今天的比利時往南延伸至法國，往北及於荷蘭南部。此外，他們的宮廷也讓法國相形見絀。

西班牙人和葡萄牙人在大西洋上的加那利群島與亞速群島（Azores）殖民（地圖5.1）。葡萄牙人接著航行繞過好望角，控制了荷姆茲海峽（Strait of Hormuz），得以與波斯灣接觸。他們在

一五一〇年拿下了印度西岸的果阿（Goa），接著是馬來西亞海岸的麻六甲（來自香料群島〔Spice Islands〕的丁香與肉豆蔻以此為轉運點）、印尼東部香料群島（也就是摩鹿加群島〔Moluccas〕中的德那第島〔Ternate〕），以及明帝國邊緣的澳門。莫三比克也在世紀末落入囊中，使葡萄牙人得以控制東非海岸。他們還占據了巴西，至少是其大部分的海岸線。

十六世紀時，西班牙人得到古巴、墨西哥與秘魯，並在一五二一年征服阿茲提克首都特諾奇提特蘭。一五七一年，一名西班牙征服者將馬尼拉建立為在菲律賓殖民統治的據點。從一五六八年開始，時人所說的馬尼拉大帆船（Manila galleons，可能是當時下水最大的船隻）每年都會進行為時四個月的恐怖航程，從阿卡波可（Acapulco）到馬尼拉，橫越整個太平洋，連接巴拿馬與秘魯，船上還有多達上千名的乘客。[49]

美洲的征服行動過後，菲利浦二世所統治的領土也超越了羅馬人曾經掌握的大小。看起來，他原本是有可能在歐洲創造出統一的神聖羅馬帝國。雖然夢想受挫，但他也在無意間為美洲大部分地區的料理帶來轉變，並在南亞、東南亞與東亞的佛教、印度教與伊斯蘭料理中加入了天主教元素。相較於這幾樁帝國征服行動，文藝復興（古典知識失而復得後帶來的歐洲文化振興）對料理史的影響就小了許多。

天主教團體對天主教信仰引入美洲與亞洲部分地區的過程尤其重要。一五四五年至一五六三年間，稱為特倫特會議（Council of Trent）的一連串會議召開，天主教會的領袖在會上確立他們對馬丁．路德（Martin Luther）與約翰．喀爾文（John Calvin）等改革人士的回應方式。而會議的結論是，在歐洲輸給新教徒的勢力範圍，可以用西班牙人與葡萄牙人的海外新領土來彌補。來自整個歐洲天主教地區的方濟會（Franciscans）、奧斯定會（Augustinians）、道明會（Dominicans）、耶

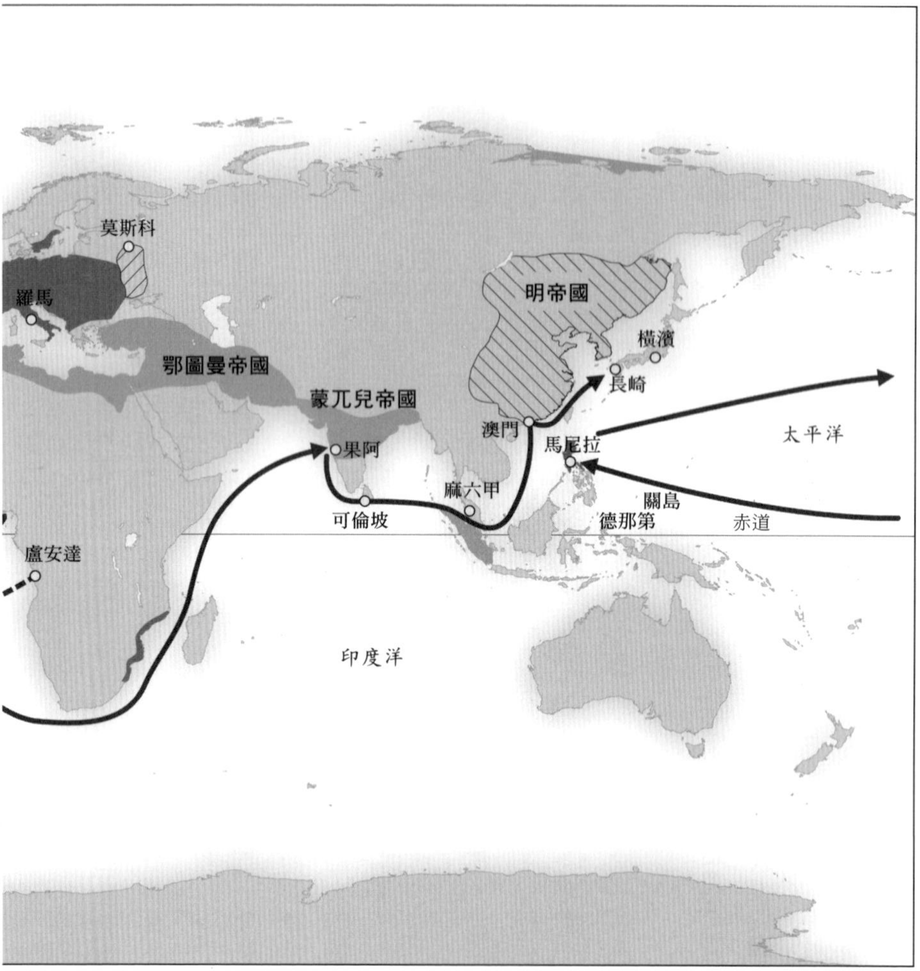
莫斯科
羅馬
鄂圖曼帝國
蒙兀兒帝國
明帝國
橫濱
長崎
澳門
馬尼拉
太平洋
果阿
麻六甲
關島
可倫坡
德那第
赤道
盧安達
印度洋

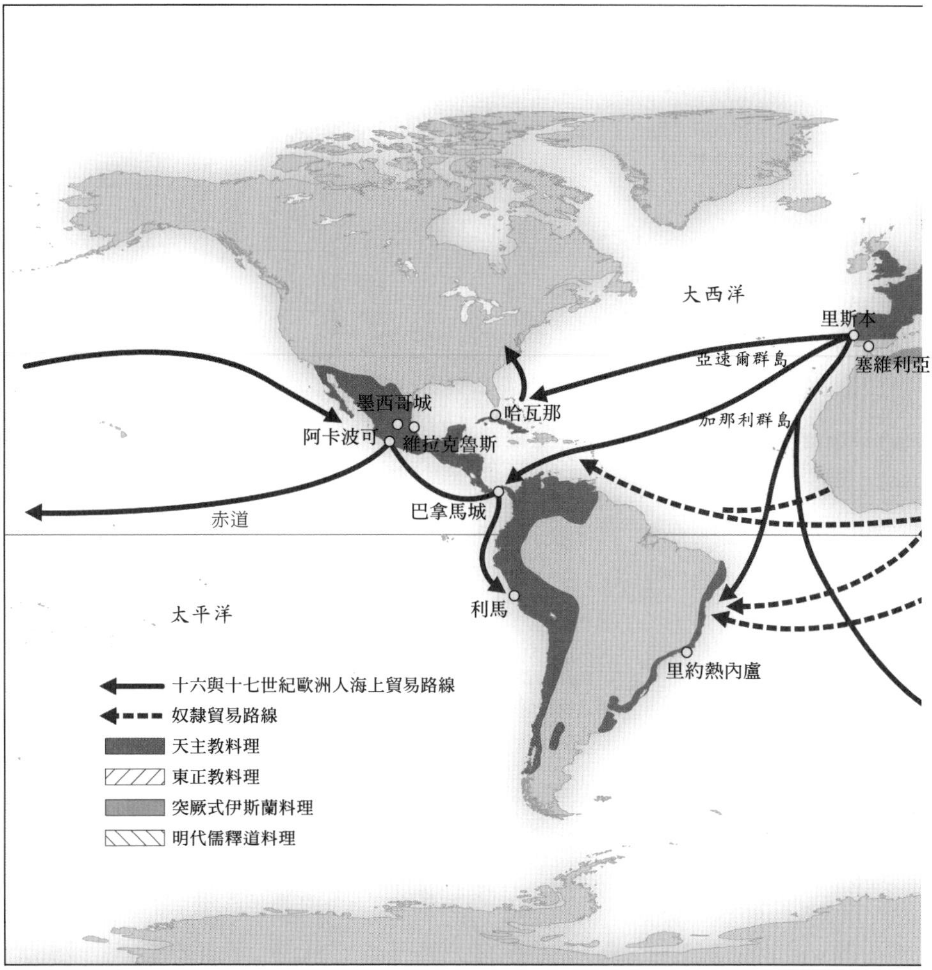

【地圖5.1】天主教料理走向全球，西元一五〇〇年至一六五〇年。發現航向大西洋與太平洋的路線之後，殖民者、神職人員與其他人隨之將天主教料理移植到大西洋島嶼、加勒比海地區、南北美洲、太平洋彼端的關島與馬尼拉等地新建立的城市、女修道院、種植園與大莊園去。葡萄牙人在亞洲各地的貿易據點為天主教料理打下基礎——特別是果阿、麻六甲與澳門，也在日本留下痕跡（但中國例外）。西非人被送往加勒比海地區與美洲當奴隸（虛線箭頭），他們試圖在最嚴峻的逆境中，重新創造薩赫爾地區的穀類料理和非洲海岸地區的根莖類與香蕉料理。即便許多美洲作物移植到舊大陸上（將可可豆做成飲料的技術例外），但新大陸的烹飪方法與菜色並未傳過去。（地圖參考來源：Bentley and Ziegler, *Traditions and Encounters*, 599, 614, 635.）

穌會（Jesuits）與對應的女修道會，在西班牙與葡萄牙帝國內外組成布道團。從阿根廷的科爾多瓦（Córdoba）到墨西哥北方的薩爾蒂約（Saltillo），再從印度海岸的果阿到菲律賓的馬尼拉，都有他們建造的壯觀巴洛克式教堂與宏偉修道院。值得一提的是，儘管耶穌會與方濟會下的嘉勒修女會（Sisters of Santa Clara，亦稱貧窮修女會〔Poor Clares〕）帶來的貢獻尚未受到仔細研究，但有證據顯示他們對推廣天主教料理的重要程度，就如同比丘對佛教料理和蘇非派對伊斯蘭料理的貢獻一樣關鍵。

耶穌會成立於西元一五三四年。其創始成員似乎不太關心自己吃些什麼，不過他們根據中世紀武裝修會而定的飲食規則，本來就沒有隱修或托缽修會那麼嚴格。但為了修會的經費，他們在教會高層的支持下往種植園農業與食物加工業發展。羅馬宗座的秘書處（secretariat）透過傳信（*Instrucciones*）的形式，將最新的技術與管理知識提供給經營種植園的人。[50]耶穌會從自己的美洲種植園，對歐洲出口糖與可可。他們也從位於安哥拉的種植園，將玉米和木薯（移植到非洲的美洲作物）賣給奴隸販子，並供應其船隻。至於在熱帶作物長不好的南美洲地區，他們則將當地的冬青葉乾燥處理過後，用來沏成飲料。好幾個世紀以來，這種飲料和咖啡、茶與巧克力為成為歐洲最受歡迎的熱飲而展開競爭，而且至今仍是阿根廷的一種飲品選擇。

天主教的修女在伊比利帝國各地建立女修道院，這讓人聯想到許多由男性組成的天主教團體。修女們和耶穌會士一樣得支撐自己的修會，為此，她們也朝食物加工業發展。出身良好的女子大量進入修道院，有些是被家人送進去，也有人是想尋求婚姻生活以外的可能。到了一六二四年，已經有一萬六千名女子組成了世界性的修女網路。[51]但這絕非與世隔絕，就以新西班牙（New Spain）的修女為例，她們有自己的一套房子，還有私人的僕人或奴隸——通常是由早些年改信的摩爾奴隸擔任。[52]這些受過教育、家大業大的女子可以在修院圍牆內爬到相當有權勢的位子，管理修院土地，想方設法強化勢力，影響整個修會。例如在歐洲勢力已相當穩固的嘉勒修女會，一五四九年時就在秘魯的庫斯科（Cusco）有了一所修院，一六〇五年在墨西哥的克雷塔羅（Querétaro）有了另一所大型的女修道院，接下來還有其他地方：一六二一年設立於馬尼拉，一六三三年於澳門，以及一六九九年於瓜地馬拉市。修女與資訊——包括她們獨到的甜點製作方法——就在這面網路中移動。

賽法迪猶太人散播的技術同樣也成為天主教料理的特色。[53]他們在一四九二年與一五〇〇年遭到西班牙與葡萄牙驅逐出境，隨後在鄂圖曼帝國、相對寬容的荷蘭，以及西班牙與葡萄牙殖民地覓得棲身之所，並投入欣欣向榮的糖、可可貿易與加工，將其手藝傳遞至伊比利帝國與鄂圖曼帝國。但對主流的天主教料理一言堂來說，有些賽法迪猶太人就像揮之不去的惱人蒼蠅。比如在薩拉曼卡（Salamanca）與埃納雷斯堡（Alcalá de Henares）學醫的加西亞・達・奧爾塔（Garcia da Orta），於一五三〇年代中期，以未來的葡萄牙總督馬爾蒂姆・阿方索・德・索薩（Martim Afonso de Sousa）的私人醫生的身分來到果阿。奧爾塔不僅涉足貿易，與伊斯蘭統治者聊當地的風俗，蓋了座植物園，還發表了一部談印度農作物的對話體作品，挖苦對天主教料理哲學極為重要的蓋倫體液學說。

科爾特斯⑤的記室貝爾納爾・迪亞斯・德爾・卡斯蒂略（Bernal Dias del Castillo）寫了封信，試圖讓查理五世對科爾特斯找到的豐饒領土留下深刻印象，他在信中津津樂道於阿茲提克皇帝蒙特祖馬（Montezuma）為西班牙人準備的宴席。[54]他描述了包括各種有肉垂與無肉垂的雞、雉、當地原

⑤【譯注】指埃爾南・科爾特斯（Hernán Cortés, 1485-1547），西班牙征服者。一五一九年時，科爾特斯招募人馬，前往墨西哥建立據點。他結合了對阿茲提克帝國不滿的當地人，並於一五二〇年完全征服阿茲提克帝國。

生的鷓鴣、鵪鶉、飼養鴨或野鴨、鹿、貒豬、鵐鳥、鴿子、野兔與兔子等野味，還有五花八門的水果，以及皇室喝的飲料——浮著泡沫、加了香料的冰涼巧克力。他並不知道，這種料理繼承了我在第二章描述過的特奧蒂瓦坎料理，而蒙特祖馬可是年年都從特諾奇提特蘭城出發，步行前往特奧蒂瓦坎朝聖。

西班牙人與葡萄牙人雖然前往這些新天地，在料理世界裡留下自己的一席之地，但事實上，他們卻覺得自己在冒險犯難。海上的旅程危險至極。船上的存糧以餅乾（二度烘烤的硬麵包）、鹹魚和肉為主。即便是跨大西洋的航程，餅乾也會爬滿象鼻蟲，鹹魚和肉因變質而出現油臭味、甚或腐敗。而太平洋更是教人害怕。麥哲倫的船員一開始得靠麵包屑和老鼠維持生命，後來更是只剩老鼠。他們的身體變得虛弱，身上的肌肉因壞血病而腫脹，關節疼痛，牙齒鬆動，牙齦發黑。船員切開牙齦用尿沖洗，但幫助有限。[55]

他們抵達據信對歐洲人來說非常危險的熱帶地區。為了在「能燉肉」的太陽底下活下來，初來乍到的人得「經過鹽醃」或「調味」——就像牛肉若要保久，也得用鹽醃過。就人類來說，這段過程意味著出汗、發燒，還要飽受出血與下痢之苦，而這是會抑制消化之火的。醫生針對這些情況開了補品，例如蘭姆酒（跟水、果汁與香料混在一起調成潘趣酒）、辣椒或胡椒，以及糖。少數醫生對此有不同診斷——消化之火是燒到不受控制，得靠早餐後與下午時各喝一杯冰鎮的巧克力來遏止之，大餐則得留待晚上吃，夜晚氣溫較為涼爽，吃起來比較保險。

由於體溫居高不下，人們普遍認為當地的水果——柑橘、檸檬、萊姆、西瓜、番石榴、木瓜與芒果（無論是美洲種或舊大陸種）——與肉類提供的「營養與好處甚少」。英格蘭道明會修士湯馬斯·蓋奇（Thomas Gage）曾在十七世紀早期穿越西班牙屬美洲，根據他的記載，當地的物產會讓移民的胃腸「空虛且哀嚎『餓，餓啊！』」[56]無論是什麼道理，事實就是「熱帶地區很危險」。三個世紀後，不列顛陸軍統計駐印部隊的死亡率，發現比英格蘭駐軍高了三倍，而且除了太平洋島嶼以外，所有駐熱帶地區的部隊都有一樣的情形。[57]移居熱帶的人對瘧疾與黃熱病等疾病因素並不瞭解，又相信各人在料理世界中，最適合待在自己受養育成人的地方，於是責怪起料理。

此外，許多歐洲人還認為美洲當地人稱不上完整的人類，說不定就是亞里斯多德曾描述過的「天然奴隸」。歐洲人對當地人的食物敬謝不敏，像是他們不熟悉的玉米，含澱粉的根莖類（但會吃木薯做的麵包），用龍舌蘭屬植物汁液釀的黏稠、味淡的龍舌蘭酒，以及當作蔬菜吃的仙人掌扇。他們也對祭祀後鄭重進行的人肉儀式餐驚駭不已。此外，一想到吃昆蟲，歐洲人就感到噁心，這種禁忌可以回溯到西元前數世紀的波斯與猶太思想。「他們吃刺蝟、鼬、蝙蝠、蝗蟲、蜘蛛、蚯蚓、毛蟲、蜜蜂和蝨子，生吃、水煮或油煎……更讓人訝異的是，他們明明有上好的麵包與好酒可吃。」歷史學家法蘭西斯科・洛佩茲・德・戈馬拉（Francisco López de Gómara）如此說道，他雖然從未去過美洲，但仍然在一五五二年發表看法，懷疑美洲食物不可靠。[58]

貝爾納爾・迪亞斯在寫給查理五世的信裡，委婉地跳過了玉米餅和玉米餃、陶製餐盤與地墊，他本人、同行的征服者們與查理五世想必會覺得這一切稱不上高級料理。歐洲人雖然來到包含加勒比海在內的美洲地區，但並不打算吃得像當地人。他們隨身帶著自己偏愛的動植物、刀具、瓷器、廚師，以及燉煮用的大鐵鍋（圖5.6）。他們打造了爐檯煮燉菜和甜點，砌了圓頂烤爐來烘焙，設置蒸餾器以製作精油與酒精，建立磨坊好碾磨小麥。他們還蓋了伊斯蘭式的穀倉（稱為「alhondigas」），並在既有的印第安灌溉建設上增添西班牙南部那種伊斯蘭－羅馬式的灌溉設備。歐洲人還帶來法蘭西斯科・馬丁內斯・莫提尼歐那本厚達五百頁的食譜《烹飪技藝》。[59]

【圖5.6】《新西班牙諸物志》（*Historia general de las cosas de la Nueva España*）又名《佛羅倫斯手抄本》（Florentine Codex），是由方濟會士貝爾納迪諾．德．薩阿貢（Bernardino de Sahagún）蒐集而來的。在《新西班牙諸物志》第十二冊的書名頁上，畫著西班牙人在彩虹下將用來育種的豬、綿羊、牛與馬從船上趕下來。（圖片來源：Sahagún, The *Florentine Codex*, digital facsimile edition (Tempe, Ariz.: Bilingual Press, 2008). Reproduced with permission from Arizona State University Hispanic Research Center, Tempe.）

但在探討美洲的天主教高級料理之前，我要先談亞洲——雖然距離遙遠，但歐洲人與亞洲早有接觸，尤其是當地的伊斯蘭料理在歐洲人眼裡還算熟悉。西班牙人與葡萄牙人接受了許多在當地碰見的料理。他們也積極主動地將煮糖、製糖與製作巧克力與椰子酒的技術轉移到大西洋與太平洋。

前往東亞的最大天主教團體，就是將亞洲總部設在果阿的耶穌會。從一五五五年起，每年都有一艘船從果阿前往澳門與長崎。在接下來的幾個世紀裡，共有九百名耶穌會士在中國活動。他們似乎沒有打算引入天主教料理，而是接受了歷史悠久的儒釋道高級料理，同時仰賴其科學知識，打進中國社會的最高層。至於日本，耶穌會士待的時間雖然不長，但仍然在日本與其佛教料理上留下許多痕跡，包括油炸食物（天婦羅〔天ぷら〕）、蛋糕與甜食（如長崎蛋糕〔カステラ〕和金平糖〔コンペイトー〕），而當地至今仍用伊比利半島的字詞「*pan*」來稱呼麵包。

葡萄牙人在果阿與印度教和伊斯蘭教料理同時相遇（他們還會在麻六甲與澳門等其他貿易據點，碰上類似的混和佛教料理）。他們在得到王室允許的情況下迎娶當地的印度教女子，條件是她們得改信。結果就是出現一種混和的料理。源於葡萄牙的，有天主教料理中的發酵圓麵包；這裡的麵包房用的材料可能是遠從北印度水運來的小麥。葡萄牙人無論僑居到哪，當地都會跟著出現用酒或醋與大蒜醃過的豬肉料理（酒蒜香肉〔*carne de vinha d'alhos*〕），這道菜也成為今天每一間印度菜餐廳都會提供的酸咖哩（vindaloo）。不過，當荷蘭人讓・哈伊根・范林斯霍滕（Jan Huyghen van Linschoten）在一五八〇年代抵達果阿時，當地日常主食則是由泡在湯汁裡的熟飯、鹹魚、醃芒果，以及魚醬或肉醬所組成。[60] 麻油取代了橄欖油，醃漬的青芒果也取代了青橄欖。椰奶遠比葡萄牙曾經有過的牛奶或山羊奶來得充沛，也比杏仁奶便宜許多，想必也讓齋戒的日子變得更好過。

克里奧人（criollos，出生在墨西哥的西班牙人後代）在菲律賓發現了一種以稻米為主的簡便地方料理。他們將天主教式的燉菜、麵包、餡餅餃（empanadas）、糖醋油煎魚、熱巧克力飲料與墨西哥粽帶入當地，但墨西哥玉米餅除外——其腳步沒有邁過關島以外的地方。克里奧人也與中國貿易。載有兩百到四百人的中式平底帆船從廣州出發，載著小麥麵粉、鹹肉與貿易商品，經七百英里的航程抵達馬尼拉，交換墨西哥白銀。[61]西班牙人後來也跟日本做生意，得到小麥麵粉、鹹肉與魚，而他們運往日本的則是水果、蜂蜜、椰子酒、遠從卡斯蒂亞運來的葡萄酒，以及用來保存茶葉的大罐子。回轉墨西哥的馬尼拉大帆船上則載著香料、絲綢、瓷器與其他奢侈品，以及諸如芒果、羅望子樹與椰子樹等植物，船上還有出於各種原因而來到馬尼拉這一造船暨轉運中心的東亞、東南亞與南亞人。

西班牙人與葡萄牙人在這次全球擴張的過程中，促進了糖、甜食與各種飲料的交流。垂直輾輾機（vertical roller mill，這種機器是由兩個以上的碾輪組成，碾輪裝配成不同的旋轉方向，要壓榨的材料〔這個例子裡是甘蔗〕則在碾輪間移動）、複合鍋爐與泥水脫色法（claying）讓甘蔗加工更為便宜，糖的品質也更好。[62]雖然我們不清楚垂直輾輾機的發源地在哪，但天主教傳教士與馬尼拉大帆船在推廣的過程中扮演了重要的角色。長話短說，水平輪輾機很可能是從印度傳到中國，到了十六世紀，中國的工匠將其裝配成垂直向輪輾。奧斯定會修士馬丁·德·拉達（Martin de Rada）當時正前往中國重要糖產地區——福建——傳道，他同時向西班牙與墨西哥方面提到了這種機器。[63]其他傳教士則研究印度與中國的製糖方法。垂直輪輾可能是在十七世紀晚期引入墨西哥與秘魯（圖5.7）。工程師在某個時間點設計出用二或三個碾輪組成的、更有效率的輪輾機。這些跨太平洋而來的創新在十七、十八與十九世紀時成為全球各地的標準設備。垂直輪輾機是種標誌性的技術發明，到了十九世紀，這種機器讓穀類加工完全改頭換面，甚至用於軋棉、軋鋼與造紙，此時其潛力才完

【圖5.7】在這張巴西糖種植園的綜合場景圖，有小小的人在遠方的甘蔗田裡工作。圖上有兩座磨坊，比較遠的是由牛來拉磨，另一座（圖左）則是水力磨坊。其中一名經驗老道的工人正將甘蔗餵進前兩個滾輪裡，這是份危險的工作；另一名工人則在滾輪的另一側將甘蔗拉出來，然後再餵回去。圖右的奴隸正從煮滾的甘蔗汁表面上撈去雜質。煮糖間的地板上與背景裡都能看到蔗糖錐。（圖片來源：*Brasilise Suykerwerken* in Simon de Vries, *Curieuse aenmerckingen der bysonderste Oost en West-Indische verwonderens-waerdige dingen* ... (Utrecht: J. Ribbius, 1682). Courtesy John Carter Brown Library at Brown University, Providence, Rhode Island.）

全發揮出來。

人們將榨出來的甘蔗汁用鍋子煮滾，將水分蒸發，然後將濃縮糖漿倒入陶罐，經過數天後，再將沉到罐底的糖蜜排掉，留下稱為「*Muscovado*」的凝固紅糖錐（糖磚）——目前拉丁美洲仍有生產，稱為「*piloncillo*」。在販售之前，糖磚還得在歐洲進一步精製。價格更高的（因此也是抽重稅的目標）白糖與半精製糖，則是用幾種道理相同的泥水脫色法來製造：先在每一個罐子上覆上幾英吋的黏土，當泥水滲過糖漿時，會帶走更多糖蜜，留下白糖霜。糖蜜或者當成便宜的甘味劑來賣，或者發酵、蒸餾成烈酒，最有名的例子就是蘭姆酒。

美洲的種植園也逐漸擴大。糖種植園主得到日耳曼、熱那亞、佛羅倫斯與倫敦資金挹注，仔細為種植園建設、機械設備、鍋爐房、蒸餾廠、倉儲與生產過程留下紀錄。他們從西非引進奴隸（見第六章），以及能在熱帶地區拉車、推動機械設備的非洲牛。[64]種植園主將粗製糖用船運到位於安特衛普（Antwerp，當時這座城還在西班牙人手裡）的精製廠，後來則是運往阿姆斯特丹——這兩個地方對大西洋貿易和成長中的北歐市場都很方便，不像威尼斯、波隆那走下坡的糖廠。到了十七世紀後半葉，巴西成了糖產霸主，出口量是加勒比海、墨西哥、巴拉圭與南美洲太平洋岸的十倍。

粗製糖有著高價格體積比（value-to-bulk ratio）的特性，運往歐洲也有利可圖，比起其他美洲物產（例如低價的獸皮與便宜多筋的鹹牛肉，或是高價的海龜〔煮湯用〕、海龜殼、靛青、可可、棉花、薑、萊姆、甜椒或菸草），糖能賣出更高的價錢。無論是從生產還是消費活動來看，在過去的世界歷史上，還未曾有過哪一個地方在長距離貿易上得到比美洲更多的投資，或是受到如此遙遠、如此不同的社會所行使的政治控制（可能的例外只有摩鹿加群島等產香料的島嶼）。

世界各地的修女都會做甜點（用掉最多糖的料理）提供贊助人享用，或是販售。許多點心都有伊斯蘭料理根源，例如杏仁粉與糖做的杏仁膏（*marzipan*）。而用進口榲桲、蘋果、桃子或來自美洲的番石榴、冷子番荔枝（cherimoya）與馬米果（mamey sapote）製成的果醬與糖漿，裹上糖的油炸麵團（如甜甜圈與*buñuelos*），用糖、澱粉與調味料做的糖霜，以及用水果或堅果調味的甜飲料（檸檬水和歐洽塔〔horchata〕⑥），也都有一樣的根源。

其他的甜點——比方說用到蛋的，則是新的發明。其中包括了煮成糊的糖與蛋黃（軟蛋〔*ovos moles*〕）與蛋絲（滴進糖漿、變成絲狀的蛋黃）。墨西哥的修女會將蛋黃做成蛋皮與蛋條，將之泡在糖漿裡，或是填入堅果或香料（如雞蛋布丁〔*huevos moles*〕、奶黃〔*huevos reales*〕、油炸甜蛋糊〔*hojuelas*〕與雞蛋絲〔*huevos hilados*〕）。來到果阿，葡萄牙修女則是從中國進口糖磚來用，因為印度的黏稠棕櫚糖（*gur, jaggery*）沒那麼好用。[65]在莫三比克，人們會用木瓜來為軟蛋增添風味。今天的泰國人會把鴨蛋打進糖漿裡，做成蛋絲、蛋黃球與蛋花。在阿富汗（還記得帖木兒宮廷裡有個葡萄牙大使嗎），當地人則是將蛋絲油炸、捲起，然後裹上糖漿。[66]

美洲還有其他一系列新的牛奶甜點，是把泥奶煮成濃稠膏狀（焦糖牛奶醬〔*dulce de leche*〕）、凝固成軟糖，或是太妃糖風味的奶霜（*leche quemada*）。印度教料理畢竟也採用這些手法，若說這些甜點是馬尼拉大帆船上的移民帶去美洲的，倒也不無可能。千層蛋糕很受歡迎。從果阿到菲律賓，各種比賓卡千層蛋糕（*bibingka*）因為椰奶而更加美味。[67]酥皮點心在歐洲與墨西哥逐漸流行起來。義大利語稱為「*pan di Spagna*」、法語稱為「*genoise*」（來自熱那亞）的海綿蛋糕（可以跟第四

⑥**【譯注】**以杏仁、芝麻、米或大麥等種子磨粉後調製的飲料。「horchata」名稱源於瓦倫西亞語，最初可能是以大麥為原料，但隨著不同文化的族群來到西班牙，或是這種飲料傳到其他地方（如拉丁美洲），其製作材料種類也越來越多。

章裡，鄂圖曼料理的「*revani*」作比較），也出現在日本，叫做「カステラ」，即「*castella*」（來自卡斯蒂亞的蛋糕）。

隨著糖的價格讓人們更能負擔得起，受到伊斯蘭料理所啟發的甜點也開始往歐洲北部發展。在英格蘭女王伊莉莎白一世（Elizabeth I）的宮廷裡，就有一名葡萄牙的廚子，是想做「精緻點心」的女官的「首席顧問」。[68]昂貴的糖藝作品蔚為風尚，出現在貴族家裡專門用來宴客的地方，有些還做得像是鹹食，例如杏仁膏火腿、糖霜培根與黃、白色果凍做的蛋。[69]縱使盎格魯世界的人們多半已經忘了有過這類甜點，但它們在義大利和西班牙還是頗受歡迎，嘉勒修女會就是在當地的連鎖店、乃至整個拉丁美洲賣這些甜點。

伊比利帝國也發揮了異國飲料、食物與菸草（通常都是些刺激性的東西）交割所的功能，設法以此為歲入來源。其種類之繁多令人咋舌，有歐洲的蒸餾酒、龍舌蘭酒（來自新西班牙，用發酵的龍舌蘭汁液製作）、棕櫚酒、古柯（來自安地斯山〔Andes〕）、蔞葉（來自東南亞）、菸草（來自中美洲）、印度大麻（*bangue*，來自亞洲）、釀酒用的葡萄汁（must，未過濾的葡萄汁）、香料甜酒（重重加味的酒類）、檸檬水（源於伊斯蘭料理）、啤酒與蘋果酒、「*aloxa*」（一種甜味藥用冷飲）、「*chica*」（來自美洲的玉米啤酒）以及「*atole*」（來自墨西哥的玉米粥），這一切在醫藥兼神學專論《巧克力是否打破神聖齋戒之道德難題》（*Question moral si el chocolate quebranta el ayuno eclesiastico*）裡都有詳細描述。這本書出自安東尼歐．德．萊昂．比內洛（Antonio de León Pinelo）之手，他出生在今天阿根廷的科爾多瓦，長大後成了耶穌會士。[70]他其實可以把瓜拿納（*guaraná*）、可樂果（kola nut，來自非洲）與瑪黛茶（mate，來自南美洲）也寫進去，但書上沒有。而在這麼多飲料理，有兩種值得仔細探討：巧克力與棕櫚酒。

耶穌會士是首屈一指的巧克力生產商與推廣者，他們利用原住民勞工在瓜地馬拉與亞馬遜雨林採收可可，運給東南亞、西班牙與義大利的工人。[71]有了神學上的認可（跟過去阿奎那用來支持糖的論點建立在同樣的基礎上），巧克力飲用市場也大為拓展，只有總是與耶穌會對著幹的道明會表示異議。人們認為巧克力有讓人鎮靜的效果，可以安撫性格易怒的人，對修士與修女也有減少欲望的作用。修女在寒冷的教堂值耕時，也會啜飲巧克力，藉以保持精神。

耶穌會士將中美洲人加工、處理巧克力的技術帶到歐洲（圖5.8）。發酵的可可豆得在加熱的石磨上研磨，免得富含油脂的巧克力沾黏住。歐洲大部分地區早已對簡易石磨沒了記憶；早在羅馬時代，旋轉石磨便取而代之，即便曾經有人將石磨加熱使用，這種技術也早就消失了。研磨巧克力因此得交由專業人士來做——通常是隨身拉著自己的石磨、挨家挨戶行動的賽法迪猶太人來處理。中美洲人過去喝的可可飲料是冷飲，用辣椒加味，再用橙紅色的胭脂樹紅（一種矮小熱帶樹種的種子）添色，而這種飲料如今也歐化了。儘管圖5.8是這麼描繪，歐洲人還是用嶄新、昂貴、流行的瓷杯取代了葫蘆，飲料也按照香料甜酒的做法加熱、加糖與甜味香料來喝。巧克力也跟著過去茶從神性而世俗的發展軌跡，成為與咖啡同時飲用的社交飲料——尤其是在西班牙與義大利。

巧克力飲料多半還是在天主教世界裡流傳，包括菲律賓。歷史學家瑪西·諾頓（Marcy Norton）有充足的理由挑戰「歐洲人開始對巧克力上癮」的看法，她指出，人們得先接受這種飲料，才會有上癮的問題。[72]頭一個喝巧克力的歐洲人，得敢於踏入一個對他們來說意味著巫術的世界，像中美洲人一樣喝加了香料與色素的冷巧克力——她這麼說是對的，但我很懷疑，即便將這種飲料歐化得花上不少工夫，耶穌會士或他們的顧客也沒有必要繼續接受那些巫術意涵。

萊昂·比內洛在他的《道德難題》裡提到的另一種異國飲料——棕櫚酒，這在今天就比較不為

【圖5.8】要歐洲人理解新大陸的巧克力飲料，那可是件困難的事。圖上戴著羽毛頭飾的原住民正在準備巧克力。拿來喝巧克力的淺底葫蘆瓢（*jicara*）畫得相當精確，但繪者顯然從未看過可可豆在溫熱的磨石上研磨的過程，用來攪拌出泡沫的棍子也是歐洲人在用的。在美洲，人們是將巧克力在容器裡來回傾倒，來製造巧克力泡沫。（圖片來源：John Ogilby, *America: Being the Latest, and Most Accurate Description of the New World* (London: printed by the author, 1671), 241. Courtesy New York Public Library, http://digitalgallery.nypl.org/nypldigital/id?1505018.）

人知了。但萊昂·比內洛之所以將其收錄，是因為棕櫚酒對十六與十七世紀的墨西哥非常重要。氣候宜人的科利馬州（Colima）位於墨西哥太平洋岸，當地的地主從菲律賓引進椰子樹、蒸餾器，以及工人來運用這些東西。[73]工人身體左搖右擺，爬上椰子樹，在上面插管子來收集樹汁，自然發酵成甜味的酒精飲料。但由於這種飲料很快就會發酸，把它蒸餾成棕櫚烈酒就成了一種保存的方法。這裡使用的蒸餾器與伊斯蘭式的非常不同，基本上就是個倒蓋在加熱椰子酒上的碗，用水來冷卻，上面有嘴能導出蒸餾液。這種蒸餾器很可能源於中國，畢竟在蒙古人統治中國時，就已經有人使用這種蒸餾器，從事商業規模的烈酒製造。[74]棕櫚烈酒透過水運運往墨西哥西部與中部，特別是薩卡特卡斯（Zacatecas）與瓜納華托（Guanajuato）等迅速發展的採銀城鎮。經過多年的折衝協商，西班牙王室終於在十八世紀初停止了棕櫚酒的製造活動。但人們很有可能拿這種蒸餾器，從加熱、搗爛的龍舌蘭肉蒸餾出梅斯卡爾酒（mescal）與龍舌蘭酒，亞洲技術就此轉移到墨西哥原物料上。

新西班牙（範圍大致與今天的墨西哥吻合）是研究天主教料理轉移至美洲的過程的學者最常研究的個例。類似的轉移模式發生在整個西班牙屬與葡萄牙屬美洲，特別是因開採銀礦（如秘魯）或種植園——尤其是糖種植園（巴西與加勒比海部分地區）——而致富的地方。主要的差異發生在當地人極為仰賴根莖類料理的熱帶地區，以及玉米作為地方上優勢主食的高冷地區之間。另外還有兩個移民群體的料理，讓天主教與美洲當地料理之間互動的複雜程度更上一層：其一是來自西非海岸的奴隸（第六章會探討其中最大的族群），其二則是從亞洲各地乘馬尼拉大帆船而來的人。

十六世紀時，人們在新西班牙發現了豐富的白銀礦藏，當地的經濟也隨之一飛衝天。在總督府的廚房裡（裡面的廚子都來自歐洲），以及女修道院、莊園和家財萬貫的銀礦主在城裡的宅院，煮的都是天主教料理。[75]儘管歐洲人鄙視中美洲料理，但通婚與奴僕的存在，就意味著征服者與被征服者的廚房無法徹底分割開來。值得一提的是，當地的石磨（石皿）進入了克里奧式天主教廚房，就擺在南歐廚房式的爐檯與爐子旁的地板上。相較於歐洲廚房裡勞師動眾的樁打、過篩，有了石皿之後，無論製作醬料、肉泥，還是研磨堅果與香料，都變成比較輕鬆的工作。富有人家會準備六、七個石皿，用於不同材料——辣椒和香料、肉、魚、乳酪、堅果與水果，而天主教料理中的經典菜色則更為精緻。

麵包與葡萄酒的製作是頭一件要辦好的事。畢竟阿奎那已經講明，只有小麥麵包與葡萄酒能用於彌撒。即便到了種不出葡萄的地方，也不能用桑葚或石榴酒來代替。[76]儘管有位貝拉克魯茲（Veracruz）的商人抱怨一開始「這塊地沒有麵粉，沒有酒，也沒有布料」，還說「土地貧瘠到人們該拿石頭來賣了」，但不過一代人的時間，歐洲人就種起了小麥。[77]到了一五六〇年代，麵包師傅已經開始賣四種主要等級的麵包，即精白麵包、白麵包、全麥麵包與粗麵包（*semitas*），而他們用的酵母通常來自當地的發酵品，如黃邊龍舌蘭汁釀的龍舌蘭酒。他們也製作餅乾（經二度烘焙的乾麵包）、炸麵包（布奴耶羅與麵圈〔*rosquetes*〕）、包魚肉的餡餅餃，以及包肉餡或肉凍餡的磅蛋糕（可能是用發酵的麵團做的）。葡萄酒與油從西班牙進口，國家不希望讓這些高價商品的收入落入美洲當地種植者的手裡。從羅馬時代的伊比利半島流傳至今的辣腸（chorizo）、燻腸（longaniza）與血腸，則是在新西班牙與果阿製作。乾燻火腿似乎消失了。豬油仍然是主要的食用油。

除了先前討論過的甜點以外，克里奧式天主教料理仍然持續表現出伊斯蘭料理的元素。[78]至少到了十九世紀，都還有人根據馬丁內斯・莫提尼歐《烹飪技藝》裡的食譜做庫斯庫斯，以及用易碎、類似墨西哥餃的那種蒸過的玉米粉捏的替代食品。有人將一臺做細麵的軋麵機帶到墨西哥中部猶里里亞（Yuriria）的奧斯定會修院城堡，而細麵條（*fideos*）至今還是受人喜愛的料理。抓飯（有一種在美國叫做「西班牙飯」）與麵條以「乾湯」之名為人所知——因為湯裡面的水都蒸發掉了。麵包布丁（從薩里德燉肉變化而來）裡的肉逐漸消失，變成了四旬齋吃的甜點。豬肉通常用豬油來煮，有點像伊斯蘭帝國晚期的油封肉，不過這可是要馬上吃的。某些當地食材不知不覺出現在料理中，例如燉雞肉或烤鵪鶉被火雞取代，當地的豆類也和鷹嘴豆一起成為材料，而帶酸味的黏果酸漿與番茄則用來製作與歐洲類似的青醬。

克里奧式天主教料理正統的菜色，有香料或堅果醬汁燉肉、派、醋醃魚（糖醋油煎魚），以及肉塊或絞肉料理（如羊腿〔gigot〕）。在一七五〇年前後成書的《多明加・德・古茲曼食譜》（*Recetario de Dominga de Guzmán*）裡，有兩份燉雞肉食譜特別有意思，分別叫做「摩里斯科」與「麥士蒂索」（*mestizo*，「混血族群」之意）。頭一份是直接從馬丁內斯・莫提尼歐的「摩爾式雞肉」食譜上抄來的。作者提到的香料有牛至草、薄荷、洋芫荽、續隨子、大蒜、小茴香，以及伊斯蘭料理常用的丁香、肉桂與黑胡椒。至於第二道「麥士蒂索」燉雞肉，則去掉了這些香料，改用墨西哥的番茄和辣椒取代。

在某個時間點，以香料調味的各式棕醬（brown sauces）有了個泛稱的名字，叫「混醬」（mole，發音如英語的MO-lay）——不過有些老的西班牙與醬料名稱也留了下來，如「*almendrado*」。混醬之名在墨西哥廚房裡四處迴盪。許多僕人講阿茲提克納瓦特爾語（Aztec Nahuatl），其中「*molli*」的意思是醬汁。葡萄牙語裡的「*mollo*」（發音像用英語講「molio」）意思也是醬汁，馬丁內斯・莫提尼歐有許多道菜有這個名字。而「*moler*」在西班牙語是研磨的意思；對準備這些醬汁來說，「*moler*」是關鍵的技術，因此「mole」就成了方便女主人或修女跟做雜務的下人彼此溝通用的一個字。普埃布拉（Puebla）的混醬在慣常使用的香料裡，另外加了性寒的巧克力與性溫的辣椒，這種混醬也成了克里奧式天主教料理的經典菜色。

關於如何看待美洲原住民料理，西班牙人有著激烈辯論。神父維爾納迪諾・德・薩阿貢（Bernardino de Sahagún）對原住民說，他們應該吃「卡斯蒂亞人吃的東西，因為那是好的食物，養大了他們，使他們強壯、純潔、睿智……如果你們吃了卡斯蒂亞人的食物，你們也會變得跟他們一樣」。[79]但其他人或許是出於害怕而反對——因為縱使原住民人口此時已驟減高達百分之九十，仍然以將近二十比一的比例遠超西班牙人，如果原住民吃了小麥和歐洲的肉類，會變得過於強大。

不過，原住民其實也比較喜歡玉米餅的口味，甚於小麥麵包。印地安貴族是逐漸模仿歐洲人吃小麥麵包，但大多數人至今還是做他們的玉米粽和玉米餅，煮他們的豆子。對於進一步的細節，我們所知不多，但可以合理推測他們會將乾辣椒加水還原，研磨製成醬汁。一等到十六世紀末，禁止阿茲提克人吃牛肉、豬肉與山羊肉的禁令解除，他們也開開心心地開始吃歐洲動物的肉，將葷油加進自己的玉米粽裡，養起美洲原生火雞的迷你版——也就是雞。[80]一旦關於節制的嚴格舊規矩消失，他們也喝掉更多的酒，例如位於墨西哥城周遭乾旱地區、由西班牙人或克里奧人擁有的莊園所生產的龍舌蘭酒，或是價格因生產簡便而低廉的甘蔗酒（*chiringuito*），以及棕櫚酒。[81]

到了十七世紀中葉，新西班牙（與整個西屬美洲）的料理出現了分層。西班牙裔——起碼是那些有錢的西班牙裔——吃的是克里奧式天主教料理，食材絕大多數來自從歐洲帶來的動植物，還有某些食材產自亞洲或非洲，例如長米。原住民則吃自家傳統的中美洲料理，他們的食材多半取自當地的作物，以及從歐洲、非洲與亞洲帶來的動植物。椰子分別從維德角群島（Cape Verde Islands）與菲律賓，跨大西洋與太平洋而來。黑眼豆與稻米可能來自西班牙、菲律賓、西非，或者三者皆是。

一九七二年，歷史學家阿爾弗雷德・克羅斯比將植物、動物、人群、文化，以及共通疾病在舊大陸與新大陸之間的交流，稱之為「哥倫布大交換」。後來也有許多學者視之為食物史上的一項重大事件。但在這個份上，將食物史上的不同意義梳理清楚，就成了當務之急。動植物的轉移的確讓舊大陸和新大陸同時有了能當食物的新原物料。玉米和木薯成為舊大陸熱帶地區重要的新熱量來源。豆類也迅速成為溫帶地區的家常菜。人們先是引進玉米，後來又帶來馬鈴薯，讓買不起其他食材的貧窮人當食物。辣椒成為地中海、巴爾幹與匈牙利、印度、東南亞、西非和中國等地便宜的辛味來源。番茄現在也成了歐洲地區深受歡迎的蔬菜。新大陸則得到小麥、柑橘、牛、綿羊、山羊和豬——這還只是幾個最明顯的引種而已。

但我們不該因為這些原物料的交換，而忽略了「這些食材全都得先加工才能成為食物」的事實。歐洲與亞洲的食物加工、烹煮技術整套轉移到了新大陸，但美洲食物加工技術卻幾乎沒有移到舊大陸去。這有幾個可能的原因，包括對美洲被征服者的心態；除了總督的隨員，鮮少有歐洲人會離開美洲重返故鄉，而土生土長的美洲廚子也很少旅行到歐洲或亞洲。還有一種看法是，簡易石磨、陶器與地上的火坑比較適合農人，而不是讓貴族家裡的廚子使用，他們可以仰賴水力磨坊、鐵鍋與爐檯。用簡易石磨研磨巧克力用的可可豆，算是比較明顯的例外——用旋轉石磨磨可可豆是件難事，因為可可豆會沾黏，但簡易石磨從來沒有在巧克力之外的用途上大放光彩。

少了料理上的交換，中美洲當地從處理玉米與辣椒的長久經驗中學到的教訓便無法跨過太平洋。我們已經看到，烹飪會為食材帶來料理、美食學與營養層面的變化。就玉米來說，用鹼處理玉米（稱為「灰化」的加工法）能製造出蓬鬆的脫殼玉米粗粉（hominy），而溼磨出來的麵團能做成柔軟有彈性的無酵麵包（料理上的轉變）。這些麵包帶有的清香馬上就能吸引到大多數人（美食學上的轉變）。對某些極為仰賴玉米維生的人來說，玉米加工的過程能釋出營養素，加工產物對他們更為有益（營養轉變）。十九世紀至二十世紀早期，沒有將玉米灰化處理的貧窮義大利人與南美洲人，便深受缺乏營養造成的癩皮病（pellagra）所苦，但會灰化加工的墨西哥人卻絲毫不受影響。[82]

無獨有偶，許多與辣椒有關的認識也受人忽略。在多數地方（或許只有北非例外），都沒有人將乾辣椒加水還原，再磨成辣椒泥。結果，辣椒能為菜餚增添的色彩、質地與果香風味也就無人得知。此外，由於人們的辣椒食用量沒有醬汁那麼多，辣椒也無法為飲食帶來多少維他命C。

其他作物則是在轉移時沒有帶上相應的技術。人們接納馬鈴薯時不只是速度慢、不情不願（見第七章），而且並不知道安地斯地區保存馬鈴薯的方法。仙人掌雖然在環地中海地區不受限制地生長著，但也很少被人當成蔬菜。舊大陸的人們使用龍舌蘭時，用的不是汁液或龍舌蘭心。黏果酸漿則是沒什麼人聽過。很晚才為人接受的番茄算是例外；一直要到十九世紀晚期、罐頭業讓人們一年到頭都能用番茄做醬汁時，番茄才重要起來，而此前的地中海料理仍然是以古典時期時或是伊斯蘭教料理所引進的作物為基礎。中美洲、安地斯山與美洲熱帶地區料理轉移到舊大陸的過程不僅有限、片面、緩慢，甚至至今也根本沒有完成。但這其實是料理移轉過程的常態。以佛教料理為例，移轉主要是從印度至中國；至於伊斯蘭料理的移轉，則是從中東到歐洲，再從歐洲抵達美洲。像伊斯蘭料理，就從來沒有接受基督教王國出現的各式燻肉。料理觀點跟生物或環境觀點完全相反，更精確點說，從料理角度來看才沒有哥倫布大交換發生，有的只是一段單向為主的料理轉移。[83]

到了一五三〇年代至一五四〇年代時，天主教料理同時在歐洲與美洲蓬勃發展，簡單聊聊三個事件就可以看出來。來到英格蘭，當亨利八世在一五二九年將漢普頓宮（Hampton Court）據為己有時，他所做的第一件事，就是擴建宮中蓋得牢靠的磚造廚房（圖5.9）。其占地三萬六千平方英尺

（比比看，白宮的總面積為五萬五千平方英尺），為宮裡八百至一千兩百人的成員提供食物。漢普頓宮外還有拔雞毛、剝兔皮的洗滌室、柴房，以及一間有好幾個爐子的麵包坊，每天能烤五百磅全麥麵包與兩百磅白麵包，供一般人和貴族食用。

在這些廚房同樣要準備遠比王室日常飲食更為精緻的王家宴會，包括加冕禮與統治者的進城典禮，這在十六世紀可是天大的事。以我們今天的標準而言，這些宴會貴得要命，但它們卻能滿足王室展現權威的必要，並完成將剩菜分送出去的善舉。各色菜餚以大氣的儀式端上桌，而儀式則是設計來表現統治者在天地秩序中得自神授的至高地位，在彌撒的每一個階段迴盪著。

那些最華麗的宴席中，有一些是在神聖羅馬帝國舉行的。神聖羅馬皇帝查理五世出生在富有的勃艮第公國。他在前往西班牙時，除了把勃艮第宮廷儀式一道帶去之外，我們也推測他還帶了廚子一同前往。[84]在這些盛大的正式宴會裡，每一項細節都經過謹慎規劃。義大利貴族克里斯托弗羅・迪・梅西斯布戈（Cristoforo di Messisbugo）在《盛宴：美食與排場的結合》（*Banchetti, composizioni di vivande e apparecchio generale*，一五四九年）一書中，提供了需要的備品清單、超過三百份最跟得上時代的食譜，以及供各種不同慶典參考用的十四種飲宴實例。一五三三年，查理五世還因為他擔任費拉拉（Ferrara）的埃斯特公爵（dukes of Este）的宰相時的貢獻，用可以授予的最高榮譽，封他為宮廷伯（count palatine）。

勃艮第式的宴會，是以列隊進場開始的，就像高級教士進入教堂、參加彌撒一樣。拜占庭皇帝訴諸於最後晚餐的印象，西班牙國王用餐則仿效彌撒儀式。他獨自一人坐在高腳桌前，鋪著桌布的高腳桌就像教堂裡的聖餐桌，位置則安排在長廳裡遙遠的那一端。桌上放著麵包與葡萄酒，刀子擺成十字形。負責服侍國王的貴族親吻餐具，高舉酒杯，彷彿親吻彌撒用具，高舉裝著葡萄酒的聖餐

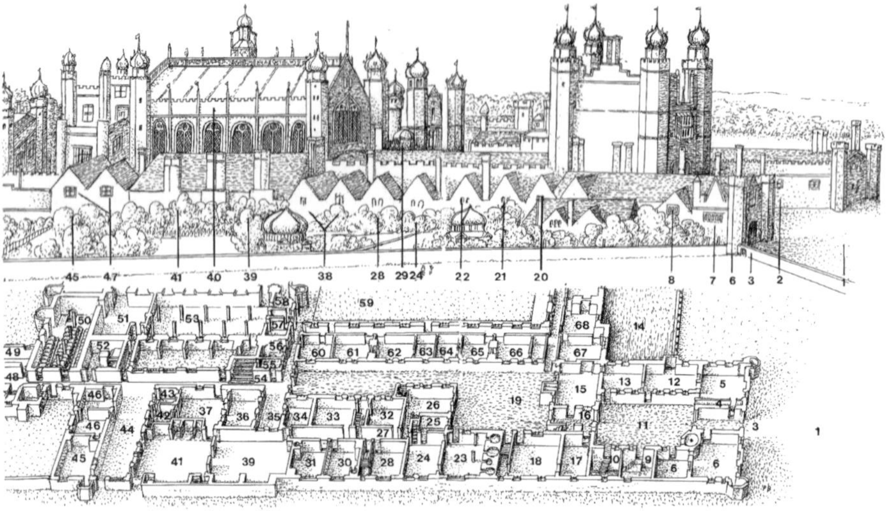

【圖5.9】英格蘭漢普頓宮的廚房保存相當良好，讓人一窺從古代帝國至十八世紀之間宮廷烹飪行之有年的規模。送到廚房大門的食材要先經過安全檢查（1-4）。資深的廚房管事有好幾間相連的辦公間（5-15）。為了防止浪費與偷竊，官員每天都要報告使用的食物存量。鹹牛肉、生肉、魚都有特別用來存放的房間，製作冷醬料（最重要的是芥末）、甜點與酥皮、派、塔也都有專屬房間（17-33）。僕人、低階廷臣、貴族與王室都有各自分開的烹飪與用餐區，皆附有廚具與打掃用具的空間（33-58）。烹飪區配備有連續的開放式壁爐與煮東西用的大鍋，當鍋子裝滿東西時，可是得用起重機來搬動，因為重量可以高達四分之一噸。主餐廳可以同時讓三百五十人入座。（圖片來源：Original drawing from Peter Brears, *All the King's Cooks: The Tudor Kitchens of King Henry VIII at Hampton Court Palace* (London: Souvenir Press, 1999), 10–11. Courtesy Peter Brears.）

杯。要打開蓋子檢查餐點時，還會儀式性地洗個手。餐巾由當地最有權勢的廷臣呈上，在場品秩最高的教士為餐點祝禱，而斟酒人每一回為國王倒酒時，都得屈膝。人們仍舊持續模仿聖餐禮，尤其宴會要以薄餅與香料紅酒做結。另外還有香料蜜餞，好幫助消化。

一五三八年，也就是美洲征服行動十七年後，埃爾南・科爾特斯與西班牙總督舉辦了一場歷時三天的遊樂會，地點在新西班牙墨西哥城主廣場，就蓋在阿茲提克舊神廟上。宴會在第三天舉行，席間提供杏仁膏做的小吃、糖偶與麵糊、糖衣枸櫞、杏仁、蜜餞和水果，搭配蜂蜜酒、香料紅酒與巧克力。此外還有烤小山羊與火腿、鵪鶉餡餅、填了餡料的雞和鴿子、白肉凍、糖醋油煎的雞肉、鷓鴣與鵪鶉，還有以魚肉、雞肉與野味製成的餡餅餃，以及煮羊肉、牛肉、豬肉、蕪菁、甘藍和鷹嘴豆。某幾個大塊餡餅餃裡跳出了活生生的兔子，其他則有小鳥拍著翅膀飛了出來。宴席結束時端上來的則是橄欖、乳酪與刺苞菜薊。當年，蒙特祖馬曾為科爾特斯舉辦過接風宴，而今宴上的餐點除了巧克力以外，其他全都不見了。

全球料理分布形勢，一六五〇年前後

當墨西哥的重要作家、諾貝爾獎桂冠得主奧克塔維奧・帕斯（Octavio Paz）抵達新德里，以駐印度大使身分到職時，他問道，該說混醬「是別出心裁的墨西哥版咖哩呢，還是說咖哩是印度人改造過的墨西哥醬汁」？這種在「全球料理分布形勢」中看似巧合的現象，應該如何解釋？我想，問題的答案就藏身於一六五〇年以前，北緯十度至五十度之間創造出來的傳統料理或神權料理間一系列的交疊現象與交流活動裡。西元二〇〇年時，某幾個地區的人創造了一連串的古代帝國料理，而這些地方就是交疊現象與交流活動的核心。後來它們越走越遠：佛教料理到了日本，漢人的明帝國有儒釋道料理，東南亞王國出現了佛教、印度教、伊斯蘭教與基督教料理的複合體，南亞王國以印度教料理為主，伊斯蘭料理存在於蒙兀兒、薩非與鄂圖曼帝國，而受伊斯蘭影響的天主教料理則來到歐洲與西班牙人、葡萄牙人的海外帝國。這幾個地區加起來有大約全世界百分之七十的人口，超過五億人。[85]儘管帝國料理這時餵飽的人遠比過去還多，但在城市與軍隊的給養上，倒是沒有什麼重大的創新。

人們在一千五百年裡，用改造古老料理的方式打造出傳統料理，並在與其他料理的一系列互動中演進——模仿、否定、揀選、排斥他人的料理哲學、廚師、技術、菜色、成分與原物料。大西洋與太平洋也加入絲路、中國海—印度洋—地中海航路，成為主要的貿易與交流通道。只有澳大拉西亞（Australasia）與太平洋島嶼相對保持孤立。

小麥始終位居穀類階級之巔，這時站在這個位子上的還有稻米，至於次等的穀類與根莖類則繼續下滑、落入邊緣。根據估計，全世界有百分之十的人吃高級料理，人數或達三千五百萬之譜，至於百分之八十、大約三億在田地裡工作的人吃的則是粗茶淡飯。遊牧民族料理雖然還存在，但對定居民料理再也沒有重大的影響。一如過去，料理不會因為小麥或稻米料理的擴張而逐漸往同質性的方向發展。新技術與新菜色的嘗試、可用食材的差異，以及不平等的料理轉移過程，都讓料理更為豐富多元。

就像西元前二〇〇〇年至西元二〇〇〇年間的情況，機械力、熱力、化學、生化等食材處理與加工方法上的改變是有增加，但這不是革命。機械加工主要的變革是垂直輪輾機。化學加工方面則可以看到成熟的煮糖與精製糖、改良的蒸餾法、使用黃豆與小麥製作豆腐與麵筋，以及保存遠洋含油魚類的高超技巧。生化加工與溫度改變上倒看不見多少新變化，例外的情況只有冰塊的開採與保存，以及鐵製烹飪器具逐漸投入使用，但這些變革的歷史仍然隱而不顯。

就烹飪而言，大多數的肉類菜餚與醬汁都有進步，但不是劇烈變化。天主教料理中的明膠與派是新東西。雖然人們後來漸漸開始用蛋來勾芡，但伊斯蘭與基督教料理中的醬汁仍然是以蔬果泥為主。新的穀類菜色有伊斯蘭料理的抓飯，基督教世界的威化餅（wafer）——煎麵糊或許也算，而類似近代蛋糕的料理也逐步被製作出來。糖具有醫藥、鹹食中的香料，以及幫助靈性發展等多重作用（還能拿來做雕像），而糖的使用更可說是烹飪最為革新的發展。甜點深受重視，至於是用糖和穀類、乳製品，還是水果製作則視料理而定，而主要供宗教人士或女子飲用的甜味水果飲料也有重要地位。分別與佛教、伊斯蘭教與基督教有關的茶、咖啡與巧克力，則是從宗教背景走向世俗，促使新的社交場所出現。公開的用餐場所在伊斯蘭世界或基督教王國裡相當稀少，而且多半是供窮人使用，但餐廳在東亞卻是歷史悠久。

到了今天，傳統料理間的鍊結已經被後續的發展所掩蓋。以歐洲為例，得自於伊斯蘭料理，或是與之相似的餐點多已消失，偶而才會突然出現——像是加泰隆尼亞地區搗碎來勾芡醬汁（碎醬〔*picada*〕）用的堅果、大蒜、藥草、香料與烤麵包，英格蘭地區用牛奶煮的麵包屑泥（麵包醬）與切碎的薄荷、糖與醋（薄荷醬），以及義大利用碎切草藥、油與醋所做的醬汁。

當查理五世與科爾特斯在十六世紀舉辦宴會時，人們沒有道理會認為這一系列的傳統料理撐不過幾個世紀。接著到了一六五〇年前後，此前一直是料理發展上的落後地區，也就是西北歐，開始有極為不同的料理即將浮現的跡象。這些料理就是所謂的「近代料理」，這也是本書第六章的主題。我會討論到化學物理學家、新教徒，以及那些尋求神聖王權和階級原則以外選項的人們，他們為食物與自然界、食物與神性，以及食物與政治經濟的關係帶來新的理念，而這些理念也讓近代料理的發展加快了腳步。

第六章

近代料理的前奏：歐洲北部，西元一六五〇年至一八〇〇年

Prelude to Modern Cuisines: Northern Europe, 1650–1800

法蘭西的高級料理在十七世紀中葉有了戲劇性的轉變，研究食物的歷史學家們對此多表同意。大多數人將最初的轉變跡象指向一六五一年時，皮耶・弗朗索瓦・拉・瓦雷恩（Pierre François La Varenne）的《法蘭西廚人》（*Le cuisinier françois*）出版一事，以及隨之而來的多種譯本與發展。[1] 食物史學者們所見略同，認為有兩個因素是改變的關鍵：香料與糖從鹹食中消失，以及以肥油為底、多用麵粉勾芡的新醬汁出現。我認為，這不單是法蘭西一地之事，這是近代西方料理在歐洲取代傳統天主教料理過程中的一環。情況就像過去的料理變革，是新的料理哲學導致近代西方料理出現，而這種新的料理哲學則是隨十六與十七世紀的化學、神學與政治理論新理念而來的。化學家與自然哲學家拋棄了烹飪宇宙觀、四大元素與符應理論，提倡新的營養與消化理論。新教徒捨棄了修行料理的準則，並不以此為靈性成長的途徑，而是主張所有信徒無論吃的是什麼，都能有同等的機會通往神性。政治理論家從高級料理著手，挑戰君主體制，提出共和派、自由派與民族派的替代方案。

用一種料理取代另一種料理並不容易，無怪乎法國人、荷蘭人與英格蘭人的方法都是捨去天主教料理的不同面向。法國的情況是，君主與貴族根據新的營養與消化理論改變烹飪方式與菜色，創造了「法式高級料理」，從一六五〇年起取代天主教料理，成為泛歐洲的高級料理。在荷蘭共和國（Dutch Republic），布爾喬亞保留了許多天主教菜色，但將之整合成一種分量充足、用料得體、在自家烹煮的食物所組成的「中階共和料理」，供多數國民食用。來到英格蘭，貴族吃的是新的法式料理，但鄉紳反而排斥法國菜，偏好居間的、以麵包和牛肉為主的料理，胸有成竹地將之描述為「民族料理」。除了開始採用新的醬汁、區隔出甜味與酸味之外，這三種最早的近代西方料理全都強調麵包與牛肉，並混和肥油、麵粉與液體，在醬汁與甜點上做實驗。其中，法式高級料理在社會上層之間流傳開來，幾乎持續到二十世紀末。

不過，中階料理才是近代時期最主要的創新。「中」這個字指的不是「二流」，而是連接高級與下層料理之意。中階料理充滿肥油、糖與異國食材，以醬汁和甜點為特色，而人們會在專門用餐的地方，拿專門的餐具來吃；隨後的幾個世紀中，全世界人口中有越來越多人能夠吃到這種料理。高級料理與粗茶淡飯之間的差距縮小，這個現象背後則是政治理論與營養理論的轉變。荷蘭與不列顛不再將統治者正當性的來源置於世襲或天賦權力上，而是來自人民意志的某種應允或展現；隨著越來越多國家跟著荷蘭與不列顛走，要想否認所有公民都有吃同一種食物的權利，就變得益發困難。在西方世界，中階料理的出現與投票權的普及可說是亦步亦趨。營養理論也推波助瀾，揚棄了「料理決定與反映社會階級」的看法，並以一種適合各階級民眾的單一料理取而代之。

營養學家將中階料理的茁壯稱為「營養轉型」（nutrition transition），亦即從主要以穀類組成的飲食，轉變為高糖、高油、多肉飲食，這是一種漸進且全球性的轉變。[2]但營養學家擔心的是，營養轉型雖然提升了食品安全，但也帶來許多相關的健康問題，例如中風、心臟病發、肥胖與糖尿病發病率的提高，社會支出也隨之增加。不過，把中階料理化約成營養問題，其實是小看了中階料理的重要性。大量的疾病問題固然不該等閒視之，但它們顯然沒有貧窮造成的疾病嚇人。平民社會、政治與經濟地位的改善，跟中階料理日益豐富的選擇與口味是分不開的。數千年來，料理壁壘強硬表達人們之間的地位不平等，使得中階料理的出現毋寧是個令人額手稱慶的結局。沒有什麼能比「跟別人吃一樣的東西」更能展現你的平等，也沒有什麼比「能夠選擇你要吃什麼」更能展現你的獨立自主。

讓每個人都吃同一種料理，代表能降低食物的花費。十九世紀末食物加工過程的工業化使食物價格降低，這也是自人類駕馭穀物以來最重要的烹飪與加工變化。費用更低廉的運輸與更有效率的耕作也有功勞；隨著農業逐漸地區性專業化、穀類流通於全球各地，運輸與耕種也與逐漸全球化的商業聯繫結合在一起。都市化讓近代料理的材料更容易分配，都市料理進步的速度也因此快於鄉間的料理。於是，近代料理的成長隨著近代民族國家開枝散葉、全球聯繫日益緊密、工業化與都市化等現象而來，也是現代化發展不可或缺的一部分。

自十八世紀起，人們便不斷討論著「現代」所指究竟為何。目前對現代的討論成形於一九五〇與一九六〇年代，由舒默爾・諾亞・艾森思塔特（Shmuel Noah Eisenstadt）等社會學家所推動；他主張現代性（modernity）意味著與擴散式大家庭（extended family）對立的核心式小家庭（nuclear family）、都市化的世界、工業化、個人性的政治權力，以及宗教心理的衰頹。雖然現代化理論的各個方面從一九八〇年代就飽受攻擊，但人們多半同意當代世界與四百年前的世界有顯著的差異。對於達成我的寫作目標來說，重要的是去分析近代中階料理的出現，而不是假定這些料理都是根據同一種模式出現。因此，我樂得接受歷史學家克里斯托弗・貝利（Christopher Bayly）所提出的概括定義：現代化既是一段發展過程，也就是渴望變得現代的人在這段過程中會借鑑、模仿那些他們認為現代的人，同時也是中央集權的民族國家、日益全球化的商業與知識交流、工業化、都市生活等現象攜手並進的一段時期。[3]

截至目前為止，這本書都還能按照主要帝國內高級料理與平民料理的分野——或許難免簡化——來做章節架構的安排。從現在開始，隨著民族國家式帝國的成長、各種近代料理同步的擴散與各國獨有料理變體的建立，故事也跟著更為複雜。在這一章，我們首先來看近代西方料理哲學的起源，接著看繼天主教高級料理成為歐洲高級料理的法式料理，其三是荷蘭布爾喬亞料理（法式料理外的另一種選擇），其四是英格蘭鄉紳料理（盎格魯料理的根源），其五是歐洲與南北美洲等地的平民料理，最後再來談一八四〇年時的全球料理分布形勢。

近代西方料理哲學源起

一五三〇年代，路德與喀爾文等人與天主教會決裂。為了天主教與神聖羅馬帝國，哈布斯堡家的皇帝查理五世與西班牙國王菲利浦二世試圖保全歐洲，但統治者們卻一國接著一國抵抗他們。在英格蘭，亨利八世於一五三四年宣布自己為國教領袖。在尼德蘭七省共和國（United Netherlands），領導人們選擇了嚴格的喀爾文教派，並於一五八一年宣布從西班牙獨立，造成數十年的戰事。在法國，新教徒與天主教徒慘烈爭鬥，直到信奉喀爾文派的亨利四世改宗天主教、即位為王，隨後確立一定程度的宗教寬容為止。而在一六一八年至一六四八年間，日耳曼地區許多選擇新教的小國在慘烈的三十年戰爭（Thirty Years' War）中得到丹麥－挪威聯合王國和瑞典的支援，與神聖羅馬帝國及其盟友對抗。難民們——天主教徒與新教徒都有——從這些衝突中逃往不同國家與不同大陸。一六四八年，各方簽署了一系列統稱為《西發里亞和約》（Peace of Westphalia）的協定。哲學家、宗教界與政界領導人，以及科學家們（尤其是出身法國、英格蘭與荷蘭的人），就是在此等動盪歲月中提出各自的理念，成為最早的近代料理哲學賴以建立的基礎。

首先，新教徒從食物在人神關係之間的地位開始，反對起天主教哲學或習俗中的四個方面。第一點，新教徒將齋戒從例行公事轉變為有意而為的虔誠之舉。[4]像路德就主張「我們的上主並不要求我們吃什麼、喝什麼，或是怎麼穿戴自己，這一切不過是儀節或次要之事」。[5]齋戒用的菜色數量逐漸減少，也越來越少出現在餐桌上。比方說，隨著修道院的魚池荒廢，或是被平信徒買家改造成觀賞用的湖泊，養殖池魚也就不再有供應。[6]杏仁奶做的醬汁也從菜單中消失。此外，夾在熱鐵板間烘焙的精緻聖體餅也走向世俗，成了小吃，如果用打好的麵糊做，就成了人們吃的鬆餅。[7]

第二，隨著湯馬斯・克蘭默（Thomas Cranmer）與尼可拉斯・萊德利（Nicholas Ridley）等學者在《論食用聖體與飲用聖血》（*Of the Eating and Drinking*，一五五一年）和《屬主之飲膳應按餐桌樣式安排之因》（*Reasons Why the Lord's Board should be after the Form of a Table*）提出主張後，圍著桌子共餐的做法便取代了由神職人員在聖壇舉行的彌撒儀式。在新教信仰中，仿照彌撒安排的盛大宴會是沒有立足之地的。新教徒反倒偏好在家人用餐前感謝主恩，這也讓人想起第五章曾提到的早期基督教用餐方式，象徵著社會與宗教和諧。

第三，由於宗教院所解散，提供窮人的慈善救濟也跟著消失，貴族的慷慨解囊與後來政府得到的捐款只能替代其中的一小部分。第四，古典時期的烹飪宇宙觀至今已與天主教緊緊相連，新教徒因而提倡新的理論取而代之——等到談食物、身體與環境時，我會再回來討論這一點。

談到料理在政治生活中的角色，人們則提出了歷史悠久、發展歷程交纏的共和主義與自由主義理論，作為君主制與世襲權力的替代方案。共和體制有賴官僚群體的統治，一般認為只有小國——特別是城邦國家，才有可能實現共和政治。十八世紀的共和主義一如羅馬共和，強調用節儉與顧家（就女子而言）等公民道德的展現，來取代追求富麗堂皇的貴族價值，這也帶來了共和主義在料理方面最重要的結果。共和主義者也一如新教徒，尤其相信一家人共餐是國家的基石，孩子們能在一起用餐時同時吸收身體上與道德上的養分。這些信念在荷蘭共和國、美洲殖民地，以及成立初期的美國可說重要非常。

自由主義則是由約翰・洛克（John Locke）首先提倡的、較為新穎的學說。自由主義主張政府的正當性來自昔日的某種「社會契約」，國民在契約裡同意接受統治，以交換秩序的建立。自由主義者強調公民權利與財產的重要性，他們也像共和主義者，傾向於反對貴族政體與貴族的用餐方式，提倡以獨立自主的自耕農為基礎的國家，甚至期盼私人利益能創造出公共利益（至少某些版本的自由主義是如此）。民族主義則隨著《西發里亞和約》簽訂開始浮現，美洲的歐洲國家殖民地獨立也強化了民族主義，而共和主義與自由主義也在十八與十九世紀為民族主義的成長提供養料。民族主義逐漸與民主體制，與「所有公民都有權利吃同一種料理」的期盼掛勾——起碼在西方是如此。個人生活其中的國家逐漸取代了個人的身分地位，成為決定其享用哪一種料理的首要因素。

至於最後一點——由太陽之火推動的烹飪宇宙觀、四種或五種基本元素與體液構成的理論，以及自然世界不同面向之間交感關係盛行了五千年的時間；五千年過後，人們對食物與自然界（包括人體在內）終於提出了徹底的新觀念。第一個階段，是提出以發酵（而非熱或火）與三原質（three principles，而非四大元素）為基礎的另一種烹飪宇宙論。而這種理論在料理上帶來的結果，則是製作醬汁的新方法、視蔬菜為健康食物的新觀點、含氣（airy）飲食的新原則，以及長久以來「冷食有害」信念的終結。然而，儘管料理上的變化延續了下來，但變化底下的理論根據卻只有短暫的壽命。十八世紀時，該理論被「健康有賴於酸鹼平衡的食物」的理論所取代，而到了十九世紀，對化學與營養的全新認知又取代了前一種理論。

有鑑於發酵宇宙觀與三原質的影響無遠弗屆，我們得針對它們稍事說明。剛才已經說過，它們有其新教信仰的根源。一五六〇年代，瑞士新教布道師兼化學家帕拉塞爾蘇斯表示，當時正是讓化學與醫學在《聖經》中立足的時刻。[8]他一方面把矛頭指向大學訓練出來的蓋倫醫學傳統，主張食療該被化學療法取代（今日醫藥的先聲），這讓他成了「用化學謀害眾人的佼佼者」——巴黎大學醫學院教師吉・貝當（Guy Patin）如是說。另一方面，比起烹飪宇宙觀與體液理論，帕拉塞爾蘇斯宣揚的另類觀點更有前景，許多天主教徒也跟新教徒一同接受了他的看法——我把這些人組成的群體稱為「化學派醫生」。到了十六世紀晚期，歐洲統治者們開始僱用化學派醫生來取代蓋倫派醫生，這或許是因為梅毒等新疾病嚇壞了他們，抑或是新醫學令他們大感新鮮。法王亨利四世的醫生約瑟夫・迪歇納（Joseph Duchesne）在一六〇四年用歡慶的筆調寫信給朋友表示，無論是在新教還是天主教宮廷——包括波蘭國王、薩克森公爵（duke of Saxony）、科隆選帝侯（elector of Cologne）、布蘭登堡邊境伯爵（margrave of Brandenburg）、布朗施維格公爵（duke of Brunswick）、黑森領伯（landgrave of Hesse）、巴伐利亞公爵（duke of Bavaria），甚至是神聖羅馬皇帝的宮廷裡——蓋倫派的醫生都被化學派醫生給取代了。

化學派醫生的看法是，構成世界（與食物）的不是傳統烹飪宇宙觀裡的四大元素（土、風、火、水），而是三原質（鹽、油與水銀）。他們以鍊金術士長久以來致力研究的蒸餾為佐證根據。蒸餾創造出來的產物有三種：固態沉澱物、油狀液體，以及某種輕妙超凡的產物——鍊金術士們用風（air）、神髓（spirit）、氣（gas）或水霧（vapor）等各種名稱來稱呼（還要再過一百五十年，人們才知道什麼是氣體）。他們用自然界能找到的物質來命名這三種原質。固態沉澱物叫做「鹽」，能抵抗蒸餾過程的熱。油狀液體稱為「硫磺」或油。無論蒸餾的是什麼，其純淨的精華水霧則是「水銀」。每一種都有料理上的特性。鹽或固體為食材帶來形體與味道。油讓食材黏稠或滑膩。水銀——也就是風或精華——則讓食物輕盈芬芳。

據信，風、神髓或精華是大腦的食物。發泡礦泉水大受歡迎，歐洲各地的泉水也開放眾人飲用。蛋糕要用打過的蛋打發，奶油裡要拌進空氣的輕盈，慕斯（mousse）也成了流行。揮發性的精華如白蘭地、蘭姆酒、威士忌與伏特加風靡一時，常常被生動地命名為「生命之水」（eau de vie）或「火水」（aguardiente）。至於性質沒那麼烈的萃取物，像是肉類等營養食物的精華，則適合日常食用。針對燉煮肉類與魚類，以高湯、肉汁清湯與明膠的形態萃取其精華的古老做法，廚子們也有新的理論。法國化學家路易・雷默利（Louis Lémery）在一篇論文裡說，肉類的精華「來自肌肉，肌肉是整個〔動物身體各部位〕最營養的部分，能煮出最好的湯汁」，而這篇文章在幾乎整個十八世紀都是標竿。[9]陸生動物煮出來的湯汁，比魚肉或鳥肉高湯更為滋補，而牛肉更是其中最為營養的。

當時的廚師彷彿預示了現代廚師對食物科學與技術的熱衷，他們也以新的化學理論為基礎來試做醬汁，其理論假定油原質（硫磺），能將固態原質（鹽），跟氣態原質（水銀）結合在一起，彷彿石灰能結合水與石頭，構成新的素材，也就是水泥。廚子們認為，富含硫磺原質的奶油、動物脂肪或橄欖油，可以將同樣富含鹽原質的麵粉與鹽巴，跟富含水銀原質的葡萄酒、醋或是肉類與魚類精華相結合。脂肪或油能融入、調和鹽巴跟神髓精華（葡萄酒、高湯或醋）兩者不和諧的味道，創造出可口的單一風味——更重要的是，可以做出平衡完美的醬汁。拉・瓦雷恩說，「若要使醬汁濃稠，先將少許切丁鹹豬肉放入鍋中，待豬肉化開後撈出，混入少許麵粉並加熱至呈均勻褐色，再用肉汁清湯與醋稀釋」——這是已知最早的炒麵糊（roux）食譜。[10]當時沒有人能料到「將肥油擺到菜單上顯著位置」的這種變化，會影響未來三百五十年的料理與人體健康。

化學派醫生說，消化並非烹煮，而是發酵（圖6.1）。換句話說，胃不是大鼎，而是釀造桶。古典時期與穆斯林世界的醫生（阿維森納尤其出名）早已猜想消化可能是某種形式的發酵。但「發酵」這個神奇的過程究竟如何發生？帕拉塞爾蘇斯認為「酵母」具有靈魂，他用新教式的化學用語

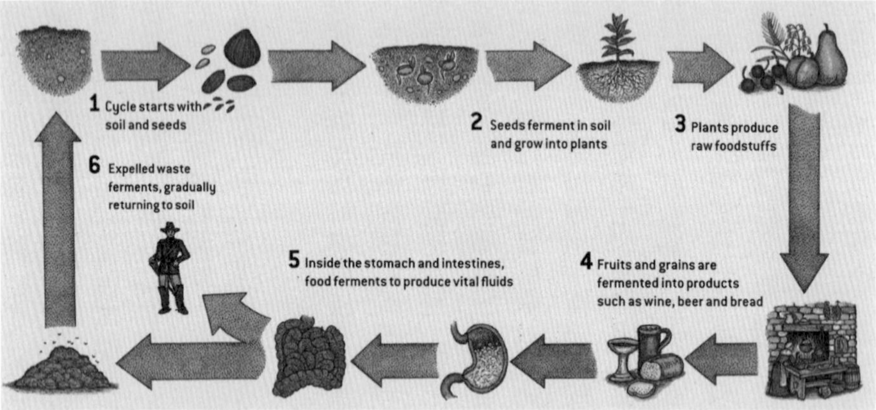

【圖6.1】烹飪宇宙循環，約一六五〇年。十六世紀晚期與十七世紀時，烹飪宇宙循環理論有了調整，改以發酵作為原動力。這種理論讓生菜、水果與冷食有了根據，對料理帶來深遠的影響，直到被更新的消化理論取代為止。（圖片來源：Courtesy Patricia Wynne.）

重新詮釋聖神與麵包之間的關聯。一旦酵母與材料（拉丁文寫作「*massa*」，值得一提的是，做麵包的麵團也是同一個字）結合起來，就會增殖。如果這聽起來有點抽象，不妨想想看做麵包時會發生什麼事。麵包師傅用酵母或發酵劑（可能是發酵啤酒時酒面的泡沫，或是少許前一天做的、未經烘焙的麵團），與麵粉和水揉在一起。幾個鐘頭過去，發起來的麵團裡就都是氣泡，也就是神髓。酵母近乎於靈魂本身，能將沒有生命的東西變成生氣勃勃、充滿神髓的軀體。最至高無上的酵母實例就是基督，化學派醫生說基督是「*fermentum*」，即「靈魂的食物」。

回到比較平凡的層次，酵母能讓地裡的種子成長、水果成熟、麵粉變成麵包、麥芽變成啤酒、葡萄變成葡萄酒、胃裡的食物變成血肉。精子有如酵母，在女體中膨起就成了小嬰兒，鍊金術士器皿中尋常的材料也等著「賢者之石」（philosopher's stone）的點化。腐敗是種類似發酵與消化的過程，能讓料理循環從頭再來。英格蘭安妮女王（Queen Anne of England）的醫生兼倫敦皇家學會（Royal Society of London）會員約翰・阿布斯諾特（John Arbuthnot），在一本一七三二年問世、談食材的暢銷書裡說「蔬菜的腐敗與動物消化極為相似」。[11]可以說，每一件古代醫生歸諸於烹煮之事，化學派醫生都歸功於發酵。

發酵過程——無論是發麵、葡萄汁變成葡萄酒、大麥麥芽釀成酒，都需要溫和的加熱，也都會產生氣泡。這進一步暗示發酵與蒸餾過程及鹽、酸混合等其他同樣需要溫熱、產生氣泡的反應有所關聯。法蘭德斯化學家兼醫生揚・范・海爾蒙特（Jan van Helmont）主張消化食物的不是火，而是酸（他指的酸，可能是當時新發現的強酸，如硫酸或鹽酸）。[12]將皮手套放入酸裡會化成水。依此類推，胃酸裡的食物則會化為某種白色乳狀流體。這種流體通過腸子時，會跟鹼性的膽汁混合，形成氣泡與含鹽液體，前者送往大腦，後者變成血肉。發酵不夠快的食物，就不會在通過消化系統時變成血、肉與神髓，而發酵太快的食物則會導致發燒。

化學派醫生相信，糖屬於鹽原質，因為糖能溶於水，水蒸發後又能化為結晶。這代表糖會跟胃裡的強酸產生劇烈反應，導致發酵過程失去控制。約瑟夫．迪歇納與湯馬斯．威利斯（Thomas Willis）——英格蘭最有成就的醫生與皇家學會會員——兩人都主張，因尿裡含糖而飽受困擾的人，他們患上的難解疾病可能就是發酵失控所造成的。因此，糖原本在天主教體液理論或蓋倫派理論中占據重要地位，是能治療所有疾病的萬靈丹，也是能調和鹹食的性溫香料，如今卻降級成不健康、有害的材料。在這種情勢底下，餐點裡不再用糖，也就一點都不奇怪了。

人們一反幾個世紀的傳統，宣布新鮮水果、生菜與藥草、蕈菇、牡蠣與鯷魚是健康食物，因為它們腐敗和發酵的速度如此之快，也就意味著容易消化。蕈菇不是毒物，反而含有「豐富的油質與不可或缺的鹽質」。[13]雅克．朋（Jacques Pons）在《瓜果論》（*Traité des melons*，一五八三年）一書中向其贊助人與病人法王亨利四世表示，瓜果並非導致霍亂發生的原因，也不會帶來致死風險。約翰．埃夫林（John Evelyn）在氏著《沙拉論》（*Acetaria: A Discourse on Sallets*，一六九九年）裡解釋道，沙拉是「特定天然、新鮮草藥的組合，通常與酸味汁液、油、鹽等一起食用，安全無虞」，也就是以味道平衡的醬汁與容易消化的蔬果為材料，能促進食欲的混合物。[14]

這種以發酵為基礎的新式烹飪宇宙觀（圖6.1），在短暫的時間裡取代了古老的烹飪宇宙觀。笛卡兒、牛頓與拉普拉斯（Laplace）也在這時提出物理上的宇宙論，其中的推動力不是熱能也不是水，而是旋渦或重力。在這個浩瀚的宇宙中，不同的位置、身分高低、年齡、性別、體液與顏色之間不存在符應關係，也不會規定人們該吃些什麼。接下來的幾個世紀，「個人在宇宙間的位置決定他或她該吃的食物」的這種觀念也漸漸消失。但在此之前，人們便藉由新出現的法式高級料理，徹底探索了發酵宇宙觀與三原質理論所開闢出的各種料理新可能。

成為歐洲高級料理的法國菜

皮耶・德・拉・瓦雷恩的《法蘭西廚人》（一六五一年）標誌著天主教高級料理與法國高級料理之間的轉折點。看到「法國菜」這個詞，人們很容易以為這是法國國民吃的料理，但這跟實情卻差了十萬八千里。就決定一個人吃些什麼料理而言，社會地位還是比民族認同重要太多。就像法國時裝、法國家具，法國菜是歐洲上流社會的料理，直到十九世紀晚期或二十世紀初都是如此。國王絕大多數的臣民，是碰不到法式料理的。

拉・瓦雷恩在《法蘭西廚人》書序中表明自己曾受僱於克塞萊侯爵（marquis d'Uxelles）長達十年，為宮廷裡位高權重的人物做菜，這也暗示其食譜能反映出貴族家廚房裡普遍發生的變化。以一部打頭陣的著作來說，不難想像拉・瓦雷恩還是收入了大量天主教料理中重要菜色的做法，包括烤肉、大塊的派、泥狀醬汁、濃湯與齋戒餐點。無獨有偶，在《法蘭西甜點師》（*Le Pâtissier françois*，一六五三年）這本可能也是拉・瓦雷恩所寫的書裡，也充滿了傳統的甜派、塔、威化餅與鬆餅。跟舊食譜一起出現的，則是一道道化學派醫生認定能促進健康的新菜色。其中包括芡料等基本的配料（用新發明的炒麵糊或蛋黃，再加入杏仁做成的醬汁糊料）、肉汁清湯（從肉類與魚類萃取出來煮湯或醬料之用）、混合過的藥草，以及調味鑲肉（forcemeat，作為餡料）。書中有許多食譜是流行的蔬菜燉肉（ragout），即用什錦蔬菜、蕈菇、花椰菜、洋薊與豌豆煮成的濃稠燉菜，滋味豐富。《法蘭西甜點師》裡還有一道食譜，是某種輕巧多洞的海綿狀糕點（*biscuit*），與今天的手指餅（ladyfinger）非常類似。

十年之後，一六六一年八月十七日的一場重大晚宴中，路易十四吃到的珍饈美饌，就是蔬菜燉肉、用新鮮藥草調味的餐點，以及好消化的甜點。作為波旁家族成員、哈布斯堡長久以來的敵人，國王這時才二十三歲，在經歷了漫長的攝政年間之後掌控了法國政府。他跟他的隨員們——他的弟弟、三名愛妾、他的母親，以及其他六千人（如果傳說可信的話，但最好別相信），經過三小時的路程，從楓丹白露（Fontainebleau）前往沃子爵城堡（Château Le Vaux），也就是他手下的財政大臣、法蘭西最重要的藝術贊助人尼古拉斯．富凱（Nicolas Fouquet）的豪華宅邸。富凱在這棟古色古香的建築裡（牆上還掛著描繪亞歷山大大帝的掛毯）舉辦了一場宴會，讓人想到希臘化料理的豐盛（但餐點本身不是希臘化料理）。樂師奏樂，具備貴族身分的侍者列隊端來食物，切肉的人在空中揮舞著自己的肉刀，噴泉的嘩啦聲點綴在背景中，國王則坐在專屬的桌前。當晚提供的確切菜色已不得而知，但富凱仍因提供時下最新的料理而出名：「無與倫比的醬汁、上好的蔬果塔、蔬菜燉肉酥皮餡餅、蛋糕、餅乾、抹醬（pâté）與絕佳的冰鎮葡萄酒。」[15]這些菜色說不定就是從拉．瓦雷恩的《法蘭西廚人》來的。

很難想像富凱到底在想什麼。這種有如帝王般豪華的排場讓路易十四怒火中燒，他提前離席，沒有按照原訂計劃留下來過夜。三個星期過去，早有浮編政府預算嫌疑的富凱遭到逮捕，被控叛國與挪用公款。與此同時，路易十四則學到一課——將文化上的創新與富麗堂皇相結合，可以打造出權力的光環。他召來富凱的建築師、園林造景技師與室內裝潢師，將當時不過是間打獵小屋的凡爾賽宮，轉變為比富凱的城堡更大、更輝煌、更華麗的宮殿。歐洲各地的君王與貴族都把凡爾賽宮的宮廷生活，視為最新潮的儀態、時尚與家具典範，全新的法國料理亦在其列。

西班牙貴族對天主教料理地位的大跌深感不悅。一七〇〇年，由於沒有哈布斯堡家的繼承人，西班牙王位以路易十四的孫子安茹公爵費利佩（Philippe, the duke of Anjou）繼承的形式，落入了波旁王朝手中。根據聖西門①傳記作者記載，人們在一七〇一年十一月三日這天，來到西班牙境內、離法國邊境不遠的菲格雷斯（Figueras），為慶祝費利佩與薩伏依公爵（duke of Savoy）之女瑪麗亞・路易莎（Maria Louisa）結婚而舉辦了一場宴會。為了向出身法蘭西波旁家、成為哈布斯堡家主掌的神聖羅馬帝國之西班牙一地的新國王致敬，菜單上有一半的菜是新的法式料理，另一半則是過去的天主教料理。西班牙貴族廷臣不想要法國國王，也不想要他的料理，於是對每一道法國菜胡搞瞎搞，把它們全打翻在地。十八歲的費利佩和他十三歲的新娘面無表情地坐著，無言地承受侮辱。但貴族們並未取勝。年輕的國王一到馬德里，就僱用法國廚師來掌管宮中的廚房；接下來的整個世紀，波旁家的人都採取這種做法。來到西班牙的美洲殖民地，總督們也從善如流，聘請法國大廚，輪流準備天主教與法國菜單。[16]到了一七〇七年的巴黎，為西班牙大使準備的正式宴會已經明確採用新的法式風格（圖6.2），這時，法國菜已席捲全歐。

像法國這麼一個天主教國家，居然會擁抱一種源於新教生理學的料理、甚至將其帶上巔峰，這看來是有點奇怪。但我們也已經看到，歐洲大多數的天主教宮廷早已接受這種新教理論。更有甚者，新教生理學也和法國文化政策相當般配。無論近代文化在哪些地方超越古典文化，無論那一開始是新教還是天主教，法蘭西都會擁抱它。半世紀以來，關於當代藝術、音樂、修辭、文學與科學與古代究竟孰優孰劣的辯論，至少就科學而言是結束了——人們一致認為當代科學更進步：笛卡兒

①【譯注】指聖西門公爵路易・德・魯弗魯瓦（Louis de Rouvroy, duc de Saint-Simon, 1675-1755），法國軍人、外交家。

【圖6.2】這張圖畫的是一七〇七年，在巴黎為西班牙大使所舉行的晚宴。圖上沒有過去以彌撒為樣板的天主教宴會元素，從大片玻璃窗流瀉的光，到水晶吊燈、鏡子、華麗的餐桌擺設、入座的仕女到四處走動的廷臣，一切都是新的。（圖片來源：Engraving by Gérard Scotin from Paul Lacroix (pseud. Paul-Louis Jacob), *XVIIme siècle: Institutions, usages et costumes* (Paris: Firmin-Didot, 1880).）

的幾何學比歐幾里得（Euclid）更為優秀，牛頓的力學與天文學也超越阿幾米德（Archimedes）與托勒密（Ptolemy）。思維的發展伴隨著口味的發展，化學的發展也有料理品味上的發展與之呼應，而法國料理的發展，正是根據化學而來。

食材經過處理、烹煮以萃取其精華，過程就好比鍊金術士拿大塊的粗糙原礦提煉，創造出閃亮的純銀。格林男爵梅爾希奧（Baron Melchior von Grimm）在他的通信裡用廚房和實驗室裡的說法，抱怨那類竄改、略說其主題的文學創作。「我們看起來就像是要試圖煉化（quintessentialize）每一件事的精髓，用篩子過濾所有題材；我們得掌握性質（quiddity），掌握事物底下磐石般的基礎」。[17]被視為《歌慕思的禮物》（*Les Dons de Comus*，一七三九年；歌慕思是希臘神話中的喜慶之神）一書作者的弗朗索瓦．馬杭（François Marin），也表示當代的廚藝是「某種化學」。他還接著說：「今天，廚師的技藝包括分析、分解並萃取食物的精華，提煉出輕盈、滋補的肉汁，將之混合，使其無一物獨霸，每一樣材料都能感覺得到……讓它們變得均勻，如此一來，它們各自不同的風味只會導出一種絕妙而芬芳的口味——容我大膽地說，要帶出一種所有風味融為一爐的美妙和諧。」精緻廚藝的對象，是高雅、有教養的人，以及品味獨到、道德崇高與技術高超的領導人物。法國人為高級料理與文明之間悠久的關係帶來新的轉折，用「*civilité*」一詞來形容有教養、優美，甚至是高雅的行為舉止。

路易十四在一七一五年去世，法國料理的重鎮也隨之從凡爾賽宮轉移到巴黎。貴族在自家用上好石材砌的房子（叫做「*hôtels*」）裡準備晚餐，可能只是給小倆口的親密晚餐，可能是五十人以上的正式宴會，甚至是用開桌自取的方式招待賓客。像第六代孔蒂親王（*prince of Conti*）、波旁家的路易．弗朗索瓦一世（Louis François I de Bourbon）這樣的東道主則會規劃菜單，向廚師下指示，控管自助餐式的餐點。至於那些請不起廚師的人，賣「*restaurants*」——也就是「精力湯」——的餐廳也在一七六〇與一七七〇年代於法國出現。[18]

法國貴族提供的料理可以視為今日法國菜的先驅，菜色不斷改進，而拉．瓦雷恩著作中收錄的老派濃湯與派則漸漸被排除在外。整個十八世紀不斷有題獻給宮廷或貴族圈的食譜問世。其中最重要的有弗朗索瓦．馬須洛特（François Massialot）多次改版的《烹飪：從王室到貴族》（*Le Cuisinier roïal et bourgeois*，一六七一年）；文森．拉．夏貝爾（Vincent La Chapelle）以英語出版的《當代廚師》（*The Modern Cook*，一七三三年），因為作者當時正為紐卡斯爾公爵（Duke of Newcastle）工作，書中有一大部分的食譜直接取材於馬須洛特的著作（一七四二年時，《當代廚師》的法語譯本在海牙發行，共有五冊，插圖摺頁更長達數英尺）；梅農（Menon）的《宮廷晚餐》（*Les Soupers de la cour*，一七五五年）；約瑟夫．吉利耶（Joseph Gilliers）的《法式甜點師傅》（*Le Cannameliste français*，一七五一年）；馬杭的《歌慕思的禮物》新版，附有食譜；以及一七五八年出版、作者不詳的《料理史與實作》（*Traité historique et pratique de la cuisine*）兩卷本。

最受歡迎的食材有牛肉、雞肉、奶油、奶霜、糖、新鮮香草、蔬菜（特別是蘆筍與豌豆），以及類似梨子、桃子與櫻桃的水果。菜餚的風味並非源於香料，而是來自肉汁清湯。《當代廚師》提供兩打之多的肉汁清湯食譜，多以牛肉、小牛肉與雞肉為材料。清澈淡雅的肉汁清湯是完美的進補餐點，適合感受纖細的文雅人士，他們鐵定吃不慣農夫的粗食。

「蔬菜燉肉」與「油悶肉」這兩個名字基本上可以互換，都是肉類或蔬菜配上肉味醬汁而成。這兩道菜通常是以肉泥（coulis）為底，這是種味道極濃、價格昂貴、費時費工，加入肉醬稠煮的肉湯。要做四夸脫肉泥，得用少許火腿與兩磅的小牛肉、胡蘿蔔、洋蔥、巴西利與芹菜一同煮到呈褐色，接著用大骨湯、肉汁清湯和純肉湯蓋過，煨至熟透，再用一磅半的奶油與滿三、四大湯匙的麵粉做成的炒麵糊來勾芡。「白醬」——也就是人們常常稱為奶油醬或「貝夏媚」的醬汁（但這個詞在當時跟今天的意思不同），同樣是以肉湯為底，但白醬是改用蛋黃、奶油，有時候也會用跟奶油滾在一起的麵粉（稱為奶油球〔*beurre manié*〕）來勾芡。[19]用肉末、蛋白、奶油與鮮奶油打成的慕斯可以滑順入喉，無須野蠻咀嚼。人們用玻璃杯喝冰涼的紅酒，到了一七七〇年代，成套的酒杯也成了展現文化所不可或缺的象徵。最後一道菜，則是清爽的鮮奶油甜點，取代天主教廚房中濃稠厚重的糕點。人們不再認為冰冷的食物會危害健康，像冰、雪泥、冰奶黃與冰淇淋等冰品都很受歡迎。以水果、蜜餞與溫室鳳梨等異國瓜果為餡的泡芙也很流行。總能迅速掌握歐洲各地潮流的法國貴族圈，也開始試起英格蘭人在下午喝茶的習慣（圖6.3）。

過不了多久，法國料理——包括結合肥油、麵粉、糖與酒來製作新醬汁、新甜點，利用高湯調味，以及使用蛋白霜、鮮奶油來創造清爽、輕盈口感的各種手法，就成了歐洲高級料理。[20]凱薩琳大帝（Catherine the Great）堅持俄羅斯宮廷必須改掉此前混雜斯拉夫、拜占庭、蒙古與荷蘭風的烹飪，改採法國料理、法語、法式時尚，以及法式舞會、正餐與沙龍。[21]廚房要配備爐檯、金屬鍋與烤盤。人們設立花園與溫室，以瞭解沙拉用的蔬菜（許多俄羅斯人仍然抱持傳統看法，認為沒有煮過的蔬菜是動物的食物，不是給人吃的，只不過比草好一點）、蘆筍、葡萄、柑橘或鳳梨是否能在俄羅斯氣候下生長。薩克森與普魯士是兩個最富有的日耳曼國家，其統治者——選帝侯弗里德里希・奧古斯都一世（Friedrich August I）與腓特烈大帝（Frederick the Great）——也僱用法國廚師。[22]

出身貴族階級的外交官也舉行法式宴會，這有助於法國料理傳遍歐洲各地。長久以來，外交對國際關係都有重要影響，《西發里亞和約》簽訂後，外交活動也逐漸定型成一套嚴格的體系。

【圖6.3】米歇爾．巴德雷米．奧利維耶（Michel Barthélemy Ollivier）的畫作《與孔蒂親王在聖殿宮玻璃間共進英式下午茶，聽年輕的莫札特演奏》（*Le thé à l'anglaise dans le salon des quatre glaces au Temple, avec toute la cour du prince de Conti, écoutant le jeune Mozart*，一七六六年）裡，左邊數來第五位、站在房間角落的，就是這場英式茶會的東道主孔蒂親王。據說，喝英式下午茶的風尚是由維耶維爾夫人（Madame de Vierville，長鑲板下有三名女子坐在一起，中間那位就是她）在一七五五年時帶來巴黎的。人們小口吃著蛋糕，一邊聽年輕的莫札特坐在大鍵琴前演奏最新流行的室內樂。（圖片來源：Paul Lacroix (pseud. Paul-Louis Jacob), *XVIIme siècle: Institutions, usages et costumes* (Paris: Firmin-Didot, 1880).）

人們一向期待駐外常設使館表現一種「浮誇的權威」，要反映、投射其本國國君的氣度，提供慷慨的贈禮與所費不貲的宴會。從這時起，各國都會從貴族圈子裡根據是否服從命令、儀態是否不凡、服裝是否得體、禮節是否世故，以及對外交語言法語的掌握程度，來挑人組成使節團。任職政界、擔任駐羅馬大使的貝爾尼樞機主教（Cardinal de Bernis）僱用了上百人，其中就有法國廚師。[23]「diplomacy」這個源於法語的字，就是在一七九六年，由政治思想家埃德蒙·伯克（Edmund Burke）引進英語裡的。

其他貴族則瘋搶法國畫與法國家具，聘請法國男侍與廚師為自己服務，或是幫自己的小孩找法國舞的老師，將他們安頓在如英格蘭布倫海姆宮（Blenheim Palace）這類根據凡爾賽宮的布局建造或改造的宮殿裡。瑞典國王的其中一位國政顧問古斯塔夫·索普（Gustaf Soop）就僱了法籍廚師隆貝·賽利（Romble Salé）——就是他將《法蘭西廚人》譯成瑞典語。[24]俄羅斯貴族打造法式餐廳，舉辦法式自助餐會。伊凡·比耶茲基（Ivan Betskoi）這位鉅子在涅瓦河（Neva）比「夏園」（Summer Garden）更靠下游的岸邊有棟大宅邸，每天都為多達五十名可能會來用餐的客人準備正餐。薩克森選侯的寵臣兼首相布呂爾伯爵（Count Brühl）超越了自己的主子，從巴黎進口糕點，從羅馬與維也納進口巧克力，還用他的甜點師傅拉·夏貝爾以糖、焦糖和杏仁膏所做的人偶來裝飾餐桌。布呂爾伯爵設宴款待上百名賓客，而賓客入坐，桌子上還有八英尺高的噴泉灑著玫瑰水。[25]十七世紀末在英格蘭掌權的輝格黨人（Whigs）競相聘請我們今天所說的名廚。一七二一年至一七四二年間擔任首相的羅伯特·沃波爾（Robert Walpole），請了所羅門·索利斯（Solomon Sollis）；身兼孟德斯鳩（Montesquieu）的好友，以及《致吾兒》（*Letters to My Son*，一本介紹上流社會行為舉止的書）的作者切斯特菲爾德勳爵（Lord Chesterfield），則請來文森·拉·夏貝爾；曾為黎胥留元帥（Marshal Richelieu）工作的皮耶．克盧埃（Pierre Clouet），後來也為另一位首相——紐卡斯爾公爵——擔任廚師。

法式料理要價並不便宜。花在熬煮肉湯與購買上好葡萄酒的錢，就把停用進口昂貴香料省下來的支出全都抵銷了。許多名廚如今獨立於行會之外，他們的薪水則是天價。據說當時歐洲有五個人擁有一整套純金餐具，紐卡斯爾公爵就是其中之一。他一年付給手下那位法國名廚一百零五英鎊，當時英格蘭大多數的法國廚師才拿四十英鎊，而英格蘭廚娘僅有四英鎊。買餐具得花上一筆錢。主人得為每個客人準備銀餐具（包括新出現的銀餐叉）和水晶玻璃杯。有個瑞典貴族家庭光是為了提供咖啡，就花了將近一千瑞典銀塔勒（silver thalers，約合今天美金一萬元）買一只銀壺、若干中國來的瓷杯（可能是專門向中國訂製的）、一張上了漆的圓桌、一臺手搖鋼製磨豆機、一只銀托盤，以及幾條亞麻布。[26]凱薩琳大帝付給約書亞．威治伍德（Josiah Wedgwood）兩千七百英鎊（合今日美金二十五萬元），買一套上了琺琅的奶油色瓷器。這套瓷器有六百八十件用於盛裝主餐，兩百六十四件裝甜點的餐具與湯碗、水果籃，以及八具放在桌中裝飾的冰淇淋「冰河」，上面有圓頂蓋，邊上有兩個把手，蓋頂還站了穿著古代服飾的女性人像。這套青蛙系列餐具（Frog Service，因一再出現的青蛙題材而得名）裡的每一件都手繪了不列顛的不同景緻。[27]但就連這套奢華的餐具，擺到布呂爾伯爵的邁森天鵝系列餐具（Meissen Swan Service）旁邊，也要黯然失色——這套邁森瓷器價格將近今天的三百萬美元。湯瑪斯．傑佛遜（Thomas Jefferson）相當喜愛法式料理，據傳他一年為葡萄酒花掉三千美元，而當時「路易斯與克拉克遠征」（Lewis and Clark expedition）的其中一名領隊梅里韋瑟．路易斯（Merriwether Lewis）一年能掙得五百美元，金額已經算非常可觀了。[28]

只有相當少數人能接觸到法式高級料理，主要都是靠大莊園收益生活的貴族（在法國大革命時約占法國總人口的百分之二，也就是四十萬人），以及布爾喬亞上層。俄羅斯國內能負擔得起法國料理的人口比例相去不遠，日耳曼較低，波蘭與匈牙利則稍高。[29]實情是，這幾個國家裡都有一小批布爾喬亞，能享用精簡版的法式料理。比方說在法國，梅農就為這群人寫了《城鎮廚娘》（*La Cuisinière bourgeoise*，一七四六年）。但多數的法國人能嚐到法國高級料理的機會，也不會比吃到過往天主教高級料理來得多。他們擔心的是怎麼弄到每天要吃的麵包。

事實上，無論是在法國還是其他地方，許多出身不同背景、政治觀點各異的人都一致認為法國菜根本不是其愛好者主張的料理發展巔峰，而是世襲的絕對君主政權與天主教聯手的象徵，是貴族奢迷腐化的可見標誌。醫生與廚師攻擊之，報紙與政治宣傳小冊挖苦之，漫畫家嘲弄之，連沙龍和咖啡館裡的對話也在取笑法國料理。今天，精緻的料理受人讚揚，奢華也和事業有成而非腐敗連在一塊兒。那類的嘲諷如今會被人當成沒有品味的舉止，或是對上流階級抱持心胸狹窄的怨念。但如果用這種方式來忽略批評之詞，反而會忽略人們批評法國料理的做法，其實也是在對貴族特權與階級宰制的王權社會強烈表達非常保留的意見。

法國啟蒙哲士（*philosophes*）裡有像是狄德羅（Diderot）、伏爾泰（Voltaire）與盧梭（Rousseau）等有識之士，他們都是所謂「文壇共和國」（republic of letters）②的一員。這些人心嚮羅馬共和國——據信以節儉、樸素為基礎的強國，將之視為另一種選擇，並重振「奢迷的高級料理是從道德滑落到苦難與戰爭的第一步」這種經典的論調。[30]由於當時的人相信一國的貴金屬儲備量

②【譯注】指啟蒙時代時，歐洲與美洲各地相互聯繫、通信，在學術機構或沙龍等場合互動，超越國家界線的知識分子與啟蒙哲人組成的社群。

就等於財富，但貴金屬數量有限，花在某個方面，就代表其他方面的匱乏。拿貴金屬去買中國來的茶，但中國卻沒有反過來買些什麼的話，國家的錢就會被榨光。狄德羅多卷本的《百科全書》（*Encyclopédie*）是啟蒙哲士的宣言，其中料理條目的作者路易・德・若古騎士（Chevalier Louis de Jaucourt）便提醒其讀者，以前的雅典人和後來帝國時期的羅馬人，就是因為接納了奢侈料理才傷害了自己的國家，並進一步讓國內的公民窮愁潦倒。每當這些啟蒙哲士齊聚一堂，他們也不是私下吃著豪華晚餐，而是在沙龍中展開討論。

批評人士相信，蔬菜燉肉會刺激出不自然、失控的食欲，而這道菜正是法國料理的特色。俄羅斯人抱怨法式蔬菜燉肉與肉汁清湯會引起「民族病」和「流離失所」，這種症狀得用甘藍湯來治療。他們還嘲笑說，在革命變得勢在必行之前，貝夏媚醬造成的痛風早就可以殺光俄羅斯的統治階級了。

行將十八世紀末時，保守派的米哈伊爾・謝爾巴托夫親王（Prince Mikhail Shcherbatov）也在一本名為《論俄羅斯國內的道德淪喪》（*On the Corruption of Morals in Russia*）的專書裡，大嘆俄羅斯人吃飯已經變成「為享樂而吃，將俄羅斯菜的道德與宗教重要性棄於一旁」。[31]《百科全書》的作者們主張高級料理具有「結合食材並加以調味」的特色，造成「暴食」且「有害健康」。[32]

法國神學家普呂給神父（abbé Pluquet）在一八六年統計得出，為了濃縮十名饕客喝的而使用的食物，可以用來填保三百名飢腸轆轆的人。[33]那些飲食放縱的人的生活方式，只要「是人都看不慣」，他們喝乾紅葡萄酒（claret），還把「一大塊的肉……燉到只剩高湯」，讓英格蘭詩人兼政治思想家塞繆爾・泰勒・柯勒律治（Samuel Taylor Coleridge）跌破眼鏡。[34]

當英格蘭食譜作家伊麗莎・史密斯（Eliza Smith）用聖經歷史來攻擊奢靡與蔬菜燉肉時，又重彈起新教老調。她說，伊甸園中的「蘋果、堅果與花草多肉又多汁，人類無須額外的醬汁、蔬菜燉肉等來提供好胃口」。直到人類墮落後，才開始用調味料與鹽來保存肉類，免得「發臭腐爛」，並帶來食欲。於是「奢侈降臨世間」。食物與醫藥分道揚鑣，健康現在不是靠飲食，而是靠醫生幫助；之所以得靠醫生，是因為專業的廚師與糕點師傅設計了精緻（而不健康）的餐點，來刺激「墮落的味覺」。[35]

啟蒙哲士盧梭在一七六二年出版、談教育的專書《愛彌兒》（*Émile*）裡主張要盡可能少對天然的東西動手腳，費時加工、烹煮得來的精華一點都不天然。[36]簡單煮過的青菜、新鮮水果與牛奶（自從人們認為飲用鮮乳有風險之後，這點子確實相當創新）就很天然。孩童與鄉下人能夠享受這些食物，無需濃烈的調味來刺激胃口，也不需要醬汁、甜點、奶油、肉和葡萄酒。像孩子那樣來到戶外，走進花園、來到樹下或船上用餐，要比有錢人和他們的「爐子跟暖房」、「用高昂的價格買來的……爛水果和爛青菜」和服侍他們的「無聊男僕」，「用貪婪的雙眼算著每一口食物」那樣好得多。盧梭那種浪漫版的、只需要最小限度烹煮的「天然」，成為接下來幾個世紀的主要論調。

平民飲食的惡化讓批評之詞變得格外尖銳。[37]一旦收成不好（以每隔幾十年的單調頻率發生），人民就得經歷真實的飢餓。法國在一六三〇年、一六四九年至一六五一年、一六六一年、一六九三年、一七〇九年至一七一〇年，以及一七七〇年代時，都發生過糧食危機。只有有錢人家的小孩，才能在未曾經歷過桌上空空如也，或是僅僅耳聞過如此光景的情況下長大。這種沒東西吃的不安感，讓窮人總是為食物而煩憂。樂觀人士估計，時人一天平均可以攝取四千大卡，其他人則認為是兩千大卡，這些熱量中只有大約三百大卡來自肉類、奶油、乳酪或牛奶。但讓窮人總是為食物而煩憂的原因並非這些平均的攝取量，而是沒東西吃的不安感。[38]

到了一七八九年，麵包再度供應不足，讓人民有了集會抗議的理由。[39]憤怒的群眾扣押糧車，加速了法國大革命的發展。平民百姓用他們日常所需的麵包來詮釋這些事件。當國王和他的家人被人從凡爾賽宮帶回巴黎時，巴黎婦女挖苦他們是「麵包師傅、麵包師傅的太太和小孩」，說他們心裡只有自己的好處，而不是需要麵包吃的人遭受的命運。群眾在革命公會（Revolutionary Convention）上高呼的口號是「要麵包還是要餓死」。流通甚廣的漫畫中畫著一七九二年八月十三日，也就是路易十六世正式遭到逮捕這天，他只貪婪地吃著東西，完全沒有察覺到他飢餓的子民。路易十六世被關在聖殿塔（Temple）——孔蒂親王先前就是在這裡讓人畫下他享用英式風味茶的樣子，距離此時不過才十六年。一七九三年一月二日，路易十六世從聖殿塔被人帶上斷頭臺。

法國宣布成為共和國。[40]弟兄們用餐時提供的是簡樸的共和餐點，富人與窮人就這麼在公共場合集合，用一樣的桌子吃一樣的食物。[41]這時有本與過去製作精美的食譜大相逕庭的廉價書出現，名為《共和國廚娘》（*La Cuisinière républicaine*，一七九五年），書中是簡單、便宜的馬鈴薯食譜。假使共和國再這樣下去，貴族圈子的高級料理就會消失了。但政局卻這麼剛好每況愈下，數千人在恐怖統治時期（Reign of Terror）遭到處刑，拿破崙在一七九九年掌權，然後在一八〇四年建立帝國。法國軍隊行進歐洲各地，橫掃西班牙、義大利與日耳曼國家，接著往遠東而去，有錢人也跟著湧入巴黎。

一八〇〇年，約瑟夫・貝舒（Joseph Berchoux）在一首名為〈美食〉（La Gastronomie）的詩裡，跟共和思想及其清淡的料理斷絕關係，這事頗能表現那個時代。古代波斯帝國料理是雅緻餐點的凱旋，也是法國人的模範。新來的有錢人上巴黎各地開的館子，餐館裡現在供應的不再是精力湯，而是高級料理。老派的有錢人則繼續在家用餐。夏爾・莫里斯・德・塔列朗—佩里戈爾

（Charles Maurice de Talleyrand-Périgord）就是其一，他既是頂尖的外交官，也是伴隨外交活動而來的宴會政治專家，最早在一系列正式宴會中將拿破崙引進法國政界的人同樣是他。塔列朗僱了馬利－安東尼・卡漢姆（Marie-Antoine Carême）這位年輕有為的廚師，還在拿破崙結婚、兒子出生與凱旋慶祝等活動時，將卡漢姆借調給拿破崙。等到塔列朗對拿破崙失去信心時，也是在又一次的宴會中用人人都看得到的方式離他而去。[42]

拿破崙一戰敗，歐洲各國便在一八一五年齊聚於維也納會議（Congress of Vienna）重劃國界，並以各國認可的規矩來建立歐洲外交體系，由一群專業（但仍然出身貴族）的外交官來運籌帷幄。塔列朗代表法國出席，並帶著卡漢姆來準備宴會，而塔列朗就是在會上恢復了法國在各國間的地位。在拿破崙帝國裡幹得風生水起的卡漢姆相信，美食「有如站在文明前端的君主……在革命期間卻百般聊賴」。而他的同業，像是廚師安東尼・包維耶（Antoine Beauvilliers），也同樣摩拳擦掌，要將法國高級料理與帝國連在一起。包維耶在一八一三年表示，「能夠讓他們的口味與料理，用跟發揚他們的語言和時尚同樣輝煌的方式，統治歐洲從南到北的各個國家」，這是法國人的光榮。[43]

荷蘭布爾喬亞料理：法國高級料理之外的另一種共和式選擇

經歷了三代人對抗西班牙哈布斯堡王室的控制之後，荷蘭共和國也在一五八一年成立。西班牙人一走，自視為選民、以色列之子（Children of Israel）的喀爾文派便解散修道院、修女會與濟貧院，一方面迫使比較富有的天主教徒走避，一方面則迎接法國的胡格諾派（Huguenots）與從異端審判所（Inquisition）逃離的西班牙與葡萄牙猶太人。共和國七省成為十七世紀時歐洲最有錢、都市化程度最高的地區，這是荷蘭的黃金時代。兩百萬荷蘭人中，有將近四分之一住在人口約一萬至二十萬之間的發達小鎮與城市，這跟由一、兩座城市來主宰腹地的其他歐洲國家有著鮮明的對比。荷蘭人雖然擔心荷蘭省督（stadtholder，國家元首）可能有君主制的傾向，但城市仍然是由商業、工業領導人管理，而非土地貴族。

國際性、相對寬容的荷蘭城市不僅是藝術與學問的領導者，也是人文主義者如伊拉斯謨（Erasmus）、哲學家如笛卡兒與史賓諾沙（Spinoza），以及科學家如惠更斯（Huygens）等人安居樂業之地。萊登（Leiden）是歐洲最著名醫學院的所在地，西爾維斯（Sylvius）與布爾哈夫（Boerhaave）等醫生在此精進由帕拉塞爾蘇斯與范．海爾蒙特所開拓的生理學和營養理論。荷蘭人擁有全世界最大的商船隊。他們控制了波羅的海路線，引進來自黎凡特地區的商品，在十六世紀時從葡萄牙人手中奪走香料貿易，同時也是新的大西洋跨洋貿易活動的主要參與者。他們還建立了最早的近代股票市場。作為共和國，荷蘭在貴族外交世界中的等級甚至比最小親王國和公國更低，但荷蘭人對此毫不在乎。

荷蘭人創造了豐盛但不奢侈，重視一家人用餐甚於宮廷用膳或私人晚宴的中階布爾喬亞料理，以及支撐這種料理的食品加工業。在其他歐洲國家同樣也能找到布爾喬亞料理或鄉紳料理。這群人通常稱為中產階級（middle class）。就此而言，這些料理是沒有古老的貴族高級料理那麼鋪張（通常是有意收斂），也標誌著料理往當今多數身處這個富裕世界的人都能吃到的中階料理邁了一步。我們今天把住在城市裡領薪水的那種人看成中產階級，但如果把布爾喬亞也想像成這樣，那可就錯了。實際上，現代的這種中產階級沒到十九世紀，是不會出現的。當時住在城裡的布爾喬亞多半是由有錢的商人構成，而鄉紳則是那些收入來自於地產的人；這兩類人都有大房子，而且僱了為數不少的僕人。布爾喬亞和鄉紳雖然把自己跟貴族間的界線劃得一清二楚，跟貴族也有不同的價值觀；但他們絕對不會自認為代表大多數的國民，而是和貴族一樣小心翼翼，跟平民百姓（如勞工、小手工業者、小商店主窮人）保持距離。

在荷蘭共和國，往往會有人勸誡公民們避免奢侈，因為奢侈會加速共和國的衰落。來到社交場合，兄弟會（職業行會）則舉辦熱情、樸實且公開的盛會，以他們想像中的祖先——巴達維亞人（Batavians）——的聚會為本，用仿條頓式的獸角杯彼此敬酒。這些宴會隱含某種根源於地方性的料理世界觀，而不是富凱設宴款待路易十四時，希望讓人聯想到的那種輝煌的亞歷山大式盛宴。[44]

喀爾文說神創造食物不單是出於必須，也是為了「享受與歡樂」；事業有成的市民與鄉紳就用他的話，創造出豐盛但適度的料理。[45]鄉紳們援引加圖在《農業志》裡的建議來經營自己的莊園，因此他們對加圖為簡樸共和菜餚提供的食譜一定也不陌生。布爾喬亞女主人——或許是商人、釀酒師或大農場主的妻子——則掌管大宅院，自己親自下廚或監督若干侍女燒菜。需要指點時，女主人會從家事手冊中找（圖6.4），例如一六六八年問世、只比拉．瓦雷恩的《法蘭西廚人》（一六五一年）晚不到二十年的《敏銳的廚師》（*De Verstandige Kock*）。[46]其他指南也跟著在十八世紀出現，例如《完美的荷蘭廚師》（*Perfect Dutch Cook*，一七四六年）、《完美的烏特勒支廚師》（*Perfect Utrecht Cook*，一七五四年），以及《完美的蓋爾德斯廚師》（*Perfect Guelders Cook*，一七五六年）。[47]這是家庭主婦頭一回站上了廚師的位置。

從天主教料理調整而來的菜色有細心加了香料的燉菜（濃湯變成「*hutespot*」）、肉丸（從「*albóndigas*」變成「*frikkadellen*」），以及甜、鹹派與各種餡料塔。廚娘仍然用麵包或蛋來勾芡醬料，但捨棄了天主教料理中的葡萄酒與動物脂肪，改用醋或葡萄汁，還有奶油。鬆餅與甜甜圈是特殊場

【圖6.4】對荷蘭小康之家的家庭主婦來說，配備齊全的廚房要有歐洲北方傳統的開放式壁爐與金屬烤扦，烘培用的蜂窩式烤爐，以及燃料消耗不多、用來調理精緻燉菜與醬汁的爐臺。這張圖出於《細膩的廚師即是仔細的管家》（*De Verstandige Kock, of Sorghvuldighe Huyshoudster* [Amsterdam: M. Doornick, Boeckverkooper, 1668]）的書名頁，作者保證讀者會學到「如何煮、燉、考、炸、烘，以最乾淨俐落的方式製作各種餐點，搭配最合適的醬汁，對每個家庭來說都非常實用」。（圖片來源：Courtesy New York Public Library, http://digitalgallery.nypl.org/nypldigital/id?1111632.）

合的食物，他們也跟許多油炸食物一樣，都是路邊攤小吃，而非家常菜。家中的主食由蔬菜沙拉、一道主菜、一份派或塔所組成。副食則仰賴商業加工的食物、啤酒、麵包、奶油、鯡魚與乳酪。

當時的荷蘭版畫會刻著一家人圍坐在鋪了桌巾的桌子前，桌上擺好個人餐盤的樣子。我們對這幅景像實在太過熟悉，得花一點時間才會想到：平民廚房和用餐的場景雖然是中世紀常見的圖像，但在過往歷史中，布爾喬亞式的家庭共餐（就算真的有）只有出現過一次，那就是在基督教會發展的早期。時人相信家人的用餐場所，是孩子們學習成為道德社會成員的地方，但這種信念多半得歸功於荷蘭人。父親坐在主位，進行謝恩禱告，讀著聖經中的話語，而他的妻子、孩子與家中其他成員聽他禱告，衣著整潔的侍女端來盛食物的盤子。吃飯同時是滋補肉體與教育（荷語寫作「*opvoeding*」）的場合，而「教育」這個詞跟動詞「滋養」有相同字根，即「*voeden*」。孩子們就是在這裡吸收共和思想、喀爾文派的價值觀，以及伊拉斯謨在《論兒童的教養》（*De civilitete morum puerilium*，一五三〇年）裡所提倡的規矩。

情況理想時，在家裡煮飯可以創造出溫馨的家庭與屬於全家人的餐桌，不僅所有家人都能共享，同時也是向孩童灌輸家庭、國家和宗教價值的場所（擁護者從來不會忘記提到這一點）。情況糟糕的話——像是不會燒飯或是吃飯吃太快，家就成了緊張的來源，而家裡的餐桌也會變成某種孩子們避之唯恐不及的東西。無論情況如何，還是會有期待產生。人們期待在一星期中的不同日子裡，能吃到不同菜色——通常是餡料塔等複雜的餐點，而不是所有人共吃一鍋食材隨季節而異的濃湯。正餐要準備兩、三道不同的菜，家庭主婦和她的僕人為此不斷照料菜園，將水果和蔬菜保久處理，規劃菜單以避免浪費，此外還要燒飯、打掃。

荷蘭人另一項對料理史做出的貢獻，是商業化的魚類與乳製品加工業，讓社會上大多數人都能吃得起簡便的餐點。十五世紀初，荷蘭人想出了（或是從他們的波羅的海鄰國那兒學來）一種鹽醃鯡魚的新方法：拉開魚鰓，取出部分食道與內臟，但保留軟嫩鮮美的肝臟與胰臟。[48]到了十七世紀，每五人就有一人從事鯡魚產業。一到五月，兩千艘捕鯡船（*haringbuizen*）便為了肥美的鯡魚即將展開的長達兩個月的繁殖季，從鹿特丹（Rotterdam）與阿姆斯特丹等港口出航，每艘船上都有十五名船員。船員們將閃亮的魚獲去除內臟，每十二秒處理一條，再跟鹽一起裝進桶子裡，魚跟鹽的比例是一比二十，接著將魚桶轉交給等著載運返港的船隻。每艘船都載了四到五千個木桶，荷蘭漁業總署（Dutch Grand Fishery）每年檢查、認證的鯡魚超過三萬噸。這些鯡魚跟萊茵地區葡萄酒、鹽等在波羅的海沿岸買賣，甚至沿河而上——例如波蘭的維斯瓦河（Vistula）、日耳曼地區的萊茵河、法國的塞納河，以及流經法國與低地國的馬士河（Meuse）與斯海爾德河（Schelde）。

荷蘭人說，鯡魚骨是阿姆斯特丹的地基。在林布蘭（Rembrandt）、維梅爾（Vermeer）、弗蘭斯·哈爾斯（Franz Hals）與其他畫家記錄揚帆的船隻、灰色的天空和流雲，以及城鎮上宏偉、繁榮房舍的畫作中，都有鯡魚的蹤影。靜物畫畫家也畫鯡魚，以魚跟基督與復活之間長達數世紀的關聯為靈感，將魚在小盤子上整齊擺成十字型來畫。[49]醃鯡魚人人買得起，可以即食，又富含維他命D、鈣質與礦物鹽，豐富了歐洲東北部民眾的飲食。

至此，鯡魚已經比絲綢、香料、糖與咖啡等浮華的進口貨更加重要；法國生物學家貝赫納·哲曼·德·拉塞佩德（Bernard Germain de Lacépède）表示，鯡魚「決定了帝國的命運」，他的話也一再受到傳頌。[50]就荷蘭共和國及其海外帝國一例來說，拉塞佩德的確中肯。荷蘭人將極易腐敗的鯡魚變成能保存相當時間的商品，藉此為其商業帝國打下基礎。一六五六年，也就是拉·瓦雷恩出版《法蘭西廚人》的五年後，荷蘭醫生雅各·費斯特班（Jacob Westerbaen）寫了一首歌頌醃鯡魚的詩，這時距離《西發利亞和約》簽訂還不到十年：「閃亮的醃鯡魚，又胖又粗又長，魚頭剁了，魚肚魚背俐落片下，魚鱗刮掉，內臟挖掉，無論生吃或油煎，莫忘加洋蔥。傍晚日落時分前，滿足下肚。」[51]如果法國的經典菜色是蔬菜燉肉，那麼荷蘭就是醃鯡魚跟麵包。

荷蘭人也做奶油，用全脂牛奶製作如哥達（Gouda）與埃丹（Edam）等乳酪，以及使用脫脂牛奶且添加小茴香、丁香、芫荽和葛縷子等香料的萊登乳酪。荷蘭人高聲讚美道，「咱們荷蘭的奶油、乳酪和牛奶都滿了出來……這是咱們從全能的主手中收穫的祝福」，有意呼應聖經上流著奶與蜜的應許之地。更嚴格的喀爾文信徒反對同時將奶油與乳酪抹在麵包上的新吃法——把奶製品加在奶製品上，是「惡魔的行為」；英格蘭人則嘲笑荷蘭船隻和荷蘭人是「奶油盒」。但荷蘭人根本不甩他們。[52]用紅蠟包裹的乳酪就跟鯡魚一樣，是種可以賣到整個歐洲、甚至遠達南美洲與北美洲殖民地的商品。乳酪與鯡魚是「偉大的平權者」（great levelers），讓整個國家的人都能吃到調理快速、美味營養，價格相對平實的保久食物。

由於逃離異端審判的葡萄牙猶太人將製糖的訣竅帶進了阿姆斯特丹，阿姆斯特丹也隨之成為利潤豐厚的糖業重鎮。一六〇五年時，當地有三間製糖廠，到了一六五五年時，這個數字躍昇來到六十。從亞洲運來的咖啡與茶也是重要的進口貨物。到了十八世紀，中國產的茶葉已經成為返航的荷蘭東印度公司船艦（Dutch East Indiaman）船貨中最有價值的貨品，一七八五年時已達三百五十萬磅之多。[53]諺言指出，歌內利斯・邦提科耶（Cornelis Bontekoe）醫師的《論一流的茶葉》（*Tractaat van het excellenste kruyd Thee*，一六七八年）這本將茶捧成萬靈丹的出版品，背後就是由荷蘭東印度公司（Dutch East India Company）出資贊助。

一邊是適合共和國的得體分量，一邊是因為荷蘭整體財富而讓許多荷蘭人所能享受的奢華料理，荷蘭人就在這兩者之間走起鋼索。約翰・喀爾文過去擔心太過風雅的人類會變成豬圈裡的豬，而以喀爾文為榜樣的荷蘭牧師更表示不知節制始終是種風險。人們變得「貪得無饜」，連大量的食物都無法「撲滅墮落的食欲之火」。醬汁與甜點是神職人員攻擊的兩個標的。醬汁會掩蓋食物的面目，就像騙人的假髮和化妝品會掩蓋女人的面目。糖則讓人飲食過度。一位名叫貝爾坎彼烏斯（Belcampius）的牧師就擔心公民們會變得不知廉恥，從而「建立學校，讓他們把所有廚師和糕點師傅送去那裡，教大家如何做好醬汁、香料、蛋糕和甜點，如此一來他們就能享受美味」。[54] 但另一方面，也有像讓—巴蒂斯特・杜波神父（Abbé Jean-Baptiste Dubos）這等飽學之士主張在北方氣候下少不了性乾、性溫的糖與香料。由於啤酒濃湯（beer soup）、魚肉與降雨會讓人死氣沉沉而多痰，糖與香料可以改善這個問題，讓「北方人的血液裡，充滿西班牙與其他熾熱氣候下產生的生氣」。[55]

有證據充分顯示，荷蘭人的確享受著「適量的充足」。荷蘭不像歐洲其他地方只有極少數人飯菜鋪張，絕大多數人的食物供應並不穩定（或者說總是不夠吃）。實際上，在荷蘭就連得靠萊登救濟院提供食物的窮人，早晚餐也都能吃到麵包、牛奶或酪漿，每星期有兩回中餐有蔬菜湯和肉，其他幾天提供的則是濃湯、穀類、蔬菜與牛奶。

荷蘭料理不僅受其他國家模仿，殖民者、商人與宗教難民也將之推廣出去。來自挪威南部的少女飄洋過海，送到荷蘭學習家政與教養，回國之後創造出卡蓮・班（Karen Bang）那本最早的全民食譜《挪威食譜大全》（*The Complete Norwegian Cookbook*，一八三五年）所收錄的烹飪方法。[56] 早在凱薩琳大帝指示宮廷採用法國料理以前，荷蘭料理就開始影響俄羅斯料理了。一六九七年至一六九八年間，沙皇彼得大帝（Peter the Great）在巡訪歐洲時拒絕法國攝政王腓力・奧爾良

（Philippe d'Orléans）進一步邀請他前去晚宴，「因為他覺得舉止太放肆了」。[57]彼得大帝一回到俄羅斯，便委人翻譯伊拉斯謨的《論兒童的教養》，重新以俄語命名為《少年權威寶鑑》（*The Honorable Mirror for Youth*，一七一七年）。[58]他命令底下的貴族，按照此行中觀察到的上流階級新儀態來行事，例如：各人用自己的碗盤，而不是從公碗舀東西吃；要用純飲杯（shot glass）或高腳杯（goblet）喝酒，不要拿獸角杯；擦嘴的時候要用餐巾，不要用桌巾邊。貴族們得到吩咐，穿起歐風服飾，刮鬍子，跟女子打成一片。餐前吃加了乳酪（有些乳酪還是從荷蘭進口來的）、鯡魚、燻魚和鹹魚與肉的荷蘭式鋪料三明治。醬料、油煎料理、鬆餅與用鮮奶油攪出來的固體奶油，也出現在菜單上。引介給俄羅斯人的還有咖啡、巧克力，以及最重要的茶。有人認為，俄式茶壺（samovar）就是從荷蘭冰酒器得到靈感而發明的。[59]

兩間特許公司——經營亞洲的荷蘭東印度公司與美洲的西印度公司（West India Company），控制了荷蘭的長途貿易、早期帝國行動，也將荷蘭料理推廣到非洲、亞洲與美洲。東印度公司已經在一六〇〇年之前將葡萄牙人從錫蘭與摩鹿加群島驅逐出去，並在印尼建立了根據地。荷蘭從此控制了印度洋香料貿易，同時從爪哇印口糖，並從中國進口茶葉與瓷器。台夫特瓷（Delft）就是仿造中國瓷器而來，這也創造了另一項出口產品。為了在船隻繞過好望角的漫長航程中提供給養，公司在一六五二年派指揮官揚・范・里貝克（Jan van Riebeeck）在南非建立中繼站。[60]不到六個月，他就為來訪船上的官員提供用雞肉、豌豆、菠菜、蘆筍與萵苣製作的餐點；四年之內，就有了新鮮乳酪與奶油；六年多以後，還多了麵包跟派。荷蘭人勢力範圍最東延伸到長崎灣內的人工小島「出島」，當地允許他們在島上擁有小小的居住地。極少數日本人學到了西方醫學（包括營養理論在內）與西式料理的一些內容，但就連到了十九世紀，這一切對大多數的日本人來說仍然相當古怪，就像圖6.5

【圖6.5】這張日本版畫印於一八六一年，也就是日本「被開放」於西方商業活動之後。畫中為荷蘭人的廚房，一名男子正鎖緊乾酪壓榨機的螺絲，一名女子抱著小孩，而另一名男子則看著爐臺上炸著的某樣食物。（圖片來源：Print by Yoshikazu Utagawa. Courtesy Chadbourne Collection of Japanese Prints, Library of Congress (LC-USZC4-10581).）

歌川國芳的木版畫上的場景。

西印度公司在圭亞那（Guyana）與加勒比海地區擁有種植園，在北美洲的曼哈頓島與哈德遜河谷（即新尼德蘭〔New Netherlands〕）也有殖民地，後者是為了向種植園提供小麥而開拓。在荷蘭有麵包師傅做麵包，但當荷蘭人前往柴薪更多、城市卻更少的地方時，烤麵包的工作就落到了家庭主婦身上。荷蘭元素以完全不符殖民地大小的比例進入了美洲料理之中，包括適度豐盛但不奢華的飲食標準、一家人一起用餐的習慣，以及鬆餅、甜甜圈、餅乾與甘藍沙拉（coleslaw）。[61]

雖然荷蘭在信仰上相對寬容，但還是有些宗教團群體不得見容，於是逃離荷蘭。門諾派（Mennonite）難民先是來到北日耳曼，接著在十八世紀晚期受凱薩琳大帝邀請，前往俄羅斯南部新開闢的領土，接著又在二十世紀初去到加拿大、巴拉圭、墨西哥與美國。[62]而在移動之時，門諾派也將自己在麵包上塗奶油並搭配果醬、乳酪或香腸的習慣，製作白麵包、裸麥麵包、薄餅與鬆餅的精湛技術，以及建造風車輾磨穀類的竅門帶到各地。

荷蘭將相當龐大的殖民帝國（尤其是位於印尼的部分）維持到了第二次世界大戰。荷蘭料理的痕跡劃出了荷蘭的商業與政治影響範圍。醃鯡魚和鋪料小吃在波羅的海周邊地區至今仍深受喜愛。每年十月三日這天，萊登民眾會吃麵包與鯡魚（被稱為「自由的食物」），來慶祝一五七四年西班牙人結束圍城一事。奶油抹麵包與鋪料三明治流傳到距離遠之又遠的地方。荷蘭乳酪銷往世界各地，許多地方也都有生產荷蘭式的乳酪。雖然鬆餅、薄餅與餅乾都源於更廣泛的歐洲傳統，但人們享用的卻是其荷蘭變種。因為荷蘭人將孟加拉與爪哇的糖賣往波斯到日本之間的地方，也因為他們統治印尼（荷屬東印度群島）直到第二次世界大戰之後，大半個亞洲都能找到荷蘭食物的蹤影。[63]在斯里蘭卡與印尼仍然有機會找到（起源於伊斯蘭料理的）荷蘭肉丸（在斯里蘭卡叫「*krokete*」，在印尼叫「*croquettes*」）。荷蘭移民在十九世紀的印尼所創造的「*rijsttafel*」，也就是米宴，現在在荷蘭也吃得到，也是印尼吸引旅客的一項因素。[64]

今天，我們能吃到上好的食用巧克力，其實是荷蘭人的功勞，得感謝他們發明了可可脫脂、鹼化的加工法。人造奶油的商業化生產同樣也得歸功於他們——這是因為發明者將專利賣給了荷蘭于爾根公司（Jurgen），于爾根公司後來成了瑪琪琳聯合有限公司（Margarine Unie）的一部分。一九三〇年代，瑪琪琳聯合有限公司跟不列顛肥皂製造商利華兄弟（Lever Brothers）合併為聯合利華（Unilever），也就是今天全世界最大的食品公司。

英格蘭民族的鄉紳料理

我們在十七世紀下半葉看到了英格蘭政治與宗教的動盪不安：國王被砍頭、內戰、共和國成立、君主復辟、英格蘭王位傳給信仰新教的荷蘭省督奧蘭治的威廉三世（William III of Orange），以及結合英格蘭與蘇格蘭的聯合法案（Act of Union）。殖民與帝國擴張行動仍在繼續，不列顛人在印度有貿易公司，在愛爾蘭有拓殖地，在加勒比海有種植園，在北美洲有殖民地，到了十八世紀結束時，更是在澳大拉西亞與太平洋得到了立足點。

英格蘭的高級料理——尤其是主導十八世紀大部分時間的輝格黨領袖們吃的料理，是法國高級料理。正當此時，不列顛人一整個世紀都在世界各地跟荷蘭人、法國人對抗，民族情緒也隨之高漲。因此，英格蘭人中有一大部分開始認同自己的國家，甚於對鄉土或是對其階級中其他人的認同。[65]

英格蘭民族料理根源於鄉間貴族或鄉紳料理，這兩種人構成了國人黨（Country Party）的骨幹——由托利黨（Tories）與不信任倫敦政權和宮廷、銀行家與商人的輝格黨人組成的團體。國人黨內有鄉間的律師、醫生、牧師與小地主，他們的收入來自地租或農耕，雖然足以賦予他們地方性（而非全國性）的政治權力與一所大宅院，卻不足以讓他們在倫敦擁有第二套房子。總而言之，就是珍・奧斯汀（Jane Austen）小說底下的社會。當他們看見輝格黨的達官顯要購買波爾多紅酒，付法國廚師高昂的薪水，吃著要用二十二隻鷓鴣製作的法式醬汁（就像謠言說克盧埃為紐卡斯爾公爵準備的那種，但當時英格蘭正在跟法國打仗）時，他們認為這種行為簡直就是叛國。最起碼，也會搞壞身體，肥了醫生的荷包（圖6.6）。據說法國的有錢人吃著豪華的套餐，窮人只能喝清湯，許多食譜、卡通與文章都拿這跟每個人都能理所當然吃到的英式鄉紳料理——烤牛肉、麵包與布丁——做對比。[66]

英格蘭首屈一指的切恩醫師③一碰上對法國料理的懷疑，就把自己的醫學權威擺到一邊去。奢侈（這個詞就代表不正常的放縱，包括料理上的）是「英格蘭病」，也就是暈眩的病灶。他從自古以來食欲與奢侈之間關係的討論獲得靈感，進而指出試圖靠喝法式牛肉精力湯來治療「英格蘭病」，只會「引發病態的食欲，吃下不正常的量，讓健康的人無從得知自己已經吃得夠多了」。[67]不列顛人若要治病，反倒得訴諸於鄉間宅院生產的食材：健康時吃牛肉，生病時則吃雞肉與牛奶。

③【譯注】喬治・切恩（George Cheyne, 1671-1743），醫生、數學家、哲學家。切恩出生於蘇格蘭，但在英格蘭執業。他有許多知名病人，如英格蘭詩人亞歷山大・波普（Alexander Pope）、小說家山謬・理查森（Samuel Richardson）。切恩曾受肥胖症所苦，因素食而改善，此後成為堅定的素食主義者。

【圖6.6】一名醫生向一名刻板印象中瘦巴巴的法國廚師打招呼（英格蘭漫畫常常把法國人畫得骨瘦如柴，這是因為人們以為法國人都喝清湯與葡萄酒過活，而不是吃牛肉、喝啤酒）。背景中的爐臺上有一鼎冒著熱氣得鍋子，相較於英格蘭的開放式壁爐，人們把爐臺當成法國人的矯揉造作。廚師跟醫生打招呼，說「我做了燉肉、燉菜，還有小點（Kickshaw）！！！」醫生則告訴他：「你在製作小點（kickshaw是含糊唸的*quelques choses*，原意為「小東西」，這時指小菜）的造詣與別出心裁的下毒功夫，讓我們這些做醫學的人就像坐在馬車上奔馳，少了你們幫忙，我們還得用走的哩。」（圖片來源：Charles Williams, *The Physician's Friend*, ca. 1815. Courtesy Wellcome Library, London (V0010928).）

規模居中的鄉間宅院廚房由女主人來張羅，她要照管菜園，在擠奶女工擠奶、製作奶油時監督，將自家農產保久處理，還要釀濃啤酒或蘋果酒。她在敞爐（open hearth）上做菜，柴火就在爐上劈啪作響，燒出一流的烤肉。等到要做更精緻的餐點時，她會改用小火盆。以這些家庭主婦為對象的食譜如滾滾洪水而來，諸如伊麗莎・史密斯的《主婦全書：頂尖女士手冊》（*The Compleat Housewife, or, Accomplished Gentlewoman's Companion*，一七二七年）、漢娜・葛拉斯（Hannah Glasse）的《廚藝輕鬆上手》（*The Art of Cookery Made Plain and Easy*，一七四七年），以及伊莉莎白・拉法爾德（Elizabeth Raffald）的《英格蘭家政老手談》（*The Experienced English Housekeeper*，一七六九年）。[68]這些食譜的作者心裡都很清楚，她們的讀者雖然對法式料理嗤之以鼻，但也都想辦一桌各國菜色都有的時尚料理。食譜裡因此也出現直接從拉・夏貝爾與馬須洛特等法國作者等處抄來的食譜，而且通常不會表明。與此同時，作者們也特別強調有哪些菜色是英格蘭廚娘們在沒有人力、也沒有預算像那些大宅院一樣請法國男廚的情況下，也能做出來的。「這年頭瞎了眼的傻子還真多，」漢娜・葛拉斯說：「〔英格蘭紳士們〕居然寧願給法國笨蛋占便宜，卻不願給優秀的英格蘭廚師一點鼓勵！」[69]

英格蘭料理的核心不是貴族吃的野味或醬汁醇美的餐點，也不是農舍裡的兔子或豬仔，而是烤牛肉。帕森・詹姆斯・伍德福德（Parson James Woodforde）是位一絲不苟的英格蘭料理紀錄者，一七五八年至一八〇二年間，他在自己的日記裡寫下他吃的每一樣東西。他在一八〇二年十月十七日這天過世，此前的最後一次紀錄，就是用「烤牛肉」這幾個字做結。[70]劇場下附屬的牛排俱樂部在幾個大城市裡成立。英格蘭文人亨利・菲爾丁（Henry Fielding）的歌曲〈老英格蘭烤牛肉〉（The Roast Beef of Old England）也成了流行金曲，一直流傳到二十世紀。

不列顛人突破那一切精緻美饌的束縛，
使義大利、法蘭西和西班牙顯得娘娘腔的束縛；
而強大的烤牛肉當統領大海
啊，英格蘭的烤牛肉
那老英格蘭的烤牛肉！

英格蘭人相信，法國的窮人只能喝清湯過活；但在英格蘭則不同，只要有人捐了隻烤牛，就連窮人都能享受到烤牛肉——這一點也讓他們非常自豪。地主在社區聚餐時會捐出一整頭牛，讓人們在火上慢烤，慎重其事地切肉，然後將肉跟麵包師傅送的麵包和葡萄乾布丁（plum pudding）分給上千人。

小麥白麵包是種理所當然的食物。搭配麵包的「布丁」通常是用麵粉製作、炊成的。有時候布丁也會以烘烤製成，就像是一七三〇年代起用蛋與麵粉調的麵糊來做，再用烤肉時滴的肉汁增添風味的約克郡布丁（Yorkshire pudding）。布丁橫跨於甜、鹹料理的界線，可以不包餡，也可以塞一點肉或水果乾（其中最有名的就屬耶誕節的葡萄乾布丁）。布丁是不列顛版本的家常白麵粉料理，為小康之家提供白麵包以外的補充，一如日耳曼、中歐與東歐地區的餃子與麵條，以及義大利的馬鈴薯餃（gnocchi）雞蛋麵食——這跟法國的湯品有天壤之別，人人都笑那種湯是虛無飄渺的食物。老式的濃湯則變成火鍋。

醬汁方面，英格蘭人偏好肉汁與融化的乳狀奶油液（即奶油醬）甚於法國高級料理中的翅肉與蔬菜燉肉。人們熱情接受老醬（store sauces，長期保存的醬料，不用像法國高級料理的濃縮高湯那麼消耗材料，也能讓醬汁有醇厚的口味），大多數都源於亞洲地區的醬汁。「*ketchap*」是從印度貿易裡帶來的魚醬，英語化之後寫作「ketchup」，十九世紀早期以前就出現在食譜裡了。時人用蕈菇、胡桃或鯷魚釀出稀薄、帶酸味的辛香棕色液體，它和今天的伍斯特醬（Worcestershire sauce）、哈維氏醬（Harvey's sauce）與A1牛排醬相似的程度，遠比今天的番茄醬（tomato ketchup）和「ketchup」之間還來的高出許多。[71]印度風的水果酸菜與調味果醬（chutney）稱為「芒果味果醬」（mangoed fruit）。而「Curry」（這個字可能源於「*karhi*」，坦米爾語〔Tamil〕中的醬料）則用來描述任何一種用印度手法烹煮，並加入令人想起印度的香料（胡椒、辣椒、薑黃、葫蘆巴、小茴香與芫荽等），是類似燉菜的料理，而這些料理很自然取代了過去天主教料理中使用香料的菜色。[72]漢娜．葛拉斯「製作印度風咖哩」的食譜，便採用昂貴的雞肉、奶油，以及完全磨成粉的香料。[73]糕點使用酵母或蛋，讓口感鬆軟。加了動物油脂與糖的糕點跟醬汁一樣出現在菜單上，帶來更豐富的選擇與料理上的創新。人們也用糖做成種類越來越多的糖果。鄉紳料理中的飲料則是更能負擔起的波爾圖葡萄酒（port），而不是波爾多來的乾紅葡萄酒。

城市裡的咖啡屋迅速增加，許多還提供食物與各種營業項目，從賣保險到賭場都有。依舊昂貴的茶成為女子選擇的非酒精性飲料。一七一七年，安德魯．唐寧（Andrew Twining）開了間女士專屬的茶館（沾唐寧氏茶館〔Twinings Tea〕的光）。茶園則開在景色優美的地方，讓男男女女可以談天、喝茶、吃點心的茶園也風靡了英格蘭。[74]這幾個場所都提供了與他人碰面、討論時事的新去處。

同樣數量大增的還有賣糖、香料、茶葉與咖啡的「雜貨店」（groceries）。吉百利（Cadbury）、郎特里（Rowntree）與弗萊（Fry）等貴格會（Quaker）的家族開始供應可可粉，為巧克力從冰冷、辛辣、神聖的中美洲飲料轉變為甜食的漫長過程中開啟了關鍵的一步。[75]這類熱帶商品在十六世紀中葉的英格蘭只占全國進口量的百分之十，到一八〇〇年時已占三分之一，而且總進口量也成長甚鉅。[76]一六五〇年至一八〇〇年年間，不列顛的糖消費暴增了百分之兩千五百。咖啡、茶葉與糖課徵的進口稅肥了國庫。[77]一七六〇年代中每一年的不列顛年度糖關稅收益，都足以維持海軍全體船隻的費用，而光是一七七四年的咖啡關稅，也足以打造五艘風帆戰艦（ship of the line）。茶業稅增長為不列顛整體稅收中的十分之一。走私也很猖獗。一七八四年關稅調降，走私偃息，政府要求東印度公司以合理價格販賣茶葉，茶葉消費也持續上升。

英格蘭料理一如法國與荷蘭料理，流傳到了殖民地。人在印度貿易據點的商人同時僱用英格蘭與印度廚師，分別準備鄉紳料理與蒙兀兒料理。來到太平洋地區，流放地與自由民殖民地也從一七八八年起在澳洲陸續建立，將澳洲帶回世界料理交流中。一七七八年，庫克船長（Captain Cook）抵達夏威夷，而當地的料理則是幾百年前由第一波玻里尼西亞移民帶來的，以芋泥（poi）、海藻與小魚為主的料理。不列顛海軍軍官喬治·溫哥華（George Vancouver）上校曾與庫克一同探索夏威群島，後來也再度返回；他在這裡留下兩頭母牛、一頭公牛和幾隻羊，好讓牠們在這裡繁殖，為未來來訪的船隻提供食物。太平洋不再是西班牙人的內海；兩百年來唯一連接亞洲與美洲太平洋岸的馬尼拉大帆船，也在一八一五年最後一次出航。從此以後，不列顛人、法國人與美國人開始移居太平洋島嶼，引進近代西方料理，與最早的居民們歷史悠久的芋頭與麵包果料理相伴。

從加勒比海地區到加拿大之間的美洲東海岸，是英格蘭料理最重要的前哨站。由於殖民者來自社會上的各個階級，信奉各式各樣的基督教支派，更落腳於熱帶到寒帶等不同氣候區，其料理歷史因此也相當複雜。比較有錢的移民多半是南方種植園主與中部殖民地（middle colonies）、北部殖民地（north colonies）的商人，他們吃的是英格蘭鄉紳料理，視英格蘭國人黨拒絕倫敦宮廷豪華料理的舉動為榜樣，排斥法國料理。整個十九世紀，美國料理史都瀰漫著共和風範，其中或許也有荷蘭殖民地的影響。像湯瑪斯・傑佛遜這種吃得起法式料理的人畢竟屈指可數。日子比較寬裕的移民大多採用伊麗莎・史密斯與漢娜・葛拉斯等作者寫的英格蘭食譜。[78]在中部殖民地，人們吃的是小麥麵包——當地種的小麥足以讓當地成為西印度群島的糧倉。英格蘭獨有的微糖酵母蛋糕這裡也有製作，而且通常做成重達五十磅的「大蛋糕」，提供公共活動之用，其中一種後來演變為所謂的「選舉日蛋糕」（election cake）。家庭主婦用手邊的英式食譜製作魚醬與調味果醬。她們用來取代印度芒果的甜椒在南方某些地方還是稱之為芒果。[79]小康的北美家庭喝的是蘭姆酒或蘭姆潘趣酒。

北美洲的英格蘭人跟西屬美洲的克里奧人很像，即便吃的是歐洲進口而來的料理，但他們不喜歡聽到有人批評美洲的烹飪資源。當一連串的歐洲學者——包括紀堯姆—多馬・雷納勒（Guillaume-Thomas Raynal）、歌內利斯・德堡（Cornelis de Pauw），以及法國頂尖的博物學家布豐伯爵喬治—路易・勒克萊爾（Georges-Louis Leclerc, comte de Buffon）——在十八世紀中葉主張舊大陸的物產比新世界更為優秀時，他們簡直氣瘋了。[80]湯瑪斯・傑佛遜與耶穌會士法蘭西斯科・德・克拉比赫羅（Francisco de Clavijero），就各自在他們寫的《維吉尼亞州志》（*Notes on the State of Virginia*，一七八一年）與《墨西哥古代史》（*Historia antigua de México*，一七八〇年）裡讚美新世界的豐饒，加以反駁。

十三殖民地被不列顛立法機構威脅增稅、限縮自治的法案所激怒，其中有《糖蜜法案》（Molasses Act，一七三三年）、《食糖法案》（Sugar Act，一七六〇年）、《稅收法案》（Revenue

Act，一七六二年）與《茶葉法案》（Tea Act，一七七三年），於是在一七七六年宣布從大不列顛獨立。四年之後，湯瑪斯・傑佛遜在一封信中對這個年輕的國家提出展望，希望它能成為橫跨整個大陸的「自由帝國」（empire of liberty），同時也是對抗不列顛帝國的堡壘。宣布獨立的二十年後，阿梅莉亞・西蒙斯（Amelia Simmons）在一七九六年出版美國第一本食譜：《美式烹飪》（*American Cookery*）。[81]這本書宣稱要提倡一種包含美洲食材、餐點分量充足且得體的料理。書上長長的副標題則承諾要教讀者如何處理肉、魚、家禽與蔬菜，如何製作各種派、布丁、保久食品，以及「各種蛋糕，從不列顛帝國的葡萄乾布丁（plum pudding，西門斯原文如此）到為這個國家與芸芸眾生改良過的樸素糕點」。她成功並陳了用昂貴的小麥麵粉與糖，以及用玉米（美洲人日常食用的穀類，但歐洲人視為牲口的食物）與便宜常見的甘味劑（糖蜜）所做的布丁與蛋糕。當時，糧食問題正席捲歐洲，人們還在訛傳瑪麗・安東尼（Marie Antoinette）那句不經大腦的「叫他們吃蛋糕啊」，而未來是否還會有更嚴重的饑荒來臨也無人能知（饑荒的確在飢餓的四〇年代〔Hungry Forties〕[④]到來），而自承是孤兒的阿梅莉亞卻能為芸芸眾生帶來各種糕點。

歐陸各帝國的平民料理

吃平民料理仍然是法蘭西、荷蘭與不列顛帝國內大多數人的命運。由於帝國海外領土與歐陸人口增加，平民料理的特色與品質也變得益發多樣。我先從三個與帝國成長有關的個案起頭——被迫為奴的非洲人、十三殖民地的一般自由民，以及不列顛海軍水手——再轉而討論歐洲鄉間的窮苦人。

非裔奴隸是移居美洲的人群中最大的一群；一八二〇年代時，每四個移民就有三個人是非裔奴隸。在糖種植園中，每一英畝的地就需要一名工人。[82]十六與十七世紀之間，有多達一千兩百萬非洲人被迫移居新大陸，以便為種植園與其他農業活動提供人力，多數前往熱帶低地區——其中約半數人在巴西，其餘則有很高比例是前去整個加勒比海地區。[83]在非洲，淪落為奴的人得仰賴我在第一章討論過的料理菜系中，傳下來的一兩種互有重疊的主要料理。來到薩赫爾地區（也就是從塞內加爾到熱帶森林之間的帶狀莽原區），典型的料理是以蒸過的穀類或發酵穀片粥為主，材料包括稻米、小米、高粱、彎豆、蔬菜與少許肉類。而在延伸於幾內亞灣的熱帶森林區，當地的料理則是以熟甘藷泥、香蕉、豌豆、蔬菜與一點肉組成。當時的繪畫中曾出現海岸角（Cabo Corso，位於今天的迦納海岸）一處繁榮的市集（圖6.7），意味當地生活水準與歐洲鄉間相去不遠。

人在不列顛、法蘭西、荷蘭與西班牙帝國美洲領土上的非洲人，也會像其他被迫或自願的移民一樣，試圖複製出自己的料理。成果最接近的或許要屬逃奴（maroon）社群。種植園裡的奴隸只能仰賴奴隸主提供的口糧，以及他們自個兒能從菜園裡種出來的東西，但能夠取得的多半都不是他們熟悉的作物。畢竟從非洲進口、馴化自己熟悉的作物，實在是不太可能。至於那些抵達美洲的植物，也很可能是從船骸上救出來的存糧。像美洲木薯就得用費時費工的方法處理，鎮日在田裡工作的奴隸沒有多少餘力能處理這種食材。產量大、處理沒那麼費工的甘藷與香蕉悄悄出現在奴隸的園子裡。來自產米地帶的非洲人，做出了傳統上用來舂米與其他穀類用的杵臼、風篩籃，說不定連煮

④【譯注】一八四〇年代中葉，歐洲北部各地的馬鈴薯受真菌感染而歉收，食物短缺，其中以蘇格蘭高地與愛爾蘭饑荒尤其嚴重，百萬人死亡，數百萬人成為難民，因而得名。

【圖6.7】非洲的一處市集，圖中有市集管理者的房子（A）、穀倉（B）、成堆的香蕉與其他水果（C）、棕梠酒鋪（D）、家禽肉與魚肉販（E和F）、賣柴薪、稻米、高粱、小米與清水的婦女（G、H與I）、甘蔗（K）、異國布料（L）、現成食物（M）、拜物信仰中的桌神（N）、來訪的荷蘭人（O）、守衛（P）、通往海岸與內陸的道路和帶商品來賣的婦女（Q、R、S）。（圖片來源：Pieter de Marees, *Beschryvinhe ende historische verhael van het Gout Koninckrijck van Gunea . . .* [Description and Historical Account of the Gold Kingdom of Guinea . . .] (1602, reprinted, The Hague: M. Nijhoff , 1912), 62.）

飯鍋都有。他們會製作庫斯庫斯來吃。來自熱帶的非洲人則製作塊根泥餐點（在今天的奈及利亞稱為 *fufu*），搭配來吃的可能有椰油醬、魚乾、芝麻，以及木槿或美洲原生種的莧菜葉。加了秋葵的燉肉或燉魚（稱為「callaloo」或「gumbo」）則配米飯。巴西種植園裡的非洲人吃米飯、木薯粉與乾牛肉（稱為「*carne sêca*」或「*charque*」），好為其沉重勞動提供體力，在節日時甚至還能得到餘餚殘羹。[84]

因為奴隸主普遍相信料理出身決定論，非洲料理（就像美洲原住民料理或歐洲平民料理）對他們沒有什麼吸引力。他們教在種植園的大宅院廚房裡煮飯的非裔婦女做天主教料理或西歐料理，端視奴隸主與種植園地點而定。即便如此，還是有特定幾種菜餚透過種植園房舍廚房，或是透過買路邊攤吃的管道跨越了界線。米飯料理因為是以穀類為主要材料，有可能比跟塊根泥料理更常越界。美洲地區許多米、豆類餐點幾乎都有非洲源頭。墨西哥與南卡羅來納等地用有香味的液體所蒸出來的抓飯式炊米，可能跟今日奈及利亞的鍋飯（jollof rice）或地中海飯食之一（或者兩者皆是）有著共同的起源。在過去曾經是種植園的地區，玉米粉料理，例如波多黎各玉米粉粽（Puerto Rican *pasteles*），則包含了非洲與加勒比海元素。泡木槿花液可能有西非淵源，而羅望子醬或許也同樣反映出西非，或是地中海、亞洲的源流。炸黑眼豆餡餅（在奈及利亞講伊博語〔Igbo〕的地區稱為「阿卡拉球」〔*akara* ball〕）成為巴西與其他地方的街頭食物。而在巴西的巴伊亞（Bahia）、哥倫比亞與巴拿馬的非裔婦女，則精通天主教式的蛋黃與食糖甜點，並在市場上賣。[85]南卡羅來納州的非裔婦女則發明了芝麻做的胡麻薄餅（benne wafer），成為當地受歡迎的食物。

到了十八世紀晚期，拉丁美洲與歐洲的異議人士開始反對奴隸貿易與奴役本身。一七八七年，貴格會、一位論派（Unitarians）與其他團體聯合建立了奴隸貿易廢止協會（Society for the Abolition of the Slave Trade）。支持廢奴的人從東印度（即印尼）買來食糖並裝在糖碗中展示，碗上還印著廢奴能拯救多少條人命的計算。[86]一八三三年，廢奴法案通過，開始終結不列顛地區與其他殖民地的奴役行為。但奴隸制度的遺緒仍然在非洲人對美洲料理的貢獻上盤桓。

十三殖民地中的一般自由民（包括五百萬盎格魯移民）主要是擁有自己地產的小農。倘若是在故鄉，他們才吃不起鄉紳料理，而是吃簡單的、以次等穀類製成的薄餅或粥。不過，他們在美洲過得不錯。[87]無論是煮飯的燃料、輾磨所需的水力還是肉類，全都是歐洲短缺、但新大陸卻相當充足的東西。一位移民得意洋洋寫道：「整個歐洲都無法提供跟新英格蘭一樣多的柴薪。」他或許想到在英格蘭，村民會因為捍衛自己在僅存的林地（也就是領主們打獵的森林）中撿集木頭的權利而吃牢飯。[88]美國東部許多的河川與溪流都是設置水磨坊的理想地點，因此磨穀與舂穀在大多數地區都不是家務事。

多數人都吃得起肉，通常是水煮鹹牛肉或鹹豬肉。[89]他們用在不列顛群島煮燕麥或大麥的方式來煮玉米。玉米細粉或粗粉糊接替了燕麥粥，成為橫跨十三殖民地多數地方的日常主食。燕麥或大麥糕點也被玉米薄餅（hoe cakes）取代。移民們的確採用了某些美洲原住民的技術，尤其是使用鹼液（或是灰燼泡水）去除玉米殼、製作玉米粗粉的方法。澀蘋果酒是種常見的飲料，釀啤酒用的大麥和小麥在十三殖民地許多地方都長不好。總之，即便從歐洲人的角度來看，「吃玉米」是往料理階級體系下方走，但美洲所有食物（尤其是肉類）都相對充裕且容易取得，這跟歐洲是強烈的對比。赫克托．聖約翰．德．克里維庫爾（Hector St. John de Crèvecoeur）在著作《來自一名美國農夫的信》（*Letters from an American Farmer*，一七八一年）中，將美洲殖民地農家與歐洲農家的處境做了番比較：「以前，小孩子連一丁點麵包都沒法跟父親要到，而今卻生得肥肥胖胖，能夠嬉戲玩樂。妻子和孩子十分樂意幫忙父親整理田地，茂盛茁壯的作物就是從那些田裡長出來，餵飽……他們……沒有哪部分會被徵收，管他是專制的王公貴族、有錢的修道院長，還是強勢的地主。」[90]雖然他在吹捧美洲殖民地時，可能太過誇大自家的情況了，但其描述的確掌握到實際的重點。

回來談歐洲。十八世紀晚期之前，不列顛海軍士兵就能享用充足而完整的飲食，這是因為「後勤委員會」（Victualling Board）用了一個世紀以上的時間，努力改善餐飲以減少壞血病發生的緣故（壞血病害死的水手，可是比海戰還多）。海軍的餐點主要有堅硬的小麥麵粉餅乾（通常稱為「領航員餅乾」〔pilot bread〕或是「壓縮餅乾」〔hardtack〕）、一點鹹牛肉或鹹豬肉（不能吃肉的日子則改吃鹽醃鱈魚或乳酪）與啤酒，這樣的三重奏反映出尋常的不列顛飲食，裡面的餅乾就代表麵包。[91]搭配上燕麥粉或煮成泥的豌豆（稱為「loblolly」或「burgoo」）、塗餅乾的奶油，以及當作調味料的醋——在理論上，這樣的餐點一天至少能提供四到五千大卡。多年之後，不受歡迎、常常腐敗的鹽醃鱈魚被排除在菜單外，港口提供新鮮牛肉與現烤麵包來取代鹹肉與餅乾，還加了塊根與綠色蔬菜。在海上還是得吃鹹肉，載上船之前會經過檢查，如果品質達不到標準，就會丟掉。存放牛肉、奶油與啤酒的桶子受到更仔細的管理。十八世紀晚期，人們引進柑橘果汁來對抗壞血病。固定提供的白蘭地或蘭姆等烈酒能提振水手們的精神。海員們當然會有抱怨，但每天都能吃到熱騰騰的飯菜，而且一週吃四次肉，更有小麥麵粉做的餅乾或麵包、大量的啤酒，以及時不時出現的蔬果，都比他們過去在自己村裡或鎮上能吃到的飯來得更好。

船員的確更能保持健康，待在海上的時間從一七〇〇年時的兩星期長，增加到一八〇〇年之前的三個月長。這讓皇家海軍在對上無法在海上待這麼久的荷蘭人與法國人時擁有重大優勢。法國人尤其飽受管理階層腐敗所苦，而且還被迫從愛爾蘭取得其所需的牛肉——至少西印度群島駐軍的情況是如此。不列顛海軍史學者N．A．M．羅傑（N. A. M. Rodger）相信，「最重要的是後勤委員會，徹底轉變了不列顛艦隊在海上的營運能力……唯有健康的船員讓船隻能長期停留在海上的情況下，海軍才能完全發揮其潛力……不列顛才能毋庸置疑地取得對海洋的掌控」。[92]

另一方面，隨著人口成長，土地與煮食所需的燃料取得越來越困難，歐洲鄉下的窮人（包括不列顛在內）全都面臨掙扎。嚴重的短缺，甚至是饑荒都不時會發生。一七七〇年時，歐洲大陸曾發生嚴重的小麥與黑麥歉收，緊跟在後發生的就是饑荒。[93]一七五六年與一七七三年，瑞典各地都有農人等死，而「更可怕的是，他們還能聽到自己的小小孩啜泣著，受盡苦痛與死亡的折磨」。[94]即便沒有饑荒威脅，鄉間的窮人也擔心自己會失去自己的主食（麵包），無論那是用哪種穀類做的都一樣。截至十八世紀晚期，英格蘭人吃的多半都已經是小麥麵包。威爾士人與康瓦爾人吃大麥薄餅，蘇格蘭人則吃燕麥粉或燕麥餅。許多歐洲北部人吃黑麥麵包和蕎麥粒。法國人吃用黑麥、燕麥、大麥、玉米或栗子（人稱森林裡的麵包）所做的黑麵包。為了節省燃料，人們很少烤麵包，少到每六個月才烤一次。[95]有時候烤出來的麵包非常堅硬，硬到讓用斧頭劈開麵包的力氣甚至成了男子氣概的象徵。這麼硬的麵包要放進湯（最基本的食物）裡泡軟，用吊在火上的大鍋來煮。

不過，無論用的是哪種材料，麵包本來就是一種要用牙齒咬、配乳酪或一點醃魚吃，或是拿來泡湯的東西。帶麵包下田很方便，吃之前也不必先加熱。許多人相信麵包是神的恩賜，提供麵包則是統治者的責任（圖6.8）。人們打從無法追憶的年代起就在吃麵包，更將麵包等同於「食物」的同義詞。

一旦人口增加，麵包供應也越來越吃緊。傳統的王室與教會慈善體系正分崩離析。醫生、經濟學家與政治人物激辯著如何餵養窮人——許多人甚至不認為窮人比動物好多少。十八世紀中葉出版

【圖6.8】這張版畫畫的是一七四四年十月，史特拉斯堡（Strasbourg）當地發放食物與飲料給民眾，慶祝路易十五康復、進入該城的場景。從陽臺丟下來的東西像是麵包，水泉邊的人們高舉啤酒杯，右方有名正要殺牛的屠夫。（圖片來源：Engraving by Jacques-Philippe Le Bas after a drawing by Johann Martin Weis. From Paul Lacroix (pseud. Paul-Louis Jacob), *XVIIme siècle: Institutions, usages et costumes* (Paris: Firmin-Didot, 1880).）

的法語《百科全書》裡，有篇文章說「不少民眾認為這群人跟他們用來耕種自家土地的動物之間沒有多少差別」。喬治．切恩醫師更斷定，「白癡、農夫與修理工幾乎沒有一點熱情或任何一種豐沛的情感，因此也無法擁有持續的感受」。[96]

亞當．斯密（Adam Smith）與湯馬斯．馬爾薩斯（Thomas Malthus）都傾向於認為食物價格高昂能讓窮人不敢生太多孩子，有利於控制人口數量。其他人則認為短缺的食物可以靠水或肉湯來彌補。出生於麻薩諸塞（Massachusett）的科學家倫福德伯爵班傑明．湯普森（Benjamin Thompson, Count Rumford）就說，水「在營養中的比例，遠比此前一般人想像的還要重要」，可以取代一部分的麵包。「一經適當烹煮，量少得出乎意料的固體食物，也足以提供各種營養需求」。馬里蘭的弗雷德里克．艾登爵士（Sir Frederick Eden of Maryland）是亞當．斯密的擁護者，他在一七九七年發表了以《貧窮狀況》（*The State of the Poor*）為題的開拓性研究，同意湯普森的看法。水只要跟適當的固態成分混和——例如食蘭粉（salep，一種用蘭科植物根部做的麵粉）、鹿角精（hartshorn，烘烤、磨粉後的鹿角）或大麥，就能構成非常優良的營養物質。結論是，蘇格蘭人常吃的燕麥粉與大麥粉配水和鹽，愛爾蘭人吃的馬鈴薯，或是一年三桶印第安穀物（即玉米）的奴隸飲食（當然得有菜園種的菜來補充），就非常令人心滿意足了。[97]

為了確保食物供應，人們做了許多努力。像普魯士的腓特烈大帝便儲藏穀物，以便在歉收之後也能做出麵包。法國政府為改良碾磨技術祭出獎勵，希望能提升穀粉的品質。最激進的當屬法國的安—羅伯特—雅克．杜爾哥（Anne-Robert-Jacques Turgot）等自由主義者與重農學派（Physiocrats），以及人在英格蘭的亞當．斯密，他們主張以自由貿易取代政府對小麥交易與小麥價格的控制。當法國政府在一七六〇年代採取自由貿易，窮人感覺自己傳統上的保障被連根拔起。「道德經濟」

（moral economy）——歷史學家E・P・湯普森（E. P. Thompson）如此稱呼這種「有權以適當價格購買食物」的信念——就此廢止。[98]儘管這項政策不出幾年便遭到扭轉，但它增添的不穩定感卻沒有消失。

多數歐洲國家都有為無法養活自己的人設立「樂施院」（hospital）、濟貧院，或是後來的貧民習藝所，經費多半來自城市中產階級的捐贈。這些機構把窮人帶離街頭、送他們去工作，如果他們表現良好，就能得到食物與棲身之所作為回饋。在瑞典，人們為了與飢餓作戰，曆書、講道集與方言小冊上都有推薦的應荒食物。有些食物，比方說用奶油與胡椒煮的鬱金香球莖、加糖煮的黑醋栗醬、蘆筍、櫻桃樹脂等，似乎根本不是有機會吃到的東西。其他東西就比較實際，像是歷史悠久的冷杉樹皮、蕁麻、牛蒡、橡實、冰島地衣（Iceland moss）、海藻、香楊梅（bog myrtle）與薊屬植物等供不時之需的食物。[99]

從一七七〇年代起，社會菁英們便將馬鈴薯當作解決糧食問題的希望。歐洲人自十六世紀晚期開始知道馬鈴薯，十八世紀中葉起在田裡種植，但馬鈴薯在飲食中仍然不具重要地位。馬鈴薯對今天的我們來說太過稀鬆平常，所以很難想像馬鈴薯對當時歐洲人就是個陌生的食物，程度甚於芋頭與木薯之於今天的美國人。[100]馬鈴薯看起來就像蕪菁這種根莖類，人們認為這是牲口冬天的飼料，不是給人，而是要給動物吃的。由於尚未培育出我們今天享用的品種，當時的馬鈴薯長得通常很小顆，嚐起來還有點苦。一旦收成，就得冷藏或盡速食用，不然就會變綠發芽。馬鈴薯煮過之後變成無味的軟塊，而不是芬芳可口的麵包。唯一一處熱情接受馬鈴薯的地方，是遙遠的紐西蘭。毛利人早已將他們相當熟悉的亞熱帶根莖類引進紐西蘭北島，當歐洲人在一七七〇年代帶來馬鈴薯時，毛利人大表歡迎，這樣就能在氣候較冷的南島種植。毛利人拿馬鈴薯跟歐洲捕鯨船、捕海豹船交換毛瑟槍（musket），這讓他們能在一八四〇年代至一八七〇年代間抵擋不列顛軍隊。

舊大陸的人很排斥把馬鈴薯當成主食。日耳曼人抱怨道：「這東西聞起來、吃起來都沒味道，連狗都不吃，我們要它有什麼用？」舊禮儀派（Old Believers）反對的理由是，馬鈴薯是「最早的兩個人類吃下的禁果，因此，誰吃了它，就是違抗上帝，違反了聖約，永無進入天國之日」。[101]甚至連推廣馬鈴薯的人也承認馬鈴薯有其缺點。《百科全書》一七六五年的〈地裡的蘋果〉（“Pommes de Terre”）條目是由加布里耶爾—弗朗索瓦·弗內勒（Gabriel-François Venel）所寫的，他在文中表示馬鈴薯會造成脹氣，但又加上一段常有人引用的話：「農夫跟工人強健的胃腸裡多了點氣又有何妨？」俄羅斯農業學家安德烈·波洛托夫（Andrei Bolotov）覺得馬鈴薯沒有味道，吃起來粉粉的，沒有麵包或穀粒粥（kasha）的嚼勁。誰都沒有想到，現代學者會主張馬鈴薯或許減少了真菌造成的「麥角中毒」（ergotism）病情產生，而這正是人們吃了發霉的黑麥所導致的。

縱使馬鈴薯如此不受歡迎，受迫於人口成長與糧食短缺威脅的統治階級也別無選擇，只能促使窮人吃起馬鈴薯。為了讓人們能更接受馬鈴薯一些，法國化學家兼馬鈴薯推廣人安東萬—奧古斯坦·帕蒙提爾（Antoine-Augustin Parmentier）在一七七九年出版了《無麵粉馬鈴薯麵包製作法》（*Manière de faire le pain de pommes de terre, sans mélange de farine*）。結果沒人相信。一七七四年，腓特烈大帝送了一批馬鈴薯以緩解科爾伯格（Kolberg）的饑荒。俄羅斯醫學院（Russian College of Medicine）也建議種「地裡的蘋果，即英格蘭地區稱為馬鈴薯的植物」，尤其是西伯利亞與芬蘭收成泡湯後面臨饑荒時。歐洲各地都展開了類似的措施。[102]歉收、都市化、革命與拿破崙戰爭（Napoleonic wars，一七九二年至一八一五年）在一七九〇年代造成大規模的饑荒，窮人終究被迫接納馬鈴薯。歐洲南部的窮人早已仰賴玉米波倫塔維生，如今換歐洲北部的窮人開始指望水煮馬鈴薯。

全球料理分布形勢，一八四〇年

最晚在一八四〇年以前，西歐高級料理便已在整個歐洲與俄羅斯行之有年。西歐中階料理除了能在低地國與不列顛覓得之外，其調整過的形式也在美國與加拿大東海岸站穩腳跟，且在澳洲海岸與紐西蘭亦有小小的立足點。來到剛剛獨立的拉丁美洲國家，一場近代西歐高級料理與克里奧式天主教高級料理之間的持久賽正在進行。墨西哥從西班牙獨立後第一本出版的食譜《墨西哥廚師》（*El cocinero mexicano*，一八三一年），裡面就收錄了法國菜與英格蘭菜的做法。

近代西歐料理擁有新種類的濃稠、多脂肪的醬汁，各式各樣的蔬菜，以及含有氣體的食物與飲料——無論是慕斯、氣泡礦泉水還是通寧汽水（tonic water，加了奎寧〔quinine〕）等氣泡飲料，都是因為有空氣、氣體研究成果，才得以在此時成真。糖從鹹食裡消失，踏上了一條由香料與藥物變成日常食材的路，提供了飲食中大部分的熱量。此前貴族在特別的宴會廳或宅子裡小口吃著的甜食，如今也往社會階級下方走，成為尋常可見的糖果。一系列沒那麼甜膩的蛋糕、派、餅乾、布丁與甜點開始出現。此外，糖也讓味苦的茶、咖啡與巧克力飲變得更好喝。

人們將工業革命中出現的蒸汽機用於生產新的、色黑味苦、便宜的波特啤酒（porter beer）與航海口糧（ship's biscuits）。[103]人們這時透過輸送帶運過爐火來烘烤航海口糧（這過程被稱為連續製程烘焙〔continuous-process baking〕）；不列顛海軍上將艾薩克·科芬爵士（Sir Isaac Coffin）在十九世紀伊始時，取得這項重要發明最早的專利。軍隊後勤確實在近代料理發展過程中扮演著重要角色。例如一七六〇年代以前，有一萬六千人等著吃飯的不列顛海軍，就在位於樸茨茅斯（Portsmouth）與普利茅斯（Plymouth）等南方港口的後勤廠區裡擁有自己的釀酒廠、磨坊與肉類加工廠。海軍作為不列顛農展品最大的單一購買者，不僅創造出穩定的全國性市場，也刺激了國際貿易。

雖然鮮少有西歐國家要求其國民遵守宗教飲食規矩，但宗教仍然滲透了西歐料理哲學。階級式、王權式的料理在荷蘭、法國與美國等地受到挑戰。但君主制度仍舊存在，法國高級料理也相隨左右。至於窮人，政府仍然認為其主要職責只有為順民提供足夠的食物。

鄂圖曼、薩非與蒙兀兒料理持續演進。清中國的小康家庭當中有種蓬勃發展的高級料理（但相關的研究不多），其消耗食材的程度可以跟歐洲的情況一比。[104]來到日本，以米飯與魚肉為基礎的佛教高級料理在京都與江戶（今天的東京）大放異彩——十八世紀早期的江戶已有百萬人口（巴黎人口的兩倍），也是當時世界上最大、最繁榮的城市之一。[105]江戶的隅田川邊綿延著餐館、茶店與娛樂場所，遊船則提供食物、音樂與女給。小吃店供應著從十六世紀起開始流行的軋蕎麥麵。商號則製造與販賣清酒、醬油、味噌，以及煮高湯用的柴魚。

西歐料理——尤其是其對小麥、牛肉、葡萄酒、茶、咖啡與糖的需求，讓全球貿易與農業版圖完全改變。長距離食物貿易正在增長。[106]巴黎、倫敦、聖彼得堡與其他首都的雜貨店賣起糖、茶葉、咖啡、香料與其他熱帶商品。[107]聖彼得堡是座有著二十五萬人口的城市，城裡的貴族從普魯士買奶油，從法國買葡萄酒與白蘭地，從匈牙利買甜酒，[108]從歐洲各地買新鮮蘋果、梨子、檸檬與西瓜，同時跟本國買蜂蜜、鱘魚、穀類與鹽。荷蘭人從波蘭與烏克蘭平原進口小麥與黑麥，用鯡魚貿易賺來的利潤付帳。此時的阿姆斯特丹是全世界最大的小麥市場。[109]牲口讓人從東歐、阿爾卑斯山區、丹麥、蘇格蘭與愛爾蘭一路趕到巴黎與倫敦。[110]英格蘭人喜歡喝波爾多出產的葡萄酒，但他們老是跟法國打仗，因此會避免跟法國買酒。他們試圖在維吉尼亞設立葡萄園（卻無法成功），並從馬德拉群島（Madeira）與葡萄牙進口葡萄酒。荷蘭東印度公司治下的好望角在十七世紀晚期之前，就在湧入當地的法國胡格諾派難民幫助下，開始生產葡萄酒。

荷蘭人的糖來自圭亞那與荷屬西印度群島，法國人的糖產自法屬西印度群島與路易斯安那地區（Louisiana），而不列顛人則取自不列顛西印度群島。打從荷蘭人將咖啡樹插枝從南印度走私到印尼開始，咖啡就在印度洋上的留尼旺島（Réunion）以及馬丁尼克（Martinique）、牙買加、海地、瓜德羅普（Guadeloupe）、波多黎各與古巴等地的種植園中生長。茶葉則來自中國。[111]為了遏止瑞典貨幣流失，生物學家卡爾．林奈烏斯（Carl Linnaeus）於是對自個兒的同胞大聲疾呼：「把茶樹從中國帶來這裡！」[112]一等瞭解到茶樹無法適應瑞典昏黑的冬季（即便種在溫室也不行），他便建議愛國的瑞典人喝黑刺李（sloe）、北極覆盆子與香楊梅沏的茶。為了取代咖啡，他們應該啜飲用滾水泡開的烤「豌豆、山毛櫸實、杏仁、彎豆、玉米、小麥或烤麵包」。不過，沒有任何證據顯示有人把他的話當作一回事。為了發掘熱帶植物的潛能，荷蘭人在好望角設立植物園，法國人設在模里西斯（Mauritius），而不列顛人則先是設在牙買加與聖文森島（St. Vincent），接著是加爾各答與檳城；倫敦的基尤植物園（Kew Gardens）則負責協調不列顛殖民地各植物園的任務。[113]人們也建立了其他的貿易循環來養活奴隸。截至十七世紀中葉，耶穌會已經在安哥拉擁有五十座種植園，園中有一萬名奴隸種植玉米與樹薯，供應販奴船。南美洲的鹹牛肉與北美洲的鹹鱈魚，則運往巴西、墨西哥與加勒比海地區的種植園。[114]

從一六五〇年至一八〇〇年，世界人口翻了一倍，達到十二億人之譜。對於能夠負擔的人來說，小麥與稻米仍然是優勢穀類。但許多人吃不起。先是中國，接著是印度，窮人們轉求於穀類階級體系中較低層的作物，例如玉米，甚至是芋頭、山藥、甘藷與馬鈴薯等根莖類。[115]英格蘭的工業城市也在成長，住滿了從土地上逃離或被趕走的人。在歐洲，一八三〇年代中期的經濟衰頹讓窮人更難吃飽。進入一八四五年與一八四六年年間——也就是飢餓的四〇年代，歐洲各地都欠收。真菌性疾病把地裡的馬鈴薯變得黑而黏腐。鄉下窮人們損失慘重，正面承受了這場危機帶來的衝擊。來到棉紡織業不景氣的比利時，失業與飢餓的人們遊蕩到北部省分尋找食物，同時政府則鎮壓抗議活動、實施價格控制、沒收未耕種的閒置土地，並調降食物進口稅。[116]愛爾蘭有一百萬人喪生，另外有一百萬人移居國外。高級料理與平民料理之間一度因為中階料理出現而模糊的古老分野，如今似乎又變得清晰起來。

第七章

近代料理：中階料理擴張，西元一八一〇年至一九二〇年

Modern Cuisines: The Expansion of Middling Cuisines, 1810–1920

一八八〇年至一九一四年之間的這幾年，標誌著料理史自數千年前人類掌握穀類之後，以及高級料理與平民料理分流以來最為重大的轉捩點。此外，一場起於十七世紀中葉、從一八一〇年起加速起來的變局也在此時走向頂點。中階料理——富含小麥麵包或其他受人喜愛的澱粉類主食、牛肉與其他肉類，以及脂肪與糖——從布爾喬亞群體擴張到兩個成長迅速的新社會群體：月薪中產階級與週薪工人階級。他們構成了工業化國家城市人口的主體，尤其是歐洲北部國家（但不限於此）、歐洲國家的海外殖民地（包括加拿大、澳洲、紐西蘭、南非與阿爾及利亞），以及美國與日本。高級料理與粗茶淡飯並未消失。無論何處，有錢有勢的人都接受法式高級料理為自己的料理，而鄉下窮人吃的仍然是粗茶淡飯。

中階料理擴展迅速，在世界上較為富裕的地區成為主導性的料理。從食材、菜色、廚房、專供用餐的空間與餐具，以及描述它們的文字來看，中階料理與高級料理之間的共通點，要比跟平民料理的共通點來得更多。而中階料理與高級料理的差異，則在於中階料理並非用以表現政治與宗教權力的上下階級。近代國家政治發展中的變化賦予公民更多的發言權，與此同時也出現了若干轉變，讓公民得以接觸到此前專供少數掌權者享用的料理。即便菜色選擇與上菜、用餐的方式多少可以點出細微的地位差別，但在給有權有勢的人吃的食物與其他人所吃的食物之間，鴻溝已經開始縮小。這道鴻溝被其他鴻溝取代——一道出現在「往中階料理轉變的變化已經發生」的國家，與「高級料理和平民料理之間仍保持明顯區別」的國家之間的鴻溝。

中階料理的爆炸性發展從一八四〇年代（時人稱之為「飢餓的四〇年代」）來看，似乎是不可能發生的。縱使歐洲與美洲在此前半個世紀以來發生了這麼多的政治動盪，但當時的貴族看來還是會繼續吃高級料理，而窮人則勉強靠著澱粉料理果腹。早在一七九八年，托馬斯．馬爾薩斯就在他的《人口論》（*Essay on Population*）中警告，由於土地供應有限，食物供給也因此受限，因此週期性的饑荒也就不難想見。但中階料理（我更喜歡稱之為「營養轉變」，因為這個詞能表現出社會與政治變化同樣都需要「營養」上的變化）還是在世界上大部分地區被創造了出來。

料理一如既往，會跟著帝國和對外擴張的相關國家而傳播出去，最明顯的就是歐洲、俄羅斯、日本帝國，以及美國。拓荒者、移民、軍人、傳教士、商人與跨國公司全都促成了這個過程。但料理的分布形勢卻因為民族主義的興起而變得複雜；十八世紀時，民族主義在歐洲北部冒出頭來，接著在十九世紀晚期出現在美洲、日本、俄羅斯與其他國家。新的中階料理開始等同於「國別料理」，導致一九二〇年的世界料理分布與一八四〇年有著極大差距。一八二〇年時，幾乎沒有什麼民族性的料理存在。「上層菁英吃帝國高級料理，窮人吃地區性料理」的舊模式仍然持續著。由於民族國家必須處理國界變化，以及地方性或移民而來的少數群體，國別料理也因此不斷有菜色匯聚進來，但到了一九二〇年，食客們已經傾向於將料理與民族結合，而非帝國。

朝中階料理轉變的過程中，最重要的當屬盎格魯世界，也就是以講英語的人（無論其族裔出身）所構成的世界。一八三〇年時，不列顛地區擁有將近兩千三百萬人口。截至一九一四年為止，這個數字已經成長到四千萬，而不列顛更是統治了一個人口近四億的帝國，增加的幅度超過百分之五百。到了一九二〇年，不列顛已統領全世界五分之一的人口和四分之一的陸地。另一個盎格魯大國美國，其國土橫跨一個大陸，人口也從一八三〇年的一千三百萬人增加到一九二〇年的一億零六百萬人。兩國國內共有約兩億講英語的人口。儘管其他帝國的人口也在增加、版圖亦然，但擴張的程度還是無法相提並論。例如國內人口數與不列顛相近的法國，其統治的海外人口僅有六千多萬人。此前為西班牙帝國版圖的拉丁美洲國家，其人口幾乎翻了四倍，從兩千五百萬變成九千萬。而中國清王朝與老邁的印度蒙兀兒帝國，其龐大的人口也各自成長兩倍，從兩億人變成四到五億人之譜。[1]

盎格魯料理（從十八世紀起就等同於白麵包跟牛肉）因此成為全世界擴張最快的料理。十八世紀末，全世界可能有一千兩百萬人吃著某種形式的盎格魯料理。只有貴族階級與布爾喬亞，能夠負擔起由白麵包、牛肉、茶或咖啡組成的盎格魯高級料理。大多數人仰賴的還是平民料理，即粗糙全麥麵包，或是用像燕麥、大麥、黑麥或玉米（美國的情況）做成的麵包或粥，再配上鹹豬肉，或許還有啤酒或蘋果酒。到了二十世紀初，有兩億人（大約是全世界二十億人口的百分之十）吃中階盎格魯料理：白麵包、新鮮肉類、以蛋糕和餅乾型態出現的糖與脂肪，以及茶或咖啡。兩億人之中，有許多是住在美國的人，或是移居澳洲與加拿大等海外自治領的移民。一九一三年，澳大拉西亞《廚藝手冊》（*Cookery Book*）姓名不詳的作者寫道「南半球的烹飪手法基本上是不列顛式的」，這也呼應了多倫多婦女協會（Ladies of Toronto）在其一八七八年的《家常菜譜》（*Home Cook Book*）所說的，加拿大人「沒有能將自己與不列顛人區別開來的民族料理」。[2]不過，盎格魯人雖然曾殖民印度、東南亞或菲律賓，在當地社會留下盎格魯料理的痕跡，但盎格魯料理卻沒有在這些地方成為主流。

飲食朝中階料理轉變的過程，發生在人口大量成長之時，這本身就相當令人詫異。但更讓人驚訝的是，這居然也正是人口往城市移動的時候。一八〇一年，不列顛地區每五人就有一人住在城鎮裡，一八五一年時每兩人就有一人，到了一八八一年則是每三人就有兩人。到了一八九〇年代，倫敦與紐約都容納超過一百萬人。芝加哥在一代人的時間裡，從幾乎空空如也成長到擁有一百萬居民，至於像辛辛那提（Cincinnati）、聖路易（Saint Louis）、匹茲堡（Pittsburgh）與舊金山等其他美國城市，則有將近五十萬人口。從世界史的標準來看，不列顛的曼徹斯特、利物浦與格拉斯哥，加拿大的多倫多，澳洲的墨爾本與雪梨，以及深受不列顛影響的阿根廷布宜諾斯艾利斯，也都擁有相當龐大的人口。一如過去，這幾個城市每天都得為每一個居民提供兩磅的穀類（或是用其他食材提供同等熱量）。

由於盎格魯世界在都市化、人口與領土一塊成長的同時，其料理也正轉往以麵包和牛肉為主的中階料理，許多政治人物、經濟學家、醫生與知識分子（無論是不是盎格魯人）因此自問這兩者之間是否有所關聯。也就是說，支撐人口成長的，是麵包跟牛肉嗎？讓這幾個國家有實力宰制全球大片地區的，是麵包跟牛肉嗎？創造國家統一，確保公民、工人與士兵體魄強健，為帝國擴張奠定基礎的，是否是由節儉且顧家的哲學與近代營養理論所支撐的麵包與牛肉料理？法國美食家讓—安特馬・布西亞—薩瓦蘭（Jean-Anthelme Brillat-Savarin）在十九世紀早期表示，「民族的命運，取決於如何餵養民族」，這畢竟是許多人都同意的觀點。佩雷格里諾・亞爾杜吉（Pellegrino Artusi）在他那本暢銷的義大利菜食譜《烹飪的學問與品嚐的藝術》（*La scienza in cucina e l'arte di mangiare bien*，一八九一年）裡，引用了義大利詩人歐林多・圭里尼（Olindo Guerrini）的話說，「各個種族都有其獨特的性格，至於他們是強健還是可悲，是偉大還是軟弱，有一大部分是由他們所吃的食物所決定」，這也與布西亞—薩瓦蘭的看法相呼應。[3]「飲食決定國力」成了常識，時不時就有人提起，就像在一次世界大戰時的堪薩斯州，編輯《卡菲維爾食譜》（*Coffeyville Cook Book*）的人就引用布西亞—薩瓦蘭的警世之言，將其放在卷首。[4]很多人都接受這種料理決定論。有張一九〇二年的廣告單（圖7.1），就把「不列顛帝國的營養」跟不列顛帝國的擴張結合在一起，用又黑又稠、工業製造、稱為「保衛爾」（Bovril）的牛肉萃取物（今天高湯塊的前身）所泡的熱肉湯代表營養，還用

How the British Empire spells Bovril
BOVRIL
and illustrates the close association of this Imperial British Nourishment with the whole of King Edward's Dominions at Home and Beyond the Seas.
How many parts can you name?
NOTE.—The shapes are correct, but the sizes are not in proportion. Each number indicates a separate part of the Empire. A complete key will later on be published in the Newspapers and on the Hoardings.
VIROL is recommended by Bovril, Ltd., as a fat food for the young.

【圖7.1】〈如何用不列顛帝國領土排出保衛爾〉（“How the British Empire Spells Bovril”）。十九世紀時，日耳曼化學家尤斯圖斯·李比希表示，牛肉精這類用肉與骨頭做的濃縮肉湯就跟牛肉本身一樣營養，此後許多牛肉精商品紛紛出爐，保衛爾就是其中之一。發明保衛爾的約翰·勞森·約翰斯頓（John Lawson Johnston）從法軍手上得到合約，為法軍供應保久牛肉產品。約翰斯頓選了這個由拉丁文「*bovis*」與「Vril」組成的名字——「*bovis*」是「*bos*」的所有格，指「母牛、公牛或去勢公牛」，而「Vril」則是某種虛構的、無孔不入的能量，出現在英格蘭政治家與小說家愛德華·鮑沃爾—利頓（Edward Bulwer-Lytton）的暢銷書《將臨之族》（*Coming Race*，一八七一年），由某個先進的地底種族所掌控。保衛爾靠著精心策劃的廣告，成為大無畏的探險家、邊疆的軍人，以及不列顛帝國的同義詞。廣告上的每一個數字都代表不列顛帝國的不同地區。（圖片來源：*Illustrated London News*, 2 February 1902. Courtesy Mary Evans Picture Library, London.）

「愛德華國王的領土」（King Edward's Dominions）之名來描述六十八個地區。

這種將政治、經濟擴張與料理相結合的料理決定論，深深吸引了世界各地的社會菁英們——這是因為，料理決定論帶來一種與盎格魯世界和歐洲帝國對抗的策略。倘若盎格魯人的力量源於種族特性，或是像某些理論所說的，是源於不列顛和美國東北的宜人氣候，那可就無法抗衡了。但反過來說，假使是以麵包和牛肉為主的料理在為西方帝國擴張行動提供動力，那麼只要讓本國人口改吃麵包跟牛肉，國家就能抵擋盎格魯人的浪潮了。結果，認為這項理論有道理的日本、墨西哥、巴西、義大利、印度與中國菁英分子，便斷定自己的國家若不根據西歐的做法將料理現代化，就會在經濟上與政治上落後於人。長久仰賴小麥麵包、喜好肉食的伊斯蘭世界反倒被人忽略，但就連在伊斯蘭世界，也有許多人主張將廚房現代化。包括家政學者、營養學家、醫生、政治人物與軍人在內，世界各地的改革人士展開計畫，說服本國公民或臣民改變其飲食，引進相關行業與農耕技術以實現改變。提倡近代麵包與牛肉料理的人和主張保留傳統料理的人之間的辯論，對十九世紀晚期世界各地現代化過程可說至為關鍵。

都市月薪階層的中階料理

由於為數眾多的都市月薪中產階級出現在不列顛的時間，要比大多數其他國家來得早，這一章的焦點因此也會放在不列顛。此外，本章也會納入來自工業化世界裡其他國家的例子，用來強調朝中階料理轉變的過程之觸及的範圍有多廣，相應的料理哲學如何分享，以及各國不同的傳統與願景如何創造獨特的民族料理。當時新出現的月薪中產階級，就跟今天在中國、印度與墨西哥新興的中產階級一樣，其組成分子的父母或祖父母多半都是擁有一小塊農地，或是在田裡務農的人。人們出於各種原因離開農地、前往城市，大多是因為種田賺不了錢、長子已經將田地繼承走了，又或是因為他們再也找不到下田的工作、跟城裡人結了婚。另外也可能只是想尋求更好的生活；男人自己開間小店當老闆，或者找份職員、官員工作，女人則成了家庭主婦。

都市月薪中產階級就像以前的、擁有土地的布爾喬亞，占據了介於貴族與平民之間的社會地位。但與布爾喬亞不同的是，這些領月薪過活的人沒有地租可用，沒有神職人員、律師或醫生的社會地位，也沒有成功事業帶來的收入。他們鮮少擁有能種菜的菜園——更別說是能供應牛奶或豬肉的農場，也沒有寬敞的廚房、洗菜間、餐具室，或是儲藏食物的閣樓與地窖。他們的薪水沒有餘裕能揮霍，要靠雜貨店才能買日常用度。他們在沒有電或中央空調可用的房子裡洗衣、熨衣服，生火顧火爐，還要照顧小孩。繁重的家務絲毫沒有止境，一天還得準備三餐，更是讓情況雪上加霜。都市月薪中產階級的料理哲學跟荷蘭城鎮居民或英格蘭鄉紳比較接近，距離吃高級料理的貴族階級比較遠，但他們又比荷蘭城鎮居民或英格蘭鄉紳更強調節儉、體面，以及買來的食物是否安全。

由於手頭很緊，食物又用掉了一大部分的家中用度，家庭主婦操持家務時，得將節儉定為當務之急，以維持中產階級生活所要求的體面，其中又以餐飲規畫最是要緊。這是持家的關鍵。比頓女士[①]在她的《家務管理手冊》（*Book of Household Management*，一八六一年出版；人們多稱此書為《比頓女士廚藝大全》〔*Mrs. Beeton's Cookery Book*〕）的引言裡說：「在所有學問裡——尤其是屬於女性特質的學問裡，沒有什麼……能比沉浸於操持家務的知識……居於更高的位置；整個家庭的愉快、舒適與健全永遠都得仰賴這種知識。」這本書的初版與後續的再版，影響了整個十九世紀不列顛、加拿大、澳洲與紐西蘭家庭主婦張羅家中大小事的藍圖，包括管理僕人、照顧小孩、育樂，以及最重要的烹飪。

在美國，人們多半把操持家務看成宗教責任。凱薩琳·畢裘（Catharine Beecher）與哈莉葉·畢裘·斯托（Harriet Beecher Stowe）在《美國女人之家》一書中（*The American Woman's Home*，一八六九年）表示：「家裡的情況正是天國在塵世最恰當的例證，女人就是家中的部會首長。」[5]謹慎的家庭主婦要避免因為家庭以外的活動——像是俱樂部或（更糟糕的）女權組織——而分心，要為她的丈夫與孩子們打造安樂窩（圖7.2）。至於俄羅斯，斯摩棱斯克協會（Smolensk Society）的女士們宣稱成員裡沒有任何一個人「擺脫了家事。對我們來說，蜂群的儉約更有吸引力」。從女主人經營順利的廚房裡做出來的餐點，可以讓她們的丈夫遠離咖啡點跟餐廳，遠離飲酒，遠離別的女人。[6]

主婦們從報章雜誌與廣告中挑出最新的營養建議。過去只有富人才有私人醫生，對飲食提出建議，如今這不再是有錢人的專利，而是社會上所有成員所共同享有——他們的健康能讓國家強盛起來。化學家已經分析了食材的成分，斷定只要有含氮、含碳的食物（像我們吃的蛋白質、脂肪與碳水化合物）、少量礦物質，以及飲水，便足以維持健康所需（圖7.3）。含氮食物打造、修補身體，含碳食物則提供熱與能量。食物不應該混在一起（像以前的濃湯或燉菜那樣），而是要分別盛盤，以利消化。專家表示，水果與蔬菜會導致發燒，或是更糟糕的霍亂，不僅危險，也浪費主婦們稀缺的資源；跟蔬果在近代最早的營養理論中高人一等的地位相比，其在十九世紀晚期的情況不啻是失

①【譯注】指伊莎貝拉·瑪莉·比頓（Isabella Mary Beeton, 1836-1865），英格蘭記者、編輯與作家，原姓麥森（Mayson）。她與出版商兼編輯山謬·澳查特·比頓（Samuel Orchart Beeton）結婚之後，開始為先生的婦女雜誌執筆，翻譯法國小說、撰寫料理專欄。

【圖7.2】女僕在廚房裡工作，而女主人則穿著乾乾淨淨、沒被封閉式煤爐搞髒的衣服，將烤雞端出來給家人。這家人坐在一間相當雅緻的飯廳裡，壁爐上擺著鮮花和時鐘，頭頂掛著一盞瓦斯燈。餐桌鋪了桌巾，擺著個人專用的玻璃杯、盤子與刀叉。諷刺雜誌《搗蛋鬼》（*Puck*）刊了則連環漫畫，將解放婦女一團亂的家與「老派美國家庭的責任感與尊嚴」拿來做對比，這張圖就是其中的一張。（圖片來源：*Puck*, no. 1288 (6 November 1901).）

寵。香料與調味料雖然嚐起來美味，又能幫助消化，但卻會讓人上癮。尤其不該讓小孩子吃到它們。要是孩子年幼時就養成對醃菜的喜好，長大就很有可能嗜酒。

化學研究也由此產生，肯定長久以來認為「小麥與牛肉特別營養」的看法（至少在西方如此）。小麥現在站上穀類階級的頂端，因為分析指出小麥含有更多的「含氮物」——在做麵包時可以觀察到麵筋，而麵筋令人聯想到肌肉纖維，間接暗示小麥擁有比其他穀類更多的蛋白質。比頓女士根據「各自所含有的可消化元素豐富程度」來分穀類的等級。排在小麥後面的是其他北方穀類，即黑麥、大麥與燕麥。稻米與玉米墊底。根據比頓女士的看法，麵包「本身就是由完整的維生素、麵筋、澱粉與糖所組成，含有氮與碳水化合物營養素，在同一種產品中結合了動植物王國維持生命所需的力量」，因而成為「文明人」不可或缺的食物。[7]

小麥麵包因此成為飲食中含碳部分的理想選擇。到處都有麵包坊烤的麵包，有圓的、橢圓的，還有用烤盆烤成長方型的。馬鈴薯、糖與油則是麵包的替代品。此前受人鄙夷的馬鈴薯經常和主菜一起出現，如今不僅有了更美味的品種，也更容易取得；此外，人們也找出了各種烹調馬鈴薯的方式。十八世紀晚期的科學家因為糖和糖尿病的關聯，認為糖不適合食用。到了此時，糖重獲營養學家喜愛，雖然會導致糖尿病，但其所富含的熱量卻更為重要。他們認為，糖是「飲食中最有營養的一項」，其熱量能取代麵粉的熱量。[8]《比頓女士廚藝大全》一八八八年版的編輯也認為「糖與糖蜜是很好的食物，可以取代澱粉」。[9]固體動物油，例如奶油、豬油或牛羊油，則被視為高級食用油。

日耳曼化學家尤斯圖斯．馮．李比希（Justus von Liebig）在他那本影響甚鉅的《動物化學》（*Animal Chemistry*，一八四二年）中主張蛋白質富含氮，能提供生命所需的基礎，說不定是唯一的

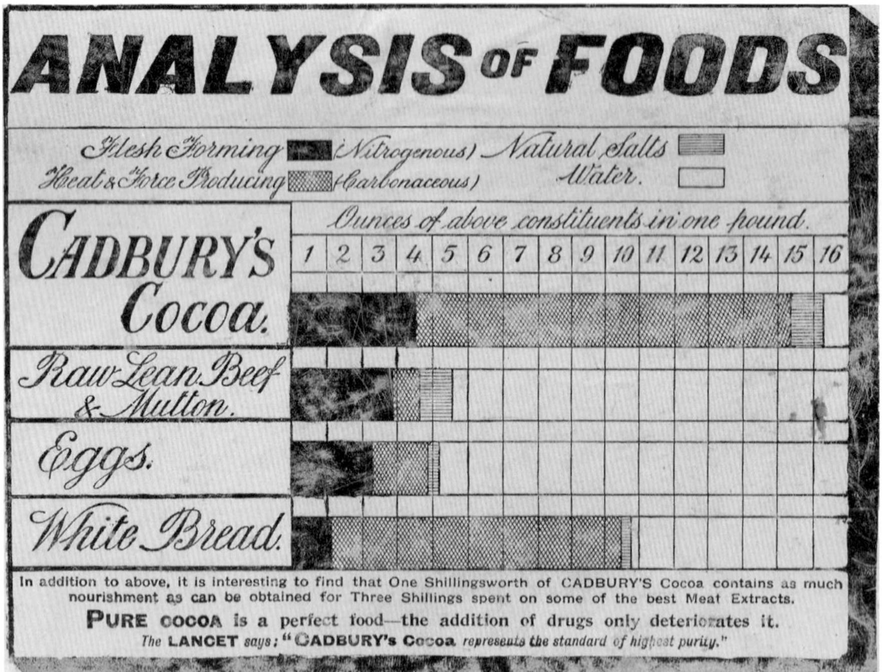

【圖7.3】這張〈食物分析〉（"Analysis of Foods"）印在童書封底，是幫英格蘭貴格派吉百利公司生產的可可打的廣告。上頭比較了生牛肉、白麵包與可可「構成肌肉的含氮與產生熱量的含碳成分」。十九世紀晚期，人們認為這些成分是礦物鹽與水之外最重要的營養素。〈食物分析〉引用了醫學期刊《柳葉刀》的內容，為可可的純度背書，並指出可可有多划算——畢竟價格一先令（shilling）的可可，就能提供與價格三先令的牛肉精（如保衛爾）一樣多的營養。（圖片來源：*Doggie's Doings and Pussy's Wooings: A Picture Story Book for Young People* (London: S. W. Partridge, n.d.). In the author's possession.）

真正營養素。[10]科學家、家庭經濟學者、食譜作者與政治人物，都在呼籲消費者每天食用建議的四盎司蛋白質（約一百一十三公克）。眾口鑠金的樂觀論調淹沒了一些科學家不表贊同的聲音，像荷蘭生理學家雅各．摩萊蕭特（Jacob Moleschott）便在其著作《常民食品科學》（*Science of foodstuffs for the People*，一八五〇年）中強烈表示蛋白質擁護者誇大其辭。耶魯大學教授羅素．齊騰登（Russell Chittenden）也補充，人一天只需要兩盎司，大約五十五公克的蛋白質。（時至今日，以一名坐辦公室、體重六十八公斤的男子來說，建議攝取量大約落在六十公克；如果運動量很大的話，攝取量則翻倍。以我們的標準來看，十九世紀大多數人的運動量都非常可觀。）

牛肉位於肉類階級頂端，根據米蘭醫生兼《設宴的藝術》（*L'arte de convitare*，一八五〇年至一八五一年）作者熱奧瓦尼．萊貝爾蒂（Giovanni Rajberti）附和一般論的說法，牛肉是「最優良的食物，是食物中的王者，是陽剛、有品味、有鑑賞力的人吃的食物」。[11]英格蘭外科醫生、博物學家兼科普作家埃德溫．蘭克斯特（Edwin Lankester）在一八六〇年說：「那些食用肉類的種族，是最健壯、最有道德、也最聰明的種族。」[12]時人認為，如果沒有牛肉可用，牛肉湯也完全能夠作為替代（但我們今天已經知道牛肉湯幾乎沒有營養）。亞爾杜吉在《烹飪的學問》裡說，牛肉湯是「營養完整、強身健體的優良食品」，還補上一句說否認這一點的醫生是在「跟常識唱反調」。[13]牛肉湯據信好消化，能恢復精神，無論是對健康的人還是體弱多病者都很有幫助。牛肉萃取物用熱水泡開成肉湯，可以當成便餐。對中產階級來說，週日烤牛肉大餐就可以用這來當搭配的肉汁。而對吃不起高級料理的人來說，牛肉萃取物讓他們在新德里或東京等沒有牛肉可用的地方，也能做出法式清湯（consommé）與西班牙醬（*sauce espagnole*）。

營養理論隨著料理而流傳，成為中階料理哲學的一部分。日本人在一八五八年簽訂條約，與美國建立正式外交關係之後旋即接受了料理理論與西方文化中的法律體系、類國會體制，以及科學與技術等其他面向。一八七二年一月二十四日這天，政府公開宣布日本明治天皇經常食用牛肉。雖然自肉食禁止令實施千年以來，期間人們一直有食用某些肉類，但此舉不啻將天皇擺在日本輿論中支持西化、食肉的一派上。政府發行了一本談如何烹煮牛肉的手冊，並設立機構「牛馬會社」來協調牛肉與乳製品販售。知識分子兼教育家福澤諭吉曾寫了封給該會社的公開信，讚揚牛肉的營養價值。福澤諭吉的一位學生高橋箒庵（未來成為首屈一指的茶人）也在他的《日本人種改良論》（一八八四年）一書中提倡牛肉與牛奶。在劇作家仮名垣魯文一八七一年的文集《安愚樂鍋》裡，有一名「熱愛泰西文化的年輕人」說：「幸虧日本正穩步邁向一個真正的文明國家，像我們這種人才能吃到牛肉。當然，還是有些教化不來的野蠻人緊抓著自己野蠻的迷信不放，還說什麼吃肉有多麼敗壞人，讓你再也不能在神佛跟前祈禱。」[14]

來到西方，不吃麵包與牛肉的人常常被當成二等公民，有時甚至連公民都算不上。在美國，移民受到要求，要接受這些食物，而不接受的人則會飽受攻擊。山謬・龔帕斯（Samuel Gompers）領導的「美國勞工聯合會」（American Federation of Labor）在一九〇二年時，出版了一本以《排華的幾點原因：吃肉對抗吃米，美國男子氣慨對抗亞洲苦力作風》（*Some Reasons for Chinese Exclusion: Meat vs. Rice, American Manhood against Asiatic Coolieism*）為題的小冊，呼籲展延一八八二年《排華法案》（Chinese Exclusion Act）。書中引用了參議院在一八七九年討論華人移民事項時，參議員詹姆斯・布萊恩（James Blaine）所做的證詞：「你不能讓一個一定要吃牛肉跟麵包的人……跟一個靠米就能過活的人一起工作。經過眾多的衝突與鬥爭後，結果不會是把吃米過活的人拉拔到跟吃牛肉和麵包的人相同的標準，而是讓吃牛肉和麵包的人掉到吃米的水準去。」[15]一個世紀以來，這個國家都按照從英格蘭繼承而來的習俗，用烤全牛來慶祝全國性的節日。這種「吃麵包跟牛肉是獲得公民權的條件」的看法在這個國家裡很能得到共鳴。舉例來說，一七七八年，美國憲法批准後，美國的肉販就揮舞著手上的切肉刀，出現在費城「浩浩蕩蕩的聯邦隊伍」裡。有兩頭公牛跟著隊伍行進，雙角間綁著布條，一頭寫著「無政府」，另一頭則是「混亂」。遊行結束後，肉販宰了這兩頭牛，用隱喻的方式殺掉反聯邦派的人。威脅解除，強身健體的牛肉烤過以後，餵飽了前來集會的民眾。[16]烤全牛一直延續到第二次世界大戰後，始終是美國政治生活的一部分。

食譜書和雜誌、烹飪學校、請客吃飯、簡單的外食，再加上帝國間的碰撞，都能讓都市月薪勞工有一種「自己的料理是全民料理」的感受。家政手冊在一八三〇年代開始出現，這種以命令式語調寫就的家務管理概論，幾乎都是以全國性的讀者為對象而寫。烹飪占了這類書籍許多篇幅，也讓家庭主婦花掉最多時間。手冊作者樂得用過去為貴族與布爾喬亞所寫的食譜為基礎，從中尋找餐點的做法。從我自己擁有的珍本來判斷，這些手冊的讀者幾乎不會開書照著煮，只會翻開確認一些特別菜色——像是聖誕布丁的做法，或是檢查做果肉醬或果皮醬時水果與糖的比例。其實，讀者找這些書看，是為了幻想一下主婦跟她先生一旦有了錢以後，可以怎樣打理自己的房子跟家庭，端出什麼樣的晚餐。在每一個經歷都市化的國家，都有不同作者為了市場而競爭，比較成功的作者就能看到自己的書在數十年間再版個十來次。來點幾本人氣較高的例子，日耳曼地區有恩莉葉特．大衛迪斯（Henriette Davidis）的《實用家常菜與功夫菜食譜》（*Praktisches Kochbuch fur die gewohnliche und feinere Kuche*，一八四四年初版，到一九六三年已經有七十六版了）；大不列顛有伊莎貝拉．比頓的《家政管理手冊》；法國的瑪莉姨媽（Tante Marie）的《瑪莉姨媽食譜大全》（*La veritable cuisine de la famille*，一八九〇年）；南非有希爾妲貢達．達科特（Hildagonda Duckitt）的《希爾妲的手邊書》

（*Hilda's Where Is It?*，一八九一年）；美國有芬妮．法默（Fannie Farmer）的《波士頓廚藝學校食譜》（*Boston Cooking School Cook Book*，一八九五年）；丹麥有克莉斯汀．瑪莉．揚森（Kristine Marie Jensen）的《揚森小姐食譜》（*Miss Jensen's Cookbook*，一九〇一年）；奧地利有奧爾嘉．黑斯（Olga Hess）與阿道夫．黑斯（Adolf Hess）夫婦的《維也納烹飪》（*Viennese Cooking*，一九一六年）；波蘭有瑪莉亞．奧賀羅維茲—莫納托娃（Marja Ochorowicz-Monatowa）的《波蘭廚藝》（*Polish Cooking*，一九一〇年）；希臘則有尼可勞斯．策勒門德斯（Nikolaos Tselementes）的《烹飪指南》（*Guide to Cooking*，一九一〇年）。至於人在不列顛印度的家庭主婦，可以看芙蘿拉．安妮．斯提爾（Flora Annie Steel）與G．嘉迪那（G. Gardiner）的《印度管家與廚師大全》（*Complete Indian Housekeeper and Cook*，一八九〇年）；印尼有卡提尼烏斯女士（Mrs. Catenius）的《新編東印度食譜大全》（*New Complete East-Indies Cookbook*，一九〇二年），收錄了米宴、開胃菜、蛋糕、布丁、保久食品和冰品的食譜。人在阿爾及利亞的法國人，有A．蓋利昂（A. Galian）的《良廚手藝》（*L'art de bien cuisiner*，一九三三年）能提供用當地食材煮法國菜的建議，以及少許類似庫斯庫斯的阿爾及利亞與摩納哥食譜。來到東南亞，有《給前往印度支那的法人指南》（*Guide du francais arrivant en Indochine*，一九三五年出版於河內）寫了幾道使用異國食材的法式料理。在美國，社群食譜書有助於中產階級料理形諸文字，其中收錄了大量對盎格魯料理尤為重要的烘焙食品做法。（這些地方性的食譜小書通常是由長老會女教友彙編、牧師題辭，一開始是在募捐市集上販賣，用來募集資金以改善美國內戰時野戰醫院醫療環境之用。）[17] 日本也有食譜和女性雜誌，如《泰西烹飪專家》（*The Western Cooking Expert*，一八九二年）、《實用家庭烹飪法》（*Practical Home Cookery*，一九〇三年）、《泰西家庭料理》（*Western Home Cooking*，一九〇五年）與《西式料理教材》（*Western Cook-*

ery Textbook，一九一〇年）等發行。

烹飪學校迅速開辦，訓練求知若渴的家庭主婦。馬歇爾女士（Mrs. Marshall）——一名活力充沛的料理企業家、週刊《餐桌》（*The Table*，一八八六年創刊）的發行人、四本食譜的作者，以及牛肉清湯、色素、冰糖、咖哩粉，還有果凍與冰品模具等代言產品的銷售商——在一八八三年時，於倫敦開辦了馬歇爾烹飪學校（Marshall School of Cookery）。巴黎則有瑪爾特・狄斯特勒（Marthe Distel），這位《藍帶料理：布爾喬亞料理畫報》（*La Cuisiniere cordon bleu: Revue illustree de cuisine bourgeoise*）的創辦人想為這份雜誌招攬更多生意。一八九五年，她邀請專業廚師為中產階級婦女開班授課，造就了一間訓練家庭主婦烹調高級法式料理的學校：藍帶（Le Cordon Bleu）。[18]在日本，赤堀家族從一八八二年起，便在東京教授西式、日式以及中式料理。截至一九六二年為止，赤堀家的學校已經有八十萬名畢業生，出版了超過四十本食譜。[19]

請客與外食則以最低限度為之。比方說，不列顛人就有可能邀請親人來用茶點，餐點不貴又不失體面。等到出外用餐時，他們同樣會避免選擇供應法國料理的餐廳（感覺既揮霍又嚇人），而是偏好更不傷荷包的餐點，從自己看得懂的語言寫成的菜單上點菜，這種經驗也有助於不列顛人形塑對本國料理的認知。他們會去茶店吃以麵包為主的便餐，菜色跟他們在家裡吃的相去不遠。倫敦擁有像是無酵母麵包公司（Aerated Bread Company）經營的ＡＢＣ餐廳，以及Ｊ・里昂公司（J. Lyons and Co.）所開的連鎖店（一八九四年在皮卡迪利圓環〔Piccadilly〕開幕，十五年後就已能在該公司的河岸街轉角飯店〔Strand Corner House〕為上千名顧客提供座位）。民眾喜歡便宜熟悉的食物、親切的女侍、無酒精的環境（不像酒吧），以及貴氣的大理石金箔裝潢。到了一九二六年，英格蘭與威爾斯各地遍布將近五百間立頓茶店（Lipton Tea Shop）。[20]來到美國，從一八七〇年代起，乘火車旅行的人不僅可以找到餐車，還能看到遍布美國西部各地火車站的哈維家餐廳（Harvey House），以合理的價格提供高品質的地方菜與便捷的服務。[21]

至於歐美以外的地方，也有各式各樣的店面為顧客帶來根據當地口味調整的簡單西式料理。在日本，有許多人、尤其是男性，是在餐廳、咖啡店與奶品店（milk bar）首次品嚐西式料理的。自一八八〇年代起，日本顧客就能在東京近五百間專賣店的任何一間品嚐到牛肉。[22]切成薄片的牛肉、蔬菜、豆腐一塊兒在水、糖、醬油與清酒調的醬汁中煨煮，就成了壽喜燒的前身。到了一九二〇年代，路邊攤、餐廳與外帶店已有提供歐姆蛋（omelet）、可樂餅（croquette）、香雅飯（ハヤシライス，即碎牛肉燴飯）、炸豬排（豚カツ，裹麵包屑的厚豬肉片）與咖哩飯。有錢人可以享用糖果，在炎熱的夏日時吃路邊小店賣的、淋了糖水的什錦水果、果凍與豆子，或是一碗刨冰，這讓一九〇三年每人每年糖消費達到十二磅之譜，是十五年前的兩倍。[23]咖啡店帶來新的社交場合，也讓人一瞥不同的世界，像是銀座的保利斯塔咖啡（カフェーパウリスタ，Café Paulista）店外便飄著巴西國旗，店內的服務生則穿起海軍制服。[24]

在海外殖民地的生活，讓主婦們注意到自己的料理跟被殖民者的有多大的差距。蘇伊士運河在一八六九年開通，搭乘半島東方輪船公司（P&O）蒸汽船前往印度的旅程減少為不到一個月，因而有更多的妻子隨著自己的丈夫來到印度、印度支那或印尼。過去抵達這裡的單身男子樂於接受當地的高級料理，此時卻有許多歐洲人開始相信自己正在將文明——包括料理在內，帶給沒那麼開化的世界。歐洲女人擔心當地人手髒，死亡的陰影如影隨形。她們盡其所能，根據歐洲的做法管理自己的廚房。芙蘿拉·安妮·斯提爾在她那本《印度管家與廚師大全》裡好言相勸：「我們不希望為不敬的傲慢行為開脫，但印度的家庭〔指家住印度的不列顛人家庭〕少了尊嚴與威望，就無法像印度帝國（Indian Empire）[②]該有的樣子和諧地管理。」[25]咖哩與其他十九世紀上半葉出現的盎格魯式印度料理，現在被降級成早餐或午餐。晚上吃的正餐得是不列顛菜。

一八二四年，當有人要求曇花一現的《家庭金玉良言：從皇宮至農舍等社會各階層家庭經濟、醫藥與舒適生活雜誌》（*Family Oracle of Health, or Magazine of Domestic Economy, Medicine and Good Living, Adapted to All Ranks of Society, from the Palace to the Cottage*）估計不列顛人將收入的百分之多少花在食物上時，這份雜誌的七名撰稿人表示，有百分之三十八至六十的收入用於購買食物，並且還有額外的資金要用來購買煮飯的燃料，以及支付女僕的週薪。[26]這些數字對新興都市月薪勞工可說是常態。在食物與烹飪燃料上錙銖必較（這可是可支配收入中最大的開銷），讓家家戶戶能存下一大筆錢拿來投資，送小孩上高中、甚至是大學，也能給女兒一筆嫁妝，或是買些能炫耀的奢侈品，像是起居室的椅子、訂閱雜誌、一套漂亮洋裝，也可以搭火車去海邊一日遊。一八五〇年代，日耳曼經濟學家恩斯特・恩格爾（Ernst Engel）將這種經濟策略化為「恩格爾定律」（Engel's law）：隨著收入增加，收入中用於食物的比例則會下降，即便在收入的絕對數字增加的情況下亦然。

要求體面（以及持家的繁重工作）便意味著在一八八〇年代的不列顛，全體城鎮的家庭主婦有四分之一會僱用女僕，不惜代價。體面同樣也代表主婦得在每天的不同時段，以及一週的不同天準備不同的餐點；正餐要有兩到三到菜，不像她們的鄉下祖母，只靠一整鍋菜就夠了。她會試著做那些需要更精準的烹煮時間、標準化的材料、重量更精確的食譜——尤其是甜點，比她母親煮過的東

② 【譯注】一八五八年至一九四七年間，不列顛王室對印度進行直接統治，並在一八七六年後以「印度帝國」為名發行護照，此後不列顛屬印度也稱為印度帝國。

西還要複雜。她會縮衣節食，這樣就能為飯廳添購一套套的刀叉、瓷盤、餐具櫃、桌椅和壁鐘。

購物也是種新體驗。主婦的母親或祖母會上市集、去菜園或食物儲藏室，而今主婦幾乎什麼東西都是從店裡或是跟登門的貨販買。魚販、菜販和送牛奶的人都會上門。肉販根據客人需求，從掛在櫃檯後的畜體上切下適合家庭尺寸的成羊肉、小羊肉、牛肉與豬肉。烘焙坊提供麵包、甜派和鹹派，以及蛋糕。買菜的時候，家庭主婦得隨時保持警覺，試圖確保買來的食物安全無虞。有謠言說牛奶會摻羊腦，讓奶水變稠、變白。咖啡也聽說被添加了切碎、烤過的馬肝。根據不列顛雜誌《潘趣》（*Punch*）和《園丁報》（*Gardener's Chronicle*）所言，從可可到胡椒，一八五〇年代的每一樣東西都摻了馬鈴薯粉。

科學家們也證實了食物造假的情況有多麼糟糕。一八二〇年代，曾經與知名化學家漢弗瑞・戴維爵士（Sir Humphry Davy）在皇家研究院（Royal Institution）共事的弗里德里克・阿庫姆（Frederick Accum），出版了《摻假食品與食物中毒》（*The Adulteration of Food and Culinary Poisons*），封面上畫著盤踞在食物周圍的蛇。一八五〇年代初期，醫學期刊《柳葉刀》（*Lancet*）指派特別關注食品安全的化學家兼醫生亞瑟・希爾・哈塞爾醫生（Dr. Arthur Hill Hassall），來為該期刊的衛保分析調查團（Analytical Sanitary Commission）檢查食物的成色。雖然他並未在自己分析的牛奶樣本中找到加了羊腦的證據，但他證實咖啡裡有馬肝（以及橡實、鋸屑與燒焦的糖），斷言食品添加是個普遍的問題。到了一八七〇年代，調查員們發現巧克力製造商使用可可脂以外的油與脂肪，並用馬鈴薯澱粉與葛鬱金（arrowroot）使其產品更為濃稠。家庭主婦們因此對打廣告說自家巧克力「絕對純粹，當然最好」的吉百利公司相當信任。吉百利熟練地操作公眾的恐懼、藉此得利，在十九世紀末成為世界最大的巧克力製造商。

其他地方也展開類似的反黑心食品行動。[27]法國在一八五一年與一八五五年修改刑法，強化法律對抗販賣劣質與摻假食物的力道。不列顛在一八六〇年、德國在一八七九年跟進，荷蘭、比利時、義大利、奧地利、匈牙利、澳洲與加拿大也迅速通過了類似法條。食物的純度已經在美國成為全國性問題，經過美國農業部（U.S. Department of Agriculture）首席化學家哈維・華盛頓・懷利（Harvey Washington Wiley）多年的奔走，美國聯邦政府在一九〇六年通過了《純淨食品和藥品法案》（Pure Food and Drug Act）。這項法案讓政府法規從傳統上的市場標準，延伸到工廠與磨坊所進行的食物加工上。但要是少了稽查員或是檢查食品添加物的方法，法規也無用武之地。一直要到一九三〇年代，政府開始僱用必要的人手，科學家也開發出檢查添加物的有效方法後，食品安全與添加物的問題才減少。與此同時，主婦們則盡可能買不受汙染的食物。比起黑麵包與黑糖，食品添加物在白麵包、白糖中更是難以遁形，這也是人們偏好白色食物的一項原因。用紙包或是裝在硬紙盒裡的麵粉跟餅乾，看起來比從桶子裡挖出來的安全得多。跟新式雜貨店買的食物沒有暴露在骯髒的環境中，不像在環境多半髒亂的露天市場。

廚房在十九世紀晚期變化的幅度，比過去數百年間還要大。[28]此前在家中做的繁瑣工作，例如食物加工、保久處理等，如今許多已有工廠代勞，而廚房的工作範圍也比過去少了許多。更有甚者，廚房變得更容易生火、更好打掃，也更有效率。再一次以不列顛為例，截至一九〇〇年為止，城裡多數的廚房都有自來水和瓦斯燈。煤炭爐已經在十九世紀中葉出現，雖然這種爐子既不可靠又骯髒，需要一直添煤——一天最多得用去五十磅之多，還要清理煤灰——但煤炭爐卻能讓好幾種不同的烹調程序同時進行。到了十九世紀末，更乾淨、更方便，一點火就馬上能煮東西的瓦斯爐上市後，很快就取代了煤炭爐。一八九八年以前，城裡每四戶人家就有一戶擁有瓦斯爐，這個數字在一九〇一年時躍升到每三戶就有一戶。類似絞肉機和打蛋器等新工具，讓剁碎剩的烤肉或打蛋、打奶油等工作需時更短，使得可樂餅、牧羊人派（shepherd's pie）與蛋糕因而成為日常選擇。一八八〇年至一九二〇年間，這些變化在整個歐洲、美國、加拿大、澳大拉西亞，以及拉丁美洲各地的城市裡發生。一九二三年的關東大地震之後，西式廚房也開始在日本出現。

到了十九世紀末，盎格魯世界、歐洲、拉丁美洲與日本都出現了國別料理，中國、印度與鄂圖曼帝國幾個不同的地方也開始有人討論。當不列顛人、加拿大人、澳大利亞人與紐西蘭人想給家人留下深刻印象時，興許會試著做一兩道法式高級料理，但他們普遍偏好樸素的盎格魯菜，特別是給年輕人來吃。殖民地政府或軍隊為海外不列顛孩童設立的寄宿學校，提供斯巴達式料理，好讓學生變得堅強，這些學校的確也引以為豪。正餐在正中午吃。為了體面，星期日得提供烤肉——多半是小羊肉或成羊肉，而不是令人垂涎三尺卻非常昂貴的牛肉。搭配烤肉的是鹹布丁或餡料、水煮或烤的馬鈴薯、蔬菜，接著才是甜點。「冷肉料理」讓備餐和運用剩肉變得更簡單，主婦會把切塊的牛肉煮成蔬菜燉肉，牛肉片拿來包牛肉捲，肉末則做成炸肉餅（rissole）、碎肉末與可樂餅。十八世紀時，咖哩是以新鮮香料製作，一如印度一直以來的做法。如今咖哩也受到西方的冷肉料理影響，是將工廠製作的混合香料，即咖哩粉，混入炒麵糊中製作而成。由於用肉和骨頭煮高湯實在花錢（加了葡萄酒就更貴了），主婦們因此像許多職業廚師一樣，在自己的肉汁與湯品中改用肉精。用來增添風味、可長期保存的罐裝醬汁在一八二〇年代就能買到。以英格蘭一郡為名的伍斯特醬，可說是亞洲魚醬的變種。不列顛人去到哪，伍斯特醬就跟著傳入到哪——一名旅人說：「在阿根廷的每個角落，就連最簡陋的客棧桌上，都擺著人稱英格蘭醬（salsa inglesa）的伍斯特醬。」[29]

無論是麵包、吐司，還是夾了乳酪、培根、奶油或果醬的三明治，都是便於早餐或下午茶準備的食物。家庭主婦不願試做法國高級料理中昂貴的肉底醬汁，於是將她們的才華用在製作種類多不勝數的派、布丁、餅乾與蛋糕——靠著糖與油為生麵團與麵糊增添的特性，她們才有可能做出這些盎格魯中產階級料理的榮耀。來到殖民地，加爾各答、德里、馬德拉斯與西貢等大城以外的地方就買不到麵包，這時可以用皮克弗里恩公司（Peek, Frean and Co.）與亨特利帕爾默公司（Huntley & Palmers）等不列顛公司用錫罐包裝的脆餅乾（cracker）跟甜餅乾（biscuit，在美國叫做「cookie」）來取代。至於在印度，用葉特曼氏（Yeatman's）發粉做成的簡易麵包也堪作替代品。（法國人在東南亞的窮鄉僻壤時，會用壓縮餅乾應急，到了留尼旺島上則改吃玉米薄餅。）熱帶地方的企業家很快就仿做出歐洲的威化餅、瑪莉餅（Marie biscuit）與奶黃餡夾餅。

像茶與咖啡等苦味熱飲，以及水果飲料和氣泡飲料，都可以加糖做成甜甜的飲料。貴格會教友為了取代酒飲而發明的可可粉，讓製作熱巧克力飲變得更方便。果醬也從社會階梯往下爬、變得更親民，成為麵包抹醬，而不是奢侈的甜點。五顏六色的甜點跟糖果也不再是奢侈品，而是以便宜的小包裝賣給急著一嚐的孩子們。巧克力糖可以在十九世紀末買到，一樣還是由郎特里與吉百利等貴格會的人所生產。用漂亮盒子裝的糖果成了談戀愛少不了的一部分。冰淇淋則是偶一嚐之的奢侈品。

要是沒有便宜的麵包跟小麥麵粉，這種中產階級料理就不可能出現。不列顛過去實施《穀物法》（Corn Laws），為不列顛地主們保護小麥價格。隨著《穀物法》在十九世紀中葉廢止，人們也逐漸吃得起麵包。英格蘭的農地得養活勞工、農人與地主，比起英格蘭，海外能以更便宜的價格生產小麥。運河、鐵路與蒸汽船降低了運費，結果就是原本在家庭預算中占了一大塊的小麥麵包的價格下跌。不列顛的中產階級與勞工階級擁抱著自由貿易浪潮，這使他們從飢餓與貧困中解放出來，成為和平、繁榮、進步與民主的基石。[30]

來到十九世紀晚期的美國，當時的小麥田與飼養場有著更大的英畝數，還有鐵路能將麵粉與牛肉運往東岸城市，讓人人都能得到這些食材，而一種以牛肉、糖與小麥麵包所組成的料理也取代了過去的鹹豬肉、糖蜜與玉米糊料理。一八七六年獨立百年博覽會（1876 centennial）、殖民風格建築復興（colonial revival）、快速都市化，以及將新舊移民整合起來的需求，種種全都在刺激人們討論是什麼組成這個國家的料理。由於美國的中產階級有著悠久的共和傳統，因此他們比不列顛人更不信任法式高級料理。

日耳曼地區的移民——尤其是一八四八年革命③失敗後的流亡者，在讓美國料理與不列顛料理分道揚鑣一事上，扮演了相當重要的角色。十九世紀末，每十個美國人就有一個講德語，其總人口有五百萬人，和美國獨立時白人總人口數相當。許多日耳曼移民家有恆產，不像那些逃離赤貧的愛爾蘭人。恩莉葉特・大衛迪斯自一八四四年起不斷再版的《實用家常菜與功夫菜食譜》，也在一八七九年譯為英文。英文版一方面把日耳曼料理的優秀、健康和美味捧上了天，另一方面卻也一視同仁，讚美「我們美國家園」的食物與菜色，包括「catsup」（「ketchup」的另一種講法，這時「ketchup」已經變成帶甜味的濃稠番茄醬）、發粉簡易麵包、蛋糕、派，以及餅乾。

日耳曼肉販、麵包師傅、釀酒人、雜貨店老闆、廚師與餐廳主人，在他們的新國度做起了食品生意。類似克勞森（Clausens）與恩騰曼（Entenmanns）等日耳曼家族主宰了許多城市裡的商業銀行。[31]移民們根據美國口味調整甜麵包捲和酵母甜麵包的做法，後者逐漸被人們稱為咖啡蛋糕（coffee cake）。住到德州的肉販和灌香腸的人開始燻肉，這漸漸與其他飲食傳統融合，發展出燻烤肉（barbecue）。維也納炸牛排（wiener schnitzel，一種裹麵包粉的炸肉片）也進入德州料理，變成炸雞式牛排（chicken-fried steak）。焗麵也粉墨登場。施麗茲（Schlitz）、布拉茲（Blatz）、帕布斯特（Pabst）與美樂（Miller）帶來了工業化生產的拉格啤酒（lager），取代了酸澀的蘋果酒。亨氏（Heinz）則是製造罐頭的佼佼者。供應香腸、馬鈴薯和休閒娛樂的露天啤酒店（beer garden）也四處林立。日耳曼餐廳提供更多餐飲選擇，不只開在日耳曼移民占多數的密爾瓦基（Milwaukee）和聖路易，而是幾乎每一座城裡都有。

離開盎格魯世界前往義大利，這裡的民族料理得隨著國家統一的過程（一八七〇年代才大致完成），用迥然不同的各種傳統建立而成。打從羅馬時代起，對於付得出錢的人來說，小麥麵包就是他們的主食。另一種形式的小麥，也就是麵食，雖然也能在歐洲其他地方如加泰隆尼亞和日耳曼地區找到，但人們普遍視麵食為義大利對中產階級料理所做出的貢獻，無論加里波底（Garibaldi）是否曾經說過「我跟你保證，未來統一整個義大利的，一定是義式麵條（maccheroni，這個字涵蓋了千層麵與義大利方餃以外所有的義大利麵）」。義大利中產階級，以及移民美國與阿根廷的義大利人，全都熱情接納了工廠製的乾麵條；這種麵似乎可以放一輩子，而且烹煮上只要幾分鐘，就能讓人端出美味而飽足的第一道菜——尤其是到了世紀末，能買得到罐頭番茄做醬汁時就更是如此。[32]

在日本，領導人們向英格蘭與美國文化看齊，包括其料理在內，因為幾世紀以來的榜樣——中國——似乎已亂了方寸，被饑荒和內戰撕裂，還在一八九四年與一八九五年間的戰爭中被日本人打敗。日本女子大學家政學老師金子徹也曾表示「美國家庭非常民主，英格蘭家庭則質樸自然」，

③【譯注】一八四八年，由於中產階級崛起，自由主義思想流行，義大利、法國、德國、丹麥、奧地利等地區都發生了程度不同、結果不一的立憲政治運動或武裝革命，統稱為一八四八年革命。

他們的食物「非常簡單……日本家庭得以輕易採納」。[33]法國菜對家中的廚房來說「太費工、太麻煩」。家庭主婦開始買菜、準備家人的飯菜，以前只有女傭或職業廚師才會幹這些活兒。婦女們在赤堀料理學園學到，她們煮的飯菜是全家人「唯一的精力來源」，下廚能讓婦女不再無所事事，還能鼓勵她們自立，進而「讓我們的國家站起來」。[34]類似像多產人氣作家村井弦齋所寫的《食道樂》（一九〇三年）等小說，也強化了這種訊息。日本的道德與社會改革要從廚房做起，仰賴富含蛋白質的食譜、各式各樣的食材，以及完全煮熟、容易消化的餐點，使家庭成員精力充沛，這樣他們才能讓日本變成文明的國家。

在日本，城裡人跟落魄武士開始食用更複雜的餐點。正餐包括米飯、湯和配菜等社會上層早就在吃的東西。工廠製的味噌結束了手工製作所需的棘手、無聊與繁重工作。味噌倒入滾水，加上菜末，就成了速成的湯，這也讓每年人均消費的味噌在一九三六年時提升到二十磅之多。晚上家人一起吃的正餐不僅能提供盡可能充分的精力與營養，還能教導孩子適當的行為舉止。一家人圍著一張直徑約一手長的圓桌（ちゃぶ台）席地而坐，用的或許是最近才剛買得起的瓷器（而不是傳統上在重要節日吃飯用的漆器，或是日常使用的木器），並用「我開動了」（いただきます）和「感謝招待」（ご馳走様でした）等語句來表達謝意。他們吃飯時會保持安靜，背挺直，跪坐，拿好筷子，喝口湯，然後一口魚、肉或青菜，中間吃幾口飯交替，父親則一面叨念著孩子的學校表現。

日本的月薪中產階級也在此時頭一次品嚐咖啡、紅茶、牛奶、檸檬水、啤酒、威士忌、冰淇淋、包裝餅乾、義式麵條、蘇打餅，以及西式的蛋糕與甜點。罐頭沙丁魚和鮪魚，以及新鮮鮪魚、牛肉、豬肉、甘藍和洋蔥這時也都買得起。有些主婦學到怎麼做麵包粉炸豬排、牛肉可樂餅，以及一道馬鈴薯料理——用出汁（だし，昆布與柴魚花煮的日式傳統高湯）、糖與醬油調味，將馬鈴薯壓成泥，再用海苔捲起來（一種改造過的日式手捲）。其他主婦則煮壽喜燒和歐姆蛋等簡便的餐點。麵包能擺得比煮好的飯更久，適合做點心，能在東京的上百間麵包店買到，其中一家在銀座的麵包店還把甜紅豆沙包進麵包裡（餡パン）。那種將調味糖水淋在刨冰上的人氣甜品，也被日本移民推廣到夏威夷、菲律賓與東南亞地區。

談到中國，統治中國三百年之久的清王朝在一九一二年被推翻。改革人士希望將家庭與料理同時現代化。教育家吳汝綸曾經在一八九三年出版一本翻譯自日文的書，內容和操持家務有關，書名叫《家政學》，主張「家齊而後國治，國治而後天下平，一國之德行教育必源於一家之德行教育」。這幾句話頗能呼應比頓女士開宗明義所說：「家裡的女主人好比軍隊指揮官或任何事業的領導人。家裡的每一個角落都看得到她的精神。」[35]

中國人可以在允許外國人居住的口岸城市（尤其是上海）中的麵包店、露天餐廳、外國貨雜貨店、有外國妓女的妓院，以及給外國人住的旅館與吃飯的餐廳裡吃到近代西方料理，但多數的中國人對此並不熱衷。最早品嚐西餐的是中國的交際花們（圖7.4）。其他中國人只能小心翼翼，試著吃這些氣味難聞、沒有用酒跟薑煮過的，或是含有牛肉的餐點；畢竟牛肉是從人們幹活的夥伴，也就是牛身上來的，這不是人該吃的食物。上海小報《遊戲報》有位作者指出，餐廳裡賣的西餐並不代表西式料理的精華。他引用儒家的話，說「食精則能養人，膾粗則能害人」。[36]無論改革人士怎麼努力，這時的中國人不像日本人，對西式料理的接受度並不高。

來到不列顛人統治下的印度，這裡已經有許多有錢、受過教育的印度人體驗過不列顛中產階級料理了。在孟加拉，類似亨利·薇薇安·德羅齊歐（Henry Vivian Derozio，二十世紀初一群自由派思想家的領袖）等激進知識分子主張印度人應該改吃近代西方料理。[37]他不僅公開吃牛肉，還灌

【圖7.4】中國女子吃西餐。吳友如（一八九三年過世）是中國十九世紀晚期最有天賦的插畫家之一，也是主流中文報紙《點石齋畫報》的編輯。他在這張圖上描繪了交際花們在飯廳裡用餐，飯廳的擺設幾近於圖7.2裡的美國家庭飯廳，無論勢必圖上的鮮花與時鐘，還是吊燈、刀叉與玻璃杯皆然。（圖片來源：*Wu Youru hua bao* [A Treasury of Wu Youru's Illustrations] (1916; Shanghai: Shanghai gu ji shu dian, 1983), vol. 1.）

下好幾杯威士忌和蘭姆酒。其他人則在印度教料理與西方料理間尋求折衷之道，表示印度人不應盲目模仿西方人，而是要學最有用的東西——或者採用西方禮儀和印度料理，或者在西方人的公司吃西式料理、回家吃印度料理，又或者從西式料理挑幾種元素出來。人們認為湯匙、叉子和桌子「既方便又得體」。吃肉完全不會讓印度婦女失了身分，反而能讓她們成為「社會上健康、有教養的成員」。一本體育課本的作者呼籲孩子要避免吃到「浸在精煉奶油或油裡的食物、甜點與還沒成熟的水果」，因為這些「對孩子來說就像毒藥」。[38]不過，其他人還是不願意更動他們原有的傳統。

以節儉、顧家與體面的哲學為基礎的城市中產階級料理，就這麼一個地方接著一個地方，迅速在世界各地被創造出來。新式廚房與飯廳、新型態的料理文獻，以及新的家政方法很快就得到廣泛的採納，而白麵包、牛肉與其他肉類、食用油與糖等此前高級料理僅有的食材同樣如此。尤其是甜點，其種類與複雜程度以倍數成長。此外，人們在吃飯時也變得更有規矩，有個人一套的餐具，一天中的不同時候也要吃不同的餐點。在公民們眼裡，都市月薪階級的新菜色、新餐點，就是全民料理。

都市工人階級的中階料理

到了十九世紀末，不列顛、美國、德國與其他工業化國家的都市工人階級也吃起了中階料理：大量的小麥麵包、牛肉（至少是牛肉萃取物，據信營養相當）、糖，以及食用油。傳統上著力於讓窮人免於飢餓的慈善活動，被人們對窮人（至少是城裡的窮人）料理品質的廣泛關注所取代。政治領袖希望能避免因食物而起的暴動，甚至更糟的情況發生，例如法國大革命或一八四八年革命重演。軍方想要高大且強壯的士兵充軍，工廠主則希望工場和礦場裡工作的是適應力良好的工人。十九世紀時，人們普遍擔心人類素質可能會下降，律師與犯罪學家不僅認為糟糕的飲食會導致犯罪發生，他們更擔心這是導致人類退化的原因。改革人士認為，吃更多麵包和肉、喝更少的酒，以及像中產階級一樣在家中開伙、跟家人一起吃飯，就是解決一切問題的良方。

從窮人的立場來說，他們（至少是歐洲窮人）也想要更多的小麥麵包或米飯、油、糖和肉。許多人離開家鄉，為的是在工廠裡找工作，或是到城裡幫別人做家事。也有人移民到澳大拉西亞、加拿大、阿根廷或美國，希望在那兒能得到尊嚴，吃得像其他公民。移民史學者哈夏．戴納（Hasia Diner）寫道，這些窮人在美國發現食物能以「出乎於一向餓著肚子的男男女女們所想像的價格與數量」取得，「肉、糖、油、水果、蔬菜、柔軟精緻的白麵包、冰淇淋、啤酒與咖啡終於來到他們觸手可及的範圍」。[39]不過，考慮到工人階級婦女能下廚的時間之少，以及家裡廚房之小（說不定根本沒有廚房），她們鮮少能選擇中產階級的陽春烹飪和全家共餐。城裡面的窮人轉求於煮好、現成供外帶的食物，或是像熱狗、炸魚薯條等路邊攤食物。

最早幾次的健康與貧困調查，徵召兵因身材矮小或肢體殘缺而無法入伍的人數，以及糧食暴動的情況，都讓政府大為驚慌。在日耳曼地區受過訓練的化學家、美國衛斯理大學（Wesleyan University）的威爾布爾．艾華特（Wilbur Atwater）頭一個使用軍方與醫生蒐集到的身高與健康資料，辛苦彙編成國際性的健康與飲食狀況比較，其他地方的化學家與家政學家也如法炮製。以不列顛來說，B．西伯姆．朗特里（B. Seebohm Rowntree）的《貧窮：城鎮生活研究》（*Poverty: A Study of Town Life*，一九〇一年）一書便主張貧民區的社會條件，包括不良的飲食，足以解釋受徵召在第二次盎格魯—布爾戰爭（Second Anglo-Boer War，一八九九年至一九〇二年）作戰的不列顛工人階級部隊體格孱弱、缺乏韌性的原因。到了一九〇四年，不列顛國會設立的〈關於體質惡化問題跨部門委員會調查報告〉（Inter-Departmental Committee on Physical Deterioration）估計，在所有工人階級出身的孩童中有三分之一營養不良。一八七一年，法國被普魯士擊敗，在這場撐不到一年的戰事過後，法國領導人們也開始煩惱這件事。許多人害怕法國公民水準正因為惡劣的生活條件而衰退，尤其是不到標準的飲食。來到日本，在戰時通貨膨脹導致稻米價格一飛沖天後，日本各地紛紛在一九一八年夏天發生暴動，讓人擔心日本可能會面臨日版的俄羅斯革命。政府大力鎮壓暴動，並立即採取預防措施，以確保城市居民能買到便宜的稻米。

有些國家的窮人，無論是在城市或鄉間，仰賴稻米、玉米、小米或樹薯為生，這些國家的政府也實施措施，來提升咸認更營養的小麥消費量。墨西哥知識分子兼外交部長法蘭西斯科．布爾內斯（Francisco Bulnes）思忖著美國在美西戰爭（Spanish-American Wars）中的勝利。他在《西屬美洲國家的未來》（*The Future of the Hispano-American Nations*，一八九九年）中表示，世界上有三個族群：食小麥者、食稻米者，以及食玉米者。食小麥者建立了古代偉大的埃及、吠陀、希臘與羅馬文明，推翻了阿茲提克帝國與印加帝國，現在又統治了愛爾蘭食馬鈴薯者與亞洲食稻米者。墨西哥農民還在吃玉米、鹽、彎豆與龍舌蘭酒，這個國家因此毫無指望能跟吃小麥的美國抗衡。如果要從主食中得到醫生們建議的一百一十三克蛋白質，墨西哥人一天得吃兩千三百公克的玉米（相當於七十張玉米餅）。吃小麥的人要得到一樣多的蛋白質，只需要一千四百公克的小麥麵包（相當於三個一磅重的麵包）——量很多，但或許有可能辦到。

從這時到二十世紀中葉之間，墨西哥的領導人始終擔心印地安人以玉米為主的飲食會拖累國家發展，因此試圖降低對玉米的依賴。而在其他拉丁美洲國家，包括哥倫比亞、委內瑞拉與巴西等國，也都能找到相對應的做法。[40]人類學家馬努埃爾・加米歐（Manuel Gamio）雖然斥布爾內斯為種族主義者，但也提倡用黃豆取代玉米。一九〇一年，犯罪學與社會學家胡安・圭雷羅（Juan Guerrero）將包餡的玉米餃說成是「墨西哥普羅烹飪傳統帶來的一種可鄙產物」，促請墨西哥人改採法式或西班牙式料理。荷西・巴斯孔塞洛斯・卡爾德隆（José Vasconcelos Calderon）是一九二一年至一九二四年間的墨西哥教育部長，也是墨西哥鄉間學校體系的擘畫者，而他同樣相信墨西哥人應該棄玉米就小麥。從一九二一年開始，至少已有若干學童得到麵包、豆子與咖啡作為免費早餐。學校老師與社會工作者教導鄉下婦女製作小麥麵包、義式麵條與乳酪的方法，而社會學家在一九四〇年代時，甚至用吃玉米餅的情況來評估農村地區的落後程度。[41]但窮困的墨西哥人堅持抗拒，他們更喜歡自己的玉米餅，而不是麵包。與此同時，住在美國南方與阿帕拉契山脈（Appalachians）的人也被要求放棄玉米麵包，改吃更健康也更精緻的小麥麵餅。[42]

在印度，英格蘭醫學專家與軍官們比較起不同印度族群飲食的可能營養價值。根據一八五七年西帕依譁變（Sepoy Mutiny of 1857）時印度軍（Indian Army）總指揮官——陸軍元帥柯林・坎貝爾爵士（Sir Colin Campbell）——的看法，拉傑普特納（Rajputana）的拉傑普特人（Rajputs）與旁遮普（Punjab）的錫克教徒以小麥麵餅（稱為chapatis）為主的飲食，讓他們跟歐洲人一樣身強體壯。[43]另一方面，加爾各答醫學院生理學教授、少校軍醫大衛・馬凱（David McCay）表示，以稻米為主的飲食意味著孟加拉人無法展現陽剛特質，而是「鬆懈、缺乏活力、單調……只顧自己……缺少注意力、觀察力，思考也不專心」。[44]馬凱更在其著作《營養中的蛋白質元素》（*The Protein Element in Nutrition*，一九一二年）中說，大多數印度人賴以為生的高粱、小米和大麥只有百分之七到八的含氮量，不及印度全麥麵粉所含有的百分之十一點五至十四點二的氮，這不啻雪上加霜。

馬凱不得不對羅素・齊騰登「每天兩盎司蛋白質足矣」的學說表示反對，雖然這種說法能省下大筆「用來餵犯人、饑荒與瘟疫難民營、醫院，甚至是作戰部隊的錢，畢竟他們有這麼多人……這筆錢能讓任何一任財務大臣（Chancellor of the Exchequer）滿心歡喜」。馬凱認為，提供必要的高品質蛋白質最好的方法，就是鼓勵人們食用「窮人的牛肉」，也就是含有大約百分之二十氮含量、在印度統稱為「dhal」的豆科植物——雖然他以為身體吸收這種蛋白質型態的能力有限。跟主流意見相反，馬凱表示玉米是絕佳的替代食品，尤其美國、義大利與中國農村窮人已經將之納入飲食。[45]

歐洲與美國的科學家、慈善家都渴望找到能增加飲食中蛋白質含量的牛肉替代品。歐洲許多地方重新吃起馬肉，扭轉數百年來基督教傳統的方向。動物學團體舉辦晚宴，端出各種奇特的動物，期待牠們美味可口、可以馴化。動物內臟、廉價的魚與貝類也常常成為動物肌肉的替代品。在不列顛地區，鹽醃與煙燻鯡魚如開背冷燻鯡魚（kippers）和整尾冷燻鯡魚（bloater），都很經濟實惠、供應充足，還能因為容易煮熟而節省燃料。至於地中海地區，魚乾一直都是窮人的必備品。經濟大蕭條（the Depression）期間，美國工人階級改吃便宜（但不甚安全）的養殖牡蠣，直到對傷寒的恐懼造成牡蠣養殖業衰退為止。

一八七一年後，不列顛以外的所有歐洲主要國家都推行了徵兵制度，軍方也開始改善入伍士兵的飲食。在軍隊裡，有不少鄉下來的年輕人還是頭一回能固定吃到白麵包、新鮮肉品、罐頭食物和咖啡——甚至是天天都能吃。「每天每天，吃肉喝湯／無所事事，無所事事／每天每天，吃肉喝湯／留在部隊，無所事事」成了首法蘭德斯歌謠。一八七〇年代，法國軍人飲食配額包括每天超過半磅的肉、半磅的麵包（通常是白麵包），以及包括馬鈴薯在內的兩磅蔬菜。這讓法國士兵比一般平民，甚至是比非常有錢的人都還健康長壽。有些指揮官引進了大眾食堂、長板凳、盤子與玻璃杯。[46]至於義大利，軍隊的飲食有大約半磅的罐頭肉、一磅的餅乾、若干配麵的肉醬罐、肉精、奶粉，以及咖啡替代品。[47]

日本軍方在一九二〇年代與一九三〇年代時推動軍隊飲食西化，供應根據日人口味調整的肉類、豬油、馬鈴薯、油炸食物，以及淋上油的沙拉。軍隊的炊事人員受過西方營養理論訓練，並根據一九二四年《部隊飲食參考手冊》（*Reference Book of Military Catering*）裡面的計算來提供熱量；一九三七年的《部隊飲食法》（*Military Catering Methods*）還納入了蛋白質攝取量計算。軍部的目標是，用這種多肉、多油的西式飲食，為入伍的兵丁提供每日四千大卡的熱量——這是農民每日推估攝取量一千八百五十大卡的兩倍，接近美軍的水準。一名受國家徵召來的年輕士兵能夠期待的幾種餐點如下：有漢堡排（挽肉，即拌了碎洋蔥的牛絞肉下鍋用豬油煎成），配上水煮馬鈴薯；罐頭鮭魚與馬鈴薯泥做的可樂餅（沾上蛋黃與麵包屑，放入豬油裡炸成）；白醬牛肉通心粉（マカロニビーフ），配上馬鈴薯、洋蔥與紅蘿蔔；咖哩飯（カレーめし，即將米飯、大麥與甘藷混和後，淋上用咖哩粉調味，再以牛絞肉、紅蘿蔔與洋蔥製成的醬汁）；水煮馬鈴薯搭配芥末、糖、味噌與醋調成的醬汁；以及用麻油油炸、灑上糖的航海口糧。這些食物常常是受召入伍的理由。[48]

孩子們是全國小麥與肉類飲食的下一個受益者。時至二十世紀頭十年，人們逐漸瞭解飢餓的孩子無法在新成立的初等義務教育學校中有良好表現，國家於是開始提供午餐——至少要提供給窮人家的小孩。從義大利起頭，提供午餐計畫的國家有美國、不列顛、荷蘭、瑞士、奧地利、比利時、丹麥、芬蘭、挪威、瑞典、德國、西班牙，以及俄羅斯。

就連在美國這個資源相對豐富的地方，仍然有威爾布爾．艾華特等營養學家、愛德華．阿特金森（Edward Atkinson）等企業家，以及艾倫．理查德斯（Ellen Richards，她是推動家政管理的先驅，也是訓練有素的化學家，後來成了麻省理工學院講師）等家政學家，致力於讓城市裡的窮人吃更健康的食物。[49]他們敦促窮人購買價格較低廉、但同樣營養的肉塊部位，用慢火煮更久，將肉、馬鈴薯、麵包與蔬菜分別盛盤以助消化，還要少吃酸菜與香料——只是人們多把這些建議當耳邊風。

工人階級想要便宜、方便的食物，而不是得花幾小時煮、使用昂貴燃料、需要比大多數工人擁有的狹窄住處裡更多的食品儲藏與炊事空間，才煮得出來的家庭料理。要是手頭有點多餘現金，他們寧願花在一塊上好的肉，而不是豆子或其他更有營養價值的食物。對男人來說，上酒吧喝一杯是種從擠滿家人的房間或乏味的公寓生活中逃出來的做法。

人們可以跟麵包店買溫熱的麵包，舒舒服服吃一餐，這是粥跟濃湯沒有的優點。麵包可以帶進礦坑或工廠，分成若干等分，用手拿來吃，還能用來盛一點肥肉、乳酪、酸菜或培根，或者做成三明治。不列顛窮人每週的收入裡，有多達百分之四十至八十花在麵包上，他們很清楚為什麼自己會想吃白麵包。[50]「白」就代表乾淨，在這麼多食物都被人動過手腳的時代裡尤其受到歡迎。白麵包好嚼，即便沒有昂貴的配料，吃來也很可口。全麥麵包有無法消化的糠麩與纖維，會害人拉肚子，但白麵包不一樣，不僅容易吸收（一旦農場工人改做紡紗工、織工與職員，好不好消化就很重要），而且提供的熱量可能更多。如果將小麥的重量體積比、碾磨的方便程度與產量，以及相對低廉的烘焙費用（比方說與大麥相比）都納入考量的話，白麵包也只比粗糠麵包稍微貴些而已。總而言之，人們會想吃白麵包，不只是因為這是有錢有勢的人吃的食物，也是因為以白麵包為主食有很多優點，這是過去每一個吃得起的人早已體會到的優點。一七七〇年至一八七〇年之間，不列顛人對麵包（飲食中的主要項目）的需求增加了四倍；增加的部分有四分之三是因為人口增加了三倍，四分之一則是因為人們從吃其他穀類改吃白麵包。一七七〇年代時，不列顛的麵包產品有百分之

【圖7.5】澳洲牧人在澳洲樹林間一起喝茶，吃「丹波」（damper）——無酵營火麵包。每當在澳洲內陸工作時，牧人領到的口糧有白麵粉、糖與茶，再搭配他們殺的牲口身上的肉，藉以維生。他們用白麵粉與水來製作丹波，以餘燼烤麵包。（圖片來源：Troedel & Co., *Australasian Sketcher*, supplement, June 1883. Courtesy Australian National Library.）

六十以上是用小麥做成的；到了一八六〇年代，這個數字已經上達百分之九十。

對於加拿大、美國、阿根廷、澳洲與紐西蘭等地的拓荒者、移民、橫越大陸的人與農場工人來說，麵包、肉、糖，以及茶或咖啡就是他們日常的飲食（圖7.5）。移民到世界各地的麵包師傅供應人們所需的白麵包與壓縮餅乾。義大利麵包師傅在阿根廷帶領勞工運動。一八四〇年代，夏威夷檀香山有兩名來自廣州的中國麵包師傅（名叫「Sam」和「Mow」），用美國東海岸運來的麵粉來烤麵包與航海口糧，供應在當地過冬的美國捕鯨船。

城裡面掙週薪的人得靠路邊攤和外帶食物果腹。像在美國，用肉品加工業副產品製成的法蘭克福香腸已經在工廠裡預煮過了，只要在烤架上快速翻個面，或是在夾進熱狗麵包前丟進滾水裡燙一下，就可以上桌。來到不列顛，肚片派和肉派在北方各城大受歡迎，而鰻魚、肉派薯泥（pie and mash）、烤馬鈴薯與香腸則是南方人的最愛。到了一九二〇年代，炸魚薯條已經成為最受歡迎的外帶食物，英格蘭中部、北部與蘇格蘭的工業城鎮情況尤其如此。[51]超過三萬間炸魚薯條店提供裹麵糊炸的魚片，以及用麥芽醋與鹽調味的軟炸馬鈴薯，再配上一大坨罐頭豌豆泥（讓人回想起豌豆布丁）。食物用好幾層報紙包著，這樣人們無論是在路邊吃還是帶回家吃，都能保溫。

炸魚薯條或許是起源於一八六〇年代的倫敦東區（East End），當時某位其名不詳的生意人，拿油炸馬鈴薯搭配賽法迪猶太人的傳統炸魚來賣。這個組合從倫敦往北散播，販售者多半是想找法子賺錢過活的義大利移民。以販賣的店家數目來算，炸魚薯條店已經成為成長最快的零售業分支（街角的甜點舖則是最有力的競爭者）。超過一半以上在不列顛水域捕到的魚，以及大約六分之一不列顛產的馬鈴薯，都被製成了炸魚薯條。新發明的蒸氣拖網漁船每趟都會在冷冽的北海與北大西洋海面上待幾個星期，將便宜的鰈魚和黑線鱈載回胡爾城（Hull）、格里姆斯比（Grimsby）與其他口岸，再由鐵路運往城市。炸魚薯條店的老闆跟不列顛製造商買來油炸鍋、冷凍設備，以及馬鈴薯洗滌、削皮、切塊機，跟不列顛礦場買煤炭，從埃及與美國買便宜的棉籽油，從阿根廷買便宜的牛油。雖然中產階級與上層階級嘲笑炸魚薯條，說它既不可口，又難以消化，簡直浪費金錢，早該被平實的家庭料理取代，但工人階級可不同意。炸魚薯條能暖和脾胃，讓爸爸遠離酒吧、回家跟家人團聚。許多人還相信炸魚薯條幫忙打贏了第一次世界大戰，更避免革命爆發。他們很可能是對的。

工業化國家的麵包、油、糖與茶消費量大幅攀升。一八八〇年至一九〇〇年間，不列顛肉品消費增加百分之二十；德國的肉品消費從一八七三年的一年五十九磅，成長為一九一二年的一百零五磅。[52]一八八四年的法國人比一八七〇年時多吃了百分之五十的奶油。[53]價格只有奶油一半的瑪琪琳，成為歐洲與其他地方工人階級的日常用油。第一次世界大戰之後，一磅重的包裝與響亮的品牌名稱都讓瑪琪琳大受歡迎，消費量也從一九一三年的五十五萬噸躍升至一九二五年的一百萬噸，以及一九六五年的兩百萬噸。[54]

直到十九世紀中葉以前，不列顛每年人均糖消費量都在大約二十磅的水準。窮人所取得的糖，大部分都是糖蜜或糖漿等副產品型態的糖，可一旦不列顛政府在一八七四年取消糖關稅之後，糖就便宜到大多數人都能加進自己喝的茶或咖啡裡，或者享受到糖果或果醬等型態的糖。不列顛人食用的甜菜糖是甘蔗糖的兩倍。到了一八八〇年代，甜菜提供世界上三分之二的糖供應，其中大多數的甜菜是中歐與東歐等地政府支援的計畫生產出來的。[55]不列顛人在一九〇〇年消費的糖比一八八〇年多了三分之一以上，至於一八七〇年時每年每人消費十二磅糖的德國人，到了一九〇七年已經用到三十四磅的量。一八八二年時，一名澳洲男子、女子和小孩一共消費八十五磅的糖，一九〇〇年時則是一百磅。家庭主婦將百分之八點四的家庭預算用於購買糖上。[56]一九〇〇年前後，茶在倫敦——意即世界最大茶消費國之一的領頭城市——的賣價僅有聖彼得堡的一半；結果是，不列顛人每年每人使用七磅的茶葉，而俄羅斯人只有一磅。[57]

來為談中階料理的這個段落做結吧。有件事頗值得一提，那就是很少有哪幾種料理能像不列顛料理這樣，被人直接當成營養與美食災難來罵，至於造成這些公認缺陷的因素，人們的意見也幾乎完全一致。根據歷史學家艾夫納·奧弗爾（Avner Offer）的說法，十九世紀的不列顛擁有「歐洲最糟的飲食傳承」，而人類學家西敏司（Sidney Mintz）則指控不列顛人把糖當成「給人民的麻醉藥」在用。不列顛食物史學家柯林·史賓塞（Colin Spencer）將不列顛料理公認的悲慘品質歸諸於缺少農家料理、都市化、工業化的廚房，以及廚房裡的罐頭、包裝和冷凍食品。研究澳洲料理的歷史學家麥可·西蒙斯（Michael Symons）也有差不多的感嘆，認為「缺乏農家經驗的事實，就是我們的整部工業化歷史」。經濟學家保羅·克魯曼（Paul Krugman）指向英格蘭「很早就工業化與都市化」，以此為不列顛食物（和它油膩的炸魚薯條跟豌豆泥）「活該因為難吃而出名」的原因。[58]

該是時候重新評估這些異口同聲的看法了。這不是因為我對自己生長於斯的國家有什麼愛國情操，而是因為人們對不列顛料理的懷疑，多半是對近代料理、營養轉型與中階料理的不信任，尤其前段所述的判斷也大多源自於此。首先，十九世紀末並不存在某種單一的不列顛料理。不列顛貴族就跟各個國家的貴族一樣，吃的是法國料理。布爾喬亞還在吃鄉紳料理。而都市月薪階級、工人階級與鄉下的窮人也有其各自不同的料理。除此之外，實際上，這些批判之詞所根據的調查、當代的報導，以及晚近觀光客的經驗全都有些問題。由於不列顛沒有餐廳傳統（大多數國家直到最近以前也沒有），遊客最容易接觸到的庶民食物就是工人階級的餐點，如炸魚薯條。如果花工夫處理，炸魚薯條也可以很美味，但這種情況必然有限。布爾喬亞與中產階級料理走不出家門，上層階級的盎格魯式法國料理則是在大宅院與俱樂部中烹調，因此這些料理都不可能成為樣本。人們將十九、二十世紀之交的調查與報導照單全收，而不是看成體現有錢人觀點的文獻。考量到這些文獻既沒有過往的飲食為基準，也缺乏與世界其他地區類似群體的餐飲比較，其結論只能姑且聽聽、不可盡信。

就營養上來說，有數量龐大的研究指出，不列顛的窮人在十九世紀末時得到充足的熱量。經過二十世紀下半葉長達數十年的學術論辯後，歷史學家們現在同意工業革命初期，也就是一七八〇年至一八五〇年間工人階級的生活水準（食物是其中的關鍵），可能有過衰頹，導致哀鴻遍野，但此後卻變得比十八世紀曾經的水準還好。深入審視近年來有關傳染病對熱量吸收、身高、死亡率與致死危險期影響的研究後，經濟史學者羅伯特・福格（Robert Fogel）相信在工業革命之前與工業革命前期，無論是鄉下還是城市裡的窮人，都飽受慢性營養不良之苦，沒有多少力氣工作。這也和第一章討論過的彼得・加恩希、皮耶羅・坎波雷西與史蒂芬・卡普蘭等歷史學家的判斷相符——古典時期、中世紀義大利與十八世紀法國的貧民飲食都很不穩定，嚴重影響社會底層的工作情況與健康。福格主張，是「英格蘭生產力在十九世紀後期、二十世紀初期的巨幅成長，才創造了連窮人都能以相對高的熱量水準飲食的可能」。[59]因此，以穩定獲得足夠熱量而言，十九世紀晚期不列顛工人階級的飲食，少說也比十八世紀與十九世紀的情況來得好。他們的飲食同樣優於世界上其餘多數地區工人的飲食，只有美國、加拿大與澳大拉西亞例外。進口小麥、糖與油料加工成為容易消化、富含熱量的白麵粉、白糖與脂肪，帶給不列顛工人階級足夠的食物。

從我們現今的標準來看，當時貧窮工人的飲食營養並不均衡，缺少水果與蔬菜。但以十九世紀晚期的標準而言，這就是化學家與醫學人士們主張的飲食，提供碳水化合物、脂肪、蛋白質（碳與氮元素）、礦物質與水，時人相信這就是最新研究成果指出的所有成長與健康所需的營養。

至於食物美不美味這點，中產階級與工人階級料理是無法跟高級料理一較高下的。中產階級料理哲學反對鋪張、反對那種讓人聯想到法式料理的自命不凡，此外中產階級又有為大家庭一天準備三餐的壓力，但可不能輕易從這幾點直接推論他們不重視下廚。要注意的是，中產階級的孩子在成長過程中就被教導成不該太在乎食物，應該要給什麼、吃什麼，以便為軍旅生涯或殖民地工作的緊要關頭做好準備——這種看法也會導致學校提供惡劣的食物。此外，工人階級或中產階級的廚子都在嘗試用此前未知的食材、不熟悉的廚具，來準備更豐富的餐點與更複雜的菜餚，這當然會做出許多失敗實驗。

儘管如此，從城市月薪階級與工人階級的角度來看，白麵包、白糖、肉品與茶——他們盼望這種料理已經盼了幾個世紀了。一個世紀前，不列顛人民絕大多數不只碰不到這些奢侈品，甚至還被要求吃馬鈴薯，而不是吃麵包過活；對於一個數世紀以來，都把吃到某種麵包（哪怕是雜糧麵包）當成人民福祉的社會來說，這真的是種墮落。而今，每個人都能享用那些不過幾代之前都還專屬於貴族階級的食材。事實上，叫做「茶點」的這餐最是近乎於真正的全民料理。雖然喝茶仍然保有某些身分區隔的痕跡在，像是「茶杯該怎麼拿」、「應該先倒牛奶還是茶」這類裝模作樣，但這個國家裡的每一個人，從王室成員再到北方工業地區的紡織工一家，全都能坐下來吃白麵包吐司或三明治、果醬、小蛋糕，再用冰涼的海綿蛋糕來畫龍點睛。他們買得起茶來配餐。擺在桌上的茶點讓人回想起十八世紀的法國高級料理。對於自己提供的餐點品質，中產階級與工人階級廚師可是相當自豪，儘管對那些一向吃著高級料理或布爾喬亞料理的不列顛人來說，這看起來就像料理上的墮落。但對於那些第一次吃到更充足、更多元料理的人來說，這可是一大進步。

最後，都市化與工業化食物加工絕非衰落的原因，反而是盎格魯料理營養與美味程度提升的主要原因。城市擁有從遠方進口食材的能力，總是能擁有比鄉村更高級的料理。輻輳於城市的鐵路與蒸汽船航線，也讓城市居民和農村居民擁有的料理選擇出現明顯差異。食品加工帶來了人們更能負擔得起、更容易運用的新食材，也讓社會各個階層的廚師（包括製作法式高級料理的廚師）可以騰出手來，把更多時間用於準備餐點，做出長久以來都跟高級料理掛勾的醬汁與甜點。對於工業化世界裡的大多數人來說，這場重大的歷史變局雖然涉及許多問題，但權衡這種往近代、中階料理轉變的利弊之後，結果仍然是營養與口味上的一大進步。而這也正是其他這麼多國家想模仿盎格魯料理的原因。

還有一點也很重要，而且說不定比想像中來得更重要，那就是大多數人再也不用因為看著有錢有勢的人，吃著他們做夢才能吃到的高級料理而感到受辱。多數人能吃得起一樣的白麵包跟白糖，享受一樣的肉品（至少特殊時節可以），或是享用跟有錢人一樣的醬汁與甜點。縱使至今仍有人用食物來強化社會地位上的微小差異，但古代料理與傳統料理中階級性的料理哲學，已經讓位給更平等的近代料理哲學了。

農村窮人的庶民料理

住在不列顛和其他工業化國家城市裡的人，在飲食、營養與料理上都有改善。與此大相逕庭的是，隨著世界人口成長，各地農村窮人料理的情況卻每況越下。在土地上工作的多半是農場工人、小佃農或契約工，而不是獨立自主、擁有土地的農夫。這一部分的人始終是世界大多數地區人口組成中最大的一塊，一八五〇年時，他們構成百分之七十五的法國人口，百分之六十五的德國人口，以及百分之八十二的奧地利人口。到了一九〇〇年，仍然有百分之八十的日本人與百分之八十八的俄羅斯人，得靠一小塊農地艱辛過活。[60]一旦他們種起小麥、糖或咖啡，這些農產也都送去城市，或是出口到更富裕的國家。在整個一九三〇年代，乾燥義大利麵對百分之八十的義大利人民來說都高不可攀。第二次世界大戰前，一位佃農對自己的小孩解釋道：「咱們的聖誕大餐是從店裡買來的、裝在盒子裡的乾燥拿坡里麵，這可是難得能吃到的享受。你知道，我們大部分的小麥都賣人了。我們很少能吃到義大利麵，而是吃波倫塔過日子。」[61]日本是個缺少土地的國家，人口又在一八七〇年至一九五〇年間翻了一倍，從大約三千四百萬增加到七千萬，日本農民吃的是大鍋菜，通常是劣質糙米夾雜次等穀物，加上芋頭、大根與牛蒡等根莖類蔬菜，再用海菜調味。[62]稅吏會奪取他們的稻米。俗話說，「你總能從農民和豆子那兒多擠一點」。中國的人口在同一時期成長了三分之二，介於二分之一到五分之四的家庭開銷都用在食物上，主要有小米、高粱、甘藷或玉米。肉是得留待節日才能擁有的享受，鄉下的情況尤其如此。[63]數百萬人仍然會因為饑荒而喪生。一八七六年至一八七九年，以及一八八六年至一九〇〇年間的乾旱，奪取了印度、中國、摩洛哥與巴西等相距甚遠之地許多人的性命。[64]

有兩百萬人靠著簽約成為契約勞工，以逃離糧食短缺、政治動盪與饑荒肆虐等嚴酷的生活情況，這兩百萬人多半來自印度與中國，但也有人來自日本與太平洋地區（地圖7.1）。他們前往從東南亞到澳洲等地的種植園工作。無論他們在哪裡落腳，宗教人士、小商人和其他行業的人也隨之而去，以滿足他們的需求。他們就跟其他移民一樣，帶著重現其料理所必不可少的東西——包括植物種子、插枝，以及廚具。結果，印度、廣東或日本料理就在拉丁美洲、東非與南非、加勒比海，以

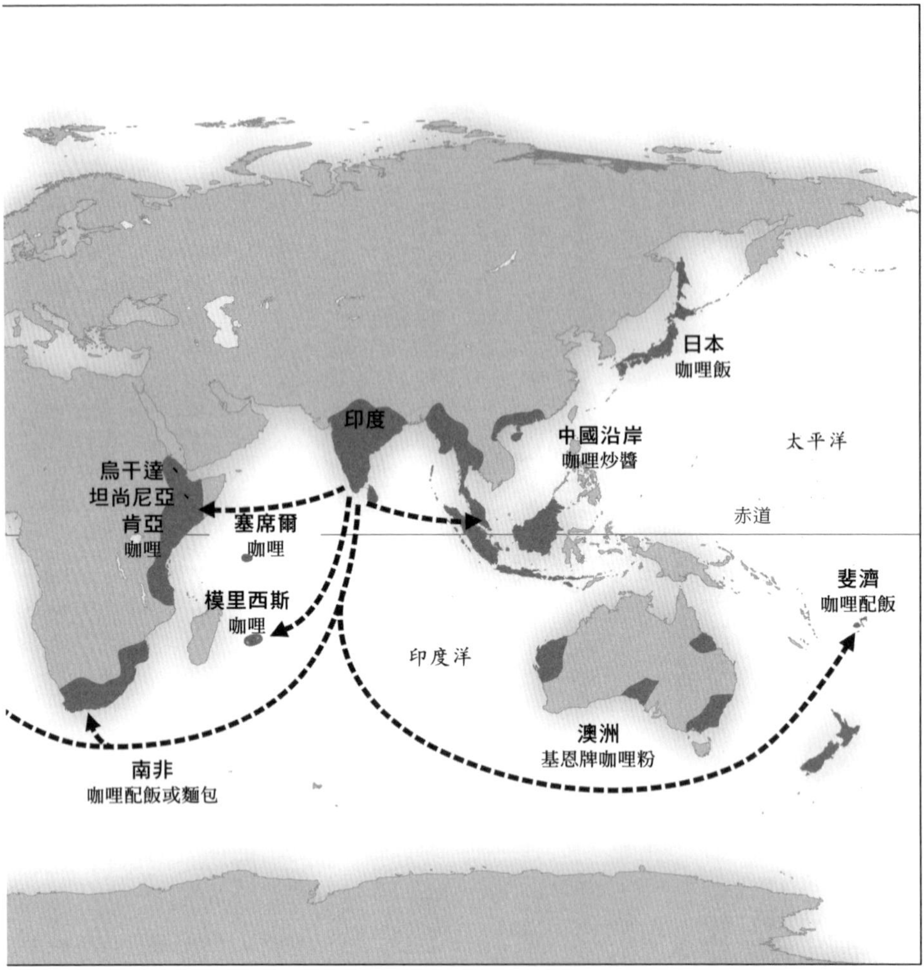
日本
咖哩飯
印度
中國沿岸
咖哩炒醬
太平洋
烏干達、
坦尚尼亞、
肯亞
咖哩
塞席爾
咖哩
赤道
模里西斯
咖哩
斐濟
咖哩配飯
印度洋
澳洲
基恩牌咖哩粉
南非
咖哩配飯或麵包

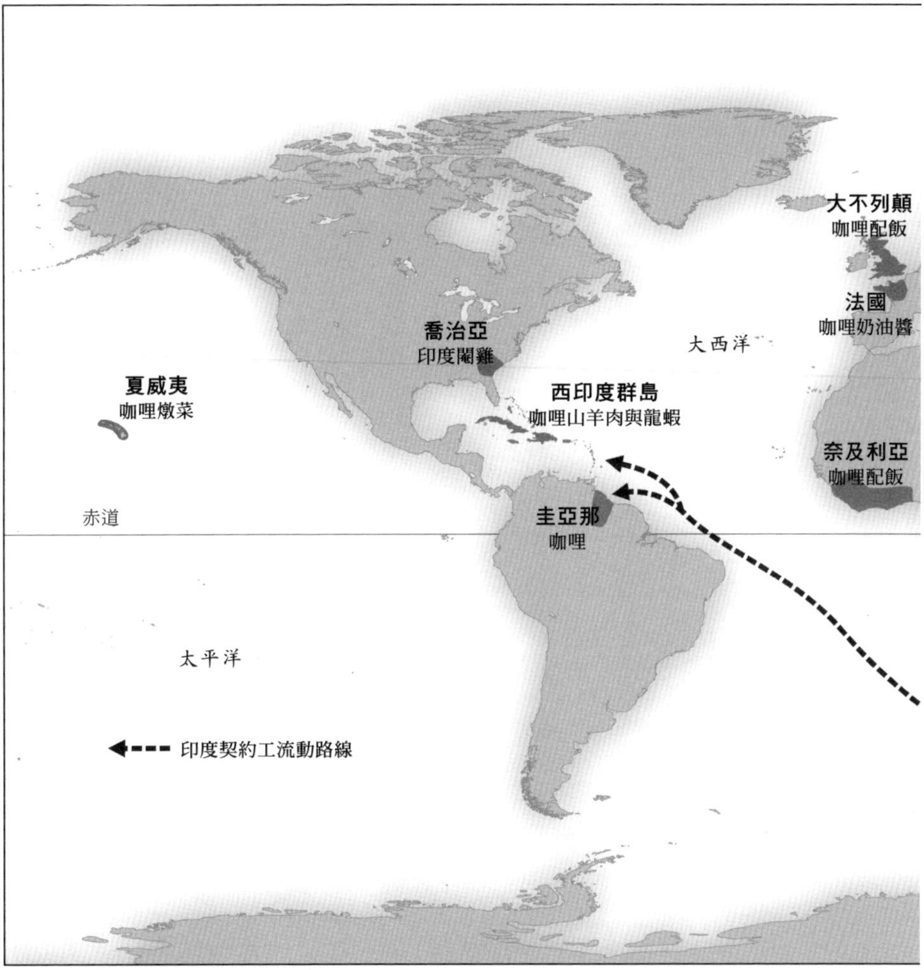

【地圖7.1】咖哩與盎格魯料理的擴張。十九世紀時，不列顛殖民者與印度契約工透過兩條不同但重疊的路徑，將咖哩（以印度香料調味的燉菜）帶到了盎格魯世界各地。盎格魯商人提供咖哩粉，為西方世界及其殖民地、夏威夷以及日本的燉菜增味。印度契約工則是到哪兒都把他們傳統的香料燉菜帶過去——現在一律稱為「咖哩」。箭頭為印度契約工移民路線。（地圖參考來源：For curry: Sen, *Curry*. For migration routes of Indian indentured laborers: *Northrup, Indentured Labor in the Age of Imperialism*, map 1.）

及印度洋和太平洋島嶼上，跟當地原住民與西班牙、英格蘭、法國或荷蘭移民的料理搶奪地盤。例如在夏威夷，日籍契約勞工在其契約中就得到保證能獲得白米，他們跟中國人也旋即將芋頭田轉變為稻田。[65]

有關方面持續敦促窮人食用新大陸的作物，但他們雖然因為饑荒而饑腸轆轆，卻很少會熱烈歡迎這些作物。第二次世界大戰期間，每經過一場戰役，全球馬鈴薯種植面積就增加一次。馬鈴薯與啤酒、甜菜、麵包和甘藍一塊養活了德國與俄羅斯人民。愛爾蘭大饑荒（Great Famine in Ireland，一八四五年至一八五一年）期間，英格蘭人從美國買玉米供饑民為食。但他們買來的卻是非常難咬的品種，叫做硬粒玉米（flint corn），必須碾磨兩遍，吃馬鈴薯為主、缺少磨坊的愛爾蘭人很難處理。即便磨好，愛爾蘭人也不知道要怎麼煮，而且這也不是他們想吃的東西——畢竟玉米被人當成餵牲口的飼料。等到他們真煮來吃了，卻又發現會拉肚子，於是管這種玉米叫硫磺。玉米粥、玉米啤酒和其他食品（如蒸玉米粉粽〔*kenkey*〕）成為東非與中非的主食。[66]來到燃料稀少的比哈爾（Bihar，位於印度恆河河畔）平原地區，窮人會定期烤玉米與大麥，把它們磨成粉（稱為「*sattu*」），可以搭配辣椒、洋蔥與鹽來吃。[67]玉米、甘藷與馬鈴薯是日本農民面臨饑荒威脅時，備著應急用的食物。玉米波倫塔是貧窮義大利人與羅馬尼亞人的食物。根據米蘭科學學院（Milan Academy of Sciences）一八四五年的報告所說，波倫塔已經成了北義大利多數地方「十分之九的日常飲食」。[68]和工業城鎮中的窮人相比，世界各地的鄉下窮人反而淪落到得吃更窮酸的料理。

法式高級料理走向全球

來到社會光譜的另一端，法式高級料理繼續蔓延全球。法國菜是各地王室成員（包括希臘、比利時與夏威夷等地剛創造出來的王室在內）、貴族與有錢人偏好的料理，至少是展現全球無國界名流身分時所需的料理。在球場跟俱樂部裡，只有受到邀請或是身為會員才能體驗之。而在飯店、旅館、鐵道餐車與輪船餐廳，倒是可以用相當的價格吃到。

吃法國菜就是有教養。一八二八年，法國首屈一指的歷史學家、即將成為內政部長的弗朗索瓦・基佐（Francois Guizot）在索邦（Sorbonne）神學院座無虛席的公開講座上，表示「法國一直是歐洲文明的中心與焦點」。基佐的《歐洲文明史》（*Histoire de la civilisation en Europe*，一八二八年出版，威廉・赫茲利特〔William Hazlitt〕於一八四六年譯為英文）多少也成了法國人的文化遺產，一代接著一代的法國學童都讀了這本書。十九世紀末時，法國傑出地理學家保羅・維達爾・德・拉・白蘭士（Paul Vidal de La Blache），也說法國是「文明人」匯聚之地。法國最知名的美食作家莫里斯・薩詠（Maurice Sailland，他的筆名「有何不可斯基」〔Curnonsky〕[④]更是為人所知）說法國食物與文明皆已登峰造極——高級料理更是「一間禮儀的學校，一套烹飪的體系」。至於德國跟美國都很「野蠻」，其料理也不例外。[69]世界各地的王室與貴族認為，相較於本國的中產階級或工人階級，自身和其他國家統治階級的人有更多共通點。他們構成了一個跨國高級種姓，而將他們結合在一起的，是他們的文化——包括法國料理在內——以及對於要往哪種文明發展所抱持的共同看法，

---

④【譯注】薩詠的筆名是以拉丁文的「cur non」（何不）與俄羅斯男子名常見的字尾「-sky」組成的。

許多人更同意法國已經達到那種境界了。[70]等到日本人在一八五四年被迫向西方開放之後，他們為了達到自己的目的而採用包括料理在內的西方文化，其口號就是「文明與啟蒙」。

支持者主張法國料理是自希臘與羅馬經中世紀以來的文化遺產巔峰（忽略中間的泛歐洲天主教料理），就像貴族的家族系譜可以回溯到亙古以前。就以葡萄酒來說，葡萄酒是法國僅次於紡織品的最大宗出口商品，十九世紀晚期的科學與技術讓葡萄酒的生產有了革命性的改變，但人們在推銷葡萄酒時，卻把其醇美歸功於葡萄生長的土地（稱為「風土」〔*terroir*〕）與數世紀以來的貴族傳統。一八五〇時，只有一家主要的波爾多紅酒商（瑪歌〔Margaux〕）在酒名前加了「酒堡」（Chateau）這個詞。後來，法國葡萄園主開始在大農場裡加蓋哥德風的高塔，管它們叫酒堡，並憑藉彩色平版印刷新技術之力，把酒堡的圖片印在酒桶標籤上。等到一九〇〇年，每一家波爾多紅酒的大製造商都用起「酒堡」一詞，一位歷史學家因而評論道：「在『發明傳統』一事上，很少有幾個例子能比某些紅酒在這段期間經歷的過程還要好。」[71]以銷售策略來說，把用最新技術釀造出來的紅酒宣傳成「古老」、「手作」的這種手法實在太成功，乳酪製造商因此很快就抄來用，後來到了二十世紀，食品業普遍都採用這種做法。

人們不單視法國科學家與技術人員為該國進步與文明的主要推手，他們同樣也以料理功臣的身分聞名於世。熱愛葡萄酒的路易・巴斯德（Louis Pasteur）發現，只要將葡萄酒緩慢加熱到攝氏五十度，就可以解決困擾釀酒業的問題，也就是發酸。當蚜蟲正摧毀法國葡萄園時，法國科學院（Academie des sciences）與蒙佩利爾大學（University of Montpellier）的科學家也主導對抗瘤蚜（phylloxera）的戰鬥。十九世紀末的法國頂尖化學家馬塞蘭・貝特洛（Marcellin Berthelot）也對食物科學做出貢獻：他發現所有的化學現象——包括製糖與製油——都得靠物理力量推動，而不是靠某種神秘、無法重現的生命力。巴黎出身的廚師與甜點師傅尼古拉・阿佩爾（Nicolas Appert）發明了罐頭，讓人們能夠在每一個地方端出法式料理。人們常常引用十九世紀早期的美食家布西亞―薩瓦蘭的一段話，說烹飪是「對公民生活做出貢獻的藝術〔指技藝、手藝、行業之意〕中……的重中之重」。[72]

法式料理就像十九世紀上半葉的名廚卡漢姆所說，是「歐洲外交的開路先鋒」。一八三七年，印度總督奧克蘭勛爵（Lord Auckland）前往喜馬拉雅山山腳下的西姆拉（Simla），與阿富汗統治者會面，確保他支持不列顛，而非俄羅斯的利益。在他的隨員中，就有一名法國廚師克魯普先生（Monsieur Cloup）是固定班底。[73]一八六二年，當墨西哥人打算慶祝對法勝利時，他們吃的是法國料理。當泰國國王拉瑪五世（Rama V）舉辦國宴，招待西方使節與顧問時，他準備的也是法國料理——部分是出於禮貌，部分則是因為上菜的順序最適合外交工作。[74]到了一八八九年，日本天皇在自己位於東京的歐風新皇居宴請八百名賓客時，提供的仍然是法國料理。不列顛大使的妻子瑪莉・弗雷澤（Mary Fraser）說，這場宴會「就像羅馬、巴黎或維也納的正式晚宴」。精雕細琢的餐具、酒杯、瓷器、銀器與亞麻布都擺放得非常完美。另一名客人則記載說，由於語言無法溝通，她的伴宴人員還拿自己的麵包捏成小人、小馬，來討她歡心。[75]對瑪莉・弗雷澤來說，像日本這麼個有自己的高級料理、此前也未曾受法式料理薰陶的國家，國宴上顯然也得吃法國菜。似乎只有北京的皇宮始終是個例外。雖然乾隆皇帝可能早在一七五三年時，就嚐過耶穌會士準備的西餐，但御膳房此後提供的仍然是中式高級料理。[76]

暴發戶以舊貴族的生活方式為榜樣。拿破崙對自己幅員遼闊但短命的歐陸帝國課徵重稅，當錢滾滾流入巴黎時，得到好處的人也跟著在昂貴的餐廳裡用餐，餐廳裡有鏡牆、枝形吊燈，桌

表 7.1 法式高級料理邁向全球的實例

	王室	餐廳、旅館或俱樂部	主廚	烘培坊、糕餅店或高級食品行
巴黎	—	巴黎大酒店、英格蘭咖啡館、銀塔餐廳、巴黎賽馬會	馬利—安東尼・卡漢姆、吉爾・古菲、約瑟夫・法夫爾、普羅斯佩・蒙塔磊、愛德華・尼尼翁	馥頌食品行、樂蓬馬歇百貨
倫敦	英格蘭維多利亞女王	麗思大酒店、薩伏伊飯店、克拉里奇酒店、克拉克福德俱樂部、革新俱樂部	路易・烏斯塔許・烏德、馬利—安東尼・卡漢姆、安東尼・包維耶、阿列克西斯・索耶、夏爾・埃勒米・豐卡提利、愛德華・尼尼翁、奧古斯特・埃斯科菲耶	哈洛德百貨、福南梅森百貨、陸海軍百貨
柏林	普魯士王腓特烈・威廉四世	柏林中央酒店、阿德龍飯店	于赫班・杜布瓦、埃米爾・貝赫納、約瑟夫・法夫爾	西方百貨公司
維也納／布達佩斯	奧地利皇帝法蘭茲・約瑟夫一世	貢德勒餐廳、薩赫大酒店、伊斯特萬大公酒店、維也納賽馬會、維也納賭場	約瑟夫・馬洽勒、約瑟夫・多波許、卡羅伊貢德勒、愛德華・尼尼翁	—
聖彼得堡／莫斯科	沙皇亞歷山大一世	隱士廬餐廳	A・珀蒂、于赫班・杜布瓦、呂西安・奧立維、呂西安・奧利維耶、愛德華・尼尼翁	彼得羅夫斯基拱廊百貨
紐約	—	美福牛排館、華道夫—阿斯多里亞酒店、霍夫曼屋餐廳	—	—
墨西哥城	墨西哥皇帝馬西米連諾一世	蒂沃利餐廳、普倫德斯餐廳、黃金酒店、哥倫布咖啡館、墨西哥城賽馬會	西萬・德蒙、毛里奇歐・波拉斯	環球麵包店、鋼鐵宮殿百貨、德維頓莊園
西貢	—	大陸酒店、博迪格餐廳、競技圈俱樂部	—	麝香貓菸草店
加爾各答／孟買／馬德拉斯／新德里	印度總督寇松勳爵	泰姬瑪哈酒店、孟加拉俱樂部、加爾各答俱樂部	—	佩利提烘培坊、懷特利・圖勒克食品公司
東京／京都	明治天皇	築地酒店、帝國飯店、精養軒、富士見苑、萬養軒	—	明治屋、三越百貨、白木屋、高島屋

子還鋪了上好亞麻布、擺著餐具，他們就在桌邊從寫著定價的菜單上點菜。這種法國餐廳旋即出現在其他城市。一八六〇年代，俄羅斯—比利時裔的廚師呂西安・奧利維耶（Lucien Olivier）就在莫斯科主持隱士廬餐廳（Hermitage restaurant），供應法國的勃艮地紅酒、香檳鱘魚、小羊脊、沙拉與炸彈冰淇淋（*bombe surprise*）。墨西哥城的有錢人去黃金酒店（Maison Dorée）和普倫德斯餐廳（Prendes），墨爾本的有錢人去聯合酒店（Union Hotel），紐約的有錢人去德爾摩尼科氏（Delmonico's）旗下的八間餐廳，倫敦的有錢人則去奧古斯特・埃斯科菲耶（Auguste Escoffier）一手主導的麗思大酒店（Ritz）——埃斯科菲耶讓卡漢姆的精緻風格走向現代化，這也讓他成為十九世紀晚期所有法國廚師中最有影響力的一位。[77]一九一〇年，曾經被送往西方學習烹飪的伊谷市郎兵衛，在他出身的紡織業家庭遭受經濟衰退打擊後，來到京都開了一間法國菜餐廳。他在疊席上鋪了長毛絨毯子，擺放桌椅，桌上擺的是梅平韋伯牌（Mappin & Webb）的銀器——用的是他在蒙地卡羅（Monte Carlo）賭博時幸運贏來的賭金。[78]在倫敦（後來其他許多城市亦然），俱樂部——從咖啡館發展而來——僱用法國菜廚師，這樣俱樂部的會員就能跟出身相仿的同伴一起用餐，而不是去對所有能出得起錢的人開放的餐廳吃飯。[79]各國的大城市裡也很快就有提供高級法國料理的俱樂部成立（表7.1）。

法式高級料理的專業廚房是鑄鐵與鍛鐵的天下——密閉式鑄鐵爐、金屬鍋和鋼刀（圖7.6）。廚房裡的人手根據工廠裝配線的方式安排。埃斯科菲耶的做法與分配一組人負責一道菜的習慣完全相反，他把每一組人安排在特定的崗位上準備醬汁、煮肉，再組合成最後的料理。主廚是團隊的領袖，他對副主廚下指令，副主廚再轉而向學徒，也就是助廚（*commis*），發號施令；助廚得做將混和物壓過篩、用乾酪布將液體擠出等乏味繁重的工作，而他們的地位又比洗碗工、清潔工高一檔。

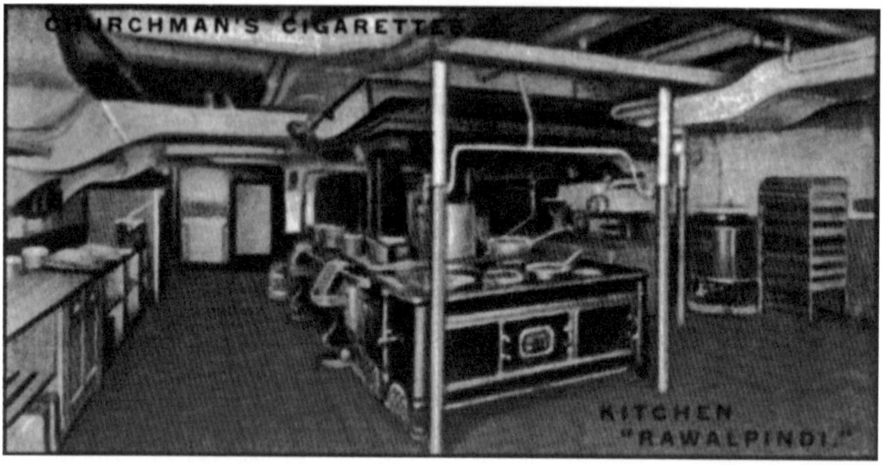

【圖7.6】蒸汽船拉瓦爾品第（SS *Rawalpindi*）是一九二五年下水的不列顛籍遠洋郵輪，圖為其廚房。近代的專業廚房就像這樣，空間寬敞、規劃仔細。拉瓦爾品第的廚房左邊是流理臺，爐子在中間，烘培用的托盤在右邊，為超過三百名的頭等艙乘客與兩百八十八名二等艙乘客準備餐點。廚師們在一個港口得到雇用，在下一個港口離船，幫助法國料理的推廣，甚至在日本航線上都有供應。（圖片來源：Churchman's Cigarette Cards, 1930. Courtesy New York Public Library, http://digitalgallery.nypl.org/nypldigital/id?1803781.）

用各種方式結合的白麵粉、奶油、糖、高湯與收乾的濃縮高湯、蛋，以及葡萄酒，是法式高級料理醬汁與甜點的根底。醬汁現在不再是某道特定料理的一部分，而是分開製作，可以用不同的調味料調整，再搭配肉或魚。有了一系列固定名稱的「母醬」確立了下來。用深棕色炒麵糊、肉類高湯與調味料做成的西班牙醬，是所有褐醬（brown sauce）的基礎。用白炒麵糊加牛奶或小牛肉、魚肉高湯做成的貝夏媚醬與天鵝絨醬（veloute），則用來做較清爽的醬汁。這兩種醬和蛋混在一起，就是舒芙蕾（souffle）的底，若加入明膠，就是冷盤上覆肉凍的底。「ragout」和「fricassee」則分別指「燉肉」與「用白醬煮的嫩煎肉」。

英格蘭奶油醬（crème anglaise）是種用牛奶、糖與蛋黃做的奶黃醬，可以用來當甜點的醬汁，或是當作法式泡芙（*pâte à choux*）內餡，也可以跟打發的鮮奶油與蛋白結合，做成巴伐利亞奶油（*crème bavaroisee*）。技術上些微的差異，就能創造不同的質感：油與麵粉能做出塔皮（*pâte brisée*）、泡芙或千層酥皮（*pâte feuilletée*），可以搭配炒麵糊底的醬汁做鹹點，或是搭配英格蘭奶油醬做甜點。廚師們就是從這幾種基本的醬料調配，調理出琳瑯滿目、讓人眼花撩亂的菜色。

最受歡迎的肉類有牛肉、小羊肉、小牛肉、野味，以及非常昂貴的雞肉，至於豬肉則被降級，多半拿去做肉醬。魚則有鮮魚（turbot）、鰈魚（halibut）與鰨魚（sole）。切工精細、簡單調理過的蔬菜（紅蘿蔔、小洋蔥、馬鈴薯、豌豆與蘆筍）有了合適的醬汁，就能用來搭配肉和魚。常用的水果則是梨子、櫻桃、桃子、草莓與覆盆子。

一向對進步、科學與技術情有獨鍾的法國菜廚師熱情擁抱著加工食品，像是白麵粉、白糖，以及罐頭食品。埃斯科菲耶就使用營業用的預煮高湯和香精，為美極（Maggi）的火腿精、鯷魚精和蘑菇精代言（有收錢），等到不產紅蘿蔔、綠色豆類、桃子與櫻桃的季節，他也滿心感激地用起這些罐頭水果與蔬菜。在眾多出品香精的人裡，英格蘭維多利亞時期最知名的法國廚師阿列克西斯・索耶（Alexis Soyer）也是其一。其實，要是少了罐頭食品，人們就很難在世界各地重現法國料理。即便到了個沒有乳製品業的地方，只要有法國或丹麥做的罐頭奶油，就有辦法做出法式醬汁與甜點。罐頭魚子醬、抹醬和鮭魚都是有錢人家食品櫃的常備品。罐頭蘆筍在東京、馬德拉斯（Madras）與西貢都能買到（用螃蟹與罐頭蘆筍湯煮的湯至今還是一道越南名菜）。一九〇七年，當納瓦卜薩迪克・穆罕默德・可汗・阿巴西五世陛下爵士（His Highness Nawab Sir Sadiq Muhammad Khan Abbasi V）就職，成為北印度巴哈瓦爾布爾土邦（Bahawalpur State）統治者時，端上來的就是以湯、抹醬、貝夏媚醬鮭魚、烤野鳥、焦糖布丁、鹹吐司與咖啡組成的套餐。[80] 除了野鳥、貝夏媚醬與吐司之外的東西，被找來製作餐點的果阿裔廚師只能開罐頭才做得出來。

法國菜的介紹與教學成了一門發展特別快的生意，巴黎居中坐鎮，確保其料理不會分裂成許多的小料理流派。食譜數量以倍數成長。卡漢姆在一八一五年出版《巴黎王家糕點師傅》（*Le Patissier royal parisien*），一八二八年出版《巴黎大廚》（*Le Cuisinier parisien*），並在一八三三年與阿赫蒙・普呂梅希（Armand Plumery）合著《法式烹飪藝術》（*L'Art de la cuisine française*）。接下來是于赫班・杜布瓦（Urbain Dubois）與埃米爾・貝赫納（Emile Bernard）一八五六年的《料理經典》（*La Cuisine classique*），以及吉爾・古菲（Jules Gouffé）一八六七年的《料理全書》（*Le Livre de cuisine*）。到了二十世紀初，三本更大部頭的名著登場了：普羅斯佩・蒙塔聶（Prosper Montagne）與普羅斯佩・薩勒（Prosper Salles）的《料理大全》（*Le Grand livre de cuisine*，一九〇〇年與一九二九年），埃斯科菲耶在一九〇三年出版的《料理指南》（*Le Guide culinaire*），以及蒙塔聶與阿爾弗雷德・戈特沙爾克（Alfred Gottschalk）一九三八年發表的《拉魯斯料理大全》（*Larousse gas-*

tronomique）。

還有其他食譜解釋如何在異國準備法國高級料理。這種書在不列顛地區沒幾年就會出幾本，比較重要的有包維耶的《法國料理藝術》（*Art of French Cookery*，一八二五年），索耶的《當代主婦》（*Modern Housewife*，一八五二年），以及埃斯科菲耶《當代料理完全指南》（*Complete Guide to Modern Cookery*，一九〇三年由法文翻譯而來）。俄羅斯人可以求助於A・柏蒂（A. Petit）的《美食俄羅斯》（*Gastronomy in Russia*，一八六〇年於巴黎出版），匈牙利人看約瑟夫・多波許（József Dobos，發明了同名的千層蛋糕⑤）著的《匈牙利風法國菜食譜》（*Hungarian-French Cookbook*，出版日不詳，但應為二十世紀早期），美國人則有查爾斯・朗霍夫（Charles Ranhofer）那本上千頁的《享樂主義者》（*Epicurean*，一八九四年）。「飛龍」（Wyvern），也就是陸軍上校A・R・肯尼—赫伯特（A. R. Kenney-Herbert），在一八八五年所寫的《料理手記：為離鄉背井的盎格魯裔印度人所寫的改良料理論》（*Culinary Jottings: A Treatise . . . on Reformed Cookery for Anglo-Indian Exiles*），也呈獻了「文明的〔法式〕料理體系」。

暴發戶——他們成長的地方不是那種對儀態舉止、美食品味習以為常的大宅院——讀的則是美食評論與禮儀指南。一八〇三年，亞歷山德勒・格禮慕・德・拉・雷尼耶（Alexandre Grimod de la Reyniere）開始在他的《美食年鑑》（*Almanach des gourmands*）發表對餐廳的評論，一年一冊，直到一八一二年為止。十多年後，年邁的知識分子讓—安特馬・布西亞—薩瓦蘭發表了《味覺生理學》（*Physiologie du gout*，一八二五年），最後一次為獲認可而奮力一搏——外交官塔列朗認為這

⑤【譯注】指匈牙利知名的巧克力千層蛋糕，稱為「Dobos torte」，是將匈牙利海綿蛋糕與巧克力奶油層層疊起，再淋上焦糖而成。

本書裡信手拈來都是錦句格言。一八八七年，日本皇室僱用此前在柏林為德國皇帝威廉（Emperor Wilhelm）效力的奧特瑪．馮．莫赫爾（Ottmar von Mohl），前來指導大臣們如何在法式晚宴服儀、舉止得體，課程包括讓他們全套穿戴，在沒有外國人出現的情況下彩排。

法國料理的全球化，靠得是成千上百願意四處移動的廚師。有一萬名廚師一個接著一個從巴黎移居國外。年輕的農村少年在大廚房裡擔任學徒，忍受好幾年的苦差事。等到出師，他們就跳槽到海外薪水更好的職位，希望存到足夠的錢，回家鄉開間小餐館。[81]光是一八九〇年代，倫敦就有五千名法式料理廚師。瑞士人、比利時人、亞美尼亞人、義大利人、英格蘭人、匈牙利人、俄羅斯人與日本人都前往巴黎拜師，然後再返回故國。

英格蘭美食家、陸軍中校納薩尼爾．紐那姆－戴維斯（Nathaniel Newnham-Davis）曾觀察道：「所有偉大的料理傳教士都來自巴黎。」但這倒不怎麼正確。有許多立志成為法國料理廚師的人，是在瑞士新成立的各間酒店管理學校裡精進廚藝的。其他人則是在倫敦、聖彼得堡與維也納，跟法裔或曾在法國學藝的廚師們學做菜，埃斯科菲耶就表示自己曾訓練過上千名英格蘭廚師。法國廚師也在聖彼得堡與莫斯科訓練俄羅斯農奴，如此一來，農奴的主子就能用更高的價格賣掉他們。托爾斯泰（Tolstoy）的《戰爭與和平》（*War and Peace*）裡，羅斯托夫伯爵（Count Rostov）就曾經吹噓說，在他女兒納塔莎（Natasha）命名日當天烹煮馬德拉白葡萄酒煎榛果松雞的那名農奴，是花了一千盧布買來的。[82]法國廚師也在義大利華麗的大宅院裡訓練西西里廚師，後來人們稱這些廚師為「*monzu*」，這個字就是從法語的「monsieur」（先生）轉變來的。

埃斯科菲耶的兩千名學生從英格蘭移居其他地方，其中有許多人在自己新落腳的地方再把技術教給其他人。出身莫斯科或聖彼得堡的廚師前往基輔與敖德薩（Odessa）工作，或是在一九一七年後前往伊斯坦堡與巴黎。[83]在維也納或布達佩斯學藝的廚師前往雅典——像希臘人尼可勞斯・策勒門德斯，他就是回到故鄉，在奧地利大使館工作——或是像匈牙利人圖德斯（Tüdös）那樣前往墨西哥城，為墨西哥皇帝馬西米連諾一世（Maximiliano I）下廚。法國—比利時裔的哲南（Genin）家族在墨西哥城經營德維頓莊園（Casa Deverdum）。加爾各答（Calcutta）總督的法國廚子靠開烹飪班來賺外快。受過法式料理訓練的義大利廚師在不列顛輪船上的廚房工作，訓練果阿人（他們成了基督徒之後，吃牛肉跟豬肉時就無須顧慮），果阿人之後則在孟買開設餐廳和蛋糕店。[84]人在中國的不列顛與法國飛地工作的廚師，則把自己的學徒送去日本就業。許多越南人趁著為法國部隊做飯、看法國廚師做菜，或是在法式咖啡店裡洗盤子時，學到了法式烹調手法。[85]肯尼—赫伯特上校在印度南方的馬德拉斯（今天的清奈〔Chenai〕）擔任軍需官，他在自己的《料理手記》裡提到他如何參考吉爾・古菲的《料理全書》（一八六七年），來教「Ramasámy」（一個廣泛用來稱呼印度廚師的字）做法國菜。[86]「Ramasámy」得捨棄自己的石磨，徹底洗刷廚房牆上的黑灰，用法國或美國公司出品的蔬菜罐頭（絕對不用不列顛公司做的罐頭），熟悉小平底鍋、煮魚鍋（fish kettle）和瓦倫氏煮鍋（Warren's cooking pot，隔水鍋〔bain-marie〕的一種）的使用方法，還要精通白醬與褐醬。

而法國料理若要傳遍世界，同樣少不了侍者、屠夫與烘焙師傅，還有商家——他們得到店裡買瓷器、刀具、餐廳家具與罐頭食物。侍者從一個國家到另一個國家，前往避暑勝地、溫泉、都會餐廳等地。法國屠夫與烘焙師在西貢開業。學過西式烘焙的中國人到上海、西貢與檀香山開起麵包店。[87]一八〇八年，來自日耳曼與義大利地區的麵包師傅跟著葡萄牙宮廷前往里約。[88]到了十九世紀末，顧客已經可以前往巴黎、倫敦、紐約、加爾各答、墨西哥城、東京與其他大都市的百貨公司，買到所有正式晚宴所需的歐洲商品。

來到法國以外——尤其是歐洲以外的地方，法國料理也會像過去所有的高級料理一樣，調整成當地口味，而當地的菜色則走向精緻，變得更像高級料理。這種過程可以從大量的食譜裡追蹤到。[89]一本重要的十九世紀墨西哥料理辭典作者說「法式烹調已入侵我們的廚房」，他認為這些料理的做法「必須先經過墨西哥化」。[90]法國料理不僅會墨西哥化，還會奧地利化、俄羅斯化、希臘化、印度化或暹羅化，端視地點而定。[91]其中一種地方化的做法，是做成小塊的無骨肉丁或特定形狀的肉末餡餅；比起歐洲（包括法國在內）的全隻燒烤與整塊肉排，肉丁和肉末在世界各地都很常見。風靡全世界的炸肉排、可樂餅和薄肉排（escalope）就是這類薄切肉片，或是跟貝夏媚醬或馬鈴薯泥混在一起的畜肉泥、魚肉泥，裹上麵包粉油炸而成的食物。在拉丁美洲，這類食物稱為「*milanesas*」，在波斯稱為「*kotlets*」，會用番紅花與薑黃增添風味，用新鮮蔬菜包裹，跟薄餅一起端上來；在印度叫「*cutlis*」，印尼叫「*kroke*」，日本則是「コロッケ」。另一種本土化的做法，則是在料理中加一絲似有若無的當地香料或食材。以歐姆蛋為例，印度會用芫荽提味，或是加上一大堆鷹嘴豆粉（稱為「*amlates*」），波斯則會在裡面塞滿棗子（稱為「*omlets*」）。

為了讓地方菜色變得精緻，嚐起來更有法國味，廚師會減少香料量，並用奶油取代羊油、豬油或蔬菜油。《烹飪指南》是希臘最暢銷的食譜，作者尼可勞斯．策勒門德斯在一九五八年過世時，這本書已經賣了十萬本。策勒門德斯在書中建議減少香料與油的用量，好讓希臘菜擺脫「為了試圖配合東方民族的口味而遭受到的影響與汙染，這樣才不會太油、香料味太重、讓人倒盡胃口」。[92]在俄羅斯，廚師則靠加奶油來提升穀粒粥的地位。[93]添加法式醬汁，是種讓菜餚顯得有法國味的保險方法。油醋醬（俄語讀作「*vinagrety*」），在美國則叫「法式醬」）是法式蔬菜沙拉必備品；蛋黃醬（mayonnaise）能把冷肉、冷魚和煮過的蔬菜變成某種法國菜。[94]貝夏媚醬顯然是讓餐點帶法國味時最好用的醬汁。貝夏媚醬、帕爾馬乾酪（parmesan）跟蘑菇可以把皮羅什基（*pirozhki*）⑥變成「小高加索風酥皮點心」。來一點用牛奶、鮮奶油或蛋黃做的貝夏媚糊（*sup-pyur*），就能讓白菜湯（*shchi*）與羅宋湯（*borscht*）登上大雅之堂。只要淋上貝夏媚醬，當地的蔬菜（印度的茄子、辣木〔moringa〕與南瓜）或魚（墨西哥的笛鯛）都能風雅起來。[95]無論料理是甜是鹹，都能用油酥麵團增添一點法國味。慕斯或舒芙蕾等法式甜點也有一樣的效果。把牡蠣（可能是罐頭貨）填進輕巧、充滿空隙的奶油酥盒（vol-au-vents），就是一道從墨西哥風靡到越南的前菜。[96]

廚師也會發明結合當地食材與法式料理技術的新菜色。俄羅斯沙拉（用蛋黃醬煮切碎的蔬菜）與酸奶牛肉（beef Stroganov，和蕈菇與鮮奶油一起煎的牛肉絲）就是俄羅斯人的法式發明。我們今天認為上面加雞蛋貝夏媚醬的茄子千層麵（Moussaka）與類似的希臘千層麵（Greek pastitsio，麵、貝夏媚醬與牛肉末）是希臘菜，這些其實是策勒門德斯對此前不加貝夏媚醬的餐點所做出的調整。義式千層麵（Lasagna，千層麵皮、肉醬與貝夏媚醬）是北義大利人的法式發明。肯尼－赫伯特也將印度雞肉咖哩（原本可能是色白、用堅果勾芡的醬肉〔korma〕，蒙兀兒料理得意之作）重新做成「燉肉，也叫印度白醬肉（*blanquette a l'Indienne*）」。暹羅宮廷廚師對法國菜的掌握，已經到了可以開料理玩笑的程度：他們的雞肉凍上乳白色的膠狀醬汁，看似是原本的法式貝夏媚醬與明膠醬汁，其實卻是用椰奶洋菜（用海藻做的凝膠）來包裹用檸檬草調味的雞肉泥。[97]回來談歐洲，咖哩西化也是由埃斯科菲耶完成的，他的「咖哩雞丁」（*emince de volaille au curry*）就是用貝夏媚醬煮雞

⑥【譯注】一種一人份大小、包餡的發酵麵團點心，或烘烤或油炸，或甜或鹹，是東歐常見的食物。

肉，用一丁點咖哩粉提味而成。[98]

吃飯的人也常常將本國料理與法式高級料理中，個別菜色或一整套餐結合起來。英格蘭貴族吃英式早餐和下午茶時，會在甜點之後加一道鹹食。日本人把綠茶倒入熱騰騰的米飯，用來為法式套餐劃下句點。羅馬尼亞人以酸湯（羅宋湯）為法式晚宴開場，以肉飯（抓飯）做結。[99]墨西哥人就是非要在餐桌上放一碗辣椒，好在法式餐點上增添一絲辛辣（至少在家裡是這樣）。有時候，這些額外的東西甚至也在法國成為高級料理的焦點。慶祝的時候要是少了俄羅斯魚子醬，那該如何是好？

新發明的法式料理在法國以外的國家創造出來，向外傳播。俄羅斯人將淋著美乃滋的俄式沙拉傳入土耳其（現在這道料理已經是富有人家不可或缺的家常菜），將「*cottlets*」傳入伊朗，更在二十世紀中葉以前，將酸奶牛肉從紐約帶去加德滿都（Kathmandu）。[100]奧匈帝國人將他們的法式料理亞種推廣到布拉格、布加勒斯特與貝爾格勒。像奶油馬其頓蔬菜沙拉（macedoine of vegetables）、烤牛肉、炒麵糊、貝夏媚醬與奶黃醬的製作方法，也在巴爾幹食譜裡跟酸奶、大蒜醬、果仁蜜餅等鄂圖曼傳統高級料理碰在一起。[101]雅典、開羅、亞歷山卓的廚師也開始做蔬菜燉肉、蛋黃醬與舒芙蕾。[102]

法國菜吸引人的地方是「法國菜」這塊招牌——一塊跨國菁英出身的標幟，而倒不一定是因為口味誘人。歐洲人對鮮奶油味讚不絕口，日本人卻覺得油膩難吃。歐洲人視為淡雅欣賞，印度人倒認為少了印度王宮御廚的純熟香料味。中國人喜歡用湯匙和筷子吃東西，土耳其人用湯匙，印度人直接用手。對日本人來說，金屬餐具在瓷器上刮出的尖銳聲響是種粗魯的聲音；他們習慣安靜吃飯，覺得一邊吃、一邊保持閒聊的流暢是件苦差事。[103]這些地方的人可以同時端出法國料理與本國菜，付得出錢的人常常會準備兩間廚房，一種料理一間。印度勒克瑙（Lucknow）的納瓦卜沙達特．阿里．可汗（Saadat Ali Khan）早在一八〇〇年就有兩間廚房。[104]一個世紀後，印度巴羅達（Baroda）的蓋克瓦（gaekwar）⑦王朝統治者僱了一名法國廚師與英格蘭屠夫，他的印度廚師則製作馬拉達（Maratha）料理。江戶與大阪的日本宮廷、有錢的武士和商人把西式料理（洋食）留待國宴時享用，跟白米、魚和蔬菜為主的日本高級料理（和食）區隔得清清楚楚。

採用法國料理，展現自己「跟得上潮流、很進步，是個文明國家」，其代價卻相當高昂。一八八三年二月十二日，夏威夷國王大衛．卡拉卡瓦（David Kalākaua）舉辦了加冕宴會。卡拉卡瓦過去環遊世界時，就注意到美國總統切斯特．亞瑟（Chester Arthur）與當時日本、暹羅、義大利與英格蘭的開明君主都提供法式晚宴，作為外交禮儀的一部分。為了讓自己的政府表現得能跟這些國家當局站在一樣的水平上，他決定在加冕時提供法式料理。卡拉卡瓦這麼做，等於跟夏威夷酋長的用餐傳統保持距離——當地人舉辦的是僅限男性參與的盛會（女子排除在外，如果她們犯忌，下場就是死），而參加的人圍著裝有熟芋泥的葫蘆席地而坐。但是，若沒有提供正確的餐具、餐廳，餐廳沒有設在氣派的建築物裡，那就不叫法式晚宴。加冕儀式前，卡拉卡瓦僱了建築師與工匠來興建王宮，跟波士頓的達文波特公司（Davenport Company）訂做哥德復興式（Gothic Revival）的橡木家具，送去巴黎裝配有夏威夷紋章的藍邊瓷飾，再從波西米亞進口水晶。他的子民給他一尊德國打造的純銀桌心擺件，他自己則把歐洲君王送他的肖像畫與時鐘掛上牆。[105]晚宴的盎格魯式法國料

⑦【譯注】印度馬哈拉斯特拉（Maharashtra）地區信奉印度教的馬拉達族（Maratha）統治了巴羅達城（Baroda）。統治這個土邦的氏族即稱為蓋克瓦。

理菜單上開始出現咖哩肉湯（mulligatawny）、海龜湯、溫莎湯（Windsor soup）與女王湯（à la Reine soup）。魚類主要採用夏威夷式做法。接下來還有野鴨、野雞、牛小排、火雞佐松露醬、紅酒燉牛肉、火腿、烤鵝與咖哩；夏威儀沒有野鴨跟野雞，至少這兩種得靠進口。這些料理搭配著馬鈴薯、豌豆、番茄、玉米、蘆筍、菠菜與芋頭，其中有不少想必是罐頭蔬菜。甜點有紅酒凍、海綿蛋糕、草莓與冰淇淋。這些甜點都跟著雪利酒（sherry）、萊茵葡萄酒（hock）、波爾多葡萄酒、香檳、波爾圖葡萄酒、利口酒（liqueur）、茶與咖啡一塊下了肚。

建造王宮（花費超過三十六萬美元）、林林總總的餐具與加冕典禮費用，是用跟糖種植園主收來的稅付的。夏威夷島當時的人口大約才五萬七千人，而總出口額一年大約只有五百萬美元。[106]種植園主一派多半是新英格蘭人，「鋪張的王權展示才跟得上時代」這種看法對他們來說並不管用，「未來掌握在共和思想手上」毋寧更有說服力——其中就包括樸素的共和進餐方式。比起氣派的王室，他們更希望中產階級繁榮興盛。王室在一八九三年被推翻，夏威夷共和國宣布成立，到了一八九八年，共和國又被美國併吞。雖然推翻王室的代價比奢華的加冕宴會大得多，但這件事卻也讓人痛切體會到王室飲宴與共和式用餐方式之辯背後的嚴肅性。

工業食品廠

中階料理擴張與法國高級料理全球化的過程，是跟掌握穀類以來最大的烹飪革命攜手並進的——自從最早的營利磨坊、麵包坊與糖廠出現以來便持續進行的變局爬上了巔峰：料理分化成在工業食品廠房裡進行的食品加工，以及在家中、餐廳裡與設施機構中進行的實際備餐。這兩種廚房現在都是由化石燃料提供動力。工業式廚房獲益於最新的食物科學與技術。吃中階料理的新興市民階級與工人階級提供的市場，大到足以撐起大規模的食品加工。而工業化食品加工的規模經濟也回過頭來解放了家內勞動力，降低食品價格，讓更多人有工作可做，擔負起中階料理。食品加工工業化的關鍵時期發生在工業革命晚期，介於一八六〇年代與第一次世界大戰開打之間。德國是這個階段在科學與工程方面的領頭羊，和低地國、不列顛、美國、日本與法國都是最早經歷這段轉變的國家。

圖7.7所畫的，是用來將甜菜汁提煉為精製砂糖的法國糖廠。這種糖廠就是典型的新式工業廠房，由跨國企業所有，使用化石燃料，受益於政府贊助的科學研究，製造出的是市場能夠負擔的食材，而非專供宮廷使用的奢侈材料。[107] 一個世紀前，任職於柏林普魯士科學院（Prussian Academy of Sciences）的化學家安德列亞斯・馬格拉夫（Andreas Marggraf）完成了從甜菜中萃取糖的研究。紅蘿蔔、寬葉澤芹（skirret，又叫水防風〔water parsnip〕）與飼料用甜菜（mangel-wurzel）等根莖類蔬菜切碎後放進水裡泡軟，用鹼水使雜質沉澱；餘下的溶液再結晶就成了糖。十九世紀的工程師擴大製糖的規模，用冷凝器加速水分蒸發過程，用離心機將糖結晶從溶液中甩出，用氯將糖漂得雪白，整個過程則靠蒸汽引擎提供動力。糖現在可以用根莖類來做，無需甘蔗。製糖所需的能源來自化石燃料，而非獸力、風力或水力。從事製糖工作的是領月薪和週薪的人，不是奴力或契約勞工。人們在歐洲北方製糖，而非熱帶殖民地。糖價更是所有歐洲人都負擔得起。

燃煤蒸汽機取代了人力、獸力或水力，有了蒸汽機的幫助，機械性、熱力性、化學性與生化性加工不僅變得效果更好，也更容易掌控。蒸汽機（還有後來的電動機）推動甘蔗莖通過水平金屬履帶榨汁，透過輸送帶將稻穀送去褪掉褐色的穀殼，將巧克力搥打到沒有粗糙顆粒為止。引擎轉動離

【圖7.7】十九世紀晚期，大約有三百間甜菜糖廠散布在法國北部的皮卡第（Picardy），比方說圖上這間位於阿布維爾（Abbeville）的糖廠。附近田裡的甜菜收成之後就先榨汁，用生石灰去除雜質，透過管線加壓送往二十英里外的糖廠。為期三個月的收成季節裡，每一間糖廠都有能力將九萬噸的甜菜汁提煉、濃縮、結晶成糖。這間糖廠屬於費弗—里爾公司（Compagnie de Fives-Lille）。第二次世界大戰前，該公司在爪哇、留尼旺島、巴西、加勒比地區、埃及、奧匈帝國、俄羅斯、義大利、阿根廷、墨西哥、菲律賓、澳洲、中國與美國都設有辦公室，或是甜菜或甘蔗糖廠。（圖片來源：Edward H. Knight, *Knight's New Mechanical Dictionary* (Boston: Houghton, Mifflin, 1884), pl. XLVII, opp. p. 873.）

心機，將糖結晶、酵母與鮮奶油從糖溶液、培養液與牛奶裡甩出來。引擎為輸送帶提供動力，豬隻和牛隻屠體沿著輸送帶肢解，麵粉在輸送帶上烤成麵包和軟、硬餅乾，肉、蔬菜、牛奶和水果也在上面變成罐頭。機器鑽頭將水管送進地下鹹水脈，汲出來的鹽水再用化石燃料來蒸發。在此之前，鹽在烹飪和製造業上一向都是稀少而昂貴的商品，也是堅定與忠誠的象徵，而今鹽巴價格大跌，讓廚師們下鹽都不用多考慮。幫浦能減少真空鍋中的大氣壓力，讓糖溶液蒸發速度更快，鹽溶液變成細緻的餐桌鹽，牛奶變成蒸發後的濃縮物或乾燥物。化石燃料也推動壓縮機，讓冷藏無需自然冰雪也能實現。

科學研究讓棘手的生化加工法變得簡單易懂，也更容易掌握。嘉士伯（Carlsberg）釀酒廠研究啤酒發酵。法國科學家調查葡萄酒，而費迪南德．科恩（Ferdinand Cohn）這位波蘭生化學家則研究起亞洲的麴；科恩在日本工作，並在一八八〇年代發現了米麴菌（*Aspergillus oryzae*）。西方與日本科學家接著研究清酒、味噌與醬油。到了一九三六年，工業製味噌產量已經提升到每年六十六萬噸之多。108

小麥、稻米、牛肉、動物油的加工活動，以及小麥麵粉、義式麵食與各種麵條、澱粉、甘味劑、佐料、人工香料和飲料的生產過程都已邁向工業化——這些是西方的主要食材，有些則是亞洲食材。輥磨法提升了能從小麥中取得的白麵粉比例。穀粒經運送通過一系列滾軸，被滾軸壓碎，篩出白麵粉後，剩餘物再次通過滾軸並過篩，這個過程要重覆好幾次。109 輥磨機是一八六五年在匈牙利發明的，當地對硬粒小麥製成的精製麵粉有很大的需求，但石磨難以處理硬粒小麥。接下來的數十年，匈牙利設立了超過三百座麵粉廠。到了一八七五年，美國開始使用改良過的輥磨機。不到幾十年時間，新式麵粉廠就開始聳立於美國（例如皮爾斯伯里—瓦許朋麵粉公司〔Pillsbury-Washburn

Flour Company〕所設立）、柏林（由約瑟夫・蘭克有限公司〔Joseph Rank Limited〕設立）、印度、中國，以及其他任何需要麵粉的地方。[110]一八九八年，晚清實業家孫多森投資了兩萬五千美元（這可是一大筆錢），向密爾瓦基製造商、愛德華・亞立士公司（Edward Allis & Company）購買輥磨機。[111]其他人也起而效尤，榮氏兄弟自一九一三年設立的六間福新麵粉公司廠房最是重要。二十世紀上半葉，輥磨麵粉廠也在墨西哥設立，此時還尚未有人用輥磨機來處理玉米。但烘焙坊倒是維持小規模經營，美國以外的地方尤其如此。

那不勒斯、亞爾薩斯（Alsace）與巴塞隆納等地設立了乾燥義大利麵食與麵條工廠，使用蒸汽動力將小麥白麵粉團軋過孔洞，弄成不同形狀，再用暖房來乾燥麵條。到了一九二〇年代，羅撒（La Rosa）、佩勒拉（La Perla）、卡羅素（Caruso）與隆佐尼（Ronzoni）等製麵商在美國都擁有全國性的市占率。來到阿根廷，比森特・法尼亞尼（Vicente Fagnani）在一九一二年八月十七日，於鐵路旁的小港市馬德普拉塔（Mar del Plata）開了間義大利麵小工廠，靠鐵路迅速將義大利麵運往東北方兩百五十英里處的布宜諾斯艾利斯。[112]不到五年，這位義大利人就幫自家的義大利麵打下了金字招牌。中國與日本的製麵廠用機器生產生鮮的小麥細麵條（有錢人可能從十五世紀起就在吃這種麵條）。麵粉廠與製麵機降低了麵食價格，使湯麵與餃子成為中國與東南亞、美國等地華人社群的日常食物。

稻米加工也跟以往截然不同。機械動力碾米機取代了十八世紀發明的手搖磨米機，將米粒磨得精白。一八五〇年代與一八六〇年代，西方的蒸汽動力碾米機取代了東南亞傳統的碾米方式。中國人在一八七〇年代開始訂製英格蘭碾米機。他們把英美的碾米技術引進夏威夷與菲律賓，當地所有碾米廠在二十世紀初期有四分之三為華人所有。

人在美國的英格蘭人奧蘭多·瓊斯（Orlando Jones）發現，在玉米含水分時碾磨，再用鹼處理之，能讓汲取澱粉變得更容易，此後英格蘭與美國兩地同時開始了玉米澱粉的工業化生產。產自小麥、稻米、馬鈴薯與葛鬱金（一開始採用西非品種，後來則使用各種熱帶品種）的澱粉、西谷米（來自東南亞椰子）與樹薯粉（來自樹薯）都用來勾芡醬汁、奶黃醬與布丁。

肉類加工的工業化始於牛肉精。尤斯圖斯·馮·李比希為「肉是種強身健體的食物」的古老觀念賦予科學的可信度，他與工程師葛奧格·克里斯蒂安·吉貝爾特（George Christian Giebert）合作，到南美洲充分利用為取皮革而屠宰的牛隻屠體。一八六三年，他倆在烏拉圭河畔的弗賴本托斯（Fray Bentos，後來成了公司的名字）開了間工廠；到了一八七五年，他們每年能在該地生產五百噸的牛肉精。保衛爾等其他公司也迅速跟上腳步。用酵母萃取物製成的馬麥醬（Marmite）是釀造業的副產品，也在一九〇二年加入色黑、味鹹、可口的肉味添加物或替代品的行列。裝罐頭是下一項用在肉類的工業技術，但肉質纖維卻會因此變得老柴，很難吸引人。罐裝粗鹽醃牛肉（corned beef）是最成功的產品。接著到了十九世紀晚期，機械式冷凍設備讓人們得以將牛隻和豬隻帶到集中地屠宰，在生產線上肢解屠體，再由鐵路將處理好的冷凍肉塊運往城市。新鮮牛肉取代鹽醃肉，在一九〇四年與一九二五年間的美國成長超過百分之六十六。芝加哥自詡為「偉大的世界牛肉之都」，但烏拉圭城市弗賴本托斯原先也是能競爭這個頭銜的。[113]可食副產品包括豬油、牛羊油、香腸與明膠。隨著熱狗成為美國最受歡迎的便宜路邊食物，香腸生產也翻了三倍。明膠片與明膠粉是煮骨膠的副產品，可以做果凍和肉凍，此前只有高級料理能使用，一八七〇年代起每一位廚師都能隨手取得。

人們發明了瑪琪琳與起酥油（shortening），例如「Crisco」和人工精煉奶油，作為奶油的替代品，因為奶油對大多數人來說實在太貴了。以一八七〇年為例，一名波蘭礦工必須工作半天，才能掙夠錢買一磅奶油。[114]法國化學家一直都在研究食用油，法國人也在一八六六年巴黎世界博覽會（Paris World Exhibition）為最優秀的人工奶油提供了一筆獎金。化學家伊波利・梅哲・穆里耶（Hippolyte Mège-Mouriès）在三年後得到瑪琪琳的專利。在荷蘭、德國、奧地利、挪威、美國、瑞典、丹麥與不列顛工廠裡，瑪琪琳是跟牛脂與脫脂牛奶一塊兒製造的。隨著氫化（使液態油固化）與脫臭（除去噁心氣味）方法的發明，起酥油就可以用來自南極海域的魚油與鯨魚油，以及西非棕櫚油等蔬菜油來製作。猶太家庭主婦發現做油酥點心時，「Crisco」是取代豬油的絕佳替代品，但印度主婦卻對人工精煉奶油嗤之以鼻。截至第一次世界大戰為止，不列顛石化與食用油產業已經是全世界規模最大，每年產值超過五千萬英鎊。

還有其他讓食物與飲料更令人垂涎三尺的發明。軟性飲料裡加入二氧化碳，讓飲料嘶嘶作響，麵包加入二氧化碳則能讓口感輕盈蓬鬆。罐裝調味料如番茄醬、芥末醬、伍斯特醬提供了一種使菜餚美味升級的方便法門。用研磨機磨粉後的乾燥番椒，讓人們能做出灑滿紅椒粉的匈牙利燉牛肉。類似香草精（vanillin，從造紙的木漿中萃取而來）等香料，以及東京帝國大學化學家池田菊苗在二十世紀初發現的麩胺酸鈉（monosodium glutamate）等增味劑，都使食物更美味。防腐劑則防止食物太快腐敗。

脆餅乾、甜味軟餅乾和威化餅、果醬與糖果等即時食品的製造廠也經歷了工業化。蘇打餅、航海口糧、微甜的葛鬱金餅乾或瑪莉餅乾、薑餅與奶油夾心餅乾，在不列顛、澳洲、美國與印度等許多國家的生產線上通過。[115]果醬與酸菜的生產地範圍同樣很廣，人人都喜歡有它們幫麵包與主菜增色。

罐頭製作是從過去延長食物保存時間的技術中發展出來的——包括用油封肉、將水果放進玻璃罐中的糖漿裡保存，這時人們也用罐頭來保存各式各樣的食材。罐頭讓產季失去意義，也為日常飲食增添新的項目。十八世紀時，荷蘭人已經將烤牛肉泡在食用油裡，密封於錫罐，運往東印度群島。[116]尼古拉．阿佩爾則是在自己的《食物保存法》（*Art de conserver*，一八一〇年）中，描述他是如何做實驗將食物罐放進熱水中密封，卻又無須加糖，藉此讓大宅院中大廚們的保久訣竅更上一層樓。法式料裡桌上的珍饈——花椰菜、菠菜、洋薊、豌豆、高湯和肉凍等——都進了罐頭。好吃的人有福了。美食家格禮慕．德．拉．雷尼耶在其《美食年鑑》（一八〇六年）中，對阿佩爾店面櫥窗擺的罐頭豌豆讚不絕口，「尤其是豌豆，青翠軟嫩，甚至比盛產期吃到的風味更佳」。

人們光是為了解決裝罐的技術問題、解決健康風險，就用去了大半個世紀。容器是要用玻璃——方便殺菌，讓內容物當自己的活廣告？還是要用金屬——打不破，也沒有玻璃那麼重，但開罐不易，容易腐蝕爆裂？一八五二年時，當皇家海軍買的兩千七百零七個食物小罐打開時，只有一百九十七罐還能吃。玻璃罐贏下了高級品市場。最早支持金屬罐頭的是軍隊與探險隊，人在殖民地、願意付出高價的歐洲人後來也加入了購買行列。發明家一開始試圖在滾水中加熱尚未封口的罐頭，然後在氯化鈣池中密封——不幸的是，罐頭很容易在池裡爆炸。最後，他們終於改在高壓鍋或殺菌釜（retort，釜中有高壓蒸氣）中封罐。盛裝不同產品的特殊罐頭也發明出來，像是可以讓鹽醃牛肉整塊滑出來的梯形罐，用來裝沙丁魚的圓角四方形罐頭，以及用來防止蟹肉發黑的隔離紙罐頭。

都市主婦在一八七〇年代開始使用罐頭。至於鄉下人，直到二十世紀下半葉以前，他們都傾向自己動手醃食物。在每一個工業化當中的國家，開始生產罐頭的都是些小公司。能夠經營至今的，都成了家喻戶曉的品牌。英格蘭的克羅斯與布萊克維爾（Crosse & Blackwell）以酸菜與醬料聞名，羅伯特森（Robertson）與奇瓦（Chivers）則是水果與果醬；美國有斯威夫特（Swift）與阿莫（Armour）的罐頭肉，亨氏罐頭蔬菜與醬料，亨特（Hunt）與杜爾（Dole）兩個牌子的罐頭水果，以及鷹牌（Eagle）牛奶罐頭；法國人有阿米尤兄弟（Amieux-Freres），義大利人有齊里歐（Cirio），墨西哥人則有埃爾德茲（Herdez）。亨氏讓五十七種罐頭名聞遐邇，但這根本不是阿米尤兄弟的對手——十九世紀末，這間公司的三千名員工在十二間不同的工廠裡，生產一百六十種產品。[117]

罐頭也創造了新的食材。「沙丁魚」（sardine）這個名字原先指的是薩丁尼亞（Sardinia）外海捕獲的小型鯡科魚類，現在則用來稱呼世界各地抓到的任何一種鯡科魚類。以前美國很少有人吃鮪魚，但在鮪魚被譽為「海底雞」後，美式三明治就再也不是過去的樣子了。鮭魚過去只有非常富有的家庭吃得到，而今卻在美國西北做成罐頭，成為中產家庭的特別享受。植物也會為了做成罐頭而受到改良。由於來自未成熟飼料玉米（field corn）的甜玉米粒大受歡迎，人們於是將玉米育種，創造出成熟後仍保持鮮甜的玉米穗。豌豆與番茄也經歷了類似的過程，這些作物之所以能成功，罐頭業可是比奶奶家後院的牛排番茄（beefsteak tomato）更有功勞。

人們長期開採天然冰雪，用以冷卻食物與飲料。這在十九世紀成為美國的一大行業，冰塊由產地運往全國各地，甚至是熱帶地區。科學家與技術人員嘗試創造出人工製冷作為替代方法，並在一八七〇年代達到具備經濟效益的程度——至少對釀酒業來說是如此，這為全年釀造拉格啤酒開創了可能性，以前只有冬天擁有酵母所需的低溫，也只有冬天才能釀造拉格啤酒。一八八三年，丹麥嘉士伯啤酒廠的埃米爾·克里斯蒂安·漢森（Emil Christian Hansen）發現了拉格啤酒酵母，此後從中國到拉丁美洲，世界各地都設立了拉格釀造廠。拉格啤酒取代了艾爾啤酒，只有在不列顛與其若干殖民地，以及類似墨西哥龍舌蘭等地區性酒精飲料還留了下來。美國與其他國家的主要肉類包裝廠利用人工製冷來降低儲存設施、鐵路貨車與船艙溫度，鮮肉也因此在工業化國家中取代了鹽醃肉。

隨著食品公司成長，它們也擴增了食品科學與技術的研究人數，讓新產品能穩定發明出來，並僱用家政學者在試吃間與烹飪實驗室工作、發展食譜，還創造出銷售專業人員。類似《食品：由來、組成與製造》（*Foods: Their Origin, Composition and Manufacture*，一九一二年倫敦出版）的作者威廉·提伯（William Tibble）這樣的科學家，則撰寫綜合了政府公報、生理化學與食品分析知識的教科書。

一八七〇年代，日本政府祭出高位高薪，以說服德國、不列顛與其他歐洲國家的生物學家與生化學家前來新成立的東京帝國大學。[118]當局僱用專家裝設鋼製輥磨機、烘焙坊、釀酒廠與罐頭工廠。外國承包商在日本工業促進辦公室指導如罐頭製造等技術。十九世紀晚期的中國改革分子則採用「中體西用」為其口號。[119]出身富裕的中國人前往美國或日本深造，同時新教傳教士也抵達中國，教人西方醫學與營養觀。一九一二年一月，推翻清朝後的中國宣布成立共和國。「中國人要用中國貨！」也成為重振國威的呼籲。[120]中國商品大發利市，買外國貨的消費者被人唾棄，中國工業鉅子大受崇拜，外國進口貨則遭到抵制。中國製造的食品變成希望與振興的象徵。無論是在自傳中，還是在民眾的想像裡，味素製造商吳蘊初都被讚美為「愛國商人」。

發粉讓人能做出輕盈蓬鬆的海綿蛋糕，二氧化碳讓軟性飲料多了氣泡，瑪琪琳和起酥油讓人人都能拿油抹麵包、煮菜，香草精讓飲料、蛋糕與冰淇淋滋味更佳，再加上炎熱夏季中啜飲的冰涼啤酒——十九世紀見證了這些食品的出現，無怪乎化學家認為自己就站在合成食品世界的突破性前沿。在我們對合成食品大呼噁心之前，不妨回想一下，有許許多多的食物加工技術，像是用簡易處理玉米以製作玉米餅麵團，在釀造穆里醬或醬油的過程中讓麵包或豆子發霉，或是讓魚腐爛來做魚醬等，也曾一度被視為倒胃口、深具風險的做法。一八九四年，對鍊金術及其夢想如數家珍的傑出法國化學家馬塞蘭．貝特洛，在一場廣受關注的演講中大談二〇〇〇年食物的可能樣貌，並預言人們很快就能用煤炭做出牛排，大地將再度成為樂園，一如黃金時代（Golden Age）⑧的模樣。[121]雖然這種興奮的感受與可能性從此不復見，但我們全都是十九世紀食物加工革命的受惠者。

不要牛肉、麵包，不在家裡吃：非主流料理

有各式各樣的批評者，例如宗教團體、保守派、社會主義者與女性主義運動人士，都在攻擊近代中階料理。有些人只要近代料理哲學的平等思想，排斥其他方面。比方說，有許多改革人士抵制肉類、白麵包與酒精，發展出另一套生理學與營養理論，來解釋素食主義或全穀飲食為何比中階料理更優秀。其他人則攻擊家內飲食、自由主義與自由貿易，提倡其他建構近代料理、貿易與農耕活動的方式。還有一些人希望有機會重回想像中人人平等的過去，召喚出浪漫的農業傳統，來批評近代的工業化料理。

許多西方宗教或半宗教團體反對吃肉、支持「素食主義」（這是個一八四〇年代創造出來的詞），包括基督復臨安息日會（Seventh-Day Adventists）、聖經基督徒會（Bible Christians）、救世軍（Salvation Army）、基督聖靈衛士（Doukhobors，俄羅斯異議團體，最後因沙皇政權的殘

酷對待而遠走加拿大），以及列奧・托爾斯泰的追隨者。對他們來說，「吃肉」就是社會上每一件錯事的象徵。[122]素食主義者趨向於反對工業思想與都市化，支持自然療法（naturopathy）、人智學（anthroposophy），以及促進小規模獨立自耕農的土地改革和田園城市運動（garden city movement）。此間還有不同的團體在推動各種支持素食思想的主張。這些團體表示素食較為健康，因為肉裡有動物寄生蟲，會散播肺結核等疾病，如果是人工飼養的動物，肉裡含有的分泌物還會造成尿酸堆積，導致痛風並誘發癌症。吃素也比較經濟實惠，因為水果、堅果與蔬菜的花費比肉來的低。素食也最能善用土地，例如種穀類，要比用來養牲口能生產出更多食物。素食也對國家有好處，要是每一個人都改吃蔬食，社會的脊梁（即獨立自耕農人數）就會增加。何況速食等於把同理心延伸到動物身上，因此也更加道德。

到了十九世紀初，素食人士已經成立超過三十個社團，並開設餐廳與療養院。其中最知名的要數密西根州巴特爾克里克（Battle Creek）的復臨安息日會療養所（Seventh Day Adventist sanitarium）——這間療養院設立於十九世紀中葉，後來交由約翰・哈維・家樂（John Harvey Kellogg，圖7.8）主持。提倡素食思想的人發行週刊，例如英格蘭的《素食人》（*Vegetarian*），也有人發行月刊，例如美國的《素食者》（*Vegetarian*）與英格蘭的《黃金時代信使報》（*Herald of the Golden Age*）。此外，他們也寫小冊子，例如亨利・梭特（Henry Salt）的《素食思想呼聲》（*A Plea for Vegetarianism*）、霍華德・威廉斯（Howard Williams）的《飲食道德》（*The Ethics of Diet*）與安

⑧【譯注】在希臘神話與文學作品中，世界歷史會有四個階段接替循環，分別用金、銀、青銅與鐵為代表。黃金時代的世界充滿和平、穩定、豐饒，之後每況越下。

【圖7.8】復臨安息日會巴特爾克里克療養所所長約翰·哈維·凱洛格，在一八九〇年開了巴特爾克里克療養所健康食品公司（Battle Creek Sanitarium Health Food Co.），提供「健康食品」生產線。凱洛格拒絕近代西方飲食的基礎（肉、糖、酒精、咖啡因以及白麵包），主張將傳教士送去可憐可悲的美國城市去推廣「健康福音」（Gospel of Health），而不是送到外國。一八九七年的這張廣告單上說，該公司的「穀麥」（granola，數種烘培過的混和穀類）只要一磅重，就能跟三磅重的牛肉一樣營養。這間療養所就像高級旅館，許多病人相當有名，如威廉·霍華·塔虎脫（William Howard Taft）、約翰·D·洛克菲勒（John D. Rockefeller）、蕭伯納（George Bernard Shaw）與愛迪生（Thomas Edison）。十九世紀末才問世的家樂氏玉米片（Kellogg's Corn Flakes），取代了火腿跟蛋，成為美國人的早餐。（圖片來源：Courtesy New York Public Library, http://digitalgallery.nypl.org/nypldigital/id?833916.）

娜・金斯福德（Anna Kingsford）的《完美飲食法》（*The Perfect Way in Diet*）。甚至，波西・比希・雪萊（Percy Bysshe Shelley）還在發表自己的詩作〈麥布皇后〉（*Queen Mab*，一八一三年）時，附了一篇談素食思想的文章。他們編纂食譜，幫助吃肉長大的人適應無肉飲食法，例如美國教育家兼醫生威廉・阿爾科特（William Alcott）所寫的《蔬食》（*The Vegetable Diet*，一八四九年），以及不列顛聖經基督徒會布羅特頓女士（Mrs. Brotherton）的《蔬食烹飪新方法》（*New System of Vegetable Cookery*，一八二一年）。他們還會在競走賽、自行車賽、壁球與網球賽與人一較高下，證明自己有能力徹底擊敗吃肉的人。

來到印度，一八七〇年代的旁遮普也展開了組織性的牛隻保護運動。整個一八八〇年代不斷有抗議穆斯林屠宰牛隻的騷動發生，等到西北諸省（North-Western Provinces）高等法院在一八八八年裁定牛並非聖物之後，保護運動更是如火如荼。接下來的三十年間，進一步的暴力事件在印度各地爆發。印度民族主義者得以運用這些事件，凝聚政治情緒，對抗吃牛肉的不列顛人與穆斯林。[123]甘地還在倫敦念書時，就曾加入素食者協會（Vegetarian Society），後來他也為牛隻保護運動發聲。

白麵包則是近代西方料理批評人士的另一個目標（地圖7.2）。巴黎學院（Faculte de Paris）的圖尼埃（Tournier）教授提出警告，表示吃白麵包的孩童可能會受到消化不良、抽搐，以及神經系統問題的折磨，並在一八九五年呼籲《小報》（*Le petit journal*）展開一場「重新拿起石磨」的行動。不出幾年，英格蘭也發動了一場提倡「標準麵包」的類似活動。這些運動都很短命，石磨麵包也不敵輥磨的白麵包。[124]在德語世界，則有亞當・毛里奇歐（Adam Maurizio）——他在成為蘭伯格技術大學（Technical University of Lemberg，蘭伯格即利維夫〔Lvov〕）植物學與商學教授之前，曾經在柏林學習過輥磨機技術——與奧地利教師與民族學家阿尼・迦莫利特（Anni Gamerith）互相合作。他

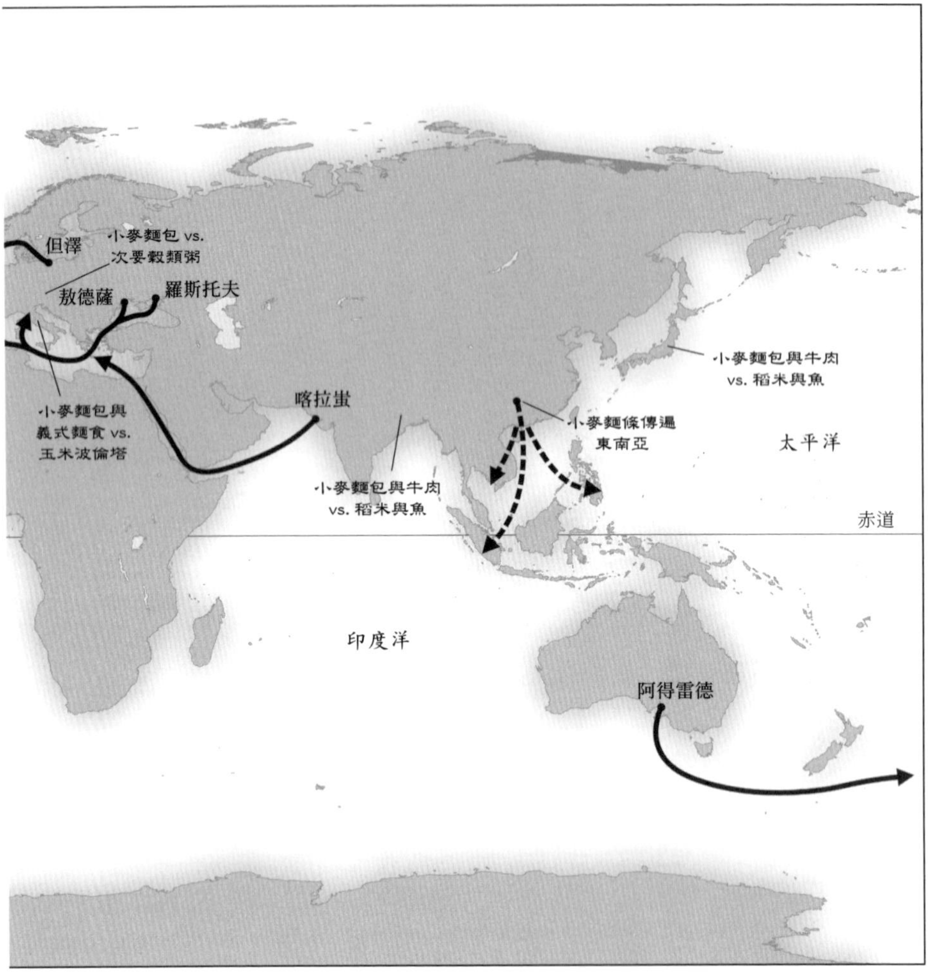

但澤
小麥麵包 vs.
次要穀類粥
敖德薩
羅斯托夫
小麥麵包與
義式麵食 vs.
玉米波倫塔
喀拉蚩
小麥麵包與牛肉
vs. 稻米與魚
小麥麵條傳遍
東南亞
小麥麵包與牛肉
vs. 稻米與魚
太平洋
赤道
印度洋
阿得雷德

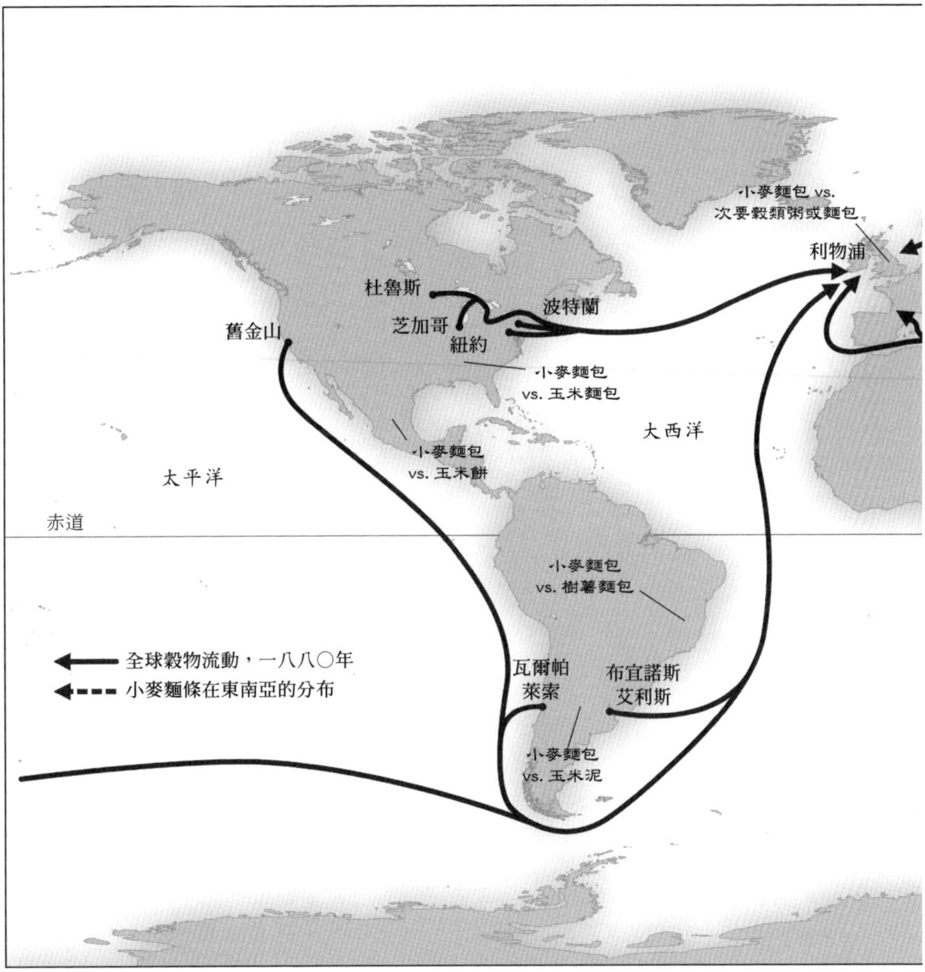

【地圖7.2】十九、二十世紀之交的麵包之辯。現代化國家一個接著一個出現國內派系，主張若要與全球競爭，國民們就得改吃小麥麵包。箭頭為一八八〇年代全球主要小麥貿易路線，大多數都走向不列顛。（地圖參考來源：Morgan, *Merchants of Grain*, frontispiece.）

們將傳統技術紀錄下來——比方說手搗小米，認為傳統方法做出來的食品，比近代輾磨機生產的小麥麵粉產物更健康也更美味。毛里奇歐在氏著《我們的蔬食史》（*Die Geschichte unserer Pflanzen-Nahrung*，一九二七年）裡，指控富裕國家試圖將少數民族的飲食轉變為白麵包，犯了「飲食帝國主義」的罪。[125]

玉米和稻米也找到人幫它們辯護。來到墨西哥，社會學家安德列斯・莫利納・恩里克斯（Andres Molina Enriquez）在《全國重大難題》（*Los grandes problemas nacionales*，一九〇九年）中表示，除非原住民完全融入國家，讓玉米餅、玉米餃成為「無庸置疑的民族料理」，不然國家就不可能統一。在日本，本土派政治思想家平田篤胤聲稱日本米是國家的脊梁，讓日本成為區域強權，而中國米則讓中國人「軟弱無力」。無論畫的是政治首都京都，還是經濟首都江戶，在日本浮世繪畫家歌川廣重所有描繪日本大街的繪畫裡，都會出現以日本認同象徵——完美的富士山火山錐——為背景的稻田。一九〇一年，相撲力士在皇居與日本第一間西式飯店（外型宏偉、長得像維多利亞式薑餅屋的帝國飯店）外的廣場，將鼓脹的米袋高高拋過自己的頭頂上。他們跟日本與美國媒體解釋道，日本米含有百分之八十的營養，水分只占百分之二十，讓力士們強壯到能表演這種技藝，這比水分占百分之七十、營養僅占百分之三十的西方牛肉更營養。[126]

酒精則是第三個爭議點。不列顛的貴格派信徒提倡以可可作為酒精替代飲料。在一七六一年、一八二四年與一八六二年成立的弗萊氏、吉百利與郎特里等公司後來則從可可轉為製造巧克力甜點。門諾派出身的美國人彌爾頓・赫爾西（Milton Hershey）也以它們為榜樣。俄羅斯改革派兜售黑麥麵包自然發酵製成、低酒精濃度的克瓦斯淡啤酒，作為戒酒用的飲料。[127]根據俄羅斯全民保健協會（Russian Society for the Preservation of the Population's Health）的說法，克瓦斯能「消除對於啤酒或烈酒的欲望」，還能「讓你結實起來，卻不會害你喝醉」。來到澳洲，主張戒酒在道德上站得住腳的人（人稱「wowser」）則指控那些與他們意見不同的人，是把個人權利與追求利益擺在建構社群與社會責任之上。到了二十世紀初，禁酒運動已席捲各國。

雖然批判十九世紀營養理論的人沒能說服整個社會（只有美國禁酒運動曾在禁酒令一事上取得暫時的成效），但他們倒是為日常飲食帶來許多新食材。有瑞典來的脆餅（crispbread）；有瑞士來的比爾舍麥片（Bircher muesli，以生食運動先驅、瑞士醫生馬克斯・奧托・比爾舍—本內爾〔Max Otto Bircher-Benner〕為名）；有美國的葛拉漢餅乾（Graham cracker，名字取自長老教會牧師西爾維斯特・葛拉漢〔Sylvester Graham〕）。家樂（Kellogg）讓英語世界重新吃起早餐麥片——當他把產品從原本的名字「以利亞的嗎哪」（Elijah's Manna）改成家樂氏玉米片（Kellogg's Corn Flakes）之後，改變就發生了。健康食品或許是全穀類製品，但在一九〇〇年，健康食品的製造與銷售就跟其他所有工廠製造的食品一模一樣，例如吉百利的可可或保衛爾。

烏托邦理想家、社會主義者與男女平權主義者都主張應以集體用餐與公用廚房，取代全家人用餐與家內廚房。美國國內設立了若干烏托邦式的社區。阿瑪那殖民地（Amana Colonies）⑨建立於一八六〇年代，其成員在五十間廚房中的一處用餐，每一間廚房都由一名資深女性廚師主持，安排一天三餐與兩次點心，以及照顧菜園。房舍本身沒有廚房（但各個家庭漸漸開始在家用餐）。自一八一七年俄亥俄州東北的佐阿（Zoar）居住區設立開始，其成員就集體用餐，直到十九世紀末。

⑨【譯注】十九世紀中葉，日耳曼地區路德宗的虔敬派信徒受到政府與路德宗教會壓迫，遷往美國，最後落腳於愛荷華州，以《聖經》中出現的阿瑪那山為名建立七個殖民地，過著獨立自主、幾乎與美國工業經濟體系無涉的生活。

俄羅斯革命社會主義者尼古拉・車爾尼雪夫斯基（Nikolai Chernyshevsky）的《何所當為》（*What Is to Be Done?*，一八六三年），以及美國社會主義者愛德華・貝拉米（Edward Bellamy）的《回眸》（*Looking Backward*，一八八八年）等書裡，也都曾出現集體用餐的大食堂。

女性主義者則視集體共餐為擺脫家務的一條路。例如在澳洲提倡女子教育與投票權的梅班克・沃爾斯頓荷姆（Maybanke Wolstenholme），便在自己於一八九〇年代中期短暫擔任編輯、發行的雜誌《婦女之聲》（*Woman's Voice*）裡提倡集體用餐。美國女性主義者兼社會學家夏洛特・柏金斯・吉爾曼（Charlotte Perkins Gilman）的看法，就跟自己的姑姑們——提倡顧家的領導人物凱薩琳・畢裘與哈莉葉・畢裘・斯托——截然不同。吉爾曼徹底翻轉了「共和飲食有賴家庭烹飪」的常見論調，將共和飲食描繪成為生存而吃，而非為生活而吃。她表示，家庭主婦身為業餘人士，無法學到高超的料理技術。主婦不同於職業廚師，只能少量購買，自然無以堅持使用高品質的食材。更因為主婦一分一毫都得靠先生提供，因此只得遷就於丈夫的好惡，而不是烹煮精緻、健康的餐點。吉爾曼認為，烹飪理應是種「受人尊重、薪水優渥的職業」。[128]

最後，歐洲、日本與美國的知識分子、作家、農人等展開了一場反對近代、都市、工業世界的廣泛運動，反對的內容包括其料理與農耕方法，渴望用理想中的農村昔日來取代之。他們拿骯髒且人工的城市與純淨且自然的鄉間做對比。十九世紀晚期，在經歷現代化的國家中，一群群的人散步到丘陵地與山區，途中停下腳步讚美工業化之前的建築，一派派的畫家則畫出大自然未經破壞的崇高之美。[129]許多人遵循盧梭提倡的浪漫傳統，將農人的飲食與最新鮮、最健康與最美味劃上等號，並反對「以法式高級料理為首的十九世紀西方料理是料理發展的巔峰」這種普遍得到接受的信念。探索德語世界烹飪傳統習俗的毛里奇歐與迦莫利特在其他地方也有志同道合的夥伴。食品作家佛羅倫斯・懷特（Florence White）在一九二八年建立了英格蘭鄉村烹飪協會（English Folk Cookery Association）。翌年，蘇格蘭裔民俗研究者瑪莉安・麥克尼爾（Marian McNeill）發表了《蘇佬廚房》（*The Scots Kitchen*），英格蘭社會史學者桃樂絲・哈特利（Dorothy Hartley）也在同年著手撰寫《英格蘭食物》（*Food in England*），於一九五四年出版。到了二十世紀上半葉，法國右派（大多數美食家都屬於這個陣營，但不是全部）與左派一同強調起法國鄉村與農民。右翼人士曾在一九二〇年出謀劃策，主導貞德（Joan of Arc）封聖一事——這位十五世紀的農家女看見異象，激勵法國人抵抗不列顛。一九三〇年代時，為數可觀的左派人士（其中有許多人是社會主義者，還有人數眾多的共產黨員）認為，以前的封建制度雖然惡劣，但比資本主義來得仁慈。一九二九年，亞爾薩斯史特拉斯堡大學（University of Strasbourg）教授兼歷史學家馬克・布洛克（Marc Bloch）與呂西安・費夫赫（Lucien Febvre）創辦了開創性的學術期刊《年鑑》（*Annales*），提倡研究包括食物在內的日常生活，並發表有關人們（尤其是農人）過去實際上吃些什麼的實證研究。人們就是在這種背景下，將法國農民料理視為法國高級料理的基礎。

重新評價農民料理、與之結合的做法也是一種農民運動，美國的情況尤其興盛。湯瑪斯・傑佛遜主張，擁有土地的自耕農是國家最有價值的公民——身強體壯、性格獨立，又能為所當為。亨利・大衛・梭羅（Henry David Thoreau）在《湖濱散記》（*Walden; or Life in the Woods*，一八五四年）裡，也以鄉間純樸生活的優點為主題。英格蘭記者理查・傑弗里斯（Richard Jefferies）在一八八〇年代一系列書籍中，描述了英格蘭農村裡日漸消失的自耕農、獵場看守人與農場工人生活——他本人就是農夫之子。植物學家艾伯特・霍華德（Albert Howard）利用自己在印度中部印多爾（Indore）領導種植業學會（Institute of Plant Industry）的經驗，批評當代的農耕方法，更反過來提倡堆肥與其他有機耕作法。任教於皇家農業學院（Royal Agricultural College）的草地研究專家喬治・斯特普爾頓（George Stapledon）也贊同小塊農地進行草皮與穀類輪種。霍華德與斯特普爾頓的理念不僅有許多不列顛農人採用，也在二十世紀中葉得到羅岱爾有機研究所（Rodale Institute）與有機農業運動的背書。儘管在第二次世界大戰結束後的一段時間之前，這種浪漫農業風的料理歷史僅在小圈子裡流傳，但它卻為二十世紀晚期料理史主流認知提供了論據。

全球料理分布形勢，一九一〇年前後

時至一九二〇年，都市中新興的月薪與週薪階級已經在大不列顛及其自治領、美國、歐洲北部、日本與其他工業化國家的城市裡，創造出了新的中階料理。法國高級料理是全球菁英的料理，而各國的中產階級與工人階級料理則迅速成為該國的國民料理。這三種料理都是以最具優勢的穀類（小麥或稻米），以及肉類為基礎（尤其是牛肉）。甜鹹餅乾、糖果、砂糖、罐頭食品、伍斯特醬、咖哩粉、可可粉、咖啡、茶與啤酒在世界各地都能買到。

食品加工工業化與大公司的出現（隨之而來的還有便宜的運輸與更有效率的耕種方式），對糧食價格下跌與國民經濟強化卓有貢獻。工業化世界中的家庭花在食物上的預算比例是前所未有的小。一八〇〇年時，大約有三分之二的不列顛人幾乎處於最低生存水準，但到了一個世紀後，只有三分之一的人口停留在該水準上。一八九〇年代時，法國人的平均支出中只有百分之六十花在食物上。在人類歷史中最早的幾個階段，碾磨穀類是百分之二十的人口得從事的日常活動。如今處理碾磨的工人人數微不足道，甚至連職業統計都不會列出來。麵粉碾磨是一八六〇年美國首屈一指的行業，其產值是棉花業的兩倍、鋼鐵業的三倍。食品製造業在接下來的四十年裡成長了十五倍，一九〇〇年時占所有製造業產值的百分之二十，而製造業整體在這段時間裡僅成長六倍而已。[130]一八八〇年代與一八九〇年代，日本的食品加工業更是占了百分之四十的經濟成長。[131]

工業化地區往中階料理、民族料理轉變，這跟世界上其他地方的發展完全不同。西方的饑荒雖然少了，但世界上未工業化地區的饑荒卻是前所未有的嚴重。之所以這麼嚴重，則是因為人口增加，地球洋流變化造成的歉收，糧食朝出口發展，交通基礎建設缺乏，以及原為預防改善饑荒屍橫遍野的情況、但結果卻失敗的殖民地政策。馬鈴薯、樹薯與玉米，加上甘藷、芋頭、高粱，這些作物對鄉間飲食的重要性持續提升。美國南方與義大利的飲食中有大量未經鹼化處理的玉米，也就意味著有許多人飽受癩皮病折磨，並因此喪生。在種植園經濟底下，從英格蘭或美國進口而來的機器是用來軋糖，而不是消除婦女加工食物的勞力負擔。

農業走向全球性的產地專業化。不列顛所需的小麥來自加拿大與美國的北美大草原、旁遮普平原，以及阿根廷的彭巴草原（pampas）。不列顛的商船隊中有六分之一（百分之十七）的船隻載運的是小麥。一八八〇年至一八八一年，光是舊金山與奧勒岡（Oregon）兩地，就有六百艘船載著小麥出發，前往不列顛群島。美國國內大部分的食物，都產自本國廣大的領土。美國南部與東北部的工業區從該國的其他地方進口小麥。中國的小麥供應量因為小麥產區嚴重的洪災而逐漸減少，於是經由太平洋一岸的麵粉公司進口原產於太平洋西北地區的小麥。[132]一九〇五年，來自西雅圖的汽船一路沿泥流滾滾的長江下游河口而上，完全不受反美抵制行動的影響。

歐洲種植甜菜的面積迅速增加，一噸的甜菜能生產出和一噸甘蔗一樣多的糖，而且還多了能飼養動物的綠葉。而在夏天溫暖乾燥、冬天溼冷的地中海氣候帶——包括地中海國家、加利福尼亞與南非的西開普（Western Cape）等地，用以種植釀酒葡萄與各種蔬果（新鮮販賣或做成罐頭）的面積也在擴大。當穿越阿爾卑斯山的隧道在一八七一年開通時，義大利企業家法蘭塞斯柯・齊里歐（Francesco Cirio）就在火車站附近蓋起倉庫，這麼一來，他的冷藏列車就能迅速載著新鮮蔬果，運往歐洲北方的城市。到了一八七〇年代，罐頭食品當道之時，齊里歐的公司每年已經能生產上百萬公斤的罐頭蘆筍、洋薊、桃子和豌豆。[133]非洲、印度、東南亞、加勒比海與中美洲等熱帶地區也為歐洲殖民國強權供應香料、糖、咖啡、茶與可可。古巴糖種植園主荷西・馬努埃爾・卡薩諾瓦（Jose Manuel Casanova）說：「沒有糖，就沒有國家。」[134]熱帶地區還能提供更耐久放的熱帶水果如香蕉與柑橘，或是夏威夷的鳳梨，以及西非的棕櫚油等能做成罐頭的水果。東南亞出口的稻米則養活了種植園的勞工。

自從引入機器來完成辛苦的脫粒工作後，農耕變得稍微沒那麼累人，也更有效率，氮肥則能增加作物的產量。人們將對西方料理不可或缺的動植物——如小麥、乳牛與肉牛、蘋果、馬鈴薯，甚至是切達乳酪（cheddar cheese）與老麵麵包用的乳酸菌，以及麵包、啤酒所需的酵母菌等，都帶到了溫帶，甚至是熱帶。類似美國在加勒比海地區的國有製糖公司以及聯合果品公司（United Fruit Company）等大公司開設了植物園、自然史博物館與農業實驗所（少部分由政府設立），以提升出口作物的產量。

儘管在工業化世界有這麼多的成就，近代料理仍然得面對一系列的問題。有跡象顯示，全由麵包、麵條或米飯、牛肉、糖與食用油所構成的料理並不均衡。有一大部分的日軍飽受腳氣病所苦，連天皇本人也是，關於腳氣病是細菌或飲食所造成的辯論也甚囂塵上。住在美國中西部的人罹患壞血病與甲狀腺腫大，南部則是癩皮病。不列顛城鎮中的兒童長了O形腿，這是佝僂病的典型症狀。

新料理為什麼沒能滋養出更健康的公民呢？

隨著飲食轉向中階料理，農耕活動也出現劇烈變化，這也帶來若干不良後果。英格蘭低地區與維吉尼亞的雪倫多亞河谷（Shenandoah Valley）等舊有小麥產區日益蕭條。少了關稅保護，不列顛小麥生產量在一八七〇年至一九一四年間暴跌百分之五十，同一時間的人口卻翻了一倍。縱使農場轉而生產肉類、牛奶與蔬菜，不列顛農業直到第二次世界大戰以前都沒有恢復水準。至於拉丁美洲、義大利與亞非部分地區，種植出口作物也比推動飲食現代化來得優先，農村窮人也因而受苦。

隨著貿易與農業全球化以來，階級性的料理逐漸消失，被各國料理所取代。但工業化地區也因此無法抵擋經濟政策變化與戰爭的影響。新重商主義與貿易保護政策取代了自由貿易。俾斯麥制定高關稅來保護德國東部省分的大地主，這些地主則為中央政府創造收入。一八八〇年代起，德國的農業就是靠製造業出口支撐的。至於法國，雖然其人口成長或工業化速度都不算快速，但第三共和（Third Republic）政府還是想贏得保守派天主教農人的支持。不列顛與美國都出現了對帝國政策的嚴肅批評之聲。

到了第一次世界大戰爆發前夕，不列顛、德國與低地國等全面仰賴糧食進口的國家，都害怕碰上糧食不足的情況。英格蘭從美國與阿根廷取得冷凍牛肉，從澳洲與紐西蘭取得羊肉，從南美洲拉布拉他河（River Plate）地區取得罐頭肉，從丹麥取得培根。奶油與瑪琪琳來自丹麥與荷蘭。糖來自東歐與加勒比海地區。馬鈴薯、乳酪、茶與蘋果則來自不列顛帝國各地。該國的食物從價格來看有百分之五十來自進口，從熱量來說則有百分之五十八來自進口，田裡用的肥料牲口吃的草秣也都是進口的。[135]自由黨的約瑟夫·張伯倫（Joseph Chamberlain）開始推動關稅。「假使明天有可能……把不列顛帝國大筆一揮，縮小到聯合王國的範圍，我們就有一半的人口得挨餓了」。[136]詩人魯德亞德・吉卜林（Rudyard Kipling）在帝國站上高峰時，也不失為一位敏銳的不列顛觀察家。他是這麼對學童們解釋不列顛人的食物是哪裡來的：

「嘿，你們要往哪兒駛去，你們這些大大的汽船，
載著英格蘭自個兒的煤，在海水裡往往復復？」
「我們正要去把你的麵包和你的奶油接回來給你，
還有你的牛肉、豬肉與羊肉、蛋、蘋果和乳酪！」
「那你們要從哪個地方帶食物回來呢，你們這些大大的汽船，
當你們遠颺，我該寫信到哪兒給你們呢？」
「我們會從墨爾本、魁北克和溫哥華帶食物回來，
信上的地址就寫荷巴特（Hobart）、香港跟孟買吧。」[137]

在不祥的最後一行，汽船說：「要是有誰阻止我們回來，你們就要餓肚子囉。」

第八章

近代料理：中階料理邁向全球，西元一九二〇年至二〇〇〇年

Modern Cuisines: The Globalization of Middling Cuisines, 1920–2000

【圖8.1】二十世紀末的埃及民眾在開羅市區的麥當勞，吃著白麵包與牛肉做的漢堡——近代西方料理的縮影。（圖片來源：Dick Dougherty / SaudiAramcoWorld / SAWDIA.）

哥倫比亞廣播公司新聞部（CBS News）記者查爾斯・克勞特（Charles Kuralt）曾經說過：「你可以像領航員那樣，把漢堡店當作天上的星星，不會〔在美國〕迷路。你我曾在布魯克林大橋（Brooklyn Bridge）的陰影下嚼著大橋漢堡（Bridge burgers），在金門大橋（Golden Gate）大口咬纜車漢堡（Cable burgers），陽光的南方有狄克西漢堡（Dixie burgers），北方有北佬漢堡（Yankee Doodle burgers）……我們還有國會大廈漢堡（Capitol burger）——你猜在哪兒？說正格的，在五角大廈的內院，還有五角漢堡（Penta burger）哩。」[1]

到了二十世紀末，也就是克勞特如此表示的三十年後，你已經可以用漢堡（圖8.1）取代第一章的根莖類與穀類，第三章至第五章的佛教、伊斯蘭教與基督教料理，或是第七章的法式晚宴，然後在全球各地導航了。[2] 韓式烤肉漢堡？首爾。摩斯米漢堡？東京。麥天貝①堡（McTempeh）？雅加達。加了泰式九層塔的麥香豬？曼谷。羊肉漢堡？德里。晚餐烤肉（shammi kebab）漢堡？巴基斯坦。麵包漢堡（burger on a bap）？愛丁堡。麥蔬堡（McGarden）？斯德哥爾摩。那麥蛋堡（McHuevo）哩？這八成在烏拉圭的蒙特維多（Montevideo）。

漢堡店的燈點得比歷來所有君王的餐廳都亮，老百姓可以坐在店裡享用鬆軟白麵包上的烤牛肉，乳白色的醬料與新鮮萵苣和番茄突顯出烤牛肉的風味，旁邊還配上完美的法式炸薯條。附餐還有一大杯冰涼飲料，可以是一杯奶昔、一碗冰淇淋，或是一杯冒著氣泡的可樂。三代人之前，白麵包、牛肉、非當地時令的新鮮蔬菜、冰淇淋與冷飲，是只有西方世界最有錢的人才能吃到的食物。法式炸薯條則是法國高級料理的極致，要用不同油溫回鍋油炸才能酥脆，跟英式炸薯條大不相

①【譯注】「天貝」（Tempeh）是印尼食物，是將熟大豆與真菌接種，包裹在香蕉葉中發酵的產品。

同。法國美食家有何不可斯基在一九二〇年代的文字中，稱炸薯條（*pommes frites*）「是道出類拔萃的巴黎菜」。法語雜誌《巴黎賽報》（*Paris Match*）報導說，當克里斯蒂安・馬里・費迪南德・德拉夸・德・加斯特里（Christian Marie Ferdinand de la Croix de Castries）將軍在一九五四年簽署停戰協議，結束第一次印度支那戰爭（First Indochina War）後，就是點炸薯條來吃。法國知識分子羅蘭・巴特（Roland Barthes）評論說，加斯特里下意識知道這是「法蘭西特質的食物象徵」。[3]但加斯特里可不知道過不到十年，炸薯條就成了中階料理中的主食。一九六五年，當約翰・理察・辛普洛特（John Richard Simplot）一發現冷凍馬鈴薯可以炸出絕佳的法式薯條，他就挑上了麥當勞來合作，這道在過去價格不斐、費時耗工的美食就此成為日常的小確幸。

不列顛人不管去哪兒，都會喝下午茶，搭配白麵包跟蛋糕——這是他們的全民料理；美國人則是拿牛肉跟麵包做漢堡，還有薯條、奶昔——這也是他們的全民料理，吃的人不分年齡、職業、階級，可以一個人吃，也能跟朋友、家人一起吃。柯林頓總統不會因為被人拍到他停下腳步買漢堡而感到困擾。二〇一〇年六月二十五日這天，歐巴馬總統選擇用這種美式佳餚來招待俄羅斯總統狄米特里・梅德維傑夫（Dmitry Medvedev）。麥當勞（有一半的利潤都來自美國以外）讓人能一嚐世界最強國家的料理與文化，正如此前法國餐館讓人能一嚐歐洲帝國的高級料理與文化。

無怪乎漢堡會變成衡量近代西方料理及其與政治經濟、營養和宗教關係的標準。有人認為麥當勞在莫斯科開設一事，就預示了蘇聯的結束，甚至還有人認為是加速其終結。[4]伊朗禁止跨國速食連鎖店，但類似麥許當勞（MashDonalds）與麥麥許阿拉（McMashallah）等當地模仿者填補了這個空隙。[5]在印度，麥當勞把牛肉漢堡變成用新鮮乳酪做的麥香奶酪堡（McSpicy Paneer），從善如流地配合印度教不吃牛肉的禁忌。摩根・史柏路克（Morgan Spurlock）在紀錄片《麥胖報告》（*Super-*

size Me）裡每餐都吃大麥克，吃了一整部片，暗示速食與肥胖的關聯。《經濟學人》（*Economist*）則用大麥克（Big Mac）的價格來衡量世界各國的貨幣價值，社會學家喬治・雷瑟（George Ritzer）則發明了「麥當勞化」（McDonaldization）一詞，當成效率、可預測性與「非人類完成的工作」的同義詞。[6]艾瑞克・西洛瑟（Eric Schlosser）則說速食的崛起「讓我們的鄉間景緻加速變成商場，加深了貧富之間的鴻溝，為肥胖的流行提供動力，更促成了美國帝國主義在海外的強大破壞力」。他呼籲美國人「調轉方向，走到戶外」。[7]為了讓人們注意到麥當勞使用施打過生長激素的牛肉，法國農夫若澤・博韋（José Bové）於是在一九九九年拆了法國南部米約（Millau）一處正在興建的麥當勞餐廳，還管它叫「麥狗屁」（McMerde）。此外，談到致力於對抗速食、保存地方料理的「慢食運動」（Slow Food），就是在一九八六年抗議羅馬西班牙階梯（Spanish steps）旁開設的麥當勞時得到這個名稱的。[8]

麥當勞的麵包、牛肉、薯條與奶昔，對某些人（包括世界上大部分地區新興的中產階級）來說還是太貴，因此泡麵就成了近代速食餐點的另一種選擇。泡麵結合了最關鍵的近代食材：小麥麵粉、食用油和肉（至少是肉味，像是保衛爾或十九世紀的肉精），還有清湯上浮著、暗示蔬菜存在的綠色碎屑。兩千多年前，麵食在中國發明出來，又在十二世紀早期進入日本，如今的泡麵就是麵食展現的最新面貌。第二次世界大戰之後，來自日本前殖民地的漢人與朝鮮人就在日本推著小車，叫賣起小麥麵粉做的細麵。軍事占領當局（實際上就是美國人）用美國慈善組織的捐款開辦了校園午餐計畫，臺裔日本人安藤百福心想，或許可以把工廠生產的速食版細麵推銷給該計劃。他發明了一種將麵條油炸後乾燥的方法，如此一來，不到五分鐘就能用滾水煮好麵條。[9]

一九五八年，安藤百福的日清食品公司賣了一千三百萬包泡麵，隔年更是賣了七千萬包。

一九七一年，乾燥的泡麵裝到了保麗龍杯裡，堪稱銷售傑作。到了一九九〇年代，日本國內每年銷售四十五億份泡麵，每年每人購買四十份。日本公司將泡麵出口到了全世界。泡麵成為日本對印尼、泰國與蘇聯糧食援助的一部分。墨西哥工人在便利商店或市場上買泡麵，用工地的微波爐加熱。在難民營裡，泡麵就是一餐即食的熱食。英格蘭有許多學生都會沖碗泡麵，哈利王子（Prince Harry）也是其中之一。截至二〇〇〇年為止，每年都有五十三億包日本泡麵售出。

二十世紀結束前，美國料理是近代西方料理中擴張最快的分支，非西方料理中則是以日本料理為最。不過，反美示威雖然把遍布全球的漢堡與泡麵，看成美國（或是程度稍輕的日本）帝國與料理主義勢如破竹的進擊，但事實上卻不能這麼解讀。漢堡與泡麵這兩者都得不斷調整，以吸引當地人的味蕾。泡麵倘若做成泡菜口味，在韓國可以賣得更好；印度是綜合香料（garam masala）口味，墨西哥則是蝦米口味。廚師們並不會受到包裝上調理說明的局限，反而會創造出企業總部意想不到的料理，創造出《人見人愛速食麵》（*Everybody Loves Ramen*）、《搶救泡麵》（*Ramen to the Rescue*）、《泡麵山》（*Oodles and Oodles of Ramen Noodles*）以及《用泡麵煮出便宜美食》（*Low Cost Gourmet Meals Using Ramen Noodles*）等食譜。

無獨有偶，顧客也能根據自己的意思調整麥當勞的食物，改造出來的跟美國本土的麥當勞可是大不相同。墨西哥城的麥當勞是婦女購物時小朋友遊戲的地方，在里約熱內盧是享受燭光晚餐、香檳約會的地點，在首爾可以開讀書會，在東京用來寫功課，在越南則是風姿綽約的單身女子獨自用餐之地。[10]來到北京，往社會階級上爬的人坐在肯德基大片的落地窗內，心知經過的朋友會懂得他們的品味。人們會去麥當勞約會，坐在專人服務區的兩人桌（又稱「情人座」），心裡明白帳單的價格不會高得叫人難受。他們看報紙，主持商業會議，辦餞別會，慶祝畢業、拿到學位或學期結束，或是在週末和家人一塊兒享用大餐。

更有甚者，日本泡麵與美式速食連鎖店無論走到哪兒，都會激發當地的競爭。印尼的印多福（Indofood）擁有印尼三個主要的泡麵品牌——營多（Indomie）、三林麵（Sarimi）和超級麵（Supermi）——並對三十個國家出口，包括沙烏地阿拉伯、奈及利亞、澳洲與美國。西元二〇〇〇年前後，印尼人一年就吃掉一百億包泡麵。尼泊爾並非知名的小麥產區或食物加工業國家，但尼泊爾的喬德利集團（Chaudhary Group）在一九八〇年開始生產威威麵（Wai Wai Noodles），到了一九九〇年代時，已掌握百分之六十的當地市場與百分之十五的印度市場。摩斯漢堡自一九七二年起，於日本販售漢堡、照燒肉漢堡、炸豬排漢堡、米漢堡、蜂蜜檸檬口味的蒟蒻飲料（用富含澱粉的球莖粉末來勾芡），以及「咖哩雞肉佛卡夏」（用佛卡夏〔focaccia，一種扁麵包〕夾的三明治）。一九八一年起，法國人就開始跟比利時連鎖店快客（Quick）買漢堡來吃。來到新德里（New Delhi），印度人會去尼路拉（Nirula's）買香料烤雞肉漢堡、核桃奶酪漢堡與冰淇淋。韓國人在儂特利買漢堡跟炸雞。在菲律賓，麥當勞始終都敵不過家族企業快樂蜂（Jollibee）；乾淨的餐廳、用大蒜與醬油調味的漢堡，讓快樂蜂成為該國最大的速食連鎖店。快樂蜂自詡為「傳承的堡壘、菲律賓人勝利的豐碑」，無論菲律賓僑民群聚於香港、中東與加州何處，快樂蜂就到哪兒去開分店。[11]

所有的西方飲食產品、加工方法和店面都得面對紮紮實實的競爭。隨著可口可樂遍布全球，其他的軟性飲料如印度的拇哥（Thums-Up）或玻利維亞的印口可樂（Inca Kola）也成為當地人的最愛，銷量超過可口可樂。通用食品（General Foods）雖然是世界最大的食品加工公司之一，但也得屈居英荷聯手的聯合利華與立足瑞士的雀巢公司之下——雀巢才是所有食品公司中的巨人。美國發明了切片包裝白吐司，但這種產品賣最好的卻是墨西哥公司賓堡（Bimbo），賓堡在二十一世紀頭十年行將結束時稱霸市場，站上食品企業中的第四位。沃爾瑪（Walmart）是食品零售商之首，也是世界最大的僱主之一，但英格蘭的特易購（Tesco）與法國的家樂福也緊追在後。這三家公司都發現很難打入日本、韓國與印尼。香港的家樂福雖然有賣活蛙、龜血和整隻烤乳豬，但還是在一九九六年至二〇〇〇年間虧損四億美元，被迫關門大吉。[12]

這種全球性的糧食充裕與料理競爭，是二十世紀初——當時的歐洲政治領袖擔心本國對進口糧食的依賴不斷成長——甚至是第二次世界大戰後的人所無法預料的。第一次世界大戰為歐洲帶來嚴重的短缺，某些地方的情況更近乎於饑荒。一九二〇年代，這個世界從全球化的過程中抽身而出。[13]連不列顛都懷疑自由貿易，許多領導人更呼籲以在帝國內部進行貿易作為取代。其餘的歐洲國家、美國，以及不列顛自治領則從未擁抱自由貿易。比方說，義大利在一九二五年對小麥實施關稅，法國也在一九二六年跟進。俄國革命則在盛行的市場經濟外，首次提出了社會主義式的另一種選擇。就連最富裕的國家，大蕭條也創造出了領麵包的長長人龍。移民美洲的步伐慢了下來，但有五千萬移民前往滿洲、西伯利亞、中亞與日本，其中有許多人是為了尋求更好的食物，或是種植食物來支撐俄羅斯帝國與日本帝國。[14]接下來的第二次世界大戰摧毀了世界上許多的經濟體。

第二次世界大戰過後，料理變遷的腳步再度跟了上來。全球料理形式在三個方面有了轉變，模糊了帝國裡少數城市人吃高級料理、城市與鄉下窮人吃粗茶淡飯的舊有局面。第一，西方料理哲學與社會主義料理哲學反映了四十年來（大約從一九五〇年到一九九〇年），美國（此時已成為最大農業生產國與最強經濟體）與盟友跟蘇聯主導的東歐集團（Eastern Bloc）之間的冷戰情勢，以及軍事、政治上持續的緊張關係，而此影響是全球性的。第二，隨著不列顛、法蘭西、荷蘭與其他歐洲帝國瓦解，全球國家的數量也提升到大約兩百國，各國都端出了自家的料理。第三，在那些比較富有的國家裡，鄉下人過去數千年來吃的、所有料理中最寒酸單調的粗茶淡飯已經消失了，就像寒磣的都市料理在十九世紀晚期消失一樣。現在的鄉下人就跟城裡人一樣，能享用以較優質的穀類、肉品、食用油與糖烹調的食物。農業機械化減少了收入微薄的農場工人數量（水果與蔬菜種植例外），電話、巴士與汽車將偏遠的鄉鎮與農場跟城市連接在一起，連鄉下的廚房也都有自來水和電。帝國裡有高級料理與粗茶淡飯之別，如今在過去帝國範圍裡的富裕國家與貧窮國家也出現了分野。富裕國家裡的每一個人都能吃中階料理，鄉村地區也不例外；貧窮國家則是極少數人吃高級料理，剩下的人吃粗茶淡飯。此外，世界人口也持續攀升，從一九二七年的二十億人翻了三倍，變成二〇〇〇年的六十億人。

由於第二次世界大戰戰後期間發生的料理變化如此無遠弗屆，有些研究食物的學者因而主張料理準則已經不再，而這些準則所涉及的特定料理與身分認同也隨之消失。[15] 一想到有這麼多國家主張有本國特別的料理，想到有各式各樣蓬勃發展、互相競爭的政治體制（包括自由民主制、社會主義國家、帝國、君主國、法西斯國家、神權政體與獨裁政體），再想想移民、跨國食品企業，要搞懂二十世紀晚期的情況就像一件不可能的任務。可即便如此，近代中階料理歷史中還是浮現了特定的幾個主題，而所有這些料理都跟漢堡、泡麵一樣，呈現出同一種全球融合與分離之間的張力。

近代西方料理 VS 近代社會主義料理

第二次世界大戰以來，包括軍人、跨國企業、非政府組織、傳教士與移民等許多不同的推動者，都對近代中階料理推廣全球有所貢獻。但沒有哪一種能比擁有全球影響力的強國更為重要——它們就是這段推廣運動的主角。這些強國（特別是在冷戰期間）提供了兩套不同的近代料理觀——西方料理與社會主義料理，並創造了兩個不同的料理圈。在二十世紀前半葉亦屬帝國勢力的日本，則跟其他老牌帝國有志一同，熱議著在這兩種近代中階料理之外，是否有第三種料理觀。[16]

近代西方料理已經在一九二〇年代成形，這我們在第七章已經討論過了。雖然從來就稱不上一以貫之，也不是毫無爭議，但近代西方料理仍然是以家人聚餐和顧家態度、家庭農場、自由貿易、法人資本主義（corporate capitalism）、民族主義、宗教寬容，以及近代營養理論為基礎。美式料理在第二次世界大戰之後成為近代西方料理擴張最快的分支。這時的美式料理一如其他西方料理，包括了牛奶、蔬菜、水果，以及麵包、牛肉、食用油與糖。[17]餐點的內容主要有早餐的穀片粥（有冷有熱），午餐的湯和三明治，以及晚餐的一肉兩菜。世紀之交時由移民帶來的食材與菜色（尤其是麵食），也在二十世紀中葉開始進入美式料理主流。

社會主義料理成形於蘇聯。經歷了十多年的國內動盪與抗議行動後，每週得花上多達四十小時排隊等麵包的彼得格勒（Petrograd）婦女們，也在一九一七年開始走上街頭，開啟了一連串事件，導致俄羅斯帝國瓦解。蘇聯採用集體農場、由國家掌控的食品加工與分配、集體用餐、限制宗教料理規則，以及近代營養理論。[18]社會主義料理隨著第二次世界大戰推廣到東歐與中歐大部分地區。蘇維埃社會主義共和國聯盟（USSR）到處都是國家營運的食堂，提供標準化的餐點，有湯——通常是甘藍（白菜湯）或甜菜根（羅宋湯）煮的，有肉——像是一片厚肉片、一條香腸、一塊包餡的餃子，或是烤牛肉或豬肉，還有麵包、穀粒粥或通心粉等澱粉類，少許像茶、咖啡、優格或水果飲等飲料，以及某種甜點。冰淇淋也是甜品的選項。集體農耕與集體用餐廣受墨西哥革命（Mexican

Revolution）後的墨西哥、古巴革命（Cuban Revolution）後的古巴，以及改革開放前的共產中國所仿效（但不包括仿效特定食材與菜色）。這也為西方世界中的抗議活動提供了某種典範。

日本、土耳其與其他國家試圖找出推動本國料理近代化、卻不用全盤接受西方料理的方法。十九世紀晚期，種族思想在西方見怪不怪，西方現代化的過程逐漸將世界其他地方的知識分子與政治人物排除在外，許多人因而開始尋找另一種做法來取代之。一九〇五年，日本擊敗俄羅斯——這可是個西方國家。這起事件激勵了土耳其（後來該國在一九二三年宣布成立共和國）、伊朗以及中國，根據日本路線來著手改革。[19]一九三〇年代，日本退出國際聯盟（League of Nations）。泛亞洲主義（Pan-Asianism）與泛伊斯蘭主義（pan-Islamicism）受到廣泛討論，其料理哲學則是從西方汲取有用的東西，同時保存當地文化特色，通常包括宗教規矩在內。比方說，日本人就接受近代食物加工法，但把注意力放在亞洲深厚的食物發酵傳統與亞洲口味。一種和式、西式、中式交融的料理也在一九二〇年代至一九六〇年代間創造出來（一九四〇年代的艱困歲月中有過短暫停頓）。日本料理部分（和食）由湯、米飯、醬菜，以及一道或蒸或煮的魚或肉類菜色所組成，稱為「一汁三菜」——遠比以往日本家庭主婦準備的餐點複雜得多。西方料理部分（洋食）包括三明治與蛋黃醬沙拉等等，多半是在百貨公司餐廳裡吃到。中國料理部分（支那料理）則源於中國北方的麵食文化，最重要的有餃子與蕎麥麵（支那そば），而麵條也在一九五〇、一九六〇年代間改名叫「ラーメン」（拉麵）。西方料理、社會主義料理與不結盟國家料理（nonaligned cuisines）一如過去的其他料理，得面對同樣的三個議題：料理與自然界之間（包括吃飯的人自己的身體）的關係是什麼？料理與宗教或道德之間的關係是什麼？而料理與國家之間，又有什麼樣的關係？

在國家層次上，近代營養理論，即結合料理與人體健康的詮釋方法，已經變得跟曾經無所不在的體液理論一樣無遠弗屆。（但世界上許多地方的人仍然相信體液理論。）料理、周遭環境與健康之間的呼應關係，已經被抽象的近代營養理論所取代。[20]成長與體力需要大量的蛋白質（尤其是肉類）——縱觀大半個二十世紀，人們對這種看法始終深信不疑，從流行看法到學術理論，到處都可以看到。以身為素食主義者聞名的甘地在其《甘地自傳》（*Autobiography*，一九二七年初版，此後經常再版）中，引用了人稱「那瑪達」（Narmad）的古吉拉特詩人講不列顛人和吃肉的詩：「瞧那些強壯的英格蘭人／他統治了印度小矮個／因為吃肉／他才有五肘尺（cubit）高。」[21]不久之後，人在黃金海岸（Gold Coast，今天的迦納）工作的不列顛醫生西絲莉・威廉斯（Cecily Williams），根據她對幼兒「蛋白質缺乏症」（kwashiorkor，尤以玉米為主的飲食造成的營養不良所引起，對孩童來說可以致命）的認識提出看法，認為存在全球性的蛋白質短缺現象。第二次世界大戰之後，倫敦衛生與熱帶醫學院（London School of Tropical Medicine and Hygiene）的約翰・沃特洛（John Waterlow）與美國劍橋麻薩諸塞營養研究院（Massachusetts Institute of Nutrition）的內文・斯格林姆蕭（Nevin Scrimshaw），將富國與窮國之間的「蛋白質鴻溝」（protein gap）定型為概念。人類學家更提出假設，表示由於缺少經馴化的大型動物所造成的蛋白質短缺，促使中美洲人以人祭祀、吃人肉。[22]

官方看法中，「蛋白質鴻溝」陰影越來越大，情況直到二十世紀後三分之一才停止。接下來的研究發現，由於主食中含有蛋白質，原住民飲食比人們此前認為的還更有營養，「蛋白質鴻溝」的陰影也跟著消失。例如早在一九四二年，墨西哥營養研究所（Institute of Nutrition）所長法蘭西斯科・德・寶拉・米蘭達（Francisco de Paula Miranda）和他的美洲同僚，便斷定原住民歐托米族（Otomi）以玉米、豆類和辣椒為主的飲食，基本上是均衡的。學者指出，野味、鳥類、魚類與昆蟲就跟玉米和豆類一樣，提供多於所需的蛋白質。[23]無論官方的看法如何，蛋白質對許多人來說還是餐點的重心，只要他們付得起。相形之下，十九世紀晚期因熱量而得到高度重視的碳水化合物與食用油，在二十世紀卻混得不好。糖再度受到攻擊，這一回被當成「空熱量」（empty calories）的來源。食用油則顯得非常複雜，為了評估不同食用油是否健康，得進行大量的研究。

當維生素在二十世紀上半葉一被發現，良好健康所必須的「保健食物」——也就是水果、蔬菜等富含維生素、此前被當成非必要奢侈享受的食材——馬上得到推廣。人們也發現腳氣病、佝僂病與癩皮病等無法用細菌理論解釋的疾病，可以透過調整飲食治癒。最後則是以前做成優格、奶油或乳酪（根據不同社會而定）來食用的鮮乳，現在人稱最完美的自然食材。一九一八年，身為美國頂尖營養學家之一的艾爾默・麥克科倫（Elmer McCollum）主張說，比起不喝牛奶的人，那些「自由使用牛奶，當成食物的人……體魄更為健壯，壽命更長，養育下一代時也更為成功。他們……在文學、科學與藝術上也取得更偉大的成就」。[24]

西方國家、東歐集團與不結盟世界的政府都會提供營養建議，希望能改善公民健康。美國農業部（U.S. Department of Agriculture）分別在一八九四年與一九一六年，發表了第一份飲食建議與幼童食物指南，提出了五種食物群（牛奶與肉類、穀類、蔬菜與水果、食用油，以及糖）。一九四三年，國民營養會議（National Nutrition Conference）在美國總統富蘭克林・D・羅斯福（Franklin D. Roosevelt）倡議下召開，結果就是農業部所提出的「基礎七大類」（Basic Seven）②。到了二十世紀

②【譯注】分別為（一）綠色與黃色蔬菜；（二）柳橙、番茄、葡萄；（三）馬鈴薯與其他蔬果；（四）乳與乳製品；（五）畜肉、禽肉、魚肉或蛋；（六）麵包、麵粉與穀類食品；（七）奶油與營養強化配方瑪琪琳。

末，各國都根據其文化喜好，發表了飲食金字塔、飲食圈、飲食之屋與飲食塔等圖像。二十世紀初，美國、日本與其他國家的家政學者開始四處宣傳營養理論。美國家政學家在一九一五年來到中國，一九二〇年抵達土耳其，到了一九三〇年，留學生也前往美國學習營養學。營養理論影響了第一次世界大戰時的大不列顛、德國與美國，以及第二次世界大戰的所有參戰國。官方發行食譜，刊登廣告，並頒布食品健康與安全規章。一九二〇年的日本，一九三〇年的蘇聯與一九四四年的墨西哥也都成立了營養研究機構。蘇聯營養學家大概是不自覺想起了批評奢靡飲食的悠久傳統，於是責備大量使用醬汁與香料的飲食會造成過度的食欲、飲食過量、貪食與道德淪喪。M・P・杜比安斯凱亞（M. P. Dubianskaia）在《健康食物及其調理》（*Healthful Food and How to Prepare It*，一九二九年）解釋道：「過量的鹽、胡椒、芥末、醋以及其他調味料與香料，傷害的不只是消化器官，而是整個身體。」為了將食物的營養價值最大化，當局建議蘇維埃人民細嚼慢嚥，飲水量要有限制。[25]二十世紀晚期，中國試圖藉由更好的孩童飲食，達到提高「人口素質」的目標。有關餵哺母乳與兒童餐飲的文宣開始在中國農村發放，中國城市裡也設立了鼓勵餵哺母乳（世界衛生組織〔World Health Organization〕與聯合國兒童基金會〔United Nations Children's Fund〕對此表示熱烈支持）的「育兒友善」醫院。[26]當美國第一夫人蜜雪兒・歐巴馬（Michelle Obama）在二十一世紀頭十年裡對美國民眾說「一整代人的身體與情緒健康，以及整個國家的經濟健康與安全都危在旦夕」，要推動她的「動起來」（Let's Move）計畫時，她所表現的就是那種「政府對其公民的福祉負有責任」的典型近代觀念，而這種觀念又是「讓人免於飢餓」的古老職責的重大擴張。[27]

等到牽涉到料理與宗教之間的關係時，各種政府政策分歧的程度，就跟它們在營養問題上有志一同的程度一樣高。從西元前幾百年起至十七世紀之間，帝國－宗教聯盟與相關料理間常見而清晰的模式如今已經消失。西方國家讓個人自己做主，決定是否要服膺於宗教式的料理規定。歐洲的穆斯林，以及美國的摩門教徒、猶太教徒雖然屬於少數族群，但人數仍足以組織起自己的食物供應。以美國為例，諸如馬尼舍維茲（Manischewitz）等公司經營的潔食屠宰場、專門商品供應鏈，以及逾越節苦菜、羔羊與泥醬（charoset，用水果與堅果做的深色果醬）等宗教節日時的特殊料理，都可以在美國找到。多數的新教徒有著相對少的宗教飲食規範，但他們仍偏好口味清淡的料理，同時熱議著用公杯喝聖餐酒的衛生問題。[28]福音派（Evangelicals）是墨西哥猶加敦（Yucatán）成長最快的基督教支派（在世界各地也是），布道師告訴信徒不要再吃傳統的玉米餐點，因為玉米種植過程中摻雜了西班牙—天主教時期以前的宗教儀式雜燴。信徒得改吃加工麵粉做的薄餅、點心，以及從當地小雜貨店裡買來的軟性飲料。[29]

社會主義國家認為宗教（以及宗教料理）相當落伍。東正教齋戒期間，人們要用魚和蕈菇代替肉類，宗教節日時也會用特殊的餐點慶祝，像是復活節時吃料多豐富的麵包。當蘇維埃政府一掌權，立即宣布打造俄羅斯料理時，就再也沒有東正教的一席之地了。來到中亞地區，蘇聯則鎮壓伊斯蘭教，引進伏特加。一九二六年，稱不上社會主義的民粹墨西哥當局沒收了天主教會的財產，並限制教士參與活動。一九五七年古巴革命之後，古巴政府也減少了宗教活動。而在中國，佛教也在一九四九年至一九八〇年代之間遭到禁止。

儘管如此，只要社會主義國家管制一放鬆，傳統宗教習俗就有可能重現於世。隨著蘇聯瓦解，俄羅斯人就轉往莫斯科基督教會（Christian Church of Moscow）的湯品廚房（Soup Kitchen）等賑濟機構尋求食物。[30]而在二十世紀晚期，即便墨西哥並非宗教政權，天主教會也不再堅持多數的飲食規範，還是有許多墨西哥人持續守大齋期，蜂擁至每一間有提供魚肉與無肉餡餅餃的雜貨店裡購買。至於中國，對佛教的禁令一結束，齋菜館就跟著重新開張，傳統祭品也再度出現在往生者的墓前。

來到那些既不跟西方走也不聽蘇聯話的國家，宗教料理一直大權在握。一九四七年印度獨立與印巴分治（Independence and Partition）之後，印度教就是印度的主流信仰。甘地在一九五四年說「印度教的中心德目就是保護牛隻」，不時有人發動絕食抗議或出現暴動，為的都是支持禁止殺牛的全國性禁令。德里大學（University of Delhi）的資深歷史學家德威堅德拉・納拉揚・吉哈（Dwijendra Narayan Jha），在時值印度民族主義派的印度人民黨（Bharatiya Janata Party）執政的二〇〇一年，出版了《聖牛：印度飲食傳統中的牛肉》（*Holy Cow: Beef in Indian Dietary Traditions*），主張早期的印度人不只吃牛，而且吃牛的習俗也不是穆斯林帶進印度的，結果發生了群眾暴動。穆斯林在伊斯蘭國家延續著他們傳統的屠宰法、飲食禁忌與宗教節日。[31]一九七九年伊朗革命之後，西化的沙阿穆罕默德・禮薩・巴勒維（Mohammad Reza Pahlavi）政權就被伊斯蘭共和政府取代，當局強制實施伊斯蘭教的料理規定。教士們禁止魚子醬，因為據說這種重要的出口商品，是從未經清真方式宰殺的無鱗魚身上取來的。面對倉庫裡堆積如山的高價食品罐頭，當局下令教士與生物學家調查這個說法。等到他們發現宰殺的魚有不規則的鱗片，出口活動也跟著繼續。[32]至於東亞，佛教料理則已經藉由烹飪與用餐的規矩、素食餐廳的餐點、日本幼稚園小朋友打開便當盒之前的禱詞，以及上墳祭拜的貢品，滲透到好幾百萬人的生命裡。

談到料理與政治經濟之間的關係，就採取國家控制的糧食生產、加工，甚至（在許多情況下的）烹飪與用餐等方面，社會主義世界都跟美國及其盟國有極大的分歧。集體餐點要在集體食堂裡吃，由集體廚房準備，使用集體農場生產的食材。[33]蘇維埃社會主義共和國聯盟排斥居家生活。

一九二七年全聯盟共產黨婦女會議（All-Union Women's Congress）上，一名代表表示「我們還沒從家庭的重擔中解放」，「顯然工廠裡的女性工人仍被迫圍著鍋子，站在爐具和廚具旁」。[34]托洛斯基（Trotsky）在一九二三年是這麼說的：「假使女子還被她的家庭，被煮飯、洗衣服、縫衣服給綁住，那她能影響社會與國家生活的機會就是這麼微乎其微。」人們希望擺在桌巾上的集體餐點、桌上放的鮮花、背景中鋼琴師演奏的古典樂，以及掛在牆上的畫作真跡，也能為先前否定這些東西的人帶來教養與文化。卑躬屈膝的侍者與飛揚跋扈的顧客所展現的階級結構，在以前的餐館裡屢見不鮮，但這些集體食堂不同，是對所有人開放的。集體廚房可以節省食材與燃料，因而比家內廚房更有效率（圖8.2）。史達林在一九三九年的蘇維埃食譜《健康美味食譜》（*The Book of Healthy and Delicious Food*）裡表示，政府給「人民的不只是自由，還有實質的東西，以及過富裕、文明生活的機會」。[35]

集體用餐運動的光景時好時壞，資金也總是短缺。看起來，集體用餐的確改善了城市裡窮人吃飯的情況，至少也舒緩了最糟糕的糧食短缺情形（但仍有六至八百萬名拒絕集體化的烏克蘭人挨餓）。據估計，這些集體設施在一九三三年餵飽了兩千五百五十萬人。[36]對一個年輕、資源不足、人口過多、廚房骯髒、食堂端出來的食物常常倒盡胃口的國家來說，這是個沉重的工作。家內用餐仍然與集體用餐同時存在。許多婦女希望運用她們的營養新知，來養育自己的孩子。其他人則重回菜園，畢竟新的封罐設備讓保存蔬果既經濟實惠，又能未雨綢繆。當局為因應收成不好、穀類供應不足而發放配給證明，做體力活的工人每天能分配到一磅黑麵包，白領或「腦力勞工」半磅，家庭主婦與老人則是四分之一磅（圖8.3）。[37]黑市與坐地起價都是生活常態。

其他國家也跟著蘇聯在食材集體加工與用餐的腳步走。第二次世界大戰之前，得到社會主義

【圖8.2】〈打倒廚房奴隸制：新生活方式〉（*Down with Kitchen Slavery: A New Way of Life*）。傳統婦女在一間充滿洗熨與烹煮蒸氣的廚房裡，把手泡在肥皂水裡親手洗衣服，一旁小爐子上煮著餐點。而蘇聯的現代婦女則推開門走向新生活，她的孩子開心玩耍，陽臺上精緻的自助餐讓人能在好天氣時到戶外用餐，下班後還可以上俱樂部。（圖片來源：Poster by Grigory Mikhailovich Shaga (1931). Courtesy Glenn Mack.）

理想派大力支持的早期「基布茲」（kibbutzim）③就已成立於以色列，裡面就有集體用餐區與集體廚房。來到中國，毛澤東的部隊拿下上海之後，共產黨旋即在一九四九年夏天接管上海的稻米交易與發達的食品加工業。共產黨員一面辛苦讓城市得到食物供應，一面辯論著要用節儉——革命志業的根本——還是用革命理應帶來的、對繁榮的承諾，來領導料理方面的政策。擺宴席、上奢華的館子都不被鼓勵。賣食物的小販得到青睞，工作場所的集體食堂紛紛設立。[38] 一九四〇年代早期，烏拉圭、阿根廷、智利、秘魯與墨西哥都為窮人設立大眾食堂（在西方世界，供窮人用餐的湯品廚房通常是由教會或私人慈善組織營運）。墨西哥大眾食堂提供的食物有魚肉、漢堡、波隆納通心粉、匈牙利千層麵、蘇格蘭肉派，以及烤牛排。縱使菜名通常無法代表菜色確切的樣貌，但它們的確指出大多數的餐點是由西方營養學家所認可的食物，即小麥麵粉與牛肉做成的。由於大眾食堂提供的玉米薄餅（墨西哥飲食的根本）不多，集體用餐設施裡做薄餅的機器還很原始，食堂因此不太成功。[39]

與君主政體關係緊密的高級料理，在西方民主國家與社會主義國家同樣備受質疑。例如在美國，人們期待總統向公民們看齊，不要舉辦過去那種鋪張的宴會。進步時代（Progressive Era）④的頂尖政治諷刺作家兼身價不菲的好萊塢影星威爾·羅傑斯（Will Rogers），就在一九三一年抨擊法式料理廚師，說他們會「在一片馬肉上淋上湯汁，再取個唸不出來的菜名，讓美國人搞不清楚底

---

③【譯注】二十世紀初在以色列出現的聚居社群，以農業活動為主。「Kibbutz」為希伯來語，意為聚集、群聚。

④【譯注】一八九〇年代至一九二〇年代，美國都市地區開始出現一波改革運動，以改善政府腐化、促成更直接的民權、婦女投票、消費者權益、提升產業效率。

【圖8.3】〈做工才有麵包：不工作的人就沒得吃〉（*Labor Is Bread: Who Doesn't Work Doesn't Eat*）。在這張一九一七年至一九二一年間繪製的海報上，一名穿著俄羅斯上衣與靴子的工人當著刻板印象中的猶太銀行家、一名貴族與他的妻子，以及一名教士的面，憑券領走了桌上的麵包。（圖片來源：Courtesy New York Public Library, http://digitalgallery.nypl.org/nypldigital/id?1216178.）

下是小牛胸肉還是天使蛋糕。法國佬（Frogs）就是靠著淋肉汁上去來幹髒活」。[40]羅傑斯大概不知道，自己和英格蘭新教徒與法國啟蒙哲士——尤其是與盧梭的想法遙相呼應，而這些人又是從加圖、塞涅卡與其他古代世界的共和分子那兒得到靈感的。幾年後，羅斯福的白宮管家恩莉葉塔·內斯比（Henrietta Nesbitt）解釋道：「有這麼多美國人餓肚子，就得靠為第一家庭提供經濟簡便的餐點，來做好榜樣。」雖然外交人士與政要們對總統提供的平實美式餐點抱怨連連，但一點用都沒有。[41]當南茜·雷根（Nancy Reagan）籌措私人資金，花了二十一萬美元為白宮添購四千四百件的瓷器時，輿論馬上強烈抗議。凱薩琳大帝在十八世紀晚期的俄羅斯購買的規模也相去不遠，卻不會引起類似的反應。一九七五年，《紐約時報》（*New York Times*）美食評論家克雷格·克萊本（Craig Claiborne）和他的專欄作家同事、廚師皮耶·弗雷尼（Pierre Franey）在巴黎吃了四千美元的晚宴，這件事也成了許多美國人對高級料理看法的縮影。有位評論人說：「高級豬圈裡精心準備的這一晚，讓美國民眾都感覺到傷風敗俗。」[42]

雖然法式高級料理仍然是外交料理首選，但已經不再不可或缺。在羅斯福總統的帶領下，美國總統逐漸開始提供其他的外交料理選擇。一九八三年五月，隆納德·雷根（Ronald Reagan）總統在維吉尼亞州威廉斯堡（Williamsburg）舉行的國際經濟高峰會提供美國地方菜，而在二〇一〇年五月，歐巴馬總統則為墨西哥總統費利佩·卡爾德隆（Felipe Calderón）提供美國餐廳老闆兼食譜作者里克·貝利斯（Rick Bayless）掌廚的墨西哥式晚宴。

埃斯科菲耶與其他前輩廚師的精緻法國高級料理，如今在高級餐廳與旅館也變得沒那麼招搖。一九二二年，曾經在盛名遠播的巴黎布里斯多酒店（Bristol hotel）與麥爵酒店（Majestic hotel）受訓的費爾農·普安（Fernand Point），到維埃納（Vienne）開了金字塔餐廳（La Pyramide），位置就在里昂南方、前往蔚藍海岸（Riviera）的路途上。他所提供的「奔放的食物」據說既清爽又容易消化，能嚐出食物的原味，包括一些法國地方菜色，以及口味能讓法國人接受的「異國」料理，例如俄羅斯酸奶牛肉（法國廚師在俄羅斯發明的菜色）。金字塔餐廳不像過去的法國菜餐廳來得高檔，但提供的不太可能是庶民料理，上門光顧的也都是像溫莎公爵夫婦、阿迦汗三世蘇丹．穆罕默德沙阿勳爵（Sir Sultan Muhammed Shah, Aga Khan III，國際聯盟主席），以及劇作家尚．考克多（Jean Cocteau）等名流政要。法國美食家也和世界各地價格高昂的法式料理或異國料理保持距離。美食專家與評論家有何不可斯基痛斥大飯店提供的餐點，是「美國豪華酒店裡糟糕的熱化學假食物」。[43]他還表示，德國大飯店的食物「很野蠻」，油煎馬鈴薯有夠噁心，「《凡爾賽條約》應該要禁止這些食物的做法越過萊茵河」。[44]第二次世界大戰開始之後，普安的徒弟們更是繼續開發少了幾分奢華的法國高級料理版本。

艾蓮娜．莫洛科霍維茲（Elena Molokhovets）在一八六一年首次發表的食譜《給年輕主婦的禮物》（*A Gift to Young Housewives*），後來成為沙皇階級制國家的象徵。蘇聯一掌權，便查禁了這本食譜。[45]中共當局原先對保存中國料理傳承抱持同情態度，但也在文化大革命時關閉了由國家以外的人所經營的餐廳，紅衛兵更是有計劃地銷毀菜單與其他可茲紀念的東西。[46]一九二〇年代早期，共產黨主導的農民協會宣稱「豐盛酒席普遍地被禁止」，「湘鄉的嘉謨鎮實行不吃好飲食，用果品祭祖」。[47]

到了二十世紀末，有一群西班牙與法國的明星或名廚，在西方世界再次創造了高級料理。這種料理風格以「分子料理」（molecular gastronomy）聞名，雖然其中有不少大廚相當排斥這個詞。名廚表現得就像藝術家或名人，從專為宮廷服務的職人轉移陣地，成為文化改革人士。他們尋找地方性食材——簡直是翻箱倒櫃——經常將自己的料理表現成精緻化的地區性或本國料理，即便用的是工業風廚房裡最新的技術。[48]他們提供的食物就那麼一小口，躲過了鋪張和暴食的指控。即便那些穿著好鞋的有錢客人環遊世界，前往目的地餐廳享受，他們也沒有做出傳統上讓人聯想到高級料理的炫耀性消費。簡言之，這種新式高級料理多半是作為中階料理的至高水準，而不是某種炫耀高社會階級的表現。

進入外交政策領域，提供糧食援助的範圍如今也跨越了國界。即便糧食援助的地理範圍，遠比阿契美尼德帝國與鄂圖曼帝國等強國從事的料理恩賜行為更廣，但同樣俱備慷慨與利己、理想與實際的特質，也在不經意間傳播了實力足以提供糧食援助的國家所使用的食材，而且常常連這些國家的料理也一起推廣開來。就拿美國與小麥為例。第一次世界大戰期間，歐洲地區出現大規模食物短缺，赫伯特·胡佛（Herbert Hoover）便安排運送七億磅的小麥麵粉，養活了一千一百萬比利時人。一九一八年，胡佛在史丹佛大學新成立的糧食研究所（Food Research Institute）贊助下，出版了〈歐洲飢餓地圖〉（Hunger Map of Europe），並發起讓美國人撙節開銷的運動。數百萬美國人大受苦難情形震驚，進而響應。兩千萬噸小麥運往歐洲。滿心感激的比利時人在麵粉袋上繡了比利時與美國國旗、象徵和平的符號、美國的老鷹標誌，以及感謝的詞語。歷史學家海倫·魏特（Helen Veit）表示，美國人就是從這一刻起不再視歐洲為效仿的典範，開始認為歐洲得仰賴美國，需要美國的幫助。[49]

第二次世界大戰期間，美國根據「租借法案」（Lend-Lease program），將糧食與物資運往不列顛、法國、蘇聯與中國。美國農業部有個人大概曾查找過歷史上的先例，他把色諾芬談蘇格拉底食物與國家理論的長篇大論，濃縮成簡短有力的主張，「對小麥問題一無所知的人，稱不上是政治家」。此後，美國農業部的文件裡就經常引用這句話。一九五四年，美國總統德懷特・D・艾森豪（Dwight D. Eisenhower）簽署通過「公共法案四八〇計畫」（Public Law 480），讓美國得以用糧食援助希望能成為友邦的國家。[50] 美國農業部長厄爾・巴茲（Earl Butz）在冷戰高峰期說了句有名的話：「糧食就是武器。」其援助的對象雖然已經就麵包與政治權力間的關係辯論了大半個世紀，但也準備好要接受小麥了。有超過一億噸小麥運往海外——包括亞洲、非洲、埃及以及中東產油國，這也促成全球轉往以小麥為主食的料理。

到了一九九〇年代，社會主義料理已經節節敗退。西方的跨國食品加工與餐飲服務企業開始在俄羅斯與中國營運。社會主義料理在此前窮人無法享用的食材上（如冰淇淋）留下了痕跡，也在某些人心裡留下了對吃大鍋飯的懷舊之情。但社會主義料理在其範圍之外留下來的遺產，就只有以社會福利型態出現的賑濟飲食，以及許多人心裡（特別是非主流文化中）那種「要找到資本主義以外的選擇」的念頭。

遍地開花的民族國家料理

自從歐洲帝國與隨後蘇聯的瓦解以來，世界上國家的數目開始激增，民族國家料理也隨之迅速出現，加入了不列顛與美式料理等十九世紀已經成形的料理行列。對各國公民來說，料理（以及該國的服飾、史蹟、貨幣、郵票或球隊）是種比談法統的抽象理論更容易理解本國與外國的方式。「就像蘋果派一樣具有美國特色」（as American as apple pie）就是個典型的例子。外國人可能會被人用與食物有關的特色來嘲諷（例如叫德國人「酸菜」〔Krauts〕，叫墨西哥人「豆佬」

〔Beaners〕）。而對政府來說，本國料理不僅能創造國家認同，打造出健壯的公民與士兵，如今還能吸引觀光客，帶來收入。但在料理史上也沒有幾個面向，能比將「一個國家」、「一國領土」、「一國國民」與「一國料理」輕易劃上等號的做法充斥著更多問題、弔詭與矛盾。

一般人通常認為，民族料理是所有國民都很熟悉、都吃的料理（至少在情況必須時），在整個國家的領土範圍都能找到，頂多有些地方變化。人們以為民族料理有著淵遠流長的連續歷史，不僅能反映、也促成了民族的特色。其實，民族料理就跟民族國家本身一樣，是最近兩百年裡——通常甚至是最近五、六十年——創造出來的。這些民族料理是從傳統的帝國階級式料理建立起來的——其中又以基督教、伊斯蘭教與佛教—儒家料理為最，決定個人吃些什麼的並非民族出身，而是階級。又或者，這些料理是因為近代帝國——尤其是不列顛、法蘭西與荷蘭等帝國解體而誕生，而這些帝國對於原有的階級式料理也沒有做出多少改變（至少在帝國所征服的地區是如此）。說起來，所屬階級比領土範圍更為重要的階級料理，要如何改頭換面，成為領土性的民族國家料理？料理歷史非常不同的國土（例如法國的普羅旺斯〔Provence〕、亞爾薩斯，或是巴黎）要怎麼歸結到某個全國性的整體裡？這些新生的民族料理要如何在內戰之後延續下來，或是重新改造？還有，民族料理要如何應對國家邊界的變化，以及紛至沓來的移民？

以下我簡單列出有多少因素會形塑、改變與侵蝕民族料理。我們已經知道，食譜、菜單、美食文章、烹飪雜誌和漫畫建立了代表性的食材、民族菜色的基本形式、民族料理哲學，以及關於民族料理演變的故事——這是飲食史學家從班納迪克·安德森（Benedict Anderson）那兒借來的主題，安德森視民族為「想像的共同體」，由印刷媒介建立、傳播其民族觀。[51]來到二十世紀，廣播、電影、電視與網路也加入了形塑料理的媒體行列。媒體很重要，不過節慶食物、餐廳與旅館、雜貨店、加工食品、學校午餐、軍隊食堂，以及文化政策也一樣重要。

創造法蘭西民族料理並不容易，涉及到如何將跨國高級料理與地方、農民料理結合。法國農村有多達百分之五十的人口講著各式各樣的方言，這裡對二十世紀初的巴黎布爾喬亞來說始終都像外國。[52]隨著擁有車輛的人口在一九二〇年代攀升到一百萬人（當時的法國約有四千萬人），城裡的有錢人開始在週末開車出門，或是安排行車假期，造訪哥德式主教座堂、羅亞爾河谷城堡（Loire châteaux）與葡萄酒產區。看了一整天的風景之後，他們就想吃美食。一九六〇年代，我從普羅旺斯放假回來之後，巴黎的朋友很擔心我在那兒吃了些什麼食物：「全都是大蒜！番茄跟香草都下的很重！」接著就用免嚼、奶油色的溫和巴黎食物為我準備了一餐來恢復體力。時至二十世紀早期，大部分的地方食物，例如用大鐵鍋煮的根莖類燉菜，或是蕎麥蛋糕、紅椒、豬油和大蒜等早已不再相同。輪胎公司米其林（Michelin）積極促成了地方菜色的復興，或者可說是菜色的發明。廣告刊物《評論月刊》（*Revue mensuelle*）的編輯路易．博得利．德．索尼耶（Louis Baudry de Saunier），徵求讀者提供地方特色菜的細節，以便記錄在冊，「為的不只是我們的健康與名聲，也是為了重振經濟」。他認為地方菜「仍然在國內零星地方出現……應該讓風味餐在觀光旅館中復活」。[53]

廚師們就像十九世紀的大廚改良外國餐點一樣，將農民料理做的更加精緻。他們在燉肉裡加入更多肉，搭上奶油醬做成小牛肉佐白醬（blanquette of veal），並用奶油取代焗烤馬鈴薯裡的豬油。有何不可斯基堅持「什麼都無法取代奶油」。[54]到了一九二〇年代末，人氣較旺的觀光地區全都有了自己的經典菜色。這些地方菜有時是用當地食材來做的（諾曼第的奶油與蘋果酒，勃艮地的紅葡萄酒，以及海岸地區的魚獲），有時某個特定地方則會將顯然到處都有的菜（例如紅酒燉牛肉）據為己有。有時，這些地方菜其實是重新被人講成是法國菜——就拿亞爾薩斯與洛林（Lorraine）的鵝肝醬與酸菜為例，一九一四年時，這兩個地方已經在德國人手裡兩代人的時間了。《評論月刊》還特別澄清，表示這些料理跟德國毫無瓜葛。它們「跟一般的看法完全相反，絕對不是德國菜，而是本國料理」。[55]

地方協會發現，與食物有關的節慶活動可以刺激地方經濟發展。企業主開客棧（auberges）和鄉村餐廳。巴黎、里爾（Lille）與里昂的製造商為餐廳生產鄉村風的傢俱，當地瓷器工廠燒出五彩繽紛、風格粗糙的手繪盤子，女侍則穿著當地服裝。法國旅遊俱樂部（Touring Club de France）籌辦村莊美化比賽。再舉個例子，為了推銷勃艮地紅酒，品酒騎士聯誼會（Confrérie des Chevaliers du Tastevin）在一九三〇年代成立，宣稱其傳承能上溯到一七〇三年成立的飲酒會（Ordre de la Boisson）。這些騎士穿著紅袍、繫著絲腰、梳著特別髮型進行儀式，唱他們創作的飲酒歌。

一九三七年的巴黎世界博覽會高唱美國式集權、工業化、近代國家以外的另一種選擇，認為現代化同樣也能代表小規模生產的高品質奢侈品，鼓勵地方走向特殊化，並表揚法國鄉間農家的、民間的手工食物，以及地方風味菜。[56]法國人根據巴黎菁英的口味來創造、保存、改良、統一、包裝地方菜與農民料理，藉此捨棄了過去「用近代科學與技術不斷改良貴族料理」的這段飲食史，轉而將盧梭認為農村料理新鮮自然的浪漫看法，當成其民族料理的基礎。

來到墨西哥，在撕裂國家的革命（一九一〇年至一九二〇年）之後，人們改寫了墨西哥民族料理史，並重新界定其料理。藝術家與知識分子捨棄了十九世紀與十八世紀時對墨西哥料理的看法——十九世紀時的墨西哥料理被視為法國高級料理，帶有些許西班牙、英格蘭與墨西哥風味，而十八世紀則是克里奧版本的中世紀伊斯蘭風西班牙料理。如今他們改弦更張，宣稱墨西哥料理混和了原住民料理與西班牙料理，自西班牙征服美洲之後便演變至今。一九二九年托洛斯基造訪墨西哥時，畫家芙烈達・卡蘿（Frida Kahlo）把裝著玉米餅和墨西哥餐點的陶鍋，擺上手工編織的棉布桌巾，用這麼一席菜來招待他。[57]上層階級此前啜飲的是葡萄酒和白蘭地，現在也小心翼翼地嚐起小自耕農釀的龍舌蘭酒，電影製片人最愛這一幕。一九二六年十二月十二日，全國性的報紙《至上報》（*Excélsior*）登了一則故事，講亞松森的安德列雅修女（Sor Andrea de la Asunción）是如何在普埃布拉（Puebla）的道明會聖塔羅莎女修道院（Santa Rosa）裡，將歐洲來的堅果、丁香與胡椒跟墨西哥的辣椒和巧克力結合，創造出民族料理：混醬（mole poblano）。這原本是一道源於伊斯蘭料理的菜，跟當地原住民的料理有著天壤之別，是墨西哥出生的西班牙人所吃的高級料理，如今被人重新詮釋，當成種族無縫融合的結果。

在許多國家，餐廳菜單與裝潢能讓前來用餐的人得知該國料理的範圍與特質。日本的咖啡店、百貨公司和小店，俄羅斯的集體食堂，英格蘭的茶館，美國的餐車、公路餐廳與百貨公司咖啡廳，全都創造著集體經驗。在中國，吃飯的地方是個瞭解中國料理傳承、融合五湖四海的一種管道——尤其是上海，這裡有各式各樣的餐廳，為從中華民國（一九一二年至一九四九年）各地移居來的人提供食物。[58]廣泛報導政治領袖吃的餐點也有類似的效果，能夠建立民族菜色。一九二七年，在帝國營銷委員會（Empire Marketing Board）的推動下，喬治五世（George V）一家人的法籍大廚昂德列・謝達（André Cédard）將帝國聖誕布丁（Empire Christmas Pudding）呈給喬治五世一家，這道菜的做法也成為不列顛食譜中歷來詢問度最高的一道。[59]這道菜所使用的食材來自帝國各地，例如來自澳洲的醋栗、尚吉巴的丁香、西印度群島的蘭姆酒、塞浦路斯的白蘭地，以及印度的布丁香料，表現出不列顛統轄全球資源的實力。一九三九年六月，小羅斯福在一場等同於公開的非正式戶外餐會上，提供熱狗給英王喬治六世（George VI）與王后伊莉莎白，熱狗也在美國完成了從日耳曼族群的街頭食物成為美國國民料理的轉變（諷刺的是，喬治六世與伊莉莎白是為了請求美國協助對德戰爭而來訪）。王后用刀叉吃熱狗，國王則霸氣採用美式吃法，直接用手拿來吃（圖8.4）。

在印度，食譜作者對於隨一九四七年印度獨立而來的、「以什麼作為民族料理」的辯論也是卓有貢獻。出身南印度的印度教作家香塔・藍迦・勞（Shanta Ranga Rao）在一九六八年表示：「甘地先生一再主張共同的全民飲食『對我們國家的福祉與政治統一不可或缺』。」她在推測哪些菜色可能嶄露鋒芒、成為民族料理時，想到當「屬於這個國家的料理出現時，醬肉〔伊斯蘭式蒙兀兒料理的瑰寶，是用乳白色的酸奶醬與碎堅果煮獸肉或雞肉的一道菜〕肯定在列」，雖然這也會讓「種姓制度遭到嚴重破壞」。[60] 等到結果出爐，她的預測只有部分命中。成長中的城市中產階級開始拋棄一些比較嚴格的種姓要求，嘗試來自外地的食材，使用各種廚具與加工食品以提升在廚房做菜的速度，並在火車站、鄰居家和財力允許的餐廳裡用餐，或是買外帶。來到印度北方，外帶食物就包括由旁遮普（今日屬於巴基斯坦）難民用傳統的饢坑麵包爐來烤的坦督里烤雞（tandoori chicken）與烤肉。一九六〇年代早期，一些企業家累積到足夠的資金來開設餐廳，例如德里與其他大城的蓋洛德餐廳（Gaylords）和誇立提餐廳（Kwality），店裡的菜單有旁遮普、蒙兀兒以及英式印度料理。在一九六〇年代，「上館子」就代表吃旁遮普料理，經濟學家兼飲食業主卡梅莉亞・旁遮普（Camellia Panjabi）主張旁遮普料理就是在這時成為理所當然的國民料理。

歐洲殖民勢力從非洲撤離之後，當地跟著出現了新興國家，某些國家的領導人提倡用非洲菜來取代西方料理。布吉納法索（Bukino Faso）前總統湯馬斯・桑卡拉（Thomas Sankara）提出的問題擲地有聲：「你怎麼會不知道上哪兒找帝國主義？看你自個兒的盤子就知道。」他所指的可能是法式長棍麵包（baguette）與咖啡，在西非這塊一度是法國殖民地的地方，長棍麵包跟咖啡是很流行的

【圖8.4】一九三六年紐約市的熱狗攤。街頭小販在曼哈頓的華爾街與摩爾北街（North Moore Street）等顧客上門，招牌上寫著冰涼檸檬水與鮮美的熱法蘭克福香腸。（圖片來源：Photographed by Berenice Abbott for the Federal Art Project of the Works Progress Administration. Courtesy New York Public Library, http://digitalgallery.nypl.org/nypldigital/id?1219152.）

早餐。一九七一年，薩伊（Zaire，也就是過去的比屬剛果〔Belgian Congo〕）官方展開了一場「正統」行動，鼓勵上層社會放棄西式飲食。山羊、鯰魚、豪豬與猴子取代了菜單上的菲力牛排。[61] 埃及在反西方國家的納瑟（Gamal Abdel Nasser）政權統治之下禁止了許多舶來品，將數以千計的希臘人、義大利人與猶太人連同歐洲料理一塊兒驅除出境。食譜開始在新獨立的非洲殖民地裡出現，許多食譜延續了歐洲居民過去建立的傳統，將當地與西方食譜並陳（圖8.5）。至於其他像畢・山德勒（Bea Sandler）的《非洲食譜》（*African Cookbook*，一九七年）或潔西卡・哈里斯（Jessica Harris）的《非洲菜食譜》（*The Africa Cookbook*，一九九八年）等由非裔美國人所寫、在美國出版的食譜，則降低歐洲菜做法的比重，將菜餚劃歸給特定的民族。

當那些「某某斯坦」還在蘇聯治下時，食譜的結構安排都是用來表現組成蘇聯各國同志情誼的多元文化。隨著一九九〇年代各國獨立，烏茲別克第一個開始出版本國食譜，接著是塔吉克與哈薩克。食譜裡拿掉了外國菜的做法，強調民族差異以強化民族認同，將本民族的料理傳統展現給其他人看。[62]

無論是在食譜裡，還是在一九八〇與一九九〇年代時伊朗難民開始在世界各地開設的餐廳裡，烤肉與白飯的地位都比以往在伊朗家常料理中來得更重要。由於禮薩沙阿（Reza Shah）在一九二〇年代推動伊朗現代化與西化，德黑蘭（Teheran）市政當局於是下令，提供烤肉與白飯的餐廳應以西餐的方式擺盤，這比直接用手抓來吃的家常燉菜更容易介紹給西方世界。泰式炒河粉（pad thai）是一道由大量便宜蔬菜與蛋白質（豆芽、洋蔥、蛋，還有花生）組成的餐點，在一九四〇年代開始流行，做法也固定下來，而且很有可能就是在這個時候發明的。當時的泰國總理鑾披汶・頌堪（Plaek Pibulsonggram），試圖在改善飲食時同時創造出一種「泰性」（Thai-ness）。雖然泰式炒河粉裡有

【圖8.5】一名穿著西方服飾的東非主婦翻閱食譜。書中提供的有玉米、甘藷、肉乾與昆蟲等傳統非洲菜色，亞洲的印度菜餃（samosa）、抓飯與坦督里烤雞，以及包括燉牛肉、愛爾蘭燉肉、煙燻烤肉與酪梨明蝦等歐洲食物的作法。其中有一份蘑菇米飯砂鍋菜，用的是罐頭的蘑菇湯，這也顯示出食物潮流有多迅速。（圖片來源：Mary Ominde, *African Cookery Book* (Nairobi: Heinemann, 1975).）

中國式的河粉，用中國的拌炒手法來調理，但在今天世界上絕大多數地方，這道菜已經成為最容易讓人聯想到泰國菜的料理。[63]

由移民經營、走「民族風」的餐館將新的菜色引介給饕客，這些新菜色也常常被客人當成該國料理。在二十世紀的頭三分之一，全世界有百分之二的人口在外國出生。義大利移民在西方城市裡開餐廳（圖8.6）。而中國菜館更是這類「民族風」餐廳門面的代表——由認真工作的一家人經營，店裡有異國風的裝潢，還有根據當地口味調整過的一長串菜單。澳洲華人居民歷史可以回溯到一世紀以前，到了二十世紀末，澳洲已經有超過八千家中餐廳。[64]法國、不列顛、德國與比利時各有至少上千家中國菜餐廳，義大利也正急起直追。在上述的大部分國家裡，有百分之九十的華人人口以非此即彼的方式，與餐飲業有所關聯。對秘魯人來說，稱為「*chifas*」的餐廳所提供的中國菜口味吃得很辣。對日本來說，糖醋料理、麻婆豆腐或豬肉韭菜水餃，搭上日本米，就組成了「中華料理」。對美國人和不列顛人來說，人們頭一個想到的中國菜是雜碎跟炒麵，接著是左宗棠雞和酸辣湯。日本饕客從中華料理開始，一路吃到韓國烤肉、義大利麵、墨西哥菜和泰國菜。莫斯科的俄羅斯人會出門吃中亞抓飯、羅比奧（lobio，喬治亞的一種香料豆類料理）、番紅花小羊肉湯，以及蒸餃。[65]到了二十世紀末，住在城裡的墨西哥人會去墨西哥的連鎖店一刀壽司（Sushi Itto）開開心心吃著壽司，手捲裡滿滿都是乳酪醬。

回到西方。一九六〇年代以降的食譜都跟其讀者保證書中的外國菜是道地的做法。對近代英格蘭菜感到厭倦的廚師，可以從伊莉莎白·大衛（Elizabeth David）的《地中海食物》（*Mediterranean Food*，一九五〇年）與《法國鄉村料理》（*French Country Cooking*，一九五一年）得到靈感。西蒙·貝克（Simone Beck）、路易賽·貝爾托勒（Louisette Bertholle）與茱莉亞·柴爾德（Julia Child）所

【圖8.6】羅曼義大利麵屋（Roman Spaghetti House）提供的晚餐菜單，一九三九年至一九四〇年有八十間餐廳參加了紐約世界博覽會，羅曼義大利麵屋就是其中之一。另外還有老布拉格（Old Prague）、須德海濱海尼根餐廳（Heineken's on the Zuiderzee）、特拉維夫咖啡（Café Tel Aviv）與歡笑英格蘭（Merrie England）。（圖片來源：Courtesy New York Public Library, http://digitalgallery.nypl.org/nypldigital/id?1687367.）

寫的《一流法式烹飪》（*Mastering the Art of French Cooking*，一九六一年、一九七〇年）上下冊，詳細介紹了如何用美國食材製作法式料理，讓法國菜變得平易近人。接下來還有其他食譜，都是由受過高等教育的中產階級或上層階級婦女執筆的。瑪契拉．賀桑（Marcella Hazan）、克勞蒂亞．羅登（Claudia Roden）、馬德赫．傑弗瑞（Madhur Jaffrey）、艾琳．高（Irene Kao）與黛安娜．甘迺迪（Diana Kennedy）將義大利、中東、印度、中國與墨西哥高級料理介紹給美國或不列顛讀者，他們的著作讓這些料理的做法固定下來——一如過去的法國料理，也讓各國菜能在國外重現。由於讀者常常以為自己學的是老百姓的家常菜，「異國菜」食譜也讓「近代以前的農民料理多麼好吃」這種現代都會傳說甚囂塵上。

越來越多的旅館，尤其是觀光飯店，主打地方料理，而不只是法國菜。夏威夷的烤豬大餐（luau）是一九三〇年代時為觀光業發明的，當時美森輪船（Matson）旗下有四條航線，開始在美國西岸與檀香山之間定期帶美國有錢人到美森公司的豪華飯店——莫阿納酒店（Moana）與夏威夷皇家酒店（Royal Hawaiian）——度假。[66]驅車前往各省的巴黎人可以體驗到當地美食慶典，或是享用由穿著當地服飾的女侍端上來的地方菜，美國人也可以一邊啜飲椰子殼裡的邁泰酒（mai tai），吃烤豬肉、長米和露米露米鮭魚冷盤（lomi lomi salmon），一邊看夏威夷女孩穿著紗籠（sarongs）載歌載舞。法國地方慶典和餐點可以按照巴黎人的口味調整，烤豬大餐也一樣可以為遊客而發明：長米是華人吃的，露米露米鮭魚是用太平洋西北地區進口的鹽醃鮭魚做的，就連番茄跟洋蔥也都不是夏威夷群島原有的物產，紗籠還是最近才引進的。土耳其的迪萬飯店（Divan Hotel）自一九五六年起開始提供土耳其料理。差不多在同一時間，康拉德．希爾頓（Conrad Hilton）也在海外開起旅館，為客人提供品嚐地方料理的機會（圖8.7）。這時還沒有哪間餐飲學校有教各地的非歐洲料理，

【圖8.7】「尼羅河瑰寶」（Gawharet el Nil）是尼羅河希爾頓酒店（Nile Hilton）的主餐廳，該酒店於一九五八年在開羅開幕，是康拉德・希爾頓的「國際貿易旅遊世界和平計畫」（World Peace through International Trade and Travel）的一部分。除了提供美式休閒設施之外，希爾頓酒店也打算為客人引介當地文化與食物。顧客可以從鑲黃銅邊的菜單上點美式烤肉或火烤女神牛排（steak Diane flambé），也可以點塞了「*fereek*」（烤焦的未熟小麥）的埃及式鴿肉。（圖片來源：Courtesy Hospitality Industry Archives, Conrad N. Hilton School of Hotel and Restaurant Management, University of Houston.）

大飯店的職員，包括餐廳職員在內，也幾乎都出身瑞士或美國。[67]不過，為了回應新的需求，旅館管理與餐飲學校開始訓練廚師製作非歐洲料理。以印度為例，印度政府便成立二十間餐飲學院，教授旁遮普都會料理。[68]

外國菜打進本國料理，不過很少是以原本的樣貌完成的。最常見的可能是義大利麵，「spag bol」（波隆納肉醬的簡稱）成了不列顛流行的假日享受，千層麵則是美國人桌上的主食。不列顛人有巴蒂咖哩（Balti curry），美國人有雜碎，日本人有咖哩飯，泰國人則有寮國菜。一九八二年，有關當局請日本學童為全國校園營養午餐的食物打分數時，孩子們最喜歡的是咖哩飯。[69]就連新手廚師也都能用即食咖哩塊煮出咖哩飯——咖哩塊長得就像低脂巧克力磚，上面有方便剝塊的溝槽；日本最大的兩間食品公司，S＆B食品（エスビー食品）與好侍食品公司（ハウス食品株式会社），都有販賣咖哩塊。許多外國料理如日本的咖哩飯或美國的泡麵，都失去跟異國的原有關聯。其他外國料理還隱約有點異國味，例如美國有盤中點上火的寶寶盤（pupu platter）跟壽司，墨西哥有乳酪火鍋（fondue），美國跟大不列顛還有坦督里烤雞。來自前殖民地的料理，也變成前殖民母國民族料理的一部分。在英格蘭，咖哩和印度香料烤雞（chicken tikka masala，這道菜是在英格蘭發明的）幾乎成了國民料理，平價餐廳裡很容易找到，用帕達氏（Patak's）等食品公司的混合香料包在家做也不困難。阿爾及利亞的庫斯庫斯也在法國成為標準配菜。中國小孩很快就接受了廣告誘人的外國食物。改革開放以來，孩子們帶著自己的零用錢去便利商店或超市，買士力架巧克力棒（Snickers bars）、M＆Ms巧克力、麥維他（McVitie's）消化餅、吉比樂（Keebler）餅乾、可口可樂與雪碧，這些產品通常都為中國市場做過調整，比方說芒果口味的夾心餅乾。[70]中國大城市裡，小孩子常常主導了家庭購物決策中的百分之七十（相較於美國的百分之四十），教會自己的家長有哪些新食品。[71]

到了二十世紀末，民族料理的混雜現象到處都是。外國人總是把街上賣的食物、工人階級料理，或是因應觀光客而發明的菜色當成典型的某國菜。歐洲人對燉牛肉（pot roast）或玉米麵包一無所知，以為美式料理就是由熱狗跟漢堡組成的。美國人覺得每一個不列顛人都吃炸魚薯條。印度是坦督里烤雞之國，中國是雜碎與炒飯之國，義大利是麵食與披薩之國，墨西哥則是墨西哥烤肉（fajita）與玉米片之國。這些菜餚有時候也會出口到人們以為的原產地，像是把烤肉與玉米片帶到墨西哥，或是把美式披薩帶去義大利。饕客只擔心自己煮的、吃的究竟是不是道地的墨西哥菜、中國菜、泰國菜或希臘菜，卻未曾注意到這些國家的料理有明顯的階級與地區之別，而且也會隨著吸收異國食材、技術與菜色而有所改變。

到了二十世紀末，許多西方人、日本人等等，已經拋棄了古代與傳統飲食哲學中最關鍵的假設，不再認為一個人出生地的料理才是最健康、最美味的料理。他們同樣擯棄十九世紀飲食哲學的核心信念，不再將麵包與牛肉看成最好吃、最能強身健體的飲食。異軍突起的反而是新的飲食哲學，根據這種哲學，每一個民族都有悠久的傳統料理，其美妙滋味值得探索。

小麥麵粉、即食肉品、牛奶、蔬果的全球化與烹飪專業化

到了二十世紀晚期，消費者能買到的食品有了各式各樣的變化。鹽醃與乾燥食材充斥歷史上大部分的時間，如今人們可以買到更新鮮，或者說至少「看起來」更新鮮的食物。新鮮肉品取代鹽醃肉。麵包與小蛋糕，像是美國的主婦牌（Hostess）夾心海綿蛋糕「Twinkie」，以及墨西哥的鵝餅

蛋糕（Gansito），始終都能保持鬆軟，不會變硬走味。超高溫消毒牛奶可以放好幾個月。柳橙汁、牛奶、蛋、水果與蔬菜全年販售，而不是產季限定。有了新式包裝，以及從產地到店面的冷藏運輸，水果與蔬菜能擺得比以往更久。商品架陳列了更多調味食品，像是黑胡椒、酸醋、烤肉味的洋芋片，以及榛果、巧克力口味的咖啡。食物通常含有更多油脂，不過像蛋糕或餅乾等結合油、麵粉、糖的西方食物，是可以讓人看不到脂肪的。有更多食物以獨享包或家庭號包裝販售，可以當成零食，或是當成便餐吃。[72]市面上有許多包裝食品，有些得到市場接受，例如冷凍濃縮柳橙汁、魚柳條、酷愛飲料粉（Kool-Aid）、綜合沙拉醬、麵包機糕點（toaster pastry）、奇妙沙拉醬（Miracle Whip）、奶精與電視餐（TV dinner）⑤，而其他的則被拒於門外，像油炸漢堡排罐頭。整體而言，全球各地的消費者吃下更多的白麵包、麵食與其他小麥麵粉製品，更多即食包裝的肉品，以及更多的油、甘味劑、牛奶與蔬果。

自從烘焙業在一九二〇年代晚期走向工業化以來，美國人盼了一個世紀，希望麵包可以鬆鬆軟軟，如今終於如願以償。麵粉運到工廠門口，就交給機器來揉麵。酵母、油、牛奶、糖與維他命自動加進麵團，稱重、切割、定型也都由機器完成，之後放在輸送帶上通過烤爐。從另一端出來時，也是機器再包裝。小烘焙坊幾乎消失殆盡，所占市場比例在一九三九年時跌到不及全體的百分之四（兩千萬美元，相比之下，烘焙工廠則賺了五億一千四百萬美元）。一九三〇年代發明的切麵包機和烤麵包機，讓三明治成為美國相當受歡迎的午餐。一九四二年，美國政府為了保存鋼材供戰備所

⑤【譯注】已經預先煮好、擺盤好的單人份冷凍食品，只要加熱即可食用。原本是一九五三年斯旺森父子公司（C.A. Swanson & Sons）為產品取的名稱，後來成為這類冷凍即食食品的共同稱呼。

需，於是禁止生產切麵包機，結果民眾的呼聲又把它喚了回來。[73]第二次世界大戰期間，麵包提供美國人約百分之四十的熱量，當時的美國人每餐都吃白麵包，一星期總共吃一磅半的麵包（比今天多得多，但比他們歐洲的祖父母一天吃得還少）。到了一九五〇年代，由白麵包提供的熱量掉到大約百分之二十五至三十，世紀末時更跌至約百分之九，比糕點、餅乾或肉類更少。[74]

長久以來，白麵包始終是人們渴望的食物。等到美國人開始吃白麵包以外的食物時，用塑膠袋包裝的蓬鬆白麵包倒是變成日本、奈及利亞與墨西哥各地人們吃的主食。先說日本。駐日盟軍最高司令部（Supreme Commander for the Allied Powers）在一九四〇年代末宣布，校園午餐計畫每天會為學童提供將近四分之一磅的麵包，附上奶油。[75]家庭主婦張開雙臂歡迎店裡買的麵包——麵包跟米飯不一樣，不用天天煮，是很理想的點心。用夾蛋和高麗菜絲的吐司取代米飯當早餐，代表主婦們可以晚點起床。麵包變得非常重要，重要到日本人在一九八〇年代發明了麵包機。

一九四六年時，奈及利亞烘焙業的規模仍然不大，但到一九六〇年時，已經成長了十九倍，成為該國第三大本土產業，僅次於成衣業與木作。[76]曾經跟西印度群島人學烘焙，或是自掏腰包去不列顛受訓的奈及利亞人，在該國南部開設麵包坊。他們在希臘人用美國貸款設立的磨坊，用美國小麥磨麵粉，再把麵包賣給城裡面有錢的奈及利亞人，例如政府高官、專業人士、有錢商人；這些人在不列顛唸書時，就養成吃麵包的習慣了。但由於麵包比樹薯貴了三到八倍，比甘藷貴了兩倍，多數的奈及利亞南方人吃的還是甘藷或樹薯泥，北方則是吃高粱與小米，只有搭巴士旅行、一路上搖搖晃晃時才會買麵包當零食。

後來到了一九七〇年代，乾旱摧毀了奈及利亞北部地區大部分的高粱與小米莊稼，但石油出口賺的錢讓該國有可能購買大量小麥時，麵包消費便開始攀升。到了一九八〇年代，食物進口成長了七倍，多半來自美國；在奈及利亞，有百分之九十的小麥、百分之五十的稻米與百分之二十的玉米消費來自進口，人均食物產出則下滑將近百分之二十。在該國兩大都市之一的卡諾（Kano），烘焙坊的數目從五間暴增到兩百二十六間。如今，奈及利亞人一年吃掉九十五磅的小麥麵包，相形下，一九六〇年代晚期只有十一磅。「賣茶的」（tea seller）在辦公室附近兜售麵包、茶與淡奶（evaporated milk）。奈及利亞領導人在一九八四年表示，「麵包已經成為同胞們最便宜的主食」。

來到墨西哥，自從十六世紀西班牙征服美洲以來，較為富裕的墨西哥公民吃的就是硬皮橢圓麵包（crusty oval roll）。時至一九四〇年代，來自加泰隆尼亞的移民家族塞比傑（Servitjes）引進了美國的烘焙機器，但做出來的方型蓬鬆白麵包既無法跟玉米餅競爭，也比不過傳統的橢圓麵包。他們馬上開始加做美式餅乾與小蛋糕。二十一世紀初，塞比傑家的貨車上畫著一個小男孩，站在一方麥田中，背景裡有座金字塔，標語下的是「小麥的力量」。這時，墨西哥的賓堡集團已經是全世界最大的烘焙業者，將麵包銷往整個拉丁美洲、西班牙與美國（用的是不同的公司名）。

儘管麵包廣受歡迎，但另一項小麥麵粉製品——蛋糕（尤其是發粉蛋糕）——才是盎格魯傳統對飲食最大的貢獻。蛋糕是在一九二〇至一九三〇年代時演變出如今的樣貌，所有做蛋糕少不了的要素都在此時到位：封閉式的家庭烤箱、金屬烤皿、便宜的即用精白麵粉與糖、奶油或瑪琪琳、蛋，以及發粉（圖8.8）。美國、不列顛、加拿大、澳洲與紐西蘭全都有自己獨門的蛋糕。比方說，美國廚師們就用奶油、糖、蛋、發酵劑與白麵粉做的基本款蛋糕發展出各式各樣的種類：黃蛋糕、白蛋糕、各種巧克力蛋糕、橘子或檸檬口味的蛋糕、讓人讚嘆的紅天鵝絨蛋糕、倒扣鳳梨蛋糕（pineapple upside-down cake），以及一層層疊高的巴爾的摩女士蛋糕（Lady Baltimore cake）。製粉與化學酵素公司鼓勵人們在家烘焙。皇家發粉（Royal Baking Powder）提供的食譜上說「誰都

【圖8.8】一名非裔美國人傭人在糖霜蛋糕上做最後的一點花樣。用加工白麵粉、糖、奶油、蛋製作，在家庭式烤箱烘烤的蛋糕，可說是西方家庭料理的極致。這名廚師提醒人們，在料理的製作與推廣上，傭人扮演了多麼關鍵的角色。（圖片來源：Courtesy New York Public Library, http://digitalgallery.nypl.org/nypldigital/id?1212151.）

可以烤蛋糕」。「美國的千層蛋糕是……你在廚房裡做出來最好的傑作，是你能為所愛之人獻上的最好禮物，充滿最多的感情」。但做蛋糕其實很麻煩。這也幫現成蛋糕粉打開了大門，各家公司大打廣告戰來推銷旗下品牌：寶僑（Procter & Gamble，取代原本的內布拉斯加聯合麵粉廠〔Nebraska Consolidated Mills〕之名）聘請知名餐廳評論家鄧肯・海因斯（Duncan Hines），皮爾斯貝里（Pillsbury）虛構了安・皮爾斯貝里（Ann Pillsbury），通用磨坊（General Mills）則創造出青春永駐的貝蒂・克羅可（Betty Crocker）。到了二十世紀末，有百分之六十的美國家庭主婦用蛋糕粉烤蛋糕。但在盎格魯世界之外，人們還是從烘焙坊或糕餅店買蛋糕。

小麥麵食的銷售，包括亞洲的泡麵與西方的義式麵食，其成長速度就跟鬆軟的白麵包一樣快。二〇一一年，樂施會（Oxfam）的一項調查宣稱麵食是世界上最受歡迎的食物，委內瑞拉、菲律賓、南非、墨西哥、阿根廷、玻利維亞都有可觀的消費，義大利和美國也不例外。[77]到了二十世紀末，全世界有五分之一的熱量來源是小麥，還有五分之一來自稻米。[78]次要穀類與根莖類所占的市場比例有相當程度的衰退，只有馬鈴薯例外——變成法式炸薯條之後，馬鈴薯可是人氣大增。

鮮乳飲用量也一飛沖天。綜觀歷史，牛奶就跟其他奶類一樣，很少直接新鮮喝，人們有很充分的理由認為這麼做相當危險。相反的，牛奶要做成酸奶、乳酪、奶油或牛奶甜點等較安全的型態後再來吸收。這一點在十八世紀的西方開始改變，法國知識分子盧梭宣稱牛奶是最好的食物，對城裡過度加工的食物來說，牛奶是一劑純粹、強健、帶有田園氣息的解藥。[79]到了十九世紀，改革派一再複述這種看法，主張應該要用在青草地上嬉戲的牛兒（就像圖8.9中雀巢公司的廣告）所產的牛奶，取代長久以來的安全飲品，即啤酒、蘋果酒與葡萄酒。他們表示牛奶是鮮紅的牛肉最好的補充，而牛奶跟牛肉都來自同一種動物，這完全不是巧合。英格蘭科學家威廉・普勞特（William

【圖8.9】這是雀巢瑞士牛乳（Swiss Milk）的廣告，一頭活蹦亂跳的母牛在開著小花的草地上踢翻牛奶桶。海報創作的時間可能是一九二〇年代，上面有知名插畫家杜德利・哈迪（Dudley Hardy）與約翰・哈賽爾（John Hassall）的簽名。田野般的想像，掩蓋了牛奶在送到消費者手上之前所經過的處理。（圖片來源：Courtesy New York Public Library, Miriam and Ira D. Wallach Division of Art, Prints and Photographs, http://digitalgallery.nypl.org/nypldigital/id?1259071.）

Prout）研究牛奶的化學組成，據他表示，牛奶是「營養食品理所當然的模範，是所有基本營養素中最完美的」。[80]鼓勵喝牛奶的人也為自己最喜歡的飲料發明某種古代傳承。普勞特的追隨者宣稱牛奶創造了精實的羅馬公民，美國宗教戒酒改革家羅伯特・哈特利（Robert Hartley）則是在《論牛奶的歷史、科學與應用》（*An Historical, Scientific and Practical Essay on Milk*，一八四二年）裡，推論飲用牛奶可以上溯到聖經時代。到了二十世紀末，五百萬倫敦居民一年消費了六千萬加侖的牛奶。才過了七年，美國人在一九二六年食用的乳製品已經比過去多了三分之一。[81]公共衛生官員對此感到憂心忡忡，因為飲用牛奶跟猩紅熱、傷寒、白喉，以及當代最駭人聽聞的一項疾病結核病都有關聯。更有甚者，城市裡大多數的牛奶，都是從關在骯髒畜欄裡的牛身上擠的，吃的飼料是釀酒完剩的酒糟——跟牛奶的鄉村印象截然不同。[82]

加工廠漸漸將鮮乳轉變為今天全球各地各民族、各階層男女老幼購買的安全、鮮美、保久乳品：煉乳、嬰兒配方乳、高溫殺菌乳、冰淇淋、均質乳（homogenized milk）、優酪乳、奶粉，以及超高溫殺菌（UHT）保久乳。很少有別的食物比牛奶更工業化、更有規範，也更不天然。

世界各地同時發明了罐頭乳品，從一八六〇年代起，人們就開始將罐裝煉乳與淡奶送到軍人、旅人，以及人在熱帶地區的歐洲人手裡。酪農業在距離都市遙遠的地方也能賺錢，例如瑞士、威斯康辛（Wisconsin）以及澳洲南昆士蘭（South Queensland）的圖古拉瓦（Toogoolawah）。一八五六年，蓋爾・波登（Gail Borden）在美國為一套將牛乳濃縮、封罐的工序申請到專利；時間點恰到好處，因為一八六一年之後，美國南北戰爭中的聯邦軍（Union Army）對波登的紐約煉乳公司（New York Condensed Milk Company）所生產的這項商品有了極大的需求。一八八〇年代之前，盎格魯－瑞士煉乳公司（Anglo-Swiss Condensed Milk Company，後來的雀巢）一年生產兩千五百萬罐煉乳，更在第一次世界大戰期間買下美國的煉乳工廠，以履行在歐洲的政府合約要求。尤斯圖斯·馮·李比希身為牛肉精推廣者的身分雖然比較有名，但他也在一八六七年引介了嬰兒配方乳，後來也被人當成比母乳更優質的乳品。[83]

熱帶地區最早購買煉乳的是有錢人，然後才是當地一般人。煉乳在印度與拉丁美洲大受歡迎，用來低價取代傳統上熬煮牛奶所做成的甘味劑——像是印度的傳統煉乳（khoya，將牛奶煮到原本體積的五分之一），以及拉丁美洲的焦糖牛奶醬（加糖熬煮的牛奶）。熱帶各地都有人把糖漿狀的煉乳抹在蘇打餅，或是用湯匙舀到罐頭水果冰上——又是兩種新的工業產品。[84]有人用加水稀釋的煉乳與嬰兒配方乳作為母乳替代品，而不是餵孩子米粥或甘藷粥，這就有了爭議。由於這些產品完全不含母乳中的營養成分，政府於是提倡餵母乳以取代配方乳。因為營養因素，也因為用來調乳品的水通常已遭受汙染，遊說團體在一九七〇年代發動了一場對主要供應商雀巢公司的抵制，並發起勸導媽媽餵母乳的運動。[85]人們在漢代就發明了豆漿，此後兩千年來始終不受青睞，但煉乳可能是豆漿此時在中國突然人氣大增的原因。只要像牛奶一樣煮過，豆漿的豆味就沒了，變得更好喝，頭一次成為人人追捧的飲料。[86]

當艾爾默·麥克科倫等營養學家和艾爾斯沃·杭亭頓（Ellsworth Huntington）與伊杜阿·哈恩（Eduard Hahn）等地理學家，在第一次世界大戰時主張牛奶能讓人長出「陽剛的肌肉」之後，鮮乳飲用的情形大受鼓舞。[87]西方國家開始跟各家公司、管理機構與牛奶銷售委員會做實驗，以防止牛奶供應短缺、因應季節供應量變化，並預防與牛奶有關的健康威脅。[88]「牛奶是否應經過認證或經巴斯德殺菌法⑥殺菌」受到漫長討論之後，經華氏一百四十四度加熱過的殺菌牛乳逐漸成為標準。軍事營養學家表示牛奶已經取代咖啡（第一次世界大戰時美國大兵的最愛）成為第二次世界大戰時的新歡。[89]我們只能假設這些營養學家沒把酒精算進去。二十世紀下半葉，美國政府讓牛奶擔任四大基礎食物群中的基礎，牛奶也成為校園乳品供應計畫的關鍵。這個時候的牛奶已經採用均質化處理，將牛奶用高壓壓過噴嘴以打散油脂，防止牛乳乳油分離。

其他乳製品同樣在二十世紀後半變得更受歡迎。一九八〇年代時，生產商開始在優格裡加入調味料與甘味劑，把它從延年益壽的健康食品，變成西方國家節食的人喜歡的低脂甜點。以墨西哥為例，今天超級市場的冷藏櫃裡，優格罐數量已遠遠超過牛奶盒。冰淇淋也邁向全球。第一次世界大戰時，美國將冰淇淋定義為必須品，不受配給限制的食物，冰淇淋消費因此大增。蘇聯則投資生產設備，讓人們能輕鬆買到冰淇淋，作為國家能帶來優質生活的證據。[90]來到古巴，菲德爾・卡斯楚（Fidel Castro）宣布該國必須生產高品質的冰淇淋，並於一九六六年開設科佩利亞（Coppelia）冰淇淋店，至今仍在營運。[91]至於印度，傳統乳製品也在阿姆爾（Amul）等公司推動下走向工業化。乳品公司調整凝乳機與乾燥機，以便用水牛乳來製造奶粉、嬰兒食物與煉乳。它們把優格放進離心脫水機，生產加了糖的濃縮甜點（稱為*shrikand*）。它們還拿肉丸成型機來捏乾燥牛奶球（稱為*gulab jamun*），用甜甜圈炸爐炸熟，之後再泡進傳統的糖漿裡。[92]

牛奶還在乘勝追擊。快到二十世紀末時，世界各國政府，包括印度、印尼、墨西哥、阿根廷，甚至連不太有人喝牛奶的中國，都在鼓勵國民飲用牛奶；據信，喝牛奶是西方人長得又高又壯的原

---

⑥【譯注】法國科學家路易・巴斯德在一八六四年時發現，只要將啤酒與葡萄酒加熱至攝氏五十至六十度，就能減少酒中大部分的細菌，讓酒不致發酸，稱為巴斯德殺菌法。巴斯德殺菌法的目的並非完全殺菌，而是防止食物太快變質，同時較低的溫度也不至於破壞食物原有味道。

因。今天，改良過的牛奶乾燥方法，讓加水還原做成優格和超高溫殺菌乳（經過超高溫殺菌處理的牛奶能在架上放六到九個月）都變得相當容易，而這兩者也是食用牛奶非常方便的方式。從一九七〇年至二十世紀末，印度每人每年牛奶消費量提升到三十九公升，增加了百分之兩百四十。由於印度有百分十四的人口是穆斯林，為避免造成他們的關注，喝牛奶的人得將牛奶描述成用來提升身心健康，而非印度教文化的悠久傳統，跟印度母神（Mother India）也沒有關係。中國廣告裡將牛奶跟身材高大的運動員連在一起，暗示喝牛奶可以克服「發育遲緩」，創造更多健康的國民。一九九九年時，有二十家工廠生產嬰兒配方乳，校園乳品計劃也開始推行。[93]中國人的乳品消費量在二十世紀最後三十年間增加了百分之一千七百，人均消費量達到十二公升。

肉類與魚類——西方料理中主菜的精華，現在通常都加工成規格一致的便利包裝，可以不用去骨直接使用。[94]第二次世界大戰時，機器牛絞肉廣受喜愛，為下廚的人提供牛排的便宜替代品（做成漢堡排），或是省錢的肉捲（meatloaf）。隨著廠商找到將肉塊乳化、靠輸送帶送去用人工腸衣自動灌腸的新方法後，法蘭克福香腸（Frankfurter）消費量也在一九六〇年代一飛衝天——先是美國，然後是世界各地。到了二十世紀末，平均每個美國人一年要吃八十條熱狗。[95]今天的墨西哥、西班牙與巴拿馬超市裡堆滿了維也納香腸（wiener），中國人也開始吃起包裝肉品。新的雞隻飼養、屠宰與冷藏法讓雞肉價格比牛排還低，雞肉也成了便宜的餐點。[96]一般家庭再也不須買全雞來切塊了。無骨雞胸肉在一九五〇年代還是昂貴的稀缺珍品，一整隻雞身上只有一小塊。但到了二十世紀末，雞胸肉已經成了想方設法控制開銷、滿心煩惱的家庭主婦與餐廳老闆輕易可得的食材。此後，美國人吃的雞肉就像「雞塊」，墨西哥人則是米蘭式炸排（*milanesa*）這種薄片、拍打、裹粉、隨時可下鍋炸的肉排。裹粉、去骨、冷凍販賣的魚柳條成為標準的兒童餐點。日本人找到方法，將白肉魚絞肉塑形、調味、染色，做成魚漿製品（すり身），蟹肉棒和仿龍蝦肉銷往美國，仿幼鰻肉賣到西班牙。雀巢旗下品牌美極小心翼翼地根據當地消費者的口味，調整其雞肉和牛肉湯塊，以做出像菲律賓的酸湯（*sinigang*）、西班牙的燉肉（*cocido*），並符合穆斯林的宗教標準。

水果與蔬菜以新風貌現身，像是盒裝柳橙汁，或是已經切好的芹菜、花椰菜與胡蘿蔔。包裝與冷藏讓產自佛羅里達、加州、地中海、智利與非洲國家的蔬菜，得以藉由鐵路、貨輪或是空運運給美國與歐洲的消費者。不在產季或來自異國的蔬果變得稀鬆平常，有新鮮貨，也有罐頭。

油與糖也變得完全不同。西方傳統的固態動物油被新式烹飪用油取代。比橄欖油低廉許多的大豆油在一九三〇年代問世，接著則是便宜的芥花油與玉米油。到了一九七〇年代，美國的所有食用油中，有百分之六十五來自黃豆。其餘重要的蔬菜油還有棕櫚油、椰子油、油菜籽油、穀物油與棉籽油。民眾對膽固醇與固體動物油的態度有了劇烈轉變，加上巧妙的行銷，都讓烹飪用油、起酥油與瑪琪琳市場擴大。家家戶戶的廚房裡都有一罐蔬菜油，等著讓人倒進煎鍋裡。一九六四年的全球糖消費量比一九〇〇年多了六倍，增加的幅度超越其他任何一種食材，可能只有奶粉和罐頭乳品不遑多讓。十九世紀晚期之後，市面上也買得到代糖，大多數都是瞄準減肥市場。[97] 一九八〇年代早期，美國食物科學家採用了日本人的創新發明——從濕磨玉米中萃取高果糖玉米糖漿（high fructose corn syrup，HFCS）的方法。這種糖漿挾其低價，打下了飲料業軟性飲品擴大發展時的半壁江山。到了二〇〇〇年，更是幾乎跟糖銷售額打平。

即食開胃菜、甜點和醬料此前只有吃得起高級料理的人才能擁有，如今所有西方人都能買到。顧客可以購買鹹味堅果、蝴蝶餅（pretzel）、洋芋片、玉米片、沙拉米香腸（salami）、乳酪和橄欖。小孩子與白領職員享受一九三〇年代開始出現的巧克力棒（一包就當一餐），而第二次世界大戰之後，小蛋糕與各種增加中的包裝糕點也加入行列。[98]一九六〇與一九七〇年代的美國人對進入市場的罐頭湯底大表歡迎，這能為從無到有製作白醬與調味省下不少功夫（但歐洲人從來不學這一套）。後來白醬因為嚐起來太膩、熱量太高而被打入冷宮，由罐頭義大利麵醬和罐頭高湯取而代之。蛋黃醬、番茄醬和芥末仍受到廣泛使用，前兩種醬料更是遍布全球。李錦記公司成為全球性經銷商後，華人用的醬料也跟著進入全球市場。第二次世界大戰之後，李錦記將總公司搬到香港。一九七二年，李錦記推出熊貓牌鮮味蠔油，幫助這種中國南方菜裡相當晚才出現的佐料變得舉世聞名。這間公司迅速轉往美食市場，在一九九二年開始賣起XO醬。今天，李錦記集團在一百個以上的國家與地區，銷售超過兩百二十種醬料與佐料，遍及五大洲。[99]一九四四年，龜甲萬研發出一種用醬油麴和水解蔬菜蛋白為材料的半化學醬油。一九五〇年代，味噌已經採用自動化設備、新食材與連續製程技術製作，採用新包裝，以及現代銷售與廣告方法。[100]前述的許多小菜、醬料與甜點，都採用了西歐蒸餾業與日本發酵技術所生產的人工調味料來提升口味。[101]

甜味氣泡飲料在二十世紀走向全球，其中以可樂為最，就跟十九世紀晚期的拉格啤酒一樣流行。可口可樂在一九八〇年代成為全世界銷售範圍最廣的產品，能在一百四十五個國家買到。在可口可樂獲利最豐的市場——日本——消費者很快就培養出自己的品牌忠誠。一九九五年時，「老牌可樂」（brand Coke）只占可口可樂公司百分之六十四的銷售額（日本情況例外），其餘全是非氣泡飲料——像是罐裝茶。[102]

隨著人口激增、世界各地饑荒依舊，歐洲、蘇聯與美國科學家迫切尋找替代性主食。比方說，有些已經知道如何成功合成香草醛（vanillin）的科學家，便試圖將這種技術應用在蛋白質上。其他科學家，特別是德國與俄羅斯科學家，則重新溫習過去的饑荒食物名單。他們提倡用馬鈴薯、蘋果或甜菜泥做麵包，吃海豹肉和海豹油，飼養兔子，並利用黃豆。雖然饑荒情形普遍，但俄羅斯人一直無法習慣用《黃豆菜一百三十道》（*130 Soybean Dishes*，一九三〇年）或《蔬菜與黃豆料理大鍋菜》（*The Mass Preparation of Vegetable and Soybean Dishes*，一九三四年）裡面的食譜。黃豆可以做成口感以假亂真的植物性蛋白質，算是比較成功的替代主食，不僅能在動物飼料和現成漢堡肉裡找到，也可以在美國與墨西哥等國的健康食品店與市場裡購買。以藻類為材料的食材是一九五〇年代與一九六〇年代的重要研究項目之一，但卻無法取得成功，一方面是因為人們覺得噁心，另一方面則是因為價格比預期貴得太多。[103]

西方世界早已開始進行的家內廚房轉型，現在也擴及到世界上的其他地方。水與燃料此前對中產階級來說，是非常昂貴的商品，如今幾近於免費。廚房裡有冷、熱自來水，水質多半乾淨到可以直接轉開水龍頭喝。在西方，用電或瓦斯加熱的封閉式爐具成為廚房標準配備，這兩種爐具不僅使用更安全，也比燒煤炭的火爐更省時。至於世界上其他沒有烘焙與炙烤料理傳統的地方，人們常常用爐子來存放食物。第二次世界大戰之前，受到電力公司大力推廣的冰箱在美國已經相當常見，在一九五〇年代的歐洲與一九六〇年代的拉丁美洲富裕家庭亦然，此後冰箱更推廣到其他地方，成為中產階級的身分象徵（圖8.10）。一開始，冰箱是用來冷藏啤酒、軟性飲料與冰淇淋，後來漸漸成了食品儲藏櫃，用來保存牛奶、肉、新鮮蔬果，甚至是調味料——等到一週一回開車購物取代了每天買菜之後，就更是如此。

第二次世界大戰之後，電熱水壺、吐司機和攪拌器等各種小家電先是出現在美國，接著是歐洲，不僅讓傳統的廚房工作變得更容易，也讓新的廚事得以進行。任職於美國國防承包商雷神公司（Raytheon）的科學家波西·史賓賽（Percy Spencer）獲得桌上型微波爐專利，雷神公司的子公司愛

【圖8.10】潔白閃耀的真力時（Zenith）冰箱能讓食物保持新鮮，就好比潔白閃耀的泰姬瑪哈陵（Taj Mahal）能讓沙賈罕對妻子的記憶不會消失——廣告是這樣暗示的。（圖片來源：Vila Patik, The *Finest Recipe Collection: Kashmir to Kanyakumari* (Bombay: Rekka Supra, n.d. [1970s?]). In the author's possession.）

瑪（Amana）也是最早在一九六〇年為家用廚房生產微波爐的公司。錫箔紙、保鮮膜和洗潔劑讓食物保鮮與清潔變得更方便。一九五九年，時任美國副總統的理查・尼克森（Richard Nixon）在莫斯科舉辦的美國國家博覽會（American National Exhibition）上，為蘇聯部長會議主席尼基塔・赫魯雪夫（Premier Nikita Khrushchev）導覽美國家庭模型展間。在這起知名事件中，尼克森大大讚美配備有各種省時省力設備的廚房，奉為美國成就的象徵，而赫魯雪夫則不屑一顧，認為這對國家發展並不重要。至於這場「廚房辯論」（kitchen debate）在蘇聯是否跟在美國一樣人盡皆知，或是有沒有增加人民對政蘇聯政權的不滿，就不得而知了。我們只知道在二十世紀後半葉，世界上富有國家的家庭廚房不僅更有效率，也擺滿各種設備。電子鍋在日本大受歡迎，做莎莎醬的攪拌器和適合在高海拔地區烹煮的壓力鍋風靡了墨西哥，優格機也紅遍印度。

家裡面的廚房不再是骯髒、危險、進行難聞的食品加工之地，而是成為最終備餐的空間。廚房標準再度提升。人們如今期待煮飯的人能端出來自不同料理傳統的各式餐點，而非十九世紀那種週而復週的飯菜模式，也不是更久以前對一鍋濃湯做一系列小花樣的手法。廚房成為生活空間，是「家庭的心臟」，奢華配備了大理石流理檯與高級爐具，既是休閒空間，也是烹飪空間。

食品店將家庭廚房與工業食品廠房聯繫在一起。二十世紀上半葉，類似大西洋與太平洋茶葉公司（Great Atlantic and Pacific Tea Company，圖8.11）等大食品行讓加工食品加入茶葉、糖、水果乾與香料等傳統進口奢侈品的行列。麵粉、自發麵粉、發粉、卡士達粉（custard powder）、貝夏媚粉、濃縮蛋粉、澱粉、太白粉、明膠罐頭、明膠粉，以及罐頭醬料與酸菜裝在乾淨的厚紙盒與白燦燦的罐頭裡，提供前所未有的便利。一九五〇年代《仕女家庭與居家美化》（*Ladies' Home Journal and House Beautiful*）的美食版編輯波比・坎農（Poppy Cannon）說，馬口鐵罐頭是「通往財富與自由的

【圖8.11】這是一九三六年，位於曼哈頓三街246號的大西洋與太平洋茶葉公司櫥窗，裡頭擺滿了工業生產的罐頭食物、蘇打餅，以及咖啡和茶，這些都是以前食品店的主力商品。大西洋與太平洋茶葉公司是美國第一家連鎖食品店，起於十九世紀晚期，也是一九三〇年代第一個採用開架式陳列的食品店。（圖片來源：Photographed by Berenice Abbott for the Federal Art Project of the Works Progress Administration. Courtesy New York Public Library, http://digitalgallery.nypl.org/nypldigital/id?1219150.）

成功訣竅……再也不受乏味、空虛、例行公事，以及缺乏經驗所拘束」。[104]廣告會暗示食材的來源與帶來的效果。堡康利（Buitoni）義大利麵的廣告上畫著一名臉上掛著微笑、身材前凸後翹的女孩站在一捆小麥旁，還有金黃色的稻穀與藍天為背景。巧克力廣告會出現玫瑰和小貓。一九二二年至一九三七年間從女子中學畢業的日本女孩，還會收到裝在像香水瓶的罐子裡的味精。[105]

進入二十世紀後半，食品店又出現了變化——自助開架取代了臨櫃購買方式。隨著人們對新鮮、天然食材的需求提升，食品店也賣起容易腐敗的食物，像是冷藏櫃裡的肉、奶與蔬果。商場附設的麵包店保證麵包都是新出爐，烤肉店則提供馬上就能帶回家的菜。到了二十世紀末，沃爾瑪（Walmart）與家樂福等大賣場不僅販售食品雜貨，也賣百貨公司裡擺放的那類商品。

家庭主婦樂得將食譜投稿給食品公司參加比賽，家政學家也獲聘為公司產品開發食譜。比方說在一九二八年，《家屋與花園改造雜誌》（*Better Homes and Gardens*）開闢了「試味廚房」（Testing-Tasting Kitchen）單元，讓它們的家政學家展開行動，「將美國大眾推向嶄新的科學烹飪時代」；其中提供的不是模糊的大致方向，而是精確的料理做法，並試用即將上市的新產品與新廚具。

無論是戰時還是承平時期，無論是否有政府支持，歐洲、歐洲前殖民地、日本與美國的工業食品廠房都一直在成長。不列顛人一般傾向於自己在家動手，包括食物加工，但在第二次世界大戰時，他們卻發現自己面臨難題：要養活在緬甸與遠東地區集結起來、準備攻打日本人的兩百多萬印度志願軍與同盟國部隊。不列顛人於是設立一百三十四座工廠，生產蘇打餅、脫水馬鈴薯、透明糖漿、咖啡粉、鹽、咖哩粉與其他調味粉、調味果醬、檸檬與萊姆果汁飲料、水果乾與罐頭水果，以及植物性精煉奶油。[106]一九四七年印度獨立之後，印度政府旋即建立食品加工業，並在印度西南方有「宮殿之城」之名的邁索爾（Mysore）設立中央食品技術研究所（Central Food Technological

Research Institute）。研究人員為印度產品開發新用途，尋找嬰兒食品等昂貴進口貨的替代品，籌備聯合國會議，並訓練來自印度與其他約四十多個國家、從事食品加工業的化學家與工程師。

美國的食品公司過去為駐紮世界各地的美軍提供糧餉，引進可口可樂、雀巢咖啡、午餐肉（Spam）、蛋糕粉，以及包裝通心粉和乳酪（或是讓它們更受歡迎），如今也把注意力轉向家庭市場。到了二十世紀末，已經有將近七萬名食品科學家在美國工作，約三分之二任職於私人企業，其餘三分之一則在政府教育與研究機構服務。會員人數達兩萬八千人的食品科技研究所（Institute of Food Technologists）就是首屈一指的專業團體。無論是對分子料理感興趣的主廚，還是速食業開發人員，都迫不及待想深入閱讀他們的研究成果。

一九八五年，美國食品加工業是個年產值三千億美元的行業，大大超越年產值一千八百八十億美元的汽車製造業，或是年產值一千六百七十億美元的石化工業。到了二〇〇八年，阿徹丹尼爾斯米德蘭公司（Archer Daniels Midland）穀類部門、卡夫食品（Kraft Foods）、嘉吉（Cargill）、百事可樂、可口可樂、瑪氏（Mars）、通用磨坊、安海斯—布希（Anheuser-Busch）、斯威夫特，以及美國酪農公司（Dairy Farmers of America）全都名列世界前三十大食品企業。[107] 雖然即食食品是工業食品廠房最知名的產品，但食品業在二十世紀後半葉最重要的成就，卻是在於用少數幾種基本材料，尤其是玉米、黃豆、酵母菌與發酵產品，創造出各種澱粉、甘味劑、油與調味料。澱粉、糖、油的結合，是西方料理的根本。如今，它們的價格也比以往更能讓人負擔得起。人們發明特殊的澱粉，作為湯、醬汁、沙拉醬、布丁與派餡的增稠劑與穩定劑，或是用來製作麵條與麵食（以及提供各種工業用途之用，特別是造紙）。

許多歐洲調味料與香料公司隨第二次世界大戰爆發而遷往紐澤西州，其中又以羅氏

（Roche）、拜耳（Bayer）與聯合利華等大型化學公司旗下的公司為最。一九四〇年代晚期，美軍與食品公司對味精表示熱烈歡迎，因為味精有能力讓便宜的食物口味更佳，大規模生產也在一九五〇年代展開。到了一九六〇年代，質譜儀（mass spectrometer）與氣相層析儀（gas chromatography）讓研究人員得以分別從液體與固體裡，輕鬆分離出刺激味覺的化學物質。進入一九七〇年代後，加州大學戴維斯分校（University of California at Davis）發表了一張像是蜘蛛網的圖表，每一條軸線都指向特定的味覺，用來記錄人類能嚐出來的味道。一九九〇年代時，主廚也受僱來比較天然與人工調味料。截至二十世紀末，調味料與香料業者已經能創造一百六十億美元的年銷售額。

一九八〇年代，中國轉往市場經濟發展，美國與其他地方的食物加工商也隨之搬遷到中國。英荷跨國公司聯合利華所擁有的和路雪（Wall's）製造冰淇淋，法國達能（Danone）生產「Lu」餅乾與乳製品，中國淘大（Amoy）與娃哈哈做醬油、點心與幼童食品，而美國亨氏與中國廣東聯合食品企業合資的亨氏聯合也跟雀巢一樣生產嬰兒食品（地圖8.1）。可口可樂曾經被毛澤東斥為「邪惡資本主義走狗的鴉片」，如今也在一九七九年提出申請，並獲准在中國營運。[108]到了一九九〇年代晚期，可口可樂在中國已有二十三座工廠，是該國國內最廣為人知的品牌，擁有將近百分之六十的軟性飲料市場。[109]中國企業家則重新投入他們在二十世紀早期曾從事的食品加工，增加啤酒與麵粉產量，將麵筋生產工業化，並將素鮑魚、素蝦與素雞裝罐冷藏，出口至美國與歐洲的華人社群。[110]

中央廚房在二十世紀下半葉開始出現，供應餐廳、旅館、醫院、大學、運動場與運動賽事所需，降低了外食成本。新公司成立，像是美國的西斯科（Sysco）、金巴斯（Compass）、愛瑪克（Aramak），以及法國的大公司索迪斯（Sodexo），它們在全世界有三十八萬名員工，在八十個不同國家工作，將食材與現成餐點送到顧客門口。速食供應鏈成功為只有一兩項設備的經銷點創造菜

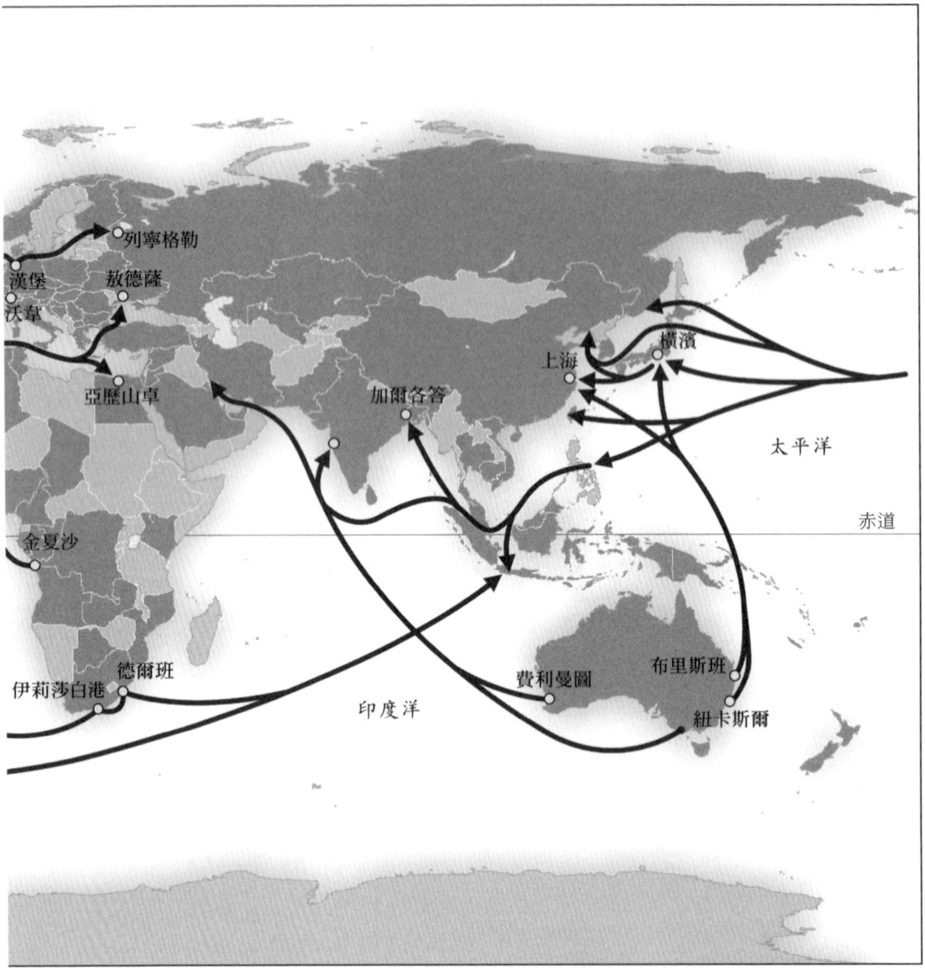

類的運輸路徑。四間大公司掌控了這些穀物——美國阿徹丹尼爾斯米德蘭公司（ADM）、邦吉公司（Bunge）、嘉吉公司（Cargill）以及路易達孚公司（Louis Dreyfus），如今它們供應的範圍遠比一個世紀前還大，遍及世界各地，包括中東、日本、中國、俄羅斯與東南亞。（地圖參考來源：www.nestle.com/AboutUs/GlobalPresence/Pages/Global_Presence.aspx; Morgan, *Merchants of Grain.*）

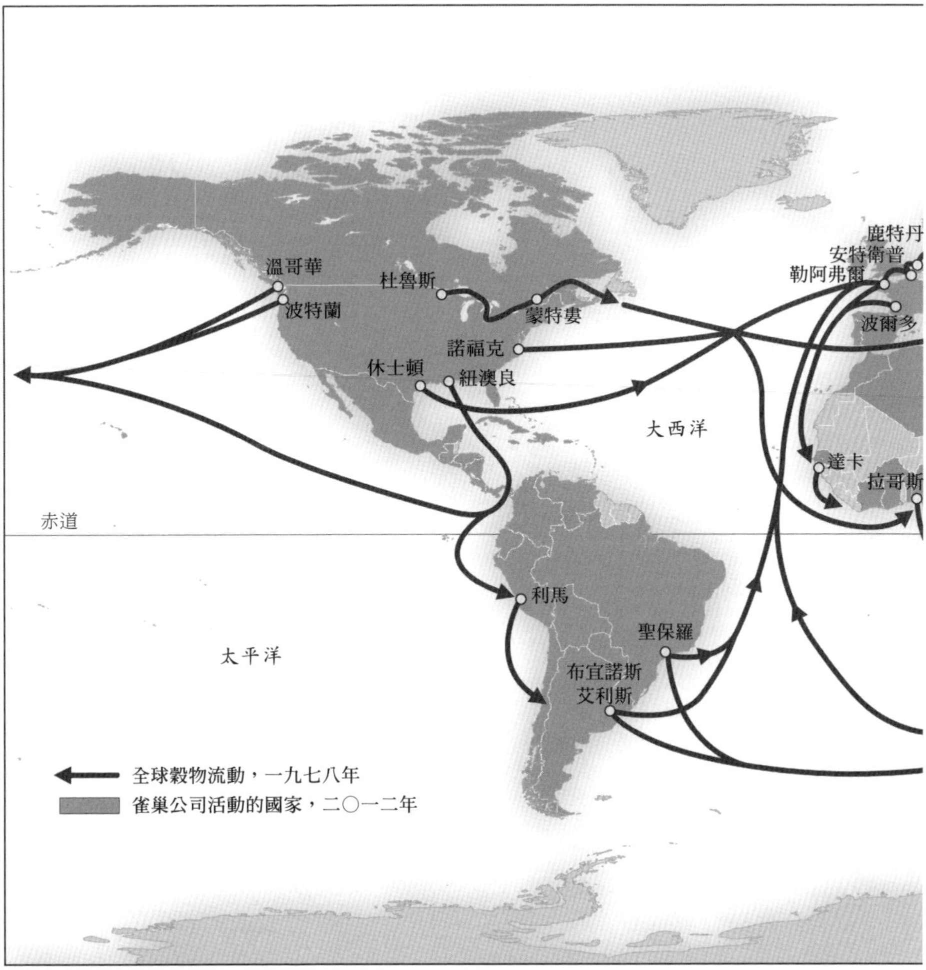

【地圖8.1】料理的民族國家與跨國家分布形勢，約西元二〇〇〇年。到了二〇〇〇年，各帝國已經解體為兩百多個不同國家，幾乎每一個國家都主張擁有自己的料理。而跨國料理哲學、人道援助、非政府組織與跨國公司則是與民族國家料理相對的力量。深色塊是雀巢在當地擁有工廠或銷售部門的國家，煉乳、奶粉，以及從高湯塊到義大利麵的數十種其他產品都有銷售，通常也經過調整以配合該國口味。箭頭為一九八〇年代時，小麥與其他穀單上的餐點——像漢堡店只需要烤盤與炸爐，至於披薩店也就放個烤爐，再加上一名只要對廚房有最基本認識的年輕店員就可以了。

非主流料理

第七章曾深入談過人們從浪漫田園風的角度對近代食物加工、機械化農業做出批評，而實際上這種批評也延續到了第二次世界大戰爆發之時。[111] 等到戰爭結束，新的批評馬上接力出現。一九五九年，美國生理學家安瑟爾・基斯（Ancel Keys，他曾主持以飢餓為題的重要研究）與妻子瑪格麗特・漢尼（Margaret Haney）出版了《地中海式吃好身體好》（*How to Eat Well and Stay Well the Mediterranean Way*）。他們想傳達的訊息是，擁有大量新鮮蔬果、麵食、魚肉與葡萄酒的料理，要比油脂供過於求的西方料理來得健康。一九五九年在聯合國贊助下成立的國際橄欖油委員會（International Olive Oil Council）馬上就從這次極為成功的廣告戰中獲益，吸收了美國好些最知名的美食寫手與食譜作家，來宣傳地中海式飲食的優點。此時異國料理（尤其是地中海料理）人氣正好與日俱增，專家打包票表示這類飲食同樣也更為健康的說法，讓許多饕客放棄西北歐的白麵包、牛肉、奶油與動物脂肪，倒向那些讓人聯想到地中海的橄欖油、大膽直接的調味與顏色明亮的餐點。

一九六〇年代，這股非主流文化與它們所說的食品界當權派——營養學家、食品科學家與技術人員、官僚、記者，以及為主流大學、食品企業、新聞組織或政府（被認為跟軍事工業複合體狼狽為奸）辦事的廣告業者所組成的網絡——斷絕關係。非主流文化偏好有機（organic，是個新字）運動，以及根據羅岱爾出版社（Rodale Press）出版品中羅列的原則來經營的集體農場——一九六五年至一九七〇年間有超過三千處公社成立，裡面也開辦合作社。潮流中的人擁抱生態學、男女平權、瑞秋·卡森（Rachel Carson）對ＤＤＴ的批評，以及阿德勒·戴維斯（Adele Davis）對添加劑的抨擊。他們擔心，即便原子彈殺不死上百萬人，搞不好「人口爆炸」（population bomb）也能辦到。[112]

人們紛紛探索民族料理與地方料理，尋找「塑膠」食物以外的選擇——「塑膠」在這時候被人當成工業、假冒與噁心的東西，不像過去在一九三〇年代，是種迷人的新玩意兒。在大家的心目中，褐色的麵包與食物要比白的更討喜，慢食勝於速食，蔬菜重於肉，民族風味餐比盎格魯料理更美味。法蘭西斯·摩爾·拉佩（Frances Moore Lappé）在她一九七一年的暢銷書《一座小行星的飲食方式》（*Diet for a Small Planet*）裡導入一種思維，用穀類與豆類這兩種補充性的植物蛋白，充作動物蛋白合適的替代品。愛麗絲·沃特斯（Alice Waters）深受其旅法時光與英格蘭食譜作家伊莉莎白·大衛所啟發，在加州柏克萊開了自己的餐廳「帕妮絲之家」（Chez Panisse），提供以新鮮當地物產為基礎的料理。莫利·卡岑（Mollie Katzen）也在隔年出版《駝鹿林食譜》（*The Moosewood Cookbook*），是本手寫的素食食譜，至今仍在販售。

到了一九七〇年代末，美國非主流文化失去了動力，無法跨出其年輕中產階級小圈圈。但這種文化也和過去的非主流料理一樣，在西方料理留下了自己的痕跡。優格、脫脂牛奶、花草茶、食品材料行裡的散裝穀類、植物嫩芽、葵花子，以及全食超市（Whole Foods Market）、食物與發展政策研究院（Institute for Food and Development Policy），以及公共利益科學中心（Center for Science in the Public Interest），都是其中一部分的遺產。

日本也出現了一波昔日農村懷舊浪潮，作為對披薩、麥當勞、冰雪皇后（Dairy Queen）、肯德基，以及A&W麥根沙士等外國食品的部分回應。農事博物館傳播田園風的傳說，餐廳與旅社提供傳統日本菜，學者尋找日本料理起源，雜誌、食譜則放上拍得漂漂亮亮的日本料理。[113]

到了一九九〇年代，隨著消費者感覺到自己與食物的源頭距離越來越遠，一場新的食物運動又在美國與歐洲累積起能量。許多積極人士提倡重返在家煮食（但不光是由女人來煮），並期待政府出於提升該國食品體系的安全、健康與品質之目的，對食品業做出規範。他們持續對抗大食品企業以及當時所謂的「工業化農業」，表現出對食品科技的敵意——尤其是以基因改造食品為業的科學家，並呼籲公平貿易與關稅壁壘以保護小農。許多有影響力的人，包括麥可·波倫（Michael Pollan）、艾瑞克·西洛瑟、瑪莉詠·奈索（Marion Nestle）、公共利益科學中心以及《紐約時報》都提出警告，表示近代西方飲食會對消費者帶來肥胖症的威脅，而且還正摧毀環境，加速小家庭農場消失，讓美國人面臨食物恐怖主義的傷害。

這場食物運動點出了一系列的食品威脅——大腸桿菌、狂牛症、沙門氏菌——視為漫長全球食品供應鏈的危險信號，供應鏈一長，就意味著可能找不出食物汙染源與新的危害。有過多的熱量來自便宜的油與糖，又沒有來自均衡飲食的微量營養素，造成肥胖症。一九九四年，北卡羅來納大學（University of North Carolina）營養學家巴瑞·鮑勃金（Barry Popkin）認為美國的營養問題之因在於「越來越多人吃那種與慢性病有關的飲食」。[114]唐·吉福德（Dun Gifford）在美國波士頓設立了「老方法」（Oldways）協會，推廣重返近代前的飲食，但某些替代食品，比方說夏威夷人平常吃的芋頭與海藻，就沒有流行的地中海料理那麼吸引人。

卡爾洛·佩特里尼（Carlo Petrini）也在義大利組織起慢食運動，名字起得很聰明。他並非提倡吃素救地球，而是敦促支持者用支持農民的方式保存傳統飲食方式，並建議農民提升其乳酪、蔬菜與香腸的品質，以滿足饕客味蕾，邁向國際。[115]法國也有食品界菁英在重振製作天然酵母麵包的老方法、慢方法。創意烘焙師里歐內・普瓦蘭（Lionel Poilâne）繼承了其父在巴黎左岸的麵包店，憑藉傳統手藝來拓展業務，到了二十世紀末時，一天已經可以出爐一萬五千個麵包，其中有許多麵包更是用聯邦快遞送往海外。在日本，人們開始追求手工味噌，饕客會品嚐那些裝在容量五加侖的雪松小桶中的味噌，接著再挑出喜歡的口味與種類。美食記者柯比・庫默（Corby Kummer）將這股潮流總結為「好食好生活」。[116]

到了二十一世紀初，西方世界較為富裕的人群間出現了對料理的新共識。他們認為現下理所當然的近代西方飲食既不健康，又不安全，加工、銷售食品的都是些關心利潤甚於消費者的企業，而原物料則是由跨國生物科技公司孟山都（Monsanto）所掌握的工業化農業所生產——簡言之，西方世界應該拋棄這種飲食。他們的立場是，人們應該回家下廚，回到天然、未經加工的食品，食物供應鏈要短，還有支持小農，而這一切都需要政府的幫助。至於世界上較為貧窮的地方，則應該在非政府組織的協助下得到鼓勵，保留其傳統飲食。

在這種共識底下支持的，是今天與居家概念、民族主義相結合的田園風浪漫飲食史故事。食譜、雜誌文章、旅遊講座與報紙一再重複這些故事，講土地的豐饒有多新鮮、多天然又多健康，由農婦熱情準備，在城市裡走向精緻，成為地區或全民的料理。每一個社會都會對自己人講著烹飪起源與演進的故事，而現在這種故事就是一連串故事中最新的一則。這種故事當然是傳說，就跟以前講天神教人們煮食，或是人們離開伊甸園後被迫學著煮食，又或者是無意間發現豬仔在房屋大火中被烤熟等故事一樣。但我們也知道，這些故事有著舉足輕重的影響。

全球料理分布形勢，西元二〇〇〇年

到了二〇〇〇年，世界人口已增加到六十億人；十年之後更是高達七十億人以上。全體人類中有超過一半的人住在城市裡，許多人住在亞洲、非洲與拉丁美洲的大都會。乍看之下，他們吃的東西是民族與地域料理的大雜燴。在世界上久經人居的大多數地方，當地的複雜料理形勢是可以靠研究不同階段的料理史來抽絲剝繭的。我們往回耙梳，二十世紀大多數的料理受到三層彼此交疊的料理形勢重整所影響：西方國家、社會主義國家與不結盟國家的分野；兩百種分裂的民族國家料理；以及劃分出富有世界與貧窮世界的全球性轉變（富有的世界擁有中階料理，貧窮的世界則有高級料理與窮酸飲食之別）。回到十八與十九世紀，世界上多數地方都受到現代化的擴張帝國或國家所影響，其中以不列顛、法國、荷蘭、俄羅斯、日本或美國為最。而在先前的兩千年之間，歐亞大陸與非洲受到一個或多個傳統帝國所統治，這些帝國與普世宗教結盟，例如佛教、伊斯蘭教或基督教。再往前，幾個從事獻祭性宗教的帝國盤踞著歐亞大陸。再再往前，來到隱約還能觀察到的時代，則是懂得將根莖類與穀類加工成食物的人們擴張之時。

舉個例子——在義大利，農民以前吃的穀類粥（波倫塔）仍然存在，但現在多半是用玉米製作，而非大麥或小米。羅馬帝國的麵包可以在整個義大利半島找到。西西里帶甜味或酸味的餐點，以及北方的燉飯之所以會出現在那兒，是因為地中海地區曾經有傳統伊斯蘭國家存在過。傳統文藝復興時期天主教國家的甜味麵食大多已改頭換面，變成鹹點。中產階級的慕斯、貝夏媚醬、乾燥義大利麵與罐頭番茄可以回溯至十八與十九世紀的近代料理。到了二十世紀後半，所有義大利人都開始吃起中階料理，農家菜也跟著百花齊放。

到美國的印度餐廳走一趟，映入眼簾的會是現代印度人的坦督里烤雞、不列顛帝國的乾炒咖哩（*jalfreezi*）、傳統天主教葡萄牙帝國的酸咖哩、傳統伊斯蘭教蒙兀兒帝國的醬肉，以及上千年來對印度教徒來說就像麵包的小麥麵餅。或者來到奈及利亞南部城市，中產階級會吃二十世紀後半開始流行起來的鬆軟白麵包、歐洲人從事奴隸貿易的年代引進的魚乾燉菜，以及有上千年製作歷史的樹薯泥（圖8.12）。儘管過去這一百多年變化如此快速，過去的料理與更早以前的全球交流大多仍與你我同在。

那些夠幸運、吃得到多肉、多油與多糖中階料理的人，或許占了世界三分之一的人口，比例是前所未有的高。這群人每天至少能享用一頓熱騰騰的餐點，而且通常還不只這個數字。他們吃著鬆軟、奶味重、酥脆、通常是甜味的食物，或者是吃有著濃濃肉味的食品。像波倫塔這類簡單的餐點也升了級，上面鋪著豐富的料，這對以往做工的窮人來說根本難以想像。有個老朋友對我說，他會點加了奶油與古岡左拉起司（gorgonzola）的波倫塔，來紀念出生於義大利的雙親；他們一來到美國，就再也不願意吃不加料的波倫塔，那是他們避之唯恐不及的、千篇一律的窮人食物。烤雞、千層麵、混醬、醬肉與千層蛋糕這類過節吃的菜，以往只有在宗教節日或假日才能吃到，如今也成了日常食物。吃外食是種休閒，一種娛樂或旅行的方式，藉此享受新的環境，品嚐新上市或奢華的食物。

在擁有中階料理的國家裡，兒童比他們吃粗茶淡飯的父母長得更高壯。肉毒桿菌中毒的威脅再也不如以往。現在很難看到因佝僂病造成的O型腿，甲狀腺腫大造成的大脖子病，以及壞血病與癩皮病在皮膚上造成的斑點與色塊，但在二十世紀初，就連美國這種富庶國家也經常能見到這些問題。墨西哥婦女再也不會因為花幾個小時碾磨而生得虎背熊腰，或是得膝關節炎。一名世界衛生組

【圖8.12】這是一九六〇年前後（奈及利亞獨立時），一名奈及利亞人前往挪威卑爾根一家批發商購買鱈魚乾的照片。奈及利亞人開始吃起近代西方的白麵包，但他們持續用十六與十七世紀時引入的魚乾與辣椒為餐點調味，而且仍在享用他們當地的棕梠油與山藥泥。（圖片來源：Photo Atelier KK, Bergen, picture collection of Bergen University Library.）

織營養學家指出，許多在過去導致人們傷殘的問題，例如稻米主食地區的幼兒蛋白質缺乏症，已經因為更完整的飲食而絕跡了。[117]根據聯合王國國家統計局（Office for National Statistics）表示，縱使通報的情況可能有所增加，但英格蘭與威爾斯因腸胃道感染致死的人數，已經從一九〇〇年的每十萬人口中有百人死亡，降到二〇〇〇年的無人身亡。[118]

一九九七年時，美國有一千三百七十萬人從事食品加工、銷售或是餐飲業，相當於勞動人口的十分之一。大多數的情況下，他們是出於個人選擇而從事相關行業，而不是過著別無選擇，只能用去自己整天時間舂搗、碾磨，或是為一整個大家庭準備一天三餐的生活。類似麥當勞與沃爾瑪等專事零售與餐飲的跨國企業，也加入現有跨國食品加工專門公司的行列。這些公司為就業、社交生活開創了新的機會，並提升農產與分銷的標準。諸如長途貨運、冷凍貨運與空運等新運輸方式也降低了價格，或是讓人能買到非產季的異國珍饈。一九五〇年代，一位北卡羅來納的貨運鉅子起用了貨櫃，減少了公路、鐵路與海路貨運間上下貨的成本。

機械化農業成為今日世界上富庶地方的金科玉律。位於北起加拿大、南至阿根廷的美洲地區，以及澳洲、印度、中國、歐洲與前蘇聯部分地區的溫帶草原，如今都種起了穀類，也有不少地方栽種黃豆與玉米，餵養數目不斷增加的牲口。開闢新農地，引進牽引機、肥料、雜交玉米與新品種的小麥、稻米與玉米，都讓充裕的穀類供應成為可能。一九六〇年代由洛克菲勒基金會（Rockefeller）資助的研究引發了綠色革命（Green Revolution），大幅避免了饑荒的發生。高效的擠奶機、人工授精、對泌乳週期的密切注意，以及餵養牛隻的新方法共同讓酪農業改頭換面，一年到頭都能供應安全、新鮮、買得起的牛奶。在印度則有隨綠色革命之後發生的白色革命（White Revolution）。全球最大的酪農場位於中國。處於炎熱地中海氣候的地區——包括地中海國家、加州中央谷地、墨西哥瓦西歐地區（Bajío）、智利、南澳大利亞州，甚至還有非洲部分地區——則為世界上各個城市供應蔬果。即便大多數的農忙仍然是由最窮的人在操持，而且常常（應該說幾乎）都不是在自己的土地上勞動，但人力正逐漸被化石燃料提供動力的機器所取代。

雖然好處這麼多，但有些老問題仍然存在，新的問題也紛至沓來。在大半個二十世紀中，饑荒發生的規模遠遠超越以往，而且通常是有意而為的政策、不經意的行動，或是行動失敗造成的結果。一九三二年，有兩百四十萬至七百五十萬烏克蘭人死於饑荒。一九四三年孟加拉大饑荒（Bengal Famine of 1943）的死亡人數，甚至超過盟軍在第二次世界大戰中所有陣亡人數。至於中國，一九五八年毛澤東的大躍進，造成兩千萬至四千五百萬人死於飢餓。一九七〇年的比亞夫拉內戰（Biafran Civil War）導致奈及利亞一分為二，導致上百萬人因戰禍與饑荒而死。雖然人口成長一飛衝天，但飢荒在過去一代人的時間裡已經越來越少見。不過，饑荒若要再度發生，也不是什麼難事。在較為貧窮的國家裡，社會上層一小撮人吃高級料理（雖然不見得像古代帝國那麼鋪張），大批農村人口辛苦加工食材、吃粗茶淡飯的舊有模式仍在延續。許多窮人依舊飽受慢性營養不良所苦。其他人則對豐盛中階料理造成的健康問題舉手投降。

富裕國家的情況也顯示，要根除有問題的飲食，可是比想像上還要困難。無論是在富有的國家，還是在沒那麼富有的國家，肥胖症與心臟病、糖尿病等富人病都越來越普遍，這通常得歸咎於中產階級飲食——多肉、多油、多糖，以及坐著不動的生活方式。漫長的食物供應鏈與更高的牛乳、加工肉品與新鮮蔬果（這些都是細菌理想的溫床）消費量，意味著有來自大腸桿菌與沙門氏菌的新風險。提升園藝生產的研究也始終落後於增加穀類產量的研究。穀類產業在少數幾個暗中操盤的公司手上不斷整併。肉品與牛奶需求也持續攀升。

結論

一點想法

Some Final Thoughts

我一開始說過，人類是種會煮食的動物，煮食則讓植物、動物從原始的食材轉變為我們的食物，而我打算認真看待這件事。世界上七十億人吃的都是加工過、煮過的食物。穀物的傳統優點在於富含熱量與營養素、可以做成豐富而多元的食材，而且容易運送和儲藏，這讓它們上千年以來始終都是重要的食物原料。用小麥、稻米與玉米做的食物至今仍供應全世界一大半的熱量，而次要的穀類與根莖類也還是窮人的食物。基本上，我們跟最早的城市與國家形成時的人類仰賴同樣的種子、塊根、塊莖、堅果、水果與蔬菜維生，雖然許多已透過育種改良。但我們所吃的動植物種類反倒越來越少。我們比過去的人類更少依靠野生動植物，更常以我們能夠控制其繁殖（因此能控制其口味）的馴化品種為基礎。

用的雖然還是同樣的原物料，但我們有能力比我們的祖先創造出種類更多的食材、菜色、餐點與料理。經過了好幾個世紀，我們發現如何透過烹煮，改變動植物的口味、調理方法與營養上的特性。玉米經過鹼處理後輾磨成泥，能形成有黏性的麵團，純靠輾磨的玉米就辦不到。玉米麵團放上烤盤烤，能做出有彈性的無酵麵包（即玉米餅），這是未經鹼化處理的玉米做不出來的。把肉切絲或絞成肉泥，可以一燙就熟，而麵粉揉了酵母則會發起來。用煮的，就能創造各式各樣的口味與口感。玉米餅嚐起來跟玉米麵包大不相同，發酵麵包跟無酵麵包不同，鹽醃肉與鮮肉也不一樣。經過精磨（conched，磨數個小時）的可可豆擁有滑順的質地，只用簡單的石磨加工的可可豆則會帶來顆粒感。煮食通常能讓食物更安全、更營養。許多種芋頭與樹薯生食是有毒的；沒有煮過的玉米不僅沒那麼營養，更可能含有有毒的真菌；而且只要沒煮過，不管是什麼食物都不好消化。烹調當然不見得只有好處，某些調理上、口味上或營養上的特質或許變得更好，但代價可能是其他方面變得更差。白糖這種食材擁有各種美妙的特質，而且味道幾乎人人喜歡，但許多人擔心白糖雖然能提供熱量，卻無法提供各種豐富的營養素。糙米或許比白米更健康，但很多吃米的人不喜歡煮糙米，也不喜歡糙米的口味。

但過了幾百年之後，煮食的好處還是遠遠多過犧牲的代價。中國的麵條與醬油、羅馬的醬料與發酵麵包、伊斯蘭的蒸餾方法以及西方的糕點與巧克力，都是足以和中國的青銅器、羅馬的水利工程、伊斯蘭的陶藝與西方的蒸汽引擎比肩的技術成就。名廚艾默利（Emeril）曾向自己電視節目的觀眾保證烹飪不是什麼艱深學問，但他錯了。使用烹飪技巧或許不難，然而烹飪技巧得先發展出來，這就有深厚的學問了。

不過，田園風、居家風、國家民族風的烹飪史故事，卻讓「煮」如何讓人類生活完全改觀的方式變得撲朔迷離。這種故事強調生產原料的農耕過程，不僅忽略了將這些原料轉變為食物前所必須的工序，而且還暗示食物離農場大門越遠，就越不天然、越不純淨。這種故事主張家裡煮的食物比工業生產的食物更好吃、更健康，卻小看了羅馬大規模、高效的烘焙坊與魚醬工廠、佛寺裡的茶葉加工設備、荷蘭的鯡魚包裝場、法國的甜菜糖廠，以及世界各地的輪輾磨坊曾經如何改善飲食、減少沉重的體力活，開拓美味食物的種類範圍。家庭烹調與加工產業其實構成了一段連續的過程，利用機械力、熱力、化學與生化方式，讓農產品變成可以吃的東西。田園風、居家風、國家民族風的料理故事強調民族料理，低估了一直以來料理革新長距離轉移的重要性。如果我們對於獲得更好食物的觀點，就是更少加工，更多天然食物，更常在家煮食，以及更多當地食材，那我們其實是斬斷自己在未來吃到更好食物的可能性。

即便煮食提升了食物的種類、品質與健康程度，更讓我們吃的食物變得美味，但直到最近，這些好處還是非常分配不均。過去，煮東西的人活著就是在永無止盡、費時費力的勞動，而在今天的世界上，仍然有許多人過著這樣的生活。料理哲學不僅設定了世界的不平等，而且更強化了這樣的不平等，食物則是其中最具體、有形的一面。農人與工匠在收成後都能吃得很豐盛，但在收成前只能強忍飢餓。至於那些在體制裡的人，例如僕從、學徒、廷臣、軍人與水手，他們或許有更好、供應更穩定的食物，但代價是別人提供什麼就得吃什麼，而且還要感恩戴德。料理哲學激發出烹飪與加工方法的創新，但由於把焦點放在為宮廷提供奢華的食物，或是為宗教界上層人士提供精緻的食物給，這類哲學鮮少能改善大多數人的飲食。就連有錢人的飲食選擇也有限度，因為他們有維持上下階級的需要。女人常常被排除在精緻的餐點之外，例如在波斯，人們期待女人喝水果飲料，而非葡萄酒，在英格蘭則是喝茶，不能喝咖啡。國王與皇帝得在大庭廣眾下用餐，大張旗鼓地吃，而且得根據風俗習慣的要求來吃。據說愛丁堡公爵曾經抱怨：「我從來沒看過什麼家常菜，能吃到的都是些花俏的東西。」

必須等到更包容的政治理論在十九世紀出現，才把食品加工導向至直接為全體人民提供得體、能夠負擔的食物。化石燃料讓動力有極大的提升（因而得以控制冷熱與壓力），人們也在過去一百多年對生化作用的過程有了認識，這兩者都是創造中階料理的要素。食品加工工業化對削弱社會階級來說不可或缺，就彷彿社會階級若要在過去出現，也少不了對穀類的掌握。食品加工工業化不僅減少了加工食品時的人力需求，甚至還能降低價格，讓更多的人能負擔的起更豐富的飲食。雖然高級料理與粗茶淡飯之間的分野，還沒完全消失於世界上富裕的地方，但這種分野也變得相對沒那麼重要。

來到今天世界上比較富裕的地方，你吃得好或吃得普通，跟個人出身的階級無關，而是跟選擇有關：隨手拿片吐司來當早餐，忙不過來的夜晚吃披薩，跟家人在家裡煮一頓，和朋友一起上館子，或是晚上去高級餐廳享用一輩子一次的大餐。這是個王子吃泡麵，總統吃漢堡，真男人吃法式鹹派，真女人喝威士忌的美好世界，在這裡吃高級料理（雖然可能只是偶一為之）是個相當容易達成的目標。

我在快要寫完這本書之前，出門走了十分鐘的路，去墨西哥城當地的量販店——正好是間沃爾瑪，就算開的不是沃爾瑪，大概也會是「Chedraui」這類的墨西哥連鎖超市。店裡一如往常的忙，擠滿了各種身分的消費者，混和了來自西面非常有錢的近郊、東邊的中產階級地區，以及南邊勞工階級地區的人。顧客正挑選白白胖胖、當放學點心的賓堡麵包、品質相當不錯的麵包店手工麵包，以及玉米餅店（tortilleria）熱騰騰新鮮出爐的玉米餅——雖然不算頂好，但也不差。有時間下廚的人，可以從五、六種不同的乾辣椒裡選些來做莎莎醬，可以買豬腳和三種不同的牛肚，從大根的管子裡買不同的混醬，挑幾種豆子丟進燉菜裡，以及數十種蔬菜（包括傳統的藜麥）。不打算煮東西的人也可以從即食食品中選，有烤雞、莎莎醬、西班牙白毛豬火腿（jamon serrano）、葡萄葉捲、麥粒肉丸（kibbeh）、阿拉伯玉米餅（tortillas arabe，即皮塔餅〔pita bread〕）、哥達乳酪、山羊乳酪、各種沙拉蔬菜，以及已經切好的水果。店外面還有小攤販，擺出堆了一英尺高的牛柳和一袋袋滿滿的麵包，做成墨西哥三明治（*torta*）賣給行人。

在墨西哥城這間超市裡的顧客裡，有許多人的母親與更多人的祖母曾經每天花好幾個小時輾磨東西。而今，這些顧客可以從這間滿是食物的寶庫中，購買各種價格、來自世界各地的食物。中階料理要比傳統料理豐富得太多了。就在走去沃爾瑪的同一天，我收到一名史丹佛大學研究生寄來的信。他和莫三比克的婦女一起共事，對她們花在搗玉米上的時間之長感到震驚。他正想方設法找來一臺輾磨機，讓她們能從這種累人的家務事中解放出來，給她們更多時間照顧小孩、做有薪水的工作，或許還能獲得今天墨西哥大部分地區所擁有的飲食選擇。

然而，許多人擔心古老的料理消失，擔心富裕病會隨著飲食轉往近代中階料理而來。「幸好速食和軟性飲料超過了窮人所能負擔的範圍，他們也因此能躲過」西方料理帶來的傷害——說這話的人，跟先前那位樂見貧窮病消失的世界衛生組織營養學家，其實是同一個人。[1]但真正重要的，的的確確就是選擇食物的能力。二〇〇五年一月二日，二十三歲的申東赫從北韓集中營逃出來，設法來到了西方世界。《華爾街日報》（*Wall Street Journal*）上的報導是這麼說的：「自由……不過就是烤肉的另一個名字。」[2]報導這樣寫，很容易讓人以為他小看了崇高的理想。可事情不是這樣。好的食物、可以自由選擇的食物，是你過自由生活的一部分。雖然跟著這種選擇而來的，是明智選擇你食物的責任，但在選擇的另一端，卻是一個以健康、宗教，或是政治、經濟需求之名強制決定你可以吃什麼的世界。

挑戰在於瞭解近代料理並非完美，但不因此誇大過去的料理。在於體認到當代料理有健康與公平性的問題，而不是驟下結論，說新的就是好。在於面對富裕造成的新營養難題，卻不是用家父長式或威權式的態度面對。在於將工業化食物加工的好處，帶給所有還在用杵臼勞動的人。更是在於體會到養活全世界的問題，不單只是提供足夠熱量而已，而是要把選擇權、責任感、尊嚴，以及中階料理的美好，推向每一個人。

謝辭

Acknowledgments

身為一名作者擁有許多不為人所知的樂趣，其中之一就是每一頁書稿所喚起的回憶，尤其這本書的範圍還這麼地廣。和朋友聊一回天就是一句話的靈感，一篇會議論文得到的評論啟迪了另一句話，一封信或網站上貼的一篇文章喚出了又一句話。當然，這就讓我沒有辦法一一感謝所有人。請我的朋友們諒解，下面簡短的名單不代表我忘了你，或是你我的相遇一點都不重要。完全不是這樣。我們的相遇已經與這本書交織在一起，兩者結合的方式或許讓你始料未及，可這是我的錯，不是你的。

話雖如此，有些人我還是得特別感謝他們。我得感謝以前Elizabeth Andoh、Sonia Corcuera de Mancera、Alan Davidson、Betty Fussell、Barbara Haber、Jan Longone、Jackie Newman、Sandy Oliver、Ray Sokolov、Joyce Toomre與Barbara Wheaton鼓勵我一頭栽進飲食史，也要感謝Peter Stearns讓我在過去浸淫於歐洲社會史；謝謝Jerry Bentley與Philip Curtin有關世界史的談話，Alice Arndt、Cathleen Baird與Katy Biggs寄送資料，Ken Albala、Naomi Duguid、Anne Mendelson與Cara De Silva的相互扶持與鼓勵，Maria de Jésus Cabrera Parra、Margarita Muñoz Ramírez、Alta Gracia與Lourdes Torres Sánchez教我關於研磨的知識，感謝Rafael Hernández Laguna、Manuel Olade與其他在墨西哥科蒙弗特（Comonfort）使用石皿的人對磨石的精闢見解；Mark Nesbitt與Delwen Samuel解答我對古代埃及人做麵包、釀啤酒與加工穀類等接連不斷的問題；Ruth Alegria、E. N. Anderson、Adam Balic、Cindy Bertelson、Anne Bramley、Paul Buell、Sun-ki Chai、Kyri Claflin、Sarah Bak-Geller Corona、Kay Curtis、Diana de Treville、Julie Favella、Glenn Mack、Kelly O'Leary、Amber O'Connor、Sandy Oliver、Mary Margaret Pack、David Pearson、Charles Perry、Erica Peters、Kate Pollara、Ammini Ramachandran、William Rubel、Ruth Steinberg、Miriam de Uriarte、Merry White與Jackie Williams讀過、評論過最早的草稿，草稿的內容粗糙

到我都不好意思了。Lissa Caldwell、Barbara Santich與第三位不具名的審查人寄來篇幅甚長、甚有建設性的評論。

牛津大學飲食與烹飪研討會（Oxford Symposium on Food and Cookery），麻省理工學院迪布納科學史研究中心（Dibner Institute for the History of Science at MIT），國際烹飪專業協會（International Association of Culinary Professionals），主廚研究協會（Research Chefs Association）、紐約、密西根與休士頓等地的料理史學者，墨西哥國立自治大學（National Autonomous University of Mexico）哲學系與人類學系，密西根大學（University of Michigan）、阿根廷基爾梅斯大學（University of Quilmes）、加州大學戴維斯分校（University of California at Davis）、德州大學奧斯汀分校（University of Texas at Austin）以及布魯塞爾自由大學（Vrije Universiteit, Brussels），都讓我有機會檢驗自己的若干看法。身為並未任職特定機構的自由學人，我非常感謝德州大學奧斯汀分校德雷莎・羅薩諾・隆恩拉丁美洲研究中心（Teresa Lozano Long Institute of Latin American Studies），提供我訪問研究學人的身分，讓我能使用一流的班森拉丁美洲圖書館（Benson Latin American Collection），以及整個德州大學圖書館體系。

Peter Dreyer完成的編審工作，遠超過人們一般認為的程度。加州大學出版社的整個團隊，包括Darra Goldstein、Sheila Levine與Kate Marshall，有著無與倫比的耐心、專業與支持，還有Dore Brown，她為了讓這本書盡善盡美所做的付出，簡直不可以道里計。

106 Knight, *Food Administration in India,* chap. 17.
107 Connor, *Food Processing,* 4.
108 Pendergrast, *For God, Country, and Coca-Cola,* 208, 311.
109 Jing, *Feeding China's Little Emperors,* 190.
110 Huang, *Fermentations and Food Science,* 502.
111 Trentmann, "Civilization and Its Discontents."
112 Belasco, *Appetite for Change.*
113 Ohnuki-Tierney, *Rice as Self,* 107 – 8; Cwiertka, *Making of Modern Culinary Tradition in Japan,* 1 – 4, 35 – 36.
114 Popkin, "Nutrition Transition."
115 Laudan, "Slow Food."
116 Corby Kummer, "Doing Good by Eating Well," *Atlantic* 283, no. 3 (1999): 102 – 7.
117 Gopalan, *Nutrition,* 15.
118 www.economist.com/news/business/21571907-horse-meat-food-chain-wake-upcall-not-calamity-aft er-horse-has-been-bolted (accessed 20 February 2013).

結論　一點想法

1 Gopalan, *Nutrition,* 15.
2 http://online.wsj.com/article/SB10001424052702304724404577295463062461978.html (access 12 February 2013).

68 Panjabi, "Non-Emergence of the Regional Foods of India," 144 – 49.
69 Ohnuma, "Curry Rice."
70 Jing, *Feeding China's Little Emperors,* 79.
71 Ibid., Introduction, 6.
72 關於新鮮食材（以美國國內為主），見Freidberg, *Fresh.* 關於包裝的即食食品，見 Shapiro, *Something from the Oven,* 55 – 84.
73 Giedion, *Mechanization,* 169 – 201.
74 Bobrow-Strain, *White Bread,* 4, 123.
75 Ibid., chap. 5談日本與墨西哥。
76 Kilby, *African Enterprise,* chaps. 2 and 3.
77 見www.bbc.co.uk/news/magazine-13760559 (accessed 12 August 2012).
78 "Rust in the Bread Basket," *Economist,* 1 July 2010.
79 Crumbine, *Most Nearly Perfect Food;* DuPuis, *Nature's Perfect Food;* Mendelson, chap. 2; Valenze, *Milk,* chaps. 8 – 14.
80 Prout quoted in DuPuis, *Nature's Perfect Food,* 32.
81 *Encyclopadia Britannica,* 11th ed., s.v. "Dairy and Dairying"; McCollum, *History of Nutrition,* 120.
82 Block, "Purity, Economy, and Social Welfare," 22; Atkins, "London's Intra-Urban Milk Supply"; Atkins, "Milk Consumption and Tuberculosis."
83 Bentley, "Inventing Baby Food."
84 Frantz, *Gail Borden;* Heer, *First Hundred Years of Nestle;* Laudan, "Fresh From the Cow's Nest" and *Food of Paradise,* 61 – 65, 73 – 79; Levenstein, *Revolution at the Table,* 10, 12.
85 Hartog, "Acceptance of Milk Products"; Wiley, "Transforming Milk in a Global Economy."
86 Huang, *Fermentations and Food Science,* 322.
87 Crumbine, *Most Nearly Perfect Food,* 8.
88 Trentmann, "Bread, Milk and Democracy"; Block, "Purity, Economy, and Social Welfare."
89 Levenstein, *Paradox of Plenty,* 94.
90 Caldwell et al., *Food and Everyday Life in the Postsocialist World.*
91 "Castro's Revolutionary Cry: Let Them Eat Ice Cream!" http://articles.latimes.com/1991 – 11 – 05/news/wr-1156_1_ice-cream (accessed 5 December 2012).
92 Kamath, *Milkman from Anand,* 327 – 28.
93 DuPuis, *Nature's Perfect Food;* Aguirre, "Culture of Milk in Argentina."
94 關於近代肉品，見Horowitz, *Putting Meat on the American Table,* and Lee, *Meat, Modernity and the Rise of the Slaughterhouse.*
95 Horowitz, *Putting Meat on the American Table,* 102.
96 Dixon, *Changing Chicken.*
97 Pena, *Empty Pleasures.*
98 Dahl and Dahl, *Memories with Food at Gipsy House,* 150 – 55.
99 Lee Kum Kee, http://usa.lkk.com/Kitchen (accessed 18 August 2012).
100 Shurtleff and Aoyogi, *Book of Miso,* 484 – 85.
101 Schlosser, *Fast Food Nation,* 120 – 29; Katchadourian, "Taste Makers."
102 Pendergrast, *For God, Country, and Coca-Cola,* 99; "Debunking Coke," *Economist,* 12 February 2000, 70.
103 Rothstein and Rothstein, "Beginnings of Soviet Culinary Arts," 186 – 88; Belasco, "Algae Burgers."
104 Poppy Cannon, *Can-Opener Cookbook,* quoted by Hine, *Total Package,* 19. 並見Shapiro, *Something from the Oven.*
105 Sand, "Short History of MSG."

30 Caldwell, *Not by Bread Alone,* esp. chap. 3.
31 關於女學生對食物的看法在印巴分治期間的轉變，見Jaffrey, *Climbing the Mango Trees,* chap. 22. 並見Pankaj Mishra, "One Man's Beef . . . ," *The Guardian,* 12 July 2002.
32 Chehabi, "Westernization of Iranian Culinary Culture"; Chehabi, "How Caviar Turned Out to Be Halal."
33 Rothstein and Rothstein, "Beginnings of Soviet Culinary Arts."
34 Goldman, *Women, the State, and Revolution,* 131. 下文所引用托洛茲基的話，是Rothstein and Rothstein, "Beginnings of Soviet Culinary Arts,"178的譯文。
35 Mack and Surina, *Food Culture in Russia and Central Asia,* 28 – 31.
36 Goldman, *Women at the Gates,* 294.
37 Lih, *Bread and Authority in Russia,* 243 – 45; Sorokin, *Hunger,* xxxii.
38 Swislocki, *Culinary Nostalgia,* chap. 5.
39 Aguilar-Rodriguez, "Cooking Modernity," 192 – 93.
40 Beverly Hills Women's Club, *Fashions in Foods in Beverly Hills,* foreword.
41 Haber, *From Hardtack to Home Fries,* chap. 5.
42 Hess and Hess, *Taste of America,* 157.
43 Curnonsky and Rouff, *Yellow Guides for Epicures,* 13.
44 Ibid., 20.
45 Toomre, *Classic Russian Cooking,* 3 – 4.
46 Chong, *Heritage of Chinese Cooking,* 19.
47 Chang, *Food in Chinese Culture,* 15.
48 Pujol, "Cosmopolitan Taste."
49 Veit, *Victory over Ourselves,* chap. 3.
50 感謝Jim Chevallier，是他想起那段引文原出於蘇格拉底。Cullather, "Foreign Policy of the Calorie" and *Hungry World.*
51 Anderson, *Imagined Communities.* 關於對十九世紀法國料理建構過程的安德森式詮釋，見Ferguson, *Accounting for Taste,* 至於印度料理，見Appadurai, "How to Make a National Cuisine."
52 Harp, *Marketing Michelin,* chap. 7; Csergo, "Emergence of Regional Cuisines."
53 Harp, *Marketing Michelin,* 240 and 244.
54 Curnonsky and Rouff, *Yellow Guides for Epicures,* 206.
55 這得歸功於Adam Balic對紅酒燉牛肉發表的談話。Harp, *Marketing Michelin,* 241.
56 Peer, *France on Display,* 2 – 3, chaps. 1 and 3.
57 Pilcher, *Que Vivan Los Tamales!* chaps. 3 and 6; Laudan and Pilcher, "Chiles, Chocolate, and Race in New Spain."
58 Swislocki, *Culinary Nostalgia,* chap. 4.
59 O'Connor, "King's Christmas Pudding."
60 那位印度教作家的話引自Ranga Rao, *Good Food from India,* Appadurai, "How to Make a National Cuisine"; Panjabi, "Non-Emergence of the Regional Cuisines of India."
61 Cusack, "African Cuisines," 207; www.dianabuja.wordpress.com/2012/02/21/thefrench-in-egypt-and-the-belgians-in-the-congo (accessed 5 December 2012).
62 Cusack, "African Cuisines"; Mack and Surina, *Food Culture in Russia and Central Asia,* 62 – 63.
63 Greeley, "Finding Pad Thai"; Chehabi, "Westernization of Iranian Culinary Culture,"43, 50.
64 Tang, "Chinese Restaurants Abroad."
65 Goldstein, "Eastern Influence on Russian Cuisine," 24.
66 K. O'Connor, "Hawaiian Luau." 關於美食旅遊的普遍情形，見Long, *Culinary Tourism.*
67 Arsel and Pekin, *Timeless Tastes,* 9 – 12.

4 Boym, "My McDonald's."
5 Chehabi, "Westernization of Iranian Culinary Culture," 60.
6 Ritzer, *McDonaldization of Society.*
7 Schlosser, *Fast Food Nation,* 270.
8 Laudan, "Slow Food."
9 Solt, "Ramen and US Occupation Policy."
10 J. L. Watson, *Golden Arches East,* Introduction.
11 Micklethwait and Wooldridge, *Future Perfect,* 127 – 28.
12 Jim Erickson, "Attack of the Superstore," *Time Asia Magazine* 159, no. 16 (29 April 2002).
13 Trentmann, *Free Trade Nation,* part 2.
14 McKeown, "Global Migration."
15 Scholliers, "Meals, Food Narratives, and Sentiments"; Warde, *Consumption, Food and Taste;* Fischler, "Food, Self and Identity." 關於二十世紀的近代料理，Belasco, *Food*為料理（主要是美式料理）提供了持平又能讓人深思的導論。Warde, *Consumption, Food and Taste*主要探討歐洲；Belasco and Scranton, *Food Nations*以及Belasco and Horowitz, *Food Chains*都對其主題帶來絕佳的介紹。Belasco, *Meals to Come,* Fine et al., *Consumption in the Age of Affluence,* 與Nutznadel and Trentmann, *Food and Globalization,* 涵蓋第二次世界大戰後料理哲學與實務上的許多主題。Wilk, *Home Cooking in the Global Village,* chaps. 7 and 8則呈現出如宏都拉斯等小國如何體驗這些全球性的力量。
16 德國、義大利與西班牙的法西斯料理則是第四種選擇，只是人們研究得不多。Gordon, "Fascism, the Neo-Right, and Gastronomy."
17 二十世紀美國食物史的概述可見*Oxford Encyclopedia of Food and Drink in America;* Levenstein, *Paradox of Plenty;* Shapiro, *Perfection Salad* and *Something from the Oven;* Schenone, *A Thousand Years Over a Hot Stove,* chaps. 8 – 10; and Pillsbury, *No Foreign Food,* chaps. 4, 5, 8, 9.
18 關於俄羅斯料理的概述，見Mack and Surina, *Food Culture in Russia and Central Asia;* Caldwell, "Taste of Nationalism," "Domesticating the French Fry," *Not by Bread Alone,* and "Tasting the Worlds of Yesterday and Today"; Caldwell et al., *Food and Everyday Life in the Postsocialist World.*
19 關於非西方式的現代化建構，見Aydin, *Politics of Anti-Westernism in Asia.* 關於咖啡店所反映出來的現代化轉折，見Merry White, *Coffee Life in Japan,* 3 – 4, 161 – 62. 並見Cwiertka, *Modern Japanese Cuisine.*
20 關於近代營養理論概述，見Carpenter, *History of Scurvy;* Carpenter, *Protein and Energy;* Carpenter, *Beriberi, White Rice, and Vitamin B;* McCollum, *Newer Knowledge of Nutrition;* McCollum, *History of Nutrition;* Apple, *Vitamania;* Crotty, *Good Nutrition?* 關於政府涉入的情況，尤其可以參考*Food, Science, Policy and Regulation,* ed. Smith and Phillips, and *Order and Disorder,* ed. Fenton.
21 Gandhi, *Autobiography,* 21.
22 M. Harris, *Good to Eat,* 本書讓Michael Harner 先前改造過的理論風靡一時。
23 Miranda et al., *El maiz,* 6, 20 – 25.
24 McCollum, *Newer Knowledge of Nutrition,* 150 – 51; Valenze, *Milk,* 251.
25 Rothstein and Rothstein, "Beginnings of Soviet Culinary Arts," 185.
26 見Jing, *Feeding China's Little Emperors*一書中的論文。
27 "First Lady Michelle Obama Launches Let's Move: America's Move to Raise a Healthier Generation of Kids." www.whitehouse.gov/the-press-offi ce/first-lady-michelle-obamalaunches-lets-move-americas-move-raise-a-healthier-generation (accessed 10 August 2012).
28 Sack, *Whitebread Protestants,* chaps. 1 and 3.
29 A. O'Connor, "Conversion in Central Quintana Roo."

104 Collingham, *Curry,* 171－73.
105 Dye, "Hawaii's First Celebrity Chef."
106 見www.hawaiihistory.org/index.cfm？fuseaction=ig.page&pageid=164 and http://en.wikipedia.org/wiki/Iolani_Palace (both accessed 18 August 2012).
107 http://fr.wikipedia.org/wiki/Fives_%28entreprise%29 (accessed 5 August 2012).
108 Shurtleff and Aoyagi, *Book of Miso,* 520－22.
109 Giedion, *Mechanization,* chap. 9; Storck and Teague, *Flour for Man's Bread,* 290ff.; Tann and Glynn, "Technology and Transformation."
110 Achaya, *Food Industries of British India,* 124－29.
111 Gernet, *History of Chinese Civilization,* 611; Meissner, "Business of Survival"; Arias, *Comida en serie,* 20－23.
112 www.grupoberro.com/2011/02/24/don-vicente (accessed 14 October 2012).
113 Cronon, *Nature's Metropolis,* 211 and chaps. 3 and 5. See also Horowitz, *Putting Meat on the American Table,* 32.
114 W. G. Hoff man, "100 Years of the Margarine Industry."
115 Achaya, *Food Industries of British India,* 196.
116 Thorne, *History of Food Preservation,* 25; May, *Canning Clan;* Mollenhauer and Froese, *Von Omas Kuche zur Fertigpackung;* Capatti, "Taste for Canned and Preserved Food."
117 *Bonne cuisine pour tous,* 355.
118 Cwiertka, *Modern Japanese Cuisine,* 120.
119 Jing, *Feeding China's Little Emperors,* 125.
120 Gerth, *China Made,* Introduction and chap. 8.
121 Belasco, *Meals to Come,* 27.
122 Spencer, *Vegetarianism,* chap. 9; Goldstein, "Is Hay Only for Horses？"
123 Jha, *Holy Cow,* 19.
124 Dupaigne, *History of Bread,* 90.
125 Meyer-Renschhausen, "Porridge Debate."
126 Ohnuki-Tierney, *Rice as Self,* 105－7; K. Hess, *Carolina Rice Kitchen,* 7－9.
127 Dix, "Non-Alcoholic Beverages in Nineteenth Century Russia," 22.
128 Gilman, *Women and Economics,* chap. 11.
129 Ohnuki-Tierney, *Rice as Self,* chap. 9; Trentmann, "Civilization and Its Discontents"; Cronon, *Nature's Metropolis,* chap. 1.
130 Gabaccia, *We Are What We Eat,* 55－56; Cowan, *Mother's Work,* 48.
131 Landes, *Wealth and Poverty of Nations,* 378.
132 Meissner, "Business of Survival."
133 Pedrocco, "Food Industry and New Preservation Techniques."
134 McCook, *States of Nature,* 1.
135 Offer, *First World War,* 81.
136 Chamberlain, *Foreign and Colonial Speeches,* 202.
137 Kipling, "Big Steamers," 758.

第八章　近代料理：中階料理邁向全球，西元一九二〇年至二〇〇〇年

1 Kuralt, *On the Road,* 276.
2 相關背景見Love, *McDonald's;* J. L. Watson, *Golden Arches East.*
3 Curnonsky and Rouff, *Yellow Guides for Epicures,* 20; 關於德・加斯特里，見Wilkins et al., *Food in Antiquity,* 5; 並見http://fr.wikipedia.org/wiki/frite (accessed 5 December 2012).

63 Jing, *Feeding China's Little Emperors,* 8.
64 M. Davis, *Late Victorian Holocausts,* preface.
65 Laudan, *Food of Paradise,* pt. 2.
66 Warman, *Corn and Capitalism,* chaps. 4, 5 and 6; McCann, *Maize and Grace,* chaps. 3 – 5.
67 Mazumdar, "Impact of New World Food Crops."
68 Camporesi, *Magic Harvest,* 119 – 20.
69 Quoted in Ferguson, *Accounting for Taste,* 55.
70 關於高級種性語，見Bayly, *Birth of the Modern World,* 46 – 47.
71 Phillips, *Short History of Wine,* 236.
72 並見Zeldin, *France, 1848 – 1945,* 732 – 33.
73 Collingham, *Curry,* 123.
74 Thompson, *Thai Food,* 29 and 54.
75 Cwiertka, *Modern Japanese Cuisine,* 19 – 20.
76 Chuen, *A la table de l'empereur de Chine,* 152 – 53.
77 Chamberlain, *Food and Cooking of Russia,* 293 – 95; Symons, *One Continuous Picnic,* 112 – 15.
78 Hosking, "Manyoken, Japan's First French Restaurant."
79 Ehrman et al., *London Eats Out,* 68 – 85.
80 Tandon, *Punjabi Century,* 177. 關於越南使用罐頭的情形，見Peters, *Appetites and Aspirations,* 153 – 56.
81 Zeldin, *France, 1848 – 1945,* chap. 14.
82 Toomre, *Classic Russian Cooking,* 21.
83 Arsel and Pekin, *Timeless Tastes,* 118.
84 Panjabi, "Non-Emergence of the Regional Foods of India," 145 – 46.
85 Burton, *French Colonial Cookery,* 145; Peters, *Appetites and Aspirations,* 207.
86 Kenney-Herbert, *Culinary Jottings,* 3.
87 Peters, *Appetites and Aspirations,* 156 – 62.
88 Couto, *Arte de cozinha,* 119 – 32.
89 例子可見Bak-Geller, "Los recetarios afrancesados"; Peters, *Appetites and Aspirations,* chap. 6; Andrade, *Brazilian Cookery,* 240, 277 – 82; Kochilas, *Glorious Foods of Greece,* 245 – 46, 288; Kaneva-Johnson, *Melting Pot,* 157, 342, 353; Shaida, *Legendary Cuisine of Persia,* 304; Cwiertka, *Modern Japanese Cuisine,* chaps. 1 and 2; 以及下面列的其他史料。
90 *Nuevo cocinero mejicano,* prospecto.
91 Van Esterik, "From Marco Polo to McDonald's," 184 – 87; Thompson, *Thai Food,* 53 – 58.
92 Kremezi, "Nikolas Tselementes," 167.
93 Chamberlain, *Food and Cooking of Russia,* 175.
94 S. Williams, *Savory Suppers and Fashionable Feasts,* 113.
95 十九世紀晚期的墨西哥食譜中，收錄如貝夏媚醬等許多法式醬汁，數量和今日人們視為該國料理的番茄、辣椒底醬汁相當。例見*Nuevo cocinero mexicano,* 751 – 67.
96 Peters, *Appetites and Aspirations,* 177
97 Thompson, *Thai Food,* 31.
98 D. Burton, *Raj at Table,* 77.
99 Vaduva, "Popular Rumanian Food," 100.
100 Shaida, *Legendary Cuisine of Persia,* 94; Chamberlain, *Food and Cooking of Russia,* 127 – 28.
101 Kaneva-Johnson, *Melting Pot,* 102, 342.
102 Kochilas, *Glorious Foods of Greece,* 4.
103 Kumakura, "Table Manners The n and Now," 58.

and 4.

29 Tschiffely, *This Way Southward,* 61.

30 Trentmann, *Free Trade Nation,* Part 1.

31 Gabaccia, *We Are What We Eat,* 112.

32 Heltosky, *Garlic and Oil;* Gabaccia, *We Are What We Eat;* Anderson, *Pleasures of the Italian Table,* 75.

33 Quoted in Cwiertka, *Making of Modern Culinary Tradition in Japan,* 88 – 89.

34 Ibid., 110.

35 Swislocki, *Culinary Nostalgia,* 135; Beeton, *Mrs. Beeton's Book of Household Management,* 1.

36 Swislocki, *Culinary Nostalgia,* 125.

37 Ray, *The Migrant's Table,* 44.

38 Rangalal Bandyopadhyay, *Sarissadhani Vidyar Gunokirtan* (Calcutta, 1869？) titled in English *On the Importance of Physical Education,* 5, 38, 43, 46 – 47, trans. in Chakrabarty, "The Difference," 377 – 78.

39 Diner, *Hungering for America,* 229.

40 Pilcher, *Que vivan los tamales!* chap. 9; Freyre, *The Masters and the Slaves,* 45 – 70.

41 Aguilar-Rodriguez, "Cooking Modernity," 177.

42 Englehardt, *Mess of Greens,* chap. 2.

43 Spencer, *Vegetarianism,* 269.

44 McCay, *Protein Element in Nutrition,* 178, 51.

45 Ibid., 54 – 57, 153.

46 E. Weber, *Peasants into Frenchmen,* 300 – 301, 144 – 45. Heltosky, *Garlic and Oil,* 15, 133, 主張義大利許多地區的農人都會喝點小酒，有不少例子晚至一九五〇年代。Phillips, *Short History of Wine,* 238 – 41以法國社會科學家Frederic Le Play的研究為基礎，表示十九世紀的法國中產階級與上層階級雖然會喝葡萄酒，但農民與工人喝酒的情況跟地區有關，可能常常喝，也有可能完全不喝。

47 Capatti, "Taste for Canned and Preserved Food," 497. See also Heltosky, *Garlic and Oil,* 46.

48 Cwiertka, *Making of Modern Culinary Tradition,* 126 – 32.

49 Levenstein, *Revolution at the Table,* chap. 4.

50 Petersen and Jenkins, *Bread and the British Economy,* chaps. 2 and 4.

51 Walton, *Fish and* Chips, esp. 148.

52 Stearns, *European Society in Upheaval,* 190 – 91.

53 Ibid.

54 W. G. Hoff man, "100 Years," 13 – 18.

55 Headrick, *Tentacles of Progress,* 240 – 43.

56 Stearns, *European Society in Upheaval,* 222; Griggs, "Sugar Demand."

57 Dix, "Non-Alcoholic Beverages in Nineteenth Century Russia," 24.

58 Mintz, *Sweetness and Power,* 174; Burnett, *Plenty and Want,* chap. 11; Offer, *First World War,* 333; Oddy, *From Plain Fare to Fusion Food;* Spencer, *British Food,* 291 – 92; Symons, *One Continuous Picnic,* 12; Krugman, http://web.mit.edu/krugman/www/mushy.html (accessed 5 December 2012).

59 Griffin, *Short History,* chap. 9; Colgrove, "McKeown The sis"; Fogel, *The Escape from Hunger and Premature Death,* chaps. 1 and 2, esp. p. 42.

60 Stearns, *European Society in Upheaval,* 16 – 17.

61 Kasper, *Italian Country Table,* 61 – 62, 171.

62 Hanley, *Everyday Th ings in Premodern Japan,* 85 – 94; Homma, *Folk Art of Japanese Country Cooking,* 15 – 17, 28 – 53, 91 – 92.

Economy in the Golden Age, 1500 – 1700, 171.
110 B. Thomas, "Food Supply in the United Kingdom during the Industrial Revolution."
111 Smith and Christian, *Bread and Salt*, 231.
112 Koerner, "Linnaeus' Floral Transplants," 155 – 57.
113 Drayton, *Nature's Government*, part 2.
114 Carney, *In the Shadow of Slavery*, 52 – 55, 67 – 69.
115 Mazumdar, "Impact of New World Food Crops"; 關於長江下游地區過去吃的優質食物，見Pomeranz, *Great Divergence*, 38 – 40.
116 Scholliers, "From the 'Crisis of Flanders' to Belgium's 'Social Question.'"

第七章　近代料理：中階料理擴張，西元一八一〇年至一九二〇年

1 人口數據見Belich, *Replenishing the Earth*, 3 – 4. Belich的「盎格魯」一詞很方便，我也用這個詞，並延伸到料理上。
2 D. Burton, *Two Hundred Years of New Zealand Food and Cookery*, 28; Ladies of Toronto, *Home Cook Book*, preface.
3 Artusi, *Art of Eating Well*, 35, quoting Olinda Guerrini（此君以Lorenzo Stecchetti為筆名）from a conference at the Turin Exposition of 1884.
4 Episcopal Church, Coffeyville, Kansas, *Coffeyville Cook Book*.
5 Beeton, *Mrs. Beeton's Book of Household Management*, 1; Beecher and Beecher Stowe, *American Woman's Home*, 19.
6 Toomre, *Classic Russian Cooking*, 12 – 13.
7 Beeton, *Mrs. Beeton's Book of Household Management*, 830 – 32. 關於十九世紀營養理論概述的例子，見Drummond and Wilbraham, *The Englishman's Food*, chap. 20. 關於酸菜不適合小孩吃的看法，見Gabaccia, *We Are What We Eat*, 124 and 128.
8 Trentmann, *Free Trade Nation*, 56, quoting from *The Quarterly Leafl et of the Women's National Liberal Association*, no. 32 (July 1903): 8.
9 Beeton, *Mrs. Beeton's Book of Household Management*, 105.
10 Carpenter, *Protein and Energy*, chaps. 3, 4, and 6.
11 Quoted in Camporesi, *Magic Harvest*, 197.
12 Lankester, *On Food*, 173.
13 Artusi, *Art of Eating Well*, 15, 29, 35.
14 Quoted in Cwiertka, *Making of Modern Culinary Tradition*, 99 – 100.
15 Levenstein, *Revolution at the Table*, 24, 218n6.
16 Waldstreicher, *In the Midst of Perpetual Fetes*, 1 – 2.
17 Longone, "Mince Pie."
18 Trubek, *Haute Cuisine*, 84.
19 Cwiertka, *Making of Modern Culinary Tradition*, 110 – 12, 192 – 94.
20 Ehrman et al., *London Eats Out*, 92 – 95.
21 Haber, *From Hardtack to Home Fries*, chap. 9; Porterfield, *Dining by Rail*.
22 Cwiertka, *Modern Japanese Cuisine*, 30 – 34.
23 Mazumdar, *Sugar and Society in China*, 81.
24 M. White, *Coffee Life in Japan*, 45 – 46.
25 Steel, *Complete Indian Housekeeper*, 17.
26 Petersen and Jenkins, *Bread and the British Economy*, 4.
27 Atkins et al., *Food and the City in Europe since 1800*, pt. B.
28 C. Davidson, *Woman's Work Is Never Done*, chap. 9; R. S. Cowan, *More Work for Mother*, chaps. 3

73 Glasse, *First Catch Your Hare,* 52.
74 Ehrman, *London Eats Out,* 62 – 64.
75 Coe, *True History of Chocolate,* chap. 8.
76 Schamas, "Changes in English and Anglo-American Consumption," 179; Walvin, *Fruits of Empire,* 121, 169.
77 Bickham, "Eating the Empire," 72.
78 美洲殖民地料理的基礎知識可參考Eden, *Early American Table,* for culinary philosophy; Oliver, *Food in Colonial and Federal America;* Stavely and Fitzgerald, *America's Founding Food;* McWilliams, *Revolution in Eating,* and K. Hess, *Martha Washington's Booke of Cookery,* 8. 關於不列顛屬美洲地區的共和派傾向，見Wood, *Creation of the American Republic.*
79 Wilson, *Food and Drink in Britain,* 294 – 95; A. Smith, *Pure Ketchup,* chaps. 1 – 3.
80 Juarez Lopez, *La lenta emergencia,* 9 – 15.
81 Ridley, "First American Cookbook."
82 Curtin, *Rise and Fall of the Plantation Complex,* 11 – 14; Parish, *Slavery: History and Historians.*
83 Carney and Rosomoff, *In the Shadow of Slavery,* 51, and chaps. 3, 5, and 10.
84 Freyre, *Masters and the Slaves (Casa-Grande and Senzala),* 433.
85 Silva, *Farinha, feijao e carne-seca,* 47 – 54.
86 Mason, *Sugar-Plums and Sherbet,* 34.
87 除了先前提到的史料之外，也可以參考A. Taylor, *American Colonies,* part 2, and Fischer, *Albion's Seed.*
88 Cronon, *Changes in the Land,* 25.
89 Ibid., and Levenstein, *Revolution at the Table,* 26 – 28.
90 Crevecoeur, *Letters from an American Farmer,* 55.
91 關於海軍的飲食，見Wilkinson, *The British Navy and the State in the Eighteenth Century,* 107; Stead, "Navy Blues"; Rodger, *Command of the Ocean,* 304 – 7, 583; and Rodger, *Wooden World,* 82 – 86.
92 Rodger, *Command of the Ocean,* 583.
93 Salaman, *History and Social Influence of the Potato,* 459, 書中談的多半是馬鈴薯。
94 Koerner, "Linnaeus' Floral Transplants."
95 Weber, *Peasants into Frenchmen,* 130 – 43.
96 Weber, *Peasants into Frenchmen,* 6; Cheyne, *Essay of Health,* 135.
97 Rumford, *Essays,* 1: 105.
98 E. Thompson, "Moral Economy of the English Crowd in the Eighteenth Century."
99 Koerner, "Linnaeus' Floral Transplants."
100 Salaman, *History and Social Influence of the Potato,* esp. 115 and chaps. 5 and 9; Fitzpatrick, "Peasants, Potatoes and the Columbian Exchange"; on decline of ergotism, Matossian, *Poisons of the Past,* chap. 2.
101 Smith and Christian, *Bread and Salt,* 200.
102 Ibid., 200.
103 Matthias, *Brewing Industry,* part 1; Nye, *War, Wine and Taxes,* esp. chaps. 2 and 6.
104 Waley-Cohen, "Taste and Gastronomy."
105 McClain et al., *Edo and Paris,* chaps. 5, 8 and 9.
106 E. Jones, *European Miracle,* 81 – 82.
107 Walvin, *Fruits of Empire,* chap. 10.
108 Unwin, *Wine and the Vine,* 245.
109 Slicher van Bath, *Agrarian History of Western Europe A.D. 500 – 1850,* 157; J. Vries, *Dutch Rural*

43 Trubek, *Haute Cuisine,* 67 and passim有更霸氣的言詞。

44 關於荷蘭料理，Schama, *Embarrassment of Riches,* chap. 3, inc. 168－71 有談到就連小工匠與勞工都能享用充足的飲食；另見Riley, *The Dutch Table.* 荷蘭經濟見 J. Vries, *Dutch Rural Economy in the Golden Age,* 荷蘭帝國見Boxer, *Dutch Seabourne Empire.*

45 Moor, "Dutch Cookery and Calvin," 97－98.

46 Rose, *Sensible Cook.*

47 Ibid., 61; Meijer, "Dutch Cookbooks Printed in the 16th and 17th Centuries."

48 Cutting, "Historical Aspects of Fish," 8－13.

49 Riley, "Fish in Art"; Riley, *The Dutch Table,* 19－22.

50 *Histoire naturelle des poissons,* 5: 429.

51 Riley, *Dutch Table,* 19.

52 Moor, "Farmhouse Gouda," 111.

53 Boxer, *Dutch Seaborne Empire,* 198.

54 關於喀爾文，見Moor, "Dutch Cookery and Calvin," 98; 關於貝爾坎彼烏斯，見Rose, *Sensible Cook,* 29; 關於假髮與化妝品，見Schama, *Embarrassment of Riches,* 165.

55 Abbe Jean-Baptiste Dubos, *Reflexions critiques sur la poesie,* 1: 306.

56 Dege, "Norwegian Gastronomic Literature: Part II, 1814－1835."

57 Wheaton, *Savoring the Past,* 157.

58 Smith and Christian, *Bread and Salt,* 173－78; Goldstein, "Gastronomic Reforms under Peter the Great."

59 R. Smith, "Whence the Samovar？"

60 Coetzee, *South African Culinary Tradition,* chap. 1.

61 Rose, *Sensible Cook,* 34－35.

62 E. Kaufman, *Melting Pot of Mennonite Cookery, 1874－1974*; Voth, *Mennonite Food and Folkways from South Russia.*

63 Mazumdar, *Sugar and Society in China,* 83－90.

64 www.sriowen.com/rijsttafel-to-go (accessed 4 November 2012).

65 Colley, *Britons* (1992)是一部受Anderson, *Imagined Communities* (1983)影響的作品。

66 關於英格蘭料理的建築空間背景，見Girouard, *Life in the English Country House;* 關於廚房，見Sambrook and Brears, *Country House Kitchen* (though some of their kitchens are grander); 關於歷史，見Spencer, *British Food,* chap. 8, and Colquhoun, *Taste,* chaps. 12－17; Paston-Williams, *Art of Dining,* 140－263; 關於農業史學者的看法，見Thirsk, *Food in Early Modern England;* 關於食譜及其作者，見Lehmann, *British Housewife*; 關於英格蘭與法國料理分頭發展的理論，見Mennell, *All Manners of Food,* chap. 5，本書也提醒人們不要將過去浪漫化；Sherman, *Fresh from the Past*的食譜不妨一試；英格蘭餐點中的豪華享受，見Day, "Historic Food."

67 Cheyne, *English Malady,* 51. 並見Guerrini, *Obesity and Depression in the Enlightenment.*

68 Lehmann, *British Housewife.* Elena Molokhovets的 *Gift to Young Housewives*在一九一七年時賣了二十九萬五千本。這本書出版的時間雖然晚了前述的食譜一個世紀，但仍屬於鄉紳類的料理，而非中產階級食譜。

69 Mennell, *All Manners of Food,* 96－98.

70 Rogers, *Beef and Liberty,* chaps. 1－5; Woodforde, *Diary of a Country Parson,* 500. For ox roasts, see www.foodhistoryjottings.blogspot.com/2012/08/a-jubilee-ox-roast.html (accessed 4 November 2012).

71 A. Smith, *Pure Ketchup,* chaps. 1 and 2.

72 Wilson, *Food and Drink in Britain,* 294.

9 Lemery, *A Treatise of All Sorts of Foods,* 251 – 52.

10 La Varenne quoted in Wheaton, *Savoring the Past,* 251. La Varenne, *The French Cook,* 41有不同的譯文。

11 Arbuthnot, *Essay,* 10.

12 Pagel, "Van Helmont's Ideas on Gastric Digestion."

13 Lemery, *A Treatise of All Sorts of Foods,* 95, 129, and 224.

14 Evelyn, *Acetaria,* 4.

15 關於富凱的晚宴，見Young, *Apples of Gold,* chap. 6; 引文見p. 313. 關於一六五〇年至一八四〇年間，法國料理的基礎知識可見Wheaton, *Savoring the Past,* chaps. 6 – 12; Mennell, chap. 5 and 134 – 56, 266 – 72; Trubek, *Haute Cuisine,* chap. 1; Spang, *Invention of the Restaurant,* chaps. 1 – 3; and Pinkard, *Revolution in Taste,* parts 2 and 3. Fink, *Les liaisons savoureuses,* excerpts key texts.

16 Louis de Rouvroy, duc de Saint-Simon, *Memoires, 1701 – 1707,* ed. Yves Coirault, *Bibliotheque de la Pleiade* (Paris: Gallimard, 1983), 2: 55 – 56, cited in Perez Samper, "Alimentacion," 533 – 34; 關於義大利與新西班牙接受法式料理的情況，見Kasper, *Splendid Table,* 7; Curiel Monteagudo, *Virreyes y virreinas,* 119, 153.

17 Baron Grimm, *Correspondance litteraire,* 2: 187 – 88, quoted by Wheaton, *Savoring the Past,* 200; *Les dons de Comus; ou, Les delices de la table* (Paris: Prault, 1739), xx, trans. Wheaton, *Savoring the Past,* 197.

18 Spang, *Invention of the Restaurant,* chaps. 1 and 2.

19 Kaufman, "What's in a Name？"; Lehmann, "Rise of the Cream Sauce."

20 Drewnowski, "Fat and Sugar."

21 Munro, "Food in Catherinian St. Petersburg."

22 Wheaton, *Savoring the Past,* chap. 9.

23 Ibid., 163.

24 Valeri, "Creation et transmission."

25 C. Young, *Apples of Gold,* chap. 7.

26 Koerner, "Linnaeus' Floral Transplants," 156.

27 Dolan, *Wedgwood,* 229 – 32.

28 www.salon.com//2011/07/02/jefferson_culinary_history (accessed 2 November 2012).

29 Stearns, *European Society in Upheaval,* 26; Bayly, *The Birth of the Modern World,* 425.

30 Bonnet, "Culinary System."

31 Goldstein, "Gastronomic Reforms," 16.

32 Bonnet, "Culinary System," 142 – 43.

33 Pluquet, *Traite philosophique et politique sur le luxe,* 2: 330.

34 Sherman, *Fresh from the Past,* 304.

35 E. Smith, *Compleat Housewife,* preface, unpaginated.

36 Chamberlain, "Rousseau's Philosophy of Food."

37 Kaplan, "Provisioning Paris: The Crisis of 1738 – 41," 72.

38 Morineau, "Growing without Knowing Why: Production, Demographics, and Diet," 382有比較樂觀的數字；Hemardinquer, *Pour une histoire de l'alimentation*則是比較早期、比較沒那麼樂觀的數字。

39 關於法蘭西地區的麵包，見Kaplan, *Bread, Politics and Political Economy in the Reign of Louis XV;* Kaplan, *Provisioning Paris;* Kaplan, *The Bakers of Paris and the Bread Question, 1700 – 1775.*

40 Spary, "Making a Science of Taste."

41 Spang, *Invention of the Restaurant,* chap. 4.

42 Young, *Apples of Gold,* chap. 9; Ferguson, *Accounting for Taste,* 55 – 59.

65 Sabban, "Industrie sucriere."
66 Thompson, *Thai Food,* 603 – 7; Saberi, *Afghan Food and Cookery,* 144 – 45.
67 Laudan, *Food of Paradise,* 89.
68 Davidson and Pensado, "Earliest Portuguese Cookbook"; Couto, *Arte de cozinha,* 77 – 85; Aikin, *Memoirs of the Court of Queen Elizabeth,* 506.
69 Mason, *Sugar-Plums and Sherbet,* 22 – 25.
70 Leon Pinelo, *Question moral,* 120 – 23.
71 Coe and Coe, *True History of Chocolate,* chaps. 1 – 5.
72 Norton, *Sacred Gifts, Profane Pleasures,* 1 – 12.
73 Zizumbo-Villarreal and Colunga-Garcia Marin, "Early Coconut Distillation"; Chavez, "Cabildo, negociacion y vino de cocos."
74 Huang, *Fermentations and Food Science,* 203 – 31.
75 Laudan and Pilcher, "Chiles, Chocolate, and Race in New Spain."
76 Thomas Aquinas, *Summa The ologica,* pt. 3, question 74, www.newadvent.org/summa/4074.htm (accessed 18 August 2012).
77 Mijares, *Mestizaje alimentario,* 44.
78 Laudan, "Islamic Origins"; www.rachellaudan.com/2008/12/fideos-andfideu-more-on-the-mexican-islamic-connection.html; www.rachellaudan.com/2010/09/couscous-cant-miss-festival-and-origins-of-mexican-couscous.html (accessed 2 November 2012).
79 Quoted in Burkhart, *Slippery Earth,* 166.
80 Lockhart, *Nahuas,* 278.
81 W. Taylor, *Drinking,* 34 – 40; Corcuera de Mancera, *Del amor al temor,* pt. 3; Lozano Arrendares, *Chinguirito vindicado.*
82 Warman, *Corn and Capitalism*; 關於非洲，見McCann, *Maize and Grace.*
83 Crosby, *Columbian Exchange.* 眾多歷史學家視哥倫布大交換為食物史的轉捩點，例如Kiple, *Movable Feast,* chap. 12; Standage, *Edible History of Humanity,* chap. 7.
84 Wheaton, *Savoring the Past,* chap. 3; Strong, *Feast,* 203 – 8; Kamen, *Spain's Road to Empire,* 78.
85 Bayly, *Birth of the Modern World,* Introduction.

第六章　近代料理的前奏：歐洲北部，西元一六五〇年至一八〇〇年

1 Wheaton, *Savoring the Past,* chap. 6把這種轉變描述成精緻用餐方式的出現，將之與笛卡兒的思辨哲學和建築規範的成文化比擬；Flandrin, *Chroniques de Platine,* chaps. 4, 5, and 6主張新醫學理論是綠色蔬菜、奶油與冰涼葡萄酒大增的原因；Fink, *Les liaisons savoureuses*討論美學的轉變與進餐方式提高為精緻藝術的過程；Peterson, *Acquired Taste,* chap. 10把這種轉變降級為希臘羅馬傳統的復興；Mennell, *All Manners of Food*將之歸功於法蘭西地區的法式宮廷傳統；而Albala, *Cooking in Europe, 1250 – 1650*與Pinkard, *Revolution in Taste,* part 2則斷言料理的轉變是不同因素的結合。
2 Popkin, "Nutrition Transition."
3 Bayly, *Birth of the Modern World,* 9 – 12.
4 Albala, "Ideology of Fasting"; Spencer, *British Food,* 101 – 6.
5 Luther, *Table Talk,* ed. Hazlitt, DCCVI.
6 Berard, "Consommation du poisson." 人們仍然吃淡水產的鱒魚、鰻魚、擬鯉（roach）與鯉魚等河魚。
7 Moor, "Wafer."
8 下面段落的史料，來自Laudan, "Kind of Chemistry" and "Birth of the Modern Diet." 關於化學派醫生的概述，見Debus, *The French Paracelsans.*

Middle Ages. 關於過去法國與義大利地區的料理，見Wheaton, *Savoring the Past,* chaps. 2 – 5; Scully and Scully, *Early French Cookery;* and Redon et al., *Medieval Kitchen.* 關於波蘭料理，見Dembińska, *Food and Drink in Medieval Poland.* 關於地中海料理，見Santich, *Original Mediterranean Cuisine.* 整體概述可見Albala, *Cooking in Europe, 1250 – 1650.*

30 Bartlett, *Making of Europe,* 306 – 8.

31 關於西西里島的伊斯蘭料理，見Simeti, *Pomp and Sustenance,* chap. 3.

32 Siraisi, *Medieval and Early Renaissance Medicine,* 58 – 59.

33 Freedman, *Out of the East,* 4 – 5, chaps. 1 and 3.

34 Wheaton, *Savoring the Past,* 39 – 41; Mazumdar, *Sugar and Society in China,* 25.

35 Cathy Kaufman, www.academia.edu/1592459/The _Roots_of_Rhythm_The _Medieval_Origins_of_the_New_Orleans_Mardi_Gras_Beignet (accessed 1 November 2012).

36 P. H. Smith, *Business of Alchemy,* 167. 貝歇爾是個新教徒，他在這裡表達的看法很快就過時了。

37 Wright, *Mediterranean Feast,* 392; Redon et al., *Medieval Kitchen,* 117 – 18; http://languageoffood.blogspot.com/2009/11/ceviche-and-fish-chips.html (accessed 2 November 2012).

38 Martinez Motino, *Arte de cocina,* 63, 407.

39 Redon et al., *Medieval Kitchen,* 170, 188 – 91.

40 Dembińska, *Food and Drink in Medieval Poland,* 106 – 14.

41 Dyer, "Changes in Diet in the Late Middle Ages."

42 Wheaton, *Savoring the Past,* chap. 4; Brodman, *Charity and Welfare,* chap. 2.

43 T. Reynolds, *Stronger Than a Hundred Men,* chap. 2.

44 White, *Medieval Technology and Social Change,* chap. 2; Albala, *Beans,* 48.

45 L. Hoffmann, "Frontier Foods"; Cutting, "Historical Aspects of Fish."

46 Scully, *Art of Cookery,* 74.

47 Curtin, *Rise and Fall of the Plantation Complex,* 5 – 8.

48 Simeti, *Pomp and Sustenance,* 101 – 4.

49 Pacey, *Technology,* 66 – 68.

50 Daniels and Daniels, "Origin of the Sugarcane Roller Mill," 529.

51 Coe and Coe, *True History of Chocolate,* 143.

52 Domingo, "Cocina precolumbina en Espana," 24; Loreto Lopez, "Practicas alimenticias."

53 關於西班牙與新西班牙的猶太料理，見Gitlitz and Davidson, *Drizzle of Honey.*

54 關於新西班牙，見Coe, *America's First Cuisines,* 74 – 76; Pilcher, *Que Vivan Los Tamales!* chap. 2; Long, ed., *Conquista y comida;* Super, *Food, Conquest, and Colonization in Sixteenth-Century Spanish America;* Laudan and Pilcher, "Chiles, Chocolate, and Race"; Laudan, "Islamic Origins."

55 Boileau, "Culinary History," 85 – 107; Hughes, *Fatal Shore,* 49.

56 Kupperman, "Fear of Hot Climates"; Thomas Gage quoted, 230.

57 Curtin, *Death by Migration,* chap. 1.

58 Earle, "'If You Eat Their Food . . .'"

59 Stoopen, "Simientes del mestizaje"; Suarez y Farias, "De ambitos y sabores virreinales."

60 Boileau, "Culinary History"; Laudan, *Food of Paradise,* 140 – 46; Collingham, *Curry,* chap. 3.

61 Schurz, *Manila Galleon.*

62 關於糖種植園，見Daniels and Daniels, "Origin of the Sugarcane Roller Mill." 並見Schwartz, *Tropical Babylons;* Dunn, *Sugar and Slaves,* chap. 6; Curtin, *Rise and Fall of the Plantation Complex,* chap. 5; Mintz, *Sweetness and Power,* chaps. 2 and 3.

63 Daniels and Daniels, "Origin of the Sugarcane Roller Mill," 527 – 30.

64 Carney and Rosomoff , *In the Shadow of Slavery,* 162 – 63.

71 Collingham, *Curry,* chap. 4; Westrip, *Moghul Cooking,* 27; Sharar, *Lucknow: The Last Phase of an Oriental Culture,* chaps. 28 – 31.

72 Mazumdar, "New World Food Crops," 70 – 74; Randhawa, *History of Agriculture in India,* 2: 49, 51, 188 – 89.

73 Collingham, *Curry,* 39.

第五章　歐洲與美洲的基督教料理，西元一〇〇年至一六五〇年

1 Matthew 26:26, AV.

2 猶太料理見Cooper, *Eat and Be Satisfied,* chap. 4, 書中利用了對十二世紀早期學者Samuel Krauss的研究; 關於猶太料理往基督教的轉變，見Feeley-Harnik, *Lord's Table,* chaps. 2 – 5.

3 關於古代晚期的基督教信仰與料理，見P. Brown, *World of Late Antiquity* and *Body and Society;* MacMullen, *Christianizing the Roman Empire;* Grimm, *From Feasting to Fasting;* and Galavaris, *Bread and the Liturgy.*

4 Brown, *Body and Society,* 199; Grimm, *From Feasting to Fasting,* 185.

5 "Augustine on the Nature of the Sacrament of the Eucharist," www.earlychurchtexts.com/public/augustine_sermon_272_eucharist.htm (accessed 17 August 2012).

6 1 Cor. 5:7 – 8.

7 Clement, *Paidagogus* 2.1.15, quoted in Grimm, *From Feasting to Fasting,* 106, 103.

8 Ibid., 100.

9 Quoted in Musurillo, "Problem of Ascetical Fasting," 13.

10 P. Brown, *Body and Society,* 92 – 93, 97, 181 – 82, 256 – 57.

11 Benedict, *Rule,* 80.

12 Curtis, *Garum and Salsamenta,* 188.

13 P. Brown, *World of Late Antiquity,* 16.

14 拜占庭料理基礎知識見Dalby, *Siren Feasts,* chap. 9; Dalby, *Flavours of Byzantium;* Brubaker and Linardou, *Eat, Drink, and Be Merry,* chaps. 7 – 20; Galavaris, *Bread and the Liturgy,* 14, 44.

15 Malmberg, "Dazzling Dining," 82.

16 Siraisi, *Medieval and Early Renaissance Medicine,* 5.

17 Dalby, *Siren Feasts,* 190談葡萄葉捲，192談調味葡萄酒，191 – 92 談甜食， 199 談肉類餐點與伊特普藍的評論。

18 Charanis, *Social, Economic and Political Life in the Byzantine Empire.* Thomas and Hero, eds., *Byzantine Monastic Foundation Documents,* 5: 1696 – 1716詳盡指出不同修院的清規。

19 Dalby, *Siren Feasts,* 196 – 97.

20 Magdalino, "Grain Supply of Constantinople."

21 Cunliffe, *Europe between the Oceans,* 425 – 26.

22 這段歷史的基礎史料有Cross and Sherbwitz-Wetzor, *Russian Primary Chronicle,* 96 – 119; Lunt, "On Interpreting the Russian Primary Chronicle," 17 and 26.

23 基輔羅斯的食物，見Lunt, "On Interpreting the Russian Primary Chronicle"; Smith and Christian, *Bread and Salt,* 1 – 15; Goldstein, "Eastern Influence."

24 Dalby, *Flavours of Byzantium,* 76.

25 Smith and Christian, *Bread and Salt,* 255.

26 關於歐洲地區與歐洲料理的基督教化，見Effros, *Creating Community with Food and Drink in Merovingian Gaul;* Fletcher, *Barbarian Conversion;* Hagen, *Anglo-Saxon Food and Drink.*

27 Anthimus, *De observatione ciborum,* trans. Grant, 27.

28 Effros, *Creating Community with Food and Drink in Merovingian Gaul,* 10.

29 談天主教高級料理的文獻多不勝數。關於與營養學的關係，見Scully, *Art of Cookery in the*

33 J. M. Smith, "Mongol Campaign Rations."
34 Perry et al., "Grain Foods of the Early Turks."
35 Gernet, *History of Chinese Civilization,* 365.
36 Buell and Anderson, *Soup for the Qan,* 192; 湯品見275 – 95; 羊苦見 307; 包括清湯在內的飲品見373 – 433; 蒙古麵食見Serventi and Sabban, *Pasta,* 327 – 33.
37 Gardella, *Harvesting Mountains,* 27. 他提出的數字是二至五百萬斤（五百斤等於六百六十五磅）。
38 Perry, "Grain Foods of the Early Turks"; Buell and Anderson, *Soup for the Qan* (2010), appendix.
39 Marco Polo, *Description of the World,* 1: 209, 218 – 20.
40 Mote, "Yuan and Ming," 207.
41 Glenn Mack, personal communication.
42 Buell and Anderson, *Soup for the Qan,* 159.
43 Goldstein, "Eastern Infl uence on Russian Cuisine."
44 Lewicki, *West African Food in the Middle Ages.* 關於庫斯庫斯，見Franconie et al., *Couscous, boulgour et polenta.*
45 Zaouali, *Medieval Cuisine of the Islamic World,* xiii. Charles Perry把不加料的抓飯上溯到十二世紀的伊朗。私人交流。Fragner, "From the Caucasus"主張調味的抓飯是在十六世紀的伊朗發明的。
46 Halici, *Sufi Cuisine,* introduction and 199 – 224. 引文在208.
47 "Omar Khayyam," in Robinson, *Oxford Companion to Wine.*
48 Hattox, *Coffee and Coffeehouses,* chap. 2.
49 www.superluminal.com/cookbook/essay_bushaq.html (accessed 16 October 2012).
50 關於鄂圖曼料理，見Arsel et al., *Timeless Tastes,* 13 – 89.
51 Segal, *Islam's Black Slaves,* 151.
52 Evans, "Splendid Processions."
53 Singer, *Constructing Ottoman Beneficence,* 145, 155.
54 Ibid., 140.
55 Ibid., chap. 5 談伊斯坦堡，chap. 4談耶路撒冷。
56 Hattox, *Coffee and Coffeehouses,* is classic.
57 Lang, *Cuisine of Hungary,* 30 – 32.
58 Hattox, *Coffee and Coffeehouses,* chaps. 6 – 8 for the transformation of social life.
59 Mehmet Genc, "Ottoman Industry in the Eighteenth Century," in *Manufacturing in the Ottoman Empire and Turkey,* ed. Quataert, 59 – 85; Faroqhi, *Towns and Townsmen of Ottoman Anatolia;* and Kaneva-Johnson, *Melting Pot,* 7 – 8.
60 Babur, *Bābur-nāma,* 2, 518.
61 Eaton, *Rise of Islam and the Bengal Frontier,* 169 – 70.
62 Ibid., chap. 7.
63 Balabanlilar, "Lords of the Auspicious Conjunction," 24.
64 Ibid.
65 蒙兀兒料理的基礎知識見Achaya, *Indian Food,* chap. 12; Collingham, *Curry,* chap. 2; Husain, *Emperor's Table.* 相關背景見Richards, *Mughal Empire.*
66 引文與精確數字見Abūal-Fazl ibn Mubārak, *Ain-i-Akbari,* 59 – 68.
67 Collingham, *Curry,* 31 – 32.
68 Sharar, *Lucknow,* 162.
69 Westrip, *Moghul Cooking,* 25 – 26; Collingham, *Curry,* 30; Panjabi, *50 Great Curries,* 88 and 106.
70 Khare, "Wine-Cup in Mughal Court Culture," 143 – 88.

4 Christensen, *Iran sous les Sassanides,* 471 – 75.
5 關於今天帕西人的料理，見King, *My Bombay Kitchen.*
6 Perry et al., *Medieval Arab Cookery,* 37.
7 R. Eaton, *Rise of Islam and the Bengal Frontier,* 29 – 30.
8 Rosenberger, "Dietetica y cocina en el mundo musulman occidental," 16 – 22; Achaya, *Indian Food,* 80.
9 Charles Perry，私下的交流。
10 Achaya, *Indian Food,* 56 – 57.
11 談美食的詩，見Gelder, *God's Banquet,* chaps. 1 – 4; 伊斯蘭法律與神學中有關醉人效果的東西，見Hattox, *Coffee and Coffeehouses,* chap. 4與"Islam," in Robinson, *Oxford Companion to Wine*; 關於後來伊朗地區的相同議題，見Matthee, *Pursuit of Pleasure,* chaps. 2, 3, 6, and 7.
12 Grewe, "Hispano-Arabic Cuisine in the Twelfth Century," 143 – 44; Rosenberger, "Dietetica y cocina en el mundo musulman occidental," 22 – 40.
13 Serventi and Sabban, *Pasta,* 29 – 34; A. Watson, *Agricultural Innovation in the Early Islamic World,* chap. 4.
14 Rosenberger, "Arab Cuisine," 213. 關於《古蘭經》對甜食的說法，見Arsel, Pekin, and Sumer, *Timeless Tastes,* 266.
15 "An Anonymous Andalusian Cookbook of the 13th Century," translated by Charles Perry, in www.daviddfriedman.com/Medieval/Cookbooks/Andalusian/andalusian10.htm#Heading521 (accessed 2 January 2013).
16 關於波斯式伊斯蘭食物加工法，見Wulff, *Traditional Craft s of Persia,* chap. 5; al-Hassan and Hill, *Islamic Technology,* chap. 8. 關於水力磨坊，見al-Hassan and Hill, *Islamic Technology,* 214; T. Reynolds, *Stronger Than a Hundred Men,* 116 – 18; Stathakopoulos, "Between the Field and the Plate," 34 – 35.
17 Glick, *Islamic and Christian Spain in the Early Middle Ages,* 2.
18 For distillation, al-Hassan and Hill, *Islamic Technology,* 133 – 46; R. J. Forbes, *Short History of the Art of Distillation,* chap. 3; Wilson, *Water of Life,* 91 – 93.
19 Perry et al., *Medieval Arab Cookery,* 29.
20 安達魯斯料理的基礎知識，見Bolens, *La cuisine andalouse;* Rosenberger, "Dietetica y cocina en el mundo musulman occidental," 農業見Glick, *Islamic and Christian Spain in the Early Middle Ages,* 76 – 83 and chap. 7. 歷史背景見Fletcher, *Moorish Spain.* 關於西西里島上的阿拉伯人，見Simeti, *Pomp and Sustenance,* chap. 2.
21 Glick, *Islamic and Christian Spain,* 221 – 23.
22 Titley, *Ni'matnama Manuscript,* introduction.
23 Le Strange, *Baghdad,* 81 – 82.
24 Beg, "Study of the Cost of Living and Economic Status of Artisans in Abbasid Iraq."
25 Ashtor, "Essai sur l'alimentation des diverses classes sociales dans l'Orient medieval."
26 Hurvitz, "From Scholarly Circles to Mass Movements," 992.
27 Rosenberger, "Arab Cuisine," 10.
28 For trade, see Abu-Lughoud, *Before European Hegemony.*
29 Watson, *Agricultural Innovation in the Early Islamic World.*
30 關於蒙兀兒料理，見Buell and Anderson, *Soup for the Qan;* Mote, "Yuan and Ming"; Sabban, "Court Cuisine." 關於蒙兀兒帝國的背景，見Golden, *Nomads and Sedentary Societies;* Adshead, *Central Asia in World History;* 以及Allsen, *Culture and Conquest,* 尤其是談料理的第十五章。
31 J. M. Smith, "Dietary Decadence."
32 Allsen, *Culture and Conquest,* chap. 15.

Monastic Life in Medieval Daoism, chap. 6; Kieschnick, *Impact of Buddhism,* 262 – 75.

37 關於肉類替代品，見Sabban, "Viande en Chine"; Serventi and Sabban, *Pasta,* 324 – 25; Huang, *Fermentations and Food Science,* 497 – 502.

38 Kohn, *Monastic Life in Medieval Daoism,* chap. 5.

39 So, *Classic Food of China,* 16 – 17.

40 Gernet, *History of Chinese Civilization,* 295.

41 關於佛教重要性的延續，見Sen, *Buddhism, Diplomacy, and Trade*以及Foulk, "Myth."

42 對於這種料理的概述，見Freeman, "Sung"; Anderson, *Food of China,* chap. 5.

43 Kwok, "Pleasures of the Chinese Table," 48; Lai, *At the Chinese Table,* 8 – 12.

44 Freeman, "Sung," 171 – 72; Lin and Lin, *Chinese Gastronomy,* 12 – 13.

45 So, *Classic Food of China,* 3 – 4; Freeman, "Sung," 172 – 73.

46 Ibid., 27 – 28.

47 Wang and Anderson, "Ni Tsan and His 'Cloud Forest Hall Collection of Rules for Drinking and Eating'"; 引文在30.

48 Tannahill, *Food in History,* 139. 並參考【註32】的資料。

49 Schafer, "T'ang," 132; Freeman, "Sung," 165 – 66.

50 Frankel and Frankel, *Wine and Spirits.*

51 Saso, "Chinese Religions," 349 – 51, 360.

52 Elvin, *Pattern of the Chinese Past,* 169.

53 Gernet, *History of Chinese Civilization,* 277 – 81.

54 Chon, "Korean Cuisine and Food Culture," 2 – 3; Pettid, *Korean Cuisine*並未提及佛教。

55 Ishige, *History and Culture of Japanese Food,* chaps. 1 and 2. Yoshida and Sesoko, *Naorai*有各個時代日本料理的精緻插圖。

56 關於佛教對日本的巨大影響，見Ishige, *History and Culture of Japanese Food,* chap. 3. 關於牛乳，見61 – 62.

57 Isao, "Table Manners The n and Now," 58.

58 Ishige, *History and Culture of Japanese Food,* 73 – 75.

59 Ibid.

60 Hiroshi, "Japan's Use of Flour."

61 Castile, *Way of Tea,* 22 – 23.

62 Hosking, *Dictionary of Japanese Food,* Appendix.

63 Laudan, "Refined Food or Plain Cooking," 157.

64 *Wind in the Pines,* 21.

65 Sia, *Mary Sia's Chinese Cookbook,* 108.

第四章　中亞與西亞的伊斯蘭料理，西元八〇〇年至一六五〇年

1 關於中東地區各料理層層重疊的歷史概述，可見Claudia Roden's *Book of Middle Eastern Food*一書導論。*A Taste of Thyme,* edited by Sami Zubaida and Richard Tapper提供更學術性的觀點。一般性的背景知識，見Lapidus, *History of Islamic Societies;* Robinson, ed., *Cambridge Illustrated History of the Islamic World;* and Chaudhuri, *Asia before Europe,* esp. chap. 6.

2 Clot, *Harun Al-Rashid,* 151.

3 關於波斯式伊斯蘭料理，我使用Perry et al., *Medieval Arab Cookery*，書中收集許多經典文本，也有評註。Zaouali, *Medieval Cuisine of the Islamic World*則是入門概論。Nasrallah, *Delights from the Garden of Eden*將該地區的歷史與料理做法交織在一起。另可參考Ahsan, *Social Life under the Abbasids.* 關於中國與波斯之間悠久的交流史，Laufer, *Sino-Iranica*是部經典。

國，但也討論了印度佛教料理。

4 Keay, *India,* 105.

5 Jha, *Holy Cow,* chap. 2用相當篇幅討論對動物祭獻的排斥。

6 Ibid., 68; Mather, "Bonze's Begging Bowl," 421.

7 Wujastyk, *Roots of Ayurveda,* Introduction.

8 Kieschnick, *Impact of Buddhism,* 251 – 52.

9 Achaya, *Indian Food,* 65 提及將乳水視為烹煮過，102 – 3談乳加工。

10 關於印度各宗教中的乳水，見Apte and Katona-Apte, "Religious Significance of Food Preservation"; 關於攪乳海，見Achaya, *Oilseeds and Oil Milling,* 133 – 34.

11 關於糖加工，見Achaya, *Indian Food,* 112 – 14; *Oilseeds and Oil Milling,* chap. 10; Mazumdar, *Sugar and Society in China,* 20 – 22.

12 Kieschnick, *Impact of Buddhism,* chap. 4.

13 重建佛教修行料理，可見Achaya, *Indian Food:* for the ethos, 70; 37 – 39 與85談甜食; 關於穀類與豆類，見81 – 83; 乳製品見83 – 84; 飲品見39; 醫學思想見chap. 7; 廚具與加工見chap. 8. 並參考Mather, "Bonze's Begging Bowl," 421; Kieschnick, *Impact of Buddhism,* 250.

14 Daniels and Menzies, *Agro-Industries and Forestry,* 278; Kieschnick, *Impact of Buddhism,* 249 – 51.

15 Watson, *Agricultural Innovation in the Early Islamic World,* 77 – 78; Randhawa, *History of Agriculture in India,* 1: 379 – 81; Achaya, *Indian Food,* 82 – 83.

16 引文見Santa Maria, *Indian Sweet Cookery,* 15; 印度教食物，見Achaya, *Indian Food,* esp. 61 – 70 and 88 – 91; 朝聖廟宇中的食物，見Breckenridge, "Food, Politics and Pilgrimage in South India."

17 Eaton, *Rise of Islam and the Bengal Frontier,* 10.

18 Owen, *Rice Book,* 63.

19 Mrozik, "Cooking Living Beings."

20 Kieschnick, *Impact of Buddhism,* 252, 250.

21 Xinru, *Ancient India and Ancient China.*

22 關於中國佛教與其料理的基礎知識，可見Waley-Cohen, *Sextants of Beijing,* 18 – 21; Gernet, *Buddhism in Chinese Society;* Kieschnick, *Impact of Buddhism;* Kohn, *Monastic Life in Medieval Daoism;* Saso, "Chinese Religions"; Ebrey and Gregory, "Religion and Society in Tang and Sung China." Anderson, *Food of China,* chap. 4, and Schafer, "T' ang"有對料理做出說明，但並未特別關注佛教。

23 Gernet, *History of Chinese Civilization,* 210 – 232.

24 Dunlop, *Sichuan Cookery,* 121.

25 Wriggins, *Xuanzang.*

26 Schafer, *Golden Peaches,* 140.

27 Achaya, *Indian Food,* 148.

28 Gernet, *History of Chinese Civilization,* 241.

29 Elvin, *Pattern of the Chinese Past,* 113; T. Reynolds, *Stronger Than a Hundred Men,* 115.

30 Unschuld, *Medicine in China,* 132 – 44.

31 Anderson, *Food of China,* 73; Schafer, *Golden Peaches,* chaps. 7, 9, and 10.

32 引文見Mazumdar, *Sugar and Society in China,* 1; 並參考20 – 33; Sabban, "Sucre candi" and "Savoir-faire oublie," 51; Kieschnick, *Impact of Buddhism,* 254 – 62.

33 Sabban, "Savoir-faire oublie."

34 Huang, *Fermentations and Food Science,* 503 – 61.

35 Lai, *At the Chinese Table,* chap. 9.

36 茶的背景知識，見Gardella, *Harvesting Mountains,* chap. 1; Blofeld, *Chinese Art of Tea;* Kohn,

101 漢代料理的基礎文獻有Chang, *Food in Chinese Culture,* chap. 2; Anderson, *Food of China,* chap. 3; Bray, *Agriculture;* Huang, *Fermentations and Food Science;* 以及Sabban各篇論文中所列的書目。背景知識可見Gernet, *History of Chinese Civilization*以及Waley-Cohen, *Sextants of Beijing.*

102 Confucius, *Analects,* 82.

103 Knechtges在 "Literary Feast" (49)指出，這些數字只是理想的情況，但它們傳達出廚房運作的規模與重要性。

104 Elvin, *Pattern of the Chinese Past,* 37 – 38.

105 Waley-Cohen, *Sextants of Beijing,* chap. 1.

106 Laufer, *Sino-Iranica,* 185 – 467.

107 Gernet, *History of Chinese Civilization,* 143.

108 Yates, "War, Food Shortages, and Relief Measures in Early China," 150. Levi, "L'abstinence des cereales chez les Taoistes," esp. 5 – 15.

109 Graham, *Disputers of the Tao,* pt. 1, chap. 1, and pt. 4, chap. 1; Unschuld, *Medicine in China,* 4 and 6.

110 Pirazzoli-t'Serstevens, "Second-Century Chinese Kitchen Scene."

111 見Sabban, "Systeme des cuissons"與"Savoir-faire oublie."

112 Huang, *Fermentations and Food Science,* 436 – 461.

113 Sabban, "Insights"; Huang, *Fermentations and Food Science,* 149 – 418.

114 Huang, *Fermentations and Food Science,* 462 – 66. 技術轉移同時也是技術轉變。中國也採用旋轉石磨來去殼，用日曬或火烤的陶土做石磨的「石」，或是用木頭做磨，磨面上裝用橡樹或竹子製的鋸齒；穀子餵進石磨後，穀糠跟著脫去。一千多年後，這種方法也應用在甘蔗上。Daniels and Daniels, "Origin of the Sugarcane Roller Mill," 525.

115 Huang, *Fermentations and Food Science,* 462 – 96; Serventi and Sabban, *Pasta,* chap.9. 我採用Sabban的術語。

116 Knechtges, "Literary Feast," 59 – 63; quotation is on 62.

117 Rickett, *Guanzi,* 428.

118 Bray, *Agriculture,* 314.

119 Ibid., 416 – 23.

120 Gernet, *History of Chinese Civilization,* 111.

121 Bray, *Agriculture,* 378 – 79; Will et al., *Nourish the People,* 2 – 5.

122 Gernet, *History of Chinese Civilization,* 144 – 45.

123 Coe, *America's First Cuisines*描寫了美洲料理在歐洲人到來以前有過什麼演變。此外，關於健康與宇宙，見Ortiz de Montellano, *Medicina*；關於玉米與宇宙觀的交織，見Clendinnen, *Aztecs,* 30, 181, 188 – 89, 251；關於考古成果，見Sugiura and Gonzalez de la Vara, *Cocina mexicana,* vol. 1: *Mexico antiguo*以及Gonzalez de la Vara, *Cocina mexicana,* vol. 2: *Epoca prehispanica.*

124 Alarcon, "Tamales in Mesoamerica."

125 MacDonough et al., "Alkaline-Cooked Corn Products."

126 Clendinnen, *Aztecs,* 30 – 35, 181, 188 – 89, 251.

第三章　南亞與東亞的佛教料理，西元前二六〇年至西元八〇〇年

1 關於這些新宗教的傳播與互動，可見Bentley, *Old World Encounters,* chaps. 2 and 3; 它們在料理轉移的關鍵地區——中亞——彼此糾纏的歷史，見Foltz, *Religions of the Silk Roads;* 基礎知識可參考*Handbook of Living Religions,* ed. Hinnells談歷史的章節。

2 Shaffer, "Southernization."

3 目前沒有對印度佛教料理史的綜述。Achaya, *Indian Food,* 55 – 57, 70 – 72有簡短提到，但花在其他後吠陀時期料理的篇幅更長，這些料理與佛教料理多少有點類似。雖然Kieschnick, *Impact of Buddhism*與Kohn, *Monastic Life in Medieval Daoism,* chap. 5談的主要是中

62 Symons, *Pudding,* 98, 轉引自Seneca, Epistle 95: 15, 23; 67, 73.
63 Livy, *Ab urbe condita,* 39.6.
64 Grimm, *From Feasting to Fasting,* 103.
65 Ibid., 129, quoting Seneca, *Epistulae morales,* 110.18 – 20.
66 Malmberg, "Dazzling Dining."
67 "Roman Empire Population." www.unrv.com/empire/roman-population.php (accessed 15 August 2012).
68 Grant, *Galen on Food and Diet,* Introduction.
69 Grant, *Anthimus, De observatione ciborum,* 40, quoting Galen, *On Prognosis* 11.1 – 9.
70 關於廚師與廚房的描述，見Grocock and Grainger, *Apicius,* 79 – 83；至於為現代廚房調整過的食譜，見C. Kaufman, *Cooking in Ancient Civilizations*。
71 Quoted by Clutton-Brock, *Domesticated Animals,* 75 – 76.
72 Cutting, "Historical Aspects of Fish," 4 – 5.
73 Curtis, *Garum and Salsamenta,* esp. chap. 4.
74 Faas, *Around the Roman Table,* 48 – 75.
75 這類菜色見Dalby and Grainger, *Classical Cookbook,* 97 – 113; Dupont, *Daily Life,* 275 – 78; Grocock and Grainger, *Apicius;* and Kaufman, *Cooking in Ancient Civilizations,* 127. 關於醬汁，見Solomon, "Apician Sauce." 紅鯔魚與母豬乳房，見Martial, *Epigrams,* 3.77 and 11.37.
76 Dalby and Grainger, *Classical Cookbook,* 68.
77 Ibid., 101 – 2.
78 Lieven, *Empire,* 9.
79 Alcock, "Power Lunches."
80 Grimm, *From Feasting to Fasting,* 3.
81 Quoted by P. Brown, *World of Late Antiquity,* 11; Reynolds, "Food of the Prehistoric Celts," 303 – 15; 82. J. Robinson, *Oxford Companion to Wine;* Cool, *Eating and Drinking in Roman Britain,* chaps. 8 – 15.
83 Montanari, *Culture of Food,* 11.
84 Cool, *Eating and Drinking in Roman Britain,* 38 – 41.
85 Wilson, *Food and Drink in Britain,* 72 – 73, 114 – 15, 193 – 97, 276 – 79, 325 – 27.
86 Cool, *Eating and Drinking in Roman Britain,* 53 – 55.
87 Adshead, *Salt and Civilization,* chap. 2.
88 Thurmond, *Handbook of Food Processing,* Introduction.
89 Garnsey, *Famine and Food Supply,* 51, quoting Galen, *De facultatibus naturalibus* 6.513.
90 關於專業烘培麵包的高品質與低成本，見Petersen and Jenkins, *Bread and the British Economy,* chap. 2. 關於羅馬麵包，見Thurmond, *Food Processing,* chap. 1.
91 "Buying Power of Ancient Coins," http://dougsmith.ancients.info/worth.html (accessed July 20, 2012).
92 Robinson, *Oxford Companion to Wine,* 203. Thurmond, *Food Processing,* chap. 3.
93 Curtis, *Garum and Salsamenta,* chaps. 1 and 3.
94 Dery, "Milk and Dairy Products in the Roman Period"; Thurmond, *Food Processing,* 189 – 206.
95 Crane, *Archaeology of Beekeeping,* chap. 4.
96 Crone, *Pre-Industrial Societies,* 14.
97 Cool, *Eating and Drinking in Roman Britain,* 17.
98 P. Brown, *World of Late Antiquity,* 16.
99 Cunliffe, *Europe between the Oceans,* 426.
100 Mathieson, "Longaniza."

27 Murray, *Sympotica,* 尤其是Schmitt-Pantel, "Sacrificial Meal," 14－33; Fisher, "Greek Associations."
28 關於醬汁，見Harvey, "Lydian Specialties," 277; 關於長沙發，見Boardman, "Symposion Furniture," 122－31.
29 J. Davidson, *Courtesans and Fishcakes,* chap. 1; 關於魚稀少的程度，見A. Davidson, *Mediterranean Seafood,* 13－16, 48－52. 至於菜單，見Dalby and Grainger, *Classical Cookbook,* 42－55.
30 Dalby, *Siren Feasts,* 121－24.
31 Plato, *Timaeus* 72.
32 Wilkins et al., *Food in Antiquity,* 7－9引用並解釋了Plato, *Republic* 2.372a－3c. 引文稍有修改。
33 Aristotle, *Nichomachean Ethics* 2.7; *Rhetoric* 1.9.
34 我所說的情況與下列的判斷，其根據來自Dalby, "Alexander's Culinary Legacy."
35 Engels, *Alexander,* 18－22, 35－36.
36 Lane Fox, *Alexander the Great,* 175.
37 關於早期的希臘化時期餐點，見Dalby and Grainger, *Classical Cookbook,* 70－81.
38 Dalby, "Alexander's Culinary Legacy," and Ambrosioli, *Wild and the Sown,* 4.
39 孔雀帝國料理可透過Achaya, *Indian Food,* esp. chaps. 3, 5, 6, 7, 8, and 9的段落來重建，至於與食物有關的吠陀思想，見Zimmermann, *Jungle*。
40 Achaya, *Indian Food,* 98ff.
41 關於「*soma/haoma*」到底是什麼，一直是許多論辯的主題，http://en.wikipedia.org/wiki/Soma (accessed July 17, 2012)有詳細的摘要。
42 Achaya, *Indian Food,* 54－56.
43 Zimmermann, *Jungle,* 171, 181, and esp. 183.
44 Achaya, *Indian Food,* 54; 梵語史詩《摩訶婆羅多》最古老的部分可以回溯到西元前四〇〇年，裡面描述過一場野餐，其菜色一直到西元四世紀才成定本。
45 Zimmermann, *Jungle,* 171.
46 Kautilya, *Arthashastra,* 805－6.
47 談羅馬料理的基礎二手史料包括【註17】中的文獻、Gowers, *Loaded Table*以及Faas, *Around the Roman Table*。Dupont, *Daily Life in Ancient Rome,* esp. chap. 16, 以及Montanari, *Culture of Food,* chap. 1可以找到相關背景。Thurmond, *Handbook of Food Processing*描述了基本的料理手法；Grocock and Grainger, *Apicius*則是附有註解的羅馬重要食譜譯本。
48 Gowers, *Loaded Table,* 13.
49 Rosenstein, *Rome at War,* Introduction.
50 Cicero, *Tusculan Disputations,* 199 (5.34).
51 Ibid., 198 (5.34).
52 Celsus, *Of Medicine,* 77ff. (19).
53 Cato, *De agricultura,* Introduction.
54 Roth, *Logistics of the Roman Army,* 57; Vegetius, *De militaris,* 3.26.
55 Roth, *Logistics of the Roman Army,* 333.
56 Ibid., 43.
57 Ibid., 以及個人觀察。我不太相信軍隊的麵包有發酵過。
58 Cato, *De agricultura;* Gozzini Giacosa, *Taste of Ancient Rome,* 149－50. 關於餐點，見Dalby and Grainger, 82－96. 關於烹飪與道德的成牘之辯，見Laudan, "Refined Cuisine or Plain Cooking？"
59 Grimm, *From Feasting to Fasting,* 103.
60 Quote in ibid., 129.
61 Speake and Simpson, eds., *Oxford Dictionary of Proverbs.*

記）、索羅亞斯德教聖典《波斯古經》，以及波斯波利斯出土碑文（即埃蘭城塞碑文〔Elamite Fortification tablets〕）為史料的詮釋。有關用餐可見頁200 – 203。關於波斯帝國的簡介，見Cook, *Persian Empire*。關於亞述與阿契美尼德料理間的傳承，見Parpola, "Left - overs of God and King"，與中國的關聯可見Laufer, *Sino-Iranica*。今日伊拉克地區悠久料理傳統的概括研究中重建出來的食譜，可見Nasrallah, *Delights from the Garden of Eden*。

4 Rudiger Schmitt, "Cooking in Ancient Iran," www.iranicaonline.org/articles/cooking#pt1 (accessed 16 August 2012).

5 Briant, *From Cyrus to Alexander,* 124 – 28; Lincoln, "A la recherche du paradis perdu"; Lincoln, *Religion, Empire, and Torture,* esp. chaps. 3 and 4. 學者正試圖釐清阿契美尼德與瑣羅亞斯德哲學之間的複雜關係。比方說，「作物與水果的原始狀態既沒有皮，也沒有刺」的主張最早就是在薩珊時期（Sassanian period，西元二二四年至六五一年）形成文字的。見Touraj Daryaee, "What Fruits and Nuts to Eat in Ancient Persia？" http://iranian.com/History/2005/September/Fruits/Images/The FruitOfAncientPersia.pdf (accessed January 6, 2013).

6 Kozuh, *Sacrificial Economy,* abstract.

7 M. Harris, *Good to Eat,* 67 – 87; Soler, "Semiotics of Food in the Bible"; Douglas, *Purity and Danger,* chap. 3. 關於食物禁忌的詳細說明，見Simoons, *Eat Not This Flesh.*

8 "Garden," www.iranicaonline.org/articles/garden-i (accessed 16 August 2012).

9 關於飲水，見Briant, *Cyrus to Alexander,* 263; 關於廚師的人數，見ibid., 292 – 93; 關於常見的營帳隨員，見Engels, *Alexander the Great,* 1.

10 Crone, *Pre-Industrial Societies,* 40.

11 Bentley and Ziegler, *Traditions and Encounters,* 1: 143 – 44. 八十萬公升空間約可容納一百二十萬磅穀類，假設每人每天需要兩磅穀類，這就能維持一千六百五十人一年所需。

12 Lewis, "King's Dinner"; Sancisi-Weerdenburg et al., "Gifts."

13 www.sacred-texts.com/zor/sbe31/sbe31025.htm (accessed December 16, 2012).

14 Xenophon, *Cyropaedia* (Life of Cyrus), 8.2.

15 引自Athenaeus, *Deipnosophistae,* 12.1516d, in Wilkins and Hill, "Sources and Sauces," 437; 並見Harvey, "Lydian Specialties."

16 Xenophon, *Cyropaedia* (Life of Cyrus), 8.2.

17 談古典時期料理的初步資料有Garnsey, *Food and Society in Classical Antiquity, Peasants and Food in Classical Antiquity*與*Famine and Food Supply in the Graceco-Roman World*，以及Wilkins et al., *Food in Antiquity*。單獨談希臘人的，可見Dalby, *Siren Feasts*。至於食譜與菜單，見Dalby and Grainger, *Classical Cookbook*與Kaufman, *Cooking in Ancient Civilizations*。

18 Dalby, "Alexander's Culinary Legacy," 88, quoting Athenaeus 130e, quoting Aristophanes.

19 Renfrew, "Food for Athletes and Gods," 174 – 81, including quotation from Pindar *Ol.* 10.73 – 87; Detienne and Vernant, *Cuisine of Sacrifice,* 3 – 13; Schmitt-Pantel, "Sacrificial Meal."

20 Spencer, *Heretic's Feast,* chaps. 2 and 4; Sorabji, *Animal Minds;* Grimm, *From Feasting to Fasting,* 58 – 59.

21 Dalby, *Siren Feasts,* 126.

22 Garnsey, *Famine and Food,* chaps. 1 and 2, esp. 28; Forbes and Foxhall, "Ethnoarcheology and Storage," 74 – 75.

23 Hadjisavvas, *Olive Oil;* Amouretti, *Le pain et l'huile.*

24 希臘人對葡萄酒的看法，見Lissarrague, *Aesthetics of the Greek Banquet,* 以及Euripides, *Bacchae* 274 – 83, trans. William Arrowsmith.

25 Lombardo, "Food and 'Frontier.'"

26 Dalby, *Siren Feasts,* chap. 5.

87 MacMullen, *Christianity and Paganism,* chap. 2; Puett, "Offering of Food."
88 Bray, *Agriculture,* 80; George, trans., *Epic of Gilgamesh,* 901.
89 Detienne and Vernant, *Cuisine of Sacrifice,* 21 – 26.
90 Lev. 2:13.
91 Lincoln, *Priests, Warriors, and Cattle,* 65.
92 Gen. 32.
93 Finley, *Ancient Sicily,* 54 – 55.
94 Kierman, "Phases and Modes," 28.
95 Feeley-Harnik, *Lord's Table,* 64 – 66.
96 Bradley, "Megalith Builders," 95; Finley, *Ancient Sicily,* 54 – 55 and 46; *Encyclopadia Britannica,* 11th ed., vol. 6, s.v. "Cocoma."
97 Dalby, *Siren Feasts,* 2, quoting from Menander, *Bad-Tempered Man,* 447 – 53.
98 Zimmermann, *Jungle,* 128. 約翰・彌爾頓（John Milton）在*Paradise Lost,* Book 5, 320 – 450中描述過伊甸園裡的夏娃如何將食材混和，使之至臻完美，以獻給天使加百列。
99 Chang, *Food in Chinese Culture,* 31.
100 Sterckx, *Of Tripod and Palate,* 47.
101 Huang, *Fermentations and Food Science,* 97.
102 有關礦物世界如何融入烹飪宇宙，見Laudan, *From Mineralogy to Geology,* 20 – 32。
103 *Hippocrates on Diet and Hygiene,* 36.
104 關於用烹煮的方式看待植物的生長，見Detienne, *Gardens of Adonis,* 11 – 12. 至於視釀酒為烹煮，見Aristotle, *Meteorologica* 4.3; the Aristotelian *Problemata* 10.12 and 22.8; Xenophon, *Oeconomica,* 16.14 – 15; Lissarrague, *Aesthetics of the Greek Banquet,* 5等文獻。
105 Levi-Strauss, *Introduction,* 1: 335 – 36.
106 Sabban, "Insights," 50.
107 中國的看法見Unschuld, *Medicine in China,* chap. 3; 西歐古典世界見Si raisi, *Medieval and Early Renaissance Medicine,* 97 – 106與Albala, *Eating Right in the Renaissance,* chaps. 2 and 3; 印度可見Zimmermann, *Jungle,* esp. chap. 3; 波斯見Lincoln, "Physiological Speculation," 211, 215; 至於中美洲，見Lopez Austin, *Cuerpo humano,* 59, 65; Ortiz de Montellano, *Medicina,* 44 – 45.
108 關於對應關係，見Porter, ed., *Medicine,* 20 – 21; chap. 4以及Lincoln, "Physiological Speculation and Social Patterning." Lopez Austin, *Cuerpo humano,* 58 – 62以及Ortiz de Montellano, *Medicina,* 60 – 64則主張新大陸有其獨立發展的體系。Albala, *Eating Right in the Renaissance, Postscript*的看法傾向於認為新大陸的體系若非由西班牙人帶去，就是受到西班牙人深深影響，因此不可能辨別出哪些是西班牙人到來之前的理論。
109 Stathakopoulos, "Between the Field and the Plate," 27 – 28.
110 Sterckx, *Of Tripod and Palate,* 47.
111 Kuriyama, "Interpreting the History of Bloodletting," 36.
112 R. J. Forbes, *Studies in Ancient Technology,* 8: 157 – 95.
113 P. Colquhoun, *Treatise on Indigence,* 7 – 8.

第二章　古代帝國的大小麥祭祀料理，西元前五〇〇年至西元四〇〇年

1 「帝國」這個詞來自拉丁文的「*imperium*」，也就是授予政務官、代表羅馬行事的權力。這個詞的意思漸漸變成指對各地領土的統治。關於對帝國的綜合討論，見Doyle, *Empires;* Lieven, *Empire.*
2 Bottero, *Oldest Cuisine in the World,* 99 – 101.
3 Briant, *From Cyrus to Alexander*利用近年的研究，重新評估過去以希臘旅人故事（特別是色諾芬〔Xenophon〕的故事，他在波斯軍隊擔任傭兵，此後寫了部居魯士的傳

55 Adshead, *Salt and Civilization,* 7, 8, 24.
56 McGee, *On Food and Cooking,* 581.
57 "Waxworks."
58 關於提赫勒，見Scully, *Art of Cookery in the Middle Ages,* 252；至於瓦德勒，見Wheaton, *Savoring the Past,* 143 – 47.
59 關於水，見C. Davidson, *Woman's Work Is Never Done,* 14. 至於燃料，見Braudel, *Mediterranean,* 1: 173 – 74.
60 K. D. White, "Farming and Animal Husbandry," 236; McGee, *On Food and Cooking,* 226; Bray, *Agriculture,* 4.
61 Torres, *Catalan Country Kitchen,* 104.
62 Hanley, *Everyday Things in Premodern Japan,* 91.
63 Bray, *Agriculture,* 378; Yates, "War, Food Shortages, and Relief Measures"; Garnsey, *Food and Society,* chap. 3.
64 Garnsey, *Famine and Food Supply,* 28 – 29; Zhou, ed., *Great Famine in China,* 69 – 71.
65 Camporesi, *Bread of Dreams,* 122.
66 Garnsey, *Food and Society in Classical Antiquity,* 39; "Steven Kaplan on the History of Food" 有談到Camporesi, *Bread of Dreams.*
67 P. Brown, *World of Late Antiquity,* 12.
68 Crone, *Pre-Industrial Societies,* 8
69 Sutton, "Language of the Food of the Poor," 373.
70 Adshead, *Central Asia in World History,* 67 – 68.
71 上述許多作品都是在經過幾世紀的口耳相傳後寫下來的。傳統上視孔子為作者的《詩經》裡，收錄了祭祀時所唱的歌謠，八成有著更為古老的根源。一直要到學者在漢朝從焚書後的斷簡殘篇中重建出內容後，《詩經》才有了定本。
72 此說是根據西元五七〇年時的文件（Stathakopoulos, "Between the Field and the Plate," 27 – 28）。
73 Shaw, "Fear and Loathing," 25.
74 Herodotus, *Histories* bk. 4. 立場偏同情的文字記載，見Cunliffe, *Europe between the Oceans,* 302 – 9.
75 Homer, *Odyssey* 20.108.
76 *Encyclopedia Judaica,* 1415; Braun, "Barley Cakes and Emmer Bread," 25; Kaneva-Johnson, *Melting Pot,* 223; Field, *Italian Baker,* 11; Delaney, *Seed and the Soil,* 243; Hanley, *Everyday Things in Premodern Japan,* 163.
77 Loha-unchit, *It Rains Fishes,* 17 – 19.
78 Grimm, *From Feasting to Fasting,* 44 – 53.
79 Temkin, "On Second Thought," 192.
80 Chakravarty, *Saga of Indian Food,* 11.
81 R. Eaton, *Rise of Islam and the Bengal Frontier,* 163.
82 Levi-Strauss, *Introduction, 3. The Origin of Table Manners,* 486; Ramiaramanana, "Malagasy Cooking," 111.
83 Chang, *Food in Chinese Culture,* 51.
84 Briant, *From Cyrus to Alexander,* 302 – 23.「統治者有義務為貧民提供起碼的飲食」是種歷久不衰的看法。E・P・湯普森曾描述「道德經濟」中的窮人會期待自己無論如何都有食物可吃的信念。見Thompson, "Moral Economy."
85 Singer, *Constructing Ottoman Beneficence,* 142.
86 Yates, "War, Food Shortages, and Relief Measures in Early China," 154.

時代晚了許多。見Lewicki, *West African Food.*

34 Mackie, *Life and Food,* 32 – 36.

35 Coe, *America's First Cuisines,* chaps. 12 and 13.

36 Ibid., chaps. 2 and 3; Pool, *Olmec Archaeology and Early Mesoamerica,* 146; Mann, *1491*, 194, 213; Pope et al., "Origin and Environmental Setting"; Diehl, *Olmecs.*

37 Zarrillo et al., "Directly Dated Starch Residues."

38 Huang, *Fermentations and Food Science,* 18; Achaya, *Indian Food,* 31.

39 Johns, *With Bitter Herbs,* chaps. 3 and 8; appendices 1 and 2.

40 關於毒性，見Johns, *With Bitter Herbs,* and Schultz, "Biochemical Ecology"; 關於黴菌與污染，見Matossian, *Poisons of the Past,* and Lieber, "Galen on Contaminated Cereals."

41 Hillman, "Traditional Husbandry." 有關埃及製作麵包與啤酒的做法，見Samuel, "Ancient Egyptian Bread and Beer," "Ancient Egyptian Cereal Processing," "New Look at Bread and Beer," "Investigation of Ancient Egyptian Baking and Brewing," 以及"Bread in Archaeology"; Samuel and Bolt, "Rediscovering Ancient Egyptian Beer."

42 關於十八世紀研磨機的版畫，可見Coe, *America's First Cuisines,* 15; 關於負責研磨的奴隸，見Hagen, *Handbook of Anglo-Saxon Food,* 4; 關於研磨所需時間，見Bauer, "Millers and Grinders"以及我個人經驗；關於以前的研磨方式，見Stork and Teague, *Flour for Man's Bread,* chaps. 2 – 5; 至於一座古代村莊中的石磨數量，見Hole et al., *Prehistory and Human Ecology of the Deh Luran Plain,* 9.

43 Meyer-Renschhausen, "Porridge Debate."

44 Concepcion, *Typical Canary Cooking,* 89 – 92.

45 Dorje, *Food in Tibetan Life,* 61 – 65.

46 Maurizio, *Histoire de l'alimentation vegetale,* pt. 3; Meyer-Renschhausen, "Porridge Debate."

47 關於早期的麵餅，見Rubel, *Bread,* chaps. 1 and 2; 關於餘燼與石烤板，見 *Magic of Fire,* 154 – 64.

48 Grocock and Grainger, trans. and eds., *Apicius,* 73 – 83.

49 發酵劑幾乎都是麴菌屬（Aspergillus）或根黴菌屬（Rhizopus）的黴菌，而非西方常見的酵母菌與乳桿菌（lactobacillae）。Ssu-hsieh, "Preparation of Ferments and Wines"; Huang, *Fermentations and Food Science,* 149 – 282. 關於印度，見Kautilya, *Arthashastra,* 805 – 6.

50 Samuel, "Investigation of Ancient Egyptian Baking and Brewing."

51 Katz and Voight, "Bread and Beer"; 釀酒師托馬斯・卡瓦納（Thomas Kavanagh）懷疑，要是沒有陶器，恐怕沒有辦法維持必要的溫度。見Kavanagh, "Archaeological Parameters."

52 Messer, "Potatoes (white)," 197.

53 中世紀標準的食物需求量為一天二至三磅的麵包，以及一加侖的濃啤酒（Scully, *Art of Cookery in the Middle Ages,* 36 – 37）。在中世紀與近代早期的義大利，一天兩磅麵包是標準，如果有肉，則縮減到一磅（Montanari, *Culture of Food,* 104 – 5）。十八世紀法國的四口之家一天需要六磅麵包，兩磅給父親，一磅給母親，剩下的給兩個小孩（Morineau, "Growing Without Knowing," 374 – 82）。「中國人在先前的六或七個世紀裡，都能生產足夠的穀類，供應每人每年約三百公斤的穀類〔每天一點八磅〕」（Mote, "Yuan and Ming," 200）。可以同時參考第二章中羅馬軍隊配給數字。

54 Engels, *Alexander the Great,* 14 – 18談駄馬，26談船；Thurmond, *Handbook of Food Processing in Classical Rome,* 2; A. H. M. Jones, *Later Roman Economy,* 841 – 42. 在十九世紀的德意志地區，運送穀類五十至六十英里的距離後，運輸費就相當於穀類所具有的價值。由於我們沒有古代世界的數據，所以我把這作為間接例子。根莖類（德意志地區的例子裡是紅頭菜〔mangold〕、甜菜與馬鈴薯）只能拉四到十英里。見Landers, *Field,* 89. 關於給養的複雜程度，見Campbell et al., *A Medieval Capital*對中世紀倫敦的研究。

2; Nelson, "Feasting the Ancestors"; Sterckx, ed., *Of Tripod and Palate,* chaps. 1 – 5; Yates, "War, Food Shortages, and Relief Measures"; 至於普遍的發展背景，見Gernet, *History,* chaps. 1 – 5.

8 Fuller, "Arrival of Wheat in China."

9 Legge, *Chinese Classics,* 4: 171 – 72.

10 用穀類製作這些亞洲酒種的方式，跟用麥芽釀啤酒或用果實釀葡萄酒的工序非常不同，我就用中文的「酒」來稱呼它們，以突顯差異。細節可見Huang, *Fermentations and Food Science,* 149 – 68, 457 – 60.

11 Puett, "Offering of Food."

12 Knechtges, "Literary Feast," 51.

13 Chang, "Ancient China," 37.

14 Sterckx, ed., *Of Tripod and Palate,* 38.

15 關於東南亞根莖類料理在太平洋地區的散播，見Kirch, *On the Road of the Winds;* Holmes, *Hawaiian Canoe,* chap. 2; Bellwood, "Austronesian Dispersal"; Pollock, *These Roots Remain;* Skinner, *Cuisine of the South Pacific;* Titcomb, *Dog and Man.*

16 Fuller, "Debating Early African Bananas" and "Globalization of Bananas."

17 Fuller et al., "Consilience."

18 Achaya, *Oilseeds and Oilmilling,* 142.

19 Bottero, *Oldest Cuisine in the World;* Pollock, "Feasts, Funerals, and Fast Food." 考古學家在過去一百五十年間，找到了有關料理的大量證據，包括王室用膳所用的食材數量表、作為薪水發放的大麥數量表、提及食物的商業信函、談如何預測未來的專文、字典、約西元前一六〇〇年的四十份阿卡德（Akkadian）食譜，以及尼尼微（Nineveh）一座圖書館所藏的《吉爾伽美什史詩》（*Epic of Gilgamesh*）泥板。

20 Potts, "On Salt and Salt Gathering."

21 Sandars, ed., *Epic of Gilgamesh,* 109, 93.

22 Bottero, *Oldest Cuisine in the World,* 30. 括號中的「小」與「酥皮」是Bottero的原譯文，插進去的〔鳥心與鳥肝〕與〔無法破譯〕為我所加。另可參考Ellison, "Diet in Mesopotamia,"與"Methods of Food Preparation in Mesopotamia."

23 Katz and Voight, "Bread and Beer," 27; Katz and Maytag, "Brewing and Ancient Beer."

24 Zeder, *Feeding Cities,* 34 – 42.

25 Forbes, R. J., *Studies in Ancient Technology,* 3: 175 – 76; Potts, "On Salt and Salt Gathering," 266 – 68.

26 Edens, "Dynamics of Trade."

27 關於普遍的背景，可見Barfield, *Nomadic Alternative; Encyclopedia Judaica,* s.v. "Food"; Cooper, *Eat and Be Satisfied,* chaps. 1 – 4.

28 Achaya, *Indian Food,* chap. 3; Fuller and Boivin, "Crops, Cattle and Commensals," 21 – 22.

29 Quoted in Achaya, *Indian Food,* 28.

30 Cunliffe, *Europe Between the Oceans,* 94 – 96, 239 – 45; Unwin, *Wine and the Vine,* chap. 4; Dalby, *Siren Feasts,* chap. 2.

31 Homer, *Iliad* 9. 202 – 17. 關於製作大麥麵包（*maza*）的可能方法，見 Braun, "Barley Cakes and Emmer Bread," 25 – 32; Kaufman, *Cooking in Ancient Civilizations,* 82 – 83.

32 最早寫到塞爾特人（Celts）的希臘人是波利比烏斯（Polybius），時間大約在西元前一四〇年。出身西敘利亞、定居於羅德島（Rhodes）的波希多尼（Posidonius）隨後也寫了更詳細的紀錄。波希多尼的作品已經亡佚，但西西里的狄奧多羅斯（Diodorus of Sicily）與斯特拉波（Strabo）都曾引用過，尤里烏斯．凱薩也是。Powell, *Celts,* 108 – 9, 139, 53; Herm, *Celts,* chap. 4. McCormick, "Distribution of Meat."

33 Carney and Rosomoff, *Shadow of Slavery,* chap. 1; Fuller and Boivin, "Crops, Cattle and Commensals," 23; Ricquier and Bostoen, "Retrieving Food History."我們手頭上最早的文字記錄

注釋

Notes

導論

1 我們用的「料理」（cuisine）一詞，來自於法語的「*cuisine*」，意為廚房；後來轉喻指烹飪的風格，一如互有關聯的西班牙語「*cocina*」，葡萄牙語的「*cozinha*」，義大利語的「*cucina*」，德語的「*Kuche*」，以及俄語的「*kukhnya*」。研究食物的學者用許多不同的方式使用「料理」一詞。人類學家傑克．古迪（Jack Goody）在*Cooking, Cuisine, and Class,* 97－153中，明確區分出所謂無階級社會的「烹飪」（cooking）與階級社會的高級料理（cuisine）。至於Trubek, *Haute Cuisine;* Korsmeyer, *Making Sense of Taste*以及Ferguson, *Accounting for Taste,* 3, 19，書中主要都是用「cuisine」來指高級料理。我自己的用法比較接近Belasco,"Food and the Counterculture,"and Cwiertka, *Making of Modern Culinary Tradition in Japan,* 11. 但和他們不同的是，我把「料理哲學」視為料理的關鍵。

2 雖然各類史學書寫傳統都大量使用「現代」的概念，但歷史學家與社會科學家對這個概念卻抱著極大的懷疑，一方面是因為「現代」的概念太過模糊，二來則是當這個概念套用在全球範圍上時，會顯得非常歐洲中心論。不過，雖然有這麼多的爭議，多數學者仍同意自十七世紀開始，就有某些轉變發生。我打算深入探討這類改變中料理的那一面，藉此對有關「現代性」（modernity）的辯論做點貢獻。

第一章　學習穀物料理，西元前二萬年至西元前三〇〇年

1 Wrangham, *Catching Fire*; 有關烹煮、飲食與人類進化的討論，見Aiello and Wells, "Energetics"; Aiello and Wheeler, "Expensive-Tissue Hypothesis"; M. Jones, *Feast,* chap. 4; Leonard, "Dietary Change." 談史前時代火與烹飪的作品，見Perles, *Prehistoire du feu.*

2 Wrangham, *Catching Fire,* chap. 1; Freidberg, *Fresh.* 順帶一提，長達數世紀的育種過程，也意味著以Eaton and Konner, "Paleolithic Nutrition"等研究為立論基礎的「舊石器時代飲食」（Paleo diet）不太可能跟舊石器時代人類實際上吃的東西有相似之處。

3 我把重點放在涉及烹煮的各個步驟上，和Wrangham, *Catching Fire,* chap. 3不同。火或許是讓人類開始烹煮的要件，可若要了解料理的演進，重要的就不單是使用熱力，還要考慮所有收穫後出現的變化。關於隨烹煮而來的營養變化，見Stahl, "Plant-Food Processing"; 關於烹煮的科學，見McGee, *On Food and Cooking.*

4 關於爐床能夠做出多豐富、多精緻的食物，可參考Rubel, *Magic of Fire*; 關於炊坑，見Wandsnider, "Roasted."

5 Piperno et al., "Processing of Wild Cereal Grains"; Revedin et al., "Thirty Thousand-Year-Old Evidence."

6 考古學家將挖掘地的土壤加以過篩，試圖找到些許植物殘餘，用分光鏡辨認煮食器具上的蛋白質、血液與脂肪，實驗古代食物加工技術，並從植物與人類遺骸中提取少許DNA以追尋作物與人群的歷史。傳統上的史料還包括繪畫與雕塑，稅捐紀錄、收據、史詩和上菜順序表、家庭帳簿等文件，廚具，因火山爆發、陪葬而保留下來的食物，冰封或酸沼保存的遺體胃中的食物，或是乾燥糞便（coprolite）中留下來的食物。見Samuel, "Approaches."

7 關於黃河流域的小米料理，見Chang, "Ancient China"; Anderson, *Food of China,* chaps. 1 and

1996.
Wright, Clifford A. *A Mediterranean Feast: The Story of the Birth of the Celebrated Cuisines of the Mediterranean from the Merchants of Venice to the Barbary Corsairs, with More than 500 Recipes.* New York: William Morrow, 1999.
Wu, David Y. H., and Tan Chee-Beng, eds. *Changing Chinese Foodways in Asia.* Hong Kong: Chinese University Press, 2001.
Wujastyk, Dominic. *The Roots of Ayurveda.* London: Penguin Books, 1998.
Wulff, Hans E. *The Traditional Crafts of Persia: Their Development, Technology, and Influence on Eastern and Western Civilizations.* Cambridge, Mass.: MIT Press, 1966.
Xenophon. *Cyropaedia.* Edited by Walter Miller. Cambridge, Mass.: Harvard University Press, 1914. www.perseus.tufts.edu/hopper/text ? doc=Perseus:text:1999.01.0204 (accessed 4 December 2012).
Xinru, Liu. *Ancient India and Ancient China: Trade and Religious Exchanges, AD 1— 600.* Delhi: Oxford University Press, 1988.
Yarshater, Ehsan, ed. *Encyclopædia Iranica.* London: Routledge & Kegan Paul, 1982.
Yates, Robin D. S. "War, Food Shortages, and Relief Measures in Early China." In *Hunger in History: Food Shortage, Poverty, and Deprivation*, edited by Lucile F. Newman, 146 - 77. New York: Blackwell, 1990.
Yoshida, Mitsukuni, and Tsune Sesoko. *Naorai: Communion of the Table.* Tokyo: Mazda Motor Corp., 1989.
Young, Carolin C. *Apples of Gold in Settings of Silver: Stories of Dinner as a Work of Art.* New York: Simon & Schuster, 2002.
Young, James Harvey. "Botulism and the Ripe Olive Scare of 1919 - 1920." *Bulletin of the History of Medicine* 56 (1976): 372 - 91.
Yue, Gang. *The Mouth That Begs: Hunger, Cannibalism, and the Politics of Eating in Modern China.* Durham, N.C.: Duke University Press, 1999.
Zaouali, Lilia. *Medieval Cuisine of 7the Islamic World: A Concise History with 174 Recipes.* Berkeley: University of California Press, 2009.
Zarrillo, S., D. M. Pearsall, J. S. Raymond, M. A. Tisdale, and D. J. Quon. "Directly Dated Starch Residues Document Early Formative Maize (Zea mays L.) in Tropical Ecuador." *Proceedings of the National Academy of Sciences* 105, no. 13 (2008): 5006 - 5011.
Zeder, Melinda A. *Feeding Cities: Specialized Animal Economy in the Ancient Near East.* Washington, D.C.: Smithsonian Institution Press, 1991.
Zeldin, Theodore. *France, 1848–1945.* Oxford: Clarendon Press, Oxford University Press, 1973.
_____. *The French.* New York: Pantheon Books, 1982.
Zhou, Xun. *The Great Famine in China 1958–1962: A Documentary History.* Yale: Yale University Press, 2012.
Zimmermann, Francis. *The Jungle and the Aroma of Meat: An Ecological Theme in Hindu Medicine.* Berkeley: University of California Press, 1987.
Zizumbo-Villarreal, D., and P. Colunga-García Marín. "Early Coconut Distillation and the Origins of Mezcal and Tequila Spirits in West-Central Mexico." *Genetic Resources and Crop Evolution* 55, no. 4 (2008): 493 - 510.
Zubaida, Sami, and Richard Tapper, eds. *A Taste of Thyme: Culinary Cultures of the Middle East.* New York: Tauris Parke, 2000.
Zweiniger-Bargielowska, Ina, Rachel Duffett, and Alain Drouard, eds. *Food and War in Twentieth Century Europe.* Farnham, UK: Ashgate, 2011.

Rome, edited by Michael Grant and Rachel Kitzinger, vol. 1. New York: Scribner, 1988.
White, Lynn Townsend, Jr. *Medieval Technology and Social Change*. Oxford: Oxford University Press, 1966.
White, Merry. *Coffee Life in Japan*. Berkeley: University of California Press.
Wiley, A. S. "Transforming Milk in a Global Economy." *American Anthropologist* 109, no. 4 (2007): 666 – 77.
Wilk, Richard R. *Home Cooking in the Global Village: Caribbean Food from Buccaneers to Ecotourists*. New York: Berg, 2006.
Wilkins, John, F. D. Harvey, and Michael J. Dobson, eds. *Food in Antiquity*. Exeter, UK: University of Exeter Press, 1995.
Wilkins, John, and Shaun Hill. "The Sources and Sauces of Athanaeus." In *Food in Antiquity*, edited by John Wilkins, F. D. Harvey, and Michael J. Dobson, 429 – 38. Exeter, UK: University of Exeter Press, 1995.
Will, Pierre-Etienne, Roy Bin Wong, and James Z. Lee. *Nourish the People : The State Civilian Granary System in China, 1650–1850*. Ann Arbor: Center for Chinese Studies, University of Michigan, 1991.
Williams, Jacqueline B. *Wagon Wheel Kitchens: Food on the Oregon Trail*. Lawrence: University Press of Kansas, 1993.
Williams, Susan. *Savory Suppers and Fashionable Feasts: Dining in Victorian America*. New York: Pantheon Books in association with the Margaret Woodbury Strong Museum, 1985.
Wilson, C. Anne. *Food and Drink in Britain: From the Stone Age to the 19th Century*. London: Constable, 1973.
———. *Water of Life: A History of Wine-Distilling and Spirits; 500 BC–AD 2000*. Totnes, Devon, UK: Prospect Books, 2006.
Wilson, C. Anne, ed. *Food for the Community: Special Diets for Special Groups*. Edinburgh: Edinburgh University Press, 1993.
———. *Liquid Nourishment: Potable Foods and Stimulating Drinks*. Edinburgh: Edinburgh University Press, 1993.
Wind in the Pines: Classic Writings of the Way of Tea as a Buddhist Path. Fremont, Calif.: Asian Humanities Press, 1995.
Wolf, Eric R. *Europe and the People Without History*. Berkeley: University of California Press, 1982.
Woloson, Wendy A. *Refined Tastes: Sugar, Confectionery, and Consumers in Nineteenth-Century America*. Baltimore: Johns Hopkins University Press, 2002.
Wong, Roy Bin. *Political Economy of Food Supplies in Qing China*. Ann Arbor, Mich.: University Microfilms, 1987.
Wood, Gordon. *The Creation of the American Republic, 1776–1787*. Chapel Hill: University of North Carolina Press, 1969.
Woodforde, James. *The Diary of a Country Parson: The Reverend James Woodforde*. Edited by John Beresford. 5 vols. Oxford: Oxford University Press, 1924 – 31. "A World of Thanks: World War I Belgian Embroidered Flour Sacks." http://hoover.archives.gov/exhibits/collections/flour%20sacks/index.html (accessed 15 August 2012).
Wrangham, Richard W. *Catching Fire: How Cooking Made Us Human*. New York: Basic Books, 2009.
Wriggins, Sally Hovey. *Xuanzang: A Buddhist Pilgrim on the Silk Road*. Boulder, Colo.: Westview Press,

Walker, Harlan, ed. *Milk: Beyond the Dairy: Proceedings of the Oxford Symposium on Food and Cooking, 1999*. Totnes, Devon, UK: Prospect Books, 2000.
_____. *Staple Foods: Proceedings of the Oxford Symposium on Food and Cookery, 1989*. London: Prospect Books, 1990.
Walton, John K. *Fish and Chips and the British Working Class, 1870–1940*. Leicester, UK: Leicester University Press, 1992.
Walvin, James. *Fruits of Empire: Exotic Produce and British Trade, 1660–1800*. London: Palgrave Macmillan, 1996.
Wandsnider, Luann A. "The Roasted and the Boiled: Food Composition and Heat Treatment with Special Emphasis on Pit-Hearth Cooking." *Journal of Anthropological Archaeology* 16 (1997): 1 – 48.
Wang, D. *The Teahouse: Small Business, Everyday Culture, and Public Politics in Chengdu, 1900–1950*. Stanford, Calif.: Stanford University Press, 2008.
Wang, Teresa, and E. N. Anderson. "Ni Tsan and His 'Cloud Forest Hall Collection of Rules for Drinking and Eating.' " *Petits Propos Culinaires* 60 (1998): 24 – 41.
Warde, Alan. *Consumption, Food and Taste: Culinary Antinomies and Commodity Culture*. Thousand Oaks, Calif.: Sage, 1997.
Warman, Arturo. *Corn and Capitalism: How a Botanical Bastard Grew to Global Dominance*. Chapel Hill: University of North Carolina Press, 2003.
Wasson, R. Gordon. *Soma: Divine Mushroom of Immortality*. New York: Harcourt, Brace & World, 1968.
Watson, Andrew M. *Agricultural Innovation in the Early Islamic World: The Diffusion of Crops and Farming Techniques, 700–1100*. New York: Cambridge University Press, 1983.
Watson, James L., ed. *Golden Arches East: McDonald's in East Asia*. Stanford, Calif.: Stanford University Press, 1997.
Watson, James L., and M. L. Caldwell. *The Cultural Politics of Food and Eating: A Reader*. Malden, Mass.: Wiley-Blackwell, 2005.
Watt, George. *The Commercial Products of India, Being a Abridgment of "The Dictionary of the Economic Products of India." Published Under the Authority of His Majesty's Secretary of State for India in Council*. Reprint ed. New Delhi: Today & Tomorrow's Printer & Publishers, 1966.
_____. *A Dictionary of the Economic Products of India*. Delhi: Cosmo Publications, 1972.
"Waxworks: Like Life, Like Death." *The Economist*, 30 January 2003, 72.
Weaver, William Woys. *Sauerkraut Yankees: Pennsylvania-German Foods and Foodways*. Philadelphia: University of Pennsylvania Press, 1983.
Weber, Charles D. "Chinese Pictorial Bronzes of the Late Chou Period: Part II." *Artibus Asiae* 28, nos. 2 – 3 (1966): 271 – 311.
Weber, Eugen. *Peasants into Frenchmen: The Modernization of Rural France, 1870– 1914*. Stanford, Calif.: Stanford University Press, 1976.
Weiner, M. "Consumer Culture and Participatory Democracy: The Story of Coca-Cola during World War II." *Food and Foodways* 6, no. 2 (1996): 109 – 29.
Westrip, Joyce. *Moghul Cooking: India's Courtly Cuisine*. London: Serif, 1997.
Wheaton, Barbara Ketcham. *Savoring the Past: The French Kitchen and Table from 1300 to 1789*. Philadelphia: University of Pennsylvania Press, 1983.
White, K. D. "Farming and Animal Husbandry." In *Civilization of the Ancient Mediterranean: Greece and*

Tibbles, William. *Foods: Their Origin, Composition and Manufacture.* London: Baillière, Tindall & Cox, 1912.

Titcomb, Margaret. *Dog and Man in the Ancient Pacific, with Special Attention to Hawaii.* Bernice P. Bishop Museum special publication 59. Honolulu: Printed by Star-Bulletin Print. Co., 1969.

Titley, Norah M., trans. *The Ni'matnama Manuscript of the Sultans of Mandu: The Sultan's Book of Delights.* London: Routledge, 2005.

Toomre, Joyce Stetson. *Classic Russian Cooking: Elena Molokhovets' "A Gift to Young Housewives."* Bloomington: Indiana University Press, 1992.

Torres, Marimar. *The Catalan Country Kitchen: Food and Wine from the Pyrenees to the Mediterranean Seacoast of Barcelona.* Reading, Mass.: Addison-Wesley, 1992.

Toussaint-Samat, Maguelonne. *Histoire naturelle et morale de la nourriture. Paris : Bordas, 1987. Translated by Anthea Bell as A History of Food* (1992; rev. ed., Malden, Mass.: Wiley-Blackwell, 2009).

Trentmann, F. "Civilization and Its Discontents: English Neo-Romanticism and the Transformation of Anti-Modernism in Twentieth-Century Western Culture." *Journal of Contemporary History* 29, no. 4 (1994): 583 - 625.

——. *Free Trade Nation: Commerce, Consumption, and Civil Society in Modern Britain.* Oxford University Press, 2008.

Trubek, Amy B. *Haute Cuisine: How the French Invented the Culinary Profession.* Philadelphia: University of Pennsylvania Press, 2000.

Tschiffely, A. F. *This Way Southward: A Journey through Patagonia and Tierra de Fuego.* New York: Norton, 1940.

Unschuld, Paul U. *Medicine in China: A History of Ideas.* Berkeley: University of California Press, 1985.

Unwin, Tim. *Wine and the Vine: An Historical Geography of Viticulture and the Wine Trade.* New ed. London: Routledge, 1996.

Vaduva, O. "Popular Rumanian Food." In *Food in Change: Eating Habits from the Middle Ages to the Present Day,* edited by Alexander Fenton and Eszter Kisbán, 99 - 103. Edinburgh: J. Donald, 1986.

Valenze, Deborah. *Milk: A Local and Global History.* New Haven, Conn.: Yale University Press, 2011.

Valeri, Renée. "Création et transmission due savoir culinaire en Scandinavie au 17e siècle." Papilles, nos. 10 - 11 (March 1996): 51 - 62. Reprinted in Association des Bibliothèques gourmandes, *Livres et recettes de cuisine en Europe, du 14e au milieu du 19e siècle: Actes du Congrès de Dijon, 28 et 29 octobre 1994.* Cognac, France: Le temps qu'il fait, 1996.

Veit, Helen Zoe. *Victory over Ourselves: American Food in the Era of the Great War.* Chapel Hill: University of North Carolina Press, forthcoming 2013.

Voth, Norma Jost. *Mennonite Food and Folkways from South Russia.* 2 vols. Intercourse, Pa.: Good Books, 1990.

Vries, Jan de. *The Dutch Rural Economy in the Golden Age, 1500–1700.* New Haven, Conn.: Yale University Press, 1974.

Vries, P. H. "Governing Growth: A Comparative Analysis of the Role of the State in the Rise of the West." *Journal of World History* 13, no. 1 (2002): 67 - 138.

Waldstreicher, David. *In the Midst of Perpetual Fetes: The Making of American Nationalism, 1776–1820.* Chapel Hill: University of North Carolina Press for the Omohundro Institute of Early American History and Culture, Williamsburg, Va., 1997.

Waley-Cohen, Joanna. *The Sextants of Beijing: Global Currents in Chinese History.* New York: Norton, 2000.

——. "Taste and Gastronomy in China." In *Food: The History of Taste edited by Paul Freedman,* 99 - 134. Berkeley: University of California Press, 2007.

Herdez, 1996.
Suárez y Farías, María Cristina "De ámbitos y sabores virreinales." In *Los espacios de la cocina mexicana*, ed. id., Socorro Puig, and María Stoopen. México, D.F.: Artes de México, 1996.
Super, John C. *Food, Conquest, and Colonization in Sixteenth-Century Spanish America.* Albuquerque: University of New Mexico Press, 1988.
Super, John C., and Thomas C. Wright, eds. *Food, Politics, and Society in Latin America.* Lincoln: University of Nebraska Press, 1985.
Sutton, David C. "The Language of the Food of the Poor: Studying Proverbs with Jean- Louis Flandrin." In *Food and Language: Proceedings of the Oxford Symposium on Food and Cookery, 2009*, 330 – 39. Totnes, Devon, UK: Prospect Books, 2010.
Swinburne, Layinka. "Nothing but the Best: Arrowroot—Today and Yesterday." In *Disappearing Foods: Studies in Foods and Dishes at Risk: Proceedings of the Oxford Symposium on Food and Cookery*, edited by Harland Walker, 198 – 203. Totnes, Devon, UK: Prospect Books, 1995.
Swislocki, Mark. *Culinary Nostalgia: Regional Food Culture and the Urban Experience in Shanghai.* Stanford, Calif.: Stanford University Press, 2008.
Symons, Michael. *One Continuous Picnic: A History of Eating in Australia.* Adelaide: Duck Press, 1982.
_____. *The Pudding That Took a Thousand Cooks: The Story of Cooking in Civilisation and Daily Life.* New York: Penguin Putnam, 1998.
Tandon, Prakash. *Punjabi Century, 1857–1947.* Berkeley: University of California Press, 1968.
Tang, Charles. "Chinese Restaurants Abroad." *Flavor and Fortune* 3, no. 4 (1996).
Tann, Jennifer, and R. Glyn Jones. "Technology and Transformation: The Diffusion of the Roller Mill in the British Flour Milling Industry, 1870 – 1907." *Technology and Culture* 37, no. 1 (1996): 36 – 69.
Tannahill, Reay. *Food in History.* New York: Stein & Day, 1973.
Taylor, Alan. *American Colonies: The Settling of North America.* Vol. 1 of *The Penguin History of the United States.* New York: Penguin Books, 2001.
Taylor, William B. *Drinking, Homicide, and Rebellion in Colonial Mexican Villages.* Stanford, Calif.: Stanford University Press, 1979.
Teich, Mikulas. "Fermentation Theory and Practice: The Beginnings of Pure Yeast Cultivation and English Brewing, 1883 – 1913." *History of Technology* 8 (1983): 117 – 33.
Thirsk, Joan. *Alternative Agriculture: A History from the Black Death to the Present Day.* New York: Oxford University Press, 2000.
_____. *Food in Early Modern England: Phases, Fads, Fashions, 1500–1760.* New York: Hambledon Continuum, 2009.
Thomas, B. "Feeding England During the Industrial Revolution: A View from the Celtic Fringe." *Agricultural History* 56, no. 1 (1982): 328 – 42.
_____. "Food Supply in the United Kingdom During the Industrial Revolution." In *The Economics of the Industrial Revolution*, edited by Joel Mokyr, 137 – 50. London: George Allen & Unwin, 1985.
Thomas, John Philip, and Angela Constantinides Hero, eds. *Byzantine Monastic Foundation Documents: A Complete Translation of the Surviving Founders' Typika and Testaments.* Washington, D.C.: Dumbarton Oaks Research Library and Collection, 2001.
Thompson, David. *Thai Food.* Berkeley, Calif.: Ten Speed Press, 2002.
Thompson, E. P. "The Moral Economy of the English Crowd in the Eighteenth Century." *Past & Present*, no. 50 (1971): 76 – 136.
Thorne, Stuart. *The History of Food Preservation.* Totowa, N.J.: Barnes & Noble Books, 1986.
Thurmond, David L. *A Handbook of Food Processing in Classical Rome: For Her Bounty No Winter.* Leiden: Brill, 2006.

Sorokin, Pitirim Aleksandrovich. *Hunger as a Factor in Human Affairs.* Gainesville: University Presses of Florida, 1975.

Spang, Rebecca L. *The Invention of the Restaurant: Paris and Modern Gastronomic Culture.* Cambridge, Mass.: Harvard University Press, 2000.

Spary, Emma C. "Making a Science of Taste: The Revolution, the Learned Life and the Invention of 'Gastronomie.' " In *Consumers and Luxury: Consumer Culture in Europe, 1750–1850,* edited by Maxine Berg and Helen Clifford. Manchester: Manchester University Press, 1999.

Speake, Jennifer, and J. A. Simpson, eds. *The Oxford Dictionary of Proverbs.* New York: Oxford University Press, 2003.

Spencer, Colin. *British Food: An Extraordinary Thousand Years of History.* New York: Columbia University Press, 2003.

———. *Vegetarianism: A History.* Da Capo Press, 2004.

Ssu-hsieh, C. "The Preparation of Ferments and Wines." Edited by T. L. Davis. Translated by Huang Tzu-ch'ing and Chao Yun-ts'ung. *Harvard Journal of Asiatic Studies* (1945): 24 – 44.

Stahl, Ann B. "Plant-Food Processing: Implications for Dietary Quality." *In Foraging and Farming: The Evolution of Plant Exploitation,* edited by David R. Harris and Gordon C. Hillman, 171 – 94. London: Unwin Hyman, 1989.

Standage, Tom. *An Edible History of Humanity.* New York: Walker, 2009.

Starks, Tricia. *The Body Soviet: Propaganda, Hygiene, and the Revolutionary State.* Madison: University of Wisconsin Press, 2008.

Stathakopoulos, Dionysios. "Between the Field and the Plate." In *Eat, Drink, and Be Merry (Luke 12:19): Food and Wine in Byzantium: Papers of the 37th Annual Spring Symposium of Byzantine Studies, in Honour of Professor A. A. M. Bryer,* ed. Leslie Brubaker and Kallirroe Linardou, 27 – 38. Burlington, Vt.: Ashgate, 2007.

Stavely, Keith W. F., and Kathleen Fitzgerald. *America's Founding Food: The Story of New England Cooking.* Chapel Hill: University of North Carolina Press, 2004.

Stead, Jennifer. "Navy Blues: The Sailor's Diet, 1530 – 1830." In *Food for the Community: Special Diets for Special Groups,* edited by C. Anne Wilson. Edinburgh: Edinburgh University Press, 1993.

———. "Quizzing Glasse: Or Hannah Scrutinized, Part I." *Petits Propos Culinaires* 13 (1983): 9 – 24.

Stearns, Peter N. *European Society in Upheaval : Social History Since 1750.* 3rd ed. New York: Macmillan, 1992.

Steel, Flora Annie Webster. *The Complete Indian Housekeeper and Cook.* Edited by G. Gardiner, Ralph J. Crane, and Anna Johnston. New York: Oxford University Press, 2010.

Sterckx, Roel, ed. *Of Tripod and Palate: Food, Politics and Religion in Traditional China.* New York: Palgrave Macmillan, 2004. Preview http://site.ebrary.com/lib/alltitles/docDetail.action?docID=10135368 (accessed 4 December 2012).

Stoopen, Maria. "Las simientes del mestizaje en el siglo XVI." *Artes de México,* no. 36 (1997): 20 – 29.

Storck, John, and Walter Dorwin Teague. *Flour for Man's Bread: A History of Milling.* Minneapolis: University of Minnesota Press, 1952.

Strickland, Joseph Wayne. "Beer, Barbarism, and the Church from Late Antiquity to the Early Middle Ages." University of Tennessee – Knoxville, 2007. http://historyoftheancientworld.com/2012/03/beer-barbarism-and-the-church- from-late-antiquity-to-theearly-middle-ages (accessed 15 August 2012).

Strong, Roy C. *Feast: A History of Grand Eating.* London: Jonathan Cape, 2002.

Sugiura, Yoko, and Fernán González de la Vara. *México antiguo.* Vol. 1 of *La cocina Mexicana a través de los siglos,* edited by Enrique Krauze and Fernán González de la Vara. México, D.F.: Clío; Fundación

Sia, Mary. *Mary Sia's Chinese Cookbook*. 3rd ed. University of Hawai'i Press, 1980.
Simeti, Mary Taylor. *Pomp and Sustenance: Twenty-Five Centuries of Sicilian Food.* New York: Knopf, 1989.
Simoons, Frederick J. *Eat Not This Flesh: Food Avoidances from Prehistory to the Present.* 2nd ed., rev. and enl. Madison: University of Wisconsin Press, 1994.
_____. *Food in China: A Cultural and Historical Inquiry*. Boca Raton, Fla.: CRC Press, 1991.
Singer, Amy. *Constructing Ottoman Beneficence: An Imperial Soup Kitchen in Jerusalem*. Albany: State University of New York Press, 2002.
Siraisi, Nancy G. *Medieval and Early Renaissance Medicine: An Introduction to Knowledge and Practice.* University of Chicago Press, 1990.
Skinner, Gwen. *The Cuisine of the South Pacific*. Harper Collins, 1985.
Slicher van Bath, B. H. *The Agrarian History of Western Europe, A.D. 500–1850.* Translated by Olive Ordish. London: E. Arnold, 1963.
Smith, A. K. "Eating Out in Imperial Russia: Class, Nationality, and Dining before the Great Reforms." *Slavic Review* 65, no. 4 (2006): 747 – 768.
Smith, Andrew. *Pure Ketchup: A History of Americas National Condiment, with Recipes*. Columbia University of South Carolina Press, 1996.
Smith, Bruce D. *The Emergence of Agriculture*. New York: Scientific American Library, 1995.
Smith, David F., and Jim Phillips, eds. *Food, Science, Policy and Regulation in the Twentieth Century: International and Comparative Perspectives*. New York: Routledge, 2000.
Smith, Eliza. *The Compleat Housewife, or, Accomplished Gentlewoman's Companion.* 1728. 16th reprint. Kings Langley, UK: Arlon House, 1983.
Smith, J. M. "Dietary Decadence and Dynastic Decline in the Mongol Empire." *Journal of Asian History* 34, no. 1 (2000): 35 – 52.
_____. "Mongol Campaign Rations: Milk, Marmots and Blood ? " *Journal of Turkish Studies* 8 (1984): 223 – 28.
Smith, Pamela H. *The Business of Alchemy*. Princeton, N.J.: Princeton University Press, 1997.
Smith, Paul Jakov. *Taxing Heaven's Storehouse: Horses, Bureaucrats, and the Destruction of the Sichuan Tea Industry, 1074–1224*. Cambridge, Mass.: Harvard University Asia Center, 1991.
Smith, Robert. "Whence the Samovar." *Petits Propos Culinaires* 4 (1980): 57 – 72.
Smith, R. E. F., and David Christian. *Bread and Salt: A Social and Economic History of Food and Drink in Russia*. Cambridge: Cambridge University Press, 1984.
So, Yan-Kit. *Classic Food of China*. London: Macmillan, 1992.
Sokolov, Raymond A. *Why We Eat What We Eat: How the Encounter Between the New World and the Old Changed the Way Everyone on the Planet Eats*. New York: Summit Books, 1991.
Soler, Jean. "The Semiotics of Food in the Bible." In *Food and Drink in History*, edited by R. Forster and O. Ranum. Baltimore: John Hopkins University Press, 1979.
Solomon, Jon. "The Apician Sauce." In *Food in Antiquity*, edited by John Wilkins, David Harvey, and Mike Dobson, 115 – 31. Exeter, UK: University of Exeter Press, 1996.
Solt, George. "Ramen and US Occupation Policy." In *Japanese Foodways, Past, and Present*, edited by Stephanie Assmann and Eric C. Rath. Urbana: University of Illinois Press, 2010.
Song, Yingxing [Sung Ying-Hsing]. *T'ien kung k'ai wu: Chinese Technology in the Seventeenth Century. Translated and annotated by E-tu Zen Sun and Shiou-chuan Sun*. College Station: Pennsylvania State University Press, 1996.
Sorabji, Richard. *Animal Minds and Human Morals: The Origins of the Western Debate*. Ithaca, N.Y.: Cornell University Press, 1993.

Schivelbusch, Wolfgang. *Tastes of Paradise: A Social History of Spices, Stimulants, and Intoxicants.* New York: Vintage Books, 1992.

Schlosser, Eric. *Fast Food Nation: The Dark Side of the All-American Meal.* New York: Perennial/HarperCollins, 2002.

Schmitt-Pantel, Pauline. "Sacrificial Meal and Symposium: Two Models of Civic Institutions in the Archaic City ? " In *Sympotica: A Symposium on the Symposion,* edited by Oswyn Murray, 14 – 26. Oxford: Oxford University Press, 1990.

Scholliers, P. "Defining Food Risks and Food Anxieties Throughout History." *Appetite* 51, no. 1 (2008): 3 – 6.

——. "From the 'Crisis of Flanders' to Belgium's 'Social Question': Nutritional Landmarks of Transition in Industrializing Europe (1840 – 1890)." *Food and Foodways* 5, no. 2 (1992): 151 – 75.

——. "Meals, Food Narratives, and Sentiments of Belonging in Past and Present." In *Food, Drink and Identity: Cooking, Eating and Drinking in Europe Since the Middle Ages,* edited by P. Scholliers, 3 – 22. Oxford: Berg, 2001.

Schultz, J. C. "Biochemical Ecology: How Plants Fight Dirty." *Nature* 416, no. 6878 (2002): 267 – 67.

Schurz, William Lytle. *The Manila Galleon: With Maps and Charts and This New World.* New York: Dutton, 1939.

Schwartz, Stuart B. *Tropical Babylons: Sugar and the Making of the Atlantic World, 1450–1680.* Chapel Hill: University of North Carolina Press, 2004.

The Science and Culture of Nutrition, 1840–1940. Edited by Harmke Kamminga and Andrew Cunningham. Wellcome Institute Series in the History of Medicine, vol. 32. Amsterdam: Rodopi, 1995.

Scully, Terence. *The Art of Cookery in the Middle Ages.* Rochester, N.Y.: Boydell Press, 1995.

Scully, Terence, and D. Eleanor Scully. *Early French Cookery: Sources, History, Original Recipes and Modern Adaptations.* Ann Arbor: University of Michigan Press, 1995.

Segal, Ronald. *Islam's Black Slaves: The Other Black Diaspora.* New York: Farrar, Straus and Giroux, 2001.

Seligman, L. "The History of Japanese Cuisine." *Japan Quarterly* 41, no. 2 (1994): 165 – 80.

Sen, Colleen Taylor. *Curry: A Global History.* London: Reaktion Books, 2009.

Sen, Tansen. *Buddhism, Diplomacy, and Trade: The Realignment of Sino-Indian Relations, 600–1400.* Honolulu: University of Hawai'i Press, 2003.

Serventi, Silvano, and Françoise Sabban. *Pasta: The Story of a Universal Food.* New York: Columbia University Press, 2002.

Shaffer, Lynda. "Southernization." *Journal of World History* 5 (1994): 1 – 21.

Shaida, Margaret. *The Legendary Cuisine of Persia.* New York: Interlink Books, 2002.

Shapiro, Laura. *Perfection Salad: Women and Cooking at the Turn of the Century.* New York: Farrar, Straus and Giroux, 1986.

——. *Something from the Oven: Reinventing Dinner in 1950s America.* New York: Viking Press, 2004.

Sharar, ʿAbdulhalīm. Lucknow: The Last Phase of an Oriental Culture. London: Paul Elek, 1975.

Shaw, Brent D. " 'Eaters of Flesh, Drinkers of Milk': The Ancient Mediterranean Ideology of the Pastoral Nomad." *Ancient Society,* no. 13 (1982): 5 – 32.

——. "Fear and Loathing: The Nomad Menace and Roman Africa." In *L'Afrique romaine: Les Conferences Vanier 1980 = Roman Africa: The Vanier Lectures 1980,* edited by Colin Wells, 29 – 50. Ottawa: University of Ottawa Press, 1982.

Sherman, Sandra. *Fresh from the Past: Recipes and Revelations from Moll Flanders' Kitchen.* Lanham, Md.: Taylor Trade Publishing, 2004.

Shurtleff, William, and Akiko Aoyagi. *The Book of Miso.* Berkeley, Calif.: Ten Speed Press, 1983.

Salaman, *Redcliffe N. The History and Social Influence of the Potato*. 1949. 2nd ed., rev. Cambridge: Cambridge University Press, 1985.

Sallares, Robert. *The Ecology of the Ancient Greek World*. Ithaca, N.Y.: Cornell University Press, 1991.

Sambrook, Pamela A., and Peter C. D. Brears, eds. *The Country House Kitchen, 1650– 1900: Skills and Equipment for Food Provisioning*. Stroud, UK: Sutton, 1996.

Sambrook, Pamela. *Country House Brewing in England, 1500–1900*. Rio Grande, Ohio: Hambledon Press, 2003.

Samuel, D. "Ancient Egyptian Bread and Beer: An Interdisciplinary Approach." In *Biological Anthropology and the Study of Ancient Egypt*, edited by W. V . Davies and Roxie Walker, 156 - 64. London: British Museum Press, 1993.

_____. "Ancient Egyptian Cereal Processing: Beyond the Artistic Record." *Cambridge Archaeological Journal* 3, no. 2 (1993): 276 - 83.

_____. "Approaches to the Archaeology of Food." *Petits Propos Culinaires* 54 (1996): 12 - 21.

_____. "Bread in Archaeology." *Civilisations. Revue internationale d'anthropologie et de sciences humaines*, no. 49 (2002): 27 - 36.

_____. "Investigation of Ancient Egyptian Baking and Brewing Methods by Correlative Microscopy." *Science* 273, no. 5274 (1996): 488 - 90.

_____. "A New Look at Bread and Beer." *Egyptian Archaeology* 4 (1994): 9 - 11.

Samuel, Delwen. "Brewing and Baking." In *Ancient Egyptian Materials and Technology, edited by Paul T. Nicholson and Ian Shaw*. New York: Cambridge University Press, 2000.

Samuel, Delwen, and P. Bolt. "Rediscovering Ancient Egyptian Beer." *Brewers' Guardian* 124, no. 12 (1995): 27 - 31.

Sancisi-Weerdenburg, H., Pierre Briant, and Clarisse Herrenschmidt. "Gifts in the Persian Empire." In *Le tribut dan l'Empire perse: Actes de la table ronde de Paris, 12–13 décembre 1986*, ed. Pierre Briant and Clarisse Herrenschmidt, 129 - 46. Paris: Peeters, 1989.

Sand, J. "A Short History of MSG: Good Science, Bad Science, and Taste Cultures." *Gastronomica* 5, no. 4 (2005): 38 - 49.

Sandars, N. K, ed. *The Epic of Gilgamesh*. Baltimore: Penguin Books, 1964.

Santa Maria, Jack. *Indian Sweet Cookery*. Boulder, Colo.: Shambhala, 1980.

Santich, Barbara. *The Original Mediterranean Cuisine: Medieval Recipes for Today*. Chicago: Chicago Review Press, 1995.

Saso, Michael. "Chinese Religions." In *Handbook of Living Religions*, edited by John R. Hinnells. London: Penguin Books, 1985.

_____. *Taoist Cookbook*. Boston: Tuttle, 1994.

Schaeffer, Robert K. *Understanding Globalization: The Social Consequences of Political, Economic, and Environmental Change*. Lanham, Md.: Rowman & Littlefield, 1997.

Schafer, Edward H. *The Golden Peaches of Samarkand: A Study of T'ang Exotics*. Berkeley: University of California Press, 1985.

_____. "T'ang." In *Food in Chinese Culture*. New Haven, Conn.: Yale University Press, 1977.

Schama, Simon. *The Embarrassment of Riches: An Interpretation of Dutch Culture in the Golden Age*. New York: Knopf, 1987.

Schamas, Carole. "Changes in English and Anglo-American Consumption from 1550 to 1800." In *Consumption and the World of Goods*, edited by John Brewer and Roy Porter, 177 - 89. London: Routledge, 1993.

Schenone, Laura. *A Thousand Years over a Hot Stove: A History of American Women Told through Food, Recipes, and Remembrances*. New York: Norton, 2003.

University Press, 1996.
Robinson, Jancis, ed. *The Oxford Companion to Wine*. New York: Oxford University Press, 1994.
Roden, Claudia. *A Book of Middle Eastern Food*. New York: Knopf, 1972.
Rodger, N. A. M. *The Command of the Ocean: A Naval History of Britain, 1649–1815*. New York: Norton, 2006.
——. *The Wooden World: An Anatomy of the Georgian Navy*. New York: Norton, 1986.
Rodinson, Maxime. "Ghidha." In *Encyclopedia of Islam*. 2nd ed. Vol. 2: 1057 – 72. Leiden: Brill, 1965.
Rogers, Ben. *Beef and Liberty*. London: Chatto & Windus, 2003.
"Roman Empire Population." www.unrv.com/empire/roman-population.php (accessed 15 August 2012).
Rose, Peter G. *The Sensible Cook: Dutch Foodways in the Old and the New World*. Syracuse, N.Y.: Syracuse University Press, 1989.
Rosenberger, Bernard. "Arab Cuisine and Its Contribution to European Culture." In *Food: A Culinary History from Antiquity to the Present*, edited by Jean Louis Flandrin and Massimo Montanari, translated by Albert Sonnenfeld, 210. New York: Columbia University Press, 1999.
——. "Dietética y cocina en el mundo musulmán occidental según el Kitab-al-Tabiji, recetarior de época almohade." In *Cultura alimentaria Andalucía-América*, edited by Antonio Garrido Aranda. México, D.F.: Universidad Nacional Autonóma de México, 1996.
Rosenstein, Nathan. *Rome at War: Farms, Families, and Death in the Middle Republic*. Chapel Hill: University of North Carolina Press, 2004.
Roth, Jonathan P. *The Logistics of the Roman Army at War (264 B.C.–A.D. 235)*. Leiden: Brill, 1999.
Rothstein, H., and R. A. Rothstein. "The Beginnings of Soviet Culinary Arts." In *Food in Russian History and Culture*, edited by Musya Glantz and Joyce Toomre , 177 – 94. Bloomington: Indiana University Press, 1997.
Rouff, Marcel. *The Passionate Epicure: La vie et la passion de Dodin-Bouffant, Gourmet*. Translated by Claude. 1962. New York: Modern Library, 2002.
Rubel, William. *Bread: A Global History*. London: Reaktion Books, 2011.
——. *The Magic of Fire: Hearth Cooking: One Hundred Recipes for the Fireplace or Campfire*. San Francisco: William Rubel, 2004.
Rumford, Benjamin. *Essays: Political, Economical and Philosophical*. 5th ed. London: Cadell, 1800.
Sabban, Françoise. "Court Cuisine in Fourteenth-Century Imperial China: Some Culinary Aspects of Hu Sihui's Yinshan Zhengyao." *Food and Foodways* 1, nos. 1 – 2 (1985):161 – 96.
——. "L'industrie sucrière, le moulin à sucre et les relations sino-portugaises aux XVIe – XVIIIe siècles." *Annales. Économies, Sociétés, Civilisations* 49, no. 4 (July – August 1994): 817 – 61.
——. "Insights into the Problem of Preservation by Fermentation in 6th Century China." In *Food Conservation*, edited by Astri Riddervold and Andreas Ropeid, 45 – 55. London: Prospect Books, 1988.
——. "Un savoir-faire oublié: Le travail du lait en Chine ancienne." *Zinbun. Memoirs of the Research Institute for Humanistic Studies* (Kyoto University) 21 (1986): 31 – 65.
——. "Sucre candi et confiseries de Quinsai: L'essor du sucre de canne dans la Chine des Song (Xe – XIIIe siècles)." *Journal d'agriculture traditionnelle et de botanique appliquée 35, special issue, Le sucre et le sel* (1988): 195 – 215.
——. "Le système des cuissons dans la tradition culinaire chinoise." *Annales. Économies, Sociétés, Civilisations* 38, no. 2 (March – April 1983): 341 – 69.
——. "La viande en Chine: Imaginaire et usages culinaires." *Anthropozoologica* 18 (1993): 79 – 90.
Saberi, Helen. *Afghan Food and Cookery: Noshe Djan*. New York: Hippocrene Books, 2000.
Sack, Daniel. *Whitebread Protestants: Food and Religion in American Culture*. New York: St. Martin's Press, 2000.

Puett, Michael. "The Offering of Food and the Creation of Order: The Practice of Sacrifice in Early China." In *Of Tripod and Palate: Food, Politics and Religion in Traditional China*, edited by Roel Sterckx, 75 – 95. New York: Palgrave Macmillan, 2004.

Pujol, Anton. "Cosmopolitan Taste: The Morphing of the New Catalan Cuisine." *Food, Culture and Society: An International Journal of Multidisciplinary Research* 12, no. 4 (2009):437 – 55.

Ramiaramanana, B. D. "Malagasy Cooking." In *The Anthropologists' Cookbook*, edited by Jessica Kuper. London: Universe Books, 1977.

Randhawa, M. S. *A History of Agriculture in India.* New Delhi: Indian Council of Agricultural Research, 1980.

Ranga Rao, Shanta. *Good Food from India. 1957.* Bombay: Jaico Pub. House, 1968.

Ray, Krishnendu. *The Migrant's Table : Meals and Memories in Bengali-American Households.* Philadelphia: Temple University Press, 2004.

Read, Jan, Maite Manjon, and Hugh Johnson. *The Wine and Food of Spain.* Boston: Little Brown, 1987.

Redon, Odile, Françoise Sabban, and Silvano Serventi. *The Medieval Kitchen: Recipes from France and Italy.* Chicago: University of Chicago Press, 1998.

Renfrew, Wendy J. "Food for Athletes and Gods." In *The Archaeology of the Olympics: The Olympic and Other Festivals in Antiquity*, edited by Wendy J. Raschke. Madison: University of Wisconsin Press, 1988.

Renne, Elisha P. "Mass Producing Food Traditions for West Africans Abroad." *American Anthropologist* 109, no. 4 (1 December 2007): 616 – 25.

Revedin, Anna, Biancamaria Aranguren, Roberto Becattini, Laura Longo, Emanuele Marconi, Marta Mariotti Lippi, Natalia Skakun, Andrey Sinitsyn, Elena Spiridonova, and Jiří Svoboda. "Thirty Thousand-Year-Old Evidence of Plant Food Processing." *Proceedings of the National Academy of Sciences* 107, no. 44 (2 November 2010): 18815 – 19.

Reynolds, P. "The Food of the Prehistoric Celts." In *Food in Antiquity*, edited by John Wilkins, David Harvey, and Mike Dobson. Exeter, UK: University of Exeter Press, 1995.

Reynolds, Terry S. *Stronger Than a Hundred Men: A History of the Vertical Water Wheel.* Baltimore: Johns Hopkins University Press, 1983.

Richards, John F. *The Mughal Empire.* New York: Cambridge University Press, 1993.

_____. *The Unending Frontier: An Environmental History of the Early Modern World.* Berkeley: University of California Press, 2006.

Rickett, Allyn W. *Guanzi: Political, Economic and Philosophical Essays from Early China.* Princeton, N.J.: Princeton University Press, 1985.

Ricquier, Birgit, and K. Bostoen. "Retrieving Food History Through Linguistics: Culinary Traditions in Early Bantuphone communities." In *Food and Language: Proceedings of the Oxford Symposium on Food and Cookery*, 2009, edited by Richard Hosking, 258. Totnes, Devon, UK: Prospect Books, 2010.

Riddervold, A., and A. Ropeid. "The Norwegian Porridge Feud." In *The Wilder Shores of Gastronomy: Twenty Years of the Best Food Writing from the Journal "Petits Propos Culinaires,"* edited by Alan Davidson et al., 227. Berkeley, Calif.: Ten Speed Press, 2002.

Ridley, G. "The First American Cookbook." *Eighteenth-Century Life* 23, no. 2 (1999): 114 – 23.

Riley, Gillian. *The Dutch Table: Gastronomy in the Golden Age of the Netherlands.* San Francisco: Pomegranate, 1994.

Risaluddin, Saba. "Food Fit for Emperors—The Mughlai Tradition." *Convivium* 1 (1993), 11 – 17.

Ritzer, George. *The McDonaldization of Society.* 1993. Thousand Oaks, Calif.: Pine Forge Press, 2004.

Robinson, Francis, ed. *The Cambridge Illustrated History of the Islamic World.* New York: Cambridge

University of New Mexico Press, 1998.
Pillsbury, Richard. *From Boarding House to Bistro: The American Restaurant Then and Now*. Boston: Unwin Hyman, 1990.
_____. *No Foreign Food: The American Diet in Time and Place*. Boulder, Colo.: Westview Press, 1998.
Pinkard, Susan. *A Revolution in Taste: The Rise of French Cuisine, 1650–1800*. Cambridge: Cambridge University Press, 2009.
Pinto e Silva, Paula. *Farinha, feijão e carne-seca: Um tripé culinário no Brasil colonial*. São Paulo: Senac, 2005.
Piperno, Dolores R., Ehud Weiss, Irene Holst, and Dani Nadel. "Processing of Wild Cereal Grains in the Upper Palaeolithic Revealed by Starch Grain Analysis." *Nature* 430, no. 7000 (5 August 2004): 670 - 73.
Pirazzoli-t'Serstevens, M. "A Second-Century Chinese Kitchen Scene." *Food and Foodways* 1, no. 1 - 2 (1985): 95 - 103.
Pitte, Jean-Robert. *French Gastronomy: The History and Geography of a Passion*. New York: Columbia University Press, 2002.
Platina, Bartholomaeus. *On Right Pleasure and Good Health*. Edited by Mary Ella Milham. Tempe, Ariz.: Medieval & Renaissance Texts & Studies, 1998.
Pluquet, François-André-Adrien, abbé. *Traité philosophique sur le luxe*. 2 vols. Paris: Barrois, 1786.
Pollock, Nancy J. *These Roots Remain: Food Habits in Islands of the Central and Eastern Pacific Since Western Contact*. Laie, Hawaii: Institute for Polynesian Studies, 1992.
Pollock, S. "Feasts, Funerals, and Fast Food in Early Mesopotamian States." In The *Archaeology and Politics of Food and Feasting in Early States and Empires*, edited by Tamara L.Bray, 17 - 38. New York: Kluwer Academic/Plenum, 2003.
Polo, Marco. *The Description of the World*. Translated by A. C. Moule and Paul Pelliot. London: Routledge, 1938.
_____. *The Travels of Marco Polo*. Edited by Manuel Komroff. New York: Modern Library, 1926.
Pomeranz, Kenneth. *The Great Divergence: China, Europe, and the Making of the Modern World Economy*. Princeton, N.J.: Princeton University Press, 2001.
Pool, Christopher A. *Olmec Archaeology and Early Mesoamerica*. Cambridge: Cambridge University Press, 2007.
Pope, K. O., M. E. Pohl, J. G. Jones, D. L. Lentz, C. von Nagy, F. J. Vega, and I. R. Quitmyer."Origin and Environmental Setting of Ancient Agriculture in the Lowlands of Mesoamerica." *Science* 292, no. 5520 (2001): 1370 - 73.
Popkin, B. M. "The Nutrition Transition in Low-Income Countries: An Emerging Crisis." *Nutrition Reviews* 52, no. 9 (1994): 285 - 98.
Porter, Roy, ed. *The Medical History of Water and Spas*. London: Wellcome Institute for the History of Medicine, 1990.
_____. *Medicine: A History of Healing*. London: Michael O'Mara, 1997.
Porterfield, James D. *Dining by Rail: The History and the Recipes of America's Golden Age of Railroad Cuisine*. New York: St. Martin's Press, 1993.
Potts, Daniel. "On Salt and Salt Gathering in Ancient Mesopotamia." *Journal of the Economic and Social History of the Orient / Journal de l'histoire economique et sociale de l'Orient* 27, no. 3 (1984): 225 - 71.
Powell, T. G. E. *The Celts*. New York: Praeger, 1958.
Prakash, Om. *Food and Drinks in Ancient India*. Delhi: Munshi Ram Manohar Lal, 1961.
Precope, John. *Hippocrates on Diet and Hygiene*. London: Zeno, 1952.

cine 30, no. 6 (1956): 524 – 36.

Panjabi, Camellia. *50 Great Curries of India.* London: Kyle Cathie, 1994.

______. *The Great Curries of India.* New York: Simon & Schuster, 1995.

______. "The Non-Emergence of the Regional Foods of India." In *Disappearing Foods: Studies in Foods and Dishes at Risk: Proceedings of the Oxford Symposium on Food and Cookery*, 1994, 144. Totnes, Devon, UK: Prospect Books, 1995.

Parish, Peter J. *Slavery: History and Historians.* New York: Harper & Row, 1989.

Parpola, Simo. "The Leftovers of God and King: On the Distribution of Meat at the Assyrian and Achaemenid Imperial Courts." In *Food and Identity in the Ancient World, edited by Cristiano Grottanelli and Lucio Milano, 281–99.* Padua: S.A.R.G.O.N. editrice e libreria, 2003.

Paston-Williams, Sarah. *Art of Dining.* London: National Trust Publications, 1993.

Pearson, M. N. *Spices in the Indian Ocean World.* Brookfield, Vt.: Variorum, 1996.

Pedrocco, G. "The Food Industry and New Preservation Techniques." In *Food: A Culinary History from Antiquity to the Present*, edited by J. L. Flandrin and Massimo Montanari, translated by Albert Sonnenfeld, 485 – 86. New York: Columbia University Press, 1999.

Peer, Shanny. *France on Display: Peasants, Provincials, and Folklore in the 1937 Paris World's Fair.* Albany: State University of New York Press, 1998.

Peloso, Vincent C. "Succulence and Sustenance: Region, Class and Diet in Nineteenth- Century Peru." In *Food, Politics and Society in Latin America*, edited by John C. Super and Thomas Wright, 46 – 64. Lincoln: University of Nebraska Press, 1985.

Peña, Carolyn Thomas de la. *Empty Pleasures: The Story of Artificial Sweeteners From saccharin to Splenda.* Chapel Hill: University of North Carolina Press, 2010.

Pendergrast, Mark. *For God, Country, and Coca-Cola: The Unauthorized History of the Great American Soft Drink and the Company That Makes It.* New York: Scribner, 1993.

Pérez Samper, M. Á. "La alimentación en la corte española del siglo XVIII." In *Felipe V y su tiempo edited by Eliseo Serrano, 529–583.* Zaragoza: Diputación de Zaragoza, 2004..

Perlès, Catherine. *The Early Neolithic in Greece: The First Farming Communities in Europe.* New York: Cambridge University Press, 2001.

______. *Prehistoire du feu.* Paris: Masson, 1977.

Perry, Charles, A. J. Arberry, and Maxime Rodinson. *Medieval Arab Cookery: Papers by Maxime Rodinson and Charles Perry with a Reprint of a Baghdad Cookery Book.* Totnes, Devon, UK: Prospect Books, 1998.

Perry, Charles, Paul D. Buell, and Eugene N. Anderson. "Grain Foods of the Early Turks." In *A Soup for the Qan: Chinese Dietary Medicine of the Mongol Era as Seen in Hu Sihui's Yinshan Zhengyao.* 2nd ed., rev. Leiden: Brill, 2010.

Peters, Erica J. *Appetites and Aspirations in Vietnam: Food and Drink in the Long Nineteenth Century.* Lanham, Md.: AltaMira Press, 2012.

______. "National Preferences and Colonial Cuisine: Seeking the Familiar in French Vietnam." In *Proceedings of the . . . Annual Meeting of the Western Society for French History* 27 (1999): 150 – 59.

Petersen, Christian, and Andrew Jenkins. *Bread and the British Economy, c. 1770–1870.* Aldershot, UK: Scolar Press; Brookfield, Vt.: Ashgate, 1995.

Peterson, T. Sarah. *Acquired Taste: The French Origins of Modern Cooking.* Ithaca, N.J.: Cornell University Press, 1994.

Pettid, Michael J. *Korean Cuisine: An Illustrated History.* London: Reaktion Books, 2008.

Phillips, Rod. *A Short History of Wine.* New York: HarperCollins, 2000.

Pilcher, Jeffrey M. *Que Vivan Los Tamales! Food and the Making of Mexican Identity.* Albuquerque:

and Feasting in Early States and Empires, edited by Tamara L. Bray, 65 – 89. New York: Kluwer Academic/Plenum, 2003.
Newman, J. M. *Chinese Cookbooks: An Annotated English Language Compendium/Bibliography*. New York: Garland, 1987.
Northrup, David. *Indentured Labor in the Age of Imperialism, 1834–1922*. Cambridge: Cambridge University Press, 1995.
Norton, Marcy. *Sacred Gifts, Profane Pleasures: A History of Tobacco and Chocolate in the Atlantic World*. Ithaca, N.Y.: Cornell University Press, 2008.
Nuevo cocinero mejicano en forma de diccionario. 1858. Paris: Charles Bouret, 1888.
Nützenadel, Alexander, and Frank Trentmann. *Food and Globalization: Consumption, Markets and Politics in the Modern World*. New York: Berg, 2008.
Nye, John V. C. *War, Wine, and Taxes: The Political Economy of Anglo-French Trade, 1689–1900*. Princeton, N.J.: Princeton University Press, 2007.
O'Connor, A. "Conversion in Central Quintana Roo: Changes in Religion, Community, Economy and Nutrition in a Maya Village." *Food, Culture and Society: An InternationalJournal of Multidisciplinary Research* 15, no. 1 (2012): 77 – 91.
O'Connor, Kaori. "The Hawaiian Luau: Food as Tradition, Transgression, Transformation and Travel." *Food, Culture and Society: An International Journal of Multidisciplinary Research* 11, no. 2 (2008): 149 – 72.
_____. "The King's Christmas Pudding: Globalization, Recipes, and the Commodities of Empire." *Journal of Global History* 4, no. 1 (2009): 127 – 55.
Oddy, Derek J. *From Plain Fare to Fusion Food: British Diet from the 1890s to the 1990s*. Rochester, N.Y.: Boydell Press, 2003.
Offer, Avner. *The First World War: An Agrarian Interpretation*. New York: Clarendon Press, Oxford University Press, 1989.
Ohnuki-Tierney, Emiko. *Rice as Self: Japanese Identities Through Time*. Princeton, N.J.: Princeton University Press, 1993.
Ohnuma, Keiki. "Curry Rice: Gaijin Gold. How the British Version of an Indian Dish Turned Japanese." *Petits Propos Culinaires* 52 (1996): 8 – 15.
Oliver, Sandra. *Food in Colonial and Federal America*. Westport, Conn.: Greenwood Press, 2005.
Orlove, Benjamin S. *The Allure of the Foreign : Imported Goods in Postcolonial Latin America*. Ann Arbor: University of Michigan Press, 1997.
Ortiz Cuadra, C. M. *Puerto Rico en la olla: Somos aún lo que comimos*? Puerto Rico: Ediciones Doce Calles, 2006.
Ortiz de Montellano, Bernardo. *Medicina, salud y nutrición aztecas*. México, D.F.: Siglo Veintiuno, 1993.
Owen, Sri. *The Rice Book: The Definitive Book on Rice, with Hundreds of Exotic Recipes from Around the World*. New York: St. Martin's Griffin, 1994.
The Oxford Encyclopedia of Food and Drink in America. Edited by Andrew F. Smith. New York: Oxford University Press, 2004.
Pacey, Arnold. *Technology in World Civilization: A Thousand-Year History*. Cambridge, Mass.: MIT Press, 1991.
Pagden, Anthony. *Lords of all the World: Ideologies of Empire in Spain, Britain and France c.1500–c. 1800*. New Haven, Conn.: Yale University Press, 1998.
Pagel, Walter. "J. B. van Helmont's Reformation of the Galenic Doctrine of Digestion, and Paracelsus." *Bulletin of the History of Medicine* 29, no. 6 (1955): 563 – 68.
_____. "Van Helmont's Ideas on Gastric Digestion and the Gastric Acid." *Bulletin of the History of Medi-*

Press, 1985.
Miranda, Francisco de Paula, et al. *El maiz: Contribución al estudio de los alimentos mexicanos, ponencia presentada al tercer Congreso de Medicina en colaboración con la Comisión del Maiz y el Departamento de Nutriología de la S.S.A.* México, D.F., 1948.
Mollenhauer, Hans P., and Wolfgang Froese. *Von Omas Küche zur Fertigpackung : Aus der Kinderstube der Lebensmittelindustrie.* Gernsbach: C. Katz, 1988.
Monson, Craig A. *Nuns Behaving Badly: Tales of Music, Magic, Art, and Arson in the Convents of Italy.* Reprint. Chicago: University of Chicago Press, 2011.
Montanari, Massimo. *The Culture of Food.* Oxford: Blackwell, 1994.
_____. *Food Is Culture.* New York: Columbia University Press, 2006.
Moor, Janny de. "Dutch Cookery and Calvin." In *Cooks and Other People: Proceedings of the Oxford Symposium on Food and Cookery,* 1995, edited by Harlan Walker, 94. Totnes, Devon, UK: Prospect Books, 1996.
_____. "Farmhouse Gouda: A Dutch Family Business." In *Milk: Beyond the Dairy: Proceedings of the Oxford Symposium on Food and Cookery,* 1999, edited by Harlan Walker, 107. Totnes, Devon, UK: Prospect Books, 2000.
_____. "The Wafer and Its Roots." In *Look and Feel: Studies in Texture, Appearance and Incidental Characteristics of Food: Proceedings of the Oxford Symposium on Food and Cookery,* 1993, edited by Harlan Walker, 119 – 27. Totnes, Devon, UK: Prospect Books, 1994.
Morgan, Dan. *Merchants of Grain.* New York: Viking Press, 1979.
Morineau, Michel. "Growing without Knowing Why: Production, Demographics, and Diet." In *Food: A Culinary History from Antiquity to the Present,* edited by Jean Louis Flandrin and Massimo Montanari, translated by Albert Sonnenfeld, 374 – 82. New York: Columbia University Press, 1999.
Mote, Frederick W. "Yuan and Ming." In *Food in Chinese Culture: Anthropological and Historical Perspectives,* edited by K. C Chang, 193 – 257. New Haven, Conn.: Yale University Press, 1977.
Mrozik, S. "Cooking Living Beings." *Journal of Religious Ethics* 32, no. 1 (2004): 175 – 94.
Multhauf, Robert. "Medical Chemistry and the Paracelsians." *Bulletin of the History of Medicine* 28, no. 2 (1954): 101 – 26.
Munro, G. E. "Food in Catherinian St. Petersburg." In *Food in Russian History and Culture,* edited by Musya Glantz and Joyce Toomre, 31 – 48. Bloomington: Indiana University Press, 1997.
Murray, Oswyn, ed. *Sympotica: A Symposium on the Symposion.* Oxford: Oxford University Press, 1990.
Musurillo, Herbert. "The Problem of Ascetical Fasting in the Greek Patristic Writers." *Traditio* 12 (1956): 1 – 64.
Nasrallah, Nawal. *Delights from the Garden of Eden: A Cookbook and a History of the Iraqi Cuisine.* Bloomington, Ind.: 1stBooks, 2003.
Needham, Joseph, and Ho Ping-yu. "Elixir Poisoning in Medieval China." In *Joseph Needham et al., Clerks and Craftsmen in China and the West, 316–39.* Cambridge: Cambridge University Press, 1970.
Needham, Joseph, Lu, Ho Tsien, Krzysztof Gawlikowski, Robin D. S. Yates, Wang Ling, Peter J. Golas, and Donald B. Wagner. *Chemistry and Chemical Technology. Vol. 5 of Science and Civilization in China,* edited by Joseph Needham. Cambridge: Cambridge University Press, 1974.
Needham, Joseph, and Ling Wang. *Mechanical Engineering.* Part 2 of vol. 4 of *Science and Civilization in China,* edited by Joseph Needham, *Physics and Physical Technology.* Cambridge: Cambridge University Press, 1965.
Nelson, Sarah Milledge. "Feasting the Ancestors in Early China." In *The Archaeology and Politics of Food*

Harvard University Asia Center, 1998.
McCann, James. *Maize and Grace: Africa's Encounter with a New World Crop, 1500– 2000*. Cambridge, Mass.: Harvard University Press, 2005.
McCay, David. *The Protein Element in Nutrition*. London: E. Arnold; New York: Longmans, Green, 1912.
McClain, James L., John M. Merriman, and Kaoru Ugawa, eds. *Edo and Paris: Urban Life and the State in the Early Modern Era*. Ithaca, N.Y.: Cornell University Press, 1997.
McCollum, Elmer Verner. *A History of Nutrition: The Sequence of Ideas in Nutrition Investigations*. Boston: Houghton Mifflin, 1957.
_____. *The Newer Knowledge of Nutrition: The Use of Food for The Preservation of Vitality and Health*. New York: Macmillan, 1918.
McCook, Stuart George. *States of Nature : Science, Agriculture, and Environment in the Spanish Caribbean, 1760–1940*. Austin: University of Texas Press, 2002.
McCormick, Finbar. "The Distribution of Meat in a Hierarchical Society: The Irish Evidence." In *Consuming Passions and Patterns of Consumption*, edited by Preston Miracle and Nicky Milner, 25 – 31. Cambridge: McDonald Institute, 2002.
McGee, Harold. *On Food and Cooking: The Science and Lore of the Kitchen*. New York: Scribner, 1984.
McGovern, Patrick E., Stuart J. Fleming, and Solomon H. Katz, eds. *The Origins and Ancient History of Wine*. Philadelphia: Gordon & Breach, 1995.
McKeown, A. "Global Migration, 1846 – 1940." *Journal of World History* (2004): 155 – 89.
McWilliams, James E. *A Revolution in Eating: How the Quest for Food Shaped America*. New York: Columbia University Press, 2005.
Meijer, Berthe. "Dutch Cookbooks Printed in the 16th and 17th Centuries." *Petits Propos Culinaires* 11 (1982): 47 – 55.
Meissner, D. J. "The Business of Survival: Competition and Cooperation in the Shanghai Flour Milling Industry." *Enterprise and Society* 6, no. 3 (2005): 364 – 94.
Mendelson, Anne. *Milk: The Surprising Story of Milk Through the Ages*. New York: Knopf, 2008.
_____. *Stand Facing the Stove: The Story of the Women Who Gave America the Joy of Cooking*. New York: Holt, 1996.
Mennell, Stephen. *All Manners of Food: Eating and Taste in England and France from the Middle Ages to the Present*. Oxford: Blackwell, 1985.
Messer, Ellen. "Poatoes (white)." In *The Cambridge World History of Food, edited by Kenneth F. Kiple and Kriemhild Coneè Ornelas*. New York: Cambridge University Press, 2000.
Metcalf, Thomas R. *Ideologies of the Raj*. New York: Cambridge University Press, 1994.
Meyer-Renschhausen, Elizabeth. "The Porridge Debate: Grain, Nutrition, and Forgotten Food Preparation Techniques." *Food and Foodways* 5, no. 1 (1991): 95 – 120.
Mez, Adam. *The Renaissance of Islam*. Delhi: Idarah-i Adabiyat-i Delli, 1979.
Micklethwait, John, and Adrian Wooldridge. *A Future Perfect: The Challenge and Hidden Promise of Globalization*. New York: Times Books, 2000.
_____. *God Is Back: How the Global Revival of Faith Is Changing the World*. New York: Penguin Press, 2009.
Mijares, Ivonne. *Mestizaje alimentario: El abasto en la cuidad de México en el siglo XVI. México*, D.F.: Facultad de Filosofía y Letras, Universidad Nacional Autonóma de México, 1993.
Miller, James Innes. *The Spice Trade of the Roman Empire, 29 B.C. to A.D. 641*. Oxford: Clarendon Press, Oxford University Press, 1969.
Mintz, Sidney Wilfred. *Sweetness and Power: The Place of Sugar in Modern History*. New York: Viking

national Conference on Ethnological Food Research, Ireland, 1992. Edinburgh: Canongate Academic in association with the Department of Irish Folklore, University College Dublin and the European Ethnological Research Centre, Edinburgh, 1994.
MacDonough, Cassandra M., Marta H. Gomez, Lloyd W. Rooney, and Servio O. Serna- Saldivar. "Alkaline Cooked Corn Products." In *Snack Foods Processing,* edited by Edmund W. Lusas and Lloyd W. Rooney, chap. 4. Boca Raton, Fla.: CRC Press, 2001.
Mack, Glenn Randall, and Asele Surina. *Food Culture in Russia and Central Asia.* Westport, Conn.: Greenwood Press, 2005.
Mackie, Cristine. *Life and Food in the Caribbean.* New York: New Amsterdam Books, 1991.
MacMillan, Margaret. *Women of the Raj.* London: Thames & Hudson, 1988.
MacMullen, Ramsay. *Christianity and Paganism in the Fourth to Eighth Centuries.* New Haven, Conn.: Yale University Press, 1997.
_____. *Christianizing the Roman Empire (A.D. 100–400).* New Haven, Conn.: Yale University Press, 1984.
Magdalino, Paul. "The Grain Supply of Constantinople, Ninth – Twelfth Centuries." In *Constantinople and Its Hinterland,* ed. Cyril A. Mango et al., 35 – 47. Brookfield, Vt.: Variorum, 1995.
Malmberg, Simon. "Dazzling Dining: Banquets as an Expression of Imperial Legitimacy." In *Eat, Drink, and Be Merry (Luke 12:19): Food and Wine in Byzantium: Papers of the 37th Annual Spring Symposium of Byzantine Studies, in Honour of Professor A. A. M. Bryer,* ed. Leslie Brubaker and Kallirroe Linardou, 75 – 91. Burlington, Vt.: Ashgate, 2007.
Mann, Charles C. *1491: New Revelations of the Americas Before Columbus.* New York: Knopf, 2005.
Maria, Jack Santa. *Indian Sweet Cookery.* Boulder, Colo.: Shambhala, 1980.
Martial [Marcus Valerius Martialis]. *The Epigrams.* Bohn's Classical Library. London: George Bell & Sons, 1888.
Martínez Motiño, Francisco. *Arte de cozina, pasteleria, vizcocheria y conserveria. Madrid: Luis Sánchez, 1611.* Reprint of emended 1763 edition. Valencia: Paris- Valencia, 1997.
Mason, Laura. *Sugar-Plums and Sherbet: The Prehistory of Sweets.* Totnes, Devon, UK: Prospect Books, 2004.
Matejowsky, Ty. "SPAM and Fast-food 'Glocalization' in the Philippines." *Food, Culture and Society: An International Journal of Multidisciplinary Research* 10, no. 1 (2007): 23 – 41.
Mather, Richard B. "The Bonze's Begging Bowl: Eating Practices in Buddhist Monasteries of Medieval India and China." *Journal of the American Oriental Society* 101, no. 4 (1981):417 – 24.
Mathias, Peter. *The Brewing Industry in England, 1700–1830.* New ed. Cambridge: Cambridge University Press, 1959.
Mathieson, Johan. "Longaniza." *Word of Mouth: Food and the Written Word* 8 (1996): 2 – 4.
Matossian, Mary Kilbourne. *Poisons of the Past: Molds, Epidemics, and History.* New Haven, Conn.: Yale University Press, 1991.
Matthee, Rudolph P. *The Pursuit of Pleasure: Drugs and Stimulants in Iranian History, 1500–1900.* Princeton, N.J.: Princeton University Press, 2005.
Maurizio, A. *Histoire de l'alimentation végétale depuis la préhistoire jusqu'à nos jours.* Translated by Ferdinand Gidon. Paris: Payot, 1932.
May, Earl Chapin. *The Canning Clan: A Pageant of Pioneering Americans.* New York: Macmillan, 1938.
Mazumdar, Sucheta. "The Impact of New World Food Crops on the Diet and Economy of China and India, 1600 – 1900." In *Food in Global History,* edited by Raymond Grew, 58 – 78. Boulder, Colo.: Westview Press, 1999.
_____. *Sugar and Society in China: Peasants, Technology, and the World Market.* Cambridge, Mass.:

———. "À la recherché du paradis perdu." *History of Religions* 43, no. 2 (2003): 139 – 54.
———. *Religion, Empire, and Torture: The Case of Achaemenian Persia.* Chicago: University of Chicago Press, 2007.
Lissarrague, François. *The Aesthetics of the Greek Banquet: Images of Wine and Ritual.* Princeton, N.J.: Princeton University Press, 1990.
Lockhart, James. *The Nahuas after the Conquest: A Social and Cultural History of the Indians of Central Mexico, Sixteenth through Eighteenth Centuries.* Stanford, Calif.: Stanford University Press, 1994.
Loha-unchit, Kasma. *It Rains Fishes: Legends, Traditions, and the Joys of Thai Cooking.* San Francisco: Pomegranate Communications, 1995.
Lombardo, Mario. "Food and 'Frontier' in the Greek Colonies of South Italy." In *Food in Antiquity,* edited by John Wilkins, F. D. Harvey, and Michael J. Dobson, 256 – 72. Exeter, UK: University of Exeter Press, 1995.
Long, Janet, ed. *Conquista y comida: Consecuencias del encuentro de dos mundos.* México, D.F.: Universidad Nacional Autónoma de México, 1996.
Long-Solís, Janet. "A Survey of Street Foods in Mexico City," *Food and Foodways* 15, no. 3 – 4, 213 – 36.
Long, Lucy M. *Culinary Tourism.* Lexington: University Press of Kentucky, 2004.
Longone, Jan. " 'As Worthless as Savorless Salt' ? Teaching Children to Cook, Clean, and (Often) Conform." *Gastronomica: The Journal of Food and Culture* 3, no. 2 (2003): 104 – 10.
———. "Early Black-Authored American Cookbooks." *Gastronomica: The Journal of Food and Culture* 1, no. 1 (2001): 96 – 99.
———. "The Mince Pie That Launched the Declaration of Independence, and Other Recipes in Rhyme." *Gastronomica: The Journal of Food and Culture* 2, no. 4 (2002):86 – 89.
———. "Professor Blot and the First French Cooking School in New York, Part I." *Gastronomica: The Journal of Food and Culture* 1, no. 2 (2001): 65 – 71.
———. "What Is Your Name ? My Name Is Ah Quong. Well, I Will Call You Charlie." *Gastronomica* 4, no. 2 (2004): 84 – 89.
López Austin, Alfredo. *Cuerpo humano e ideología: Las concepciones de los antiguos Nahuas.* 1st ed. México, D.F.: Universidad Nacional Autónoma de México, Instituto de Investigaciones Antropológicas, 1980.
Loreto López, Rosalva. "Prácticas alimenticias en los conventos de mujeres en la Puebla del siglo XVIII." In *Conquista y comida: Consecuencias del encuentro de dos mundos,* edited by Janet Long, 481 – 504. México, D.F.: Universidad Nacional Autónoma de México, 1996.
Love, John F. *McDonald's: Behind the Arches.* New York: Bantam Books, 1986.
Lozano Arrendares, Teresa. *El chinguirito vindicado: El contrabando de aguardiente de caña y la política colonial.* México, D.F.: Universidad Nacional Autonóma de México, 1995.
Luchetti, Cathy. *Home on the Range: A Culinary History of the American West.* New York: Villard Books, 1993.
Luckhurst, David. *Monastic Watermills: A Study of the Mills within English Monastic Precincts.* London: Society for the Protection of Ancient Buildings, 1964.
Lunt, H. G. "Food in the Rus' Primary Chronicle." In *Food in Russian History and Culture,* edited by Musya Glants and Joyce Toomre, 15 – 30. Bloomington: Indiana University Press, 1997.
Luther, Martin. *The Table Talk of Martin Luther.* Edited by William Hazlitt and Alexander Chalmers. London: H. G. Bohn, 1857.
Lynn, John A. *Feeding Mars: Logistics in Western Warfare from the Middle Ages to the Present.* Boulder, Colo.: Westview Press, 1993.
Lysaght, P., ed. *Milk and Milk Products from Medieval to Modern Times: Proceedings of the Ninth Inter-*

toutes sortes de viandes . . . légumes, . . . par le sieur de La Varenne. Paris: P. David, 1651.

_____. *The French Cook: Englished by I.D.G., 1653.* Intro. By Philip and Mary Hyman. Lewes, East Sussex: Southover Press, 2001.

Lee, Paula Young. *Meat, Modernity, and the Rise of the Slaughterhouse.* Hanover, N.H.: University Press of New England, 2008.

Legge, James. *The Chinese Classics.* 2nd ed., rev. Oxford: Clarendon Press, Oxford University Press, 1893.

Lehmann, Gilly. *The British Housewife: Cookery Books, Cooking and Society in Eighteenth-Century Britain.* Totnes, Devon, UK: Prospect Books, 2003.

_____. "The Rise of the Cream Sauce." In *Milk: Beyond the Dairy: Proceedings of the Oxford Symposium on Food and Cookery,* 1999, edited by Harlan Walker, 225 – 31. Totnes, Devon, UK: Prospect Books, 2000.

Lémery, Louis. *A Treatise of All Sorts of Foods, Both Animal and Vegetable: Also of Drinkables: Giving an Account How to Chuse the Best Sort of All Kinds; Of the Good and Bad Effects They Produce; The Principles They Abound With; The Time, Age, and Constitution They Are Adapted To.* London: W. Innys, T. Longman and T. Shewell, 1745.

León Pinelo, Antonio de. *Question moral si el chocolate quebranta el ayuno eclesiastico. Facsímile de la primera edición,* Madrid, 1636. México, D.F.: Condumex, 1994.

Leonard, W. R. "Dietary Change Was a Driving Force in Human Evolution." *Scientific American* 288 (2002): 63 – 71.

Le Strange, Guy. *Baghdad During the Abbasid Caliphate from Contemporary Arabic and Persian Sources.* Oxford: Clarendon Press, Oxford University Press, 1900.

Levenstein, *Harvey A. Paradox of Plenty: A Social History of Eating in Modern America.* New York: Oxford University Press, 1993.

_____. *Revolution at the Table: The Transformation of the American Diet.* New York: Oxford University Press, 1988.

Levi, J. "L'abstinence des céréales chez les Taoistes." Études Chinoises 1 (1983): 3 – 47.

Lévi-Strauss, Claude. *Introduction to a Science of Mythology,* vol. 1: *The Raw and the Cooked.* Translated by John and Doreen Weightman. London: Jonathan Cape, 1970.

_____. *Introduction to a Science of Mythology,* vol. 3: *The Origin of Table Manners.* Translated by John and Doreen Weightman. New York: Harper & Row, 1978.

Lewicki, Tadeusz. *West African Food in the Middle Ages According to Arabic Sources.* New York: Cambridge University Press, 2009.

Lewis, D. M. "The King's Dinner (Polyaenus IV 3.32)." *Achaemenid History* 2 (1987): 89 – 91.

Lieber, Elinor. "Galen on Contaminated Cereals as a Cause of Epidemics." *Bulletin of the History of Medicine* 44, no. 4 (1970): 332 – 45.

Lieven, D. C. B. *Empire: The Russian Empire and Its Rivals.* New Haven, Conn.: Yale University Press, 2001.

Lih, Lars T. *Bread and Authority in Russia, 1914–1921.* Berkeley: University of California Press, 1990.

Lin, Hsiang-ju, and Ts'ui-fêng Liao Lin. *Chinese Gastronomy.* New York: Harcourt Brace Jovanovich, 1977.

Lincoln, Bruce. *Death, War, and Sacrifice: Studies in Ideology and Practice.* Chicago: University of Chicago Press, 1991.

_____. "Physiological Speculation and Social Patterning in a Pahlavi Text." *Journal of the American Oriental Society* 108, no. 1 (1988): 135 – 40.

_____. *Priests, Warriors, and Cattle: A Study in the Ecology of Religions.* Berkeley: University of California Press, 1981.

and Mary Quarterly 41, no. 2 (1984): 213 - 40.
Kuralt, Charles. On the Road with Charles Kuralt. New York: Ballantine Books, 1986.
Kuriyama, Shigehisa. "Interpreting the History of Bloodletting." *Journal of the History of Medicine and Allied Sciences* 50, no. 1 (1995): 11 - 46.
Kurmann, Joseph A., Jeremija Lj Rašić, and Manfred Kroger, eds. *Encyclopedia of Fermented Fresh Milk Products: An International Inventory of Fermented Milk, Cream, Buttermilk, Whey, and Related Products.* New York: Van Nostrand Reinhold, 1992.
Kwok, Daniel. "The Pleasures of the Chinese Table." *Free China Review*41, no. 9. 1991, 46 - 51.
Ladies of Toronto. *The Home Cook Book.* 50th ed. Toronto: Rose, 1877.
Lai, T. C. *At the Chinese Table.* Hong Kong: Oxford University Press, 1984.
Landers, John. *The Field and the Forge: Population, Production, and Power in the Pre- Industrial West.* New York: Oxford University Press, 2003.
Landes, David S. *The Wealth and Poverty of Nations : Why Some Are So Rich and Some So Poor.* New York: Norton, 1998.
Lane Fox, Robin. *Alexander the Great.* London: Penguin Books, 2004.
Lang, George. *Cuisine of Hungary.* New York: Bonanza, 1971.
Lankester, Edwin. *On Food: Being Lectures Delivered at the South Kensington Museum.* London: Hardwicke, 1861.
Lapidus, Ira M. *A History of Islamic Societies.* Cambridge: Cambridge University Press, 2002.
Laudan, Rachel. "Birth of the Modern Diet." *Scientific American* 283, no. 2 (2000): 76.
———. "Cognitive Change in Technology and Science." In *The Nature of Technological Knowledge: Are Models of Scientific Change Relevant?*,edited by Rachel Lauden, 83 - 104. Dordrecht, Holland: Reidel, 1984.
———. *The Food of Paradise: Exploring Hawaii's Culinary Heritage.* Honolulu: University of Hawai'i Press, 1996.
———. "Fresh from the Cow's Nest: Condensed Milk and Culinary Innovation." In *Milk: Beyond the Dairy: Proceedings of the Oxford Symposium on Food and Cookery,* 1999, edited by Harlan Walker, 216 - 24. Totnes, Devon, UK: Prospect Books, 2000.
———. *From Mineralogy to Geology: The Foundations of a Science, 1650–1830.* University of Chicago Press, 1987.
———. "A Kind of Chemistry." *Petits Propos Culinaires* 62 (1999): 8 - 22.
———. "The Mexican Kitchen's Islamic Connection." *Saudi Aramco World* 55, no. 3 (2004): 32 - 39.
———. "A Plea for Culinary Modernism: Why We Should Love New, Fast, Processed Food." *Gastronomica: The Journal of Food and Culture* 1, no. 1 (2001): 36 - 44.
———. "Refined Cuisine or Plain Cooking? Morality in the Kitchen." In *Food and Morality: Proceedings of the Oxford Symposium on Food and Cookery,* 2007, edited by Susan R. Friedland, 154 - 61. Totnes, Devon, UK: Prospect Books, 2008.
———. "Slow Food: The French Terroir Strategy, and Culinary Modernism: An Essay Review." *Food, Culture and Society: An International Journal of Multidisciplinary Research* 7, no. 2 (2004): 133 - 44.
Laudan, Rachel, and J. M. Pilcher. "Chiles, Chocolate, and Race in New Spain: Glancing Backward to Spain or Looking Forward to Mexico? " *Eighteenth- Century Life* 23, no. 2 (1999): 59 - 70.
Laufer, Berthold. *Sino-Iranica: Chinese Contributions to the History of Civilization in Ancient Iran, with Special Reference to the History of Cultivated Plants and Products.* Chicago: Field Museum of Natural History, 1919.
La Varenne, François Pierre. *Le cuisinier françois, enseignant la manière de bien apprester et assaisonner*

tional China, edited by Roel Sterckx, 186 – 212. New York: Palgrave Macmillan, 2005.
Kilby, Peter. *African Enterprise: The Nigerian Bread Industry*. Stanford, Calif.: Hoover Institution on War, Revolution, and Peace, Stanford University, 1965.
Kimura, A. H. "Nationalism, Patriarchy, and Moralism: The Government-Led Food Reform in Contemporary Japan." *Food and Foodways* 19, no. 3 (2011): 201 – 27.
_____. "Remaking Indonesian Food: The Processes and Implications of Nutritionalization." PhD diss., University of Wisconsin – Madison, 2007.
_____. "Who Defines Babies 'Needs'? The Scientization of Baby Food in Indonesia." *Social Politics: International Studies in Gender, State & Society* 15, no. 2 (2008): 232 – 60.
Kimura, A. H., and M. Nishiyama. "The Chisan-Chisho Movement: Japanese Local Food Movement and Its Challenges." *Agriculture and Human Values* 25, no. 1 (2008):49 – 64.
King, Niloufer Ichaporia. *My Bombay Kitchen: Traditional and Modern Parsi Home Cooking*. Berkeley: University of California Press, 2007.
Kiple, Kenneth F. *A Movable Feast: Ten Millennia of Food Globalization*. Cambridge: Cambridge University Press, 2007.
Kiple, Kenneth F., and Kriemhild Coneè Ornelas, eds. *The Cambridge World History of Food*. New York: Cambridge University Press, 2000.
Kipling, John Lockwood. *Beast and Man in India: A Popular Sketch of Indian Animals in Their Relations with the People*. London: Macmillan, 1891.
Kipling, Rudyard. *The Collected Poems of Rudyard Kipling*. Ware, Herts., UK: Wordsworth Editions, 1994.
Kirch, Patrick Vinton. *On the Road of the Winds: An Archaeological History of the Pacific Islands before European Contact*. Berkeley: University of California Press, 2002.
Klopfer, Lisa. "Padang Restaurants: Creating 'Ethnic' Cuisine in Indonesia." *Food and Foodways* 5, no. 3 (1993): 293 – 304.
Kochilas, Diane. *The Glorious Foods of Greece*. New York: William Morrow, 2001.
Knechtges, David R. "A Literary Feast: Food in Early Chinese Literature." *Journal of the American Oriental Society* 106, no. 1 (1986): 49 – 63.
Knight, Harry. *Food Administration in India, 1939–47*. Stanford, Calif.: Stanford University Press, 1954.
Knipschildt, M. E. "Drying of Milk and Milk Products." In *Modern Dairy Technology*, edited by R. K. Robinson, 1: 131 – 234. New York: Elsevier, 1986.
Koerner, L. "Linnaeus' Floral Transplants." *Representations*, no. 47 (1994): 144 – 69.
Kohn, Livia. *Monastic Life in Medieval Daoism: A Cross-Cultural Perspective*. Honolulu: University of Hawai'i Press, 2003.
Korsmeyer, Carolyn. *Making Sense of Taste: Food and Philosophy*. Ithaca, N.Y.: Cornell University Press, 2002.
Kozuh, M. G. *The Sacrificial Economy: On the Management of Sacrificial Sheep and Goats at the Neo-Babylonian/Achaemenid Eanna Temple of Uruk (c. 625–520 BC)*. Chicago: Oriental Institute, 2006.
Kremezi, Aglaia. "Nikolas Tselementes." In *Cooks and Other People: Proceedings of the Oxford Symposium on Food and Cookery*, 1995, edited by Harlan Walker, 162 – 69. Totnes, Devon, UK: Prospect Books, 1996.
Krugman, Paul. "Supply, Demand, and English Food." http://web.mit.edu/krugman/www/mushy.html (accessed 15 August 2012).
Kumakura, Isao. "Table Manners Then and Now." *Japan Echo*, January 2000.
Kupperman, Karen Ordahl, "Fear of Hot Climates in the Anglo-American Colonial Experience." *William*

Kaneva-Johnson, Maria. *The Melting Pot: Balkan Food and Cookery*. Totnes, Devon, UK: Prospect Books, 1995.

Kaplan, Steven L. *The Bakers of Paris and the Bread Question, 1700–1775*. Durham: University of North Carolina Press, 1996.

———. *Bread, Politics and Political Economy in the Reign of Louis XV*. 2 vols. The Hague: Nijhoff, 1976.

———. *Provisioning Paris: Merchants and Millers in the Grain and Flour Trade During the Eighteenth Century*. Ithaca, N.Y.: Cornell University Press, 1984.

———. "Provisioning Paris: The Crisis of 1738 – 41." In *Edo and Paris: Urban Life and the State in the Early Modern Era*, edited by James A. McLain, John M. Merriman, and Kaoru Ugawa. Ithaca, N.Y.: Cornell University Press, 1994.

———."Steven Kaplan on the History of Food." http://thebrowser.com/interviews/stevenkaplan-on-history-food (accessed 15 August 2012).

Kasper, Lynne Rossetto. *The Italian Country Table : Home Cooking from Italy's Farmhouse Kitchens*. New York: Scribner, 1999.

———. *The Splendid Table: Recipes from Emilia-Romagna, the Heartland of Northern Italian Food*. New York: William Morrow, 1992.

Katz, S. H., and M. M. Voight. "Bread and Beer." *Expedition* 28 (1987): 23 – 34.

Katz, S. H., and Fritz Maytag. "Brewing an Ancient Beer." *Archaeology* 44, no. 4 (1991): 24 – 33.

Katz, S. H., and William Woys Weaver, eds. *Encyclopedia of Food and Culture*. New York: Scribner, 2003.

Kaufman, Cathy K. *Cooking in Ancient Civilizations*. Westport, Conn.: Greenwood Press, 2006.

———. "What's in a Name ? Some Thoughts on the Origins, Evolution and Sad Demise of Béchamel Sauce." In *Milk: Beyond the Dairy: Proceedings of the Oxford Symposium on Food and Cookery*, 1999, 193. Totnes, Devon, UK: Prospect Books, 2000.

Kaufman, Edna Ramseyer, ed. *Melting Pot of Mennonite Cookery, 1874–1974*. 3rd ed. North Newton, Kans.: Bethel College Women's Association, 1974.

Kautalya. *The Arthashastra*. New Delhi: Penguin Books India, 1992.

Kavanagh, T. W. "Archaeological Parameters for the Beginnings of Beer." *Brewing Techniques* 2, no. 5 (1994): 44 – 51.

Keay, John. *India: A History*. 1st American ed. New York: Atlantic Monthly Press, 2000.

Kenney-Herbert, A. R ["Wyvern"]. *Culinary Jottings: A Treatise in Thirty Chapters on Reformed Cookery for Anglo-Indian Exiles*. Madras: Higginbotham; London: Richardson, 1885. Facsimile reprint. Totnes, Devon, UK: Prospect Books, 2007.

Keremitsis, D. "Del metate al molino: La mujer mexicana de 1910 a 1940." *Historia mexicana* (1983): 285 – 302.

Khaitovich, P., H. E. Lockstone, M. T. Wayland, T. M. Tsang, S. D. Jayatilaka, A. J. Guo, J. Zhou, et al. "Metabolic Changes in Schizophrenia and Human Brain Evolution." *Genome Biology* 9, no. 8 (2008): R124.

Khare, Meera. "The Wine-Cup in Mughal Court Culture—From Hedonism to Kingship." *Medieval History Journal* 8, no. 1 (2005): 143 – 88.

Katchadourian, Raffi. "The Taste Makers." *New Yorker*, 23 November, 2009, 86.

Kierman, Frank A., Jr. "Phases and Modes of Combat in Early China." In Edward L. Dreyer et al., *Chinese Ways in Warfare*, edited by Frank A. Kierman Jr. and John K. Fairbank, 27 – 66. Cambridge, Mass.: Harvard University Press, 1974.

Kieschnick, John. *The Impact of Buddhism on Chinese Material Culture*. Princeton, N.J.: Princeton University Press, 2003.

———. "Buddhist Vegetarianism in China." In *Of Tripod and Palate: Food, Politics, and Religion in Tradi-*

Holmes, Tommy. *The Hawaiian Canoe*. 2nd ed. Honolulu: Editions Limited, 1993.

Homma, Gaku. *The Folk Art of Japanese Country Cooking: A Traditional Diet for Today's World*. Berkeley, Calif.: North Atlantic Books, 1991.

Horowitz, Roger. *Putting Meat on the American Table: Taste, Technology, Transformation*. Baltimore: Johns Hopkins University Press, 2006.

Hosking, Richard. *A Dictionary of Japanese Food: Ingredients and Culture*. Boston: Tuttle, 1997.

_____. *At the Japanese Table*. New York: Oxford University Press, 2000.

_____. "Manyoken, Japan's First French Restaurant." In *Cooks and Other People: Proceedings of the Oxford Symposium on Food and Cookery*, 1995, edited by Harlan Walker, 149 – 51. Totnes, Devon, UK: Prospect Books, 1996.

Huang, H. T. *Fermentations and Food Science*. Part 5 of vol. 6 of Science and Civilization in China, edited by Joseph Needham, *Biology and Biological Technology*. Cambridge: Cambridge University Press, 2001.

Hughes, Robert. *The Fatal Shore*. New York: Knopf, 1987.

Hurvitz, N. "From Scholarly Circles to Mass Movements: The Formation of Legal Communities in Islamic Societies." *American Historical Review* 108, no. 4 (2003): 985 – 1008.

Husain, Salma. *The Emperor's Table: The Art of Mughal Cuisine*. New Delhi: Roli & Janssen, 2008.

Irwin, Geoffrey. "Human Colonisation and Change in the Remote Pacific." *Current Anthropology* 31, no. 1 (1 February 1990): 90 – 94.

Ishige, Naomichi. *The History and Culture of Japanese Food*. London: Routledge, 2001.

Jaffrey, Madhur. *Climbing the Mango Trees: A Memoir of a Childhood in India*. Vintage Books, 2007.

Jahāngīr, emperor of Hindustan. *The Tūzuk-i-Jahāngīrī, or, Memoirs of Jahāngīr*. London: Royal Asiatic Society, 1909. http://persian.packhum.org/persian/main ? url=pf%3Fauth%3D110%26work%3D001 (accessed 17 August 2012).

Jasny, Naum. *The Daily Bread of the Ancient Greeks and Romans*. Bruges, Belgium: St. Catherine Press, 1950.

Jeanneret, Michel. *A Feast of Words: Banquets and Table Talk in the Renaissance*. Translated by Jeremy Whiteley and Emma Hughes. Chicago: University of Chicago Press, 1991.

Jenkins, D. J. A., C. W. C. Kendall, L. S. A. Augustin, S. Franceschi, M. Hamidi, A. Marchie, A. L. Jenkins, and M. Axelsen. "Glycemic Index: Overview of Implications in Health and Disease." *American Journal of Clinical Nutrition* 76, no. 1 (2002): 266S – 73S.

Jha, D. N. *Holy Cow: Beef in Indian Dietary Traditions*. New Delhi: Matrix Books, 2001.

Jing, Jun. *Feeding China's Little Emperors: Food, Children, and Social Change*. Stanford, Calif.: Stanford University Press, 2000.

Johns, Timothy. *With Bitter Herbs They Shall Eat It: Chemical Ecology and the Origins of Human Diet and Medicine*. Tucson: University of Arizona Press, 1990.

Jones, A. H. M. *The Later Roman Economy, 284–602*. Oxford: Blackwell, 1964.

Jones, Eric. *The European Miracle: Environments, Economies and Geopolitics in the History of Europe and Asia*. 3rd ed. Cambridge: Cambridge University Press, 2003.

Jones, Martin. *Feast: Why Humans Share Food*. New York: Oxford University Press, 2007.

Juárez López, José Luis. *La lenta emergencia de la comida mexicana: Ambigüedades criollas, 1750–1800*. México, D.F.: M. A. Porrúa Grupo Editorial, 2000.

Kamath, M. V . *Milkman from Anand: The Story of Verghese Kurien*. 2nd rev. ed. Delhi:
Konark, 1996.

Kamen, Henry. *Iron Century: Social Change in Europe, 1550–1660*. New York: Praeger, 1971.

_____. *Spain's Road to Empire: The Making of a World Power, 1492–1763*. London: Allen Lane, 2002.

Harris, Marvin. *Good to Eat: Riddles of Food and Culture.* New York: Simon & Schuster, 1985.
Harrison, William. *The Description of England.* Ithaca, N.Y.: Folger Shakespeare Library, 1968.
Hartog, Adel P. den. "Acceptance of Milk Products in Southeast Asia: The Case of Indonesia." In *Asian Food: The Global and the Local,* edited by Katarzyna Joanna Cwiertka and Boudewijn Walraven, 34 – 45. Honolulu: University of Hawaiʻi Press, 2001.
Harvey, David. "Lydian Specialties, Croesus' Golden Baking-Women and Dogs' Dinners." In *Food in Antiquity,* edited by John Wilkins, F. D. Harvey, and Michael J. Dobson, 273 – 85. Exeter, UK: University of Exeter Press, 1995.
al-Hassan, Ahmad Y., and Donald R. Hill. *Islamic Technology: An Illustrated History.* New York: Cambridge University Press, and Paris: Unesco, 1986.
Hattox, Ralph S. *Coffee and Coffeehouses: The Origins of a Social Beverage in the Medieval Near East.* Seattle: University of Washington Press, 1985.
Hayward, Tim. " 'The most revolting dish ever devised.' " Guardian, 30 June 2009. www.guardian.co.uk/lifeandstyle/2009/jul/01/elizabeth-david-food-cookbook (accessed 14 August 2012).
Headrick, Daniel R. *The Tentacles of Progress: Technology Transfer in the Age of Imperialism, 1850–1940.* New York: Oxford University Press, 1988.
Heer, Jean. *First Hundred Years of Nestlé.* Vevey, Switzerland: Nestlé Co., 1991.
Heim, Susanne. *Plant Breeding and Agrarian Research in Kaiser-Wilhelm-Institutes, 1933–1945: Calories, Caoutchouc, Careers.* Dordrecht: Springer, 2008.
Heine, Peter. *Weinstudien: Untersuchungen zu Anbau, Produktion und Konsum des Weins im arabisch-islamischen Mittelalter.* Wiesbaden: Otto Harrassowitz, 1982.
Helstosky, Carol. *Garlic and Oil: Food and Politics in Italy.* Oxford: Berg, 2004.
Hemardinquer, Jean-Jacques. *Pour une histoire de l'alimentation: Recueil de travaux présentés par Jean-Jacques Hemardinquer.* Paris: Colin, 1970.
Herm, Gerhard. *The Celts: The People Who Came out of the Darkness.* New York: St. Martin's Press, 1977.
Hess, John L., and Karen Hess. *The Taste of America.* New York: Grossman, 1977.
Hess, Karen. *The Carolina Rice Kitchen: The African Connection.* Columbia: University of South Carolina Press, 1992.
——. *Martha Washington's Booke of Cookery and Booke of Sweetmeats.* New York: Columbia University Press, 1996.
Hillman, G. C. "Traditional Husbandry and Processing of Archaic Cereals in Modern Times: Part I, the Glume Wheats." *Bulletin on Sumerian Agriculture* 1 (1984):114 – 52.
Hine, Thomas. *The Total Package: The Evolution and Secret Meanings of Boxes, Bottles, Cans and Tubes.* Boston: Little, Brown, 1995.
Hinnells, John R., ed. *A Handbook of Living Religions.* Harmondsworth, UK: Viking Press, 1984.
Hiroshi, Ito. "Japan's Use of Flour Began with Noodles, Part 3." *Kikkoman Food Culture,* no. 18 (2009): 9 – 13.
Hocquard, Édouard. *Une campagne au Tonkin.* Paris: Hachette, 1892. Reprint, edited by Philippe Papin, Paris: Arléa, 1999. Originally published in Le Tour de Monde, 1889 – 91.
Hoffmann, R. C. "Frontier Foods for Late Medieval Consumers: Culture, Economy, Ecology." *Environment and History* 7, no. 2 (2001): 131 – 67.
Hoffmann, W. G. "100 Years of the Margarine Industry." In *Margarine: An Economic, Social and Scientific History, 1869–1969,* edited by Johannes Hermanus van Stuyvenberg, 9 – 36. Liverpool: Liverpool University Press, 1969.
Hole, Frank, Kent V. Flannery, and J. A. Neely. *Prehistory and Human Ecology of the Deh Luran Plain: An Early Village Sequence from Khuzistan, Iran.* Vol. 1. Ann Arbor: University of Michigan, 1969.

Social Engineering of Taste." In *Oxford Symposium on Food and Cookery*. London: Prospect Books, 1987.
Gowers, Emily. *The Loaded Table : Representations of Food in Roman Literature*. New York: Clarendon Press, Oxford University Press, 1993.
Gozzini Giacosa, Ilaria. *A Taste of Ancient Rome*. Chicago: University of Chicago Press, 1992.
Graham, A. C. *Disputers of the Tao : Philosophical Argument in Ancient China*. La Salle, Ill.: Open Court, 1989.
Grainger, Sally. *Cooking Apicius : Roman Recipes for Today*. Totnes, Devon, UK: Prospect Books, 2006.
Grant, Mark. *Galen on Food and Diet*. New York: Routledge, 2000.
_____. "Oribasius and Medical Dietetics or the Three P's." In *Food in Antiquity*, edited by John Wilkins, David Harvey, and Michael J. Dobson, 371 – 79. Exeter, UK: University of Exeter Press, 1995.
Greeley, Alexandra. "Finding Pad that." *Gastronomica* 9, no. 1 (2009): 78 – 82.
Grewe, Rudolf. "Hispano-Arabic Cuisine in the Twelfth Century." In *Du manuscrit à table: Essais sur la cuisine au Moyen Âge et répertoire des manuscrits médiévaux contenant des recettes culinaires*, edited by Carole Lambert. Montréal: Presses de l'Université de Montréal, 1992.
Griffin, Emma. *A Short History of the Industrial Revolution*. New York: Palgrave, 2010.
Griggs, Peter. "Sugar Demand and Consumption in Colonial Australia." In *Food, Power and Community: Essays in the History of Food and Drink*, edited by Robert Dare, 74 – 90. Adelaide: Wakefield Press, 1999.
Grimm, Veronika E. *From Feasting to Fasting, the Evolution of a Sin: Attitudes to Food in Late Antiquity*. New York: Routledge, 1996.
Grivetti, Louis E. *Chocolate: History, Culture, and Heritage*. Hoboken, N.J.: Wiley, 2009.
Guan, Zhong. *Guanzi: Political, Economic, and Philosophical Essays from Early China: A Study and Translation = [Kuan-Tzu]*. Translated by W. Allyn Rickett. Princeton, N.J.: Princeton University Press, 1985.
Guerrini, Anita. *Obesity and Depression in the Enlightenment: The Life and Times of GeorgeCheyne*. Norman: University of Oklahoma Press, 2000.
Guthman, Julie. *Agrarian Dreams: The Paradox of Organic Farming in California*. Berkeley: University of California Press, 2004.
Guyer, Jane I., ed., *Feeding African Cities: Studies in Regional Social History*. Bloomington: Indiana University Press in association with the International African Institute, London, 1987.
Haber, Barbara. *From Hardtack to Home Fries: An Uncommon History of American Cooks and Meals*. New York: Free Press, 2002.
Haden, Roger. *Food Culture in the Pacific Islands*. Santa Barbara, Calif.: Greenwood Press, 2009.
Hadjisavvas, Sophocles. *Olive Oil Processing in Cyprus: From the Bronze Age to the Byzantine Period*. Nicosia: P. Åström, 1992.
Hagen, Ann. *A Handbook of Anglo-Saxon Food: Processing and Consumption*. Pinner, England: Anglo-Saxon Books, 1992.
Halici, Nevin. *Sufi Cuisine*. London: Saqi Books, 2005.
Hanley, Susan B. *Everyday Things in Premodern Japan: The Hidden Legacy of Material Culture*. Berkeley: University of California Press, 1997.
Hardyment, Christina. *Slice of Life: The British Way of Eating Since 1945*. London: BBC Books, 1995.
Harlan, J. R. *Crops and Man*. 1985. 2nd ed. Madison, Wisc.: American Society of Agronomy, 1992.
Harp, Stephen L. *Marketing Michelin: Advertising and Cultural Identity in Twentieth- Century France*. Baltimore: Johns Hopkins University Press, 2001.
Harris, David R., and Gordon C Hillman, eds. *Foraging and Farming: The Evolution of Plant Exploitation*. Boston: Unwin Hyman, 1989.

———. *A History of Chinese Civilization.* Translated by J. R. Foster. New York: Cambridge University Press, 1982.
Gerth, Karl. *China Made: Consumer Culture and the Creation of the Nation.* Cambridge, Mass.: Harvard University Asia Center, 2003. Distributed by Harvard University Press.
Giedion, Sigfried. *Mechanization Takes Command: A Contribution to Anonymous History.* New York: Oxford University Press, 1948.
Gilman, Charlotte Perkins. *Women and Economics: A Study of the Economic Relation between Men and Women as a Factor in Social Evolution. 1898.* Reprint. Berkeley: University of California Press, 1998. http://classiclit.about.com/library/bl- etexts/cpgilman/bl-cpgilman-womeneco-11.htm (accessed 6 August 2012).
Girouard, Mark. *Life in the English Country House: A Social and Architectural History.* London: Penguin Books, 1980.
Gitlitz, David M., and Linda Kay Davidson. *A Drizzle of Honey: The Lives and Recipes of Spain's Secret Jews.* New York: St. Martin's Press, 1999.
Glants, Musya, and Joyce Toomre, eds. *Food in Russian History and Culture.* Bloomington: Indiana University Press, 1997.
Glasse, Hannah. *First Catch Your Hare : The Art of Cookery Made Plain and Easy (1747).* Edited by Jennifer Stead and Priscilla Bain. Totnes, Devon, UK: Prospect Books, 2004.
Glick, Thomas F. *Islamic and Christian Spain in the Early Middle Ages.* Princeton, N.J.: Princeton University Press, 1979.
Golden, P. B. *Nomads and Sedentary Societies in Medieval Eurasia.* Washington, D.C.: American Historical Association, 2003.
Goldman, Wendy Z. *Women at the Gates: Gender and Industry in Stalin's Russia.* New York: Cambridge University Press, 2002.
———. *Women, the State, and Revolution: Soviet Family Policy and Social Life, 1917– 1936.* New York: Cambridge University Press, 1993.
Goldstein, Darra. "Domestic Porkbarreling in Nineteenth-Century Russia, or Who Holds the Keys to the Larder？" *In Russia—Women—Culture, edited by Helena Goscilo and Beth Holmgren, 125–51.* Bloomington: Indiana University Press, 1996.
———. "The Eastern Influence on Russian Cuisine." In *Current Research in Culinary History: Sources, Topics, and Methods*, 20 - 26. Boston: Culinary Historians of Boston, 1985.
———. "Food from the Heart." *Gastronomica* 4, no. 1 (2004): iii - iv.
———. "Gastronomic Reforms Under Peter the Great." *Jahrbücher für Geschichte Osteuropas* 48 (2000): 481 - 510.
———. "Is Hay Only for Horses？ Highlights of Russian Vegetarianism at the Turn of the Century." In *Food in Russian History and Culture*, edited by Musya Glants and Joyce Toomre, 103 - 23. Bloomington: University of Indiana Press, 1997.
———. "Russian Dining: Theatre of the Gastronomic Absurd." On *Cooking: Performance Research* 4, no. 1 (2001): 64 - 72.
González de la Vara, Fernán. Época prehispánica. Vol. 2 of La cocina mexicana a través de los siglos, ed. id. and Enrique Krauze. México, D.F.: Clío; Fundación Herdez, 1996.
Goody, Jack. *Cooking, Cuisine, and Class: A Study in Comparative Sociology.* New York: Cambridge University Press, 1982.
Gopalan, C. *Nutrition in Developmental Transition in South-East Asia.* SEARO Regional Health Paper no. 21. New Delhi: World Health Organization, 1992.
Gordon, B. M. "Fascism, the Neo-Right, and Gastronomy: A Case in the Theory of the

by Kwang-chih Chang, 141 – 76. New Haven, Conn.: Yale University Press, 1977.
Freidberg, Susanne. *French Beans and Food Scares: Culture and Commerce in an Anxious Age*. New York: Oxford University Press, 2004.
_____. *Fresh: A Perishable History*. Cambridge, Mass.: Belknap Press of Harvard University Press, 2009.
Freyre, Gilberto. *The Masters and the Slaves (Casa-Grande & Senzala): A Study in the Development of Brazilian Civilization*. Translated by Samuel Putnam. 2nd rev. ed. Berkeley: University of California Press, 1987.
Fuller, Dorian Q. "The arrival of wheat in China." Archaeobotanist, 9 July 2010. http://archaeobotanist.blogspot.mx/2010/07/arrival-of-wheat-in-china.html (accessed 14 August 2012).
_____. "Debating Early African Bananas." *Archaeobotanist*, 19 January 2012. http://archaeobotanist.blogspot.com/2012/01/debating-early-african- bananas.html (accessed 14 August 2012).
_____. "Globalization of Bananas in 3 Acts. Recent Updates." *Archaeobotanist*, 19 January 2012. http://archaeobotanist.blogspot.com/2012/01/globalization-of- bananas-in-3-acts.html (accessed 14 August 2012).
Fuller, Dorian Q., and Nicole Boivin. "Crops, Cattle and Commensals across the Indian Ocean: Current and Potential Archaeobiological Evidence." In *Études Océan Indien*, no. 42 – 43: Plantes et sociétés, 13 – 46. Paris: Institut national de langues et civilizations orientales, 2009.
Fuller, Dorian Q., Yo-Ichiro Sato, Cristina Castillo, Ling Qin, Alison R. Weisskopf, Eleanor J. Kingwell-Banham, Jixiang Song, Sung-Mo Ahn, and Jacob Etten. "Consilience of Genetics and Archaeobotany in the Entangled History of Rice." *Archaeological and Anthropological Sciences* 2 (18 June 2010): 115 – 31.
Gabaccia, Donna R. *We Are What We Eat: Ethnic Food and the Making of Americans*. Cambridge, Mass.: Harvard University Press, 1998.
Galavaris, George. *Bread and the Liturgy: The Symbolism of Early Christian and Byzantine Bread Stamps*. Madison: University of Wisconsin Press, 1970.
Gandhi, Mahatma. *An Autobiography: The Story of My Experiments with Truth*. London: Jonathan Cape, 1966.
Gardella, Robert. *Harvesting Mountains: Fujian and the China Tea Trade, 1757–1937*. Berkeley: University of California Press, 1994.
Gardner, Bruce L. *American Agriculture in the Twentieth Century: How It Flourished and What It Cost*. Cambridge, Mass.: Harvard University Press, 2002.
Garnsey, Peter. *Cities, Peasants and Food in Classical Antiquity: Essays in Social and Economic History*. New York: Cambridge University Press, 1998.
_____. *Famine and Food Supply in the Graeco-Roman World: Responses to Risk and Crisis*. New York: Cambridge University Press, 1988.
_____. *Food and Society in Classical Antiquity*. New York: Cambridge University Press, 1999.
Garrido Aranda, Antonio, ed. *Cultura alimentaria Andalucía-América*. México, D.F.: Universidad Nacional Autonóma de México, 1996.
Gelder, G. J. H. van. *God's Banquet: Food in Classical Arabic Literature*. New York: Columbia University Press, 2000.
Genç, Mehmet. "Ottoman Industry in the Eighteenth Century: General Framework, Characteristics, and Main Trends." In *Manufacturing in the Ottoman Empire and Turkey, 1500–1950*, edited by Donald Quataert, 59 – 85. Albany, N.Y.: State University of New York Press, 1994.
George, Andrew, ed. and trans. *The Epic of Gilgamesh*. London: Penguin Books, 1999.
Gernet, Jacques. *Buddhism in Chinese Society: An Economic History from the Fifth to the Tenth Century*. Translated by F. Verellen. Columbia University Press, 1998.

Finlay, M. R. "Early Marketing of the Theory of Nutrition: The Science and Culture of Liebig's Extract of Meat." *Clio medica* 32 (1995): 48 – 74.

Finley, M. I. *Ancient Sicily*. 1968. Rev. ed. London: Chatto & Windus, 1979.

Fischer, David Hackett. *Albion's Seed: Four British Folkways in America*. New York: Oxford University Press, 1989.

Fischler, Claude. "Food, Self and Identity." *Social Science Information* 27, no. 2 (June 1988): 275 – 92.

Fisher, N. R. E. "Greek Associations, Symposia, and Clubs." In *Civilization of the Ancient Mediterranean: Greece and Rome*, edited by Michael Grant and Rachel Kitzinger. New York: Scribner, 1988.

Fitzpatrick, John. "Food, Warfare and the Impact of Atlantic Capitalism in Aotearoa/NewZealand."www.adelaide.edu.au/apsa/docs_papers/Others/Fitzpatri ck.pdf (accessed 14 November 2012).

Flandrin, J. L. *Chronique de Platine: Pour une gastronomie historique*. Paris: Odile Jacob, 1992.

———. "Le goût et la nécessité: Sur l'usage des graisses dans les cuisines d'Europe occidentale (XIVe – XVIIIe siècle)." *Annales. Économies, Sociétés*, Civilisations 38, no. 1 (1983): 369 – 401.

Flandrin, Jean-Louis, and Massimo Montanari, eds. *Food: A Culinary History from Antiquity to the Present*. Translated by Albert Sonnenfeld. New York: Columbia University Press, 1999. Originally published as Histoire de l'alimentation (Paris: Fayard, 1997).

Fletcher, R. A. *The Barbarian Conversion: From Paganism to Christianity*. 1st American ed. New York: Holt, 1998.

———. *Moorish Spain*. London: Weidenfeld & Nicolson, 1992.

Fogel, Robert William. *The Escape from Hunger and Premature Death, 1700–2100: Europe, America, and the Third World*. New York: Cambridge University Press, 2004.

Foltz, Richard. *Religions of the Silk Roads: Premodern Patterns of Globalization*. New ed. Palgrave Macmillan, 2010.

Forbes, H., and L. Foxhall. "Ethnoarcheology and Storage in the Mediterranean beyond Risk and Survival." In *Food in Antiquity*, edited by John Wilkins, David Harvey, and Mike Dobson, 69 – 86. Exeter, UK: University of Exeter Press, 1995.

Forbes, R. J. *Short History of the Art of Distillation from the Beginnings up to the Death of Cellier Blumenthal*. Leiden: Brill, 1948.

———. *Studies in Ancient Technology*. Leiden: Brill, 1955.

Foulk, T. Griffith. "Myth, Ritual, and Monastic Practice in Sung Ch'an Buddhism." In *Religion and Society in T'ang and Sung China*, edited by Patricia Buckley Ebrey and Peter N. Gregory. Honolulu: University of Hawaii Press, 1993.

Fragner, B. "From the Caucasus to the Roof of the World: A Culinary Adventure." In *Culinary Cultures of the Middle East*, edited by Sami Zubaida and Richard L. Tapper, 49 – 62. New York: I. B. Taurus, 1994.

Franconie, H., M. Chastanet, and F. Sigaut. *Couscous, boulgour et polenta: Transformer et consommer les céréales dans le monde*. Paris: Karthala, 2010.

Frankel, Edith J., and James D. Frankel. *Wine and Spirits of the Ancestors: Exhibition and Sale March 22nd Through April 28th 2001*. New York: E & J Frankel, 2001.

Frantz, Joe Bertram. *Gail Borden, Dairyman to a Nation*. Norman: University of Oklahoma Press, 1951.

Fraser, Hugh, and Hugh Cortazzi. *A Diplomat's Wife in Japan : Sketches at the Turn of the Century*. New York: Weatherhill, 1982.

Freedman, Paul H., ed. *Food: The History of Taste*. Berkeley: University of California Press,2007.

———. *Out of the East: Spices and the Medieval Imagination*. New Haven, Conn.: Yale University Press, 2008.

Freeman, Michael. "Sung." In *Food in Chinese Culture: Anthropological and Historical Perspectives*, edited

Edens, Christopher. "Dynamics of Trade in the Ancient Mesopotamian 'World System.' " *American Anthropologist* 94, no. 1 (1 March 1992): 118 – 39.
Effros, Bonnie. *Creating Community with Food and Drink in Merovingian Gaul.* New York: Palgrave Macmillan, 2002.
Ehrman, Edwina, Hazel Forsyth, Jacqui Pearce, Rory O'Connell, Lucy Peltz, and Cathy Ross. *London Eats Out, 1500–2000: 500 Years of Capital Dining.* London: Philip Wilson, 1999.
Eisenstadt, S. N. *Modernization: Protest and Change.* Englewood Cliffs, N.J.: Prentice Hall, 1966.
Ellison, Rosemary. "Diet in Mesopotamia: The Evidence of the Barley Ration Texts (c. 3000 – 1400 B.C.)." *Iraq* 43, no. 1 (1 April 1981): 35 – 45.
_____. "Methods of Food Preparation in Mesopotamia (c. 3000 – 600 BC)." *Journal of the Economic and Social History of the Orient* 27, no. 1 (1 January 1984): 89 – 98.
Elvin, Mark. *The Pattern of the Chinese Past: A Social and Economic Interpretation.* Stanford, Calif.: Stanford University Press, 1973.
Encyclopædia Britannica, 11th ed., 1910 – 11.
Encyclopedia Judaica. New York: Macmillan, 1972.
Engelhardt, Elizabeth Sanders Delwiche. *A Mess of Greens: Southern Gender and Southern Food.* Athens: University of Georgia Press, 2011.
Engels, Donald W. *Alexander the Great and the Logistics of the Macedonian Army.* Berkeley: University of California Press, 1980.
Episcopal Church, Coffeyville, Kansas, Ladies' Guild. *Coffeyville Cook Book.* Coffeyville: Journal Press, 1915.
Escoffier, Auguste. *Souvenirs inédits: 75 ans au service de l'art culinaire.* Marseille: J. Laffitte, 1985.
Esterik, Penny van. "From Marco Polo to McDonald's: Thai Cuisine in Transition." *Food and Foodways* 5, no. 2 (1992): 177 – 93.
Evans, Meryle. "The Splendid Processions of Trade Guilds at Ottoman Festivals." In *Food in the Arts: Proceedings of the Oxford Symposium on Food and Cooking, 1998*, edited by Harlan Walker, 67 – 72. Totnes, Devon, UK: Prospect Books, 1999.
Evelyn, John. *Acetaria: A Discourse on Sallets.* London: Tooke, 1699.
Faas, Patrick. *Around the Roman Table.* New York: Palgrave Macmillan, 2003.
Faroqhi, Suraiya. *Towns and Townsmen of Ottoman Anatolia: Trade, Crafts, and Food Production in an Urban Setting, 1520–1650.* New York: Cambridge University Press, 1984.
Feeley-Harnik, Gillian. *The Lord's Table: The Meaning of Food in Early Judaism and Christianity.* Washington, D.C.: Smithsonian Institution Press, 1994.
Fenton, Alexander, ed. *Order and Disorder: The Health Implications of Eating and Drinking in the Nineteenth and Twentieth Centuries: Proceedings of the Fifth Symposium of the International Commission for Research into European Food History, Aberdeen*, 1997. East Linton, UK: Tuckwell, 2000.
Ferguson, Priscilla Parkhurst. Accounting for Taste: The Triumph of French Cuisine. University of Chicago Press, 2004.
_____. "A Cultural Field in the Making: Gastronomy in 19th-Century France." *American Journal of Sociology* 104, no. 3 (1 November 1998): 597 – 641.
Fernández-Armesto, Felipe. *Near a Thousand Tables: A History of Food.* New York: Free Press, 2002.
Field, Carol. *The Italian Baker.* New York: William Morrow, 1985.
Fine, Ben, Michael Heasman, and Judith Wright. *Consumption in the Age of Affluence: The World of Food.* New York: Routledge, 1996.
Fink, Beatrice, ed. *Les liaisons savoureuses: Réflexions et pratiques culinaires au XVIIIe Siècle.* Saint-Étienne: Université de Saint-Étienne, 1995.

Diner, Hasia R. *Hungering for America: Italian, Irish, and Jewish Foodways in the Age of Migration.* Cambridge, Mass.: Harvard University Press, 2001.

Dix, Graham. "Non-Alcoholic Beverages in Nineteenth Century Russia." *Petits Propos Culinaires* 10 (1982): 21 – 28.

Dixon, Jane. *Changing Chicken: Chooks, Cooks and Culinary Culture.* Sydney: University of New South Wales Press, 2002.

Dolan, Brian. *Wedgwood: The First Tycoon.* New York: Viking Press, 2004.

Domingo, Xavier. "La cocina precolumbina en España." In *Conquista y comida: Consecuencias del encuentro de dos mundos,* edited by Janet Long, 17 – 30. 1st ed. México, D.F.: Universidad Nacional Autónoma de México, 1996.

Dorje, Rinjing. *Food in Tibetan Life.* London: Prospect Books, 1985.

Douglas, Mary. *Purity and Danger: An Analysis of Concepts of Pollution and Taboo.* New York: Praeger, 1966.

Doyle, Michael W. *Empires.* Ithaca, N.Y.: Cornell University Press, 1986.

Drayton, Richard Harry. *Nature's Government: Science, Imperial Britain, and the "Improvement" of the World.* New Haven, Conn.: Yale University Press, 2000.

Drewnowski, A. "Fat and Sugar in the Global Diet: Dietary Diversity in the Nutrition Transition." In *Food in Global History,* edited by Raymond Grew. Boulder, Colo.: Westview Press, 1999.

Dreyer, Edward L., Frank Algerton Kierman, and John King Fairbank. *Chinese Ways in Warfare.* Edited by Frank A. Kierman Jr. and John K. Fairbank. Cambridge, Mass.: Harvard University Press, 1974.

Drummond, J. C., and Anne Wilbraham. *The Englishman's Food: A History of Five Centuries of English Diet.* London: Jonathan Cape, 1939.

Dubos, Jean-Baptiste, abbé. *Réflexions critiques sur la poésie et sur la peinture.* 1719. New rev. ed., Utrecht: E. Néaulme, 1732. 6th ed., Paris: Pissot, 1755.

Dunlop, Fuchsia. *Sichuan Cookery.* London: Michael Joseph, 2001.

Dunn, Richard S., and Institute of Early American History and Culture. *Sugar and Slaves: The Rise of the Planter Class in the English West Indies, 1624–1713.* Chapel Hill: University of North Carolina Press, 1972.

Dupaigne, Bernard. *The History of Bread.* New York: Harry N. Abrams, 1999.

Dupont, Florence. *Daily Life in Ancient Rome.* Cambridge, Mass.: Blackwell, 1993.

DuPuis, E. Melanie. *Nature's Perfect Food: How Milk Became America's Drink.* New York: New York University Press, 2002.

Dye, Bob. "Hawaii's First Celebrity Chef." In *We Go Eat: A Mixed Plate from Hawaii's Food Culture, 55–60.* Honolulu: Hawaii Council for the Humanities, 2008.

Dyer, Christopher. "Changes in Diet in the Late Middle Ages: The Case of Harvest Workers." *Agricultural History Review* 36, no. 1 (1988): 21 – 37.

Earle, Rebecca. " 'If You Eat Their Food . . . ': Diets and Bodies in Early Colonial Spanish America." *American Historical Review* 115, no. 3 (2010): 688 – 713.

Eaton, Richard M. *The Rise of Islam and the Bengal Frontier, 1204–1760.* Berkeley: University of California Press, 1993.

Eaton, S. B., and M. Konner. "Paleolithic Nutrition." *New England Journal of Medicine* 312, no. 5 (1985): 283 – 89.

Economic Research Service. "USDA Food Cost Review, 1950 – 97." www.ers.usda.gov /media/308011/aer780h_1_.pdf (accessed 14 August 2012).

Eden, Trudy. *The Early American Table: Food and Society in the New World.* Dekalb: Northern Illinois University Press, 2008.

Civilization in China, edited by Joseph Needham, *Biology and Biological Technology*. Cambridge: Cambridge University Press, 1996.
Daniels, J., and C. Daniels. "The Origin of the Sugarcane Roller Mill." *Technology and culture* 29, no. 3 (1988): 493 - 535.
Darby, William J., Paul Ghalioungui, and Louis Grivetti. *Food: The Gift of Osiris*. New York: Academic Press, 1977.
Davidson, Alan. *Mediterranean Seafood*. Totnes, Devon, UK: Prospect Books, 2002.
_____. "Sherbets." In *Liquid Nourishment*, edited by C. Anne Wilson. Edinburgh: Edinburgh University Press, 1993.
Davidson, Alan, and Eulalia Pensado. "The Earliest Portuguese Cookbook Examined." *Petits Propos Culinaires* 41 (1992): 52 - 57.
Davidson, Alan, and Tom Jaine, eds. *The Oxford Companion to Food*. Oxford University Press, 2006.
Davidson, Caroline. *A Woman's Work Is Never Done: A History of Housework in the British Isles, 1650–1950*. London: Chatto & Windus, 1982.
Davidson, James N. *Courtesans and Fishcakes : The Consuming Passions of Classical Athens*. New York: St. Martin's Press, 1998.
Davis, Audrey B. *Circulation Physiology and Medical Chemistry in England*. Lawrence: University of Kansas Press, 1973.
Davis, Mike. *Late Victorian Holocausts: El Niño Famines and the Making of the Third World*. New York: Verso, 2001.
Day, Ivan. "Historic Food." www.historicfood.com/portal.htm (accessed 14 August 2012).
Debus, Allen George. *The French Paracelsians: The Chemical Challenge to Medical and Scientific Tradition in Early Modern France*. Cambridge: Cambridge University Press, 2002.
Deerr, Noël. *The History of Sugar*. London: Chapman & Hall, 1949.
Dege, Hroar. "Norwegian Gastronomic Literature: Part II, 1814 - 1835." *Petits Propos Culinaires* 21 (1985): 23 - 32.
Delaney, Carol Lowery. *The Seed and the Soil: Gender and Cosmology in Turkish Village Society*. Berkeley: University of California Press, 1991.
Dembińska, Maria. "Fasting and Working Monks: Regulations of the Fifth to Eleventh Centuries." In *Food in Change: Eating Habits from the Middle Ages to the Present Day*, edited by Alexander Fenton and Eszter Kisbán, 152 - 60. Edinburgh: John Donald,1986.
_____. *Food and Drink in Medieval Poland: Rediscovering a Cuisine of the Past*. Edited by William Woys Weaver. Philadelphia: University of Pennsylvania Press, 1999.
Déry, C. A. "Milk and Dairy Products in the Roman Period." In *Milk: Beyond the Dairy: Proceedings of the Oxford Symposium on Food and Cookery*, 1999, edited by Harlan Walker, 117. Totnes, Devon, UK: Prospect Books, 2000.
Detienne, Marcel. *The Gardens of Adonis: Spices in Greek Mythology*. Atlantic Highlands, N.J.: Humanities Press, 1977.
Detienne, Marcel, and Jean Pierre Vernant. *The Cuisine of Sacrifice among the Greeks*. Chicago: University of Chicago Press, 1989.
De Vooght, Daniëlle. *Royal Taste: Food, Power and Status at the European Courts After 1789*. Burlington, Vt.: Ashgate, 2011.
Diamond, Jared. *Guns, Germs, and Steel: The Fates of Human Societies*. New York: Norton, 2005.
_____. "The Worst Mistake in the History of the Human Race." http://discovermagazine.com/1987/may/02-the-worst-mistake-in-the-history-of-the-human-race (accessed 14 August 2012).
Diehl, Richard A. *The Olmecs: America's First Civilization*. London: Thames & Hudson,2006.

Mifflin, 2003.
Crone, Patricia. *Pre-Industrial Societies.* New York: Blackwell, 1989.
Cronon, William. *Changes in the Land: Indians, Colonists, and the Ecology of New England.* Rev. ed. New York: Hill & Wang, 1983.
——. *Nature's Metropolis: Chicago and the Great West.* New York: Norton, 1991.
Crosby, Alfred W. *The Columbian Exchange: Biological and Cultural Consequences of 1492.* Westport, Conn.: Greenwood, 1972.
Cross, Samuel H. "The Russian Primary Chronicle." *Harvard Studies and Notes in Philology and Literature* 12 (1930): 182 – 85.
Crotty, Patricia A. *Good Nutrition? Fact and Fashion in Dietary Advice.* St. Leonards, N.S.W.: Allen & Unwin, 1995.
Crumbine, Samuel J. *The Most Nearly Perfect Food: The Story of Milk.* Baltimore: Williams & Wilkins, 1929.
Csergo, Julia. "The Emergence of Regional Cuisines." In *Food: A Culinary History from Antiquity to the Present,* edited by J. L. Flandrin and Massimo Montanari, translated by Albert Sonnenfeld, 500 – 515. New York: Columbia University Press, 1999.
Cullather, N. "The Foreign Policy of the Calorie." *American Historical Review* 112, no. 2 (2007): 337 – 64.
——. *The Hungry World: America's Cold War Battle Against Poverty in Asia.* Cambridge, Mass.: Harvard University Press, 2010.
Cunliffe, Barry W. *Europe Between the Oceans: Themes and Variations, 9000 BC–AD 1000.* New Haven, Conn.: Yale University Press, 2008.
Curiel Monteagudo, José Luis. *Virreyes y virreinas golosos de la nueva españa.* México, D.F.: Porrúa, 2004.
Curnonsky [pseud. Maurice Edmond Sailland], and Marcel Rouff. *The Yellow Guides for Epicures.* New York: Harper, 1926.
Curtin, Philip D. *Cross-Cultural Trade in World History.* New York: Cambridge University Press, 1984.
——. *Death by Migration: Europe's Encounter with the Tropical World in the Nineteenth Century.* New York: Cambridge University Press, 1989.
——. *The Rise and Fall of the Plantation Complex: Essays in Atlantic History.* New York: Cambridge University Press, 1990.
Curtis, Robert I. *Garum and Salsamenta: Production and Commerce in Materia Medica.* Leiden: Brill, 1991.
Cusack, I. "African Cuisines: Recipes for Nationbuilding?" *Journal of African Cultural Studies* 13, no. 2 (2000): 207 – 25.
Cutting, C. L. "Historical Aspects of Fish." In *Fish as Food,* edited by Georg Borgstrom, 2:1 – 15. New York: Academic Press, 1962.
Cwiertka, Katarzyna Joanna. *The Making of Modern Culinary Tradition in Japan.* Leiden: n.p., 1998.
——. *Modern Japanese Cuisine: Food, Power and National Identity.* London: Reaktion Books, 2006.
Dahl, Felicity, and Roald Dahl. *Memories with Food at Gipsy House.* London: Viking Press, 1991.
Dalby, Andrew. "Alexander's Culinary Legacy." In *Cooks and Other People: Proceedings of the Oxford Symposium on Food and Cookery,* edited by Harlan Walker, 81 – 93. Totnes, Devon, UK: Prospect Books, 1996.
——. *Flavours of Byzantium.* Totnes, Devon, UK: Prospect Books, 2003.
——. *Siren Feasts: A History of Food and Gastronomy in Greece.* New York: Routledge, 1996.
Dalby, Andrew, and Sally Grainger. *The Classical Cookbook.* Los Angeles: J. Paul Getty Museum, 2002.
Daniels, Christian, and Nicholas K. Menzies. *Agro-Industries and Forestry.* Part 3 of vol. 6 of Science and

Chon, Deson. "Korean Cuisine and Food Culture." *Food Culture: Kikkoman Institute* 4 (2002): 1 – 6.
Chong, Elizabeth. *The Heritage of Chinese Cooking*. New York: Random House, 1993.
Christensen, Arthur. *L'Iran sous les Sassanides*. Copenhagen: Munksgaard, 1936.
Chuen, William Chan Tat. À la table de l'empereur de Chine. Arles: P. Picquier, 2007.
Cicero, Marcus Tullius. *Cicero's Brutus: or History of Famous Orators*. Edited by Edward Jones. London: B. White, 1776.
_____. *Tusculan Disputations: On the Nature of the Gods, and on the Commonwealth*. New York: Cosimo, 2005.
Cipolla, Carlo M. *Before the Industrial Revolution: European Society and Economy, 1000–1700*. New York: Norton, 1976.
Civitello, Linda. *Cuisine and Culture: A History of Food and People*. Hoboken, N.J. :Wiley, 2004.
Clark, Colin, and Margaret Rosary Haswell. *The Economics of Subsistence Agriculture*. New York: Macmillan, 1970.
Clendinnen, Inga. *Aztecs : An Interpretation*. New York: Cambridge University Press, 1991.
Clot, André. *Harun Al-Rashid and the World of the Thousand and One Nights*. London: Saqi, 1989.
Clutton-Brock, Juliet. *Domesticated Animals from Early Times*. London: British Museum; Austin: University of Texas Press, 1981.
Coe, Sophie D. *America's First Cuisines*. Austin: University of Texas Press, 1994.
Coe, Sophie D., and Michael D. Coe. *The True History of Chocolate*. New York: Thames & Hudson, 1996.
Coetzee, Renata. *The South African Culinary Tradition: The Origin of South Africa's Culinary Arts during the 17th and 18th Centuries, and 167 Authentic Recipes of This Period*. Cape Town: C. Struik, 1977.
Colgrove, James. "The McKeown Thesis: A Historical Controversy and Its Enduring Influence." *American Journal of Public Health* 92, no. 5 (2002): 725 – 29.
Colley, Linda. *Britons: Forging the Nation, 1707–1837*. New Haven, Conn.: Yale University Press, 1992.
Collingham, Lizzie. *Curry: A Tale of Cooks and Conquerors*. New York: Oxford University Press, 2006.
Colquhoun, Kate. *Taste: The Story of Britain Through Its Cooking*. London: Bloomsbury, 2007.
Colquhoun, Patrick. *A Treatise on Indigence*. London: Hatchard, 1806.
Concepción, José Luis. *Typical Canary Cooking: The Best Traditional Dishes, Sweets and Liquors*. La Laguna, Tenerife: José Luis Concepción, 1991.
Confucius. *The Analects (Lun yü)*. Translated by D. C Lau. Hong Kong: Chinese University Press, 1983.
Connor, John M. *Food Processing: An Industrial Powerhouse in Transition*. Lexington, Mass.: Lexington Books, 1988.
Cook, J. M. *The Persian Empire*. New York: Schocken Books, 1983.
Cool, H. E. M. *Eating and Drinking in Roman Britain*. Cambridge: Cambridge University Press, 2006.
Cooper, John. *Eat and Be Satisfied: A Social History of Jewish Food*. Northvale, N.J.: Jason Aronson, 1993.
Corcuera de Mancera, Sonia. *Del amor al temor: Borrachez, catequesis y control en la Nueva España (1555–1771)*. México, D.F.: Fondo de Cultura Económica, 1994.
Couto, Cristiana. *Arte de cozinha*. São Paolo: Senac, 2007.
Cowan, Brian William. *The Social Life of Coffee: The Emergence of the British Coffeehouse*. New Haven, Conn.: Yale University Press, 2005.
Cowan, Ruth Schwartz. *More Work for Mother: The Ironies of Household Technology from the Open Hearth to the Microwave*. New York: Basic Books, 1983.
Crane, Eva. *The Archaeology of Beekeeping*. Ithaca, N.Y: Cornell University Press, 1984.
Crèvecoeur, J. Hector St. John de. *Letters from an American Farmers*. Applewood, 2007.
Critser, Greg. *Fat Land: How Americans Became the Fattest People in the World*. Boston: Houghton

Capatti, A. "The Taste for Canned and Preserved Food." In *Food: A Culinary History from Antiquity to the Present*, edited by J. L. Flandrin and Massimo Montanari, translated by Albert Sonnenfeld. New York: Columbia University Press, 1999.

Carney, Judith A. *Black Rice: The African Origins of Rice Cultivation in the Americas.* Cambridge, Mass.: Harvard University Press, 2002.

Carney, Judith A., and Richard Nicholas Rosomoff. *In the Shadow of Slavery: Africa's Botanical Legacy in the Atlantic World.* Berkeley: University of California Press, 2009.

Carpenter, Kenneth J. Beriberi, *White Rice, and Vitamin B: A Disease, a Cause, and a Cure.* Berkeley: University of California Press, 2000.

——. *The History of Scurvy and Vitamin C.* New York: Cambridge University Press, 1986.

——. *Protein and Energy: A Study of Changing Ideas in Nutrition.* New York: Cambridge University Press, 1994.

Carson, Barbara G. *Ambitious Appetites: Dining, Behavior, and Patterns of Consumption in Federal Washington.* Washington, D.C: American Institute of Architects Press, 1990.

Castile, Rand. *The Way of Tea.* New York: Weatherhill, 1971.

Cato, Marcus Porcius. *Cato on Farming: De agricultura. A Critical English Translation.* Translated by Andrew Dalby. Totnes, Devon, UK: Prospect Books, 1998.

Celsus, Aulus Cornelius. *Of Medicine: In Eight Books.* Cambridge, Mass.: Harvard University Press, 1971.

Ch'en, Kenneth Kuan Sheng. *Buddhism in China.* Princeton, N.J.: Princeton University Press, 1972.

Chakrabarty, Dipesh. "The Difference – Deferral of a Colonial Modernity: Public Debates on Domesticity in British Bengal." In *Tensions of Empire: Colonial Cultures in a Bourgeois World*, edited by Frederick Cooper and Ann Laura Stoler, 373 – 405. Berkeley: University of California Press, 1997.

Chakravarty, Indira. *Saga of Indian Food: A Historical and Cultural Survey.* New Delhi: Sterling,1972.

Chamberlain, Joseph. *Foreign and Colonial Speeches.* London: Routledge, 1897.

Chamberlain, Lesley. *The Food and Cooking of Russia.* London: Allen Lane, 1982.

——. "Rousseau's Philosophy of Food." *Petits Propos Culinaires* 21 (1985): 9 – 16.

Chandler, Alfred Dupont. *The Visible Hand: The Managerial Revolution in American Business.* Cambridge, Mass.: Belknap Press of Harvard University Press, 1977.

Chang, Kwang-chih, ed. *Food in Chinese Culture: Anthropological and Historical Perspectives.* New Haven, Conn.: Yale University Press, 1977.

Charanis, Peter. *Social, Economic and Political Life in the Byzantine Empire.* New ed. London: Variorum Reprints, 1973.

Chastanet, M., F.-X. Fauvelle-Aymar, and D. Juhé-Beaulaton. *Cuisine et société en Afrique: Histoire, saveurs, savoir-faire.* Paris: Karthala, 2002.

Chaudhuri, K. N. *Asia Before Europe: Economy and Civilisation of the Indian Ocean from the Rise of Islam to 1750.* New York: Cambridge University Press, 1990.

Chávez, C. P. M. "Cabildo, negociación y vino de cocos: El caso de la villa de Colima en el siglo XVII" [Government, Negotiation, and Coconut Liquor: The Town Council of Colima During the Seventeenth Century], *Anuario de Estudios Americanos*, 66, no. 1 (2009): 173 – 92.

Chehabi, H. E. "How Caviar Turned Out to Be Halal." *Gastronomica* 7, no. 2 (2007): 17 – 23.

——. "The Westernization of Iranian Culinary Culture." *Iranian Studies* 36, no. 1 (2003): 43 – 61.

Chen, Helen. "Hangzhou: A Culinary Memoir." *Flavor and Fortune* 3, no. 1 (1996), 11, 13, 21.

Cheyne, George. *An Essay of Health and Long Life.* Bath, UK: Strahan, 1724. Gale ECCO, Print Editions, 2010.

Philadelphia: University of Pennsylvania Press, 1998.
Brown, Catherine. *Broths to Bannocks: Cooking in Scotland, 1690 to the Present Day.* London: John Murray, 1991.
Brown, Peter. *The Body and Society: Men, Women, and Sexual Renunciation in Early Christianity.* New York: Columbia University Press, 1988.
_____. *The World of Late Antiquity, AD 150–750.* New York: Harcourt Brace Jovanovich, 1971.
Brownell, S., J. L. Watson, M. L. Caldwell, et al. "Food, Hunger, and the State." In *Cultural Politics of Food and Eating* edited by James L. Watson and Melissa Caldwell, 251 – 58. Oxford: Blackwell, 2005.
Brubaker, Leslie, and Kallirroe Linardou, eds. *Eat, Drink, and Be Merry (Luke 12:19): Food and Wine in Byzantium: Papers of the 37th Annual Spring Symposium of Byzantine Studies, in Honour of Professor A. A. M. Bryer.* Burlington, Vt.: Ashgate, 2007.
Buell, P. D. "Mongol Empire and Turkicization: The Evidence of Food and Foodways." In *The Mongol Empire and Its Legacy,* edited by Reuven Amitai-Preiss and David O Morgan, 200 – 223. Leiden: Brill, 1999.
Buell, Paul D., and Eugene N. Anderson. *A Soup for the Qan: Chinese Dietary Medicine of the Mongol Era as Seen in Hu Sihui's Yinshan Zhengyao.* New York: Kegan Paul International, 2000.
Buffon, Georges-Louis Leclerc, comte de. *Histoire naturelle des poissons.* Paris: Firmin
Didot, 1799 – 1804.
Burkhart, Louise M. *The Slippery Earth: Nahua-Christian Moral Dialogue in Sixteenth- CenturyMexico.* Tucson: University of Arizona Press, 1989.
Burnett, John. *Plenty and Want: A Social History of Diet in England from 1815 to the Present Day.* London: Nelson, 1966.
Burton, Antoinette M. *At the Heart of the Empire: Indians and the Colonial Encounter in Late-Victorian Britain.* Berkeley: University of California Press, 1998.
Burton, David. *French Colonial Cookery.* London: Faber & Faber, 2000.
_____. *The Raj at Table: A Culinary History of the British in India.* London: Faber & Faber, 1993.
_____. *Two Hundred Years of New Zealand Food and Cookery.* [Wellington]: Reed, 1982.
Caldwell, M. L. "Domesticating the French Fry: McDonald's and Consumerism in Moscow." *Journal of Consumer Culture* 4, no. 1 (2004): 5 – 26.
_____. "A New Role for Religion in Russia's New Consumer Age: The Case of Moscow 1." *Religion, State and Society* 33, no. 1 (2005): 19 – 34.
_____. *Not by Bread Alone: Social Support in the New Russia.* Berkeley: University of California Press, 2004.
_____. "The Taste of Nationalism: Food Politics in Postsocialist Moscow." *Ethnos* 67, no. 3 (2002): 295 – 319.
_____. "Tasting the Worlds of Yesterday and Today: Culinary Tourism and Nostalgia Foods in Post-Soviet Russia." In *Fast Food / Slow Food: The Cultural Economy of the Global Food System,* edited by Robert Wilk, 97 – 112. Plymouth, UK: Altamira, 2006.
Caldwell, Melissa L., Elizabeth C. Dunn, and Marion Nestle, eds. *Food and Everyday Life in the Postsocialist World.* Bloomington: Indiana University Press, 2009.
Campbell, B. M. S., J. A. Galloway, D. Keene, and M. Murphy. *A Medieval Capital and Its Grain Supply: Agrarian Production and Distribution in the London Region C. 1300.* London: Institute of British Geographers, 1993.
Camporesi, Piero. *Bread of Dreams: Food and Fantasy in Early Modern Europe.* Translated by David Gentilcore. Chicago: University Of Chicago Press, 1996.
_____. *The Magic Harvest : Food, Folklore, and Society.* Cambridge, UK: Polity Press, 1993.

Bickham, T. "Eating the Empire: Intersections of Food, Cookery and Imperialism in Eighteenth-Century Britain." *Past & Present* 198, no. 1 (2008): 71 – 109.

Bīrūnī, Muhammad ibn Ahmad. *Alberuni's India.* London: K. Paul, Trench, Trübner, 1914.

Block, D. "Purity, Economy, and Social Welfare in the Progressive Era Pure Milk Movement." *Journal for the Study of Food and Society* 3, no. 1 (1999): 20 – 27.

Blofeld, John Eaton Calthorpe. *The Chinese Art of Tea.* Boston: Allen & Unwin, 1985.

Boardman, J. "Symposion Furniture." In *Sympotica: A Symposium on the Symposion,* edited by Oswyn Murray, 122 – 31. Oxford: Oxford University Press, 1990.

Bobrow-Strain, Aaron. *White Bread: A Social History of the Store-Bought Loaf.* Boston: Beacon Press, 2012.

Boileau, Janet. "A Culinary History of the Portuguese Eurasians: The Origins of Luso- Asian Cuisine in the Sixteenth and Seventeenth Centuries." PhD diss., University of Adelaide, 2010.

Bolens, Lucie. *La cuisine andalouse, un art de vivre—XIe–XIIIe siècle.* Paris: Albin Michel, 1990.

La bonne cuisine pour tous d'après les préceptes de la grand-mère Catherine Giron et les formules modernes des meilleurs cuisiniers . . . recueillies par Gombervaux ; publiées par "Le Petit journal." 1909. Facsimile reprint, Paris: Presses de la Renaissance, 1979.

Bonnet, Jean-Claude. "The Culinary System in the Encylopèdie." Translated by Elborg Forster in *Food and Drink in History: Selections from the "Annales,"* edited by Robert Forster and Orest Ranum, 139 – 65. Baltimore: Johns Hopkins University Press, 1979.

Borgstrom, Georg, ed. *Fish as Food, vol. 1: Production, Biochemistry, and Microbiology.* New York: Academic Press, 1961.

Borrero, H. "Communal Dining and State Cafeterias in Moscow and Petrograd, 1917 – 1921." In *Food in Russian History and Culture,* edited by Musya Glantz and Joyce Toomre, 162 – 76. Bloomington: Indiana University Press, 1997.

Bottéro, Jean. *The Oldest Cuisine in the World: Cooking in Mesopotamia.* Chicago: University of Chicago Press, 2004.

Boxer, C. R. *The Dutch Seaborne Empire: 1600–1800.* London: Penguin Books, 1973.

Boym, C. "My McDonald's." *Gastronomica: The Journal of Food and Culture* 1, no. 1 (2001): 6 – 8.

Bradley, Richard. "The Megalith Builders of Western Europe." In *People of the Stone Age: Hunter-Gatherers and Early Farmers,* edited by Göran Burenhult. St. Lucia, Queensland: University of Queensland Press, 1993.

Braidwood, R. J., J. D. Sauer, H. Helbaek, P. C. Mangelsdorf, H. C. Cutler, C. S. Coon, R. Linton, J. Steward, and A. L. Oppenheim. "Symposium: Did Man Once Live by Beer Alone ? " *American Anthropologist* 55, no. 4 (1953): 515 – 26.

Braudel, Fernand. *The Mediterranean and the Mediterranean World in the Age of Philip II.* New York: Harper & Row, 1972 – 73.

Braun, T. "Barley Cakes and Emmer Bread." In *Food in Antiquity,* edited by John Wilkins, David Harvey, and Mike Dobson, 25 – 37. Exeter, UK: University of Exeter Press, 1995.

Bray, Francesca. Agriculture. Part 2 of vol. 6 of Science and Civilization in China, edited by Joseph Needham, *Biology and Biological Technology.* Cambridge: Cambridge University Press, 1984.

Breckenridge, Carol Appadurai. "Food, Politics and Pilgrimage in South India, 1350 – 1650 AD." In *Food, Society and Culture,* edited by R. S. Khare and M. S. A. Rao, 21 – 53. Durham, NC: Carolina Academic Press.

Briant, Pierre. *From Cyrus to Alexander: A History of the Persian Empire.* Winona Lake, Ind.: Eisenbraun, 2002.

Brodman, James William. *Charity and Welfare: Hospitals and the Poor in Medieval Catalonia.*

Bayly, C. A. *The Birth of the Modern World, 1780–1914.* Malden, Mass.: Blackwell, 2004.
Beecher, Catharine Esther, and Harriet Beecher Stowe. *The American Woman's Home.* New York: Ford, 1869.
Beeton, Isabella. *Mrs Beeton's Book of Household Management.* 1861. Facsimile edition. London: Jonathan Cape, 1977.
Beg, M. A. J. "A Study of the Cost of Living and Economic Status of Artisans in Abbasid Iraq." *Islamic Quarterly* 16 (1972): 164.
Belasco, Warren James. "Algae Burgers for a Hungry World? The Rise and Fall of Chlorella Cuisine." *Technology and Culture* 38, no. 3 (1997): 608 - 34.
_____. *Appetite for Change: How the Counterculture Took on the Food Industry, 1966–1988.* New York: Pantheon Books, 1989.
_____. "Ethnic Fast Foods: The Corporate Melting Pot." *Food and Foodways* 2, no. 1 (1987):1 - 30.
_____. "Food and the Counterculture: A Story of Bread and Politics." In *The Cultural Politics of Food and Eating*, edited by James L. Watson and Melissa L. Caldwell, 217 - 34. Malden, Mass.: Blackwell, 2005.
_____. *Food: The Key Concepts.* New York: Berg, 2008.
_____. " 'Lite" Economics: Less Food, More Profit." *Radical History Review*, nos. 28 - 30 (1984): 254 - 78.
_____. *Meals to Come: A History of the Future of Food.* Berkeley: University of California Press, 2006.
_____. "Toward a Culinary Common Denominator: The Rise of Howard Johnson's, 1925 - 1940." *Journal of American Culture* 2, no. 3 (1979): 503 - 18.
Belasco, Warren James, and Philip Scranton, eds. *Food Nations: Selling Taste in Consumer Societies.* New York: Routledge, 2002.
Belasco, Warren James, and Roger Horowitz, eds. *Food Chains: From Farmyard to Shopping Cart.* Philadelphia: University of Pennsylvania Press, 2009.
Belich, James. *Replenishing the Earth: The Settler Revolution and the Rise of the Angloworld, 1783–1939.* New York: Oxford University Press, 2009.
Bellwood, P. "The Austronesian Dispersal and the Origin of Languages." *Scientific American* 265, no. 1 (1991): 88 - 93.
Benedict, Saint, abbot of Monte Cassino. *The Rule of St.* Benedict. Edited and translated by Anthony C. Meisel and M. L. del Mastro. Garden City, N.Y.: Image Books, 1975.
Bentley, Amy. *Eating for Victory: Food Rationing and the Politics of Domesticity.* Urbana: University of Illinois Press, 1998.
_____. "Inventing Baby Food: Gerber and the Discourse of Infancy in the United States." In *Food Nations: Selling Taste in Consumer Societies*, edited by W. J. Belasco and Philip Scranton. London: Routledge, 2002.
Bentley, Jerry H. *Old World Encounters: Cross-Cultural Contacts and Exchanges in Pre-Modern Times.* Oxford: Oxford University Press, 1993.
Bentley, Jerry H., and Herbert F. Ziegler. *Traditions and Encounters: A Global Perspective on the Past.* Boston: McGraw-Hill, 2000.
Bérard, L. "La consommation du poisson en France: Des prescriptions alimentaires à *la prépondérance de la carpe." In L'animal dans l'alimentation humaine: Les critères de choix. Actes du colloque international de Liège, 26–29 novembre 1986,* edited by Liliane Bodson, special no. of Anthropozoologica (Paris, 1988): 171 - 73.
Beverly Hills Women's Club. *Fashions in Foods in Beverly Hills.* Beverly Hills, Calif.: Beverly Hills Citizen, 1931.

Ashtor, Eliyzhu. "Essai sur l'alimentation des diverses classes sociales dans l'Orient médiéval." *Annales. Économies, Sociétés, Civilisations* 23, no. 5 (1968): 1017 – 53.
Assmann, Stephanie, and Eric C. Rath, eds. *Japanese Foodways, Past, and Present.* Urbana: University of Illinois Press, 2010.
Atkins, P. J. "Fattening Children or Fattening Farmers ? School Milk in Britain, 1921 – 19411." *Economic History Review* 58, no. 1 (2005): 57 – 78.
——. "The Glasgow Case: Meat, Disease and Regulation, 1889 – 1924." *Agricultural History Review* (2004): 161 – 82.
——. "The Growth of London's Railway Milk Trade, C. 1845 – 1914." *Journal of Transport History* 4 (1978): 208 – 26.
——. "London's Intra-Urban Milk Supply, circa 1790 – 1914." *Transactions of the Institute of British Geographers*, n.s., 2, no. 3 (1977): 383 – 99.
——. "Milk Consumption and Tuberculosis in Britain, 1850 – 1950." In *Order and Disorder. The Health Implications of Eating and Drinking in the Nineteenth and Twentieth Centuries: Proceedings of the Fifth Symposium of the International Commission for Research into European Food History, Aberdeen 1997*, edited by Alexander Fenton. East Linton, UK: Tuckwell, 2000.
——. "The Retail Milk Trade in London, c. 1790 – 1914." *Economic History Review* 33, no. 4 (1980): 522 – 37.
——. "Sophistication Detected, or, The Adulteration of the Milk Supply, 1850 – 1914." *Social History* 16, no. 3 (1991): 317 – 39.
——. "White Poison ? The Social Consequences of Milk Consumption, 1850 – 1930." *Social History of Medicine* 5, no. 2 (1992): 207 – 27.
Atkins, P. J., Peter Lummel, and Derek J. Oddy, eds. *Food and the City in Europe Since 1800.* Burlington, Vt.: Ashgate, 2007.
Aydin, Cemil. *The Politics of Anti-Westernism in Asia: Visions of World Order in Pan- Islamic and Pan-Asian Thought.* New York: Columbia University Press, 2007.
Aykroyd, Wallace Ruddell, and Joyce Doughty. *Wheat in Human Nutrition.* Rome: Food and Agriculture Organization of the United Nations, 1970.
Babur, emperor of Hindustan [Zahiru'd-dīn Muhammad Bābur Pādshāh Ghāzī]. *The Bābur-nāma in English (Memoirs of Babur).* Translated by Annette Susannah Beveridge.London: Luzac, 1921.
A Baghdad Cookery Book: The Book of Dishes (Kitāb al-ṭ abīkh). Translated by Charles Perry. Totnes, Devon, UK: Prospect Books, 2006.
Bailyn, Bernard. *The Peopling of British North America*: An Introduction. New York: Vintage Books, 1988.
Bak-Geller Corona, Sarah. "Los recetarios 'afrancesados' del siglo XIX en México." *Anthropology of Food* [online], S6 (December 2009). http://aof.revues.org/6464 (accessed 16 October 2012).
Balabanlilar, L. "Lords of the Auspicious Conjunction: Turco-Mongol Imperial Identity on the Subcontinent." *Journal of World History* 18, no. 1 (2007): 1 – 39.
Barfield, Thomas J. *The Nomadic Alternative.* Englewood Cliffs, N.J.: Prentice Hall, 1993.
Barthes, Roland. *Mythologies* (1957). Translated by Annette Lavers. New York: Hill and Wang, 1972.
Bartlett, Robert. *The Making of Europe: Conquest, Colonization, and Cultural Change, 950–1350.* Princeton, N.J.: Princeton University Press, 1993.
Basan, Ghillie, and Jonathan Basan. *Classic Turkish Cooking.* New York: St. Martin's Press,1997.
Basu, Shrabani. *Curry: The Story of the Nation's Favourite Dish.* Stroud, UK: Rupa & Co.,2011.
Bauer, Arnold J. "Millers and Grinders: Technology and Household Economy in Meso-America." *Agricultural History* 64, no. 1 (1990): 1 – 17.

Alford, Jeffrey, and Naomi Duguid. *Flatbreads and Flavors: A Baker's Atlas.* New York: William Morrow, 2008.

Allison, A. "Japanese Mothers and Obent s: The Lunch-Box as Ideological State Apparatus." *Anthropological Quarterly* 64, no. 4 (1991): 195 – 208.

Allsen, Thomas T. *Culture and Conquest in Mongol Eurasia.* New York: Cambridge University Press, 2001.

Ambrosioli, Mauro. *The Wild and the Sown: Agriculture and Botany in Western Europe, 1350–1850.* Cambridge: Cambridge University Press, 1977.

Amouretti, Marie-Claire. *Le pain et l'huile dans la Grèce antique : De l'araire au moulin.* Paris: Les Belles Lettres, 1986.

Anderson, Benedict R. O'G. *Imagined Communities: Reflections on the Origin and Spread of Nationalism.* London: Verso, 1983.

Anderson, Burton. *Pleasures of the Italian Table.* London: Viking Press, 1994.

Anderson, Eugene N. *Everyone Eats: Understanding Food and Culture.* New York: New York University Press, 2005.

_____. *The Food of China. New Haven,* Conn.: Yale University Press, 1988.

Andrade, Margarette de. *Brazilian Cookery.* Rutland, Vt.: Charles E. Tuttle 1965.

"An Anonymous Andalusian Cookbook of the 13th Century." Translated by Charles Perry. In *A Collection of Medieval and Renaissance Cookbooks.* 6th ed. N.p.: n.p. [David Friedman, 1993].

Anthimus. *De observatione ciborum = On the observance of foods.* Translated by Mark Grant. Blackawton, Totnes, Devon, UK: Prospect Books, 1996.

Apicius: A Critical Edition with an Introduction and English Translation. Translated and edited by Christopher Grocock and Sally Grainger. Totnes, Devon, UK: Prospect Books, 2006.

_____. *The Roman Cookery Book.* Translated by Barbara Flower and Elizabeth Rosenbaum. London: Harrap, 1958.

Appadurai, A. "How to Make a National Cuisine: Cookbooks in Contemporary India." *Comparative Studies in Society and History* 30, no. 1 (1988): 3 – 24.

Appadurai, Carol. "Food, Politics and Pilgrimage in South India, 1350 – 1650 A.D." In *Food, Society and Culture: Aspects in South Asian Food Systems,* edited by R.S.Khare and M.S.A. Rao, 21 – 53. Durham, N.C.: Carolina Academic Press.

Appert, Nicolas. *L'art de conserver, pendant plusieurs années, toutes les substances animales et végétales.* Paris: Patris, 1810. Also known as Le livre de tous les ménages.

Apple, Rima D. *Vitamania: Vitamins in American Culture.* New Brunswick, N.J.: Rutgers University Press, 1996.

Apte, Mahadev L., and Judit Katona-Apte. "Religious Significance of Food Preservation in India: Milk Products in Hinduism." In *Food Conservation: Ethnological Studies,* edited by Astri Riddervold and Andreas Ropeid, 89. London: Prospect Books, 1988.

Arbuthnot, John. *An Essay Concerning the Nature of Aliments.* London: Tonson, 1732.

Arias, Patricia. *Comida en serie.* Vol. 9 of *La cocina mexicana a través de los siglos,* edited by Enrique Krauze and Fernán González de la Vara. México, D.F.: Clío; Fundación Herdez, 1997.

Arnold, David. *Colonizing the Body: State Medicine and Epidemic Disease in Nineteenth-Century India.* Berkeley: University of California Press, 1993.

Arsel, Semahat, Ersu Peki n, and Ayşe Sümer, eds. *Timeless Tastes: Turkish Culinary Culture.* 2nd ed. Istanbul: Vehbi Koç Vakfı : DiVan, 1996.

Artusi, Pellegrino. *The Art of Eating Well.* Translated by Kyle M. Phillips III. New York: Random House, 1996.

參考書目

Bibliography

Abū al-Fazl ibn Mubārak. *The Ā'īn-i Akbarī.* 2nd ed. Calcutta: Asiatic Society of Bengal,1927.

Abu-Lughod, Janet L. *Before European Hegemony: The World System A.D. 1250– 1350.* NewYork: Oxford University Press, 1989.

Achaya, K. T. The Food Industries of British India. New York: Oxford University Press, 1994.

———. *Indian Food: A Historical Companion.* New York: Oxford University Press, 1994.

———. *Oilseeds and Oilmilling in India: A Cultural and Historical Survey.* New Delhi: Oxford and IBH Publishing, 1990.

Adshead, Samuel Adrian M. *Central Asia in World History.* New York: St. Martin's Press,1993.

———. *China in World History.* New York: St. Martin's Press, 1988.

———. *Salt and Civilization.* New York: St. Martin's Press, 1992.

Aguilar-Rodríguez, S. "Cooking Modernity: Nutrition Policies, Class, and Gender in 1940s and 1950s Mexico City." *The Americas 64*, no. 2 (2007): 177 – 205.

———. "Nutrition and Modernity Milk Consumption in 1940s and 1950s Mexico." *Radical History Review*, no. 110 (2011): 36 – 58.

Aguirre, P. "The Culture of Milk in Argentina." *Anthropology of Food* [online], no. 2 (2003). www.aof.revues.org/322 (accessed 4 November 2012).

Ahsan, M. M. *Social Life under the Abbasids, 170–289 AH, 786–902 AD.* London: Longman, 1979.

Aiello, Leslie C., and Jonathan C. K. Wells. "Energetics and the Evolution of the Genus Homo." *Annual Review of Anthropology* 31 (2002): 323 – 38.

Aiello, L. C., and P. Wheeler. "The Expensive-Tissue Hypothesis: The Brain and the Digestive System in Human and Primate Evolution." *Current Anthropology* 36, no. 2 (1995):199 – 221.

Aikin, Lucy. *Memoirs of the Court of Queen Elizabeth.* London: Longman, Hurst, Rees, Orme, and Brown, 1818.

Alarcon, C. "Tamales in Mesoamerica: Food for Gods and Mortals." *Petits Propos* Culinaires 63 (1999): 15 – 34.

Albala, Ken. *The Banquet: Dining in the Great Courts of Late Renaissance Europe.* Urbana: University of Illinois Press, 2007.

———. *Beans: A History.* New York: Berg, 2007.

———. *Cooking in Europe, 1250–1650.* Westport, Conn.: Greenwood Press, 2006.

———. *Eating Right in the Renaissance.* Berkeley: University of California Press, 2002.

———. "The Ideology of Fasting in the Reformation Era." In *Food and Faith in Christian Culture*, edited by Ken Albala and Trudy Eden, 41 – 57. New York: Columbia University Press, 2011.

Albala, Ken, ed. *Food Cultures of the World Encyclopedia.* Santa Barbara, Calif.: Greenwood Press, 2011.

Albala, Ken, and Trudy Eden, eds. *Food and Faith in Christian Culture.* New York: Columbia University Press, 2011.

Alcock, Susan E. "Power Lunches in the Eastern Roman Empire." *Classical Studies Newsletter 9* (Summer2003). www.umich.edu/~classics/news/newsletter/summer2003/powerlunches.html (accessed 14 August 2012).

〔revelation〕001

料理之道

從神的規則到人的選擇，全球料理的五千年演化史（2024 新版）

Cuisine and Empire: Cooking in World History

作者 瑞秋・勞丹（Rachel Laudan）
譯者 馮奕達

副總編輯 洪源鴻
責任編輯 柯雅云
封面設計 陳恩安
內頁排版 宸遠彩藝
內頁排版 虎稿・薛偉成
內頁排版 Wikimedia Commons

出版 二十張出版／遠足文化事業股份有限公司
發行 遠足文化事業股份有限公司（讀書共和國出版集團）
地址 新北市新店區民權路108-3號3樓
電話 02・2218・1417
傳真 02・2218・0727
客服專線 0800・221029
信箱 akker2022@gmail.com
Facebook facebook.com/akker.fans
法律顧問 華洋法律事務所——蘇文生律師
印刷 前進彩藝有限公司
裝訂 祥譽裝訂有限公司

出版 二〇二四年八月——三版一刷
定價 七五〇元

ISBN ｜ 978-626-7445-37-2（平裝）、978-626-7445-35-8（ePub）、978-626-7445-36-5（PDF）

料理之道：從神的規則到人的選擇，全球料理的五千年演化史（2024 新版）
瑞秋・勞丹（Rachel Laudan）著／馮奕達譯
三版／新北市／二十張出版／遠足文化事業股份有限公司
2024.08 ／ 604 面／ 16 x23 公分
譯自：Cuisine and Empire: Cooking in World History
ISBN：978-626-7445-37-2 (平裝)
1. 飲食風俗　2. 文化史
538.7　113008872